KB267522

지성의 제국

이 번역서는 포항공과대학교 박태준미래전략연구소의 지원으로 출판되었습니다.

포항공과대학교

포항공과대학교는 우리나라와 인류 사회 발전에 절실히 필요한 과학과 기술의 심오한 이론과 광범위한 응용 방법을 깊이 있게 연구하고, 소수의 영재를 모아 질 높은 교육을 실시함으로써 지식과 지성을 겸비한 국제적 수준의 고급 인재를 양성함과 아울러, 산·학·연 협동의 구체적인 실현을 통하여 연구한 결과를 산업체에 전파함으로써 사회와 인류에 봉사할 목적으로 설립되었습니다.

이러한 목적에 따라 포항공과대학교는 세계적인 대학들과 긴밀히 협력하여 기초과학과 공학 각 분야의 첨단적인 연구에 중점을 두는 한편 소재산업 관련 연구에서는 세계적인 중심지로 발전하고자 합니다.

또한 성실하고 창의적이며 진취적 기상을 지닌 지성인을 양성하기 위하여 전문교육뿐 아니라 전인교육을 강조하며, 인류 복지 향상을 위하여 산학협동의 폭을 세계의 전 산업체로 확대함으로써 세계 속의 대학으로 발전하고자 합니다.

박태준미래전략연구소

청암 박태준 사상을 기반으로 우리 사회의 미래 전략과 담론을 창출하기 위해 2013년 설립된 포항공과대학교 산하 박태준미래전략연구소는 인류와 국가의 더 나은 내일을 위하여 미래 사회를 조망하고 대응 전략을 연구하며 박태준정신과 리더십을 체계적으로 탐구하고 사회에 전파하고 있습니다.

EMPIRES

박태준미래전략연구총서 01

지성의 제국

현 대　연 구 중 심 대 학 의　세 계 사

윌리엄 C. 커비 지음 | 임현정 옮김 | 이종식 감수·해제

빨간소금

OF IDEAS

子曰, 學而時習之, 不亦說乎?

공자가 말했다. 배우고 때때로 익히면, 또한 기쁘지 아니한가?

내가 아는 한, 기원전 5세기에서 3세기 사이에 기록된 《논어》의 첫 구절은 현대 대학의 도전과 보상을 가장 잘 포착하고 있다. 이는 역사학자이자 교사이며 학장으로서 이 책에 이르게 된 나의 길을 반영하기도 한다.

나는 18세부터 대학에서 배우고 실무를 익히는 즐거움을 누렸다. 다트머스(Dartmouth)와 웰즐리(Wellesley), 그리고 마인츠(Mainz)에서 학부생으로 공부하며 국제적 시야에서 교양과 과학 교육의 가치를 배웠다. 베를린대학교와 하버드대학교의 대학원 시절에는 교수로서의 수련을 위한 기술을 익히고자 했다. 워싱턴대학교와 하버드대학교에서는 학자로서, 그리고 행정가로서 배운 것을 실천하는 법을 익혔다. 이 과정에서 유럽, 미국, 아시아에 이르는 대학 세계의 풍부함과 복잡성을 점차 배웠다. 이 책은 3개 대륙에 걸친 다양한 개인과 기관의 경험, 동료애, 도움에 크게 빚지고 있다.

미국 대학 중에서도 보석 같은 존재인 세인트루이스의 워싱턴대학교에서 나는 윌리엄 H. 댄포스(William H. Danforth)와 마크 S. 라이트턴(Mark S. Wrighton)의 선량하고 원칙적인 리더십이 어떻게 대학 특유의 명확한 거버넌스를 유지하면서 수십 년 만에 대학을 변화시켰는지 볼 수 있었다. 나는 이 대학의 사학과와 평생교육원의 멘토들에게 모든 것을 빚지고 있다. 1990년대 초 하버드에 도착했을 때, 나는 탁월한 학장인 제러미 R. 놀스(Jeremy R. Knowles)와 교수 출신 총장이자 설득력 있는 웅변가인 닐 L. 루든스타인(Neil L. Rudenstine)과 함께 일할 기회가 있었다. 돌이켜보면 그 시절은 하버드의 황금기였다. 나는 해외 연구, 국제 연구 파트너십 구축, 중국과 유럽 대학들의 자문위원회 활동을 통해 부활한 중국 대학들의 역동성과 유럽의 혁신 동력을 실감했다. 칭화대학의 천지닝(陳吉寧)과 치우융(邱勇), 베이징대학의 천자얼(陳佳洱), 왕언거(王恩哥), 하오핑(郝平), 홍콩대학의 빅터 풍(Victor Fung)과 피터 매시슨(Peter Mathieson), 하이델베르크와 빈의 수잔네 바이겔린슈비트르치크(Susanne Weigelin-Schwiedrzik), 암스테르담대학칼리지와 위트레히트의 마레이크 판 덴 벤더(Marijk van den Wende), 베를린자유대학교의 메히틸트 로이트너(Mechthild Leutner)와 페터안드레 알트(Peter-André Alt)로부터 나는 많은 것을 배웠다. 친구들과 동료들에게 깊이 감사드린다.

이 책은 니틴 노리아(Nitin Nohria)가 하버드경영대학원의 학장으로 재임할 당시, 전임자인 제이 라이트(Jay Light)와 마찬가지로 아낌없는 지지를 보내 준 덕분에 출간될 수 있었다. 하버드차이나펀드와 하버드상하이센터의 동료들인 줄리아 차이(Julia Cai), 왕이(王毅)와 낸시 다이(Nancy Dai)는 실무와 연구 전반에서 큰 도움을 주었다.

하버드경영대학원의 사례연구법은 이 책의 방법론에 큰 영향을 끼쳤으며, 하버드경영대학원의 탁월한 연구원들은 이 책의 완성도를 더욱 높여 주었다. 조이슬린 W. 이비(Joycelyn W. Eby)는 미국과 중국 분야에 대해 특별한 지원을 했고, 다수의 인터뷰에 동행했다. 그는 버클리, 칭화대학, 홍콩대학과 관련한 하버드경영대학원의 사례연구를 공동 집필했는데, 이들 사례연구는 이 책 마지막 장의 초안이 되었다. 왕위안쮀(王元卓)는 듀크대학교 사례를 공동 집필했고, 난징대학 연구 방문에서도 핵심적인 역할을 했다. 존 맥휴(John McHugh)와 조이스 킴(Joyce Kim)은 각각 중국과 미국 상황에 대한 전문성과 프로젝트에 대한 깊은 헌신으로, 원고를 마무리하는 데 결정적으로 이바지했다. 마라이케크리스틴 뷔스(Mareike-Christin Bues)는 독일 사례 구상에 도움을 줬고, 캐럴린 타라트코(Carolyn Taratko)는 이를 최종 원고로 다듬는 데 크게 이바지했다. 노아 트루윗(Noah Truwit)은 원고 마감 후 업데이트와 참고문헌 정리를 도왔다. 이 프로젝트가 진행되는 동안 하버드경영대학원 교수진 지원 전담 행정원 에이바 러셀(Ava Russell)은 예산과 일정 관리에 힘을 쏟았고, 그녀의 후임인 앨리스 포스터 맥컬럼(Alice Foster McCallum)은 편집된 원고를 검토했다. 이러한 동료들의 지원, 조언, 그리고 도움에 대해 더없이 감사하게 생각한다.

나는 하버드대학교 출판부의 두 명의 훌륭한 편집자와 함께 일하는 즐거움을 누렸다. 엘리자베스 놀(Elizabeth Knoll)은 계약 당시부터 한결같이 좋은 조언을 해 주었고, 고등교육에 탁견을 가진 역사학자인 앤드루 키니(Andrew Kinney)는 원고 전체를 검토하며 더 간결하고 나은 책으로 다듬어 주었다. 펜앤드잉크(Pen & Ink)의 페넬로페 퍼킨스(Penelope Perkins)는 모든 문장을 꼼꼼히 교정했고, 제니 코르테(Jenny Korte)와 앤절라 필리우라스(Angela Piliouras)는 최종 교정과 조판을, 메리 모텐슨(Mary Mortensen)은 찾아보기 작업을 맡았다. 벨크냅 출판부(Belknap Publishing) 책임자인 조이 드 메닐(Joy de Menil), 이 프로젝트가 아이디어에서 원고로 성장하는 과정을 지켜본 하버드대학교 출판부 책임자인 빌 시슬러(Bill Sisler)와 조지 안드레우(George Andreou)에게도 감사드린다. 익명의 두 심사위원이 보내 준 이 책에 대한 논평과 제안 또한 큰 도움이 되었다.

이와 같은 연구는 간행물과 기록 자료, 구술 자료 등 다양한 출처에 의존해야 한다. 나는 훔볼트대학교, 베를린자유대학교, 듀크대학교, 캘리포니아대학교 버클리, 칭화대학, 난징대학, 홍콩대학 등의 기록 보관 담당자들의 지식과 지원의 수혜자다. 특히 대학의 과거와 현재 자료들에 대해 특별한 접근 기회를 제공해 준 듀크대학교의 데버라 제이컵스(Deborah Jakubs) 도서관장과 피터 랭(Peter Lange) 전임 교무총장에게 특히 감사드린다.

나는 이 책에서 다룬 각 대학의 거의 100명에 이르는 전·현직 총장과 교무총장, 교수, 고위 행정 인원 등을 인터뷰하는 특권을 누렸으며, 이들이 자기 학교가 직면한 문제를 놀랄 정도로 솔직하게 이야기하는 모습에 감탄했다. 이름을 일일이 열거할 수 없지만, 독일·미국·중국 고등교육계의 핵심 인물들이라 해도 지나치지 않다.

독일에서는 훔볼트대학교의 하인리히 핑크(Heinrich Fink), 크리스토프 마르크시스(Christoph Markschies), 얀헨드리크 올베르츠(Jan-Hendrik Olbertz) 총장을 비롯한 여러 교수와 행정 지도자의 통찰과 경험으로부터 배움을 얻었다. 에바 이네스 오베르크펠(Eva Inés Obergfell)과 페터 프렌슈(Peter Frensch) 같은 교수들에게도 감사한다. 하인츠엘마어 테노르트(Heinz-Elmar Tenorth)가 동료들과 함께 집필한 《훔볼트대학교 200년사》[1] 또한 내게 큰 영향을 주었다.

자유대학교에 관한 이 연구는 알트 총장과 클라우스 뮐한(Klaus Mühlhahn) 부총장, 헤르베르트 그리스호프(Herbert Grieshop), 마티아스 다넨

베르크(Matthias Dannenberg), 안드레아 뵈어(Andrea Bör) 사무총장, 그리고 전임 사무총장인 페터 랑게(Peter Lange)의 협조로 가능했다. (참고로 이 책에는 두 명의 독보적인 Peter Lange[2]가 등장한다.) 독일의 우수대학육성사업(Exzellenzinitiative)에 관한 대학의 전략을 자문했던 자유대학교 국제자문위원회의 한스 바일러(Hans Weiler)와 기타 위원들의 조언도 유익했다.

하버드에서는 당연히 인터뷰로 괴롭힐 동료들이 부족하지 않았는데, 특히 전임 총장 닐 루든스타인과 드루 파우스트(Drew Faust), 그리고 차기 총장 로런스 바코(Lawrence Bacow)가 주요 공략 대상이었다. 전임 학장 윌리엄 그레이엄(William Graham), 배리 블룸(Barry Bloom), 벤카테시 나라야나무르티(Venkatesh Narayanamurti)와 전임 교무총장 스티븐 하이먼(Steven Hyman)은 자신들의 재임 기간에 대해 솔직하고 여과 없는 설명을 제공했다. 앨런 가버(Alan Garber)[3] 교무총장과 프랭크 도일(Frank Doyle) 학장은 매사추세츠공과대학이 자리한 도시에서 공학이 직면한 도전을 논의했으며, 하버드 줄기세포연구소의 더글러스 멜턴(Douglas Melton) 소장은 하버드가 직면한 학술적 도전의 근원을 서안 지역의 혁신 생태계에서 찾고자 했다.

캘리포니아대학교 버클리에서는 니컬러스 더크스(Nicholas Dirks) 총장과 그의 팀이 버클리 근현대사를 특징짓는 야망과 긴장, 재정적 제약에 대해 공유해 주었다. 전임 총장 로버트 버지노(Robert Birgeneau)와 차기 총장 캐럴 크라이스트(Carol Christ)는 대학의 독특한 문화를 이해하는 데 도움을 주었으며, 전임 교무총장 조지 브레슬라우어(George Breslauer)는 2008년 금융 위기 이후 버클리의 생존 전략에 대한 상세한 맥락을 제공했다. 또 한 명의 뛰어난 전임 교무총장인 저드 킹(Judd King)은 버클리 고등교육연구센터에서 나를 환대했고, 역사학자인 예원신(葉文心)과 셸던 로스블랫(Sheldon Rothblatt)은 모두 버클리의 훌륭한 학자이자 시민으로서 귀중한 통찰을 제공했다.

듀크대학교에서는 리처드 브로드헤드(Richard Brodhead) 총장이 보여준 모범을 따라 전 기관의 환대와 개방이 이어졌다. 전임 총장 내널 키오헤인(Nannerl Keohane)은 중요한 배경 정보를 제공했고, 교무총장인 피터 랭(Peter Lange)과 샐리 콘블루스(Sally Kornbluth)는 심층 인터뷰에 응하는 한편, 대학의 방대한 기획 자료에 접근할 수 있도록 했다. 집행부총장인 제임스 로버츠(James Roberts)와 재무부총장 톨먼 트래스크 3세(Tallman Trask III)는 재정 상황을 파악하는 데 도움을 주었으며, 마이클 머슨(Michael Merson) 부총장은 듀크의 국제적 야망을 설명했다. 중국의 듀크쿤산대학교의 야망과 도전을 이해하는 데 블레어 셰퍼드(Blair Sheppard), 메리 브라운 불록(Mary Brown Bullock), 가오하이옌(高海燕), 노아 피커스(Noah Pickus), 웬디 쿠란(Wendy Kuran), 윌리엄 존슨(William Johnson), 그리고 특히 노라 바이넘(Nora Bynum)에게 빚을 졌다. 쿤산시 당서기 관아이궈(關愛國)와 진나이빙(金乃兵), 진밍(金明) 부시장도 중국 현지에서 지역적 맥락에 대한 중요한 정보를 제공했다.

칭화대학에서는 천지닝과 치우융 총장, 천쉬(陳旭) 당서기, 양빈(楊斌) 부총장, 첸잉이(錢穎一)·리다오쿠이(李稻葵)·쉐란(薛瀾)·판다웨이(潘大為) 원장, 그리고 셰저핑(謝澤萍)·왕후이(汪暉) 교수에게 고마움을 전한다. 칭화의 슈워츠먼학자프로그램(Schwarzman Scholars Program)에 대해서는 창립자인 스티븐 A. 슈워츠먼(Stephen A. Schwarzman)과 지치지 않는 CEO 에이미 스터스버그(Amy Stursberg)로부터 직접 이야기를 들을 수 있었다. 칭화대학의 이웃이자 경쟁자인 베이징대학의 여러 동료들과 친구들에게도 중국 고등교육 전반에 대한 폭넓은 통찰을 제공해 준 데 대해 감사의 마음을 전한다. 특히 왕언거 총장과 린젠화(林建華) 총장, 진리(金李) 교수와 위안밍(袁明) 교수에게 각별한 고마움을 전한다.

난징대학에서는 뛰어난 근현대사학자인 장셴원(張憲文), 천첸핑(陳謙平), 장량친(姜良欽)의 도움으로 풍부한 자료에 접근할 수 있었다. 도움을 준 전·현직 난징대학 공산당위원회 당서기인 장이빈(張異賓)과 후진보(胡金波), 부서기 양중(楊忠)과 부총장 왕전린(王振林), 허청저우(何成洲) 교수, 그리고 홉킨스-난징센터 전 공동 소장인 닐 쿠블러(Neil Kubler)에게도 감사를 드린다.

마지막으로, 나는 상대적으로 개방적이면서 긴장감이 많았던 시기에 홍콩에서 연구할 기회를 가졌다. 피터 매시슨·장샹 총장, 롤런드 친(Roland Chin)·폴 탐(Paul Tam) 수석부총장, 에이미 추이(Amy Tsui)·존 말파스(John Malpas) 부총장, 이언 홀리데이(Ian Holiday)·가브리엘 렁(Gabriel Leung) 학장, 쉬궈치(徐國琦)·양루이(楊銳) 교수, 그리고 존 캐럴(John Carroll) 교수의 도움이 없었다면 홍콩대학에서 연구를 수행할 수 없었을 것이다. 빅터 풍, 아서 리(Arthur Li) 등 전·현직 이사장도 자신들의 재임 기간에 대해 명확한 해설을 들려주었다. 홍콩 고등교육의 전망과 문제 전반에 대해서는 홍콩의 대학교육지원위원회 동료들로부터 직접 배웠다.

이와 같은 연구에서 늘 그렇듯이, 다양한 인터뷰와 기록들은 그 일부만이 책에 반영되었지만 전체적인 방향을 설정하는 데 큰 역할을 했다.

끝으로, 타이완 중앙연구원 근대사연구소의 뤼먀오펀(呂妙芬) 소장에게 특별한 감사를 전한다. 2017년 나는 이 연구소의 궈딩이(郭廷以) 기념 강연에서 이 프로젝트의 개요를 발표하는 영예를 누렸다.[4]

해외에서 이렇게 빈번하게 작업하는 나는 고향에서 기다리는 훌륭한 가족이 없다면 결코 작업을 완수할 수 없다. 그런 면에서 나는 아들 테드와 딸 엘리자베스, 누이 캐서린, 그리고 무엇보다도 아내이자 동료 역사학자인 이베트 시언 커비(Yvette Sheahan Kirby)의 축복을 받았다. 아내의

인내심과 대학 세계에 대한 깊은 경험이 이 책의 배경이 되었으며, 이 책
은 그녀에게 바치는 헌사이기도 하다.

차례

"세계적 수준"의 대학

우리는 대학의 세계에 살고 있다. 최소 3만 개의 기관이 자신을 대학이라 부르며, 그중 1,400여 개가《타임스고등교육(Times Higher Education)》세계 대학 순위에 이름을 올리고 있다. 누가 선두에 있을까? 고등교육기관의 순수한 숫자로만 본다면 그 답은 인도일 것이다. 2020년 기준으로 1,043개의 대학과 4만2,343개의 단과대학을 보유한 인도[1]가 약 4,000개의 학위 수여 기관을 보유한 미국을 크게 앞선다. 중국 교육부는 2021년 고등교육기관이 3,012개라고 발표했다. 이스라엘은 63개, 팔레스타인은 25개를 보유하고 있다. 북한은 어떤 통계에서는 3개, 또 다른 통계에서는 300개의 대학을 보유한 것으로 나타난다.[2] 그린란드, 지부티, 모나코도 대학을 하나씩 보유하고 있다.[3]

물론 그 세계는 서로 다른 대학들이 이루는 세계이기도 하다. 세상에는 가장 오래되고 여전히 명성을 유지하는 옥스퍼드대학교(University of Oxford)와 케임브리지대학교(University of Cambridge)가 있는가 하면, 이름 그대로 몰락과 부패의 상징이 되어 사라진 트럼프대학교(Trump University) 같은 곳이 있다. 또한 다른 형태의 자기 과시형 대학들도 있다. 이 책의 독자라면, 한때 '학교(school)'나 '단과대학(college)'이었으나 오늘날 '대학교(university)'라는 이름으로 학생을 모집하는 수많은 기관을 쉽게 떠올릴 수 있을 것이다. 저명한 고등교육사학자인 셸던 로스블랫(Sheldon Rothblatt)은 "대학은 하나의 이념으로부터 정체성을 도출하는 존재라는 사상의 계보"를 논하면서, 대학이 존재해 온 수 세기 동안 "하나의 단일한 대학 개념은 결코 실재한 적이 없었다"라고 말했다.[4]

어떤 대학들은 포괄적인 학문 영역을 제공하지만, 또 다른 대학들은 극도로 전문화되어 있다. 구(舊)소련 진영의 대학들은 응용 지식 중심의 모델을 따랐고, 학생들은 졸업 후 곧바로 미리 정해진 국영기업으로 배치되었다. 이 책에서 살펴보겠지만, 세계 각국의 고등교육 제도는 서로 크게 다르며 그 가운데 일부는 체계마저 부족하다. 때로 대학이라는 형식이 먼저 생기고 기능은 나중에 따라오기도 한다. 훗날에야 달성된 학문적 탁월성보다 먼저 존재했던 미국의 신고딕 양식 캠퍼스들을 생각해 보라.

대학의 세계는 권력 정치의 세계와 무관하지 않다. 결국 대학은 누구를 위해 존재하는가? 개인인가, 공동체인가, 국가인가, 아니면 당인가? 이는 오래되었으나 여전히 유효한 질문들이다. 모든 근대 연구중심대학(research university)의 '학문적 아버지(Doktorvater)'라 할 수 있는 베를린대학교(University of Berlin)는 프로이센이 전쟁에서 패한 후 국가 재건의 수단으로 설립되었다. 잃어버린 땅을 지식의 힘으로 보완하려 한 것이다. 하버드대학교(Harvard University)는 설립 후 첫 세기에는 별다른 특색이 없는 '주립'대학에 불과했으나, 이제는 공적 사명을 자임하는 최고의 사립대학으로 거듭났다. 캘리포니아대학교 버클리(The University of California, Berkeley)는 설립 이래로 캘리포니아주를 위해 봉사하는 자랑스러운 공립대학이었다. 여전히 공중을 위해 봉사하고자 하는 열망을 유지하고 있으나, 점점 민간 자금에 대한 의존도가 커지고 있다. 칭화대학은 본래 졸업생을 미국으로 유학 보내 미·중 간 유대를 강화하려는 외교적 목적 아래 설립되었다. 오늘날에는 국제적인 명문으로 떠오르면서 오히려 미국과 다른 국제적 인재들을 끌어들이고 있다.

그러나 대학의 세계는 권력 정치나 국가의 흥망성쇠를 다룬 영향력 있는 연구들에서 눈에 띄게 배제되어 있다. 폴 케네디(Paul Kennedy)는 그의 고전인 《강대국의 흥망(The Rise and Fall of the Great Powers)》에서 경제 변화와 군사적 갈등에 초점을 맞춘다. 데이비드 랜즈(David Landes)는 《국가의 부와 빈곤(The Wealth and Poverty of Nations)》에서 교육보다 시계와 손목시계에 더 큰 관심을 기울인다. 《국가는 왜 실패하는가(Why Nations Fail)》에서 대런 아세모글루(Daron Acemoglu)와 제임스 로빈슨(James Robinson)은 권력, 번영, 빈곤의 기원을 깊이 파고들지만, '교육'은 찾아보기에서조차 찾을 수 없다. 고등교육 전반과 특히 하버드에 대해 깊이 알고 있는 나의 동료 찰스 마이어(Charles Maier) 역시 미국의 패권을 다룬 그의 역작 《제국들 사이에서(Among Empires)》에서 대학에는 거의 지면을 할애하지 않는다.[5] 다만 국가 간의 부와 권력에 대한 이러한 분석들에서, 적어도 랜즈는 석유 붐의 절정기에 페르시아만 국가 출신 어느 금융인의 말을 인용해 진정한 부의 본질을 성찰한다. "부는 교육이며 전문성이며 기술이다. 부는 지식이다. 우리는 돈이 있지만 부유하지 않다."[6]

"부유한 국가에 빈곤한 농민은 있을 수 없다." 이는 내가 하버드경영대학원(Harvard Business School)에서 중국 사례를 가르칠 때 세계에서 가장 혁신적인 농업 기업인 C.P. 그룹의 선임 회장이자 지도자인 타닌 찌야와논(Dhanin Chearavanont)이 학생들에게 전한 교훈이었다. 나는 이것이 대학에도 똑같이 적용된다고 믿는다. 즉 오랜 시간 동안 번영한 국가에 원칙적으로 품격 낮은 대학은 존재할수 없다. 한 국가의 역량을 국내총생산이나 군사력으로 더욱 정확히 측정할 수 있을지 모른다. 하지만 고등교육의 질을 정밀하게 측정할 수 없다고 해서 그것이 중요하지 않다는 뜻은 아니다.

지난 300년 동안 세계 정치와 경제를 주도해 온 강국들은 동시에 학문과 교육 분야에서 세계를 이끌었다. 17~18세기에 프랑스는 군사력보다 사상의 힘으로 유럽을 지속해서 지배했다. 아시아에서는 당시 절정을 구가하던 위대한 청(淸) 제국이 동아시아 세계의 학문과 문명의 정의를 제시하며 유럽으로부터 찬사받았다. 19세기에는 영국과 프랑스, 독일이 연이어 세계 강국으로 부상했는데, 이들 국가의 힘은 세계적인 위상을 가진 선도적인 대학들과 궤를 같이했다. 영국에서는 대영제국(그리고 나중에는 영연방) 각지의 엘리트들이 케임브리지나 옥스퍼드, 또는 이와 유사한 영국식 대학에서 교육받았다. 프랑스의 그랑제콜(grandes écoles)[7]은 (최근까지도) 외국인을 잘 받아들이지 않지만, 프랑스 해외령 출신 엘리트들에게는 최고의 교육기관이었다. 반면 독일의 대학들은 대학이 지닐 수 있는 학문적 이상과 역할을 재정의함으로써 세계 각국 학자들에게 선망의 대상이 되었는데, 이는 독일의 민족적 역량이 성장하던 시대와 맞물려 있었다. 20세기에 미국이 세계적 명성을 얻으면서 국제 유학생과 학자의 유치에서 두각을 나타냈다면, 이는 미국의 '세기'라 불리는 그 시대와 긴밀하게 연결되어 있었다. 2022년 중국 대학들이 세계 순위에서 빠르게 상승하고 50만 명 이상의 외국 유학생을 유치하는 현상 역시 중국의 국제적 위상 상승과 무관하지 않다.

이 책은 지정학을 다루지는 않는다. 하지만 세계적 맥락에서 대학의 과거와 미래의 역할을 다룬다. 이 책은 근현대 연구중심대학이 가장 강력하게 발전하고 세계적 영향력을 발휘해 온 세 가지 환경, 즉 독일, 미국, 중국을 다룬다. 이는 대학의 과거에 비추어 본 대학의 미래에 관한 이야기다. 나는 역사학자의 관점에서 21세기에 세계를 선도하는 고등교육 중심지 세 곳을 검토할 것이다. 그들이 어떻게 성장했는지 탐구하고, 오늘날 그들이 어떤 도전에 직면했는지, 21세기에 어떤 국가의 시스템이(하나라도 있다면) 세계적 표준을 주도할 것인지 추정할 것이다.

19세기 독일의 대학들이 전 세계 현대 대학의 기초를 확립했다면, 20세기 말에는 미국 대학들이 막대한 국제적 영향력을 행사했다. 그렇다면 21세기 중국 대학의 리더십 전망은 어떠한가? 이 단순한 질문을 제기하는 것 자체가 독일, 미국, 중국 대학에 대한 일정 수준 이상의 비교 연구를 요구한다.

2022년 현재, 거의 모든 주요 글로벌 대학 순위에서 미국 대학들이 선도적 위치를 차지하고 있다. 그러나 1922년에는 그렇지 않았으며, 2122년에도 그럴 것이라고 단정할 이유는 없다. 다른 영역과 마찬가지로 고등교육에서 미국의 주도권은 오늘날 심각한 위기에 처해 있다. 특히 공립대학뿐 아니라 사립 연구중심대학도 마찬가지다. 한편, 최근 수십 년간 고등교육에서 가장 혁명적인 변화가 일어난 곳은 바로 중화인민공화국이다. 1977년 중국 대학들은 문화대혁명이라는 참사 이후 막 문을 열기 시작한 상태였다. 그리고 오늘날 중국 대학들은 연구와 교육에서 국제적 리더십의 지위를 차지할 준비가 되어 있다.

최근 4,000만 명이 넘는 학생이 재학 중인 중국 대학의 급속한 확장은 전후 미국의 고등교육 팽창이나 1970~1980년대 유럽 내 고등교육 대중화를 위해 설립된 대학의 성장세를 능가한다. 중국 대학의 부지 면적은 지난 20년간 5배 이상 늘어났다. 그리고 1950년대 미국의 확장이나 1970년대 유럽의 성장과 달리, 오늘날 중국의 대학 확장은 상당수의 "세계적 수준의 대학"을 건설하려는 자기 지향적이고 엘리트주의적인 성격을 띠고 있다. 이들 중 우수한 대학은 연구에 막대하게 투자하고 있으며,

가장 혁신적인 대학들은 독일과 미국의 전통을 모두 반영한 '자유학예교육(liberal education)' 개념을 창의적으로 실험하고 있다.

따라서 이 연구는 지난 두 세기에 걸쳐 수월성을 정의했거나 앞으로 그럴 가능성이 있는 세 영역, 즉 독일, 미국, 중국의 고등교육에 대한 과거와 현재를 탐구한다. 물론 세 나라의 다양한 고등교육기관들이 외견상 일관된 "체계"를 가지고 있지 않다는 사실을 잘 알고 있다. 나는 이 연구를 포괄적인 국가 단위의 연구가 아니라 교훈을 도출할 수 있는 개별 대학의 사례연구를 통해 수행했다. 교육 분야에서는 오랫동안 사례연구를 통해 "실천의 핵심적 문제"를 다루고 교육 경험의 다양성을 심화해 왔다.[8] 이 책에 등장하는 각 대학은 국가의 고등교육이라는 큰 체계에 뿌리를 두고 있지만, 각각 고유한 서사와 성격, 그리고 문제의식을 지니고 있다. 각 대학은 하나의 독립된 극적 서사이고 그 자체로 의미가 있다. 하지만 흥미로운 일화를 소개하는 데 그치지 않고 더 넓은 독자들에게 교훈을 주기를 희망한다.

나는 하버드대학교에서 30년 이상 재직했고, 지난 15년간은 하버드경영대학원에서도 강의했다. 그 과정에서 사례연구와 사례 중심 교수법이 개별적 사건에 초점을 맞추면서 전체를 조명하는 데 얼마나 효과적인지를 직접 체험했다. 하버드경영대학원 사례 수업은 "불확실성을 관리하는 예술"로 묘사되곤 한다.[9] 우리의 사례들은 본질적으로 교육의 도구로서, 하나의 정답이 아닌 여러 가능한 결말을 통해 더 넓은 원칙을 사고하게 하는 좋은 이야기다. 이 책의 사례연구 또한 하나의 결론을 끌어내기보다 독자들에게 풍부한 경험을 제공하는 데 목적이 있다. 또한 독자들이 각기 다른 대학의 삶에 반복적으로 몰입함으로써 세계 유수의 연구중심대학들 사이에 존재하는 공통점과 차이점을 스스로 사유하도록 돕는 데 목적이 있다.

나는 각 대학에 대해 서사의 과정에서 수월성 혹은 쇠퇴를 결정짓는 요인들을 논할 것이다. 예컨대 총장과 학장의 리더십, 교수들과 학생들의 자질, 재정적 역량 등이다. 나는 1810년 베를린대학교 설립에 기원을 두고 있는 세 가지 상호 연결된 현상에 특별히 주목할 것이다. 첫째는 철학이든 물리학이든 최고 수준의 학문적 탐구(Wissenschaft)에 헌신하는 대학이라는 개념이다. 둘째는 가장 기본적인 의미에서 전인교육(Bildung)을 강조하는 자유학예(liberal arts) 및 과학 교육 문화 육성을 위한 헌신으로, 이는 실용적인 훈련(Übung)과 구별된다. 중국어로 전자는 더욱 광범위한 교육(敎育), 후자는 좁고 반복적인 훈련(訓練)이다. 이 두 요소를 융합해 이상화된 "독일 모델"이 만들어졌고, 이 모델이 19세기 후반부터 현재까지 미국 고등교육을 재편했다. 오늘날에는 "미국 모델"로 불리며 현대 중국의 고등교육 체제에 흡수되고 있다.

오늘날 훔볼트대학교(Humboldt University)가 자임하는 근대의 독창적 원형(moderne Original)의 세 번째이자 결정적인 지향점은 거버넌스 영역으로, 특히 대학 당국이 정치적 풍향에 휘둘리지 않고 인사와 우선순위를 설정할 수 있는 자율적인 운영에 있다. 세계적 명문 대학의 성패를 가르는 요소 중에서 거버넌스의 질보다 더 중요한 기준은 아마 없을 것이다.

독일의 사례로는 근대 연구중심대학의 모태로 평가받는 베를린대학교(시기에 따라 프리드리히빌헬름대학교(Friedrich-Wilhelm Universität), 나중에는 훔볼트대학교로 불림), 냉전 개시와 함께 미국 재단의 지원으로 설립된 베를린자유대학교(Free University of Berlin)를 중심으로 논의한다.

미국의 경우, 내가 교수로 30여 년 몸담으면서 1990년대와 2000년대 초 문리과대학 학장, 학과장, 연구소장으로 재직한 하버드대학교와 한때 미국 최고의 공립대학이었으나 현재는 뼈아픈 과도기를 겪고 있는 캘리포니아대학교 버클리, 그리고 하버드나 버클리보다 더 야심 찬 글로벌 전략을 추진하면서 급부상 중인 사립 명문 듀크대학교(Duke University)를 사례로 삼는다.

중국에서는 1911년 미국의 지원을 받아 인문과학 예비 학교로 설립되어 오늘날 과학·공학·경제 분야에서 중국 최고 권위를 자랑하는 칭화대학, 베를린대학교를 모델로 삼아 국민당 정부 시기 국립중앙대학교로 설립된 난징대학(南京大學), 그리고 영국 제국주의 시기의 유산으로 "아시아의 글로벌 대학교"를 표방하는 홍콩대학(香港大學)을 중심으로 살펴본다.

밝혀 둘 점들

이 책에서 다루는 대학들은 전 세계적으로 잘 알려져 있으며, 이러한 주제의 책에서 자연스러운 선택이 될 수 있다. 그러나 이들 대학을 선택한 이유는 단지 그 명성 때문이 아니다. 나는 수십 년에 걸쳐 이 대학들과 직접적인 인연을 맺어 왔고, 그 경험을 바탕으로 이들을 잘 알고 있기 때문이다. 독일사 연구를 시작한 젊은 학자 시절에 나는 대학 졸업 후 베를린에서 공부했으며, 독일학술교류처(Deutscher Akademischer Austauschdienst)의 장학금을 받아 베를린자유대학교에서 수학했다. 이후 근현대 중국사를 전공한 박사과정 및 조교수 시절에는 훔볼트대학교의 뛰어난 중국학자들과 교류하면서 깊은 관계를 맺었다. 이후에는 베를린자유대학교의 국제자문위원회에서 활동하며 베를린의 학술 지형을 더욱 심층적으로 연구할 기회를 가졌다. 미국에서는 하버드대학교에서 대학원생으로, 그리고 훗날 교원으로 재직한 시간 외에도 중국학 분야에서 우리의 동료이자 경쟁자이며 고등교육연구센터의 본거지인 캘리포니아대학교 버클리의 여러 심사위원회에서 활동했다. 이 책 집필 초기에 한 학기 동안 그곳에서 시간을 보내기도 했다. 나는 또한 듀크대학교의 쿤산 캠퍼스에서 중국 담당 수석자문역을 맡아 미국 더럼과 중국 쿤산에 자주 거주했다. 칭화대학에서 운영하는 슈워츠먼학자프로그램의 학술자문위원장을 맡았고, 현재는 이 프로그램의 이사회 위원으로 활동하고 있다. 1984년부터 난징대학과 인근의 공산주의 이전 시대 국가기록물보관소를 주기적으로 방문했다. 홍콩에서는 여러 차례에 걸쳐 대학교육지원위원회 위원으로 활동했으며, 최근에는 중요하면서도 논란이 많았던 홍콩대학의 거버넌스 검토 작업에 참여했다.

이처럼 나는 이들 대학과 시스템을 오랫동안 직접적으로 경험했다. 그러나 그렇다고 해서 비판 없이 연구한다는 의미는 아니다. 무엇보다 이 책은 독일사와 중국사를 연구한 역사학자로서, 그리고 주로 미국에서 활동한 고등교육 실무자로서 나의 학문적 여정 속에서 만들어진 결과물이다. 젊은 시절 워싱턴대학교 세인트루이스에서 첫 교수직을 맡았을 때 탁월한 리더십, 강력하면서 협력적인 거버넌스, 뛰어난 학생과 학자의 공동체가 한 기관의 삶에 얼마나 강력한 변화를 줄 수 있는지를 직접 체감했다. 내가 이곳에서 학장직을 수락하자, 하버드 박사과정 시절 지도교수였던 존 킹 페어뱅크(John King Fairbank)는 "그 직책이 교육 행정에 대한 조기 예방접종이 되기를 바란다"라는 내용의 편지를 보냈다. 하지만 그렇게 되지는 않았고, 나는 그 이후로 학문적 수월성이 어떻게 형성되는가에 대해 깊은 관심을 품게 되었다.

합리적인 독자라면 다음과 같은 의문을 제기할 수 있을 것이다. '대학의 세계'에 관한 책이라면서 어떻게 가장 오래된 대학(볼로냐)이나 전통과 권위를 갖춘 대표적 명문 대학(옥스퍼드와 케임브리지), 혹은 최근 급속도로 성장하고 있는 인도의 역동적인 고등교육기관들을 제외할 수 있는가? 물론 옥스퍼드와 케임브리지는 독일에서 연구중심대학이 부상하기 훨씬 이전부터 뛰어난 교육기관으로 명성을 얻었다. 하지만 19세기 독일 모델이 부상한 이후에야 독일에서 돌아온 옥스브리지(Oxbridge)의 학자들이 자국의 대학 시스템에 연구 중심의 요소를 본격적으로 도입하기 시작했다.[10] 그리고 중국과 비교할 때 인도는 방대한 고등교육기관을 보유하고 있다. 그럼에도 품질 보증과 재정 지원 측면에서 국가 차원의 고등교육 정책을 수립하고 관리할 수 있는 강력한 정부 기구가 부족하다.[11] 중국의 사례에서 영감을 얻었는지, 인도 정부는 2020년에 이르러서야 고등교육 역량을 두 배로 확대하겠다는 야심 찬 20년 계획을 발표했다.[12]

단 한 권의 책에서 모든 것을 다룰 수는 없다. 나의 목적이 19세기, 20세기, 그리고 (아마도) 21세기에 명확히 글로벌 기준을 설정한 주요 장소와 시스템을 탐구하는 것인 만큼, 독일, 미국, 중국이라는 선택은 설득력이 있다. 이 책에서 분석하는 독일, 미국, 중국의 대학들은 모두 세계적 리더가 되었거나, 세계적 리더가 되기를 열망해 온 곳들이다. 책 전반에 걸쳐 대학들이 어떻게 성공을 측정해 왔는지가, 특히 서로를 기준 삼아 성공을 평가하게 된 경위가 반복적으로 등장할 것이다. 이는 우리가 오늘날 '순위(rankings)' 또는 '순위표(league tables)'라고 부르는 개념의 역사이며, 곧 세계적 대학이 되기 위한 리더십의 추구와 그 측정 방식의 역사이기도 하다. 그러니 이제 "세계적 수준(world-class)"이란 무엇을 의미하는지를 먼저 살펴보는 것으로 이야기를 시작해야 한다.

세계 고등교육에서의 순위와 평판

오늘날 각국의 정부 지도자, 대학 행정가, 학부모, 그리고 학생은 세계적 수준의 대학을 이해하고 규명하는 데 깊은 관심을 둔다. 각국이 혁신 주도형 경제를 발전시키기 위한 경쟁에 돌입하면서 전 세계적으로 우수 인재를 육성, 유치, 유지하려는 경쟁이 심해지고 있다. 대학은 이러한 목표를 실현하기 위한 핵심 수단으로 여겨진다.[13] 이러한 현상은 중국에서 특히 두드러지게 나타나는데, 중앙정부는 세계적 수준의 지위 달성이라는 명시적 목표 아래 최고 엘리트 기관들에 막대한 자금을 투입해 왔다. 대학 행정기관들 역시 이 목표를 진지하게 받아들였다. 예를 들어 칭화대학의 〈2011~2015년 발전 계획〉에는 "세계적 수준의 대학"이라는 표현이 무려 27차례나 등장한다.[14]

그러나 세계적 수준이라는 개념은 구체적으로 무엇을 뜻하는가? 국제 고등교육 분야에서 폭넓은 저술 활동을 펼쳐 온 미국 학자 필립 알트바흐(Philip Altbach)는 다음과 같이 지적했다. "모든 사람은 세계적 수준의 대학을 원한다. 그 어떤 나라도 그것 없이 괜찮다고 느끼지 않는다. 문제는 아무도 '세계적 수준의 대학'이 정확히 무엇인지 모르고, 그것을 어떻게 실현할 수 있는지 알지 못한다."[15] 학계와 언론은 오랫동안 대학을 위대하게 만드는 요소를 분류하고 정량화하려고 노력했으나 명확한 합의에 이르지 못했다. 다만 몇 가지 공통된 맥락이 존재한다. 대학의 질에 대한 평가는 다양한 형태를 취해 왔는데, 그중에서도 지속성과 대중성 면에서 특히 두드러지는 유형이 있다. 바로 대학 순위표다. 널리 유포되고 간편하게 확인할 수 있는 국내외 대학 순위표는 세계적 수준의 성취를 정량화하는 가장 인기 있는 수단 중 하나가 되었다. 오늘날 고급 와인부터 호텔, 식기세척기에 이르기까지 모든 것에 등급이나 순위가 매겨진다. 대학이라고 예외일 수 있을까?

미국의 (이제는 글로벌 현상이 된) 순위에 대한 강박 대학 순위는 본래 미국에서 시작된 일종의 문화였다. 미국 대학 순위의 초기 사례 중 하나는 심리학자 제임스 매킨 캐텔(James McKeen Cattell)이 주도한, 뛰어난 사상가들의 배경을 조사하는 더욱 광범위한 프로젝트에서 비롯되었다.[16] 1910년 캐텔은 가장 저명한 "미국 과학자" 1,000명을 선정해 순위를 매기고 이를 십 분위로 나누었다. 그런 다음 이들의 출신 학교와 재직 학교를 조사해 뛰어난 교수의 수, 뛰어난 동문의 수, 그리고 전체 교수 중 뛰어난 교수의 비율 등을 바탕으로 대학 순위를 도출했다. 가장 중요한 분석은 현재 재직 중인 "과학자들", 즉 실제로 연구를 수행하는 교수들의 수를 기준으로 대학을 순위화한 것이었다. 이때 각 교수(당시에는 모두 남성이었다)가 동료들로부터 받은 개인 순위를 반영해 가중치를 부여했다.

이 최초의 순위에서도 절대통계와 상대통계의 균형 있는 활용의 중요성이 분명히 드러났다. 만약 캐텔이 전체 교수 수 대비 "과학자" 수의 비율에 따라 순위를 정렬했다면, 결과는 사뭇 달라졌을 것이다. 예를 들어 1910년 클라크대학교(Clark University)는 오늘날 캘리포니아공과대학교(California Institute of Technology, Caltech)에 비견되는 대학으로, 연구 성과 면에서 하버드보다 훨씬 더 탁월했다.

순위	기관	"과학자" 교수진
1	하버드	79.5
2	컬럼비아	48
3	시카고	47.5
4	예일	38
5	코넬	35
6	존스홉킨스	33.5
7	위스콘신	30
8	농무부(Department of Agriculture)	28
9	지질조사국(Geological Survey)	25.5
10	MIT	25

[표 1-1] 교수진(절대치 기준)에 따른 상위 10개 기관(0.5는 명예교수 또는 시간제 교수를 의미함). (제임스 매킨 캐텔 엮음, 《미국의 과학자들: 인명사전(American Men of Science: A Biographical Directory)》 제2판, 뉴욕: 사이언스프레스, 1910, 589쪽).

캐텔의 연구는 이후 지속해서 대학 순위 시스템을 곤혹스럽게 만들어 온 선택과 절충의 문제들을 명확히 제시했다. 그의 작업은 오늘날 대학 순위의 방법론적 기반 중 하나인 "성과기반분석(outcome-based analysis)"의 초기 사례로 볼 수 있다.[17] 성과기반분석이란 유명 동문 배출, 수상 경력 교수의 재직 여부, 연구 논문 실적 등 대학의 활동으로부터 나타나는 다양한 산출물과 결과를 기준으로 대학을 평가하는 방식이다.

1924년 화학자 레이먼드 휴즈(Raymond Hughes)는 현대 순위 방법론의 또 다른 핵심 축인 "평판기반분석(reputation-based analysis)"을 도입한 연구를 시범적으로 시작했다.[18] 그는 북중부대학·칼리지(North Central Association of Schools and Colleges)의 요청을 받아 마이애미대학교(Miami University)의 교수진을 대상으로 36개 대학의 20개 학문 분야를 1점에서 5점까지 평가하도록 설문조사를 실시했다. 이후 이러한 평가를 종합적인 목록으로 집계했다. 1934년 두 번째 조사에서는 응답 대학의 범위를 넓혔다. 하지만 그의 목적은 순위를 결정하는 것이 아니라 더욱 객관적인 정보 제공을 위한 것이었으므로, 집계 결과를 알파벳 순서로만 공개했다. 이 연구는 이후 1950~1960년대 대학원 프로그램 평가에서 평판 기반 순위 체계가 확산되는 데 중요한 토대를 마련했다.

그러나 일반 대중이 본격적으로 대학 순위에 접근하고 관심을 두기 시작한 것은 1983년 《유에스뉴스앤드월드리포트(U.S. News and World Report, USNWR)》에서 처음으로 〈미국 최고의 대학(America's Best Colleges)〉 보고서를 발표하면서부터였다. 당시 《타임》과 《뉴스위크》에 밀려 쇠퇴하고 있던 2류 시사 주간지 《USNWR》은 새로운 정체성이 필요했다. 〈미국 최고의 대학〉은 처음에는 전적으로 평판 조사에 의존했으며, 대학 총장들의 의견만을 바탕으로 순위를 산정했다. 이 방식에 대한 비판이 이어지자, 1988년 《USNWR》은 평가 기준을 수정했다. 평판 평가를 25%로 축소하고, 입학·졸업률, 교수진 성과 등 절대적 수치를 기반으로 한 정량적 지표를 75% 반영했다. 이때부터 《USNWR》 순위는 학부뿐 아니라, 대학원과 전문대학원 순위까지 포괄하는 미국 내 대학 순위의 표준으로 자리 잡았다. 현재는 모든 순위를 매년 발표하고 있다.[19]

데이비드 S. 웹스터(David S. Webster)는 "다른 모든 체제를 제외하면 민주주의가 최악의 정부 형태라는 윈스턴 처칠의 말처럼, 질적 순위는 미국 내 대학들을 비교하는 가장 나쁜 방식이지만 그 밖의 모든 방법보다 나은 방식"이라고 말했다.[20] 하지만 2000년대 초에 이르자 논쟁의 초점이 미국 국내 순위에만 머무르지 않았다. 교수, 학생, 일자리, 정보 등이 점점 더 국경을 넘나들며 이동하자, 대학들이 점차 글로벌 시장에 편입되었기 때문이다. 세계화와 세계적 수준의 지위를 향한 보편적 열망은 국가 간

순위	기관	총 교수진 대 "과학자" 교수진 비율
1	클라크	2
2	존스홉킨스	5.6
3	시카고	6
4	스탠퍼드	6.9
5	하버드	7.8
6	브린마(Bryn Mawr)	7.8
7	웨슬리언(Wesleyan)	8.5
8	케이스(Case)	8.8
9	프린스턴	9.8
10	MIT	10.1

[표 1-2] 교수진 기준 상위 10개 기관(상대치 기준). (제임스 매킨 캐텔 엮음, 《미국의 과학자들: 인명사전 (American Men of Science: A Biographical Directory)》 제2판, 뉴욕: 사이언스프레스, 1910, 589쪽).

대학들을 비교하는 다양한 순위 체계의 등장을 이끌었다. 미국과 같은 단일 국가 안에서도 수많은 학교, 전공, 다양한 사명을 가진 대학들을 객관적으로 비교하는 일이 쉽지 않은 과제였는데, 이는 이 어려운 과제를 더욱 까다롭게 만들었다.

순위 제도의 수많은 한계, 그리고 순위의 편재성과 영향력을 우려하는 대학 행정가와 고등교육 비평가의 회의적 반응에도 불구하고, 순위 시스템은 평가와 비교의 기준을 형성하는 데 일정하게 공헌했다. 각 시스템(《US-NWR》, 상하이자오퉁대학(上海交通大學) 세계대학학술순위(ARWU),《타임스고등교육》세계 대학 순위, 그리고 콰쿠아렐리 시먼즈(Quacquarelli Symonds, QS) 세계 대학 순위)은 가장 정량화하기 쉬운 각 대학의 연구 성과를 핵심 평가 지표로 삼았다. 이러한 순위 시스템 외에도 학자들과 행정가들은 '위대함'을 더욱 정교하게 정의하려는 노력을 기울여 왔다. 이들은 교수진의 논문 인용 수, 동문 수상 실적과 같은 측정 가능한 결과물뿐 아니라, 학문적 자유, 기관의 자율성과 같은 추상적 개념까지 포괄하고자 한다. 세계적 수준에 대한 다양한 정의들 속에 존재하는 공통점은 교수, 학생, 그리고 행정의 세 영역에서 수월성을 강조한다는 것이다. 최근 들어, 특히 중국에서는 국제 교류와 문화 교류 역시 세계적 수준의 대학을 정의하는 중요한 요소로 포함하는 경향이 있다.

교수진 풍부한 연구 성과를 산출하는 최고 수준의 교수진은 세계적 수준의 대학에 대한 거의 모든 개념에서 핵심 요소로 여겨진다. 하버드대학교 문리과대학 학장을 지낸 헨리 로조프스키(Henry Rosovsky)가 지적했듯이, 최고 수준의 대학은 "교수진의 질이 그들의 명성과 위상을 유지하는 데 가장 중요한 요소라는 사실을 정확히 인식하고 있다. 최고의 교수진은 가장 우수한 학생들을 끌어들이고, 최고 수준의 연구를 수행하며, 외부의 지원을 가장 많이 확보한다."[21] 그렇다면 우수한 교수진을 유치하기 위한 정책은 무엇이며, 탁월한 학자가 지속해서 연구 성과를 낼 수 있도록 하는 방법은 무엇일까?

교수진의 풍부하고 수준 높은 연구 성과를 위한 가장 기본적인 요건은 학문적 자율성이다. '가르칠 자유(Lehrfreiheit)'와 '배울 자유(Lernfreiheit)'는 세계 최초의 연구중심대학인 베를린대학교의 핵심이었다. 연구중심대학의 모델이 유럽과 미국에서 확산·발전되면서, 학문의 자유라는 가치는 각 분야의 전문가인 교수들이 자신의 관심과 자원이 허락하는 범위 내에서 연구할 수 있는 기반이 되었다. 완전하지는 않지만, 이러한 확장된 연구의 자유는 대학이 혁신과 발견의 중심지로 자리 잡는 데 원동력이 되었다. 학문의 자유에 대한 보호는 교수 사회와 일반 사회 간의 암묵적 사회계약과 연결되어 있었다. 즉, 연구를 수행할 시간과 공간을 부여받은 이들은 그 성과를 사회와 공유하고 공익을 위해 이바지할 의무를 지녔다.[22]

물론 대학 순위에는 빠져 있는 요소들이 많다. 순위는 측정할 수 있는 것만을 평가하며, 대부분 영어로 발간되는 국제 학술지에 실린 연구 논문을 우선시한다. 인용 지수와 같은 기준은 경제학 분야에서는 중요할 수 있지만, 켈트어 연구와 같은 분야에는 그다지 도움이 되지 않는다. 국제 대학 순위는 주요 연구상을 중심으로 평가하며, 대학들은 노벨상 수상자가 있는 교수진에 자부심을 느낀다. 이는 수십 년 전 다른 기관에서 수행한 연구에 대한 공로를 취하는 것이다. 일반적으로 대학 순위는 교육, 교수법, 커리큘럼은 물론 멘토링이나 영감을 주는 교수의 역할 등을 철저히 배제한다. 각 대학은 자체적으로 교수 역량을 평가해야 한다. 하지만 그 방식은 일관되지 않으며, 실제로 훌륭한 강의에 대해 전문적으로 혹은 재정적으로 보상하는 대학은 드물다. 원칙적으로 뛰어난 교육은 교수의 최첨단 연구 성과와 우수한 학생 육성을 잇는 다리 구실을 한다. 그러나 최고의 교육과 멘토링조차 순위 지표에서는 교수 대 학생 비율처럼 간접적인 방식으로 모호하게 나타날 뿐이다.

세계적 수준의 대학을 만드는 데 교수진의 중심적 역할은 대학 운영진에게 재정적·조직적 부담이 되기도 한다. 연구 역량이 뛰어난 최고 교수진을 유치하기 위해서는 유럽 축구계에서 벌어지는 선수 영입 경쟁에 비견할 만한 입찰 경쟁을 벌여야 한다. 생명과학 분야의 '리오넬 메시'를 마다할 대학이 어디 있겠는가? 최고의 인재를 영입하려면 파격적인 보수와 탁월한 연구 자원, 최첨단 시설(대개 신축)을 제공해야 할 뿐 아니라, 수업 시수 면제가 필요하다. 원래 학문적 자율성을 보장하기 위한 수단으로 도입되었던 테뉴어(Tenure, 종신재직권) 제도는 이제 대학 간 경쟁에서 빼놓을 수 없는 요소가 되었다. 국제적으로 경쟁이 치열한 환경에서 최고의 인재를 영입하고 유지하기 위해서는 종신 재직 보장이 필수적이다. 오늘날 세계 어느 국가보다 적극적으로 글로벌 인재를 유치하는 고등교육 체제를 운영 중인 곳은 중국이다. 하지만 중국의 '천인계획(千人計劃)'은 서구에서 오랫동안 검증된 인재 영입 경쟁의 최신 사례에 불과하다.

학생 대학은 학생 없이 존재할 수 없다. 우수한 학생을 유치하고 탁월하며 생산적인 졸업생으로 양성하는 능력(그 정의가 어떠하든 간에)은 세계적 수준의 대학이 갖추어야 할 또 하나의 핵심 요소다. 세계적 대학은 높은 잠재력을 지닌 학생을 선발하고 입학시킬 수 있는 입학 제도를 갖추고 있어야 한다. 일단 입학한 학생들은 새로운 사상과 영감을 주는 연구를 접한다. 물론 교수진의 역량은 학생의 성장에 큰 영향을 끼치지만, 동료 학생의 수준과 교과과정의 성격 또한 중요하다.

세계적 수준의 대학에 관한 논의에서 자유학예교육을 기반으로 한 교과과정(주로 일반교양교육 필수교과목 형태로 구현)은 학생들을 미래의 시민으로 성장시키는 핵심 수단으로 자주 언급된다. 미국에서 자유학예 및 과학 교육에 대한 대표적인 옹호자이자 아이오와대학교(University of Iowa) 및 다트머스대학(Dartmouth College) 총장을 역임한 고(故) 제임스 O. 프리드먼(James O. Freedman)은 학부 교육의 공적 목적을 강조하며 다음과 같이 진술했다. "자유학예교육은 학생들이 국가와 세계가 직면한 과제에 대응할 수 있는 역량을 강화하고 그들의 시야를 넓히며, 지성을 풍요롭게 하고 정신을 심화하는 것을 목표로 한다. 이런 교육은 학생들에게 자신의 행위와 타인의 복지에 대한 책임을 요구한다."[23] 2013년 미국문리아카데미(American Academy of Arts and Sciences)가 발표한 보고서 〈문제의 핵심(The Heart of the Matter)〉은 인문·사회과학 교육이 미국의 국가적 필수 과제임을 역설했다. 이 보고서는 다음 세 가지 목표를 달성하기 위해서는 인문·사회과학 교육이 필수라고 강조했다. 세 가지 목표는 "① 21세기 민주주의 사회에서 번영하기 위해 갖추어야 할 지식, 기술, 이해력을 미국인에게 교육하고, ② 혁신적이고 경쟁력 있으며 강인한 사회를 조성하고, ③ 상호 연결된 세계에서 국가의 리더십을 확보하는 것이다. 이러한 목표를 자연과학만으로는 달성할 수 없다."[24]

물론 자유학예를 강화하라는 권고만큼이나 그 이상적 가치들(예를 들어 비판적 사고 함양, 인격 형성, 시민의식 교육 등)이 실제 교육 현장에서 충분히 구현되지 못하고 있다는 학계의 우려 역시 만만치 않다.[25] 아울러 자유학예를 어떻게 가르치는 것이 최선인지에 대한 합의도 존재하지 않는다. 나는 2000년대 초 하버드대학교 학부 교육에 대한 자체 검토를 진행하는 과정에서, 학장으로서 교수들과 학생들에게 일반교양교육에 관한 에세이를 의뢰한 적이 있다. 그 결과 자유학예 및 과학 교육의 개념과 구현 방식에 대해 참신하면서도 다른 견해가 풍부하게 존재한다는 점을 확인했

다.[26]

　그럼에도 자유학예라는 이상은 여전히 강력하며 세계적으로 확산되고 있다. 21세기 초 유럽과 중국의 여러 대학은 미국식 자유학예 칼리지 모델을 본보기로 삼기 시작했으며, 종종 연구중심대학 내 엘리트 우등 칼리지(honors colleges)의 형태로 도입되었다. 세계적 수준을 지향하는 대학들은 학생의 전인적 성장과 전문 지식의 심화를 균형 있게 추구할 방안을 모색해 나갔다.

거버넌스　일반적으로 세계적 수준이라 평가받는 대학들은 또 하나의 뚜렷한 특징을 공유한다. 바로 유연하고 효과적인 거버넌스 체계를 가지고 있으며, 인사와 교과과정이 정치적 간섭으로부터 상당 부분 자유롭고, 대학의 비전을 실현할 수 있는 충분한 자원을 확보하고 있다는 점이다. 이는 19세기 훔볼트식 대학 모델의 이상이었으나, 어느 곳에서도 완전히 구현된 적은 거의 없었다. 미국에서는 대부분의 대학이 총장을 정점으로 하는 행정 위계와 이사회로 구성된 거버넌스 시스템을 발전시켰다. 이상적으로, 이러한 관리 구조는 공적 자금을 지원받는 대학이라 할지라도 정치적 조류에 휩쓸리지 않고 대학이 최선의 이익에 따라 의사를 결정할 수 있도록 했다. 그러나 미국 고등교육의 석학이자 전 컬럼비아대학교(Columbia University) 교무총장인 조너선 콜(Jonathan Cole)이 지적했듯이, 오늘날 대학이 직면한 가장 큰 위협의 하나는 "학문 탐구의 자유에 대한 정부의 개입"이다.[27]

　그러나 동시에 정부는 대학의 존속과 발전에 필수불가결한 존재다. 국제 고등교육의 권위자인 자밀 살미(Jamil Salmi)는 세계화된 오늘날의 환경에서 "우호적인 정책 환경과 정부의 직접적 주도와 지원 없이 세계적 수준의 대학이 단기간에 창출되기는 어렵다"라고 주장한다.[28] 세계적 대학을 지향하는 오늘날의 대학들이 직면한 과제는 지난 200여 년 동안 독일, 미국, 중국의 대학들이 그랬듯이, 지원은 하되 간섭은 하지 않는 정부와 협력적인 관계를 구축하는 것이다. 흔히 '골디락스(Goldilocks)의 법칙'에 비유되는 이러한 "딱 적당한(just right)" 국가와의 관계를 찾는 일은 절대 간단하지 않다.

대학 외부의 정치적 영향과 별개로, 세계적 수준의 대학은 학내에도 효과적인 거버넌스 체계가 있어야 한다. 예컨대 미국의 주요 대학에서는 보통 예산 등 논쟁의 소지가 있는 핵심 결정들이 교수위원회보다 학장이나 교무총장, 기타 행정 보직자들에 의해 이루어진다. 반면 독일 대학들은 학장과 총장을 평교수가 선출하는 전통을 지니고 있는데, 헨리 로조프스키는 이를 "리더십이 약해지는 구조"라고 평했다.[29] 중국의 대학들은 지난 한 세기 동안 가능한 모든 모델을 실험해 왔다. 그러나 오늘날에는 대학 운영에 중국공산당의 영향력이 커지면서 강력하지만 유연하지 못한 리더십의 출현을 예고하고 있다.

국제화 주요 네 가지 대학 순위 체계 중 세 곳에 포함된 국제화는 특히 중국에서 세계일류대학의 핵심 조건으로 자주 언급되는 요소다. 국제화는 국제적으로 다양한 교수진과 학생 구성, 국제 학술 교류 프로그램, 독립 캠퍼스나 국제 합작 분교 설립 등 여러 방식으로 대학 안에서 구현되고 있다. 오늘날 대학의 국제화는 경제 세계화에 대한 대응이자 그 촉진제 역할을 하며, 칭화대학의 대표 프로그램 표어에서 드러나듯이 각 대학은 "미래 글로벌 리더들의 공동체"를 유치하기 위해 경쟁하고 있다.[30] 이러한 국제화 경향은 새로운 현상이 아니다. 이 책에서 다루는 주요 대학들은 모두 수 세기에 걸친 학문적 국제화의 산물이다.

순위의 딜레마 21세기 들어 세계적 수준의 대학에 대한 논의가 일종의 학문적 산업으로 자리 잡으면서, 그 정의는 점차 복잡하고 때로는 모순적인 양상을 띠었다. 중국 당국은 세계적 대학의 정의를 공공선에의 기여로 파악하는 경향이 강했으며,[31] 다른 이들은 혁신 기능, 또 다른 이들은 전통의 중요성에 방점을 두었다.[32] 이러한 정의들이 시간이 지나면서 몇 가지 핵심 개념에 수렴할 것인지, 아니면 더욱 다양해질 것인지는 여전히 불확실하다.

어쩌면 세계적 수준이라는 개념을 둘러싼 논의는 순위에 대한 과도한 집착, 즉 대학이 본연의 학문 탐구와 발견이라는 사명을 외면하고 '측정할 수 있는 것'에만 집중하게 만드는 현상에 대한 반작용일 수 있다. 모든 순위는 본질적으로 과거의 성과를 측정하는 것이므로, 오히려 새로운 기관을 창설하거나 기존 대학을 혁신하는 데 창의성을 저해할 수도 있다. 그럼에도 전 세계의 총장들, 교무총장들, 학장들은 순위의 전제와 폐해를 이사회 앞에서 의례적으로 비판하면서도, 매일같이 그 순위를 끌어올리기 위해 분투한다.

그러나 비록 완벽하지는 않더라도, 대학 순위는 고등교육 분야에서 세계적 주도권이 어떻게 지각변동을 겪고 있는지를 보여준다. 오늘날 전 세계의 학장들과 총장들이 주목하는 상하이자오통대학의 세계대학학술순위와 같은 순위 체계가 한 세기 전에 존재했다면, 당시에는 독일 대학들이 단연 중심적인 위상을 차지했을 것이다. 반면 오늘날 상위권을 차지하고 있는 하버드대학교는 당시 10위권은커녕, 어쩌면 20위권 안에도 들지 못했을 것이다. 하버드가 연구중심대학이라는 명칭에 걸맞은 위상을 얻게 된 것은 19세기 후반 이후 베를린대학교의 운영 모델을 모방함으로써 가능했다. 오늘날 적어도 QS 순위에 따르면, 베이징대학과 칭화대학이 '모든' 독일 대학을 능가하고 있다. 시대는 변하는 법이다.

제1장

독일의 대학
역사적 개관

독일의 중심부인 베를린의 중심가 운터 덴 린덴 거리에는 17세기 말에서 18세기 초 무렵에 브란덴부르크(Brandenburg) 선제후 프리드리히 3세(Frederick III)가 건축한 '무기고(Zeughaus)'가 자리하고 있다. 이 무기고는 1875년 통일된 프로이센-독일제국 아래서 군사 박물관으로 전환되었으며, 1943년에는 아돌프 히틀러 암살 미수 사건의 현장이기도 했다. 오늘날 이곳은 독일역사박물관(German Historical Museum)으로 활용되고 있다.

이 박물관을 찾는 관람객들은 1870년 이전에는 정치적 실체로 존재하지 않았던 '독일'의 이야기가 아니라, 프로이센, 폴란드, 오스트리아, 혹은 프랑스의 지배를 받았던 독일어 사용 민족들의 역사를 유럽적 맥락 속에서 접한다. 전시 동선을 따라가다 보면, 고대 로마 후기부터 중세로 이어지는 여정을 거친다. 그들은 종교개혁과 30년전쟁을 다양한 관점에서 체험하고, 부르봉왕가와 합스부르크왕가 간의 왕조 경쟁, 프랑스혁명과 나폴레옹 전쟁, 1848년의 좌절된 혁명들, 독일의 통일과 제1차 세계대전 패전, 바이마르공화국의 실험, 히틀러의 집권과 대량 학살, 제2차 세계대전에서 독일의 몰락 등을 만난다. 그리고 1949년에 이르면 전시는 분기점을 맞고, 관람객은 두 갈래의 길 중 하나를 선택해야 한다. 왼쪽으로 향하면 사회주의의 상징이었던 섬유유리 자동차인 트라반트(Trabant)를 만나 독일민주공화국(동독)으로 들어서고, 오른쪽으로 향하면 폭스바겐 비틀이 안내하는 독일연방공화국(서독)의 서구 세계로 향한다. 1990년에 이르면, 독일과 마찬가지로 전시도 다시 통일된다.

독일 대학의 역사 역시 독일사의 궤적과 마찬가지로 직선적이지 않다. 박물관이 아우르는 풍경이 그러하듯이, 과거 독일어권에 설립된 일부 대학들은 현재 독일어권 국가의 영토에 속하지 않는다. 예컨대 18세기 말 임마누엘 칸트가 교수와 총장을 지냈던 동프로이센의 쾨니히스베르크대학교(University of Königsberg)는 현재 러시아 연방 영토에 자리하고 있다. 최근 블라디미르 푸틴에 의해 칸트의 이름을 딴 연방대학으로 개명되었다. 오늘날 하이델베르크대학교(University of Heidelberg)는 "독일에서 가장 오래된 대학"이라 자임하지만, 이는 독일의 지리적 범위를 현재의 연방공화국으로 제한할 때만 성립된다.[1] 신성로마제국의 영토 전역에 흩어져 있던 중세와 근세의 '대학'들은 19세기 이후 세계의 대학을 탈바꿈시킬 연구 중심 기관들과는 큰 차이가 있었다.

교황의 축복을 받은 신성로마제국의 황제이자 보헤미아의 왕이었던 카를 4세(Charles IV)는 1348년 보헤미아인, 바이에른인, 폴란드인, 작센인을 교육하기 위해 프라하대학교(University of Prague)를 설립했다. 그러나 이 대학이 첫 번째 졸업생을 배출하기까지는 10년 이상 걸렸다. 카를 4세의 사위이자 오스트리아 공작인 루돌프 4세(Rudolf IV)는 1365년 빈대학교(University of Vienna)를 설립하며 그 뒤를 이었다. 크리스트교 내부의 분열은 새로운 대학 설립의 동인이 되었다. 1378년 서방 교회 분열(Western Schism)과 그에 따른 대립의 결과, 기존의 교회 기관들이 대학으로 확대되면서 하이델베르크(1386)·쾰른(Cologne, 1388)·에어푸르트(Erfurt, 1392) 대학교의 설립으로 이어졌다. 당시 대학은 대개 지역 주교의 관할 아래 있었으며, 원칙적으로 황제 외에는 어떤 권위에도 종속되지 않았다. 1456년 그라이프스발트(Greifswald)에, 1457년 프라이부르크(Freiburg im Breisgau)에 대학이 설립된 후에는 교황이 부여한 특권에 더해 조세 및 병역 면제와 같은 황제의 '특권'을 보유하는 것이 일반적인 관행이 되었다. 이처럼 독일 대학은 태생부터 공공성을 띠고 있었다.

16세기의 종교개혁은 특정 통치자의 종교와 일치하는 교육기관에 대한 수요를 증가시켰다(cuius regio, eius religio, 지배자의 종교가 곧 그 영토의 종교다). 이에 따라 독일 대학들은 수적으로 성장했으나, 질적 성장은 그에 미치지 못했다. 종교개혁 이전 독일어권 지역에는 15개의 대학이 있었다. 그러나 1700년에는 그 수가 두 배로 늘어났다.

이들 대학은 모두 황제, 교황, 또는 영주의 후원에 의존하는 소규모 기관들이었다. 교수진, 등록 학생 수는 유동적이었으며, 일부 대학은 존립 위기에 처하기도 했다. 당시 가장 명망 있는 대학의 학생 수는 1,000~1,200명 정도였으나, 소규모 대학은 80~100명 수준이었다. 대학의 명성은 끊임없이 부침을 거듭했고, 어느 한 대학이 학문 지형을 지배하는 일은 없었다. 15세기 초에는 에어푸르트와 쾰른이 가장 크고 저명한 대학이었고, 한 세기 후에는 라이프치히(Leipzig)와 잉골슈타트(Ingolstadt)가 두각을 나타냈다. 인문주의와 종교개혁은 비텐베르크(Wittenberg), 라이프치히, 헬름슈테트(Helmstedt), 프랑크푸르트 안 데어 오데르(Frankfurt an der Oder), 예나(Jena), 잉골슈타트 등의 전성기를 열었다. 30년 전쟁 기간에는 쾨니히스베르크, 로스토크(Rostock), 쾰른 등이 피난 학생들과 (시대를 막론하고 대학생의 훌륭한 전통인) 징병을 기피한 학생들 덕분에 상대적으로 규모가 커졌다.

18세기 독일 대학은 의료직, 성직, 혹은 (법학 공부를 통한) 공직 진출 등 전문직 종사자를 양성하는 곳이었다. 이들 대학은 질적 수준이 매우 불균등한 다층적 교육체계의 정점에 있었고, 대부분의 학교는 사회의 특정 계층과 목적에 따라 기능적으로 분화되어 있었다. 예컨대 사관학교는 군 장교를, 신학교는 목회자를 양성했다. 귀족 가문은 젊은 남성들을 16세기 말 인기를 얻기 시작한 기사학교(Ritterakademien)에 보내 군사와 궁정 예법을 익히게 하고, 수공업자나 상인의 자녀는 몇 년간 라틴어 학교에 다닌 후 특정 기술을 익히는 방식이었다. 이들 학교는 계통적인 위계 구조 속에 편입되지 않았으므로, 대학으로 진학하는 단일한 경로 또한 존재하지 않았다. 당시 학교들은 유형을 불문하고 대개 "설비가 부족하고 운영이 미흡하며, 출석률이 낮았다."[2]

대학생들의 행실은 대학의 명성을 높이기는커녕 오히려 훼손했다. 당시 대학은 18세기 판 〈애니멀 하우스의 악동들(National Lampoon's Animal House)〉[3]이라고 해도 손색이 없을 정도로 술과 방탕, 칼싸움을 동반한 난투의 공간이었다. 명예의 상징인 결투상처(Schmisse)가 유행한 것은 19세기에 들어서였지만, 그 전조는 이미 이때 시작된 셈이었다. 18세기 말에 교육개혁가 요아힘 하인리히 캄페(Joachim Heinrich Campe)는 "대학은 해로움보다 이로움이 더 큰가?"라는 수사적 질문을 던졌고, 그 답은 '아니오'였다. 그는 "가장 훌륭한 젊은이들도 대학에 가면 완전히 파괴되지는 않더라도 최소한 타락하고 몸과 영혼이 쇠약해져, 자신과 세상을 상실한 채 돌아온다"라고 썼다.[4]

계몽의 세기라 불린 18세기에도 (어쩌면 그래서 더더욱) 독일 대학의 평판은 실로 참담했다. 파리와 옥스퍼드는 학문 공동체가 번성하면서 유럽 전역의 학자들을 끌어들였지만, 독일의 대학들은 여전히 지역 중심적이었다. "중세적"이라 불린 것은 칭찬이 아니었다. 독일 대학은 주로 교회와 군주에 예속된 교수들이 암송한 고대 문헌을 학생에게 전수하는 주입식 교육의 현장으로 여겨졌다.[5] 교수들의 강의와 출간은 모두 라틴어로 이루어졌다. 당대의 주요 지식인들은 대부분 대학 생활과 별개로 명성을 쌓았다. 위대한 수학자이자 철학자인 고트프리트 빌헬름 라이프니츠는 대학을 "불모의 상상력이 가득한 수도원"에 비유하며 경멸했고,[6] 브란덴부르크 선제후에게 새로운 대학 대신 과학 아카데미인 학문협회(Societät der Wissenschaften) 설립을 제안했다(1700). 이 협회는 훗날 프로이센왕립과학아카데미(Königlich-Preußische Akademie der Wissenschaften)로 발전한다.

그럼에도 18세기에 독일 대학의 잠재력을 개혁하려는 시도들이 있었다. 팽창하는 관료제 국가의 실용적 요구와 초기 계몽주의 조류가 대학의 역할을 재고하는 동력을 제공했다. 개혁 성향의 브란덴부르크 선제후 프리드리히 3세는 1694년에 할레대학교(University of Halle)를 설립했다. 이 대학은 기존의 기사학교 부지에 세워졌으며, 신학부와 법학부가 추가되었다. 할레의 크리스티안 토마지우스(Christian Thomasius)와 같은 초기 계몽주의자들은 대학을 정통주의와 교조주의의 장소에서 근대 국가에 어울리는 성찰과 자유로운 발언이 가능한 공간으로 변화시키고자 했다. 토마지우스는 할레에서 라틴어가 아닌 독일어로 강의하고, 중세적 전통과 근대적 교육을 결합해 승마와 검술, 프로이센 공무원 준비 과정을 포함한 교과과정을 구성했다. 할레는 경제적으로도 성공을 거두었는데, 근세적 일반교양교육과 현대적 법학 교육을 결합함으로써 (다른 학생들보다 고액의 수업료를 내는) 귀족들의 자제 유치 경쟁에서 경쟁력을 확보했다.[7]

할레의 초기 성공(오래가지 않았지만)은 당시 영국과 연합해 프로이센의 경쟁자로 등장한 하노버 가문의 경쟁의식을 자극했다. 하노버 선제후이자 영국 국왕이었던 조지 2세는 1737년 괴팅겐대학교(University of Göttingen)를 설립했고, 이는 훗날 근대 연구중심대학의 등장을 예고하는 모델이 되었다. 괴팅겐은 종파적으로 중립적이었으며, 교수 임용을 국가가 승인했다. 또한 독일어권 전역에서 뛰어난 인재를 고액 연봉으로 유치하고 인문학과 자연과학을 포괄하는 철학부(Philosophische Fakultät)를 강화했으며, 실용적 목적을 고려해 우수한 법학부를 함께 구성했다. 괴팅겐의 부상을 이끈 하노버 관료 게를라흐 아돌프 폰 뮌히하우젠(Gerlach Adolf von Münchhausen)은 이렇게 말했다. "법학부는 명망 있고 뛰어난 인물들로 채워져야 한다. 이는 괴팅겐에서 부유하고 유력한 학생들을 유치하는 데 가장 중요한 요소이기 때문이다."[8] 괴팅겐은 부러움을 살 만한 내적 단결력을 길러냈다. 1789년 프로이센의 장관 프리드리히 게디케(Friedrich Gedike)는 프리드리히 빌헬름 2세 국왕에게 독일 대학의 현황을 보고하면서 괴팅겐에 대해 이렇게 평가했다. "제가 방문한 어떤 대학에서도 이곳 교수들만큼 애교심을 가진 이들을 본 적이 없습니다. 그들은 괴팅겐이 독일 최고의 대학이라는 점을 자명한 사실로 받아들이고 있었습니다. 다른 대학에 대해서는 경멸이나 연민의 시선으로 이야기했고, 마치 대학의 장점(일부는 실제적이고 일부는 주장이나 상상에 불과했지만)에 도취해 있는 듯했습니다." 적어도 프로이센의 관점에서 괴팅겐은 학문적 낙원이었고, 게디케는 다른 대학에 만연한 "파벌, 시기, 중상모략, 서로의 성취를 깎아내리려는 태도"가 이곳에서는 거의 없거나 "최소한 덜하다"라고 판단했다.[9]

예나대학교 또한 뛰어난 학문적 중심지였다. 작센-바이마르공국(Saxe-Weimar)에 자리한 이 대학은 18세기 후반 괴테의 후원자였던 카를 아우구스트(Karl August) 공작 아래서 전성기를 맞았다. 독일 관념론의 중심지로서 피히테(Johann Gottlieb Fichte), 헤겔(Georg Wilhelm Friedrich Hegel), 셸링(Friedrich Wilhelm Joseph von Schelling), 슐레겔(August Wilhelm von Schlegel) 등이 교수로 재직했고, 실러(Johann Christoph Friedrich von Schiller) 역시 잠시 강단에 섰다.

그러나 19세기 전환기에도 '독일 대학 체제'라 부를 수 있는 구조는 여전히 정체 상태였고, 교육받는 이들은 소수의 특권층에 한정되었다. 괴팅겐의 위상에도 불구하고 독일 대학은 여전히 다극적 구조였으며, 단일한 선도 기관이 없었다. 대학은 군주의 후원과 귀족 가문에 부과되는 높은 수업료에 의존했으나, 그 대상은 점점 줄어들고 있었다. 1700년 기준으로 오스트리아를 제외한 독일 대학의 재학생은 최대 9,000명 정도였으며, 100년 후에는 3분의 1 이상이 줄어들어 6,000명 미만이 되었다. 심지어 1780년경 등록생 수가 3,700명 정도까지 하락했다는 추정도 있다.[10] 혁신이 있었다면, 그것은 할레와 괴팅겐처럼 신설된 대학에 국한될 뿐이었다. 대다수의 기존 대학은 역사적 관행을 고수했고, 관료화된 교수진은 안일함에 빠졌다. 교육개혁가 캄페의 견해에 따르면, 대학을 개혁하기에는 너무 늦었다. "대학의 본질을 바꾸는 것은 곧 대학을 폐지하는 것을 의미한다."[11] 19세기 초, 프로이센의 교육부 장관은 실제로 대학이라는 제도 자체를 폐지하자고 제안하기도 했다.[12]

이 제안이 실현되지 않은 것은 프랑크푸르트 안 데어 오데르와 괴팅겐에서 대학 교육을 마치지 못하고 사실상 독학으로 성장한 빌헬름 폰 훔볼트(Wilhelm von Humboldt)의 노력 덕분이었다고 흔히 평가된다. 1810년 훔볼트가 주도해 설립한 베를린대학교는 근대 연구중심대학의 전범으로 자리 잡았으며, 이는 다음 장(제2장)의 주요 논점이 될 것이다. 다만 이 장에서는 훔볼트 이전 시대부터 현대 대학에 이르기까지 독일 대학이 유지해 온 몇 가지 연속적 특징을 간단히 정리해 보려 한다.

첫째, 19세기를 거치며 베를린대학교가 국내외에서 경쟁력과 명성을 확보했는데도, 독일 고등교육은 여전히 독일어권 지역을 통치하는 다양한 정치 주체들의 관할 아래 있었다. 몇 차례의 독일 통일(1870, 1938, 1990) 이후에도 '국립대학'은 존재하지 않았으며, 오늘날에도 독일연방공화국의 개별 주(Länder)들이 독일 대학들을 감독한다. 대학은 서로 경쟁하며 도약하기도 하고 쇠락하기도 했다. 18세기에는 이러한 경쟁이 학생을 유치하기 위한 것이었다면, 21세기에는 '우수대학육성사업(Exzellenzinitiative)'에서 인정받기 위한 것으로 바뀌었다.

둘째, 독일의 근대 대학들은 중세와 근세의 전신들로부터 제도적 자율성을 계승했다. 처음에 법인의 지위에서 비롯된, 대학 내부의 운영 원칙과 절차를 스스로 정하는 전통을 계속해서 소중하게 지켜 나갔다. 18세기에는 이러한 자율성이 종종 방어적 폐쇄성과 경직된 교조주의로 나타났다. 그러나 19세기에는 새롭게 구성된 교수 집단이 연구와 교육의 새로운 기준을 자율적으로 설정함으로써 독일 대학은 다른 어떤 교육기관과도 구별되는 독자성을 확립했다. 1960년대에는 이러한 내부 운영을 둘러싼 논쟁이 독일 대학을 심각한 위기에 몰아넣기도 했다.

셋째, 근세부터 거의 오늘날에 이르기까지 대학의 거버넌스는 단순히 교수 집단이 아닌 정교수의 통치를 뜻했다. 19세기 개혁을 통해 정교수중심대학(Ordinarienuniversität) 체제가 정립되었으며, 세 가지 기본적인 교수 계급이 존재했다. 강좌(Lehrstuhl)를 보유한 정교수(Ordinarius 또는 ordentlicher Professor), 오늘날의 부교수에 해당하되 타 대학의 "부름(called)" 없이는 정교수가 될 수 없는 비정규교수(Extraordinarius 또는 außerordentlicher Professor), 그리고 박사 학위와 박사후 자격(Habilitation)을 갖췄으나 정식 교수진도 아니고 공무원 신분도 아닌 사설강사(Privatdozent)다. 이러한 독일 대학의 교수 체계는 (오늘날에도 여전히) '종신재직권' 제도와 전혀 달랐다. 정교수는 자신의 전문 분야에서 절대적 권한을 행사했고, 각 학부는 특정 교수의 지도 아래 세미나 또는 연구소 중심으로 구성되었다.[13] 이와 같은 구조는 한편으로 원로 교수 중심의 학문 운영 전통, 다른 한편으로 영구적 비정규교수 집단이라는 두 가지 결과를 낳았다.

넷째, 그 결과 대학의 학문적 주도권은 좀처럼 최고위층에서 나오지 않았다. 학장은 대개 학과장들의 조정자에 불과했다. 정교수 중 한 명이 맡는 총장(rector)은 명목상 대학을 대표했지만, 실제로는 '동등한 자 중의 으뜸(primus inter pares)'으로서 대외적으로 정교수들을 대변하는 위치였다. 총장은 정교수 중에서 2년 임기로 선출되었고, 베를린대학교에서는 1930년대까지 연임할 수 없었다. 20세기 후반에 들어서야 이 직함이 '총장(president)'으로 바뀌었다. 총장은 반드시 교수이거나 그 대학 출신일 필요는 없었지만, 통상적으로는 그랬다.

다섯째, 교수들의 자치, 엄격해진 임용 절차, 그리고 정교수직에 대한 넉넉한 재정 지원은 19세기 독일 대학이 연구에서 혁신을 이루는 데 크게 이바지했다. 하지만 대학 내 강력한 행정적 리더십의 부재는 대학을 재정적으로 지원한 각 주 정부가 때때로 대학의 정책과 관련해 결정적인 목소리를 낼 수 있음을 의미했다. 예컨대 1810년 베를린대학교의 설립, 19세기 후반 유능한 프로이센 장관의 지도로 이루어진 자연과학 분야에서의 탁월한 성과, 그리고 1933년 나치화 과정 등이다.

여섯째, 독일 대학은 19세기와 20세기 초에 전 세계의 모델이 되었지만, 그 한계에 대한 불만은 외부 연구기관의 성장으로 이어졌다. 라이프니츠가 1700년 브란덴부르크 선제후에게 과학 아카데미의 설립을 설득했던 것처럼, 두 세기 뒤에는 독일 황제 빌헬름 2세가 오늘날 막스플랑크연구소(Max-Planck-Institutes)로 알려진 과학 학회들을 창설했다. 이 기관들은 강력한 연구기관으로 자리 잡았으나, 독일 대학들과의 관계는 상당히 느슨했다. 공산주의 체제인 동독에서는 소련 모델을 따른 과학 아카데미가 부활해 자금과 인재를 놓고 대학들과 경쟁했다.

마지막으로, 학생들의 독립성과 주체적 태도라는 전통은 19세기 독일 대학의 성장기와 20세기 후반의 대중화 시기에도 지속되었다. 결투상처는 1930년대 나치가 금지하기 전까지 명예의 훈장이었으며, 학생들의 현실 참여 운동은 대학과 정부를 여러 차례 시험대에 올렸다. 민족주의 성향의 학생 결사인 부르셴샤프텐(Burschenschaften)은 1819년 메테르니히 체제의 탄압으로 금지되었으며, 1948년에는 베를린대학교의 공산화에 저항한 학생들이 자체적으로 '자유대학(Free University)'을 설립하기도 했다. 20년 후 자유대학 학생들은 수업을 방해하고 교수들을 축출하려 하면서 전 세계 좌파의 상징으로 떠올랐다.

이러한 전통의 연속성은 분명 중요하다. 그러나 그것이 독일 대학이 19세기에 보여준 본질적이고 급진적인 혁신의 의미를 가려서는 안 된다. 대니엘 팰런(Daniel Fallon)은 《독일 대학(The German University)》에서 다음과 같이 썼다. "19세기의 독일 대학이 그토록 널리 존경받았다는 사실에서 가장 주목할 점은 그 대학 모델에 뚜렷한 선례가 없었다는 것이다." '연구중심'대학이라는 개념은 완전히 새로운 구상으로 탄생한 것이었다.[14]

독일 대학의 변화하는 운명을 되짚어 보자. 1800년 무렵, 독일 대학은 낡은 전통을 답습하는, 시대에 뒤처진 제도로 여겨졌고 폐지론까지 제기되었다. 그러나 반세기 후 미시간대학교(University of Michigan) 초대 총장 헨리 필립 태펀(Henry Philip Tappan)은 다음과 같이 적었다. "미시간주가 채택한 공교육 제도는 세계에서 가장 완벽하다고 인정받는 프로이센을 모델로 했다." 19세기 말에 미국 내 공학과 응용과학의 중심이었던 클라크대학교의 총장은 "독일 대학은 오늘날 지구상에서 가장 자유로운 곳이다. (중략) 인류 지식의 최전선에 도달하려는 열망이 이토록 보편적인 곳은 없다"라고 썼다. 두 차례 세계대전 후 하버드대학교 전 총장이자 서독 주재 미국대사를 지낸 제임스 B. 코넌트(James B. Conant)는 독일 대학을 "19세기에는 세계 최고였다"라고 회고하며 향수를 드러냈다.[15]

오늘날 독일 대학이 '세계 최고'라는 주장을 펴는 사람은 거의 없을 것이다. 하지만 한때는 그랬고, 지금은 부흥을 향해 나아가고 있다. 어떤 대학 순위 체계를 기준으로 삼든, 현재 독일 대학 중 세계 20위 안에 드는 곳은 없으며 상위 100위 안에 드는 곳도 손에 꼽는다. 2003년 발표된 첫 상하이자오퉁대학의 세계대학학술순위는 독일 내에서 깊은 자성의 계기가 되었는데, 상위 50위 안에 단 한 곳의 독일 대학도 없었기 때문이다.[16] 이는 다시 '수월성(excellence)'을 되찾기 위한 다양한 전략들을 수립하는 계기가 되었다.

앞으로 살펴보겠지만, 최근 독일의 정치인들과 대학 행정가들은 연구의 역동성을 회복하고 세계적 연구 인재를 유치할 방안을 고심해 왔다. 1999년 유럽 전역에서 고등교육 개혁을 위한 볼로냐프로세스(Bologna Process)가 공식 채택된 후 독일 대학은 낡고 비표준적인 학위 제도를 간소화함으로써 국제학생들의 접근성을 높였다. 유럽연합 전체를 아우르는 학생 교환 프로그램인 에라스뮈스(Erasmus)는 학생 이동성과 국제화를 제고했다. 대학들은 인재 유치와 유지를 위해 자원을 통합했다. 전국 단위의 '우수대학육성사업' 아래 세 차례의 재정 지원이 이루어졌는데, 이는 특히 잠재력이 높은 교육·연구 프로그램을 지원함으로써 특정 대학들을 21세기형 연구와 교육을 수행할 수 있는 역량을 갖춘 기관으로 탈바꿈시켰다.

독일 고등교육의 부상과 쇠퇴, 부흥을 이해하는 가장 좋은 방법은 두 대학을 자세히 살펴보는 것이다. 두 대학은 모두 프로이센(현재의 독일)의 수도 베를린에 있지만, 여러 면에서 서로 전혀 다른 세계를 보여준다. 제2장과 제3장은 베를린에 있는 훔볼트대학교와 자유대학교의 역사를 다룬다. 이들의 사례연구를 통해 독일 고등교육의 과거와 미래를 깊이 있게 살펴볼 수 있을 것이다.

제2장

근대의 원형
베를린대학교

오늘날 훔볼트대학교의 정문을 들어서면 이 대학 이름의 유래가 된 두 인물의 대리석 조각상을 지나게 된다. 한 명은 학자이자 정치가인 빌헬름 폰 훔볼트, 다른 한 명은 그의 동생이자 위대한 자연과학자인 알렉산더 폰 훔볼트(Alexander von Humboldt)다. 베를린의 중심가 운터 덴 린덴에 있는 이 대학의 본관은 과거 프리드리히대왕의 동생이 거주하던 저택이었다. 대학 맞은편에는 호엔촐레른(Hohenzollern)왕가의 장대한 도심 궁전인 슈타트슐로스(Stadtschloß)가 있다. 15세기에 만들어진 이 궁전은 20세기 중반에 공산주의 정권에 의해 파괴되었다가, 21세기 들어 문화 중심지로 재건되고 새롭게 구상되었다. 이 공간은 독일, 나아가 어떤 면에서는 유럽의 수도라 할 수 있는 이 도시의 상징적인 중심이 되고 있다.

대학교의 본관(Hauptgebäude) 안으로 들어서면, 동독 시절 광산에서 채굴한 붉은 대리석으로 꾸민 웅장한 로비를 만날 수 있다. 크고 우아한 계단은 층계참으로 이어진다. 층계참의 벽면에는 이 대학의 가장 저명한 졸업생의 하나인 카를 마르크스의 금색 인용문이 큼지막하게 새겨져 있

[그림 2-1] 훔볼트대학교 본관. (Beek100/위키미디어 커먼스/CC BY-SA 3.0).

[그림 2-2] 훔볼트대학교에 있는 카를 마르크스의 인용문. (© 윌리엄 C. 커비).

다. "철학자들은 세계를 다양한 방식으로 해석해 왔을 뿐이다. 그러나 중요한 것은 세계를 변화시키는 것이다." 이 명료한 문구는 마르크스가 《포이어바흐에 관한 테제(Thesen über Feuerbach)》에 남긴 열한 번째 테제로, 1953년 대학이 격동의 변화를 겪고 있을 때 공산 정권의 지시에 따라 설치되었다. 오늘날 마르크스의 실천적 구호가 걸린 벽으로 이어지는 계단에는 "계단 주의(Vorsicht Stufe)"라는 문구가 반복적으로 쓰여 있는데, 행동을 요구하는 메시지와 대비되는 이 조심스러움이 묘한 아이러니를 자아낸다.

본관 2층에 도착하면 대학이 배출한 노벨상 수상자 29명의 초상화가 방문객을 맞이한다. 이들 중에는 비료 생산을 가능하게 한 반응성 질소 개발로 유명한 프리츠 하버(Fritz Haber), 고전학자이자 역사가이며 법학자인 테오도어 몸젠(Theodor Mommsen), 감염병의 병원체를 발견한 로베르트 코흐(Robert Koch), 최초로 핵분열 실험을 수행한 오토 한(Otto Hahn), 양자이론 창시자인 막스 플랑크, 그리고 가장 널리 알려진 알베르트 아인슈타인이 있다.

이 붉은 대리석 계단을 지나면 18세기 신고전주의 건축양식의 특징을 보여주는 길고 넓은 복도가 총장실로 이어진다. 이 복도에서 특히 인상적인 부분은 천장의 높이인데, 대단히 높아서 여름에는 냉방이, 겨울에는 난방이 거의 불가능하다. 빌헬름 폰 훔볼트는 대학이 올바로 기능하기 위해서는 '고독과 자유'가 필수적이라고 지적했다. 그러나 훔볼트대학교의 최근 지도자들에게는 이 고독이 '고립'으로 느껴졌을지도 모른다.

베를린대학교는 변화의 약속 위에 설립되었다. 세계 최초의 근대적 연구중심대학으로서 연구, 교육, 거버넌스에서 혁신을 구현한 글로벌 모델이 되었다. 그러나 2021년 자비네 쿤스트(Sabine Kunst) 총장은 과중한 역사적 유산과 뒤늦게 도입된 과도한 민주적 운영 체계로 인해 침체에 빠진 대학에 새로운 활력을 불어넣어야 하는 난제를 떠안았다. 그녀의 전임자는 대학의 리더십 구조 개편에 실패한 후 재임을 포기했다. 실제로 1989년 베를린 장벽 붕괴 이후 어떤 총장도 연임에 성공하지 못했다. 쿤스트 총장은 재정적 어려움과 행정의 전문화 지연, 국가적 프로젝트인 우수대학육성사업의 성공 압박 등 여러 과제가 산적한 가운데 임기를 시작했다.

그녀의 전임자 중 한 명인 크리스토프 마르크시스(Christoph Mark-schies)의 경험은 낙관적이지 않았다. 그는 베를린대학교 창립 200주년을 기념하는 국제 학술회의(나 역시 이 회의에 참석한 바 있다)에서 "이 대학은 훔볼트 모델의 본산"이라고 선언했다. 그러나 곧이어 회의적인 질문을 던졌다. "그 모델이란 과연 무엇입니까?" 그것은 19세기 중엽 프로이센의 국립대학으로 체계화된 모습일까? 나치즘과 반유대주의에 오염된 형태일까? 그도 아니면 마르크스주의를 가장한 소시민적 체제 아래서 퇴락한 모습일까? 그는 이 대학이 시대의 각기 다른 이념에 따라 다르게 정의된 대학의 "모델"로 기능해 왔음을 지적했다. "처음에는 세계적 인정을 받은 모델이었고, 이어 대독일제국의 이상을 구현한 모델로, 그리고 마지막으로 동독의 전형적 대학으로 말이죠."[1]

그렇다면 오늘날 이 대학의 모습은 과연 어떨까? 훔볼트에서 마르크시스에 이르는 200년의 세월 동안, 신생 대학과 그 지도부의 야망은 정치적 혼란, 학문의 자유 제약, 재정난의 반복 속에서 지속적으로 좌절되었다. "훔볼트 모델"을 주제로 한 국제 학술회의의 개막식에서 마르크시스 총장은 임기 마지막 연설 중에 의미심장한 말을 남겼다. "오늘날 이 대학은 재정적으로나 제도적으로나 독일연방에서 가장 빈곤한 주 중 하나의 관할 아래 놓여 있으며, 더 이상 세계 어느 곳에서도 '모델'로 여겨지지 않습니다."[2]

근대 연구중심대학의 창립, 1810~1848

베를린대학교는 오늘날 훔볼트대학교와 베를린자유대학교의 전신으로, 복합적이고 혼재된 유산을 물려받은 기관이었다. 설립 이후 100여 년이 넘는 세월 동안에 이 대학은 문자 그대로, 그리고 상징적으로 궁정의 그늘에 있었으며, 프로이센-독일 국가에 직접적으로 봉사하는 기관이었다. 이곳은 대학 환경에서 근대 과학 연구가 처음 탄생한 공간이었으며, 독일과 대학의 정체성을 둘러싼 정치적 갈등이 전개된 무대였다.

베를린대학교는 볼로냐(1088년 설립), 살라망카(Salamanca, 1164), 옥스퍼드(1167), 케임브리지(1209)와 같은 유서 깊은 대학들과 비교하면 신생 대학에 불과했다. 독일어권 안에서도 빈(1365), 하이델베르크(1386), 라이프치히(1409), 로스토크(Rostock, 1419) 등 오랜 전통의 대학들이 자리 잡고 있었다. 그런데도 베를린대학교는 대학의 본질을 재구성함으로써 이들을 능가했다. 1810년 설립 이후 수십 년 만에 베를린대학교는 세계 최고의 고등교육기관 중 하나로 발전했고, 독일은 물론 전 세계에 연구 중심의 근대 고등교육 체제를 선도했다.

그 시작은 나폴레옹이었다.[3] 1806년 10월 14일, 프랑스 군대는 예나 전투에서 프로이센을 격파한 지 불과 2주 만에 브란덴부르크문(Branden-burg Gate)을 통과해 베를린을 점령하고 약탈했다. 프로이센군의 잔여 병력과 프리드리히 빌헬름 3세 국왕은 동프로이센의 요충지 쾨니히스베르크로 퇴각했다. 이듬해 체결된 평화협정인 틸지트조약(Treaty of Tilsit)의 대가는 가혹했다. 프로이센은 영토의 절반 이상과 엘베강 서쪽에 있는 6개 대학을 잃었다. 프랑스혁명과 나폴레옹의 정복 전쟁은 유럽 전역의 대학 지형을 황폐화시켰다. 1789년 이전 유럽에는 143개의 대학이 존재했지만, 1815년에는 그중 60개가 문을 닫았다. 독일 지역에서는 34개 대학 중 18개가 폐쇄되었다. 이 시기 프로이센 최고의 대학이자 18세기 독일

계몽주의의 중심지였던 할레대학교(1694년 설립)도 그중 하나였다.[4] 프랑스 점령군은 처음 이 대학을 군 병원으로 전용했고, 이후에는 대학 본관을 도축장으로 사용했다. 할레대학교 교수 대표단이 프리드리히 빌헬름 3세 국왕을 찾아갔을 때, 왕은 베를린에 "일반교육기관(allgemeine Lehranstalt)"을 신설하는 데 동의했다. 국왕은 이렇게 말했다. "국가는 물리력을 상실했으니 지적 역량으로 대체해야 한다."[5] 정치 지도자에게서 좀처럼 듣기 어려운 말이었다.

19세기 초, 17만 명이 거주하던 도시인 베를린은 지식인, 의사, 법조인, 예술가가 모여드는 활기차고 국제적인 도시였다. 그런데도 여전히 군사 도시라는 오명에서 벗어나지 못하고 있었다. 문화적 면에서는 빈에 비할 바가 못 되었고, 심지어 도시 안에 대학조차 없었다. 이러한 상황에서 프리드리히 빌헬름 3세 국왕의 새로운 대학 설립 결정은 요한 고틀리프 피히테, 프리드리히 슐라이어마허(Friedrich Schleiermacher), 프리드리히 아우구스트 볼프(Friedrich August Wolf) 등 교육개혁 사상가들 사이에서 열띤 논의를 불러일으켰다. 그러나 결정적인 전환점은 1810년 프리드리히 빌헬름 크리스티안 카를 페르디난트 프라이헤어 폰 훔볼트(Friedrich Wil-

[그림 2-3] 빌헬름 폰 훔볼트, 1767~1835. (베를린 훔볼트대학교 대학도서관).

helm Christian Karl Ferdinand Freiherr von Humboldt, 빌헬름 폰 훔볼트)가 내무부 교회 및 교육국 국장으로 임명되면서 마련되었다.

빌헬름 폰 훔볼트는 독일 계몽주의 시대의 문인이자 프리드리히 실러의 평생 친구였다. 그는 철학자, 언어학자, 문헌학자, 외교관으로서 업적을 남겼으며, 짧은 기간이지만 교육개혁가로도 활동했다. 그는 각 분야에서 주목할 만한 업적을 남겼는데, 가장 널리 알려진 것은 바티칸과 빈으로의 외교 임무 사이에 베를린에서 보낸 16개월 동안 이룩한 성취였다. 이 기간에 그는 공교육의 모든 단계를 개혁하는 계획을 수립했다. 초등학교 교육을 개인의 성장에 중점을 두는 방향으로 개편하고, 새로운 유형의 중등교육기관인 김나지움(Gymnasium)을 구상했다. 그리고 베를린대학교의 설립을 진두지휘했다. 훔볼트가 행정가로 활동한 기간은 짧았지만, 그 시간은 매우 값졌다. 오늘날 '훔볼트식 모델'이라 불리는 근대 대학의 이상은 이때 마련되었다.

그렇다면 훔볼트 이전의 독일 대학은 어떤 모습이었을까? 앞서 살펴본 것처럼, 당시의 대학은 규모가 작고 흩어져 있었으며 대체로 두드러진 성과를 내지 못했다. 1780년 무렵, 독일 전체 대학에 등록된 학생 수는 수천 명에 불과했다. 많은 가정은 아들들이 "한가롭게 시간을 보내는" 대학 교육을 감당할 여유가 없었다.[6] 교수들의 급여는 매우 적어서 대부분이 부업이나 다른 수입에 의존해야 했다. 족벌주의가 만연했다. 찰스 맥클렐런드(Charles McClelland)의 지적처럼, "18세기 말 군주의 관료제가 민의에 귀를 기울였다면 농노제나 중세의 다른 유물들과 함께 대학도 폐지되었을 것이다."[7]

이러한 상황에서 할레대학교와 괴팅겐대학교는 외부에서 실력 있는 학자를 적극적으로 영입하고 더 나은 대우를 제공함으로써 교수진의 질을 끌어올리는 선도적 시도를 감행했다. 당시 대학 교육은 주로 의학, 신학, 법학과 같은 전문 분야 진입을 위한 사전 교육(pre-professional training)에 초점이 맞추어져 있었으며, 특히 법학은 정부 관직으로 가는 관문 역할을 했다. 18세기 말에 이르면, 많은 독일 국가는 공직 진출 요건으로 일정 수준의 대학 교육을 요구한다.[8]

이처럼 대학이 국가에 봉사하고 국가를 강화하는 역할을 한다는 발상은 새롭지 않았다. 하지만 베를린대학교의 설립과 함께 그 역할은 새로운 차원으로 바뀌었다. 슈타인-하르덴베르크(Stein-Hardenberg) 개혁이라 불리는 정책 아래 프로이센은 근대 행정 국가로의 전환을 시작했다. 정부의 재정 및 행정 체계를 합리화하고 점진적으로 전문화했으며, 공적 업무에 대한 시민의 관심을 창출하기 위해 부분적으로 지방자치 제도를 도입하고 군대를 재건했다. 농노제를 폐지하고 유대인 차별법을 상당 부분 폐지했으며, 교육체계를 근본적으로 개혁했다.

그렇다면 대학은 이러한 프로이센의 국가 재건에서 어떤 역할을 맡았을까? 훔볼트는 이미 1792년 《국가권력의 한계(The Limits of State Action)》에서 (생전에 출간되지 않았지만) 자신의 철학을 정리해 두었다. 훔볼트는 대학이 국가에 봉사하는 가장 좋은 방식은 "'간접적인 방식'"이라고 믿었다. 초등학교 개혁이 훗날 각자의 직업에 훌륭하게 복무할 수 있는 "교양 있는 인간이자 시민(a well informed human being and citizens)"을 양성하는 것이었듯이, 대학 교육 역시 개인의 역량을 자유롭게 계발시킴으로써 궁극적으로 국가와 사회에 가장 크게 이바지하도록 하는 데 중심을 두었다.[9] 역사가 데이비드 소킨(David Sorkin)이 설명하듯이, 훔볼트의 전인교육(Bildung) 개념은 내면적 차원과 시민적 차원을 동시에 갖고 있었다. 다시 말하면 교양이란 도덕적이고 교양 있는 인격을 형성함으로써 '내면의 수양'을 추구함과 동시에, 교육받은 개인이 사회에 참여하고 책임을 다하는 시민이 되는 것을 의미했다.[10]

홈볼트가 구상한 새로운 베를린대학교는 철학자 요한 고틀리프 피히테가 주도한 '국민교육(Nationalerziehung)' 운동의 일환이었다. 그러나 홈볼트는 이것이 도구적 민족주의에 종속되어서는 안 된다고 보았다. 홈볼트의 교육개혁은 계급이나 직업 등 사회적 구분을 넘어 전 계층에 영향을 끼쳤다. 그는 교육의 기회와 내용이 개인의 직업이나 사회적 지위에 의해 좌우되어서는 안 되며, "가장 저급한 임금노동자든 가장 양질의 교육을 받은 사람이든 그 정서적 품성(Gemüt)이 동등해야 한다"라고 단언했다.[11] 이를 실현하기 위해 그는 모든 사람을 위한 공통 교과과정 도입을 제안했다. 그리고 초등학교에서는 기초 능력을 가르치고, 김나지움에서는 단순한 지식 전달을 넘어 학습 방법과 지적 자율성을 함양하게 했다. 여기서 학생들은 고전, 역사, 수학 등의 과목을 통해 '일반교양교육(allgemeine Menschenbildung)'을 받게 될 것이었다.[12]

홈볼트는 대학을 "학문에 헌신하는" 교수와 학생의 공동체로 정의했다.[13] 여기서 말하는 '학문(Wissenschaft)'은 배움, 앎, 학술 연구 전반을 아우르는 개념으로, 특히 인문학을 핵심에 두고 있다. 대학은 최고 수준의 과학적 연구를 수행하고 그 지식을 다음 세대에 전수하는 것을 사명으로 삼아야 했다. 학생은 세습적 가문이 아닌 재능을 기준으로 선발되어야 하며, 일반교양교육은 누구에게나 평등하게 제공되어야 했다. 대학은 각 지역의 실용적 훈련과 구별되는 (전인교육의 맥락에서) 인격 함양으로서의 교육을 중시하는 자유학예교육 문화를 조성해야 했다.

홈볼트는 동시대 인문주의자들과 마찬가지로, 프리드리히 실러가 "빵을 쫓는 학생들(Brotstudium)"이라 부르며 비판한, 오직 생계유지를 위한 수단으로 학문을 이용하려는 실용주의적 학생들을 경계하고 학문을 통한 인격과 정신의 전면적 수양을 지향했다.[14] 홈볼트는 자유주의적 사상에 기반한 대학을 설립해 달라는 프리드리히 슐라이어마허의 청원서를 접한 프리드리히 빌헬름 3세 국왕을 설득해, 그 사상 위에 대학을 세우도록 했다. 슐라이어마허는 대학이 실용성을 강조하기보다 "학생들의 마음속에 학문의 관념을 일깨우고, 그들이 모든 사고에서 학문의 근본 법칙을 고려하도록 격려해야 한다"라고 강조했다.[15]

훔볼트는 세 가지 핵심 원칙에 기반한 새로운 대학 모델을 제시했다. 첫 번째는 '연구와 교육의 통일' 원칙이다. 이 원칙은 교수는 자신이 수행한 독창적 연구를 바탕으로 강의해야 한다는 책임을 강조했는데, 이는 1810년 당시로서는 매우 새로운 개념이었다. 동시에 학생들은 소규모 세미나와 연구 중심 학습을 통한 연구 방법에 입문했다.

두 번째 원칙은 '학문의 자유' 보장이다. 학생은 원하는 교과과정을 자유롭게 선택할 수 있고 교수는 제한 없이 탐구할 수 있다. 즉, '가르칠 자유'와 '배울 자유'는 대학의 기본 원리로 상호 연결되었다. 국가의 역할은 대학의 자율성을 방해하지 않고 보호하는 것이며, 이를 위해 훔볼트는 대학이 자체 기금을 통해 재정적 독립을 유지해야 한다고 제안했다.

세 번째는 철학부 중심성이다. 이는 오늘날 미국의 문리과대학(Faculty of Arts and Sciences)에 해당하는 부서로, 모든 학생은 전문 분야를 공부하기에 앞서 자유학예 및 과학을 먼저 학습받아야 했다. 이처럼 지식 탐구를 통해 창조적 인격을 형성하는 교육이야말로 국가에 대한 대학의 최고 기여가 될 수 있다고 훔볼트는 보았다.[16]

이러한 원칙은 오늘날 자유학예와 과학을 중시한다고 표방하는 모든 대학에 여전히 메아리치고 있다. 그러나 이 원칙들을 처음부터 실현하기는 쉽지 않았다.

1810년 겨울 학기에 베를린대학교가 문을 열었을 때, 슐라이어마허가 이끄는 위원회는 독일 전역에서 가장 저명한 학자 53인을 베를린으로 초청했다. 훔볼트는 탁월한 교수진의 선발이야말로 "문제의 핵심"이라고 여겼다.[17] 이 53인의 교수가 256명의 학생을 가르쳤는데, 훔볼트의 의도대로 학생들은 대부분 비귀족 출신이었다. 1810년 초대 총장으로 임명된 법학자 테오도어 슈말츠(Theodor Schmalz)는 단 1년 동안 재직했지만, 검열에 맞서 대학의 자율성을 지켜냈다.

1811년 7월, 나폴레옹이 독일을 점령했을 당시 애국적 연설 〈독일 국민에게 고함(Reden an die deutsche Nation)〉으로 잘 알려진 이상주의 철학자 피히테가 대학의 초대 선출직 총장이 되었다. 취임사에서 그는 주요 인사와 교수진, 학생들 앞에서 인류의 진보를 보존하는 대학의 고귀한 사명을 천명하며, "전 세계 어느 대학도 이곳만큼 학문의 자유가 안전하고 확고하게 보장되는 곳은 없다"라고 강조했다.[18] 그러나 그는 곧 학생 단체들과 갈등을 겪는데, 당연하게도 학생들은 대학의 자유학예 교과과정보다 직업 교육과 사회적 유대 형성에 더 많은 관심을 보였다.

피히테는 또한 학생 행동과 관련해 베를린대학교 최초의 교내 논란에 직면했다. 한 유대인 학생이 부르셴샤프텐(민족주의 성향의 학생 단체) 소속 기독교인 학생의 결투 신청을 거부한 후 공개적인 모욕을 당하고 대낮에 사냥용 채찍으로 폭행당하는 사건이 발생했다.[19] 이 사건은 학생 조직 내부의 경직된 사회 규범이 외부인으로 간주된 학생들을 어떻게 괴롭혔는지를 단적으로 보여주는 사례였다. 피히테는 이 사건을 본보기로 삼고자 했지만, 대학 평의회는 그의 조치를 제지했다. 대신 사건은 학생들로 구성된 "명예재판소(court of honor)"에서 다뤄졌고, 피해 학생에게 오히려 중형이 내려졌다. 이에 실망한 피히테는 사퇴를 결심하고 1812년 2월, 총장직을 내려놓았다.[20] 이는 근대 대학의 지도자들이 처음부터 오래 버티지 못하는 운명임을 보여주는 초기 사례였다.

베를린대학교는 훔볼트의 구상과 다른 방향으로 성장했다. 초창기 수십 년간은 기존 기관과 인프라를 통합함으로써 확장되었다. 1726년 프리드리히대왕이 가난한 이들을 위한 '감염병 전문 병원'으로 세운 샤리테(Die Charité)는 의과대학이 되었고, 동물의학학교는 수의학부로 흡수되었다. 왕립도서관은 대학의 첫 도서관 역할을 했다.

훔볼트는 대학의 독립성을 확보하기 위해 왕실 토지에 기반한 기금 조성을 제안했으나, 이 계획은 후임자들에 의해 폐기되었다. 재정뿐 아니라 운영 면에서도 대학은 국가 권력과 긴밀히 연결되어 있었다. 국가는 국가가 관리하는 김나지움 졸업생만 입학생으로 선발했고, 국가위원회가 교수들을 임명했다. 이러한 구조는 대학이 국가 관료를 양성하는 독점적 기관으로 기능하게 했으며, 국가는 학문적으로 훈련된 관료 집단을 확보할 수 있었다. 대학과 국가 권력의 밀접한 관계는 베를린 중심부에 대학이 위치한 사실로도 잘 드러난다. 대학은 프로이센왕립아카데미, 국립도서관, 국립오페라극장 등과 인접해 있었고, 프리드리히대왕이 동생 하인리히 왕자에게 하사한 궁전을 프리드리히 대왕이 기증해 대학 본관으로 사용되었다. 1828년 대학은 창립 군주를 기리기 위해 프리드리히빌헬름대학교로 이름을 바꾸었고, 이 이름은 1945년까지 이어졌다.

훔볼트는 전인교육이 "독일인에게 그리스 정신을 접목"함으로써 "국가를 인간화"할 수 있는 잠재력을 가졌다고 믿었다.[21] 그러나 이 이상을 실현하기 위해서는 프로이센 관료제의 도움이 필요했다. 교수들에게만 대학 운영을 맡길 수는 없기 때문이었다. 그는 아내에게 보낸 편지에서 "한 무리의 학자들을 통솔하는 일은 희극배우 집단을 거느리는 것과 크게 다르지 않다"라고 썼다.[22] 교수 임용은 "국가의 특권이었는데, (중략) 왜냐하면 대학의 본질이 국가의 중대한 이해관계와 너무나 밀접하게 얽혀 있기 때문"이었다.[23] 이와 같은 결혼 관계에서 두 당사자가 서로를 수용하기 위해서는 대학이 자유주의적 이상과 국가의 통제 사이에서 끊임없이 협상하는 과정이 필요했다.

새로운 대학의 이상은 나폴레옹 전쟁 이후 복고와 반동의 시대를 맞아 혹독한 시험대에 올랐다. 오스트리아의 재상 클레멘스 폰 메테르니히(Klemens von Metternich)는 1815~1848년에 중부 유럽 정치를 지배하며 학문적 담론을 억압하는 정책을 펼쳤다. 1819년 프로이센 외교관이자 극작가였던 아우구스트 폰 코체부(August von Kotzebue)가 급진파 학생에게 암살당한 이후, 독일연방은 '카를스바더결의(Carlsbader Beschlüsse)'를 제정해 자유주의와 민족주의적 목소리를 억누르려 했다. 학생 단체인 부르센샤프텐은 금지되었고, 신문과 정기간행물은 검열받았으며, 각 대학에는 국가가 임명한 '감독관(Kurator)'이 배치되었다. 이는 19세기판 당서기 제도였다. 이 결의는 1848년 혁명까지 공식적으로 시행되었으나, 그 시행 방식과 강도는 프로이센을 포함해서 느슨하고 결속력 약한 독일 연방의 나라마다 제각각이었다. 예컨대 괴팅겐에서는 새 국왕이 헌법을 무효화하려 하자 "괴팅겐의 일곱 교수(Göttinger Sieben)"로 불리는 일곱 명의 교수(그중에는 그림 형제도 있었다)가 국왕에 대한 충성 맹세를 거부했고, 그 결과 교수직에서 해임되어 학문적 순교자로 추앙받았다. 베를린에서는 자유주의적 성향을 보인 신학자 빌헬름 드 베테(Wilhelm de Wette)가 1819년에 해임되었다. 하지만 그의 해임은 정치적 성향을 초월한 교수들의 반발을 불러일으켰고, 곧 스위스 바젤에서 새로운 자리를 얻었다.

탄압의 시대에도 훔볼트의 개혁 대부분은 베를린에서 지속되었으며, 진지한 연구중심대학이라는 베를린 모델은 독일 전역으로 확산되었다. 당시 베를린은 이미 학문적으로 매우 엄격하고 진지한 곳으로 명성이 높았다. 훗날 마르크스의 "테제"로 잘 알려진 철학자 루트비히 포이어바흐는 1826년 베를린에서 수학하며 "이 노동의 성전에 비하면, 다른 대학들은 마치 선술집처럼 보인다"라고 적었다.[24]

베를린대학교는 놀라운 인재들을 끌어모았다. 슐라이어마허와 피히테라는 창립 세대에 이어 개교 초기 수십 년 동안 게오르크 프리드리히 빌헬름 헤겔, 법학자 프리드리히 카를 폰 자비니(Friedrich Carl von Savigny), 철학자 아르투어 쇼펜하우어, 자연철학자 프리드리히 폰 셸링(Friedrich von Schelling) 등이 교수진에 합류했다. 교수가 되는 것, 그중에서도 베를린대학교에서 정교수가 되는 것은 탁월한 사회적·문화적 명예의 상징이었다. 헤겔은 1816년 친구에게 보낸 편지에서, 철학자로서 영향력을 갖기 위해서는 대학 교수직이 "사실상 필수적인 조건"이 되었다고 썼다.[25]

정교수직, 즉 강좌를 보유한 교수진은 지원이 풍부했다. 하지만 그 수는 제한적이었다. 이들만으로는 19세기 독일 대학에서 폭발적으로 증가한 연구와 출판 활동을 설명할 수 없다.[26] 이를 가능하게 한 또 다른 혁신이 있었으니, 오늘날로 치면 '비정규직 교수'라고 할 수 있는 학문적 하위 계층의 성장이다. 정교수 외에도 부교수에 해당하는 비정규교수와 사설 강사 집단이 크게 성장했는데, 이들은 명성은 있지만 급여는 거의 없거나 아예 없고, 투표권도 없는 일종의 '예비 교수 계층'이었다. 1816년 제정된 베를린대학교 학칙에는 박사 학위 이후 강의 자격을 부여하는 자격취득절차(Habilitation)가 명시되어 있었다. 이 절차는 이전부터 존재했지만, 19세기와 20세기를 거치며 독일어권 전반에서 더욱 체계화되었다.[27] 19세기 중반 무렵, 독일 대학 전반에서 박사 학위를 가진 이들로 구성된 우수한 비정규교수가 정교수의 수를 훨씬 넘어섰다.[28]

1848년 혁명은 베를린대학교에서도 그 총성이 들릴 만큼 가까운 거리인 슐로스플라츠에서 일어났다. 1848년 3월 18일 베를린의 슐로스플라츠에서 혁명이 발발했고, 대학과 가까운 거리에서 벌어진 총격은 학생들과 교수들에게 분명히 들렸을 것이다. 이 사건은 프로이센과 독일 전역에 자유민주주의 정치 질서를 수립하겠다는 약속으로 이어졌으나, 결국 그 약속은 배신당했다. 이듬해 전개된 사건들은 베를린대학교에도 영향을 끼쳤으나, 대학은 혁명의 중심 세력과는 거리가 있었다. 오히려 대학 내부에서는 사설강사들이 "단체로서의 권리(corporate rights)"를 요구하며 정부 및 보수 성향의 정규 교수진과 충돌했다. 정부와 보수 성향의 정규 교수진이 이를 거부하면서 양측의 갈등이 계속되었다.[29]

비자유주의 정치체제 속의 자유학예교육, 1848~1909

19세기 전반기에 가장 중요한 변화의 하나는 대학 내 경력의 전문화였다. 교수들은 국가 공무원이 되었고, 출신 계급이 아닌 학문적 성취를 바탕으로 지위를 얻는 엘리트 집단으로 자리 잡았다.[30] 1848년 혁명의 격동기에 교수들은 이미 "저명인사(notables)"로 여겨졌으며, 그해 봄에 치러진 민주적 선거에서도 집단으로 두드러진 경쟁력을 보였다. 그에 따라 독일 전역에서 처음으로 자유선거를 통해 구성된 대표 기관인 프랑크푸르트 국민의회는 "교수들의 의회(parliament professors)"로 알려졌다. 이들은 독일 국가의 민주적 통일을 지향했지만, 그 노력은 실패로 끝났다. 그러나 이 의회가 제정한 헌법은 훗날 바이마르공화국과 독일연방공화국 헌법의 토대가 되었다. 혁명의 좌절은 독일 학자들의 높은 사회적 위상에 별다른 타격을 주지 못했다.[31]

베를린대학교는 1870년에 등장한 독일 국민국가의 일부가 되었다. 새로운 국민국가를 운영하는 지배계급 상당수가 베를린대학교에서 정치학, 법학과 같은 전형적인 관료 교과과정을 이수하며 사회화된 지식인이었다. 인간 해방과 자유를 지향한 훔볼트식 전인교육(Bildungsideal) 이념에 내포된 급진적 가능성은 결국 새로운 지배계급의 형성과 유지라는 목적에 복무했다. 이 과정에서 특정 집단의 배제가 동반되었다. 1878년 오토 폰 비스마르크 수상은 반(反)사회주의 법률을 제정했고, 이 조치는 1890년까지 유지되었다. 이 법률은 사회주의자들의 집회와 출판 활동을 금지했다. 그리고 교수 임용 과정에서의 뿌리 깊은 편견과 정치적 통제는 사회민주당(SPD) 소속 인물들의 정교수 승진을 사실상 봉쇄했다. 19세기 후반에서 20세기 초까지 사회민주당의 당세는 꾸준히 성장했고, 1912년 이후에는 제국의회에서 최대 의석을 차지했다. 하지만 1918년 이전까지 독일 대학의 교수진이나 강사진 중 사회민주당원은 단 한 명도 없었다.[32] 1898년 제정된 새로운 법률을 통해 프로이센 국가는 정치적으로 부적절하다고 판단되는 교수진을 해임할 수 있는 권한을 공식적으로 확보했다.[33]

강력한 행정 국가의 틀 안에서 대학은 차세대 관료와 정책 자문가를 양성하는 더욱 보수적인 역할을 했다. 1870~1914년에 독일은 세계 무대에서 권력을 공고히 했고, 기술과 학문에서의 효율성으로 세계적인 명성을 얻었다. 그러나 정치체제는 여전히 비자유주의적 성격을 유지하고 있었고, 이에 상응하는 대학 구조 속에서 전쟁과 평화 같은 핵심적인 결정은 극소수에게 집중되었다. 이러한 대내적 보수성과 국외 지위 강화라는 맥락에서 독일 대학은 세계적인 선도 기관으로 떠올랐다.

행정 및 정치 엘리트 양성이라는 역할에 더해, 19세기 후반부로 갈수록 독일 대학은 국가 차원의 교육정책으로부터 영향받았다. 이 정책은 국가 경제력의 기반으로서 자연과학과 기술의 중요성을 강조했다. 독일 산업계와 군은 과학 지식과 그 성과가 필요했으며, 이에 따라 자연과학 분야 학생 수가 급증했다. 예컨대 베를린에서는 1867년 전체 학생 중 3%에 불과하던 자연과학 전공 비율이 1880년 18%로 늘어났다.[34] 이러한 실용적 요구에 부응하기 위해 1879년 베를린에 두 번째 대학인 왕립기술대학교(현 베를린공과대학교)가 설립되었다. 이는 한 세기 후 중국의 사례와 유사하게, 기술과 자연과학의 중요성이 강조되면서 베를린의 대학들이 국가 산업력과 군사력의 엔진 역할을 하게 되었음을 보여준다. 20세기 초에 빌헬름 2세 황제는 다음과 같이 선언했다. 이 선언은 의도치 않았지만, 훔볼트를 겨냥한 비판처럼 들리기도 했다. "철학이 주도한 이전 세기와 다르게 새로운 세기는 과학, 특히 기술이 주도할 것이다."[35]

19~20세기에 독일 과학이 비약적으로 성장하는 과정에서 대학은 중추적인, 어쩌면 가장 핵심적인 역할을 했다. 대학은 과학 연구의 거점으로 떠올랐고, 국가로부터 전례 없는 수준의 재정적 지원을 받았다. 빌둥(Bildung, 전인교육)은 이제 포어슝(Forschung), 즉 학문과 예술 전반에서 독창성과 발견을 중시하는 "연구의 책무"를 의미했다.[36] 훔볼트 시대의 비교적 아마추어적인 분위기는 전문화된 전문가의 시대에 자리를 내주었으며, 이는 오늘날까지 이어지고 있다. 이 모든 변화의 중심에는 베를린이 있었다. 베를린대학교는 물리학, 화학, 의학 분야에서 획기적인 발견을 이루었다. 제1차 세계대전이 끝나기 전까지 노벨상 수상자의 약 3분의 1이 독일 연구자들에게 돌아갔으며, 이들 가운데 절반가량(14명)은 베를린대학교 소속이었다. 제1차 세계대전이 시작되기 전 몇 년 동안 베를린대학교는 전체 노벨상의 15%를 수상했다.[37]

많은 대학이 총장이나 학장의 이름과 함께 회자되었지만, 베를린대학교는 달랐다. 1933년까지 총장이 평균 1년 동안 명예직으로 재직했기 때문이다. 베를린대학교를 '설립'한 훔볼트 역시 총장이 아닌 정부 관료로서 그 역할을 했다. 19세기 말, 통일 후 산업화가 진행되는 독일에서 베를린대학교가 학술적 보석으로 성장했을 당시의 핵심 인물은 프리드리히 알트호프(Friedrich Althoff)라는 관료였다. 그는 훗날 "알트호프 체제(System Althoff)"로 불리는 방식으로 베를린대학교와 프로이센 고등교육 전반을 정의했다. 알트호프는 스트라스부르대학교에서 민법 부교수로 재직했다. 그러다 1882년 프로이센 교육부의 대학국장을 맡았고, 이후 25년간 그 자리를 지켰다. 그는 장관이나 총장이 바뀌는 가운데서도 지속해서 영향력을 행사한 직업 공무원 제도의 수장이었다.

알트호프의 목표는 학문적 수월성과 전문성을 소수의 대학에 집중하는 것이었다. 자신을 '차르'라고 부를 만큼 겸손과는 거리가 멀었던 그는 강력한 권한을 바탕으로 전략적이고 파격적인 학문 정책(Wissenschafts-politik)을 펼쳤으며, 특히 베를린대학교를 위한 고등교육 재원을 적극적으로 확보했다. 그의 재임 기간에 베를린대학교의 연구소 수는 38개에서 81개로 늘어났다. 대학 부속 병원인 샤리테는 현대적 의료기관으로 탈바꿈했고, 도시 안의 여러 도서관은 전문화된 네트워크로 통합되어 상호 협력과 자료 대출 및 구입이 가능해졌다. 알트호프는 교수 채용·유지·징계 등에 직접 관여했으며, 종종 학내 인사위원회의 추천을 무시하고 베를린으로 학자를 초빙했다. 그가 베를린으로 불러들인 주요 인물로 아돌프 폰

[그림 2-4] 노벨상 수상자들(모두 베를린대학교 소속, 왼쪽에서 오른쪽으로): 발터 네른스트, 알베르트 아인슈타인, 막스 플랑크, 로버트 A. 밀리컨(Robert A. Millikan), 막스 폰 라우에(Max von Laue). 라우에의 아파트에서, 1930년경. (네덜란드국립기록보관소, 헤이그/위키미디어 커먼즈).

하르나크(Adolf von Harnack), 막스 플랑크, 발터 네른스트(Walther Nernst), 파울 에를리히(Paul Ehrlich), 로베르트 코흐, 페르디난트 폰 리히트호펜(Ferdinand von Richthofen) 등이 있다. 그는 교수들에게 국가의 공무원이라는 신분과 자신의 결정이 그들의 운명을 좌우할 수 있다는 점을 분명히 상기시켰다. 그의 총애를 받지 못한 인물은 "부름"을 받지 못했다. 알트호프의 오랜 지배와 관료적 절차에 대한 무시는 교수 자치권을 약화하는 결과를 낳았다. 하지만 동시에 베를린대학교를 학문적으로 타의 추종을 불허하는 기관으로 성장시켰다.[38]

베를린대학교는 정치적으로는 보수성을 유지했지만, 다른 전선에서는 온건한 행보를 보이기도 했다. 1896년 프로이센은 여성들이 청강생 자격으로 대학 강의를 들을 수 있도록 관련 법을 개정했다. 그 이전, 여성들이 강의를 청강하기 위해서는 교육부 장관의 특별 허가를 받아야 했다. 해부학 강의처럼 남성 전용으로 남아 있는 강의들이 있었지만, 베를린대학교는 상대적으로 여성 청강생 비율이 높았다. 이들 가운데 다수는 러시아에서 베를린으로 이주해 온 유대계 여성이었다. 1899년 엘자 노이만(Elsa Neumann)은 교육부의 특별 승인을 받아 물리학 박사 학위를 취득함으로써 베를린대학교에서 박사과정을 마친 첫 여성이 되었다. 여성의 입학은 1908년에야 가능해졌으며, 그해 대학 내 여학생의 비율은 전체의 5%에 불과했다. 한편, 전체 독일 여대생 가운데 3분의 1은 베를린대학교에 재학 중이었다.[39]

19세기 말까지 베를린대학교는 학문적 수준에서 독일 최고의 대학으로 자리매김했고, 괴팅겐, 하이델베르크, 뮌헨과 같은 전통의 명문들을 능가했다. 이 대학은 전 세계 연구중심대학의 기준을 제시하는 기관으로 떠올랐다. 베를린은 학자와 과학자의 메카가 되었고, 활발한 학문 공동체의 중심지로 기능했다. 베를린으로부터 부름을 받는 것은 교수 경력의 정점으로 여겨졌다. 따라서 베를린의 정교수는 대체로 고령이었다. 1907년 베를린 정교수의 평균 연령은 거의 60세에 달했으며, 프로이센의 다른 지역 교수들보다 평균 6세가량 많았다.[40] 베를린은 명성뿐 아니라 높은 보수로도 유명했다. 예나 지금이나 좋은 보수는 그 자체로 경쟁력이었다. 1905년과 1906년에 베를린의 교수 평균 연봉은 프로이센의 다른 지역 교수보다 30% 높았다.[41]

이처럼 베를린, 더 나아가 독일 대학 전체는 세계적인 모범 사례가 되었다. 당시 미국에는 이에 필적할 만한 대학이 없었으며, 영국 대학은 현실적으로 들어가기가 매우 어려웠다.[42] 19세기에 9,000여 명의 미국인이 독일 대학에서 수학했으며, 이들은 독일에서 가르치는 새로운 과학적 방법론을 익혀서 돌아갔다. 베를린대학교의 명성은 오늘날 우리가 소프트 파워라고 부르는 문화적 영향력의 전성기를 구가하던 독일의 위상과 맞물려 상승했다. 역사학자 크리스토퍼 래시(Christopher Lasch)가 지적했듯이, 1914년 이전 미국 진보주의자들에게 독일은 "진보의 대명사"나 다름 없었다.[43] 예컨대 존스홉킨스대학교는 1876년 베를린대학교를 모델로 삼아 미국 최초의 대학원 과정을 설립했다. 이 대학의 교수진 53명 가운데 대부분은 독일에서 유학한 경험이 있었고, 그중 13명은 독일 박사 학위 소지자였다.

제2세기의 시작, 1910~1932

베를린대학교가 개교 100주년을 맞은 1910년은 역사상 하나의 정점이자 중대한 전환점이었다. 10월 11일에 열린 기념행사는 개막식에 빌헬름 2세 황제와 황후가 참석하는 등 성대한 의식과 함께 치러졌다. 이 해는 찬사의 신화가 만들어지는 시기였다. 대학 설립의 토대인 '훔볼트적 이상'이 처음으로 기념되고 신화화되었으나, 본래의 모습은 면목을 잃을 정도

로 왜곡되어 있었다. 동시에 이 해는 대학이 어떻게 변화했는지를 되돌아
보는 성찰의 시간이기도 했다.[44]

1810년 신생 기관과의 대비는 극명할 수밖에 없었다. 대학이 설립되었
을 당시는 국가가 패배하고 쇠퇴하는 시기였지만, 100주년은 승리를 자
축하는 "승리의 문화(culture of victory)" 속에서 기려졌다. 국내외적으로 이
대학은 "세계 학문과 연구의 가장 명망 높은 주소"로 여겨졌다.[45] 베를린
대학교는 원래 자율성, 그리고 국가로부터 재정 독립이 보장된 기관으로
만들어졌다. 그러나 이제 이 대학은 국가로부터 전폭적인 재정 지원을 받
았으며, 동시에 빌헬름 시대 독일의 정치 문화와 불가분의 관계에 놓였
다. 1810년 프리드리히 빌헬름 3세 국왕은 군사적 참패 이후 대학을 설
립하며, "국가가 상실한 물리적 힘을 지적 역량으로 보완하고자" 했다. 반
면, 1910년의 연설들은 대학을 군사력에 빗대어 찬양했다. 문화부 장관
아우구스트 폰 트로트 추 졸츠(August von Trott zu Solz)는 대학을 "조국 수
호를 위한 지성의 요새"이자 "과학적 무기의 병기고"로 묘사하며, "독일
제1의 지적 사열장"이라 일컬었다.[46] 이러한 주장에 대한 반론은 없었다.
지적 독창성을 중시하고 나폴레옹 시대, 메테르니히 체제, 포어메르츠
(Vormärz) 시대의 격론을 직접 목격한 대학이었으나, 이제는 "묘지의 평
화(Friedhofsruhe)"라 불리는 정치적 침묵이 지배하고 있었다.[47]

이 기념비적 해에 대학의 설립 이념 자체를 흔드는 변화가 나타났다.
지난 한 세기 동안 대학은 궁정이나 과학 아카데미와 달리 근대 과학의
중재자이자 본거지로서 지위를 굳혔다. 하지만 독립 연구기관들의 설
립이 이 균형을 흔들기 시작했다. '독일 고등교육의 비스마르크'라 불린
프리드리히 알트호프는 1908년 사망하기 전에 카이저빌헬름협회(Kai-
ser-Wilhelm-Gesellschaft, 이후 막스플랑크협회로 개명)의 설립을 주도했다. 이
협회는 1910년 베를린대학교 100주년에 맞춰 출범했다. 카이저빌헬름

협회는 독일 최초의 독립 대학원 연구기관들을 포괄하는 우산 조직으로, 자연과학 분야의 기초연구를 증진하는 데 목적을 두었다. 이들 기관은 산업계와 정부의 협력을 기반으로 대학 외부에 설립되었으며, 종종 교수직 겸임을 통해 대학과 연결되었다. 카이저빌헬름협회의 설립은 대학이 독점해 오던 연구기관의 지위를 약화했지만, 동시에 독일 산업계에 대한 국가의 지원을 반영하는 것이기도 했다. 산업 기업, 은행, 농업 기업이 공동으로 출자해 카이저빌헬름협회의 초기 자금을 마련했으며, 국가는 베를린-달렘(Berlin-Dahlem) 지역의 부지를 기증하고 기관장을 위한 공무원 직책을 마련했다. 1911~1933년에 카이저빌헬름협회 연구기관 20개가 설립되면서 국가, 경제, 과학 간에 강력한 연합이 새롭게 만들어졌다. 베를린대학교는 이러한 변화 속에서 새로운 정체성을 모색했다. 첫째, 베를린 안에서 최고 수준의 연구기관이라는 독점적 지위를 유지할 수 없었고, 둘째, 저명한 교수와 공적 자원을 확보하기 위해 경쟁해야 했다. 카이저빌헬름협회 산하 연구소는 학생 교육에서 자유로운 순수 연구 중심 기관이었기에 교수들에게 특히 매력적인 직장이었다.

다시 말해 1910년 개교 100주년 기념식에서 대학은 '교육과 연구의 통합'이라는 훔볼트적 가치의 계승을 자축했다. 하지만 이는 현실과 동떨어진 이상에 불과했고, 실제로는 그 이상과 점차 정반대 방향으로 나아가기 시작했다. '순수(응용이 아닌)'과학 연구가 자리하고 있던 철학부의 중심성은 점차 약해졌다. 카이저빌헬름협회 설립 외에도 대학과 동등한 지위를 가진 새로운 폴리테크닉 학교들이 등장했기 때문이다.[48] 그럼에도 독일의 부상과 성장하는 힘, 그리고 고등교육에서 우위를 고려할 때 이 대학은 다가오는 "독일의 세기"를 이끌 준비가 되어 있는 것처럼 보였다. 전쟁이 발발하자 학생들과 교수들은 열광적으로 반응했다.

신학자 아돌프 다이스만(Adolf Deißmann)은 "전쟁의 학기는 승리의 학기"라며, 대학이 전쟁에 보낸 전폭적 지지를 강조했다.[49] 화학과와 물리학과는 독일군을 지원하기 위해 동원되었으며, 1915년에는 화학자 프리츠 하버(1918년 노벨 화학상 수상자)가 이끄는 특별 부대가 염소가스와 기타 독성 가스를 무기화하는 연구를 진행했다.

전쟁 전 베를린 교수진은 대체로 보수적이고 군주제를 지지했으며, 애국적 성향이 강했다. 그런 만큼 그들의 영향력은 줄어들지 않았고, 대학 운영에서 여전히 상당한 자율성을 누리고 있었다. 빌헬름 시대 독일의 비자유주의적 정치체제 속에서도 교수직 임용은 공적 성과에 근거했다. 그러나 동시에 암묵적으로 정치적 신념에도 기반했다. 베를린대학교의 철학자 프리드리히 파울젠(Friedrich Paulsen)은 독일 대학에서 학문 자유는 "대체로 인정되고 논란이 없는 권리"라 보았으나, 이는 명확한 경계 내에서만 허용되었다. 막스 베버는 더욱 직설적으로 "독일에서 '과학의 자유'는 교회와 정치가 허용하는 범위 내에서만 존재하며, 그 범위를 벗어나면 존재하지 않는다"라고 비판했다.[50]

전쟁이 끝날 무렵, 교수 57명과 학생 997명이 전사했다. 한편 제1차 세계대전은 여성에게 새로운 기회를 가져다주었다. 남학생들이 전선에 징집됨에 따라 여성들이 마침내 학문적 기회를 얻게 된 것이다. 바이마르공화국이 시작된 1918년에는 학생 집단의 약 10%가 여성이었다. 바이마르공화국 시대가 끝날 무렵, 이 수치는 천천히 그러나 꾸준히 증가해 약 20%에 이르렀다.[51]

어둠의 시대: 국가사회주의 시대의 대학, 1933~1945

'시인과 사상가'의 나라였던 독일이 '재판관과 교수형집행인[52]의 나라'로 추락한 대가는 고등교육 분야의 선도적 지위 상실이었다. 1933년 1월에 집권한 나치 정권의 영향은 같은 해 5월 10일에 극명하게 드러났다. 이날 독일학생연합 소속 학생들(상당수가 베를린대학교 학생들이었다)은 대학 본관 맞은편에 있는 오페른플라츠(Opernplatz) 광장에서 공공도서관 서적들을 쌓아 놓고 공개적으로 불태웠다. 이 장면을 지켜본 군중은 7만여 명에 달했으며, 이들 가운데 학생과 교수는 물론 국가사회주의의 돌격대(SA)와 친위대(SS) 대원도 있었다.[53]

베를린대학교는 새로운 정권과 긴밀히 보조를 맞추었다. 1933년 봄, 학생 선동가들은 대학 내 "비민족적(non-national)" 요소의 숙청을 요구하는 전단을 배포했다.[54] 당시 총장이었던 에두아르트 콜라우슈(Eduard Kohlrausch)는 이들의 행동에 문제를 제기했는데, 그가 문제 삼은 것은 반유대주의적 선전 내용이 아니었다. 전단과 포스터의 배포 방식, 특히 '반독일적 정신에 대한 행동'을 촉구하는 포스터를 캠퍼스에 강제로 게시한 것이었다. 1933년 유대인 공직자를 축출한 '공직회복을위한법률(Gesetz zur Wiederherstellung des Berufsbeamtentums)'에 대한 교수들의 반응은 대체로 암묵적 동조나 기회주의적 공개 지지였다. 항의는 극히 드물었으며, 많은 교수가 유대인 동료의 해임을 자신의 출세 기회로 여기거나 국가 목표의 정당한 실현으로 받아들였다. 저명한 교수들(농업학자 콘라트 마이어(Konrad Meyer), 법학자 카를 슈미트, 인류학자이자 1933~1935년에 베를린대학교 총장을 지낸 오이겐 피셔(Eugen Fischer))는 국가사회주의의 범죄, 지배와 학살 계획에 열성적으로 가담했다.[55]

나치 정권은 대학 내 비(非)아리아인과 반체제 인사를 신속하게 숙청했으며, 대학은 자치 능력을 완전히 상실했다. 베를린대학교는 교육과 연구라는 고유한 전통을 점차 포기했고, 순수한 진리 탐구를 목적으로 하는 학문은 "민족(Volk)"에 봉사하는 수단으로 전락했다. 자연과학뿐 아니라 고전학, 신학, 문학 등 모든 분야가 '혈통, 국토, 인종'이라는 이데올로기에 예속되었고, 다수의 독일 학자가 국가사회주의를 자발적으로 받아들였

다. 당시 베를린대학교 교수들의 3분의 1 이상이 나치당에 입당했을 정
도다. 대학이 국가사회주의에 깊이 연루된 대표적 사례로 농업학 교수 콘
라트 마이어를 들 수 있다. 그는 하인리히 히믈러(Heinrich Himmler)에 의
해 SS의 악명 높은 '동방총계획(Generalplan Ost)'의 총책임자로 임명되었
다. 이 계획은 점령지 폴란드에 독일인을 이주시키는 동시에, 그 지역에
거주하는 수십만 명의 폴란드인을 추방, 노예화, 학살하는 내용을 담고
있었다.

　나치 정책과 반유대주의의 확산은 지식인의 대규모 해외 이주로 이어
졌으며, 미국과 영국이 주요 정착지가 되었다. 히틀러의 집권을 피해 미국
으로 망명한 알베르트 아인슈타인(당시 프로이센왕립과학아카데미 소속)과
같은 유명 인사들도 있었지만, 망명을 거부당한 이들이 훨씬 많았다. 이
는 반유대주의가 1930년대에 독일만의 문제가 아니었음을 보여준다.[56]
운 좋게 미국으로 이주한 학자 중에는 저명한 역사학자 프리드리히 마이
네케(Friedrich Meinecke)의 제자였던 하요 홀보른(Hajo Holborn)이 있었다.
그는 1933년 베를린대학교에서 해임된 후 미국으로 건너가 예일대학교
(Yale University)에서 석좌교수가 되었고, 미국 역사학회 회장을 지냈다. 건
축가 발터 그로피우스(Walter Gropius) 또한 데사우에서 베를린으로 이주
했다가, 1934년 베를린에서 탈출해 미국으로 망명했다. 그는 하버드대학
교 건축대학원 원장을 지냈으며, 하버드의 신축 대학원 센터를 직접 설계
하기도 했다. 이후 미국은 망명 지식인을 다수 수용하는 '행운의 수혜자'
가 되었다.

　나치 통치에 맞선 대학 내 저항은 매우 제한적이었다. 그러나 베를린
대학교 조교수이자 신학자인 디트리히 본회퍼 같은 예외도 있었다. 1930
년대에 본회퍼는 나치가 통제하는 국가교회에 반대해 고백교회(Confess-
ing Church)를 조직했으며, 제2차 세계대전 발발 후에는 나치 정권 전복과

히틀러 암살을 목표로 군 정보기관 아프베어(Abwehr)의 빌헬름 카나리스 제독이 이끄는 저항운동에 가담했다. 그는 전쟁 말기에 플로센뷔르크 (Flossenbürg) 강제수용소에서 벌거벗겨진 채 교수당했다.

전쟁이 끝날 무렵, 독일 전체 대학 교수진의 손실은 전쟁 전 수준의 40%에 달한 것으로 추산된다. 통계마다 다소 차이가 있지만, 전쟁이 대학 교수진에 치명적인 타격을 입힌 것은 분명한 사실이다.[57] 280명의 교수가 떠난 베를린대학교는 특히 큰 타격을 받았는데, 해임 사유는 대부분 반유대주의, 즉 인종적인 것이었다. 1943년과 1944년에 베를린 중심부가 연합군 폭격의 표적이 되면서, 대학은 축소되어 운영되다가 1944년 10월에 기능이 전면 중단되었다.

공립대학에서 사회주의 대학으로: 사회주의 세계 질서 아래의 고등교육, 1946~1989

1945년 베를린대학교는 대부분의 독일 대학과 마찬가지로 폐허 상태였다. 본관과 의과대학인 샤리테를 포함해 대학 건물의 50%가 파괴되었다. 다행히 대학 도서관은 대부분 온전히 남아 있었다. 베를린은 전승국들에 의해 분할되었고, 베를린대학교는 소비에트 점령 구역에 속하게 되었다. 전쟁이 끝난 지 불과 8개월 만에 소련 당국은 대학의 재개교를 결정했다.

대학 운영 재개를 기념하는 행사에서 지도부는 "재개교는 단순히 교육 활동을 재개하고 기존의 전통을 보존하는 데 그치지 않고, 대학의 외적·내적 특성을 전면적으로 쇄신한다는 의미"라고 자랑스럽게 선언했다.[58] 소련 당국은 나치 및 군국주의적 과거와의 단절을 목표로 교수들과 학생들에 대한 숙청을 포함한 탈나치화 조치를 시행했다. 당시 소비에트 당국은 교수 집단이 나치 독재 정권의 수립과 전쟁 준비에 어느 정도 책임이 있다고 간주하며 그들을 의심의 눈초리로 바라보았다. 재개교와 함께 교수진의 약85%가 국가사회주의에 적극 협력했다는 이유로 해임되었다.[59] 이처럼 교수가 지닌 영향력은 당국의 두려움을 불러일으켰다. 곧이어 소비에트 정치 이념에 따른 대학 재편이 뒤따랐으며, 이는 학생을 부르주아 전문가가 아닌 노동하는 사회주의자로 양성하는 것을 목표로 했다. 전인교육이라는 공식 사명은 이미 오래전부터 쇠퇴하고 있었지만, 이제 이념에 충실한 사회주의자 양성이 그 자리를 빠르게 대체했다.

나치 정권 붕괴 이후 돌아온 소수의 사민주의자, 자유주의자, 보수주의 성향의 학생들은 곧 대학에서 제명되었고, 때로는 체포되었다. 1948년 4월에 학생들과 교수들, 베를린 주둔 미군 사령관인 루시우스 D. 클레이(Lucius D. Clay) 장군이 연합해 서베를린 지역에 새로운 대학을 설립했다. 이 대학이 바로 제3장에서 자세히 다룰 베를린자유대학교다. 이 대학은 달렘에 있는 구 카이저빌헬름협회 건물을 기반으로 설립되었으며, 본래 베를린대학교의 진정한 계승자를 자처했다. 베를린은 이제 냉전의 이념적 경계선을 따라 분할된 두 개의 대학을 보유한 두 개의 도시가 되었으며, 이러한 분할 상황은 향후 수십 년간 소비에트와 서방 사이의 고조되는 긴장을 그대로 드러냈다.

1949년 2월 8일, 베를린자유대학교 설립 직후인 1946년에 이미 '프리드리히빌헬름'이라는 명칭을 교명에서 삭제한 베를린대학교는 훔볼트 형제를 기려 '베를린훔볼트대학교(Humboldt-Universität zu Berlin)'로 이름을 바꾸었다. 그러나 그 실상은 훔볼트가 추구한 학문의 자유와 자유학예 교육의 이상과는 거리가 멀었다. 독일민주공화국(동독)의 집권당인 독일사회주의통일당(SED)은 당의 이념에 철저히 부합하는 사회주의 엘리트 대학을 만들고자 했으며, 이러한 구상은 교수진 구성에 영향을 끼쳤다. 예를 들어 전후 초기에 대학 역사상 최초로 5명의 여성 교수가 전임 교수직에 임명되었는데, 이념적 통제가 점점 강화되자 1948년까지 이들 중 4

명이 대학을 떠났다.

학생들은 마르크스-레닌주의와 역사적유물론 강의를 의무적으로 수강했으며, 프로이센 시대의 "죽은 몸의 복종(Kadavergehorsamkeit)"[60]을 연상케 하는 맹목적이고 복종적인 태도로 새로운 사회주의 교리를 암기했다. 여름에는 학생들에게 의무적인 노동 봉사와 사회적 임무가 부과되었다. 대학의 지도 체계는 당 조직과 학문 조직의 이중 구조로 재편되었고, 당이 모든 결정에 대한 실질적인 최종 결정권을 가졌다. 독일 통일 이후 첫 총장이 된 신학자 하인리히 핑크(Heinrich Fink)는 "총장은 결코 단독으로 결정하지 않았다. 명령은 항상 위에서 내려왔다"라고 회고했다.[61]

1961년 여름에 설치된 베를린 장벽은 학생과 교수가 서방과 접촉하는 것을 철저히 막았다. 동독의 1,600만 주민은 여행을 금지당했고, 엄격한 경찰 통제를 받았다. 1961년 1~11월에 623명의 대학 구성원이 동독을 떠났고, 그중 379명은 장벽이 설치된 후 비밀리에 탈출했다.[62] 국가보안부(슈타지(Stasi))는 대학을 감시하기 위해 17명의 전담 인원으로 구성된 부서를 설치했으며, 대학 또한 정권의 감시 체계에 적극 참여했다. 예컨대 대학은 '범죄학' 전공을 신설했는데, 이는 사실상 슈타지 입문 과정으로 기능했다. 대학 안에는 '비공식 협력자(Inoffizielle Mitarbeiter, IM)'들이 상당수 있었으며, 이들은 학생과 교수에 대한 정보를 수집해 슈타지에 보고했다. 1950~1989년에 약 62만 명의 동독 시민이 IM으로 활동한 것으로 추정된다.[63] 체제에 비판적이거나 개혁을 옹호한 교수들은 대학에서 축출되었다.

서방과 철저히 단절된 상태에서도, 이른바 '1968년'의 영향을 무시할 수는 없었다. 서유럽과 폴란드, 유고슬라비아, 체코슬로바키아에서 벌어진 정치·사회적 논쟁은 많은 학생의 관심을 불러일으켰다. 학생들은 특히 '프라하의 봄'(1968)에는 동조했지만, 그에 대한 진압에는 반감을 드러냈다. 그러나 징계를 받은 학생이 18명에 불과할 정도로[64] 공개적인 반대나 시위는 드물었다. 두려움 때문이든 신념 때문이든 학생들, 교수진, 대학 당국 모두 당의 노선을 충실히 따랐다.[65]

1989년 베를린 장벽이 무너질 때까지 대학은 동독 전역에 만연한 자원 부족으로 어려움을 겪었다. 대학은 전반적으로 학문적 침체, 정치적 통제, 이념적 온정주의[66]로 특징지어졌다. 그럼에도 의학과 자연과학 분야에서는 탁월한 연구 성과를 냈다. 또 철의 장막 뒤에 있는 다른 고등교육기관들과 활발한 교류를 유지했으며, 특히 소련을 비롯한 아프리카, 아시아, 남아메리카의 사회주의 국가들과 긴밀한 협력 관계를 맺었다. 동독 최대 규모의 대학으로서 국제적 위신도 유지했다. 훔볼트대학교는 노동자 가정 출신 학생들을 환대했고, 여성에게 개방적이었다. 1989년 기준 동독 대학생의 51.2%가 여성이었는데, 이는 세계에서 가장 높은 수준이었다.[67] 이와 더불어 교육의 중요성에 더욱 큰 비중을 두었다. 1989년 기준 훔볼트대학교의 교수 1인당 학생 수는 약 7명이었다.[68] 대학은 "사회주의 형제 국가들"의 다른 대학들과 국제 공동 연구 및 교류를 강화했고, 러시아/소련학과 중국학 분야에서 독자적인 강점을 키웠다.[69]

통일 독일의 수도에서 훔볼트대학교를 재건하다, 1990년 이후

독일 양 지역의 평화로운 재통일은 훔볼트대학교에 또 다른 중대한 전환점이었다. 이는 파시즘과 공산주의 독재를 겪은 대학이 20세기 들어 세 번째로 직면한 격변이었다. 초반에는 환희가 있었고, 곧이어 현실적인 문제들이 모습을 드러냈다. 대학은 내부의 개혁 시도가 실패한 후 베를린주 정부의 주도로 전면적으로 재구성되었다. 불과 몇 년 사이에 대학은 구조조정을 거쳐 거의 모든 것이 새롭게 바뀌었다. 대학은 새로운 설립에 버금가는 변화를 겪었으나, 그 시기에도 교육과 연구는 중단 없이 계속되었다.

베를린대학교 역사상 최초로 자유선거에 의해 선출된 총장 하인리히 핑크는 당시를 회고하며 이렇게 말했다. "가장 낮은 학부생부터 대학교 총장까지 모두가 훔볼트 정신 속에 있었습니다. 훔볼트 정신이 무엇인지 아십니까? 완전한 학문입니다. 그 정신 아래 우리는 이념에서 벗어나 스스로 쇄신하고자 했습니다. 새로운 교과과정을 도입했고, 새로운 위원회를 선출했으며, 자유선거를 통해 새로운 총장을 뽑았습니다. 그런데 서베를린 상원은 '아니, 그런 식으로는 안 된다. 교수도 너무 많고 마르크스주의자도 너무 많아'라고 말했습니다."[70]

교과과정은 재평가 후 재정의되었고, 학부와 연구소는 통합되어 '캠퍼스 미테(Campus Mitte)', '캠퍼스 노르트(Campus Nord)', '캠퍼스 아들러스호프(Campus Adlershof)' 이렇게 세 캠퍼스로 재편되었다. 교수들은 기존의 자리를 유지하기 위해 서독 출신 학자들과 경쟁해야 했고, 재임용을 위해서는 재지원 절차를 거쳐야 했다. 전임 총장 핑크는 "무엇보다도 직원들 간 긴장이 매우 심했습니다. 갑작스레 평가를 받아야 했고, 재고용되지 않을지도 모른다는 사실에 불안해했죠"라고 회고했다.[71] 이로써 유대인, 자유주의자를 숙청한 1933년과 나치당원, 보수주의자, 자유주의자를 숙청한 1945~1946년에 이어, 체제 전환이 이루어진 1989년에 "전환 후 숙청(purge nach der Wende)"이라는 새로운 형태의 숙청이 이루어졌다. 1990~1994년에 교수 477명이 새로 임용되었고, 1989년에 2,755명이었던 직원 가운데 1997년까지 남은 인원은 16.4%에 불과했다.[72] 일각에서는 이러한 인사 평가를 대학의 탈공산화 과정에 필수적인 조치로 보았지만, 다른 이들은 서독의 학문적 "식민화"로 간주했다. 새로 임용된 인사들 대부분이 서독 출신이었기 때문이다.

훔볼트대학교의 기록보관소에는 1990년대에 해임된 인사들의 기록이 보관되어 있다. 동독 최고의 현대 중국사 학자인 롤란트 펠버(Roland Felber)도 그중 한 명이다. 그는 1950년대에 베이징대학에서 유학했으며, 라이프치히에서 박사 학위를 받고 1977년부터 베를린에서 중국사 교수직을 맡았다. 펠버는 유럽과 북아메리카, 아시아 등지에서 존경받는 학자였으며, 1990년 훔볼트대학교의 부학장까지 승진했다. 그러나 이후 심문을 받았고, 제2차 세계대전 후 나치 부역자 색출용으로 사용된 신원조사서를 본떠 만든 서류를 작성해야 했다. 슈타지에서 일한 적이 있는가? (아님), 슈타지로부터 급여를 받았는가? (아님), 사회주의통일당의 간부였는가? (아님), 당원이었는가? (그러함) 등등. 그는 교수직에 재지원해야 했으며, 임용 순위에서 서독 출신의 젊은 학자에게 밀렸다는 통보를 받았다. 펠버는 1993년 전격적으로 해임되었고, 건강마저 쇠약해진 그는 2000년까지 제한된 지위로 활동을 이어가는 데 그쳤다.[73] 이후 훔볼트대학교는 현대 중국사 분야에서 두각을 나타내지 못하고 있다.

통일 이후 베를린에는 세 개의 주요 대학(훔볼트대학교, 자유대학교, 베를린공과대학교)이 공존했다. 독일 수도에 하나의 국가대표 대학을 설립하려던 계획은 신속히 폐기되었다. 1990년 이전에는 동·서독 정부의 경쟁적인 지원 덕분에 대학들이 풍부한 국가 자금을 받았으나, 이제는 통일 독일의 수도이자 재정적으로 열악한 베를린이 그 부담을 떠안아야 했다. 특히 자유대학교와의 관계에서 새로운 경쟁과 협력의 국면이 열렸다. 1997~1998년 자유대학교의 피르호병원(Virchow Hospital)과 훔볼트대학교의 샤리테병원이 통합되어 유럽 최대 규모의 대학병원이 탄생했다. 동시에 두 대학은 베를린 상원으로부터의 재정 및 인지도 확보를 두고 치열하게 경쟁했다. 1995~2001년에 베를린은 고등교육 예산을 16.5% 삭감했고, 1992~2000년 훔볼트대학교에 대한 주 정부 지원금을 14.5% 삭감했다.[74]

거버넌스: 권위주의에서 무정부주의로 훔볼트대학교는 거버넌스 구조를 개혁하면서 점차 자율성을 회복했다. 대학은 독일사회주의통일당의 지배를 받던 체제에서 민주적 자치 체제로 탈바꿈했다. 1960~1970년대 서독에서 제정된 대학법과 유사한 법률이 도입됨으로써 교수들과 직원들에게 지도자를 선출할 권리를 포함한 막대한 자율권이 부여되었다.

대학의 최고위 총장직을 기존의 렉터(Rektor)에서 프레지덴트(Präsident)로 대체해 더욱 강력한 행정적 리더십을 수행하도록 했으며, 총장을 중심으로 학사, 연구, 재정·인사·기술 업무를 각각 담당하는 세 명의 부총장(Vizepräsidenten)이 총장단(Presidialkollegium)을 구성했다. 이들은 모두 개별적으로 선출되며 임기는 5년이었다.[75] 총장단은 세 개의 중앙 행정 기구인 학술평의회(Academic Senate), 협의회(Council), 이사회(Board of Trustees)와 협력해 대학을 운영했다.

학술평의회는 일상적인 업무부터 대학의 전략적 방향 설정에 이르기까지 다양한 사안을 결정하는 역할을 맡았다. 학술평의회는 2년 임기로 선출된 25인의 투표권을 가진 위원으로 이루어졌다. 이 위원들은 교수, 연구직, 비연구직, 학생의 네 집단을 대표했다. 교수는 13명, 나머지 세 집단은 각각 4명의 대표를 두어 교수 집단이 일치된 태도를 보일 때 근소한 과반을 차지할 수 있도록 했다. 여기에 더해 10개 단체가 학술평의회 회의에서 발언권과 제안권을 부여받았다.[76] 한편, 자유대학과 공동으로 운영되는 의과대학 샤리테는 별도의 평의회를 두었다.

원칙적으로 대학의 최고 의사결정기구인 협의회는 총장단을 선출할 뿐 아니라, 대학 헌장 및 선거 규정 제정, 총장단의 연례 보고서 심의 등 주요 사안을 결정했다.[77] 협의회는 학술평의회 25인을 포함해 총 61명으로 구성되었으며, 교수 31명, 연구직 10명, 비연구직 10명, 학생 10명으로 이루어졌다. 학술평의회와 협의회의 선거는 단일 선거 과정으로 이루어졌고, 모든 대학 구성원은 자신의 소속 집단에서 선거권과 피선거권을 행사할 수 있었다.

총장단은 투표권을 가진 9명으로 구성된 이사회에 보고했다. 이사진에는 총장과 베를린 고등교육 담당 상원의원이 당연직으로 포함되었다.[78] 나머지 7명은 학술평의회에서 선출했다.[79] 이사회는 대학의 전략적 방향과 공적 사안에 대해 자문하며, 총장과 부총장 선출에도 관여했다. 총장단 선거 또는 재선거는 세 단계로 이루어졌다. 우선 이사회는 절반은 협의회에서, 나머지 절반은 이사회에서 선출한 8명으로 구성된 후보추천위원회를 조직한다. 후보추천위원회는 후보자를 평의회에 제안하고 평의회는 절대다수의 찬성으로 후보자를 선출했다.[80]

이렇게 극도로 민주적인 거버넌스 체계는 교수, 직원, 학생 사이에서는 환영받았으나, 총장들에게는 대학의 개혁을 저해하는 요소였다.[81] 1990년 이후 새로 임명된 교수진은 훔볼트의 이상에 깊이 공감하며 대학에 강한 소속감을 느꼈다.

1990년대 독일 통일이 남긴 비정상적인 유산은 행정 효율성을 떨어뜨렸다. 교수진은 전면 교체되어 수백 명의 서독 출신 교수가 임명되었다. 반면 행정직원은 2020년 기준, 약 1,500명이 여전히 통일 전 인력으로 유지되고 있었다. 이들 역시 대학 거버넌스에서 발언권을 지니고 있었기 때문이다.[82] 새로운 교수진과 구시대 관료 간의 가치관 충돌로 총장, 교수진, 직원은 지속해서 갈등의 소용돌이에 휘말렸다.

이처럼 평면적인 거버넌스 구조를 가진 대학에서는 실질적인 결단이 종종 불가능했다. 얀헨드리크 올베르츠(Jan-Hendrik Olbertz) 총장은 임기 말에 다음과 같이 지적했다. "민주주의 문화란 선출된 이들이 대학 제도에 의해 적절히 견제받는 가운데 일정한 권한을 위임받는 것이다. 이 권한은 어디까지나 임시적이며, 책임 있는 태도와 가시적인 성과를 통해 정당성을 입증해야 한다. 그러나 중요한 사안을 결정할 때 모든 구성원에게 동등한 투표권을 부여하는 것은 불가능하다. 그렇게 된다면 대학의 기본적인 운영 구조 자체가 무너질 수 있기 때문이다."[83]

실제로 거의 모든 대학 구성원이 투표권을 행사할 수 있었다. 어떠한 중요한 조치든 학술평의회의 승인이 필수적이었다. 긍정적인 측면을 보자면, 연구부총장 피터 프렌슈(Peter Frensch)가 언급했듯이 "일단 학술평의회의 결정이 내려지면 그것으로 확정된다."[84] 하지만 총장의 시각은 달랐다. 훔볼트대학교는 "모든 사람이 결정을 내리지만, 매우 소수의 사람만이 책임을 지는" 곳이었다.[85] 그리고 학문적으로 명망 있는 교수들은 "손을 더럽히지 않기" 위해 학술평의회의 직책을 기피했다.[86]

리더십 문제에 더해 중앙집권적 예산 운영과 전문적인 재정 행정 체계가 갖춰지지 않은 것도 문제였다. 재정·인사·기술 담당 부총장은 총장이 임명하는 것이 아니라, 교수진이 선출했다. 올베르츠는 재임 중 다른 독일 대학들의 일반적인 관행에 따라 교학부총장 대신 재무 관리 역량을 갖춘 '사무총장(Chancellor)'을 두어 비효율적이고 비대한 재정 행정을 전문화하고자 했다. 올베르츠는 다음과 같이 말했다. "행정 전문가이자 나의 팀 일원으로 함께할 사람이 필요하다. 하지만 (현재 구조에서는) 전면적 개혁이 불가능하다. 그러므로 우리는 현대 행정을 향한 중요한 조치에서 뒤처질 수밖에 없다."[87]

실제로 올베르츠는 총장이 되기 전 6개월간 부총장직을 맡은 적이 있어서 그 복잡성과 한계를 누구보다 잘 알고 있었다. 그는 자신만의 팀을 구성하고자 했으나, 격렬한 공개 토론 끝에 학술평의회를 설득하는 데 실패했다. 결국 그는 2016년 재선 도전을 포기했고, 1990년 이후 어느 총장도 두 번째 임기를 채우지 못한 전통을 이어 가게 되었다.

교수 유치 경쟁 훔볼트대학교의 관료주의적 분절 구조는 역설적으로 교수들이 이 대학을 개성과 창의성, 동료애, 사상의 자유가 존중되는 공간으로 인정하는 역할을 했을지 모른다. 올베르츠는 대학 조직에 대한 좌절감을 토로하면서도 이러한 지적 문화를 대학의 주요 자산 중 하나로 평가했다. 그는 "때때로 나는 조직적인 체계와 예측 가능성을 추구하는 과정에서 우리의 지적 분위기와 높은 수준의 창의성, 그리고 학제 간 개방성을 해칠 수도 있다는 두려움을 느낍니다. 전문화된 구조와 행정 체계를 도입함으로써 이러한 분위기를 해치는 것은 아닐까요?"라고 말했다.[88] 전반적으로 훔볼트대학교는 교수진에 매우 매력적인 곳이었다. 베를린으로부터의 부름이 예전만큼 큰 상징성을 갖지는 않았지만, 통일된 도시로서의 베를린 자체가 큰 매력 요소였다. 한 고위 대학 행정관에 따르면, 이 대학은 교수 채용이나 유지에서 70~80%의 성공률을 기록했다. 이는 다른 독일 대학들과 비교했을 때 탁월한 경쟁력을 보여주는 수치였다.[89]

그렇지만 예산 제약으로 교수진 확보는 쉽지 않았다. 특히 외국 학자를 유치하는 데 어려움이 컸다. 독일에서 교수는 공무원 신분이다. 그래서 대학이 아닌 주 정부가 기본 급여를 결정했으며, 연공서열에 따라 인상되지 않았다. 2020년 베를린 상원은 정교수의 기본 연봉을 7만3,000유로에서 8만4,000유로 사이로, 주니어 교수의 경우 약 5만6,000유로로 책정했다.[90] 다른 대학의 제안이 있는 후보자들은 보너스와 연구조교, 연구비 등 부가 혜택을 협상할 수 있었다. 이러한 보수 수준은 국제 기준에 비해 경쟁력이 떨어졌으며, 독일 내에서도 재정 여력이 더 큰 주들은 더욱 관대한 보상 정책을 시행하고 있었다. 베를린의 교수들은 주당 9시간의 수업을 담당해야 했는데, 이는 국제 기준에 비해 높은 수준이었다.[91] 수업 부담과 예산은 긴밀하게 연계되어 있었다. 수업 시수는 입학생 수를 결정했고, 학생 수는 다시 베를린 주 정부가 배정하는 예산 규모를 결정했다. 게

다가 베를린에서는 의무 퇴직 연령이 65세였고, 예외적으로 68세까지 연장할 수 있었다. 따라서 훔볼트대학교가 경력 절정기의 해외 교수들을 채용하기는 어려웠다.

2020년 기준으로 훔볼트대학교의 교수진은 총 440명이었다. 그중 약 20%의 급여는 외부(제3자) 재원으로 충당되었고, 나머지는 모두 주 정부의 예산으로 운영되었다.[92] 그러나 이는 충분하지 않았다. 교수진은 51명의 이른바 주니어교수들을 제외하면 대부분 정교수였다. 주니어교수 제도는 박사후 연구자가 두 번째 학위 또는 자격 취득(Habilitation) 없이도 교수직에 임용될 수 있도록 2002년 독일 전역에 도입되었다.[93]

주니어교수들은 초기에 3~4년 임기로 임용되며, 평가를 거쳐 최대 6년까지 임기를 연장할 수 있었다. 주니어교수 제도는 학계 진로를 더욱 유연하고 매력적으로 만들어 교수진 내 여성 비율을 높이려는 목적도 있었다. 훔볼트대학교의 인구 구성은 이 문제의 심각성을 보여준다. 2020년에 전체 학생 중 여성 비율은 58%였고, 교수직을 제외한 학문직 종사자의 절반 이상이 여성이었다. 하지만 교수진 전체(주니어 교수 포함)에서 여성의 비율은 35%에 불과했다.[94] 그럼에도 2018년 독일 전체 평균 24.7%와 비교하면 상당히 높은 수준이었다.[95] 실제로 2018년을 기준으로 독일연방 내에서 베를린주가 여성 교수 비율이 가장 높았고, 바이에른주가 약 20%로 가장 낮았다.[96]

대중화: 학생 구성 샤리테의과대학 소속 8,200여 명을 제외하고도 총 3만 5,981명이 재학 중인 훔볼트대학교는 2019~2020학년도 기준, 독일에서 규모가 가장 큰 대학의 하나였다.[97] 1990년대 중반 이후 훔볼트대학교에 등록된 학생의 증가율은 교수 확충률의 다섯 배에 달했으며,[98] 베를린 지역 전체 대학의 학생 증가율보다 높았다.[99] 당시 학생들은 9개 단과

대학에 걸쳐 총 172개의 학위과정에 등록되어 있었다. 여학생의 비율은 57%로, 독일 평균인 48%를 웃돌았다.[100] 2015년 데이터에 따르면, 학생의 57%가 현지 출신이었다. 이는 대학이 여전히 지역 주립대학의 성격을 유지하고 있다는 뜻이었다.[101] 마르크시스는 접근성과 수월성 간의 균형을 맞추는 어려움을 다음과 같이 설명했다. "독일의 주요 정당들이 합의한 공통 원칙은 다음과 같습니다. 모든 대학은 해당 주의 모든 학생에게 개방되어야 하며, 동시에 엘리트 대학으로서의 요구를 충족해야 한다는 것입니다."[102]

독일 대학의 입학생 선발 과정은 미국이나 영국 대학에 비해 덜 까다로웠다. 특히 베를린의 대학들은 평등주의 전통이 강했고, 비선별적 입학 정책은 베를린 의회의 보호 아래 유지되었으며, 주 의회가 매년 입학 정원을 결정했다.[103] 다른 독일 공립대학과 마찬가지로, 훔볼트대학교에서 유일한 내부 선발 기준은 이른바 '정원제한제(Numerus Clausus, NC)'였다. NC는 독일의 아비투어(Abitur) 시험 점수를 기반으로 한 등급 분류 제도로, 경쟁이 치열한 전공 분야의 입학을 제한하기 위해 최저 합격 점수를 설정하는 방식이다. 2014~2015년에 생물학, 경제학 등 NC가 적용되는 전공의 합격률은 15% 수준에 불과했다.[104] 이에 대해 마르크시스는 다음과 같이 회고했다. "총장 이임사에서 나는 베를린 시장에게 '학생 선발의 자유와 정원을 정할 자유를 달라'라고 말했습니다. 그는 웃으면서 이렇게 답했죠. '내가 살아 있는 동안은 절대 안 됩니다.'"[105]

세계와의 재연결 베를린대학교는 한때 전 세계 학자들이 대학의 본질을 배우기 위해 모여드는 곳이었고, 동독 시절에는 모스크바와 사회주의 형제 국가로 향하는 유학생들을 배출했다. 그러나 베를린 장벽 붕괴 이후 이러한 국제 관계는 크게 약해졌다(완전히 사라지지는 않았지만). 2017년 무렵에 훔볼트대학교는 새로운 세대의 국제학생들에게 매력적인 장소가 되었는데, 이는 대학 자체만큼이나 베를린이라는 도시의 매력 때문이었다. 당시 훔볼트대학교의 국제학생 비율은 17.5%로, 독일 전체 대학 평균인 12.3%를 웃돌았다.[106] 이들 국제학생 중 3분의 2 이상은 유럽 출신이었으므로(41%가 유럽연합, 13%가 기타 유럽 출신), 유럽이 국제화의 주된 원천이었다. 아시아 출신 학생은 전체 국제학생의 14%, 북아메리카와 라틴아메리카 출신 학생은 28%였다.[107] 동독 시절에는 러시아어가 사실상의 국제공용어 역할을 했다. 하지만 2020년 훔볼트대학교는 33개의 영어 학위 과정을 운영했다.[108] 교수진 구성에서도 전체 교수와 정규 연구 인력 중 외국 출신 비율이 7%인 독일 평균보다 두 배 높은 14%에 달했다.[109]

볼로냐프로세스가 시행되면서, 훔볼트대학교는 다른 모든 독일 고등교육기관과 마찬가지로 유럽연합의 지침에 부합하는 일련의 광범위한 개혁을 도입했다. 1999년 볼로냐선언으로 시작된 볼로냐프로세스는 유럽 48개국 고등교육의 통일성과 질적 표준화를 목표로 하는 일련의 각료 회의를 통해 지속되고 있다. 2003년 이후 훔볼트대학교의 개혁은 국제적으로 인정받는 학위를 도입하고 교과과정의 질을 향상하며, 학생들의 취업 가능성과 이동성을 강화하는 데 초점을 맞추었다. 또한 해외 학생들과 젊은 학자들에게 독일 고등교육기관의 매력을 드러내고자 했다. 이 개혁에서 가장 논란이 된 조치는 이해하기 쉽고 비교할 수 있는 학위 체계의 도입이었다. 전통적인 독일식 5년 학위 체계를 '3년 학사+2년 석사' 체계로 전환하는 것이었다.[110]

한때 국제 표준을 설정했던 훔볼트대학교한테 이러한 유럽 전체의 노력은 외국 모델, 특히 미국식 학사 제도를 채택하는 것을 의미했다. 볼로냐프로세스는 유럽 고등교육을 하나로 통합하고 학생들과 교수들의 이동을 자유롭게 해, 미국과 중국의 고등교육 시스템을 상대로 경쟁력을 확보하려 했다.

그러나 이러한 학사 제도 수용 과정에서 많은 미국 대학이 강조하는 자유학예와 과학을 토대로 하는 폭넓은 학부 교육, 즉 훔볼트의 본래 정신은 크게 고려되지 않았다. 유럽의회가 2006년 제안한 평생학습을 위한 '핵심 역량' 목록에서도 언어 학습, 정보통신기술, 수학, 과학, 기술은 포함되었지만, 인문학은 제외되었다.

훔볼트대학교는 "국제화 어젠다 2015(International Agenda 2015)"를 통해 국제 파트너십을 중심으로 한 온건한 전략을 수립했다.[111] 이에 앞서 2012년에는 프린스턴대학교와 첫 교류 협정을 맺고, 학부생 및 대학원생과 교수 간 교류를 위한 공동 연구와 교육 프로젝트를 지원했다. 이 파트너십은 연간 30만 유로의 공동 기금으로 두 기관 간의 연구 및 교육 프로젝트를 지원했으며, 양 기관 행정직원들의 교류를 위한 직원 교환 프로그램을 포함하고 있었다.[112] 그 밖에도 싱가포르국립대학교(National University of Singapore), 상파울루대학교(Universidade de São Paulo)와 전략적 제휴를 맺었다.[113] 또한 우수대학육성사업 자금을 바탕으로 설립된 '코스모스(KOSMOS)' 프로그램은 동유럽과 러시아 출신 젊은 학자들을 단기간 초청함으로써 구소련권과의 관계를 재건하고자 했다.

공공 자금의 한계 역사적으로 그리고 오늘날에도 독일의 대학들은 대부분 공립이며 공공 재원으로 운영된다. 몇몇 사립 전문학교가 있긴 하지만, 이들이 수용하는 학생 수는 대학 진학 연령대 전체 인구의 5% 미만에 불과하다. 독일은 연방제를 채택하고 있어서, 16개 주가 고등교육에 필요한 재정을 대부분 부담한다. 따라서 경제력이 약한 주(대개는 동독 지역)에 있는 대학은 부유한 주에 비해 적은 재정을 지원받는다.

훔볼트대학교의 경우 베를린 도시주(Stadtstaat)[114]가 매년 예산을 배정했고, 여기에 기타 공공 기관의 추가 지원금이 더해졌다. 2020년 훔볼트대학교의 총예산은 약 4억6,100만 유로로, 여기에는 공무원 신분인 교수의 급여도 포함되어 있었다. 2016년 제3자 기금, 즉 주로 독일연구재단이 제공한 정부 자금이 전체 예산의 약 28%를 차지했고,[115] 민간 부문의 기부금은 10% 미만으로 추가 재정의 일부에 불과했다.[116] 훔볼트대학교는 졸업생으로부터 재정적 후원을 끌어내는 전통도, 그럴 능력도 없었다. 졸업생 대부분은 기부의 전통을 갖고 있지 않았다. 기업 파트너들 역시 훔볼트대학교보다 베를린공과대학교에 투자하는 것을 선호했다.

대부분의 독일 대학과 마찬가지로 훔볼트대학교는 구조적으로 재정이 열악했다. 이러한 맥락에서, 2005년 독일 헌법재판소가 1976년에 제정된 등록금 금지법을 폐지하자 많은 대학이 연간 등록금을 도입했다(당시 법은 등록금을 1,000유로로 제한했다). 그러나 베를린은 등록금을 도입하지 않았고, 2014년에 이르러 모든 주가 학생들의 반발과 정치적 압력에 굴복해 등록금을 폐지했다. 대부분의 주는 등록금 폐지에 따른 수입 손실을 대학에 보전해 주었지만, 베를린처럼 등록금을 원래부터 부과하지 않았던 주는 별도의 보상 조치가 없었다. 2020년 당시 훔볼트대학교 학생이 한 학기에 부담하는 총비용은 316유로였는데, 베를린과 브란덴부르크 지역을 오가는 대중교통 정기권 비용이 전체 비용의 3분의 2를 차지했다. 1990년 이후 여러 차례에 걸쳐 예산 부족으로 교수진과 행정 인력을 감축해야 했다. 예컨대 1993년 기준으로 대학에 고용되었던 중간급 연구원 중 1998년까지 남아 있는 인력은 10%에 불과했다.[117] 2004년에는 예산상 이유로 약 80개의 교수직(관련 연구직, 비서, 기술직 포함)이 폐지되었는데, 이는 전체 인력의 약 20%에 달했다.[118]

수월성을 향한 경쟁: 우수대학육성사업, 2005~2020

2000년대 초에 독일의 정책 입안자들은 독일 대학의 현황, 특히 세계 대학 순위에서의 부진한 성과에 대한 우려를 키워 가고 있었다. 독일의 정책 결정자들과 대학 행정가들은 일반적으로 대학 순위에 대해 회의적인 입장을 보여 왔지만, 이러한 순위 결과는 무시할 수 없는 현실로 다가왔다.[119] 《타임스고등교육》과 QS 세계 대학 순위, 세계대학학술순위와 같은 영향력 있는 글로벌 평가에서 독일 대학 중 어느 한 곳도 상위 20위권에 진입하지 못했고, 상위 100위권에 든 대학도 손에 꼽을 정도였다.

국내에서는 막스플랑크협회, 라이프니츠협회, 헬름홀츠협회(Helm-holtz-Gemeinschaft)와 같은 비대학 연구기관들과의 경쟁이 심해지고 있었다. 많은 저명한 과학자에게 교육 부담이 없고 연구 예산이 풍부한 독립 연구소들은 대학에 비해 더 매력적인 연구 환경으로 다가왔다. 그러나 독일 대학들에 더 심각한 문제는 이른바 "두뇌 유출(brain drain)" 현상이었다. 1990년대 이래 수천 명의 연구자들이 독일을 떠나 주로 미국 등 해외로 갔다. 1998~2001년에 노벨상을 받은 독일인 과학자 4명 모두가 수상 당시 미국 대학에 소속되어 있었던 사실은 이런 현상을 잘 보여준다.[120]

이러한 위기의식 속에서 2005년 독일은 고등교육의 방향을 새롭게 설정하고자 국가 차원의 우수대학육성사업을 시작했다. 영국과 미국에서 대학에 대한 공공 재정 지원이 지속해서 감소하던 시기였는데, 오히려 독일은 2008년 세계 금융 위기 이후에도 고등교육 예산을 눈에 띄게 증액했다. 연방 및 주 정부의 고등교육 예산은 2005년 184억 유로에서 2015년 287억 유로로 50% 이상 늘어났다.[121] 또한 연방 정부는 '고등교육협약 I·II(Hochschulpakt I und II)'을 통해 주 정부에 80억 유로를 배정해, 2007~2015년에 대학 정원을 42만5,000여 명까지 늘리도록 했다. 우수대학육성사업은 첫 12년 동안 약 50억 달러의 재정을 투입했으며, 그중 4

분의 3은 연방 정부가, 4분의 1은 16개 주 정부가 부담했다.[122]

우수대학육성사업은 세계 연구의 최전선에 설 수 있는 소수의 독일 대학 육성을 목표로 한 프로그램으로, 독일연구재단(Deutsche Forschungs-gemeinschaft)과 독일과학인문협의회(Deutscher Wissenschaftsrat)가 공동 운영을 맡았다. 이들 기관은 이 사업의 주요 목표를 "독일을 더욱 매력적인 연구 거점으로 만들고 국제 경쟁력을 강화하며, 독일 대학과 과학 공동체의 탁월한 성과에 주목하게 하는 것"이라고 규정했다.[123] 실제로 이 프로그램을 통해 몇몇 대학이 상당한 성과를 거두었다.

우수대학육성사업의 1차 자금 지원은 2006~2011년에 이루어졌으며, 지원 확보를 위한 경쟁은 세 분야로 나뉘었다. 첫째는 젊은 대학원 연구자들을 위한 '대학원' 지원, 둘째는 대학 간, 대학과 기타 연구기관(막스플랑크연구소 등) 간 협력 프로젝트를 촉진하기 위한 '우수 클러스터(clusters of excellence)', 셋째는 기관 차원에서 유망한 연구중심대학에 추가 자금을 지원하는 '기관 전략'이었다. 첫 번째 분야에서 이 사업은 전통적인 학과나 단일 교수 중심 강좌의 한계를 넘어, 더욱 통합적인 박사과정과 고도화된 연구 그룹을 구현하기 위해 50개 이상의 대학원 설립을 추진했다. 우수 클러스터는 학문 간 협력을 촉진하는 데 초점을 맞췄으며, 기관 전략 분야는 독일 대학의 장기적 연구 역량 강화를 위한 토대를 마련하는 데 중점을 두었다. '우수 대학(Universität der Exzellenz)'으로 선정되기 위해서는 적어도 하나의 우수 클러스터와 하나의 대학원 지원을 확보해야 했고, 전체 연구 전략에 대한 명확한 비전과 계획을 제시해야 했다. 1차 공모에 총 74개 대학에서 319개의 제안서를 제출했다.[124]

1차 지원 기간인 2006~2011년에 총 25억 달러가 투입되었으며, 대부분 연방 정부가 재원을 부담했다. 이러한 재정 지원은 만성적인 재정 부족에 시달리던 독일 대학들에 큰 동인이 되었으며, 아울러 각 대학이 연

구의 우수성이라는 목표를 향해 스스로 전략을 재정립하게 만드는 계기
가 되었다.

1차 공모에서 훔볼트대학교는 탈락의 고배를 마셨다. 반면, 그 후예인
베를린자유대학교는 인문학 분야에서의 선도적 성과를 인정받아 우수
대학으로 선정되었다. 이후 2차 공모에 신중하게 참여한 훔볼트대학교는
자유대학교 및 막스플랑크연구소와 연구 클러스터에서 파트너십을 맺음
으로써 우수 대학 대열에 합류했다. 올베르츠 전 총장은 이를 두고 "대학
과 그 제도적 자긍심에 매우 중요한 전환점이었다"라고 회고했다.[125]

2019년에 발표된 우수대학육성사업의 3차 공모는 기존의 세 분야가
아닌 두 분야의 지원을 받았다. 하나는 기존의 '우수 클러스터'이고, 다른
하나는 새롭게 도입된 '우수 대학'이었다. 이 새로운 분야는 여러 기관이
공동으로 제안서를 제출하는 방식을 장려했다. 훔볼트대학교는 자유대
학교, 샤리테, 베를린공과대학교와 함께 '베를린대학연합(Berlin University
Alliance)'이라는 공동 제안서를 제출했다. 이러한 공동 전략은 압도적인
성공을 거두었고, 이 연합은 두 분야 모두에서 지원을 획득했다.

우수대학육성사업에 비판적인 시각을 가진 이들은 이 프로그램이 출
범한 이후 배분된 지원금 규모가 다른 국가의 주요 연구기관 지원 예산과
비교해 그다지 의미 있는 수준이 아니라고 지적했다. 우수대학육성사업
의 연간 예산은 약 5억 유로이며, 10~12개 대학에 나누어 지원되었다. 훔
볼트대학교가 이 연간 예산 전액을 받는다 하더라도, 총액은 스탠퍼드대
학교 예산의 17%에 불과했다. 그러나 학생 수는 오히려 훔볼트가 두 배
가까이 많았다.[126]

이렇듯 규모가 적은 재정 지원이었는데도 우수대학육성사업은 대학
들의 인식에 큰 변화를 일으켰다. 다수의 비판자조차 우수대학육성사업
이 독일 고등교육 환경에 변화를 불러왔음을 인정했다. 독일 대학들은 처

음으로 경쟁을 통해 재정을 확보했을 뿐 아니라, 국내외적으로 자신들의 위치를 정립하기 위한 공식적인 전략을 수립해야 하는 상황으로 내몰렸다. 스위스 취리히연방공과대학교(ETH Zurich)의 디터 임보덴(Dieter Imboden) 명예교수가 주도한 '우수대학육성사업 국제전문가위원회'의 최근 연구(일명 임보덴 보고서)에 따르면, 이 프로그램은 "대학 내 구조적 변화를 유도하는 데 성공했다."[127] 대학의 복잡한 거버넌스 구조 때문에 종종 난항을 겪었던 훔볼트대학교의 지도부 역시 이 프로그램이 전략 수립의 기폭제 역할을 했다고 평가했다. 당시 총장이었던 올베르츠는 우수대학육성사업이 "대학에 엄청난 활력을 불어넣었다"라고 회상했다.[128]

'우수성'은 무엇보다 연구 성과를 기준으로 측정되었다. 사업의 지원을 받은 11개 대학의 인용 영향력 데이터를 보면, 이들 대학의 연구가 전체 독일 대학에 비해 더 높은 빈도로 인용되었음을 알 수 있다. 상위 10% 인용률을 기록한 세계 논문 중 해당 11개 대학이 차지한 비율은 2003년 6분의 1 수준에서 2015년 4분의 1 수준으로 늘어났다. 동시에 상대적으로 지원을 적게 받은 다른 대학들이 고인용 논문에서 비슷한 성과를 보였다는 점도 주목할 만하다.[129] 이러한 긍정적 효과는 지난 10여 년간 독일 전체의 연구 지원이 전반적으로 늘어난 데서 일정 부분 기인한다고 볼 수 있다. 그럼에도 세계 유수 대학들과 비교할 때 독일 상위권 대학들의 순위는 여전히 낮은 편이었으며, 훔볼트대학교도 예외가 아니었다.

2019년 우수대학육성사업의 최근 선정 과정에서 베를린 파트너십은 "베를린 학문 생태계"의 일부로서 훔볼트대학교의 위상을 재정립하는 데 큰 진전을 이뤘다.[130] 이 연합체는 기관별 연구 역량을 통합하고 전문적 교류와 지속적인 교육의 네트워크를 형성하는 데 중점을 두었다. 이 계획은 대학들이 국내 경쟁에 참여할 수 있도록 했을 뿐 아니라, 국제 무대에서도 더욱 유연하게 활동할 수 있도록 도왔다. 2017년 브렉시트 이후 베릴린의 대학들은 옥스퍼드대학교와 파트너십을 체결해, 영국의 유럽연합 탈퇴가 학생과 연구 분야에 끼치는 영향을 최소화하고자 했다.[131] 당시 훔볼트대학교 총장이었던 자비네 쿤스트는 "영국 최고 대학과의 협력을 통해 브렉시트의 부정적 영향을 우회하기 위한 공동 전략을 수립하고자 한다"라고 밝혔다.[132] 이 연합은 상호 방문 프로그램, 박물관 및 도서관과의 협력, 공동 연구 어젠다 등을 제도화했으며, 향후 긴밀한 협력을 지원하고 외부 지금을 유치하기 위한 물리적 거점 건립 계획을 마련했다. 베를린이라는 도시의 역사적 맥락에서 비롯된 제도적 구조와 거주 및 연구의 공간으로서의 매력을 활용함으로써, 이 연합은 마침내 훔볼트대학교가 그 진면목을 드러낼 수 있는 발판을 마련했다.

과거의 빛 아래서 바라본 훔볼트의 미래

2010년, 창립 200주년을 맞아 훔볼트대학교는 자신을 "근대적 원형(modern original)"으로 자축하는 기념 학술대회를 열어 대학의 과거를 반추하고 미래를 구상하는 기회를 가졌다. 공립대학으로서 이 대학의 역사는 베를린의 역사와 깊이 얽혀 있다. 훔볼트대학교는 프로이센왕국, 독일제국, 바이마르공화국, 나치 독일, 독일민주공화국이라는 다섯 개의 정치체제를 거쳐 오늘날의 독일연방공화국에 이르렀다. 그중에서 빌헬름 폰 훔볼트를 그토록 고무시킨 '가르칠 자유'와 '배울 자유'를 진정으로 실현할 수 있는 체제는 아마도 독일연방공화국이 유일할 것이다. 이러한 격동의 역사 속에서도 훔볼트대학교는 탁월한 회복력을 보여주었다.

개교 초창기 이래 처음으로 훔볼트 정신에 입각한 자유학예교육이 가능해졌다. 그러나 민주화와 함께 예산 제약과 학생 수 급증이라는 현실이 동시에 닥쳤다. 현재 학생 수는 3만6,000여 명으로, 동독 시절보다 거의 열 배 가까이 늘어났다. 그리고 동독 시절에 교수 1인당 학생 수가 7명이었다면, 지금은 15명 수준이다.[133] 나치즘과 공산주의가 학문적 자유와 개방성을 억압했다면, 우수대학육성사업의 시대에는 학생 수 급증과 연구에 대한 과도한 압박으로 교육과 멘토링의 의미가 축소되었다. 그 결과 원칙이 되어야 할 훔볼트적 이상이 강의실에서 예외적 사례로 전락할 위험이 있다.

거버넌스 측면에서 훔볼트대학교는 180년에 가까운 권위주의 체제를 벗어나 참여 민주주의를 받아들였다. 학술평의회는 교수, 직원, 학생으로 구성되며, 대학 지도부의 주요 결정에 대한 거부권을 갖는다. 이와 같은 민주적인 거버넌스 구조는 훔볼트 총장들의 임기가 유난히 짧은 이유이기도 하다. 2021년 10월에 자비네 쿤스트 총장이 두 번째 임기의 1년도 채 되지 않아 사임했는데, 이는 1989년 이후 대부분의 총장이 한 번의 임기만을 채우고 물러난 전례를 이어간 셈이었다. 한 세기 이상 이어진 프로이센-독일의 통치, 12년의 나치 체제와 40년의 공산주의 정권을 지나 오늘날에 이른 훔볼트대학교는 명실상부하게 민주적인 대학으로 거듭났다. 그러나 동시에 방향성과 정체성을 잃고 표류해 온 것도 사실이다. 재건된 호엔촐레른궁전에 들어설 새로운 박물관 등 베를린의 주요 박물관에 둘러싸여 있는 이 대학은 이제 '살아 있는 대학 박물관'이자, 과거의 명성을 회복하기 위해 분투하는 존재가 되었다. 그러나 분명한 사실은 연구중심대학의 원형이라 불렸던 훔볼트대학교가 이제는 여러 대학 중 하나일 뿐이며, 심지어 독일 안에서조차 가장 뛰어난 대학으로 평가받지 않는다는 점이다.

제3장

냉전 세계에서의 진리, 정의, 자유
베를린자유대학교

1963년 6월 26일, 존 F. 케네디 미국 대통령이 베를린 장벽 건설 후 2년 여가 지난 시점에 서베를린을 방문했다. 그는 환호하는 군중 45만 명 앞에서 냉전의 역사에 가장 기억될 연설을 남겼다. 그는 연설을 마무리하며 이렇게 말했다. "모든 자유인은 어디에 살든 베를린 시민입니다. 그러므로 자유인으로서 나는 '나는 베를린 사람이다(Ich bin ein Berliner)'라는 말에 자부심을 느낍니다."[1]

몇 시간 후 케네디는 베를린자유대학교 캠퍼스에 모인 2만 명의 교수와 학생 앞에서 연설했다. 그는 명예박사 학위를 받으며 "이 뛰어난 대학의 명예 졸업생이 되어 영광"이라고 말했다. 그런데 "자유(free)"라는 단어는 중복된 표현이 아닐까? 이에 대해 그는 "사실 어떤 대학이든, 진정한 대학이라면 자유롭습니다"라고 주장했다. 하지만 베를린에서는 반드시 그런 것은 아니었다. 이것이 바로 자유대학교에서 공부하는 학생들이 직면한 과제였다. "이 대학은 단순히 기업의 법률 자문이나 유능한 회계사를 양성하는 데 목적이 있지 않습니다. 이곳이 진정으로 추구하는 것은 자유 사회의 발전을 위해 자신의 에너지를 기꺼이 헌신할 수 있는 '세계 시민'의 양성입니다. 그것이 여러분이 이곳에 있는 이유이며, 이 학교가 창립된 이유입니다." 케네디는 자유대학교의 교훈인 "진리(Veritas), 정의(Iustitia), 자유(Libertas)"를 상기시키며 연설을 맺었다. "학자와 교사, 지식인은 그 누구보다 더 큰 의무를 부여받습니다. 사회가 여러분에게 행동하는 법뿐 아니라 사유하는 법도 가르쳤기 때문입니다. 이 공동체는 바로 그 목표에 헌신해 왔으며, 여러분은 진리와 정의, 자유의 관점에서 이 도시의 미래를 설계하는 데 특별한 의무를 지니고 있습니다."[2]

훔볼트 자신도 이보다 더 잘 말하긴 어려웠을 것이다. 그로부터 26년 후 베를린 장벽이 무너졌고, 분단되었던 베를린은 물론 독일 전체가 다시 통일되었다. 그리고 다시 30여 년이 흐른 후 자유대학교는 베를린의 여러 대학 가운데 '동등한 자' 중 으뜸으로 떠올랐고, 독일연방공화국에서 '수월성'의 상징이 되었다. 그럼에도 자유대학교가 냉전 시기에 설립되었다는 사실은 여전히 대학 곳곳에 아로새겨져 있었다. 대학 총장과 주요 보직자의 사무실은 제2차 세계대전 직후 베를린을 통치했던 연합군 사령부 건물에 자리하고 있었는데, 이 건물은 바이마르 시대에 지어진 과감한 모더니즘 양식의 건물이었다. 총장실 밖 복도에는 케네디의 방문 당시를 담은 사진과 문서가 방문객을 맞이하고 있다. 총장실에서 멀지 않은 곳에 아름답게 개조된 '헨리포드빌딩(Henry Ford Building)'이 있다. 포드재단의 지원을 받아 지어진 이 건물은 원래 동베를린의 대학 본관에 상응하는 자유대학교의 본관으로 기능하도록 설계되었다. 1만8,000m²가 넘는 이 건물의 내부는 유리로 둘러싸인 덕분에 빛으로 가득한데, 이는 대학 설립 당시부터 강조되어 온 자유, 개방성, 투명성을 상징한다. 대학 측은 이 건축물의 의뢰인이 "민주주의"였다고 명시한다.[3]

케네디의 역사적 연설로부터 50여 년이 지난 후 페터안드레 알트(Pe-

[그림 3-1] 베를린자유대학교에서 연설하는 존 F. 케네디, 1963년. (페터안드레 알트 총장 제공).

ter-André Alt) 총장은 옛 연합군 사령부에 있는 자신의 집무실을 나서며 평생 경험한 이 대학의 놀라운 변화를 회고했다. 2010년에 그가 총장으로 취임한 이후 자유대학교는 훔볼트 전통에 뿌리를 둔 인문학 중심의 현대적이고 국제적인 대학으로 거듭났다. 21세기에 들어서며 자유대학교는 국내외에서 명성을 얻었고, 독일의 주요 고등교육기관 열한 곳으로 구성된 우수대학육성사업의 일원이 되었다. 알트 총장이 재임하는 동안 자유대학교는 동베를린에 있는, 훔볼트의 이름을 딴 대학을 능가하며 더 높은 평가를 받는 데 성공했다. 그러나 이 대학은 영광의 순간만큼이나 여러 차례 존폐의 기로에 섰다. 총장직에서 곧 물러날 예정이었던 알트는 2018년 7월, 동료 귄터 치글러(Günter Ziegler)가 그의 역할을 이어받을 것임을 알고 있었다. 총장실에서의 8년을 회고하며 알트는 자문했다. "현대 독일에서 가장 실험적인 이 대학의 미래를 보장하는 것은 과연 무엇일까?"

"혹독한 시련을 겪은 청년기": 기원 이야기, 1945~1948

독일의 수도 베를린은 제2차 세계대전 동안 연합군의 집중적인 폭격 대상지였다. 전쟁이 끝날 무렵, 슈타트슐로스와 대학 주변 도심 지역은 완전히 폐허가 되었다. 곧이어 베를린은 독일 전역과 마찬가지로 4개 구역으로 분할되었다. 정부 관청이 가장 밀집해 있고 주요 대학 건물 대부분이 있는 미테 지역은 소련의 통제 아래 놓였고, 나머지 지역을 프랑스, 영국, 미국 등 서방 연합군 세력이 점령했다. 소비에트 구역에 있는 베를린대학교(오늘날의 훔볼트대학교)는 도시 전체의 공식 통치 기구인 연합군 사령부가 아닌 소련군의 직접 통제 아래 운영되었다.

베를린이라는 도시의 독특한 상황(독일의 소비에트 점령지 한가운데에 위치하면서도 절반은 서방 세력이 통제하는 구조)은 1947년 이후 냉전의 핵심 무대로 떠오르는 자연스러운 배경이 되었다. 초창기에 베를린은 4개국이 공동으로 구성한 연합통제위원회(Allied Control Council)에 의해 통치되었으며, 위원회 의장은 순서에 따라 매달 교체되었다. 그러나 동서 관계가 나빠지면서 소련은 위원회에서 탈퇴하고 자신의 구역을 독자적으로 통치하기 시작했다. 이후 연합통제위원회는 서방 3개국만 참여하는 순환 지도부 정책을 유지했다.

베를린대학교는 폐허 상태였다. 건물의 90%가 파괴되었으며, 1944년 이후 강의가 전면 중단되었다. 교수들 대부분은 망명하거나 추방되었으며, 일부는 처형당했다. 1933~1945년에 베를린대학교 교수진의 3분의 1 이상이 퇴출되었는데, 이 비율은 독일 대학들 가운데 가장 높은 수준이었다.

베를린대학교는 소련군의 허가를 받아 1946년 1월, 공식적으로 재개교되었다. 소련 점령 지대 안의 다른 대학 다섯 곳(예나, 할레-비텐베르크(Halle-Wittenberg), 라이프치히, 그라이프스발트, 로스토크)도 같은 시기에 재개교했다. 이들 대학에서는 구 나치 엘리트 제거와 "공산주의를 확고하게 수립할 수 있는 세대" 양성을 목적으로 철저한 탈나치화(denazification) 과정이 시행되었다.[4] 독일 내 모든 대학 직원은 기존의 자리를 유지하기 위해 다시 지원서를 제출해야 했다. 베를린대학교는 기존의 교수와 강사 700명 중 120명만 재고용했다. 새로 개편된 이 대학은 9,000명 이상의 지원 학생 가운데 2,800명을 선발해 입학시켰다.[5] 이후 학문 활동이 재개되었을 때 교수들과 학생들은 자신이 파시즘의 피해자였거나 나치 정권으로부터 사상적으로 분리되어 있었음을 입증해야만 했다. 이를 보장하는 가장 확실한 방법은 독일사회주의통일당에 가입하는 것이었다. 이 정당은 이전의 사회민주당과 공산당의 결합체였지만, 실제로는 공산당이 절대적으로 지배하고 있었다.

소련 점령 지대 내 대학 교육은 사회주의 '인민 대학'의 수립이라는 궁극적 목표 아래 계급투쟁이라는 주제에 의해 지배되었다. 소비에트연방, 동유럽 공산권 국가들, 중국에서와 마찬가지로, 모든 학위과정에 교조적 마르크스-레닌주의 철학과 정치경제학이 필수과목으로 포함되었다. 이는 대학의 프롤레타리아화(proletarianization)와 학생 및 교수의 사회적 구성을 변화시키는 데 목적이 있었다. 이러한 시스템은 학문적 자유를 심각하게 제한하는 결과를 가져왔다. 베를린대학교는 소련의 주도로 독일사회주의통일당 간부 양성을 위한 교육기관으로 바뀌고 있음이 명백해졌다. 입학과 학업 성취도는 정치적 성향과 밀접하게 연결되었다. 그러자 이에 반발하는 민주적 성향의 학생들이 시위를 조직했다. 이들은 대학의 필수과목이 마르크스-레닌주의 교리를 주입하는 것에 불과하다고 생각했다. 일부 학생들은 대학과 베를린 전반에 대한 소련과 독일사회주의통일당의 영향력을 비판하기 시작했다.

이러한 학생운동은 곧바로 강력한 탄압에 직면했다. 1947년 3월, 의학도이자 학생회장인 게오르크 브라치들로(Georg Wrazidlo)가 베를린의 유명한 카페 크란츨러(Café Kranzler)에서 동료 학생들을 만나다가 소련 비밀경찰에 체포되었다. 두 달 뒤 학생 5명이 비슷한 방식으로 실종되었다. 소련 법정은 비밀 재판에서 "은밀한 파시스트 활동" 혐의로 이들에게 유죄 판결을 내리고 10~25년의 징역형을 선고했다. 브라치들로는 나치 시절 부헨발트수용소에서 살아남았으나, 공산주의 정권에서 다시 작센하우젠수용소에 갇혔다. 1956년 수용소에서 풀려났을 당시 그의 나이는 40세였다.[6]

체포를 피한 반체제 성향 학생들의 저항이 계속되었다. 특히 오토 헤스(Otto Hess), 요아힘 슈바르츠(Joachim Schwarz), 오토 슈톨츠(Otto Stolz)를 포함해 목소리를 높인 학생들은 다음과 같이 선언했다. "자유, 인간성, 그리고 인권은 우리에게 헤아릴 수 없는 가치이며, 우리는 이를 침해하려는 그 누구와도 끊임없이 싸울 것이다. 우리는 이 점을 분명히 밝히고자 한다. (중략) 비판이 정당한 사안에 대해서는 주저 없이 비판할 것이다."[7]

1947년 말이 되자 학생운동가들은 대학과 학생 사회의 현실에 대해 점점 더 비판적인 시각을 가졌다. 오토 헤스는 이렇게 썼다. "베를린에서 대다수의 학생은 명백히 자신의 견해를 주장할 용기와 에너지를 갖지 못한다. 그들은 소수의 폭압적인 세력의 테러에도 아무런 저항을 하지 않은 채 침묵을 택한다."[8] 낙담한 젊은 개혁가들에게 기존의 대학을 바꾸는 것은 점점 더 불가능한 과제로 보였다. 점령 협정에 따라 소련 당국을 직접 비판하는 것은 불법이었다. 그래서 반체제 학생들은 소련 점령 지대에 있는 대학의 민주적 제도가 붕괴되어 가는 과정을 기록하며, 독일사회주의통일당 당국을 깎아내리는 방식으로 대응할 수밖에 없었다. 대학 당국과 총장은 강경 대응에 나섰고, 1948년 4월 중순 "학생으로서의 품위와 예의에 반하는 출판 활동"을 했다는 이유로 슈톨츠, 헤스, 슈바르츠를 제적했다.[9]

수십 명의 학생이 이미 이와 비슷한 이유로 제적되었고, 이들 중 일부는 체포되거나 다른 대학으로 옮긴 전례가 있었다. 그럼에도 이번 제적 사건은 학생 사회를 큰 충격에 빠뜨렸다. 곧바로 다른 학생 단체들이 시위를 조직하기 시작했다. 1948년 4월 23일, 2,000여 명의 학생이 소련 점령 지대에서 불과 50m 떨어진 영국 구역 포츠다머 플라츠의 에스플라나데(Esplanade) 호텔 근처에 모였다. 이곳에서 예나대학교의 에리히 베버(Erich Weber)와 오토 슈톨츠는 이제껏 상상조차 할 수 없었던 구상을 발표했다. 바로, 억압과 이념의 간섭 없이 자유롭게 공부할 수 있도록 서베를린에 새로운 대학을 설립하자는 내용이었다.

당시 미국이 후원하던 신문 《노이에 차이퉁(Neue Zeitung)》의 기자였던 젊은 미국 언론인 켄달 포스(Kendall Foss)는 베를린대학교에서 벌어진 일련의 사건을 보도했다. 그는 에스플라나데 시위 현장을 직접 목격했다. 슈톨츠의 열정에 깊은 인상을 받은 포스는 미국 당국과 학생들을 연결해 주겠다고 제안했다. 그는 당시 독일 주재 미국 고등판무관 루시우스 D. 클레이(Lucius D. Clay) 장군과 인디애나대학교 총장이자 당시 연합군 문화 고문으로 활동하고 있던 허먼 웰스(Herman Wells)에게 연락했다. 웰스는 포스를 특별 보좌관으로 채용하고, 서베를린에 새로운 대학을 설립할 수 있는지에 대해 조사하도록 했다. "포스는 상황을 잘 이해하고 있었고, 추진력과 역량을 갖춘 인물로 보였습니다."[10] 곧 독일인 교수, 정치인, 학생으로 구성된 준비위원회가 구성되었고, 이들은 서베를린 내 베를린대학교에 대응하는 대학 설립을 위해 본격적인 활동에 돌입했다. 1948년 5월, 포스와 위원회는 그 결과를 클레이 장군에게 제출했다. 포스는 이 대학이 "미국" 대학이 되어서는 안 된다는 점을 분명히 했다. "위원회는 현재 전개되고 있는 이 프로젝트의 발단과 성격이 근본적으로 독일적이며, 또 마땅히 그래야 한다고 믿습니다. 미국의 참여는 독일 측의 구상에 대한 도의적이고 물질적인 지원에 국한되는 것이 적절합니다."[11]

이토록 짧은 기간에 대학이 설립된 사례는 드물다. 점차 이 구상에 열의를 보인 클레이 장군의 주도 아래 하버드대학교에서 휴직 중이던 독일계 미국인 정치학자 카를 J. 프리드리히(Carl J. Friedrich)가 고문으로 참여했다. 위원회는 새로운 대학이 6개월 안에 문을 열 수 있다고 결론지었다. 교수진 확보는 당연히 도전과제였다. 하지만 당시 베를린대학교의 교수 66명 중 60명이 이미 서쪽 지역에 거주하고 있었고, "현재 베를린대학교와 동등한 수준의 교수진을 확보하는 것은 충분히 가능하다"라는 자신감이 있었다.[12] 위원회는 베를린 시장 에른스트 로이터(Ernst Reuter)를 위원장으로 해서 구체적인 준비에 착수했다. 동시에 기존 베를린대학교 학생회의 3분의 2가 학교를 자퇴하고 자체적으로 새로운 대학 설립을 위한 준비위원회를 결성했다. 이들의 기대와 비전은 새로운 대학의 성격을 단기간은 물론 장기적으로 규정했다. 오토 헤스는 1948년 7월에 다음과 같이 썼다. "새로운 대학이 단지 명예로운 과거 전통을 보존하려는 시도에 그치지 않으려면, 과감하게 새로운 길을 개척하려는 용기가 필요하다." 모든 세대는 "자신의 길을 스스로 찾아갈" 권리가 있다.[13]

새로운 대학에 지원하는 과정은 그 어느 때보다 간단했다. 학생들은 자신의 학업 이력을 엽서 한 장에 간단히 써 제출하면 그만이었다. 베를린대학교 학생들은 입학위원으로 활동하면서 최초 입학생 선발 과정에 참여했다. 10월 5일까지 5,500명이 신생 대학에 지원했으며, 이 가운데 2,140명이 초대 입학생으로 선발되었다.[14]

신설 대학에 대한 대중의 지지를 당부하는 호소문은 이 대학의 정체성을 훔볼트 형제의 전통에 두고자 했다. "진리 그 자체를 추구하는 자유로운 대학을 설립할 것입니다. 모든 학생은 이곳이 진정한 민주주의 정신 속에서 개개인의 개성을 자유롭게 발전시킬 수 있는 곳임을 알아야 합니다. 이곳은 편향된 선전에 종속되는 곳이 아닙니다."[15]

초기 베를린대학교는 국왕에 의해 설립되었지만, 베를린자유대학교는 학생들 주도로 설립되었다. 적어도 학생들의 에너지와 이상주의, 기업가 정신이 결합되지 않았다면, 1948년 베를린에서 새로운 대학의 설립은 불가능했을 것이다. 이러한 맥락에서 자유대학교의 운영 구조는 학생들에게 이례적인 수준의 영향력을 부여했다. 베를린 모델이라 불리는 이 거버넌스 체계 안에서 학생들은 각종 위원회의 투표권 있는 구성원으로 참여할 뿐 아니라, 대학의 최고 의사결정 기구인 이사회(Kuratorium)에서 의결권을 가졌다. 1949년 훔볼트대학교로 이름을 바꾼 베를린대학교는 물론 여타 독일 대학에서도 유례가 없는 일이었다. 학생들은 "학생 사무(Student affairs)"를 실질적으로 운영했으며, 입학 기준을 정하고 학생 징계 절차에 참여했다. 독일 대학 역사상 처음으로 대학평의회의 구성원으로서 교수 임용에도 투표권을 행사했다. 이러한 권한에는 책임이 뒤따랐으므로, 초기 자유대학교의 학생들에게는 상당한 학습량과 더불어 강한 공동체 의식이 요구되었다. 대학 헌장은 자유대학교를 "교수와 학생이 함께 이루는 학문 공동체"로 규정했다.[16]

새로운 대학은 미국식 모델을 따라 자체 이사회(Board of Trustees)를 설립한 점에서도 차별화되었다. 이사회는 예산과 주요 정책을 결정할 권한을 가졌으며, 당시 베를린 시장이던 에른스트 로이터가 이사장을 맡았다. 이러한 구조는 다른 어떤 현대 독일 대학보다도 높은 수준의 '국가로부터의 자율성'을 구현하는 수단으로 기능했다.

그러나 민주주의 체제에서도 리더십은 필요하기 마련이다. 대학 개교를 앞두고 자유대학교는 대학을 이끌 저명인사, 즉 공신력 있는 지도자를 물색했다. 신생 교수진의 초기 지도자 중 한 명이었던 저명한 미술사학자 에트빈 레츠롭(Edwin Redslob)은 이 신생 대학은 "위로부터 아래로" 구축되어야 하며, 초대 총장은 "저명한 인물"이어야 한다고 주장했다. 그러나 전쟁 직후의 베를린에서 과거에 정치적으로 타협하지 않았던 저명인사를 찾는 일은 결코 쉽지 않았다. 결국 에른스트 로이터는 고령에 병을 앓고 있으며 청력마저 잃어 가고 있는 역사학자 프리드리히 마이네케를 설득해 총장직을 맡겼다. 이 80대 노학자는 당대 최고의 독일 역사학자로 인정받는 중도 자유주의 성향의 인물이었다. 세계시민주의와 국가주의의 대립을 연구 주제로 삼았던 그는 1935년 나치 정권에 의해 세계 최고 권위의 역사 학술지《역사학 저널(Historische Zeitschrift)》편집장직에서 강제 해임된 바 있었다. 마이네케는 두 가지 조건을 내걸고 총장직을 수락했다. 첫째는 실질적인 대학 행정을 담당할 총장 대행(Geschäftsführender Rektor)을 두는 것이었고, 둘째는 자신의 집에 독서를 위한 전력 공급

을 늘려 달라고 로이터에게 요청하는 것이었다.[17]

자유대학교의 개교 기념식은 1948년 12월 4일에 열렸다. 악천후와 심한 감기 탓에 마이네케 총장은 자택에 누워 있어야 했으며, 교통수단이 부족해 다른 대학 총장과 관련 분야 인사들의 참석이 제한되었다. 당시 자유대학교는 자체 캠퍼스나 강당이 없어서, 이날 사용할 수 있는 공공회관을 빌려 행사를 치렀다. 그러나 전해지는 기록에 따르면, 그날의 개교식은 역사에 길이 남을 만한 것이었다. 마이네케는 자택에서 당시 미국 점령 지대 라디오 방송국(RIAS, Radio in the American Sector)을 통해 이렇게 연설을 시작했다. "나는 지금 청년의 목소리를 기쁘게 듣고 있습니다. 새로운 대학을 향한, 학문과 그 교육의 진정한 성역을 위한 그들의 요구를 환영하는 바입니다." 이어서 그는 "이곳은 혹독한 시련을 겪은 청년 세대의 열렬한 요구로부터 직접 솟아난 새로운 대학"이며, "교수 중 최연장자로서, 그리고 할아버지의 위치에서 청춘이 내민 손을 맞잡습니다"라고 말했다. 그는 베를린의 두 대학 간에 갈등이 아닌 '경쟁'을 촉구했다. "우리가 다시 하나가 되는 날이 오기를 바랍니다."[18]

생존과 지속가능성, 1949~1961

베를린자유대학교의 강의는 실제로 11월 중순에 시작되었다. 개교 기념식이 열리기 전, 그리고 구 베를린대학교에서 학생 3명이 제적된 지 불과 7개월 만이었다. 마이네케가 품었던 미래에 대한 희망에도 불구하고, 베를린은 정치적으로뿐 아니라 학문적으로도 분단된 도시가 되었다. 공식 기념식이 끝난 다음 날, 동독의 독일사회주의통일당이 보이콧한 가운데 서베를린 구역에서 지방정부 선거가 실시되었다. 그러나 서베를린은 이미 동독 영토에 고립된 서방의 전초기지로 자리 잡은 상태였다.

자유대학교는 베를린 봉쇄의 절정기에 설립되었다. 베를린 봉쇄는 소련이 연합국 점령 아래의 서베를린을 고립시켜 존속 불가능하게 만들려는 시도였다. 연합국이 새로운 통화 도입을 통해 미국, 영국, 프랑스의 점령 구역을 하나의 정치적 실체로 통합하려 하자, 소련은 이에 대한 대응책으로 1948년 6월 26일 서베를린으로 향하는 철도, 도로, 운하 등 모든 교통로를 차단했다. 이에 미국과 영국 공군은 과감한 '공중교량(Luft-brücke)', 즉 베를린공중보급작전이라는 대규모 군수 지원 작전을 통해 서베를린에 필요한 물자를 공급했다.

베를린공중보급작전은 미국과 동맹국, 그리고 한겨울의 추위와 결핍을 견디며 버틴 베를린 시민들의 헌신이 빚어낸 영웅적 노력의 산물이었다. 이 봉쇄는 거의 1년 동안 지속되었다. 공중보급작전의 엄청난 규모(11개월간 27만 회 비행)와 연합국의 결속력(프랑스의 90일 신공항 건설 등)은 새 대학의 전격적인 설립을 포함해 모든 것을 가능해 보이게 만들었다.

설립 당시 자유대학교는 건물, 가구, 서적 등 모든 것이 부족했고, 의과 대학은 기본 장비조차 턱없이 모자랐다. 베를린시는 도덕적·법적 지원을 제공할 수 있었으나, 재정적 지원은 한계가 있었다. 서방 점령군 중에서 유일하게 미국만이 대학 설립을 적극적으로 지원했다. 자유대학교는 독일·미국 우호의 상징으로 빠르게 떠올랐으며, 미국 점령 당국은 초창기 몇 달 동안 미국 점령지역에서 발행되는 신문의 수익으로 대학을 보조했다. 자유대학교는 1948년 개교 첫해에만 미 정부로부터 약 50만 달러를 지원받았으며,[19] 공중 보급 물자에서 대학을 위한 특별 할당분을 확보하기도 했다. 베를린이 냉전의 중심 격전지로 떠오르면서 지원은 시간이 지날수록 더욱 확대되었다. 자유대학교는 개교 이후 1963년까지 미 정부로부터 총 570만 달러를 지원받았다. 가장 활발한 국제 활동을 이어 나간 포드재단으로부터 317만5,000달러를 지원받았는데, 여기에는 벤저민프랭클린대학병원과 초기 캠퍼스를 상징하는 헨리포드빌딩의 건립 자금이 포함되어 있었다.[20] 초기의 자유대학교는 미국식 '기숙형 캠퍼스' 구상을 토대로 설계되었는데, 이는 독일의 다른 대학들과 뚜렷이 구별되는 특징이었다.

대학이 자리 잡은 베를린-달렘 지역은 그 자체로 대학의 야심을 보여주었다. 20세기 초 프로이센 당국은 달렘을 '과학의 도시'로 조성하기로 하고, 국가기록보관소와 박물관 등 여러 학술 기관을 이곳에 집중했다. 가장 유명한 곳은 막스플랑크협회의 전신인 카이저빌헬름협회로, 1911년 '독일의 옥스퍼드'라는 기치 아래 설립되었다. (당시 과학 분야에서 베를린이 옥스퍼드를 압도했다는 점을 고려하면, 다소 기이한 은유였다.) 달렘에서는 알베르트 아인슈타인, 베르너 하이젠베르크, 막스 플랑크 등 노벨상 수상자들이 명성을 쌓았다. 제2차 세계대전 후 이들 연구소는 형식상 훔볼트대학교 소속이었으나, 1949년 미군 당국은 이들의 운영권을 자유대학교에 이관했다. 법적 소유권이 여전히 미정이어서 자유대학교가 훔볼트대학교

[그림 3-2] 헨리포드빌딩. (타임스/위키미디어 커먼스/CC By-SA3.0).

에 임대료를 지급하는 이례적인 상황이 벌어졌지만, 실질적으로는 자연과학 및 의학 분야의 주요 시설을 확보한 셈이었다. 2년 후 홈볼트대학교의 수의과부 교수진 전체가 자유대학교로 이적했다.

초기 입학 정원은 2,140명으로, 철학부, 법·경제학부, 의학부 등 세 개의 학부에 소속되었다. 총장과 학장, 그리고 대학의 신뢰도와 권위를 높여 주는 명예교수까지 포함하더라도 정교수(ordintliche professoren)는 43명에 불과했으며, 미국의 스탠퍼드, 예일 등에서 온 방문교수와 젊은 학자들이 이들을 보완했다. 이후 동독 대학에 환멸을 느낀 학자들을 채용하고 대학의 규모와 명성이 성장함에 따라 서독 출신 학자들을 영입하면서, 교수들이 더욱 확충되었다. 1948~1949년 겨울 학기에 2학년 이상 학생의 약 70%가 구 베를린대학교(도심 캠퍼스)에서 수학한 경험이 있었고, 20%는 동독의 다른 대학에서, 9%는 서독의 다른 대학에서 이적해 왔다. 여기에 외국인 유학생 30명이 합류했다.

대학은 1950~1960년대를 거치며 꾸준히 성장해 1954년에는 학생 수가 6,000명, 1960년에는 1만2,000명, 1968년에는 1만5,000명에 육박했다.[21] 예산과 교수 채용도 이에 맞춰 늘어났다. 서독 정부와 베를린시, 미국의 지원 덕분에 1958~1968년 예산은 매년 30%씩 증가했다. 1968년 당시 대학은 396명의 교수, 77개의 학위과정, 155개의 연구소를 보유한 대규모 종합대학으로 성장했다.[22]

첫 10년 동안 자유대학교는 대학 설립을 이끌었던 이상주의와 활력을 상당 부분 간직하고 있었다. '베를린 모델'의 구상대로 학생들이 대학 운영에서 중요한 역할을 맡았고, 연구중심대학으로서의 명성이 확립되기 전까지 교수진은 학부 교육에 많은 열정을 쏟았다. 기존의 강의(Vorlesungen)에 더해 영미식 모델인 튜토리얼(tutorial) 제도[23]가 최초로 도입되었다. 이는 본래 동독 대학 출신 학생들을 위한 학습 지원 프로그램이었으나, 곧 독립적인 교육 방식으로 자리 잡았고 포드재단의 지원을 받았다. 여기에 당시 독일 대학으로서는 혁신적인 일반교양교육 프로그램이 추가되었다. 학생들이 특정 전공이나 전문직 교과과정에 직접 입학하는 체계에서 이러한 일반교양교육은 하버드대학교와 같은 최근 미국의 사례를 빌려 학문의 범위를 현대 사회, 정치, 문화 등 동시대의 폭넓은 주제로 확장했다. 또한 대학은 자신을 탄생시킨 도시와 적극적으로 소통했다. 1949년 여름, 독일 최초로 시민들을 위한 라디오 강좌인 '방송대학(Funk-Universität)'을 개설했고, 1952년에는 일반 대중을 대상으로 한 '야간대학'을 운영하기 시작했다. 1948년 학생과 교수, 그리고 도시를 하나로 묶었던 강한 결속감은 한동안 지속되었다.[24]

세계화된 1960년대와 그 이후: 시위와 개혁, 1962~1989

경제적 긴축 속에서 조심스럽게 출발했던 베를린자유대학교는 1960년대 초 서독의 다른 주요 고등교육기관과 어깨를 나란히 했다. 자유대학교는 '개혁' 대학으로 널리 알려졌지만, 서독의 다른 대학들은 혁신과 변화를 거부하고 나치 이전 시대 독일 학문의 우수성을 '복원'하는 데 매달렸다.[25] 그러나 자유대학교 역시 교수와 학생을 거의 전적으로 서독에서 충원하면서, 서서히 그리고 은밀하게 역동성과 개혁 의지를 잃고 서독 대학체제로 편입되었다.

한편, 서베를린은 꾸준히 변화하면서 독자적인 정체성을 점점 더 뚜렷이 형성해 나가고 있었다. 1961년 베를린 장벽의 건설은 콘크리트 장벽과 감시탑으로 둘러싸인 서베를린을 고립된 냉전의 섬으로 만들었다. 서베를린은 동독 한가운데에 있었지만, 그 주변을 둘러싼 독일민주공화국과 의도적으로 구별되었으며, 독일연방공화국과 긴밀히 연결되어 있었다. 서독 정부는 서베를린을 '서방의 전시 공간'으로 삼아 대규모 재정 지원을 아끼지 않았다. 서구의 눈으로 보기에 서베를린은 우울하고 칙칙한 동쪽 "저 너머(drüben)"의 모습과 극명한 대조를 이루었다.

한때 거대한 공업도시였던 베를린은 점차 음악과 예술, 그리고 교육의 중심지로서 전위적인 문화적 감각을 지닌 공간으로 변모했다. 국제적 현안의 중심에서 진보적 문제의식을 함양할 수 있는 대학을 찾는 독립적 성향의 학생들, 그리고 "영화관과 선술집(Kinos und Kneipen)"으로 이름난 도시에서 공부하고자 하는 이들에게 베를린은 매력적인 선택지였다. 특히 징집 연령대의 남학생에게는 또 하나의 결정적인 이점이 있었다. 베를린 거주자는 법적으로 (아직) 독일연방공화국의 일부가 아니어서 서독 연방군(Bundeswehr) 복무가 면제되었다. 서베를린은 여전히 포위된 냉전 도시였지만, 프랑크푸르트, 함부르크, 슈투트가르트 등 서독 경제 기적을 상징하는 부유한 대도시들과는 달리 국가 보조금으로 유지되는 '쿨하고 반문화적인' 대안 공간으로 자리 잡았다.

존 F. 케네디 대통령이 방문한 1963년은 베를린에서 친서방·친미 정서가 절정에 이른 시기였다. 그러나 그해 말 케네디의 암살과 미국의 아시아(베트남) 개입은 장벽과 베를린 분단이 단기간에 해소될 것이라는 희망을 무너뜨렸다. 이미 1950년대 말부터 자유대학교 학생들은 핵무기 확산과 서독 재무장 반대 시위를 통해 반미 정서를 드러내고 있었다. 독일의 전후 세대 젊은이들은 독일의 군국주의적 과거를 직시하기 시작했다. 특히 1961년에 출간된 《세계 패권을 향한 도전(Griff nach der Weltmacht)》(영어로는 《제1차 세계대전에서 독일의 목적(Germany's Aims in the First World War)》)을 통해 제1·2차 세계대전에 대한 독일의 전쟁 책임을 강력히 주장한 프리츠 피셔(Fritz Fischer)와 같은 수정주의 역사학자들로부터 자극받았다. 케네디의 화려한 방문 후 불과 2년 만에 자유대학교는 끝없는 내부 위기에 직면했다. 학생들은 행정 당국이 외부 연사 초청을 승인하는 권한에 문제를 제기했고, 이는 캘리포니아대학교 버클리의 사례를 연상시키는 "자유 발언(free speech)" 운동으로 전개되었다. 한 젊은 교수는 총장의 적극적인 사전 검열을 비판했고, 학생들은 총장 사퇴를 요구하며 대규모로 집결했다. 역사가 제임스 텐트(James Tent)의 기록에 따르면, 자유대학교는 단 몇 주 만에 "겉보기에는 정상적으로 기능하는 도시의 대학에서 그 존립 기반 자체가 의문시되는 위기 대학으로" 변했다.[26]

1966년이 되자 교수와 학생 간 화합을 표방했던 '베를린 모델'은 사실상 생명을 다했다. 좌파 학생들은 기업 내 노동조합에 부여되는 것과 같은 '완전한 공동대표권(Mitbestimmung)'을 요구하며 독자적 단체를 결성했다. 이와 동시에 베트남전 반대 여론이 고조되면서, 1967년 허버트 험프리 미국 부통령의 베를린 방문에 맞선 반미 시위를 비롯해 각종 시위가 잇따랐다. 시위의 규모와 격렬함은 점차 커졌다. 같은 해, 미국 동맹국인 이란의 국왕 국빈 방문을 반대하던 시위 도중 자유대학교 학생 베노 오네조르크(Benno Ohnesorg)가 베를린 경찰의 총격으로 사망하자, 분노는 사회 전반으로 퍼져 나갔다. 그러나 이 사건에서 각 세대가 끌어낸 교훈은 각기 달랐다. 자유대학교의 헨리포드빌딩에서 거행된 추모식에 1만 5,000여 명이 모였다. 오네조르크는 자유대학교에서 전개된 문화 혁명의 첫 희생자였으나, 결코 마지막은 아니었다.[27] 이 사건은 서독 전역에서 수 주간 이어진 대규모 시위를 촉발했고, 학생운동을 한층 급진화했다. 경찰청장, 베를린 내무장관, 서베를린 시장이 잇따라 사퇴했으며, 발포 경찰관은 무죄 판결을 받았다. 그러나 후속 수사에서 발포 경찰관과 여러 증인이 거짓 진술을 통해 사건을 은폐하려 했던 사실이 드러났다. 2009년에는 그 경찰관이 당시 동독 국가보안부의 비공식 협력자였음이 밝혀져 사건의 성격이 더욱 복잡해졌다. 다만, 그의 발포가 서베를린 내 분열을 의도한 것이었다는 증거는 발견되지 않았다.

좌파적 극단주의에 맞서 창립된 이 대학은 이제 세계적으로 확산되는 급진적 정치운동의 한복판에 섰다. 1968년 5월 파리에서는 학생 시위가 총파업으로 번지며 프랑스 정부를 위기로 몰아넣었고, 미국 대학가 역시 베트남전으로 분열되었다. 중국에서는 마오쩌둥의 문화대혁명이 대학 교육을 마비시켰으며, 서방 좌파들 사이에서 마오주의는 느슨하지만 매혹적인 사조로 유행했다. 미국의 후원으로 성장한 자유대학교 역시 이제 반미 정치의 표적이 되었다.

1970년대 초 학생운동은 더 급진화되었다. 잘 조직되고 세분화된 학생 단체들은 선전·선동 활동을 통해 가르칠 자유와 배울 자유를 위협했다. 학내 정치화는 극에 달했고, 학술평의회와 총장실은 주기적으로 점거되었다. 정치 구호가 신·구 교사 건물 외벽을 뒤덮었다. 1970년 자유대학교 시간강사였던 울리케 마인호프(Ulrike Meinhof)가 정치적 방화로 수감 중이던 안드레아스 바더(Andreas Baader)의 탈옥을 주도하면서, 이른바 "바

[그림 3-3] 1967년 4월 19~20일, 헨리포드빌딩 로비에서 농성 중인 학생들. (베르나르 라르손 (Bernard Larsson) 제공).

더-마인호프 갱(Baader-Meinhof Gang)"은 국내 테러리즘의 대명사가 되었다. 이듬해 학생운동 지도자 루디 두치케(Rudi Dutschke)가 습격당하자, 상황은 폭발 직전까지 치달았다.

이러한 일련의 상황은 초기 베를린 모델을 토대로 하면서도 이를 한층 발전시켜 학생들의 에너지를 대학 운영에 적극적으로 결집, 활용하려는 거버넌스 개혁 운동으로 이어졌다. 1969년 새로운 대학법 제정의 초기 옹호자 가운데 한 사람은 정치학자 알렉산더 슈반(Alexander Schwan)이었다. 그는 공동결정제(Mitbestimmung)를 지지하며 학생들이 대학 운영에 더욱 깊이 참여해야 한다고 믿었다. 새로 제정된 대학법은 이러한 구상을 그대로 반영해, 급진적 성향의 학생 단체들을 대학 위원회와 프로그램에 제도적으로 편입시켰다. 그러나 1971년 슈반이 상황을 더 이상 감내할 수 없다며 개혁법을 '실수'라고 규정하자, 마오주의 성향의 학생들이 이에 반발해 그를 세미나실 창밖으로 내던지려 했다. 이 사건은 자유대학 정치학의 본산인 오토주르연구소(Otto Suhr Institute)의 세미나실에서 벌어졌다. 슈반은 격렬한 몸싸움 끝에 온건파 학생들과 그의 아내이자 젊은 조교수인 게지네 슈반(Gesine Schwan)의 도움으로 가까스로 구출되었다.[28]

나는 독일학술교류처 장학생이자 베를린시의 '공중보급작전감사장학금(Luftbrückendankstipendium)' 수혜자로 1972~1973년에 자유대학교에서 수학했다. 역사학 전공으로 프리드리히마이네케연구소에 다니던 중, 나치 시대를 연구한 역사학자 프리드리히 치펠(Friedrich Zipfel)이 창밖으로 거의 내던져질 뻔했다는 소문을 들었다. 겨울 학기에 로스트라우베(Rostlaube) 건물이 개관되어 역사학과 정치학 강좌가 열렸는데, 건물 외벽은 개강 전부터 이미 붉고 노란 정치 구호로 뒤덮였다. 나는 그 건물에 있는 오토주르연구소에서 게지네 슈반이 진행하는 마르크스 세미나를 수강했다. 그녀는 남편보다 오래 살아남아 자유대학교의 모든 혼란기를 견뎌낸 뒤, 훗날 독일사회민주당의 주요 정치인이자 저명한 학자로 성장했다. 당시 그녀는 교직 경력 초기였는데, 수업은 상상 이상으로 도전적이었다. 수업에 참여하는 학생이 15명 정도였는데, 마오주의자와 스탈린주의자, 마르크스주의적 무정부주의자, 그리고 작은 알바니아가 가장 순수한 형태의 마르크스주의를 실천한다고 믿는 이들까지 최소 여섯 개의 공산주의 정파가 섞여 있었다. 그 결과 마르크스가 그토록 철저하게 검토된 적은 일찍이 없었을 것이다. 우리는 학습모임(Arbeitsgruppen)을 꾸려 함께(혹은 각자) 마르크스를 읽었다. 하지만 실제로는 대부분 베를린의 선술집에서 토론을 이어 갔다. 연합국 시민 신분이었던 덕분에 유일하게 장벽을 넘어갈 수 있었던 내가 물가가 싼 동베를린에서 교재를 사 오는 특별한 임무를 맡았다. 세미나에서는 어느 정파든 번갈아 가며 끼어들어 매번 슈반의 발언이 중단되곤 했다. 슈반은 인내와 끈기에 관한 한 철십자 훈장을 받을 만한 인물이었다.

1970년대 초 자유대학교는 사실상 기능 불능 상태에 이르렀다. 베를린시 당국은 대학의 자치 능력 상실로 인해 결국 주가 개입할 수밖에 없다는 점을 안타까워했다. 대학 초기의 베를린 모델은 이미 아득한 과거의 기억이 되었다. 그리고 1974년 대학법 개정과 1978년 전면적인 새 입법을 통해 교수단의 다수결 지배 원칙이 복원되었으며, 총장의 권한이 강화되었다. 이러한 조치들은 1980년대에 들어 더욱 확고해졌다. 자유대학교 첫 30년간의 정치사를 다룬 저작으로 권위 있는 평가를 받아 온 제임스 텐트는 이렇게 기록했다. "짧은 기간이었지만, 자유대학교는 어느 공산권 국가나 기관이라도 놀랄 만큼 민주적인 체제 아래서 운영되었다." 그러나 그 결과는 심각한 양극화에 따른 필연적인 반작용이었다. 이러한 반작용과 더불어 정치적 운동과 대학 관련 법률이 잇따라 등장하고 사라지는 과정에서, 본래의 베를린자유대학교는 점차 그 모습을 잃어 갔다. 이와 관련해 텐트는 다시 이렇게 지적한다. "냉정하게 말하자면, 법과 헌장을 아무리 개선해도 거의 한 세대 동안 자유대학교를 독특한 기관으로 만들었던 본래의 정신을 되살릴 수는 없다는 점이었다."[29]

이 시기에 정부는 대학의 급진화를 완화하려는 의도에서 교육 지출을 늘렸다. 그러나 교과과정은 '혁명'이 아닌 '인력시장'에 부합하도록 재편되었다. 1978년 개정된 베를린 대학법은 두 베를린대학의 창립기에 중시되었던 '전인교육' 대신 '직업적 실무의 필요'에 방점을 찍었다.[30] 그러나 10년에 걸친 혼란은 자유대학교를 실용적 사고를 지닌 학생들에게 덜 매력적인 곳으로 만들었다. 1970년대 중반에 이르자 교수진과 학생 집단의 질이 현저히 떨어졌다. 그러나 학생 수는 폭발적으로 증가했다. 1970~1980년대 자유대학교는 독일의 많은 대학과 마찬가지로 '대학 대중화(Massenuniversität)'의 길을 걸었다. 학생들은 더 이른 나이에 입학해 더 오랫동안 대학에 머물렀는데, 이는 군 복무 면제와 졸업 기한 규제가 거의 시행되지 않았기 때문이다. 베를린 정부는 정치적 압력에 밀려 대학 규모를 계속 키웠다. 대학 예산이 학생 수에 크게 좌우되는 구조여서, 이러한 성장은 대학과 정부 모두에 이익이었다. 그 결과 대학은 비대해졌고, 학생 수는 1968년 1만5,778명에서 1973년 2만7,892명, 1988년 장벽 붕괴 직전에는 6만1,198명으로 급증했다.[31] 초기에 시도되었던 소규모 토론식 수업과 폭넓은 일반교양교육 프로그램은 점차 위축되었다.

1980년대에 서구 세계 전반에 걸쳐 학문적 정상성이 회복되면서 베를린자유대학교에서도 점진적이고 온건한 기류가 자리 잡았다. 그러나 대학이 정치화된 과거에서 멀어질수록 그 존재감은 희미해졌다. 자유대학교는 "평범한 독일 대학"이 되었는데,[32] 이때는 이미 독일 대학들의 세계적 명성 자체가 과거 유물이 되어 버린 시대였다. 주 정부 재정이 불가피하게 다시 긴축 국면에 들어서자, 자유대학교는 신규 채용 동결을 단행하고 의과대학 부속 의료기관인 베스트엔트(Westend)병원을 폐쇄했다. 그러나 앞으로를 내다보게 하는 긍정적인 조짐도 있었다. 대학이 독일 안에서 이른바 제3자 재원을 본격적으로 유치하기 시작한 것이다. 1978~1985년에 독립 재정 지원 규모가 두 배로 늘어나 5,600만 독일마르크에 달했다.[33] 이러한 재정을 통해 국제교류처는 자유대학교 창립 초기부터 미국과 맺어 온 특별한 연계를 넘어, 더욱 폭넓은 국제 프로그램을 유지하고 확대할 수 있었다.

통일 이후: 구조조정, 1989~2000

베를린 장벽 붕괴와 11개월 후 독일의 공식적인 재통일로 자유대학교의 본래 설립 이유가 사라졌다. 자유대학교와 훔볼트대학교는 1989년 이전부터 소규모 협력 관계를 맺고 있었으나, 머지않아 생존을 건 경쟁 국면에 돌입했다.

베를린은 다시 통일 독일의 수도가 되었다. 베를린의 진정한 중심부인 미테에 있는 훔볼트대학교가 사라진다는 건 누구도 상상할 수 없는 일이었다. 오히려 앞서 살펴본 것처럼, 훔볼트대학교 안에서 탈공산화 조치와 더욱 민주적인 거버넌스를 확립하기 위한 노력이 즉각 시작되었다. 문제는 훔볼트대학교가 다시 베를린의 중심 대학이 되어야 하는가였다. 나아가 통일된 수도를 가진 새 국가가 더 큰 포부를 품어야 하지 않는가 하는 질문도 제기되었다. 독일 대학은 역사적으로 각 주 정부의 재정 지원을 받았다. 이제 진정한 '국립'대학을 건립할 때가 도래한 것이 아닌가?

그러나 답은 부정적이었다. 독일 통일은 막대한 비용이 드는 사업이었고, 통일 독일은 국립대학을 새로 건립할 의지도 예산도 없었다. 통일된 베를린은 자부심이 있었지만, 재정적으로 궁핍했다. 냉전 기간에 서베를린을 지원하던 서독의 보조금은 중단될 예정이었으므로, 독일 16개 주 중 가장 빈곤한 베를린주 당국이 고등교육 재정을 거의 전적으로 부담해야 했다.[34]

그렇다면 훔볼트대학교가 자유대학교, 나아가 베를린공과대학교까지 흡수해 도시 곳곳에 분산된 하나의 거대 종합대학을 구성하되, 중심부에 엘리트 핵심을 두는 방안이 가능할까? 훔볼트라는 이름과 베를린대학교의 유산은 전 세계적으로 명망이 높았다. 하지만 신흥 대학인 자유대학교는 명성에서 뒤처졌고, 이미 역사적 사명을 다한 것처럼 보였다. 당시 베를린주 상원 과학위원회 소속 의원이었던 만프레트 에르하르트(Manfred Erhardt)는 그 영향력을 베를린뿐 아니라 독일 전체, 나아가 해외까지 확장할 수 있는 새로운 엘리트 훔볼트대학교를 구상했다. 그는 서독의 대학들이 국제적 모범으로 평가받지 못하며 자유대학교와 베를린공과대학교 같은 대중대학(Massenuniversitäten)은 수많은 문제를 안고 있어서, 상당한 개혁 없이는 외부적 명성을 얻기 어렵다고 봤다.

그러나 훔볼트대학교와 자유대학교, 그리고 공과대학교가 모두 존속할 수 있었던 이유는 제도적 관성과 기존 대학이 보인 관료주의에 기반한 소극적(때로는 노골적인) 저항, 통합 대학의 청사진 부재, 무엇보다 재원 부족 때문이었다. 결국 행정가들과 주 정부는 두 대학을 모두 유지하기로 하고, 이를 통해 건강한 대학 간 경쟁을 촉진함으로써 장기적으로 양 대학의 교육과 연구 수준이 향상되기를 기대했다.[35]

베를린 장벽 붕괴 직후 몇 년간 구동독 출신의 많은 학생이 자유대학교에서 학업을 시작하거나 계속하기를 희망했다. 이에 따라 등록생 수가 늘어나면서 자유대학교 재학생 수는 6만2,000명을 넘어섰다. 그러나 베를린의 열악한 재정이 본격적으로 현실화되고 연방 정부의 보조금이 줄어들면서, 1990년대 자유대학교의 예산은 크게 줄어들었다.

1988년 자유대학교는 1990년대 10년간의 대학 투자와 안정성을 구상한 구조 개편 계획을 베를린주 정부에 제출했다.[36] 그러나 이 계획은 통일 이후 현실에서 무용지물이 되었다. 1993년 베를린주 정부의 대학 구조 개편 계획은 향후 10년간 베를린 내 대학 재정 지원을 10억 마르크 삭감했다. 자유대학교가 입은 타격은 훨씬 심각했다. 훔볼트대학교의 재건에 예산이 집중되면서 자유대학교는 마치 재건 비용 충당을 위한 희생양이 되는 것 같았다. 완전 지원이 보장된 학생 정원은 1992년 4만여 명에서 2001년 2만6,000명, 2003년에는 2만1,000명으로 절반 가까이 줄었다. 같은 기간 교수 인원(의학계 제외)은 1990년 700여 명에서 1999년 440명, 2003년에는 368명으로 급감했다.[37] 1992~1999년에 매년 교수 퇴직자가 신규 임용자를 훨씬 웃돌았다.

이러한 감축은 대학의 핵심 학문 기능에 가장 큰 타격을 주었다. 대학은 모든 곳에서 규모를 줄일 수 없었다. 학술 인력은 대거 감원되었지만, 대부분 무기계약직이었던 행정직은 그대로 유지되었다. 나아가 자유대학교와 훔볼트대학교가 양쪽에서 운영하던 학과들은 통폐합 대상이 되었고, 도서관학, 체육학, 스칸디나비아학, 슬라브학 등 소규모 학과들은 자유대학교에서 훔볼트대학교로 이관되었다. 치과클리닉, 소아과클리닉을 포함한 의과대학 역시 훔볼트대학교로 이관됨으로써 자유대학교의 생명과학 분야의 미래가 불확실해졌다. 1996년 베를린주 상원은 양 대학 도서관 예산을 대폭 삭감했고, 이로 인해 1996년 4월과 1997~1998년 겨울 학기에 대규모 학생 시위와 파업이 일어났다. 학생들은 다시금 총장실을 점거했는데, 이는 1960년대의 상황을 연상케 했다.

21세기의 재창조와 쇄신

21세기에 접어들며 자유대학교는 정체성을 또다시 새롭게 구상해야 했다. 대중대학 시절의 학생 수와 교원 수, 그리고 수십 년간 쌓인 비대함과 관성에서 벗어날 필요가 있었다. 그 결과, 한층 날렵하고 경쟁력 있는 대학으로 거듭난 훔볼트대학교와 어깨를 나란히 하게 되리라고는 세기 전환기 당시 그 누구도 예상하지 못했다.

2017년 《타임스고등교육》 평가에서 자유대학교는 독일 100여 개의 연구중심대학 가운데 상위 5위, 인문학 분야 세계 상위 20위권에 자리했다. 또한 설립 초기부터 냉전이라는 세계적 맥락에서 국제화의 토대를 다져 왔던 만큼 국제학과 글로벌 파트너십 분야에서 독일을 대표하는 대학으로 자리매김했다. 2020년 현재 자유대학교는 베를린 시내의 3개 현대식 캠퍼스에 11개 학부를 두고 있다. 또한 훔볼트대학교와 공동으로 운영하는 의과대학(샤리테)과 동유럽, 라틴아메리카, 북아메리카를 연구하는 3개의 국제학 연구소를 갖추고 있다. 총 180여 개의 학사·석사과정과 50여 개의 박사과정을 운영하며, 전통적으로 강점이었던 인문·사회과학 분야에 더해 최근에는 자연과학·생명과학 분야에서도 영향력을 넓혀 가고 있다.

자유대학교는 21세기에 들어 눈부신 재도약을 이루어냈다. 어떻게 가능했을까?

거버넌스: 리더십 역량 그 해답 중 하나는 거버넌스에 있다. 형식적으로 볼 때 자유대학교의 거버넌스 구조는 훔볼트대학교나 다른 독일 대학과 유사한 점이 많다. 학장단 의장인 총장이 이끄는 학술평의회는 2년 임기로 선출되는 25명의 위원으로 구성되며, 구성 비율은 교수 13명, 학생 대표 4명, 학술직 대표 4명, 비학술직 대표 4명이다. 교수진이 절대다수를 차지하긴 하지만 단 한 표 차이이며, 그들이 만장일치로 투표했을 때만 다수를 점할 수 있다. 학술평의회는 대학 발전 및 설비 계획을 비롯해 교육,

학문, 연구의 기본 원칙을 수립하고 매년 신입생 수를 확정하며, 학과 신설·폐지와 예산안에 대한 태도 표명 등 주요 안건을 심의하고 의결한다. 자유대학교는 공립대학이므로 베를린주 정부는 여전히 중요한 이해당사자다. 주 정부는 대학과 협상을 통해 매년 기본 재정 지원액을 결정하며, 사실상 신입생 규모를 정한다. 학생들의 등록금을 베를린주가 부담하기 때문이다.

훔볼트대학교와 마찬가지로 자유대학교의 총장은 4년 임기로 선출되며 연임이 가능하다. 총장과 집행부총장(executive vice president)은 확대학술평의회(36명의 추가 위원 포함)가 직접 후보를 지명하고, 같은 기관의 과반 찬성으로 선출된다. 총장은 세 명의 부총장 인선을 제청해 각각 행정, 재정 등 분야를 담당하게 한다.

자유대학교 총장은 훔볼트대학교 총장보다 지도부를 구성하는 데서 재량권이 크다. 1990년대 겪었던 심각한 위기 때문인지 학술평의회와 집행부는 비교적 조화롭게 협력하는 편이다. 훔볼트대학교에서는 1989년 이후 연임 시 임기를 채운 총장이 없었던 것과 달리, 자유대학교는 총장의 평균 재임 기간이 7년에 이를 만큼 리더십의 연속성이 높고 실질적 권위를 갖는다. 총장은 사무총장(chancellor, 독일어 kanzler), 집행부총장, 그 밖의 부총장들과 함께 집행위원회를 구성한다. 집행위원회는 예산안을 승인하고 구조적 발전 계획을 제안한다. 또한 학과의 신설과 폐지 같은 학술평의회의 결의 사항을 실행한다.

물론 중요한 것은 직위가 아니라 그 직위를 맡은 사람일 것이다. 21세기 자유대학교의 역사는 대학에서 총장 리더십의 우수성과 연속성이 얼마나 중요한지를 보여주는 증거라고 할 수 있다. 과거의 격동적 경험에도 불구하고, 아니 어쩌면 바로 그 때문에 총장들은 여타 독일 대학의 통상적 관행을 넘어서는 권한을 부여받았다. 그리고 그 권한을 적극적으로 행사했다. 법학자 요한 빌헬름 게를라흐(Johann Wilhelm Gerlach)는 1991~1999년에 대학을 이끌면서 자유대학교와 훔볼트대학교의 통합 시도에 완강히 맞섰다. 예산 삭감에 반대하는 학생 시위를 독려했으며, 법원 절차를 활용해 대학의 제도적 자율성을 수호했다. 2003년 6대 총장으로 선출된 교육철학자 디터 렌첸(Dieter Lenzen)은 스탠퍼드, 컬럼비아, 도쿄 등 세계 유수 대학에서 교수로 재직한 경력이 있었다. 렌첸의 구상과 실행력은 국제화 역량을 확대하고 행정을 쇄신했으며, 이는 자유대학교가 우수대학육성사업 1차 지원에서 선정되는 결과로 이어졌다.[38] 누구든 인정할 만한 강력한 리더십을 발휘한 렌첸은 이 사업 선정 과정을 주도한 후 2010년 함부르크대학교 총장으로 자리를 옮겼다. 이어 18권의 단행본을 출간한 독문학 분야의 권위자 페터안드레 알트가 2010~2018년에 온화한 성품과 강철 같은 의지로 자유대학교를 이끌며 우수대학육성사업 2차와 3차 공모에서 눈부신 성공을 거두었다. 그 뒤를 이은 이는 국제적으로 명성 높은 수학자 귄터 M. 치글러다. 매사추세츠공과대학교에서 박사 학위를 받았고, 베를린의 세 주요 대학(베를린공과대학교 포함)이 공동 운영하는 대학원 프로그램인 베를린수리과학대학원(Berlin Mathematical School)을 설립했다.

철의 사무총장 어떤 대학에서든 총장은 대학이 나아갈 방향을 잡는 조타수이며, 그래야 마땅하다. 자유대학교에서는 전문 행정조직의 역할도 총장만큼 중요했다. 앞서 살펴본 것처럼, 훔볼트대학교에서는 동독 시절의 관료제적 공무원 조직이 그대로 유지되었다. 하지만 자유대학교에서는 숙련된 행정 리더십이 재도약의 핵심 동력이었다.

　총장 다음으로 중요한 직위는 칸츨러(Kanzler)다. 칸츨러는 사무총장으로, 영국의 재무장관(Chancellor of the Exchequer)에 해당한다. 훔볼트대학교 내에 이 같은 직제가 마련되지 않았던 점은 대학 총장들에게 적지 않은 좌절감을 안겨주었다. 예산을 총괄하는 사무총장은 총장의 제청으로 이사회가 선출하고 베를린주 정부가 10년 임기로 임명한다. 어떤 총장보다 긴 임기가 보장된 사무총장은 그 권한이 예산을 넘어 행정 전반으로 확대되는 등 자유대학교에서 중요한 역할을 담당해 왔다. 이들은 재정난을 겪은 1990년대와 재투자가 활발하게 이루어진 2010년대에 예산권과 재정 운용 전반에 관한 독보적인 권한과 식견을 발휘했다.

현대 자유대학교의 "철의 사무총장(The Iron Chancellor)"은 페터 랑게였다(제7장에서 만날 듀크대학교의 오랜 총장인 피터 랭과는 동명이인이다). 1976년 경제교육학과 학생으로 자유대학교과 인연을 맺은 그는 40년 동안 연구원·강사, 학술평의회 사무국장, 총장 비서실장 등을 거쳐 15년간 사무총장으로 재직했다. 랑게는 베를린 장벽 붕괴 후 25년의 격동적인 변혁기 동안 행정의 연속성을 구현한 인물이다. 그는 1990년대 자유대학교의 구조 개혁 조율, 베를린주 정부와의 협상에서 보여준 노련함, 예산을 둘러싼 정치와 예산에 대한 탁월한 장악력, 그리고 역대 총장단과의 긴밀한 협업을 통해 자유대학교가 조직을 축소하고 경량화하는 과정에서 규모에 비해 훨씬 우수한 대학으로 도약할 기회를 포착하는 데 결정적으로 이바지했다. 랑게는 자유대학교의 국내외 위상을 크게 높였으며, 무엇보다 우수대학육성사업을 성공시키는 데 중추적 공헌을 했다. 또한 노먼 포스터 경(Lord Norman Foster)이 설계하고 2005년에 개관한 문헌학도서관(Philologische Bibliothek)과 자유대학교의 재도약을 견인한 인문학·사회과학의 소규모 학과를 위해 2015년 완공된 우아한 복합 단지(현 캠퍼스에서 가장 큰 건물)를 발주하고 완공 과정을 총괄함으로써, 대학의 물리적 인프라 확충에도 크게 이바지했다.

오랜 재임 기간에 랑게는 눈에 띄지 않지만 가장 강력한 영향력을 행사한 인물이었다. 2011년 한 학생 매체는 유령(Phantom)을 추적하는 기사에서 "자유대학교에는 '보이지 않는 사람'이 군림하고 있다"라고 썼다. 실제로 페터 랑게는 "가장 영향력 있는" 인물 중 한 사람이면서도 "캠퍼스에서 그를 아는 사람은 거의 없다"라는 평을 들었다.[39] 실제로 그는 퇴임 때에야 비로소 널리 공개적으로 찬사받았다. 2015년 12월 열린 퇴임식에 그의 초상화가 헨리포드빌딩에 걸렸으며, 총장 페터안드레 알트는 랑게를 "만능인(the universalist)"이라고 평가했다. 알트는 많은 청중 앞에서 "이 사무총장은 무엇을 할까요?"라고 물은 뒤 다음과 같이 답했다. "거의 모든 것을 합니다. 예산과 인사, 통제, 학과들의 목표 설정을 위한 협력, 중앙집권화 및 분권화 프로세스 조정, 시설 공사와 캠퍼스 개발, 에너지와 정보기술, 정교수 임용, 외부 재원 조달, 연구 설비 구축, 도서관, 학습과 교수 활동 등 말입니다." 독일에 있는 다른 대학들의 사무총장들이 예산에만 집중하는 것과 달리 랑게는 "모든 일을 합니다. 모든 일을 스스로 떠맡되, 절대 거만하지 않습니다." 2,000명에 달하는 자유대학교 행정조직을 그가 "확고하게 제어"할 수 있었던 이유는 "무엇을 해야 하는지 그가 알고 있기" 때문이었다.[40]

랑게는 퇴임을 앞두고 가장 자랑스러운 성취가 무엇이냐는 질문에 이렇게 답했다. "자유대학교의 성공입니다. 재통일된 도시(베를린)에서 거듭 '가망이 없다'라는 평가를 받던 대학이 1990년대에 고통스러운 감축을 거친 후 이처럼 크게 도약하는 모습을 지켜본 일이죠. 이 성과는 크고 작은 수많은 성취와 몇몇 거대한 성취의 산물입니다. 이 모든 것들은 좌절을 동반했으나 끊임없이 추구되어야 했습니다. 그리고 전임 사무총장으로서 우리가 독일에서 가장 현대적이고 효율적인 대학 행정 체계를 구축하는 데 성공했다는 사실을 자랑스럽게 생각합니다."[41]

[그림 3-4] 노먼 포스터가 설계한 문헌학도서관. (senhormario/플리커(flickr)/CC BY 2.0).

외부 재원 확보 랑게와 역대 총장들은 재정난 속에서 우선순위를 엄격히 조정하며 성과를 냈다. 통일 이후 베를린의 재정 위기는 주 정부 지원금의 대폭 삭감으로 이어졌다. 베를린주 정부는 자유대학교와 베를린공과대학교의 예산을 줄이고 훔볼트대학교로 자원을 집중했다. 등록금 도입을 통해 삭감된 주 정부 지원금은 보전하는 것이 가능했지만, 1990년대 등록금 부과를 검토하는 것만으로도 브란덴부르크문에서 대규모 학생 시위가 벌어졌다. 어쨌든 전통적으로 좌파 성향인 베를린주 정부는 원칙적으로 등록금 아이디어에 반대했으며, 2005년 독일 연방헌법재판소가 처음으로 등록금 허용 결정을 내렸을 때도 반대 뜻을 고수했다. 2014년까지 독일의 16개 주는 모두 학부 등록금을 폐지했다. 알트 총장은 훗날 "우리는 재정 자립도와 예산 여건을 개선할 기회를 놓쳤습니다. 더 많이 투자하고 더 많은 일을 할 수 있었는데 말이죠"라고 평가했다.[42] 2020년 자유대학교의 학생 납부금은 학기당 340달러에 불과했으며, 그중 3분의 2는 베를린 광역권 대중교통 할인 정기권 비용으로 사용되었다.

상황을 더욱 어렵게 만든 것은 독일 대학들이 전통적으로 민간 및 산업 기부금 유치 실적이 저조하다는 점이었다. 자유대학교도 예외가 아니었다. 알트 총장의 진단에 따르면, "고등교육이 정치의 영역에 맡겨져 있다 보니 고등교육을 민간이 지원해야 한다는 인식이 부족합니다. 대학 재정에서 민간 기부자는 극히 소수에 불과합니다. 민간 부문의 부는 크게 늘었지만, 이것이 제도적 변화를 불러오려면 최소 10년 이상의 시간이 필요합니다." 2016년 자유대학교에 유입된 민간 기부금은 110만 달러에 불과했다.[43]

자유대학교의 주 수입원은 여전히 베를린주 정부로, 2017년 지원액은 약 3억 600만 달러였다. 1997년 베를린의 모든 공립대학에 도입된 "대학 협약(university treaties)"을 통해 3년 단위로 재정이 확정되었고, 이 협약에는 학생 수, 교수 다양성, 국제화 등 성과 지표가 포함되었다. 대학 협약 덕분에 자유대학교는 재정의 안정적 운영이 가능해졌는데, 특히 신임 교수 임용과 관련해 그러했다. 아울러 막스플랑크협회 등 협력기관이 제공하는 인건비와 기타 지원이 재원을 보완했다. 그럼에도 베를린주 정부의 지원금만으로는 대학의 지출을 충당하기에 전혀 충분하지 않았다. 자유대학교의 2015년 구조계획은 당시 재정 상황을 "구조적으로 감당할 수 없는 과부하" 상태로 묘사했다.[44]

연방 정부는 "2020 고등교육협약(Higher Education Pact 2020)"을 통해 추가로 공적 지원금을 제공했는데, 이 지원금에는 입학생 증원이라는 단서가 붙었다. 2017년 이 재원은 자유대학교 기본 재정의 약 12%에 해당했다.

최근 자유대학교는 드리트미텔(Drittmittel), 즉 제3자 재원 확보에 주력해 왔다. 이 재원은 주로 연방 교육예산의 다른 부문이나 유럽연합이 제공하는 공적 자금으로, 일반 지원금과 달리 대학들이 경쟁을 통해 특정 연구 프로젝트에 배정된 지원금을 확보해야 했다. 1989~1995년에 제3자 재원은 4,600만 달러에서 8,900만 달러로 두 배 가까이 늘었다. 하지만 주(州) 재정이 대폭 삭감되는 가운데서도 여전히 정규 주 예산에 대한 보조적 재원에 머물렀다.[45] 그러나 2017년에 이르자 외부 재원은 대학 총재정의 거의 40%를 차지하게 되었다. 독일연구재단은 연구비 유치 능력에서 자유대학교가 가장 경쟁력 있는 대학의 하나라고 평가했다. 2014~2016년 보고 기간에 자유대학교는 독일연구재단으로부터 약 3억 달러의 연구비를 확보해 독일 전 대학 중 5위를 기록했다. 특히 인문·사회 분야에서 어느 독일 대학보다도 많은 외부 재원을 확보했다.

제3자 재원은 대학을 국내 경쟁이 가능한 수준으로 끌어올리고 국제 무대에서 존재감을 강화하는 역할을 했지만, 동시에 새로운 압력도 낳았다. 무엇보다 지원 과제의 다수가 단기 과제였기 때문에, 대학은 제3자 재원 확보에 점점 더 의존하게 되었다. 특히 새 박사과정을 포함한 많은 연구 활동이 이러한 재원과 그 연장 가능성에 거의 전적으로 기대었다. 자유대학교가 새로운 대학원 학위과정에 대한 재원을 유치했다는 사실은 학문 분야의 향방에 대한 자유대학교의 판단을 신뢰한다는 표지이기도 했다. 제3자 재원 유치 능력은 교수 임용에서 중요한 기준이 되었다. 그 결과 대학은 재원 확보 측면에서 더욱 기업가적으로 변모했고, 재정을 운용하는 측면에서 관리 지향적인 특성이 강화되었다. 전임교수들은 이미 자신이 책임지는 강좌의 연구와 인력을 관리해야 했는데, 이제는 대규모 외부 프로젝트를 유치하고 관리하는 역할도 수행해야 했다. 그리고 (세계의 선도적 연구중심대학들이 대체로 그러하듯) 제3자 재원은 교육보다 연구를 중시하는 기존의 경향을 한층 강화했다.

그럼에도 외부 재원 확보가 필수 과제가 되면서 자유대학교의 조직문화는 점차 스타트업형으로 변했다. 더불어 독일연구재단과 기타 재단에서의 초기 성과들은 가장 권위 있는 경쟁 프로그램인 우수대학육성사업에서 성과를 내기 위한 전제조건으로 작용했다.

베를린으로의 새로운 부름: 교수진과 학생 어느 연구중심대학에서든 경쟁력의 성패는 결국 교수진에 달려 있다. 순조로운 시기든 어려운 시기든, 자유대학교의 교수진은 세계적으로 명성 높은 연구 성과를 내는 헌신적인 학자들로 이루어져 왔다. 1948년 이래 노벨상 수상자 5명이 자유대학교에서 강의했다. 교수진에는 독일에서 가장 큰 상금을 주는 라이프니츠상 수상자 17명, 막스플랑크연구상 수상자 7명, 그리고 독일에서 가장 오래된 자연과학·의학 학자 단체 가운데 하나인 독일 국립과학아카데미(레오폴디나(Leopoldina)) 회원 15명이 포함되어 있었다. 자연과학 분야의 학자와 연구자에게 레오폴디나 회원으로 선출되는 것은 최고 권위의 영예로 여겨졌다.

지난 10년 동안 자유대학교의 교수진은 비약적으로 늘어났다. 베를린(이제는 자유대학교)으로부터의 "부름"은 다시금 큰 명예의 표지가 되었다. 다만 베를린주 정부가 그 수를 제한한 정교수 외에 다른 경로를 통해 수백 개의 새로운 자리가 창출되었다. 자유대학교는 2018~2022년에 다양한 새로운 교수직을 마련하고 정년 트랙으로 가는 잠정적 경로를 마련함으로써, 영구 고용 학술 인력의 비중을 35%까지 끌어올릴 계획을 세웠다.[46] 여기에는 기금교수직, 우수대학육성사업 교수직, 타 연구기관과의 공동 교수직, 주니어교수직 등이 포함되었다. 주니어교수직은 2002년에 도입된 직책으로 임기가 6년으로 제한되며, 임기 후 학자들은 타 기관의 교수직에 지원하는 것이 일반적이다. 2020년 기준 주니어교수진은 96명으로 늘어났다.

자유대학교는 훌륭한 인재를 성공적으로 영입했고, 이직 방지 협상도 잘했다. 2000~2017년에 잔류 협상의 평균 성공률은 82%였다.[47] 교수진의 이직이 이루어질 때 주된 쟁점은 대개 급여 수준이었다. 다른 독일 연방주와 비교할 때 베를린의 교수 급여는 상대적으로 낮았다(실제로 생활비 또한 낮았다). 2016년 베를린의 교수 급여는 독일에서 가장 높은 급여를 지급하는 바덴뷔르템베르크(Baden-Württemberg)주보다 약 10% 낮았다.[48] 미국에 비하면 자유대학교의 급여는 특히 낮았다. 외국인 교수 임용 사례를 제외하면, 2017년 자유대학교 정교수의 평균 기본급은 10만7,000달러였다. 최고 등급(W3) 교수의 2018년 평균 급여(보너스 포함)는 14만4,000달러였다.[49] 또 다른 문제는 높은 강의 부담이었다. 베를린의 대학들은 교수들에게 주당 9시간의 강의를 요구했다. 어디서나 그렇듯 교수들은 이 시간을 줄이는 여러 방안을 모색했지만, 그럼에도 강의 부담은 비교적 높은 편이었다.[50]

2018년 자유대학교에는 358명의 정교수가 있었다. 이 가운데 48명은 베를린시 안팎의 다른 고등교육기관과 공동 임용되거나, 이른바 "특별 교수직(extraordinary professorships)"을 맡고 있었다. 그 밖에 주니어 및 기타 기간제 교수 127명, 그리고 교육·연구·운영을 지원하는 비교수직 직원 4,450명이 있었다. 이른바 48개의 '특별 교수직'에는 독일의 네 주요 독립 연구기관(막스플랑크, 프라운호퍼, 헬름홀츠, 라이프니츠)이 포함되었지만, 이에 국한되지는 않았다. 공동 임용 교수의 인건비는 해당 기관들이 분담했다. 이러한 파트너십은 비(非)대학 연구기관, 특히 국내외적으로 연구 역량으로 명성이 높은 막스플랑크협회와의 협력을 한층 강화했다.

2018년에 3,798명의 강의 담당 인력이 3만3,000여 명의 학부 및 석사과정 학생과 4,000명의 박사과정 학생을 가르쳤다.[51] 교수진의 다양성은 과제로 남아 있었다. 교수진의 63%가 남성이었는데, 이들이 여성 비율이 59%인 학부생들을 가르치고 있었다.[52] 2018년 독일 외 지역 출신 유학생의 수는 7,975명이었으며,[53] 학부생의 약 13%, 석사과정의 26%가 독일 외 지역 출신이었다.[54] 교수진는 약 14%가 해외 인력이었다. 이와 더불어 매년 600여 명의 해외 연구자와 학자가 교육과 연구 역할을 하기 위해 대학을 방문했다.[55]

국제화의 선봉 출범 당시부터 베를린자유대학교의 특징은 세계 지향성이었다. 21세기에 들어서면서 국제화는 이 대학을 다시금 규정하는 핵심적 특성이 되었다.

미국의 지원으로 설립된 만큼 자유대학교의 초기 파트너십은 자연스레 미국 대학들과 맺어졌다. 그러나 서베를린이라는 고립된 위치에서 학문적 관련성을 유지하기 위해 자유대학교는 전 세계 대학들과 연계를 구축했다. 반면 훔볼트대학교는 제2차 세계대전 이후 국제 협력 파트너를 사회주의 형제국의 대학들로 제한했으며, 소련권 내부의 분열 이후 이 파트너의 수는 줄어들었다. 자유대학교는 먼저 서방의 기관들, 이어 긴장 완화(데탕트) 국면에서는 동유럽, 소련, 중국의 기관들과 관계를 맺었다.

1968년 자유대학교는 레닌그라드국립대학교(오늘날의 상트페테르부르크국립대학교)와 교류 협정을 체결했다.[56] 뒤이어 동유럽 대학들과의 파트너십이 이어졌다. 1981년에는 베이징대학과 파트너십을 구축했는데, 이는 중국의 공산당 정권 수립 이후 서독이 체결한 최초의 대중(對中) 협력이었다. 이후 수십 년 동안, 특히 인문·사회과학 분야에서 북아메리카, 동유럽, 동아시아의 기관들과 더 많은 협력 체계를 구축했다.

자유대학교는 2017년 기준 대학 차원의 양자 협력을 100건 이상 유지했고, 유럽연합이 후원하는 에라스뮈스 프로그램 네트워크 안에서 330건이 넘는 교류 관계를 확보했다. 에라스뮈스 프로그램은 학생들에게 다른 유럽 국가에서의 학습과 근무 기회를 제공하고 공동학위 운영을 지원한다. 아울러 학내 단과대와 연구소 단위에서도 외부 고등교육기관과 맺은 협약이 50건을 넘어섰다.

물론 많은 대학이 화려한 국제 파트너십 목록을 자랑한다. 총장들이 실제 성과로 이어질지 불분명한 수많은 양해각서(MOU)에 서명하는 것은 어렵지 않다. 그러나 장기간 유지되는 국제적 협력 관계를 꾸준히 관리하면서 실질적 차이를 만들어 내는 파트너십에 집중하는 일은 전혀 다른 과제다. 지난 10년 동안 자유대학교는 세계 곳곳에서 활발히 활동하면서도 학문적 우수성, 지리적 다양성, 미래 성장 가능성을 기준으로 여섯 개의 주요 전략적 파트너십에 역량을 집중했다. 2011년과 2012년에 자유대학교는 예루살렘히브리대학교, 베이징대학, 상트페테르부르크국립대학교와 3건의 전략적 파트너십을 체결했다. 2014년에는 브리티시컬럼비아대학교, 2016년에는 캘리포니아대학교 버클리가 전략적 파트너 목록에 추가되었다. 2017년에는 취리히대학교가 합류했다. 베이징대학과의 협력은 독일 최초의 공자학원(Confucius Institute) 설립으로 이어졌다. 공자학원은 대학의 확장 조직으로, 자유대학교의 중국학 권위자인 메히틸트 로이트너(Mechthild Leutner) 교수의 지도로 대학의 중국어 교사 양성과 학술대회 및 워크숍 개최가 이루어지고 있다(나 역시 공자학원에서 열린 여러 행사에 참석한 적이 있다).

자유대학교가 추진하는 국제화 전략의 또 다른 축은 전 세계 각지에 연락사무소를 설치하는 것이었다. 이들 사무소는 독일 밖에서 자유대학교의 인지도를 높이고 해당 지역의 기존 파트너십을 강화하며, 학생과 연구자를 대학으로 유치하는 거점 역할을 했다. 2020년까지 자유대학교의 국제 네트워크는 총 7개 사무소로 확대되었는데, 이는 독일의 어느 대학보다 많았다.[57] 자유대학교는 미국과의 역사적 유대를 고려해 2005년 뮌헨의 루트비히막시밀리안대학교(Ludwig Maximilian University)와 협력해 뉴욕시에 첫 사무소를 설치했다. 뉴욕 유엔본부를 마주 보는 건물에 둥지를 튼 이 독일대학연합(German University Alliance)은 "대서양을 가로지르는 다리를 놓고 (베를린자유대학교의) 국제 학술 공동체 편입을 한층 강화"하는 것을 목표로 삼았다.[58] 이후 브뤼셀, 카이로, 모스크바, 뉴델리, 베이징, 상파울루에 연락사무소를 잇달아 설치했고, 각 사무소는 해당 지역의 특성에 맞춘 역할에 집중했다. 비록 소규모에 예산도 빠듯했지만, 이러한 해외 거점들은 세계 다섯 대륙에서 자유대학교의 입지를 구축하고 대학의 국제적 신뢰도를 높였다. 그 결과 2016년 독일학술교류서비스에 따르면, 자유대학교는 국제 프로젝트를 위한 외부 재원 유치에서 독일 모든 대학 중 최상위를 기록했다.

베를린자유대학교는 또한 독일 내 유학생에게 가장 인기 있는 목적지였다. 독일학술교류서비스가 발간한 〈2019 세계에 열린 학문 보고서

(Wissenschaft Weltoffen 2019)〉에 따르면, 자유대학교는 독일 대학 가운데 에라스뮈스 프로그램 참여 학생 수에서 761명으로 2위를 기록했다.[59] 2016년에는 자유대학교 학생의 20%가 외국 출신이었고, 박사과정 비율은 34%로 더 높았다.[60] 자유대학교는 국제 연구자들에게도 선망의 목적지였다. 알렉산더폰훔볼트재단은 국제 연구자를 지원하는 세계적으로 가장 권위 있는 기관 중 하나로, 전 세계 140여 개국에 걸쳐 다양한 학문 분야에서 54명의 노벨상 수상자를 포함해 2만8,000여 명의 연구자를 아우르는 네트워크를 구축·유지해 오고 있다. 재단은 매년 전 세계 연구자 2,000명이 독일에서 공동연구를 수행하도록 지원했다. 이들 수혜자 중 15%가 자유대학교를 선택해 독일 대학 가운데 가장 높은 비율을 기록했다. 2014~2018년 자유대학교에 한 달 이상 체류한 학자가 265명에 달했다.[61]

2019년 유럽연합 집행위원회는 유럽 대학들의 전략적 파트너십을 강화하고 국제 경쟁력을 높이기 위해 유럽대학이니셔티브(European Universities Initiative)를 출범시켰다. 이 이니셔티브에는 17개의 대학 연합이 포함되었다. 자유대학교는 그중 하나인 UNA유로파(University Alliance Europa)의 일원으로 선정되었는데, 이 연합은 일명 "미래의 대학"으로 불렀다.[62] 이 연합에 속한 대학들은 유럽학, 데이터과학과 인공지능, 문화유산이라는 학제 간 주제에 연구와 교육의 초점을 맞춤으로써 사회적 혁신과 국제화를 촉진하는 것을 목표로 삼았다.

이렇듯 21세기에 들어 자유대학교는 빠르게 국제적 네트워크를 갖춘 대학으로 변모했으며, 그 지위는 곧 공식적으로 인정받았다.

독일판 '아이비리그'의 창출: 우수대학육성사업과 베를린자유대학교

19세기와 20세기 초에 독일은 세계 최고의 대학들을 보유하고 있었다.

하지만 21세기가 시작될 무렵, 그러한 영광은 이미 아득한 과거가 되었다. 주요 대학 순위에서 독일 대학이 상위 50위 안에 드는 경우는 드물었다. 이러한 부진의 원인으로는 주 정부에 주로 의존하는 빠듯한 재정, 수익 창출 수단인 등록금이나 학술 분야에 대한 후원(미국의 경우처럼)의 부재, 그리고 권위 있는 연구 프로젝트가 막스플랑크협회와 같은 기관으로 이관되는 구조(비록 해당 연구가 대학 교수진의 참여로 이루어지더라도 성과는 외부 기관에 귀속되는 경우가 많음) 등이 있었다. 이에 따라 독일 대학들은 연구 성과 평가에서 심각한 저평가를 받았다. 앞서 살펴본 것처럼, 2005년 연방 정부와 주 정부는 이러한 상황에 대응해 독일학술원(German Council of Science and Humanities), 독일연구재단 등과 우수대학육성사업을 출범시켰다. 그 목표는 소수의 독일 대학을 선정해 국제적으로 경쟁력 있는 고등교육기관으로 육성하는 것이었다.

자유대학교는 첫 번째 사업에서 총 9개 프로젝트(일부는 다른 대학과의 협력 과제)를 수주하며 가장 큰 성과를 거뒀다. 자유대학교는 '국제 네트워크 대학'이라는 기관 전략을 바탕으로 '우수 대학'으로 선정되었으며, 이 전략의 구체화 과정에는 연구 연합의 구축, 젊은 연구자 양성, 그리고 3개의 센터 설립을 통한 국제 협력 강화가 포함되었다. 세 센터는 연구전략센터, 달렘연구대학원(Dahlem Research School, 신진 연구자를 위한 학제 간 박사과정 통합 프로그램 운영), 국제협력센터였다. 또한 자유대학교는 4개의 우수 클러스터와 5개의 대학원 프로그램에 대한 지원금을 확보했다. 아울러 우수대학육성사업 운영을 감독하기 위해 두 개의 행정 기구를 신설했다. 하나는 수월성위원회(Excellence Council)로, 자유대학교 소속 저명한 교수 20명으로 구성된 내부 자문위원회가 대학의 전략적 연구 우선순위를 자문했다. 다른 하나는 국제위원회로, 12개국에서 온 21명의 고등교육 경영 및 정책 전문가로 구성된 외부 자문기구였다(나는 2012~2018년

에 이 기구에서 활동했다).**63**

자유대학교는 위르겐 렌첸 총장과 페터 랑게 사무총장의 주도 아래 첫 번째 사업에서 기획 역량을 전방위적으로 발휘함으로써 독일 내 최상위 권 대학으로 도약했다. 렌첸 총장은 확보한 재원의 상당 부분을 견고한 행정 인프라 확충에 투입해, 대학이 21세기 경쟁에 적합한 체계를 갖추 고 연구 과제를 지원할 수 있도록 했다. 2009년 중반, 연방 및 주 정부는 우수대학육성사업을 2012년부터 2017년까지 5년간 연장하기로 했으 며, 이번에는 총 35억 달러가 넘는 재원을 투입했다. 두 번째 사업은 기존 수혜 대학들이 다시 지원을 신청해 추가 자금을 확보하는 방식으로 진행 되었으며, 최종적으로 45개 대학원과 43개의 우수 클러스터가 지원금을 받았다. 이번에는 페터안드레 알트 총장이 자유대학교를 다시 '우수 대 학'으로 이끌었다. 2012년 6월에 '국제 네트워크 대학' 전략이 다시금 재 정 지원을 받고, 3개의 우수 클러스터가 추가 지원을 확보했으며, 2개의 새로운 대학원이 설립되어 지원받았다. 2012년 무렵, 달렘연구대학원 산 하에 새로 구성된 9개의 대학원이 운영되고 있었다.

앞서 살펴본 것처럼, 1·2차 우수대학육성사업은 재정 규모(자유대학교 의 경우 총 3억 달러 미만 추가 확보)보다 학문적 기업가 정신과 도전 의식을 고취함으로써 독일 대학의 지형을 크게 변화시켰다. 그러나 2018년 가을 발표된 3차 사업은 기관의 혁신적 도전보다 고등교육 부문 전반의 통합 과 안정화를 지향하는 경향이 강해졌다. 재정 지원 체계는 두 축으로 구 성되었다. 하나는 기존과 동일한 '우수 클러스터' 부문이었고, 다른 하나 는 기관 자체에 추가 예산을 투입함으로써 더욱 포괄적인 차원에서 지원 을 제공하는 '우수 대학' 부문이었다.

1989년 이후 베를린이 3개의 대학을 유지하는 데 대한 주 정부의 마 지못한 승인과 세 대학 간 복잡한 역사적 관계를 고려하면, 자유대학교가 다른 베를린의 대학들과 컨소시엄 형태로 지원하도록 강하게 권유받은 일은 놀랍지 않았다. 재정적 측면이나 평판에서 자유대학교에 뚜렷한 이점이 있는 것은 아니었지만, 자유대학교는 훔볼트대학교, 베를린공과대학교, 그리고 베를린의과대학(재편된 샤리테)과 함께 베를린대학연합(Berlin University Alliance)을 구성해 '경계를 넘는 통합 연구 환경 구축'이라는 전략으로 우수 대학 부문에 지원했다.

2019년 7월, 베를린대학연합은 독일의 13개 '우수 대학' 중 하나로 선정되었다. 이로써 7년에 걸쳐 총 2억1,200만 달러 규모의 지원금을 확보했다.[64] 연합은 또한 4개의 '우수 클러스터'에 대한 추가 지원도 확보했다. 네 기관 산하에 총 30개 이상의 국제 파트너십, 연락사무소, 해외 캠퍼스가 있었다. 알트 총장은 자유대학교의 우수대학육성사업 성과를 회고하며, 전략적 국제 파트너십을 "이 10년간 대학의 전반적 발전에서 가장 중요한 요소의 하나이며, 앞으로 기관의 발전 방향을 규정할 수 있는 요소"라고 평가했다.[65]

미래를 향해

자유대학교가 3차 우수대학육성사업에 선정되고 일련의 성과를 거두었는데도, 베를린대학연합을 통해 지역 중심의 전략에 더 큰 비중을 두자 몇 가지 의문이 제기되었다. 자유대학교는 개별적인 국제 활동을 포기한 것일까? 훔볼트대학교와 자유대학교의 역사적으로 경쟁적인 역학관계가 공동의 성취를 제약하는 것이 아닐까? 베를린대학연합을 구성하는 각 기관의 행정 시스템 간 뚜렷한 차이가 새로운 연구 프로젝트의 실행을 방해하고, 이러한 새로운 프로젝트들이 더욱 지속 가능하고 상설적인 구조로 전환하는 데 장애물이 되지 않을까? 베를린주 정부는 대학들의 통합을 강화하거나, 더 나아가 완전한 통합을 추진하게 될까?

2020년까지 우수대학육성사업은 독일 대학들의 연구 생산성을 향상하고 국제적 위상을 높였다. 2012년에는 사업 지원을 받은 45개 대학이 독일 전체 고등교육기관이 확보한 제3자 연구비의 76%를 가져갔다. 또한 2015년 기준으로 대학원과 우수 클러스터에서 활동하는 학문 인력 중 거의 4분의 1(23%)이 독일 외부에서 영입되었다. 독일 대학들은 다시금 세계 인재를 끌어들이는 자석이 되어 가고 있었다.

1948년 자유대학교가 설립되었을 때, 이 대학은 훔볼트식 대학 이상으로 회귀해 이념적 구속에서 벗어나 자유로운 환경에서 청년을 교육하고 성장시키는 공간을 제공하고자 했다. 당시 대학이 직면한 장애물은 주로 정치적·경제적 성격을 띠었다. 대학은 서독과 미국의 지원에 의존해야 했고, 전쟁으로 황폐해진 베를린에서 재정과 교원, 명성을 확보하기 위해 고군분투해야 했다.

21세기 첫 20년 동안 자유대학교는 독일 고등교육 지형 안에서뿐 아니라, 유럽 대학계에서도 독자적인 입지를 구축했다. 2016년 브렉시트 국민투표는 고등교육계에 충격을 안겨 주었다. 학생들과 연구자들은 유럽 내 이동과 교류가 제한될 미래를 걱정하며 혼란스러워했다. 영국이 유럽 통합 프로젝트로부터 거리를 두려 하자, 독일이 개입해 유럽 통합에 대한 의지를 더욱 강화했다. 이러한 흐름은 독일의 대학들, 특히 자유대학교에서 뚜렷하게 나타났다. 에라스뮈스 교류 학생 수는 해마다 늘어났고, 이는 자유대학교를 학업과 연구를 위한 가장 매력적인 목적지 중 하나로 만들었다. 이곳에서는 도시의 독특한 역사적·문화적 유산을 활용한 새로운 학위 프로그램이 다수 개설되었으며, 상당수가 영어로 제공되었다. 이러한 풍부한 고등교육 기회는 베를린이 진정한 '유럽의 수도'로 자리매김하는 데 적지 않게 이바지했다.

2018년 알트 총장이 독일대학총장회의 회장직을 맡기 위해 학교를 떠나면서, 자유대학교는 또 다른 유형의 도전에 직면했다. 지난 10년 동안 이 대학은 유럽에서 가장 활기찬 도시에 자리한 독일의 대표 대학으로 성장했지만, 이제는 베를린과 독일, 해외의 다른 고등교육기관들과의 경쟁에 맞서야 했다. 그뿐 아니라, 베를린의 다른 대학들과 운명을 공유해야 한다는 새로운 과제도 떠안았다.

알트 전임 총장과 마찬가지로 귄터 M. 치글러 총장 역시 내부 행정을 경험한 인사 출신으로, 2011년부터 수학연구소 교수로 재직해 왔다. 그는 학계에서 성공적인 경력을 쌓았을 뿐 아니라, 베를린수학교육원을 설립·운영한 경험을 통해 베를린 고등교육 체제를 강화하기 위한 협력의 어려움을 누구보다 잘 알고 있었다. 이러한 맥락에서 최근 우수대학육성 사업과 전략은 단순히 대학 재정을 확충하는 데 그치지 않고, 자유대학교가 훔볼트대학교 및 베를린공과대학교와 협력을 더욱 강화하는 방향으로 학문적 사명을 재편하도록 요구했다. 이것이 대학의 자율성과 발전에 어떤 영향을 끼칠지는 아직 미지수였다.

베를린에서 시위는 일종의 현대적 의례다. 그러나 이제는 1968년 대학의 보수성과 해외 개입에 반대하던 격렬한 학생 시위와 달리, 새로운 형태를 띤 연대의 생성과 소멸이 거듭되고 있다. 2019년 3월, 주로 젊은 세대가 중심이 된 베를린 시민들이 "미래를 위한 금요일(Fridays for Future)"이라는 전 세계적 기후 파업 운동의 하나로 광장에 모였다. 이들은 독일뿐 아니라 전 세계적으로 실질적인 기후 정책이 부재한 현실을 규탄했다. 이러한 움직임은 자유대학교에도 영향을 끼쳤다. 자유대학교는 정치적 논쟁 속에서 설립되었고, 냉전 시기와 1960년대 좌파 운동 시절에는 그 성격이 정치적 대립 속에서 규정되기도 했다. 오늘날 그 초점은 환경으로 옮겨 왔다. 자연 세계에 대한 위협이 대학의 일상 속으로 스며들고 있기 때문이다. 자유대학교는 2019년 12월, 치글러 총장의 취임 1년

이 지난 시점에 '기후 비상사태'를 선포했다.[66] 대학은 2025년까지 기후 중립 달성 및 지속가능성과 기후 보호를 핵심 주제로 한 교과과정 설계 계획을 발표했다. 이를 위해 학생, 교수, 그리고 대학 구성원으로 이루어진 새로운 운영위원회 구성을 통해 에너지 효율을 높이고 캠퍼스의 재생에너지원을 확충하는 계획을 수립했다. 이번 발표는 자유대학교가 이미 추진해 온 지속가능성 정책을 토대로 마련된 것이었다. 자유대학교는 2001~2018년에 전력 및 난방 사용량을 25% 줄였고, 이산화탄소 배출량을 75% 감축했다. 이를 돌아보며 치글러 총장은 다음과 같이 말했다. "대학은 특별한 책임을 지니고 있습니다. 우리의 임무는 단순히 과학적 지식을 향상하고 이를 사회에 전달하는 데 그치지 않습니다. 우리가 책임지는 영역에서 모범적으로 행동해야 합니다."[67] 이러한 노력은 대학이 사회의 "살아 있는 실험실(Zukunftswerkstätten)", 즉 사회의 가장 시급한 문제를 해결하기 위해 최첨단 연구와 교육을 선도하는 역동적 공간으로 기능해야 한다는 치글러의 신념을 반영했다.

나는 존 F. 케네디 역시 이에 동의했으리라고 생각한다. 그는 오래전 자유대학교가 특별한 사명을 지니고 있다고 강조하며, 졸업생들이 "미래를 고민하고 그 미래를 만들어 가는 데 이바지하는 특별한 의무를 지닌 세계시민"이 되어야 한다고 말했다.[68] 지난 70년간 자유대학교는 진리, 정의, 자유를 추구하는 "살아 있는 실험실"로 기능해 왔다. 독일 대학 가운데 가장 실험적이고 국제적인 이 대학은 앞으로도 더욱 많은 도전에 맞설 준비를 하고 있다.

제4장

미국 연구중심대학의
부상과 도전

오늘날 미국의 대학들은 모든 세계 대학 순위에서 독일의 대학들을 능가하고 있다. 그러나 불과 150여 년 전만 해도 연구중심대학이라는 개념은 자신을 대학이라 불렀던 미국의 고등교육기관들에조차 완전히 생소한 것이었다. "19세기에 독일 대학들은 학문과 과학적 탐구에서 세계를 선도했고, 이 대학들의 걸출한 교수들은 고등교육을 추구하는 세계 각지의 많은 학생을 끌어모았다. 그러나 시대는 달라졌다." 1904년 독일 주재 미국 영사 헨리 W. 디데리히(Henry W. Diederich)는 《사이언스》에 기고한 글에서 이렇게 선언했다. 그는 이어 "우리에게 많은 결함이 있음에도 불구하고, 지방의 소박한 학교에서 시작된 미국 교육 제도가 지난 수십 년간 이룩한 비약적인 발전에 감탄하지 않을 수 없다"라고 덧붙였다.[1] 고등교육의 주도권이 이동하는 흐름은 대서양 한쪽에서만 관찰된 것이 아니었다. 1909년 라이프치히에서 열린 '대학 교수의 날' 행사에서 역사학자 카를 람프레히트(Karl Lamprecht)는 "우리는 더 이상 세계 대학의 정상에 서 있지 않다. 프랑스와 미국이 우리를 훨씬 앞질렀다"라고 경고했다.[2]

시간은 디데리히와 람프레히트의 예견이 옳았음을 입증했다. 그렇다면 연구 세계의 중심축이 이렇게 이동한 이유는 무엇일까? 20세기 초 디데리히와 람프레히트가 목격한 변화의 조짐이 확산·심화되어, 한 세기 후 미국이 고등교육에서 세계적 우위를 확보했다는 폭넓은 인식이 자리 잡기까지 어떤 일들이 벌어졌을까?

독일에 대한 집착과 위대함을 향한 도전

19세기 초까지 미국의 고등교육은 규모는 작았지만, 비교적 확고히 자리 잡고 있었다. 1776년 미국 독립 이전에 이미 9개 대학이 있었다. 이들 식민지 시대의 대학은 케임브리지와 옥스퍼드를 본보기로 삼았다. 하버드의 설립 헌장조차 "pro modo Academiarum in Anglia(영국의 대학 방식에 따라)"라는 문구를 담고 있었다.[3] 그러나 이러한 식민지 대학의 설립자들은 미국의 물리적·사회적 환경 차이가 영국식 모델에 예상치 못한 변화를 불러일으킨다는 사실을 깨달았다.[4] 1820년까지 미국에는 52개의 학위 수여 기관이 있었다.[5]

초창기 고등교육기관들은 폐쇄적이었다. 하버드는 총장과 교수를 선임할 수 있을 만큼 졸업생이 충분히 확보되자 더 이상 교원 채용을 위해 외부로 눈을 돌리지 않았다.[6] 반면 1819년 버지니아대학교(University of Virginia)를 설립한 토머스 제퍼슨은 다른 미국 대학에서 인재를 영입하려 했으나, 당시 하버드에 있던 조지 티크너(George Ticknor) 같은 교원을 빼내 올 수 없자 유럽 교수들을 초빙하는 쪽으로 방향을 틀었다.[7]

미국이 국가로서 성장하고 유럽 국가들과 직접 교류하면서 유럽, 특히 독일 대학이 지닌 강점에 대한 인식이 높아졌다. 1815년 하버드대학교 이사회인 하버드코퍼레이션(Harvard Corporation)은 에드워드 에버렛(Edward Everett)을 그리스문학 교수로 임용하기 전에, 그와 장차 하버드 교수가 될 조지 티크너를 독일에 유학 보내기로 했다. 괴팅겐에서 공부한 에버렛은 독일 대학에서 박사 학위를 받은 최초의 미국인이었다. 에버렛 이후 한 세기 동안 유수의 미국 학자들이 독일 대학에서 학위를 취득하는 전통이 시작되었다.

독일 대학에서 공부한 대부분의 학자는 가르칠 자유, 배울 자유, 무엇보다 학문(Wissnschaft)에 대한 헌신과 연구 및 발견을 통해 모든 영역에서 지식을 발전시켜야 한다는 신념으로 무장한 채 고국으로 돌아왔다. 독일에서 교육받은 여러 세대의 학자들은 암송과 강의, 논쟁을 통해 박식한 교양인이 학생을 가르치는 체제였던 미국 대학을, 각 분야의 전문 학자가 연구를 통해 지식을 확장하고 학생들에게 해당 학문 분야의 최신 성과를 교육하는 체제로 바꾸어 놓았다.

1861년 예일대학교가 미국에서 최초로 박사 학위를 수여했다. 그러나 진정한 연구중심대학이 설립된 것은 1876년이 되어서였다. 1873년, 볼티모어의 금융가 존스 홉킨스(Johns Hopkins)의 유산을 관리하던 수탁인 6명이 당시 미국 고등교육계의 세 거물인 하버드대학교의 찰스 윌리엄 엘리엇(Charles William Eliot), 미시간대학교의 제임스 앤절(James Angell), 코넬대학교(Cornell University)의 앤드루 화이트(Andrew White)를 만나 홉킨스의 700만 달러 기부금을 대학 설립에 어떤 방식으로 사용할지 조언을 구했다. 고등교육사학자 에드윈 슬로슨(Edwin Slosson)에 따르면, "놀랍게도 세 사람 모두 한목소리로 새로운 대학은 자신들이 이끄는 기관과 매우 다른 형태의 대학이 되어야 하며, 당시 캘리포니아대학교 총장이던 대니얼 C. 길먼(Danel C. Gilman)이 새로운 대학의 초대 총장이 되어야 한다고 답했다."[8] 길먼의 진두지휘 아래 존스홉킨스대학교는 대학원 세미나, 박사과정을 갖추고 연구와 과학을 중시하는 특징을 전통으로 하는 독일식 모델로 설립되었고, 이는 오늘날까지 유지되고 있다.

일부 지도자들은 독일식 모델이 미국에 적합한지에 대해 여전히 회의적이었다. 하버드 총장 찰스 엘리엇은 "하버드 신입생에게 독일식 모델은 고래에게 농장이 어울리지 않는 것만큼이나 맞지 않는다"라고 비유했다고 한다.[9] 그럼에도 세기말까지 대부분의 대학이 존스홉킨스 모델에서 영감을 받았고(교원 상당수를 존스홉킨스 출신으로 구성했다), 전국의 많은 학부대학들(colleges)이 연구 기반 대학원 프로그램에 과감히 투자하며 종합대학으로 변모했다. 비전문직 분야(nonprofessional) 대학원[10]의 수는 1850년 8개에서 1876년 400여 개, 1910년에는 5,000개 이상으로 급증했다.[11]

미국 교수들은 독일 모델을 자신들의 방식에 맞게 바꾸기 시작했다. 미국 고등교육 연구의 권위자인 조너선 콜(Jonathan Cole)의 지적에 따르면, 저명한 발생생물학자 토머스 헌트 모건(Thomas Hunt Mogan)의 실험실은 대학원생이 교수와 긴밀히 협력하는, 더 민주적이고 덜 위계적인 연구 환경이라는 "대부분 학문 분야의 새로운 표준"을 세웠다.[12] 에드윈 슬로슨은 새롭게 떠오른 미국식 모델의 장점에 대해 언급하면서 "교육과 연구, 대학원생과 학부생, 인문학과 기술이 미국에서 발전해 독특하게 결합한 형태"라고 평했다.[13]

이러한 학문 성격의 변화는 미국 경제와 사회의 근본적인 변화와 맞물려 연구와 응용 학습을 보완하고 가속했다. 산업화, 도시화, 그리고 농업의 기계화는 고등교육을 받은 노동력과 시민들에 대한 수요를 높였다. 그 결과, 지금까지 고등교육 분야에 거리를 두었던 연방 정부가 1862년 모릴토지공여법(Morrill Land-Grant Act, 모릴법)을 통과시키며 새로운 공립대학의 설립을 우선 과제로 삼았다. 이 법은 연방 소유 토지를 각 주에 기부해 농업과 기계 기술에 중점을 둔 고등교육기관을 설립하도록 했다. 캘리포니아대학교, 위스콘신대학교(University of Wisconsin)와 같은 주요 주립대학과 코넬대학교, MIT와 같은 일부 유수의 사립대학은 모릴법의 혜택을 받아 설립되거나 크게 확장되었다. 모릴법이 기술과 과학을 중시한 덕분에, 전통적으로 자유학예교육이 교과과정의 중심이 되었던 대학들에서 응용과학과 공학 분야가 크게 발전했다.

산업화는 새로운 미국 거대 자본가 계층과 고등교육, 특히 연구중심대학을 지원하는 민간 기부 문화를 탄생시켰다. 존 D. 록펠러는 1890년 시카고대학교 설립을 위한 자신의 기부를 "내 생애 최고의 투자"라고 표현했다.[14] 아들을 기리기 위해 학교를 설립하기로 한 릴런드 스탠퍼드와 제인 스탠퍼드 부부(Leland Stanford & Jane Stanford)는 다양한 종류의 학교들이 지닌 장단점을 검토한 끝에 1891년 릴런드스탠퍼드주니어대학교(Leland Stanford Jr. University)를 세웠다.[15]

연구 역량이 급속히 성장했음에도, 많은 미국 대학에서는 여전히 학부 교육을 중시했다. 식민지 시대의 대학에서 발전한 폭넓은 자유학예교육 중심의 학부 교육 모델은 미국 고등교육에서 떼려야 뗄 수 없는 일부분이었다. 학부 교육을 등한시한 대학들은 미래에 닥칠 위험을 감수해야 했다. 실제로 독일식 대학원 연구 프로그램으로 잘 알려진 존스홉킨스대학교와 클라크대학교는 20세기 초에 명성 추락을 경험했다. 학부 교육은 지적 호기심과 교수들의 열정을 불러일으키는 중요한 동력이었다.

존스홉킨스 설립 이후 디데리히와 람프레히트가 그러한 변화를 목격하기까지 30년도 채 안 되는 기간에, 미국 대학들은 훔볼트도 높이 평가했을 법한 방식으로 교육과 연구를 결합한 매혹적인 기관으로 세계 무대에 떠올랐다. 그러나 미국 연구중심대학이 한 단계 도약하게 된 계기는 20세기의 두 차례 세계대전이 초래한 전 지구적 차원에서의 정치적·제도적 파급효과였다. 이는 미국 대학으로의 국제 인재 유입과 정부 및 산업계의 자금 지원 확대로 이어졌으며, 여기에 탄력받은 미국 연구 대학들이 한층 앞서 나가기 시작했다.

모릴법이 대학의 설립과 확장을 위한 연방 정부의 지원을 촉진했다면, 정부가 본격적으로 대학 연구에 자금을 지원하고 연구 방향에 영향을 끼치기 시작한 것은 1916년 국립연구위원회(National Research Council) 설립 이후였다. 국립연구위원회를 통해 정부의 자원과 실험실이 대학의 연구자들 및 산업 생산 담당자들과 연결되었으며, 그 결과 제1차 세계대전에서 미군을 지원한 새로운 기술이 개발되었다.[16] 대학들과 연방 정부는 학생군사훈련단(Student Army Training Corp) 같은 프로그램을 통해 더욱 긴밀한 협력 관계를 구축했다. 캠퍼스에서 학생들을 대상으로 군사훈련을 실시하는 이러한 프로그램은 숙련된 병력이 필요한 정부, 그리고 전쟁으로 등록률이 급격히 감소해 재정 지원이 필요한 대학들을 동시에 충족시켰다. 미국이 전쟁에 참전하자, 유수 대학들의 등록 학생 수는 최대 40%까지 감소했다. 이러한 초기의 연방 정부와 대학의 협력은 다음 세계대전 당시 더욱 친밀하고 고도화된 협력 체계로 발전하는 밑거름이 되었다.[17]

1940년대 연방 정부가 전쟁 수행을 지원하기 위해 다시금 대학과의 협력에 나섰다. 당시 미국 대학계는 유럽, 특히 독일에서 망명한 학자들의 유입으로 활기를 띠고 있었다. 앞서 살펴본 것처럼, 독일 대학들은 점차 군사화되고 나치의 영향 아래 놓이면서 세계적 학술 중심지의 지위를 잃었고, 많은 우수한 학자들이 해외로 망명했다. 이는 다른 국가들, 특히 미국에 큰 기회였다. 영어권 국가들 안에 반이민·반유대주의 정서가 없었다면 망명자 수는 더 컸을 것이다. 뛰어난 인문학자, 사회과학자, 특히 자연과학자들의 유입은 미국 대학의 연구 수준을 단숨에 한 단계 끌어올렸다. 이는 연방 정부가 새로운 전쟁 수행을 위해 다시 대학들과 협력을 모색하기 시작한 시점과 맞아떨어졌다.

전후 호황

제2차 세계대전 이후 미국의 고등교육은 대중화되었다. 미국 고등교육기관의 등록 학생 수는 1940년 150만 명에서 1950년 240만 명으로 급증했다.[18] 대학 등록생은 1960년 360만 명에서 1970년 800만 명, 1980년에는 1,160만 명에 달했다.[19] 1980년 대학생 수는 제2차 세계대전 전보다 8배 증가했다.[20] 특히 주립대학들은 더 많은 학생에게 고등교육 기회를 제공했고, 대학 생활에 대한 문화적 매력이 퍼져 나갔다.[21] 이러한 확장에도 불구하고, 특히 최고 연구중심대학에서 고등교육은 여전히 소수인 사회적 엘리트의 영역으로 남아 있었다. 하버드, 예일, 프린스턴은 백인 앵글로·색슨 개신교 계열의 명문 사립고 졸업생을 선호하는 폐쇄적인 입학 절차를 유지했다.

이른바 'GI법(GI Bill)'으로 알려진 제대군인재적응법의 지지자들은 이 법의 교육 지원 조항을 활용할 참전군인 수가 제2차 세계대전에서 복무 후 귀환한 군인 중 8~10%에 불과할 것이라고 예상했다. 그러나 이 예상은 보기 좋게 빗나갔다. 법이 통과된 1944년부터 1950년까지, 자격이 있는 참전군인의 16%인 200만 명 이상이 이 조항을 이용했다.[22] 참전용사 등록이 정점에 달한 1947년에는 전체 대학 신입생의 49%가 참전군인이었다.[23]

학생들과 교수들이 정부와 산업계로부터 새로운 차원의 지원을 받았다. 전시 학계와 정부 간 협력은 1941년 프랭클린 D. 루스벨트 대통령이 설립하고 버니바 부시(Vannevar Bush)가 이끈 과학연구개발국(Office of Scientific Research and Development, OSRD)이 주도했다. 전쟁이 막바지에 이르자, 부시는 전쟁 중 큰 성과를 거둔 기초과학 연구에 대한 정부 지원이 끊길 것을 우려했다.[24] 부시는 1947년 발표한 자신의 선언문 〈과학, 끝없는 개척지(Science: The Endless Frontier)〉에서 정부와 산업, 국가 경제 발전은 대학 연구실에서 수행되는 기초연구에 의존하며, 이러한 연구는 새로운 정부 기관의 지원을 받되 지시는 받지 말아야 한다고 주장했다.[25] 제2차 세계대전 이후 부시는 독일로부터 학문적 독립을 주장하며, "우리는 기초 지식의 원천지로서 폐허가 된 유럽에 더 이상 의존할 수 없다. (중략) 이 지식을 스스로 발견하는 데 더 많은 관심을 기울여야 한다"라고 말했다.[26] 이 문서는 카이저빌헬름협회(현 막스플랑크협회)의 미국판이라 할 수 있는 국립과학재단(National Science Foundation)의 설립을 촉진하고, 전시에 한정되었던 정부의 대학 연구 지원이 평시에도 제도화되는 새로운 시대를 열었다.

연방 정부와의 협력 확대는 새로운 재원 확보뿐 아니라 연방 정부의 감독과 통제를 강화한다는 뜻이었다. 매카시 시대는 대학 캠퍼스에 대한 정부 개입이 정점(혹은 최악의 순간)에 달한 시기였다. 전국의 대학들은 지난 세기 독일의 영향 아래 강화된 학문적·제도적 자유의 원칙과 반공 요구 및 정치적 압력 사이에서 균형을 잡기 위해 고심했다. 정부와 대학 간 관계에 대한 우려는 조셉 매카시 상원의원의 몰락으로 끝나지 않고 다양한 형태로 지속되었다. 드와이트 D. 아이젠하워는 1961년 미국 대통령직에서 퇴임했다. 컬럼비아대학교 총장을 지냈던 그는 대통령직 퇴임사에서 군산복합체의 성장과 "자유로운 대학"이 "연방 정부의 고용, 사업 할당, 자금력"에 점점 더 의존하는 상황의 위험성에 대해 경고했다.[27] 1960년대 대학 캠퍼스를 지배한 격렬한 정치적 현실 참여 운동은 고등교육에 대한 정부 개입을 더욱 강하게 비판했다. 그럼에도 고등교육에 대한 정부의 재정 지원과 개입은 이제 학문 환경의 영구적 일부가 되었다.

하이브리드 시스템

20세기 후반은 개별 기관의 규모, 전체 체계, 그리고 미국 연구중심대학의 전반적인 명성이 지속해서 성장한 시기였다. 미국 고등교육의 가장 큰 강점의 하나는 제도적 다양성이다.[28] 현대 미국의 연구중심대학은 세 가지 다른 요소를 토대로 만들어졌다. 식민지 시대 대학의 전통에서 비롯된 학부 자유학예교육, 19세기 독일 전통에서 발전한 참여형 연구, 그리고 20세기 정부·산업·민간 후원과의 연계다.

21세기 글로벌 관점에서 미국 고등교육을 바라볼 때, 미국 고등교육에 없는 것을 명확히 하는 것이 유용할 것이다. 첫째, 앞서 언급한 공통 요소에도 불구하고 단일한 '미국 고등교육 체계'가 존재하지 않는다. 즉 국립대학이 없다. 고등교육기관과 정책은 주마다 다르며, 각 주 안에는 공립과 사립, 학사 중심과 박사 중심, 엘리트형과 대중형 등 다양한 기관이 공존한다. 많은 학자가 이러한 비체계적인 다양성이야말로 미국 고등교육을 높은 수준까지 끌어올린 원동력이었다고 지적한다. 각 기관이 최고의 교수, 학생, 재정 지원을 확보하기 위해 개방적이고 경쟁적인 시장에서 비교우위를 극대화하려 노력했기 때문이다.[29]

하지만 이러한 비체계성에도 불구하고, 이들 다양한 기관을 하나로 묶는 유사성이 존재한다. 제임스 액스텔(James Axtell)은 "대학은 자국 사회와 문화를 반영하고 되비추며, 제도화하는 경향이 있다"라고 지적했다.[30] 민주주의, 기회균등, 개인주의라는 미국적 이상은 다양한 방식으로 미국 대학의 성격을 물들이고 있다. 좀 더 구체적으로, 미국 대학 간 경쟁은 거버넌스, 교수 정책, 재정 구조에서 몇 가지 기본적 유사성을 만들어 냈다.

거버넌스 미국 대학들은 대체로 유사한 상위 거버넌스 구조가 있다. 하지만 이를 구성하는 각 기구의 권한과 영향력의 상대적 비중은 대학마다 크게 다르다.[31] 일반적으로 이사회가 대학의 법적 대표 역할을 맡는다. 이사들은 (특히 사립대학의 경우) 동문인 경우가 많으며, 행정적·재정적 경험을 바탕으로 대학 총장을 지원하고 감독하는 역할을 한다. 또한 총장을 선임하는 책임도 이사들에게 있다.

총장은 학문적 리더십의 정점으로, 일반적으로 다양한 학사 및 캠퍼스 분야를 담당하는 교무총장(provost)과 여러 학장(dean)의 지원을 받는다. 하버드 전 총장 데릭 복(Derek Bok)은 행정과 모금 업무가 점점 더 대학 총장의 시간을 지배하며, 그 결과 "오늘날 총장들은 교학 관련 업무의 대부분을 교무총장과 학장들에게 위임하는 경향이 있다"라고 지적했다.[32] 미국의 학장은 교수진 중에서 맡는데, 기존 교수진에서 선택하거나 특정 학장직의 경우 다른 기관에서 영입하기도 한다. 유럽과 다르게 미국 학장은 동료 교수들이 선출하거나 해임하지 않고, 일반적으로 특정 임기 동안 또는 총장의 재량에 따라 재직한다.

이사회와 총장, 총장과 교무총장, 총장과 학장 간 권력의 상대적 균형은 기관마다 크게 다르다. 권력 구조의 차이는 사립과 공립의 구분과 명확하게 일치하지 않는다. 예를 들어 하버드는 (악명 높을 정도로) 분권화되어 있어, 열두 개의 단과대학 및 전문대학원 학장들에게 막대한 권한과 예산을 준다. 상대적으로 중앙 행정의 권한은 작다. 반면, 훨씬 큰 권한을 가지고 있는 듀크대학교의 중앙 집행부는 이를 대학의 전략 계획 수립 과정에 활용한다. 행정 기구 간 권력 균형은 전통과 대학 문화, 그리고 각 지도자의 성향에 따라 달라진다.

교수진은 학장과 총장을 배출하는 인재 창고로 역할할 뿐 아니라, 학술 평의회나 유사 기구를 통해 대학 거버넌스에 참여한다. 미국 대학 내 교수 기구는 주요 학사 행정직 인사권을 갖는 훔볼트대학교 등 유럽의 대학들과 달리, 그 권한이 상당히 제한적이다. 그럼에도 많은 대학에서 학술 평의회나 교수회의가 역사적으로 중요한 시점의 의사 결정에 영향을 끼칠 수 있다는 점이 증명되었다. 복이 지적했듯이, "형식적 조직 구조와 관계없이, 실질적으로 궁극적인 권력은 교체하기 가장 어려운 사람들에게 있다."[33] 최고의 교수진을 확보하고 유지하기 위해 치열하게 경쟁하는 명문 연구중심대학에서 교수들이 단결하면 매우 강력한 영향력을 발휘할 수 있다.

교수진 미국 연구중심대학의 교수진은 대학에서 차지하는 중요한 위치가 보장하는 영향력뿐 아니라 '종신재직권' 제도를 통해서도 보호받는다. 이는 독일 '강좌' 제도의 변형이라 할 수 있다. 그러나 미국 대학의 정교수 (full professor)는 그 수가 독일 대학보다 훨씬 많아서, 대부분 개별 교수의 명망이나 자원은 상대적으로 적다. 주립대학 교수들조차 독일과 같은 '영구 공무원(Beamten)' 신분을 갖지 않는다. 종신재직권 심사 과정은 학문적 성과(출판물)와 때에 따라 강의 능력에 대한 엄격한 심사를 통과해 자신의 가치를 입증한 학자에게 사실상 평생 고용을 보장하는 제도다. 본래는 교수들을 보호하고, 그들이 가치 있다고 여기는 어떠한 주제든 자유롭게 연구하도록 보장하기 위해 마련되었다. 대다수 대학은 '승진 아니면 퇴출(up or out)' 방식의 종신재직권 심사를 시행한다. 종신재직권이 거부된 후보자는 종신직 교수로 승진하지 못할 뿐 아니라 대학에서 퇴출된다는 의미다. 이 과정은 학문적 경력을 쌓는 데 큰 관문일 뿐 아니라, 대학과 교수가 서로에게 요구하는 높은 수준의 헌신을 상징한다.

대학이 교수진의 수준을 향상시키는 데는 두 가지 기본 경로가 있다. 첫째는 다른 대학에서 이미 종신재직권을 보유한, 종종 학문적 명성이 높은 '스타 교수'를 영입하는 방법이다. 둘째는 종신재직권 심사 과정에 있는 젊은 교수들의 성장을 위해 자원을 투자하고, 장기적으로 그들의 학문적 성과를 통해 결실을 거두는 방식이다. 대학이 이 두 방식을 어떻게 조합해 활용하는지는 그 대학의 전통과 문화, 그리고 사용할 수 있는 자원에 달려 있다.

미국 대학 교수 생활의 또 다른 특징은 '연구 안식년(sabbatical)' 제도다. 연구중심대학의 종신 재직 후보 교수와 종신직 교수들은 보통 6년간 재직 후 7년째에 유급 휴가를 받아 연구에 더 많은 시간을 들일 기회를 얻는다. 안식년 제도는 19세기 초 미국 안에 고등 학문 교육이 충분치 않았던 상황에서 발전했다. 당시 교수진(또는 미래의 교수 후보들)에게는 유럽, 특히 영국과 독일의 대학에서 학문적 역량을 강화하기 위해 쓸 수 있는 연구 휴가가 주어졌다.[34] 1880년 하버드대학교 총장 찰스 엘리엇이 처음으로 교수 안식년 제도를 체계화했으며, 1900년까지 10개 대학이 이 제도를 도입했다. 1920년이 되자 최소 50개의 주요 리버럴아츠칼리지(liberal arts colleges)[35]와 공·사립대학이 안식년 제도를 마련했다.[36] 오늘날 널리 정착된 이 제도는 개인과 기관 모두에 다양한 이점이 있는 것으로 인정받았다. 실제로 이를 거부하는 교수는 거의 없다.[37]

재정 미국의 대학들은 공립이든 사립이든 등록금 수입, 정부 지원금, 민간 기부 등 다양한 재원으로 운영 자금을 마련한다. 연방 정부 지원금 중 가장 큰 비중을 차지하는 것은 '펠장학금(Pell Grant)'으로, 가정 형편에 따른 재정 지원 장학금이다. 2019년 고등교육에 대한 연방 정부 지원금 756억 달러 중 펠장학금에 할당된 금액은 거의 300억 달러에 이르렀다. 연방 정부의 지원금은 전체 연방 고등교육 지출의 약 3분의 1에 해당하는 246억 달러였다.[38] 지원금은 일반적으로 경쟁적인 심사 과정을 거쳐 특정 연구 목표를 위해 지급된다. 공립대학과 사립대학 모두 연방 정부 지원금을 받을 수 있다. 공립대학은 또한 주 정부로부터도 재정을 지원받는다. 이론상 주 정부의 지원금 덕분에, 거주하는 주에 있는 주립대학에 진학하는 학생들에게는 더 낮은 등록금이 부과된다.

연구와 고등교육에 대한 정부 지원은 미국 연구중심대학이 세계적 위상을 차지하게 된 주요 요인 중 하나였다. 그러나 현재 이러한 재정 지원은 위기에 처해 있다. 2010~2019년 연구개발에 대한 연방 정부 지원금은 실질가치 기준으로 28.9% 감소했나.[39] 공립대학에 대한 주 정부 지원 역시 급격히 줄었다. 2017년 물가상승률을 반영하면, 공립 2년제와 4년제 대학에 대한 전체 주 지원금은 2008년에 비해 약 90억 달러나 줄었다.[40] 현재 미국의 주요 공립 연구중심대학의 전체 예산 중 주 정부 지원금이 차지하는 비율은 10% 미만인 경우가 많다.[41]

물론 정부 보조금이 미국 대학의 유일한 재원은 아니다. 민간 기부는 미국 고등교육의 환경을 만드는 데 중요한 역할을 해 왔다. 교육지원위원회(Council for Aid to Education)에 따르면, 2018년 고등교육기관에 대한 기부액은 467억 달러를 넘어섰다. 이는 1957년 위원회가 통계를 수집하기 시작한 이후 최대 규모다.[42] 이 기부금은 소수 기관에 편중되었다. 늘어난 기부금 대부분이 소수의 대학에 집중된 결과, 총기부액의 29%가 1% 미만의 대학으로 몰렸다. 500만 달러 이상을 모금한 대학이 열 곳에 달했고, 그중 스탠퍼드와 하버드는 각각 10억 달러 이상을 모금했다.[43]

이러한 거액 기부로, 이미 막대한 기금을 보유한 대학의 기금 자산이 더욱 늘어났다. 예를 들어 2019회계연도 말 기준 스탠퍼드의 기금은 277억 달러, 하버드는 409억 달러에 달했다. 미국의 종합대학과 학부대학의 기금 분포는 오래전부터 불균형했다. 1990년 전미대학경영자협회(National Association of College and University Business Officers)의 기금 보고서에 따르면, 당시 하버드, 예일, 텍사스대학교 시스템(University of Texas (UT) System),[44] 프린스턴, 스탠퍼드 등 상위 5개 대학의 기금 규모는 조사 대상 전체 대학 기금의 약 25%를 차지했다. 이러한 상황은 30년 가까이 지난 후에도 달라지지 않았다.[45] 요컨대 미국 대학의 재정 구조는 국가 전체적으로 증가하는 부와 소득의 격차를 반영했다.

특히 최상위권 대학의 기금 규모 변화는 매우 두드러졌다. 1990년 미국 상위 5개 대학이 보유한 기금의 가치는 미국 국내총생산(GDP)의 0.26%에 해당했다. 2019년에는 이 비율이 0.72%로 뛰어올랐다.[46] 이들 거대 기금을 운용하는 관리자들은 자산 증가분을 사모펀드, 헤지펀드, 벤처 캐피털, 에너지 및 천연자원 등 유동성이 낮고 고위험, 고수익인 대안 투자 전략에 배분했다. 특히 에너지 및 천연자원 투자는 2015년 이후 화석연료 투자 철회를 요구하는 학생 시위의 주요 목표물이 되었다.

물론 1990년대와 21세기에 접어든 이후 대학 기금의 눈부신 증가는 미국 주식시장의 가치 상승을 반영한 것이었다. 대학들은 시장 호황의 수혜를 입은 만큼 불황에도 취약했다. 이는 2008년 금융 위기에서 명확하게 입증되었고, 그 위기를 극복하는 과정은 더디고 불규칙했다. 2010년 대 대부분 기간에 지속된 낮은 투자 수익률은 미국 대학 기금의 10년 평균 수익률을 끌어내렸다.[47] 그러나 2020년에는 주식시장의 강세 덕분에 대학 기금의 장기 평균 수익률이 8.4%에 달했다.[48] 그러나 모든 대학이 자금을 효과적으로 운용한 것은 아니었다. 가장 부유한 대학인 하버드는 실질가치 기준 2020년 기금 규모가 2008년과 동일한 수준에 머무를 만큼 기금 수익률이 저조했다.

기금 수익률 감소뿐 아니라, 미국 대학들은 21세기의 첫 20년 동안 연방 및 주 정부의 재정 지원 축소라는 난관에 직면했다. 남은 주요 재정 수단은 등록금이었으며, 이는 수십 넌간 물가상승률을 훨씬 웃도는 속도로 올랐다. 인종과 사회경제적 배경의 다양성을 중시하는 흐름 속에서, 최상위 대학들은 등록금을 인상하는 동시에 학생 재정 지원을 빠르게 확대했다. 그러나 이러한 재정 지원 패키지를 제공할 수 있는 능력은 엘리트 대학에 국한되었다. 2018년 억만장자이자 전 뉴욕시장인 마이클 블룸버그는 모교인 존스홉킨스대학교에 18억 달러를 기부했다. 그는 《뉴욕타임스》 기고문에서 "아메리카 드림을 이어 나가기 위해 우리가 할 수 있는 가장 값진 투자일지도 모른다"라며, 이 기부의 주된 목적이 "자격을 갖춘 저소득층과 중간소득층 학생"에 대한 재정 지원이라고 밝혔다.[49] 이는 지금까지 미국 대학이 받은 기부 중 사상 최대 규모였다.[50]

고등교육이 앞으로도 '아메리카 드림' 실현과 사회적 이동성을 촉진하는 효과적인 수단이 될 수 있는지에 대한 의문이 커지고 있다. 20세기 중반까지 고등교육은 공공재로 인식되었고, 사회 전체가 공립대학 예산을 지원하는 주세를 통해 그 비용의 상당 부분을 부담했다. 그러나 1980년대에 들어 고등교육이 '사적 재화'로 여겨지면서, 심지어 공립대학에서조차 교육비의 부담이 점점 더 학생과 그 가족에게 전가되었다.[51]

국제적 대학들?

미국 연구중심대학의 지속적인 강점 중 하나는 외국 학자와 학생에 대한 개방성이었다. 1910년 역사학자 에드윈 슬로슨은 "미래에는 국제적 대학이 주립대나 국립대보다 더 위대하고 영향력 있는 존재가 될 것"이라고 예견했다.[52] 오늘날 세계 각국의 학생들이 미국에서 학부와 대학원 교육을 받기 위해 몰려든다. 2018~2019학년도에는 109만5,229명의 유학생이 미국 고등교육기관에 등록함으로써 미국 경제에 410억 달러를 이바지했고, 45만 개 이상의 일자리를 지탱했다.[53] 그러나 캠퍼스에 다양한 시각과 문화적 배경을 제공하며 대학 재정에도 도움이 되는 해외 유학생의 존재가 언제나 당연한 것은 아니었다. 중국처럼 우수한 학위를 지닌 유학생들에게 자국의 학문적·사회적 시장이 점차 매력적인 선택지로 떠오르면서, 최우수 해외 학자를 유치하고 유지하는 미국 대학의 능력이 점차 약해졌다. 이러한 우려는 이민자를 배척하는 도널드 J. 트럼프 행정부 아래서 더욱 심해졌다. 비자 규제와 기타 제한 정책들은 확실히 미국의 매력을 반감시켰다.

전후 시기에 미국 대학들은 국제학과 지역학(area studies)의 선도적 거점으로 자리 잡았다. 앞으로 살펴보겠지만, 이러한 흐름은 중앙정보국(CIA)의 전신인 전략사무국(OSS)이 제기한 전시 연구의 필요성에서 비롯되었다. 그리고 그 필요성은 냉전 시기에도 지속되었다. 1958년 미국 정부는 국제학, 지역학, 세계 문화와 언어 분야의 전문성을 육성하기 위해 자금을 지원하는 국방교육법(National Defense Education Act)을 제정했다. 미국 정부는 세계 여러 지역에 관여하고 있음에도 그 지역들에 관한 폭 넓고 깊이 있는 전문성이 정부 내에 부족하다는 사실에 당혹감을 느꼈다. 이런 현실이 국방교육법 제정의 직접적인 계기가 되었다. 특히 소비에트연방과 마오쩌둥 시기의 중국 같은 냉전의 주요 적대국 관련 연구에서 전문성이 현저히 부족했다. (1948년 CIA의 소비에트 분석가 38명 가운데 3분의 2가 러시아어조차 구사하지 못했다.)[54] 따라서 가장 '위험한' 지역 연구에 최우선으로 자금을 지원했고, 그 결과 미국 대학에서 러시아와 중국 연구가 오늘날까지도 강세를 보였다. 반면, 남아시아 연구 등은 상대적으로 뒤처졌다. 냉전이 진행되면서 포드재단과 같은 민간단체들이 정부의 리더십에 보조를 맞추었다. 이들은 해외에서는 베를린자유대학교와 같은 친미 기관들을, 국내에서는 지역학 연구를 지원했다. 국방교육법의 국제학 관련 조항은 1965년에 만들어진 고등교육법(Higher Education Act)에 편입·재승인되었으며, 오늘날에도 미 전역의 대학에 설치된 국가자원센터(National Resource Centers)의 자금 지원을 담당하고 있다. 2018년 기준으로 미국 교육부는 공·사립 고등교육기관을 망라해 100개 이상의 국가자원센터를 지원했다(지원액은 점차 줄어들고 있지만). 이들은 아시아, 러시아와 동유럽, 라틴아메리카, 심지어 캐나다처럼 "위험천만한 곳"에 이

르기까지 다양한 지역에 관한 지식 역량을 구축하기 위해 노력하고 있다.[55]

미국 대학들은 해외에 물리적 거점을 확장하고 있다. 노스웨스턴과 코넬을 포함한 여섯 개 미국 대학은 카타르 정부가 후원하는 "교육도시(Education City)"라는 대규모 단지에 캠퍼스를 세웠다. 이들은 이곳에 본교와 동등한 수준의 프로그램을 개설한다는 조건으로 시설과 자금을 지원받았다.[56] 2010년대 초 뉴욕대학교(New York University)는 아부다비와 상하이에 캠퍼스를 개설했다. 듀크대학교는 2013년 중국 쿤산에 캠퍼스를 열었다. 일부 대학은 해외 대학과 협력해 특정 연구 분야에 특화된 센터를 설립했다. 예컨대 중국 선전에 있는 칭화-버클리선전연구소(Tsinghua-Berkeley Shenzhen Institute)는 정보기술, 신에너지, 정밀의학 등 양교의 강점을 모두 활용하는 분야에 초점을 맞추었다. 하버드 같은 다른 대학들은 해외에서 교수와 학생의 연구 활동을 지원하기 위해 연구 거점을 설치했다. 슬로슨이 예견했듯이, "국제적 대학"이야말로 진정한 "미래의 대학"이 될 것 같았다.[57] 적어도 21세기의 미국 대학이라면 모두 국제 전략을 갖추어야 한다는 점은 분명해 보였다.

교수진과 학생의 글로벌 이동과 함께 바이러스 또한 퍼져 나갔다. 국제화가 정점에 달했던 2020년, 새로운 10년의 시작과 함께 전 세계적으로 팬데믹이 발생했다. 심각한 호흡기 질환을 일으키는 전염병인 코로나19가 중국 우한에서 시작되어 전 세계로 퍼져 나갔다. 2020년 3월, 미국 대학들은 수업을 온라인으로 전환했다. 학생들의 해외 연수 프로그램이 중단되었고, 많은 유학생이 중도에 귀국했다. 도시와 주 정부가 자택 대기 권고를 내리면서, 많은 대학이 2020년 봄 학기 나머지 기간의 수업을 완전히 온라인으로 전환했다. 팬데믹이 길어지면서 입학, 교육, 연구, 학생과 교수진의 이동성, 재정 등 대학의 모든 영역이 영향받았다. 대학들은

2020년 가을 학기에 다시 문을 열었지만, 대부분 수업이 원격으로 이루어졌다. 국제학생을 끌어들이는 자석 같았던 미국 대학들은 이제 신입 유학생의 등록률이 크게 낮아진 현실에 직면했다. 미국 대학들의 국제화가 정점을 지난 것일까?

미국 예외주의?

무엇보다 미국 고등교육을 구성하는 기관, 목표, 사상, 교수진, 학생, 거버넌스, 재원 등에서 나타나는 경험의 다양성이야말로 유럽의 전통적 대학들 및 미국의 성공을 모방하려는 전 세계 수많은 기관과 미국 대학을 구분 짓는 요소였다. 역사학자 데이비드 라바리(David Labaree)는 미국 고등교육의 성공과 그 "예상치 못한 부상"이 다섯 가지 핵심적 특성에서 비롯되었다고 주장했다. 즉 제도적 자율성, 수요자에 대한 민감성, 폭넓은 이해 집단에 대한 호소력, 구조적 모호성, 그리고 조직적 복잡성이다.[58] 이러한 특성은 역동적인 시장의 힘으로부터, 또한 국가에 대한 의존도가 전반적으로 낮다는 점에서 기인했으며, 그 결과 "미국의 4,700개 학부대학과 종합대학이라는 잡다한 집합체"를 낳았다.[59] 캘리포니아대학교 총괄 총장과 버클리 초대 총장을 지낸 클라크 커(Clark Kerr)는 자신의 고전적 저서 《대학의 쓸모(The Uses of the University)》에서 미국 고등교육의 예기치 못한 부상에 대해 더욱 단순한 해석을 제시했다. 그것은 다음 세 가지 모델의 독특한 결합에서 나왔다. 바로 ① 학부 자유학예교육에 중점을 둔 영국식 칼리지, ② 대학원 단계에서 연구를 강조한 독일식 연구중심대학, ③ 직업교육과 공공 문제에 대한 실용적 해결책 제공을 중심으로 한 미국의 랜드그랜트(land-grant) 칼리지[60]다.[61] 그의 주장에 따르면 이렇게 등장한 "현대 미국 대학"은 "옥스퍼드도 아니고 베를린도 아닌, 세계에서 새로운 유형의 제도였다. 이 새로운 제도는 진정한 의미에서 사립도 아니고 공립도 아니며, 세계 속에 완전히 속하지도 완전히 분리되지도 않는다. 그것은 독자적이다."[62]

제5장에서 제7장까지 우리는 미국적 상황의 다양한 강점과 도전을 반영하는 세 개의 독특한 미국 대학을 살펴볼 것이다. 미국에서 가장 오래된 고등교육기관인 하버드대학교는 처음에는 영국 대학을 모델로 삼았고, 이후에는 독일식 모델로 다시 구조화되었다. 하버드는 오늘날 지구상에서 가장 널리 알려진 대학이며, 고등교육에서 지속적인 수월성을 보여주는 대표적 사례다. 랜드그랜트 대학인 캘리포니아대학교 버클리는 미국에서 가장 높은 평가를 받는 공립대학이다. 세계 최상위 연구중심대학 중 하나로서 세계 최고의 공립 고등교육 체제로 평가받는 캘리포니아대학교 시스템의 보석이라 할 만하다. 그러나 현재 버클리는 사립 자금에 의존하면서도 공립대학의 정체성을 유지해야 하는 도전에 직면했다. 마지막으로 듀크대학교는 탄탄한 연구 성과와 야심 찬 국제적 의제를 바탕으로 미국에서 가장 빠르게 부상하는 연구중심대학이라 할 수 있는데, 이는 무엇보다 체계적이고 구체적인 미래 계획을 수립한 결과라고 할 수 있다.

이들 사례가 다음 질문을 다루는 데 도움이 되기를 바란다. 미국 대학들이 20세기 후반에 세계를 이끌었다면, 21세기에도 계속 그럴 수 있을까?

제5장

변화와 폭풍을 헤치며 성장하다
하버드대학교

아름다운 하버드여! 그대의 아들들어 <u>우리가</u> 그대의 축제 무리에 합류하노니

축복으로 그대를 감싸노라

이 축제의 의식을 통해, 지나간 시대에서

다가올 시대로.

오, 우리 조상의 가치를 간직한 유산이자 표상이여,

그들의 기억을 오래도록 따뜻하게 지켜 온 존재여,

그들의 황무지에서 피어난 첫 꽃이여! 그들의 밤을 밝힌 별이여!

변화와 폭풍을 헤치며 고요히 떠오르는 존재여.

(중략)

이끼 덮인 오류가 그대 곁에 머물지 못하게 하라.

세상이 진리의 물결을 따라 흘러갈 때,

빛의 전령이 되고, 사랑의 수호자가 되어라,

청교도의 후예들어 창공의 별들이 사라질 때까지.

- 새뮤얼 길먼(Samuel Gilman, 1811년 졸업)이 1836년에 지은 〈아름다운 하버드(Fair Harvard)〉, 1997년, 2018년 개정.

1836년

1836년 대학 설립 200주년을 기념해 길먼 목사가 〈아름다운 하버드〉를 썼을 때, 하버드는 여전히 뉴잉글랜드에 깊이 뿌리내린 "청교도 혈통"의 기관이었다. 21세기에 이르러 400주년을 앞두고 더욱 포용적인 교가를 부르게 된 지금, 하버드는 세속적 명성을 넘어 영원한 생명을 갖춘, 시간과 공간을 초월하는 기관으로 거듭났다. 이는 1836년 하버드 설립 200주년 기념식에 참석한 길먼 목사와 졸업 25주년 동창회에서 만난 그의 동문에게는 놀라운 일이었을 것이다.

그보다 2년 전인 1834년 5월 말 어느 저녁, 하버드 학부생들이 강의실에 불을 지르고 의자를 창문 밖으로 던져 버렸다. 소동이 이어지는 가운데 학생들은 예배당에서 폭죽을 터뜨리고, 하버드 총장 조사이어 퀸시(Josiah Quincy)의 허수아비를 하버드 구내에 있는 '반역나무(Rebellion Tree)'에 매달았다. 이 소요는 학생들에게 극도로 불만을 샀던 퀸시의 철권통치식 규율 집행이 누적된 결과였다. 퀸시는 2학년 전체를 퇴학시키는 것으로 응답했다. 대학 창립 200주년이 되던 1836년에 하버드 졸업반은 1809년 이후 가장 작은 규모였으며, 재학생 수는 예일, 프린스턴은 물론 다트머스보다도 훨씬 적었다.[1]

전직 하원의원이자 보스턴 시장을 여섯 차례 지낸 조사이어 퀸시는 1829년에 하버드 총장으로 취임했다. 그의 아들이 기록했듯이, 퀸시의 "마음속 열망"은 "대학을 고결한 정신과 고매한 원칙을 지니고, 가르침을 잘 받고, 품위와 교양을 갖춘 신사들의 요람으로 만드는 것"이었다.[2] 이는 청교도의 정서를 반영하고 있었다. 학부생들은 질서에 집착하는 냉철

한 총장에게 의구심을 품었을지도 모른다. 학생들은 지루하고 구시대적인 필수 교과를 암송했다. 이 암송은 1~8점의 척도로 매일 평가되었으며, 퀸시 자신이 매주 성적표를 직접 확인했다. 퀸시는 이상적인 강좌란 "철저한 훈련"이라고 믿었다.[3] 한편, 그는 역사, 화학, 지질학, 천문학 등 독일 학문이 개척한 새로운 분야를 상급생을 위한 '선택 과목'으로 제공하는 과정을 시작했다. 나아가 대학의 천문대 창설을 통해 하버드 최초의 연구 단위를 만들었다. 그는 교수진의 가르칠 자유의 옹호자가 되었고, 마지못해 일부나마 학생들의 배울 자유를 인정하기 시작했다. 대학의 문장에 Veritas(진리)라는 단어가 정식으로 추가된 것도 퀸시 재임기였다. 하버드는 여전히 지역적 성격이 강했지만, 200주년을 맞을 무렵에는 개척자적 기원을 넘어 성장할 준비를 갖추고 있었다.

1936년

1836년 하버드의 200주년 행사에 뉴잉글랜드 지역 대학 총장들이 초청되었고, 그중 한 명만 참석했다. 100년 뒤 제임스 브라이언트 코넌트(James Bryant Conant) 하버드 총장은 502개의 대학과 학술 단체의 총장들과 대표들, 그리고 미국 대통령까지 맞이하며 300주년 기념행사를 열었다. 이 행사에 앞서 전 세계 학자들(노벨상 수상자 11명을 포함한)이 참석한 문리과학학술대회(Conference of Arts and Sciences)가 2주 동안 열렸다. 이 학술대회는 자연과학(코넌트는 저명한 화학자였다)과 개별 학문 분야의 성장에 초점을 맞추었다. 코넌트는 전문화가 과학 지식 발전의 열쇠라고 선언했다.[4]

1836년 "미국 대학의 어머니" 하버드는 "세계 문화의 새로운 중심지"로 자리매김하겠다고 선언했다. 어느 미국 대학 총장의 분석처럼, 이럴 수 있었던 것은 개별 전문 분야에서 독일식 과학 연구 모델을 체계적으로 받아들인 덕분이었다. 그러나 1936년은 독일 학계에 자랑스러운 시기가 아니었으며, 단 한 명의 독일 학자만이 기념행사에 참석했다. 프랭클린 D. 루스벨트 대통령은 하버드와 미국이 국내뿐 아니라 국제적으로도 도전에 직면했다고 강조하며 이렇게 말했다. "사상의 자유가 한때 그 터전이었던 많은 나라에서 추방당한 이 현대판 마녀사냥의 시대에, 인간 정신의 자유를 옹호하고 진리의 횃불을 들고 나아가는 것이야말로 하버드와 미국의 역할입니다."[5]

루스벨트의 국제주의 정신에 따라, 중국 베이징대학의 대표 한 명이 300주년 행사에 참석해 명예 학위를 받았다. 그의 이름은 후스(胡適)였다. 그는 1917년 이후 베이징대학 교수로 재직하면서 중국의 신문화운동을 주도한 인물이자 자유주의의 웅변가가 되었다. 그가 하버드에 기증한 대리석에는 학문적 수월성과 국가의 힘을 연결 짓는 비문이 새겨져 있다. "국가를 일으키는 것은 문화의 힘이지만, 문화를 꽃피우는 것은 진정으로 학문의 힘이다." 이 비석은 오늘날까지 하버드 캠퍼스를 장식하고 있다.

1936년까지 약 1,000명의 중국 동문을 배출한 하버드는 이미 청교도적 기원을 넘어선 기관으로 발전하고 있었다. 그러나 여전히 포용성과는 거리가 멀었다. 300주년 학술대회에 초청된 86명의 학자 중 여성은 한 명도 없었다. 주요 행사는 제도적 반유대주의가 만연했던 시대를 반영하듯 유대교 최대 명절인 로쉬 하샤나(Rosh Hashanah)에 열렸다. 이 행사는 기도에서 축복까지 엄격히 기독교적 색채를 띠었다.[6]

1836년 퀸시 총장은 100년 후 "이 자리에서 다시 만날 것"이라며 동문의 모임 "정회"를 선언한 바 있다.[7] 그러나 제2차 세계대전의 위협이 드리운 1936년, 옥스퍼드 부총장은 100년 후 다시 그러한 기념행사가 열릴 수 있을지에 대해 크게 회의적이었다.

코넌트 총장 자신도 의구심을 품었다. 새로운 부와 "과거의 어떤 학자

[그림 5-1] 하버드 300주년 기념 비석. (데이비드 T. W. 맥코드가 편집하고 1936년 하버드대학교 출판부에서 출간한 《하버드 300주년 기념에 대한 기록(Notes on the Harvard Tercentenary)》에서 재수록함).

집단도 누려 본 적 없는 시설"을 교수들과 학생들에게 제공하는 현대 대학들이 "그 생존을 보장할 유일한 요소인 대중의 존경과 찬사"를 유지할 수 있을까? 하버드가 오랜 전통을 가진 위대한 제도들이 흔히 겪는 저주, 그리고 자기만족에 빠져 평범함에 머무는 굴레를 피할 수 있을까? 코넌트는 물었다. "400주년이 되는 2036년 겨울에 대학, 특히 사립 기부금으로 운영되는 대학의 역할은 무엇일까?"[8]

2036년?

하버드는 창립 300주년을 맞은 이후 현재에 이르기까지 19세기 베를린 대학교에 필적하거나, 그보다 더 큰 명성을 누렸다. 20세기 들어 하버드가 전국적 명성을 얻으면서, 미국 전역의 대학들은 "남부의 하버드"(듀크, 밴더빌트(Vanderbilt), 라이스(Rice)), "중서부의 하버드"(미시간, 노스웨스턴,

워싱턴), "서부의 하버드"(한때의 스탠퍼드)를 자처하며 경쟁을 벌였다.[9]

하버드의 명성은 매사추세츠주 케임브리지에서 멀어질수록 더욱 커지는 것처럼 보였다. 예컨대 중국에서는 1997~2017년 국가공상행정총국[10] 상표 데이터베이스에 "하버드(哈佛)"라는 이름을 상표로 등록하려는 시도가 375건 기록되었다. 하버드가 2010년 상하이에 하버드센터를 설립했을 때, 개소는 할 수 있지만 하버드라는 명칭을 사용할 수 없다는 통보를 받았다. 왜냐하면 그 도시에 이미 '하버드대학교'가 등록되어 있었기 때문이다. 오늘날 중국에서 하버드라는 이름이 인기 있는 SUV 자동차, 직업훈련센터, 보육원, 패스트푸드점, "하버드 베이비" 소독제, 그리고 대학 입시를 대신 치러 주는 "하버드 시험 대행사(哈佛槍手)"에까지 사용되고 있다. 이 하버드는 고등교육 분야의 세계적 베스트셀러인《하버드 소녀 류이팅: 인성 훈련 기록(哈佛女孩劉亦婷: 素質教育紀實)》에도 담겨 있다. 엄격한 부모인 류웨이화와 장신우가 딸 류이팅을 절제력 있고 독립적인 사고를 지닌 인물로 키운 과정을 기록한 책으로, 류이팅은 1999년 하버드에 합격했다. 2000년 출간된 이 "하버드 입학 매뉴얼"은 큰 반향을 일으켰고,《코넬 소녀(康奈爾女孩)》,《우리 아이 예일에 보내는 법(把孩子送進耶魯)》, (그나마 덜 주목받은)《우리 바보 아들, 케임브리지에 가다(笨笨兒子進劍橋)》와 같은 아류작들을 양산했다.[11]

하버드 400주년을 18년 앞둔 시점의 하버드 총장은 조사이어 퀸시처럼 오래된 보스턴 명문가 출신도 아니었고, 제임스 브라이언트 코넌트처럼 초기 매사추세츠만 정착민의 후손도 아니었다. 로런스 S. 바코(Lawrence S. Bacow)는 미시간주 디트로이트에서 아우슈비츠 생존자 어머니와 동유럽 난민 아버지 사이에서 태어났다. 그는 MIT에서 학부과정을 마친 뒤 하버드에서 세 개의 대학원 학위(법학 박사, 공공정책학 석사, 철학 박사)를 취득했다. 대학원 졸업 후 그는 MIT에서 24년간 교수로 재직하며 교수회의 의장과 교학총장(chancellor)을 역임했다. 이후 터프츠대학교(Tufts University)의 12대 총장으로 10년간 봉직했다. 2018년 7월 1일, 하버드 총장으로 취임했을 당시 바코는 지난 382년 동안 하버드를 거쳐 간 어느 전임자보다 풍부한 학문적 리더십 경험을 지니고 있었다.

하버드의 역사는 대학의 자산인 동시에 부담이었다. 숙고해야 할 사안이 많았다. 미국 고등교육이 공적 비판에 직면한 시대에 바코가 물려받은 하버드는 국내보다 해외에서 더 많은 존경을 받았다. 그리고 과세 대상이 될 만큼 거대한 기금을 보유했으며, 상당한 자율권을 가지고 총장보다 더 많은 자원을 통제하는 학장들이 이끄는 강력한 단과대학 및 전문대학원의 집합체였다. 그는 신설 공과대학의 성장뿐 아니라 서로 충돌하는 기관들의 우선순위 조정이라는 벅찬 과제에 직면했다. 더구나 공학 분야에서 훨씬 더 유명한 대학이 같은 도시에서 "미국의 대학"으로서 하버드의 지도적 위치를 위협하는 상황이었다.[12] 하버드는 특정 분야에만 집중하는 사치를 누릴 수 없었다. 하버드에는 다른 누구보다도 더 많은 일을 더 잘해 내야 한다는 부담이 지워졌다.

재임 2년 차에 세계적인 팬데믹이 발생하면서 바코의 리더십은 시험대에 올랐다. 코로나19 사태는 고등교육의 분수령이 되었다. 2020년 3월 10일, 바코는 모든 수업을 온라인으로 전환한다고 발표했다. 그의 발표에 이어 미국과 세계의 많은 대학이 물리적 교정을 폐쇄했다.

하버드의 결정과 행동은 거의 사 세기에 걸쳐 미국 고등교육의 방향을 규정해 왔다. 1640년 헨리 던스터(Henry Dunster) 총장이 영국에서 버려진 학년 구분 용어인 "프레시맨, 소포모어, 주니어, 시니어"를 도입한 것부터 1886년 찰스 엘리엇 총장이 선택 중심의 교과과정을 창안한 것, 그리고 1940년대 제임스 브라이언트 코넌트 총장이 SAT를 공통 입학 도구로 발전시키는 데 이바지한 것까지, 하버드는 긴 역사 속에서 대담한 아이디어에 큰 투자를 했다. 그러나 어떤 기관도 가만히 서 있는 것만으로는 정상에 머물 수 없다. 과연 하버드는 21세기에도 미국 고등교육을 계속 이끌어 갈까? 더 이상 그러지 못하게 될까?

기원

뉴잉글랜드의 첫 영국인 정착민들은 종교 지도자와 법학 및 의학 전문인을 양성하는 고등교육의 오랜 전통을 지닌 사회 출신이었다. 새로 세워진 식민지에서 이러한 역할을 담당할 교육받은 인재를 길러 내는 일은 정착민들의 시급한 과제였다. 1636년 10월 23일, 옥스퍼드 출신 해리 베인(Harry Vane) 주지사가 이끌고 케임브리지대학교 출신 6명과 더블린트리니티칼리지(Trinity College Dublin) 출신 1명을 포함한 43명의 구성원으로 이루어진 매사추세츠총회(Great and General Court of Massachusetts)는 오늘날의 케임브리지 뉴타운(Newtowne)에 "학교 또는 대학"을 설립하는 법안을 통과시켰다.[13] 그러나 이 기관이 어떠한 인재를 양성할 것인가에 대해서는 합의가 어려웠고, 종교적 분열이 학교 설립의 진전을 가로막았다. 총회는 대학 설립 선언 후 1년이 지나서야 비로소 최초의 "대학 감독관(Overseers of the College)"들을 임명할 수 있었다. 이들은 곧 케임브리지대학교 트리니티칼리지 출신으로 네덜란드에서 교육받은 이민자 너새니얼 이튼(Nathanial Eaton)을 초대 교장으로 영입했다.

케임브리지대학교 임마누엘칼리지(Emmanuel College, Cambridge) 출신 이민자인 존 하버드(John Harvard)가 이튼을 찾아온 것은 그가 첫 학생들을 가르치기 시작한 직후인 1638년 여름 무렵인 것으로 보인다. 결핵에 시달리던 서른 살의 존 하버드는 얼마 지나지 않아 400권의 장서와 재산의 절반을 새 대학에 기증하겠다는 구술 유언을 작성했다. 이 선물을 기리기 위해 1639년 대학은 '하버드'로 명명되었는데, 이는 기부자에 대한 역사상 가장 값진 예우의 사례로 꼽혔다.

존 하버드와 대학을 이어준 것은 이튼이 학교에 이바지한 가장 큰 공헌이었다. 하지만 성공적인 모금가는 좀처럼 기억되지 않기 마련이다. 이튼은 학생들에 대한 과도한 폭력과 그의 아내가 학생들에게 제공한 소고기와 맥주가 부실했다는 비난을 받으며 단 1년 만에 자리에서 물러났다. 그 후 1년 동안 교장이 공석인 채 침체에 빠져 있던 학교는 1640년 8월 27일, 보스턴에 도착한 서른 살의 케임브리지대학교 출신 헨리 던스터(Henry Dunster)를 새로이 설치된 총장직(president)에 임명했다.

던스터는 하버드를 이튼칼리지와 옥스브리지 대학들의 전통에 따라 설립하되, 이 영국 명문 기관들에 필적하는 정통성을 확보하고자 했다. 그가 구상한 것은 기부금 수익으로 운영되는 학생과 "마스터(교수진)"의 기숙형 공동체였다.[14] 그는 하버드 최초의 학생-교수 기숙사를 건립하는 데 주력하면서, 처음에는 모든 학생의 지도교수 역할을 겸했다. 그가 확립한 교과과정은 영국의 전통을 계승한 것으로 18세기 초까지 대부분 그대로 유지되었고, 자유학예 7과목(Seven Liberal Arts)과 철학 3과목의 정규 과목, 고전 정전의 독해 교과, 성경 해독을 위한 그리스어와 히브리어 등 교양 언어(learned tongues) 이수를 규정하고 있었다. 이 교과과정은 '왜 하버드가 설립되었는가?'라는 질문에 대한 실마리를 제공한다. 흔히 주장하듯이 단순히 목회자를 양성하기 위해서만은 아니었다. 실제로 17세기 졸업생의 약 절반이 목회자였지만, 애초의 사명은 아메리카 신세계의 모든 직업 분야에서 지도자를 교육하는 더 광범위한 것이었다. 하버드 300주년 기념사에서 하버드가 젊은 신사들에게 폭넓은 자유학예교육을 제공하기 위해 설립되었다는 새뮤얼 엘리엇 모리슨(Samuel Eliot Morison)의 주장은 과장일지 모른다. 하지만 하버드가 신학교가 아니었다고 쓴 것은 정확한 지적이었다.[15]

하버드는 이런 목적을 가진 공립 기관으로 출발했으며, 그 창립자는 존 하버드가 아니라 매사추세츠총회(General Court of Massachusetts)였다. 17세기에 하버드는 남쪽의 뉴헤이븐까지 포함한 지역의 세금과 기부금(때로는 옥수수로 징수됨), 보스턴과 케임브리지를 잇는 찰스타운 페리의 수익(매사추세츠만 식민지의 화폐인 왐펌피그(wampumpeag)로 지불)으로 지원받았다. 그 밖에도 초기 재원에는 잉글랜드로부터 온 기부와 유증, 학생 등록금이 있었다. 특히 등록금은 식민지가 자체 화폐를 사용하기 전에는 소고기, 달걀, 치즈, 순무, 사과, 심지어 장화, 신발 같은 현물로 납부되곤 했다. 그럼에도 총장은 상당한 보수를 받았다. 1654년 보고에 따르면 던스터는 연평균 175파운드의 예산으로 수년간 대학을 운영했고, 그중 55파운드를 자신의 연봉으로 챙겼다.[16]

던스터의 임기는 여러 선례를 남겼다. 그가 맡은 '총장'이라는 직책은 이후 미국의 대다수 고등교육기관에서 계승되었다. 더 중요한 점은 19세기까지 주 정부의 재정적 지원을 받았는데도, 하버드가 공립 기관이자 동시에 독립 법인이었다는 점이다. 초창기 하버드의 운영을 영국의 대학처럼 상주 교수들 손에 맡길 계획이었다. 그러나 이들의 수가 부족했다. 1642년 총회는 감독관위원회(Board of Overseers)를 상설 기구로 재편해, 교수진이 힘을 모을 때까지 대학을 운영하는 외부 위원회의 역할을 하도록 했다. 그러나 1650년 총회가 정식 인가를 내주면서 하버드칼리지의 총장과 펠로우들, 일명 코퍼레이션(Corporation)이 공식적으로 설립되어 기관을 소유했다. 이 법인은 총장, 재무부총장(treasurer), 그리고 다섯 명의 펠로우로 구성되었다. 처음에는 교수들이 참여했으나, 이후 지역사회 인사들도 포함되었다. 하지만 실제로는 감독관위원회가 1690년까지 계속 활동하면서 코퍼레이션의 영향력은 상당히 제한되었다. 따라서 하버드의 거버넌스는 출발부터 복잡하고 혼란스러웠다.

18세기 초반에는 대학 운영 시 코퍼레이션의 권한이 확대되면서 교수 진의 역할이 축소되었다. 코퍼레이션의 펠로우는 여러 분야에서 존경받 는 대학 외부 인사로서 사실상 이사회의 역할을 했다. 총장과 외부 이사 회가 함께 운영하는 이러한 거버넌스 구조는 오늘날까지 미국 고등교육 기관의 공통 특징으로 남아 있다.[17] 총장과 코퍼레이션이 상당한 자율성 을 가지고 대학을 운영하면서, 오늘날 감독관위원회는 자문과 보조적인 역할로 자리매김했다. 이러한 외부 이사회의 거버넌스 구조는 종종 주 정 부의 직접적인 간섭으로부터 대학을 방어하는 완충 역할을 하기도 했다. 그러나 동시에 이는 영국식 시스템의 핵심인 교수 펠로우 중심 운영의 가 능성을 심각하게 제한했다. 오늘날까지도 하버드에는 거버넌스의 역할 을 하는 전체 대학 차원의 교수 기구가 없다.

하버드는 종합대학교(university)의 외형을 갖춘 칼리지(college)로 설립 되었다. 비공식적인 경우를 제외하고는 "대학교"라고 불리지 않았다. 다 만, 1642년 첫 번째 학사 학위를 수여하기 위해 대학의 권한을 차용했다. 초기의 하버드가 남긴 마지막 선례는 독립된 칼리지가 영국 및 유럽 대 학의 전통적인 특권이었던 학위 수여 기능을 수행했다는 점이다. 이 권리 는 1692년 하버드의 두 번째 헌장에서 공식화되어 코퍼레이션에 "영국 의 대학들처럼 학위를 수여하고 부여할" 권한을 주었다.[18] 이러한 선례는 오늘날 미국 고등교육의 독자적 요소로 자리 잡은 리버럴아츠칼리지의 폭발적인 성장으로 이어졌다. 이러한 선례의 또 다른 결과는 하버드 자체 내에서 '하버드칼리지'로 알려진 학부 칼리지의 중심적 위치였다. 하버드 는 18세기, 19세기, 20세기에 전문대학원과 일반대학원을 추가하면서도 많은 대학과 달리 학부 교육을 전공별로 세분화하지 않았다. 문학, 사학, 경제학, 공학, 생명과학을 공부하는 학생들은 단일한 입학 과정을 통해 단일한 문리과학부(undergraduate college of liberal arts and sciences)에 입학했다. 이들을 교육하는 단일 교수진으로 구성된 문리과대학(Faculty of Arts and Sciences)은 지금까지도 하버드의 중심으로 자리매김하고 있다.

18세기와 19세기를 통해 하버드는 전문 분야의 고급 과정을 강화하기 위해 1782년 의학전문대학원을 설립하고 1816년 신학대학원을 정식 기구화했으며, 1817년 법학전문대학원을 추가했다. 이 시기에 하버드는 규모와 명성 모두 성장하기 시작했다. 하지만 뉴잉글랜드 밖의 일부 사람들은 이를 부유층의 놀이터로 여겼다. 1722년, 16세의 벤저민 프랭클린(Benjamin Franklin)은 '사일런스 도굿(Silence Dogood)'이라는 필명으로 하버드를 신랄하게 비판하는 글을 발표했다. 특히 "자기 자녀의 둔함과 굳어 있는 머리는 보지 못하고, 지갑 사정만 믿고 학문의 전당으로 보내는 부모들의 극도의 어리석음"을 꼬집었다. 그는 "재능이 부족한 아이들은 기껏해야 몸가짐을 예쁘게 하는 법이나 방에 점잖게 들어가는 법(댄스 교습소에서도 가르치는 것들) 같은 것 말고는 배운 게 없다. 엄청난 비용과 수고를 들인 후 예전 그대로의 바보 상태로, 아니 더 건방지고 우쭐해진 상태로 돌아온다"라고 꼬집었다.[19]

독일-영국식 혼합 모델

대학 설립 후 거의 200년 동안 전통적인 영국 교육 구조가 하버드에 상당한 영향을 끼쳤지만, 하버드 교수 가운데 유럽의 대학에서 공부한 이는 단 한 명도 없었다. 하버드 교수진은 하버드 출신들로만 구성되었으며, 다른 자격은 필요치 않았다. 1814년에 이 상황이 바뀌기 시작했다. 훗날 총장이 되는 에드워드 에버렛이 그리스문학 교수로 임용된 후 급여를 받으며 처음 2년간 유럽에서 공부할 기회를 얻은 것이다. 에버렛은 이 전례 없는 기회를 현명하게 활용했고, 조지 티크너, 조셉 코그즈웰(Joseph Cogswell), 조지 뱅크로프트(George Bancroft) 등 하버드와 관련된 학자들과 함

께 괴팅겐대학교에서 공부했다.[20]

유럽에서 보낸 시간은 이 네 사람에게 깊은 영향을 끼쳤다. 유럽 체류 중 하버드 고위 교수직에 임명된 티크너는 독일식 모델을 토대로 하버드 교육을 재편하는 데 특히 열성적이었다. 1825년에 도입된 새로운 규정이 개혁의 첫 신호탄이었다. 불만이 컸던 암송 위주의 수업이 철폐되었고, 학생들이 능력에 따라 수업을 선택하고 진급할 수 있도록 했다.[21] 티크너는 도서관을 학문적 도구로 강화할 것을 주장했으며, 외국 학자들을 하버드 교수진으로 영입했다. 독일에서 교육받은 학자들의 비중이 늘어나면서, 하버드에는 베를린대학교와 다른 독일 대학들이 연구와 발견의 중심지로 성장하고 명성을 얻는 기반이 된 '배울 자유'의 정신이 스며들었다.[22]

그런데도 당시 하버드는 탁월한 학문적 성취보다 오랜 역사로 더 유명했다. 대학사학자 모리슨은 이렇게 전한다. "19세기에 하버드 학생이 석사 학위를 받으려면, 5달러를 내고 감옥에만 들어가지 않으면 된다는 말이 있었다."[23] 당시 예일, 프린스턴, 컬럼비아, 존스홉킨스 같은 경쟁 대학들은 뛰어난 학자들과 지도자들을 끌어들이고 있었다. 그리고 1862년과 1890년의 모릴법에 힘입어 캘리포니아, 위스콘신, 미시간 또한 동부 해안 지역을 넘어서는 학문적 중심지로 자리매김하고 있었다. 한편, 뉴잉글랜드에서는 1838~1869년에 대학 진학률이 실제로 감소했다.[24] 하버드에는 확고한 방향성이 없었다. 1845년 조사이어 퀸시 퇴임 이후 1869년 찰스 윌리엄 엘리엇이 임명될 때까지, 임시 총장을 포함한 무려 8명의 총장이 하버드를 거쳐 갔다. 그중 가장 길었던 재임자는 제임스 워커(1853~1860)로, 모리슨에 따르면 "심한 난청을 앓았고, 미적 감각이 전혀 없었는데도" 하버드 음악 교과과정을 창설했다.[25]

하버드는 찰스 윌리엄 엘리엇의 지도력 아래서, 그리고 전적으로 그의 리더십 덕분에 비로소 대학이라는 이름에 걸맞은 모습으로 거듭났다. 그는 의심할 여지 없이 "하버드 역사상 가장 위대한 인물"이었다.[26] 그의 어두운 초상화는 오늘날에도 문리과대학 패컬티룸(Faculty Room)의 총장 의자 뒤 벽에 걸려 있으며, 그곳에서 열리는 모든 회의를 굽어보고 있다. 1869년 10월 19일 그는 1시간 45분 동안 이루어진 총장 취임 연설에서 여러 경구를 남겼는데, 오늘날에는 불쾌하게 들릴 만한 발언도 있었다. 예컨대 "세계는 여성의 타고난 지적 능력에 관해 거의 아는 바가 없다"라는 말이나, 교수진의 환심을 사려 하지 않으면서 한 "탁월한 능력을 지닌 미국인 가운데 교수직에 매력을 느끼는 사람은 소수에 불과하다"라는 지적, (학장으로서 내가 특히 좋아하는 대목인) "잘못된 임용에 따른 악영향을 매일 보는 것은 행정관으로서 가장 가혹한 고통일 것"이라는 말이다. 또한 그는 "학자들의 가난은 돈벌이에 몰두하는 이 나라에서 헤아릴 수 없을 만큼 소중하다"라고 말하기도 했다. 그러나 돌이켜보면 가장 의미심장한 발언은 이것이었다. "거대한 대학의 관성은 실로 무시무시하다. 영광스러운 과거가 우리를 현재에 안주하게 하고 미래에 대비하지 못하게 만든다면, 도리어 위험한 유산이 된다."[27]

엘리엇은 하버드가 얼마나 뒤처져 있는지를 명확히 인식했다. 뉴잉글랜드 최초의 대학원은 하버드가 아니라 예일에서 탄생했다. 존스홉킨스는 독일에서 학자들을 영입하고 있었다. 그렇다면 이러한 발전의 흐름 속에서 하버드는 무엇을 하고 있었을까? 모리슨이 기록한 것처럼, "하버드 칼리지는 구습에 얽매여 있었고, 하버드 법학전문대학원은 노쇠했으며, 의과전문대학원은 비효율적이었고, (비교적 새로 세워진) 로런스이과대학 (Lawrence Scientific School)은 "게으름뱅이와 낙오자들의 피난처"였다."[28]

엘리엇은 현 사태를 외부인의 시각으로 바라보는 완벽한 내부인이었다. 그는 하버드의 엘리엇 교수직(Eliot professorship) 신설을 위해 기부한 후원자의 손자였고, 대학 전임 재무부총장(동시에 코퍼레이션의 일원)이었던 아버지의 아들이었으며, 자신을 총장으로 선출하는 데 도움을 준 감독관의 사촌이었다. 그는 또한 화학과 수학 조교수로 근무했으나 학생과 동료 모두에게 호감을 얻지 못했고, 승진에서도 탈락했다. 이후 유럽으로 건너간 엘리엇은 그곳의 학문 지형, 특히 독일의 상황을 연구했다. 1865년 그는 신설된 MIT의 화학 교수로 돌아왔고, 1868년 하버드 감독관으로 선출되었다. 그해 하버드 총장직이 공석이 되었을 때 총장 제안을 받은 첫 번째 인물이 제안을 거절했다. 엘리엇은 "차선으로도 거론된 인물이 아니"었다. 그러나 이 평범한 화학자보다 더 나은 대안이 없어서 결국 총장으로 선택되었다.[29]

35세의 나이로 총장직에 오른 엘리엇은 2년여 동안 유럽을 순방하며 견학한 위대한 대학들을 본보기 삼아 지체하지 않고 하버드의 비전을 수립해 나갔다. 취임식에서 그는 모든 학문 분야의 수준을 향상하고 혁신적인 교수법을 개발하며, 유럽에서 교원을 초빙하고 저소득층 학생에게 하버드의 문호를 확대하며, 나아가 미국 대학들의 관행을 전반적으로 쇄신하겠다고 천명했다. 그가 보기에 미국 대학들은 "교육에 관한 최고 사상가들의 가르침보다 문자 그대로 수 세기나 뒤처져 있었다."[30]

40년에 걸친 재임 기간에 엘리엇은 하버드를 완전히 장악했다. 한 그리스사 교수는 엘리엇의 행보를 지켜본 후 페리클레스가 아테네 민회를 어떻게 휘어잡을 수 있었는지 이해하게 되었다고 평가했다.[31] 1870년 졸업식 연설에서 엘리엇은 "우리는 이곳에 견고하면서 점진적인 방식으로 가장 넓은 의미의 대학을 건설하려 한다"라고 선언했다.[32] 일부 권한을 위임하는 것으로 시작한 그는 그해 칼리지 교수진의 첫 학장을 임명하고 1890년에는 문리과대학을 설립했다. 그러나 40년의 재임 기간 내내 최종 임용과 승진 결정을 단독으로 내렸다. 문리과대학 설립과 함께 하버드 최초의 정식 학과들이 등장했는데, 이는 대체로 독일의 학문 분과(Fachbereiche) 체계를 본뜬 것이었다.

그의 재임 기간인 1872년에는 문리일반대학원(Graduate School of Arts and Sciences, GSAS)이 설립됨으로써 학생들이 하버드에서 처음으로 과학과 인문학 분야의 고등 학위를 받을 수 있게 되었다. 엘리엇은 티크너의 개혁을 바탕으로 교수진을 과목과 전문 분야별로 더 세분화했다. 또한 1869년 학부생 529명과 교수 23명이었던 칼리지를 1886년에는 학부생 1,080명과 교수 61명의 규모로 빠르게 키웠다. 1870년 오벌린칼리지(Oberlin College)에서 편입한 리처드 시어도어 그리너(Richard Theodore Greener)가 하버드 최초의 아프리카계 미국인 졸업생이 되고, 1879년 훗날의 래드클리프칼리지(Radcliffe College)인 하버드에넥스(Harvard Annex)가 개교하면서 여성의 입학이 시작된 것 역시 엘리엇 재임 기간의 일이었다.

저소득층 학생의 입학 기회를 확대하겠다는 엘리엇의 목표에도 불구하고, 1870~1890년 공립 고등학교 출신 신입생의 비율은 38%에서 23%로 줄었다. 게다가 엘리트 사교클럽 가입이나 보스턴 상류사회와의 교류가 학생 생활에서 점점 더 중요한 요소가 되었다.[33] 하버드는 그 어느 때보다 배타적인 엘리트 공간이었다.

학부 교육에서 엘리엇은 민주적인 태도를 견지했으며, 교과과정을 점차 선택제로 전환해 학생들이 대부분의 과목을 선택할 수 있도록 했다. 1885년이 되자, 하버드에서 영어 작문과 불어 혹은 독어를 제외하고 학부 필수과목이 폐지되었다. 한마디로 그는 처음으로 학생들을 성인으로 대우했다. "훌륭한 교육을 받은 18세 청년은 어떤 교수진보다 더 나은 학습 과정을 스스로 선택할 수 있다."[34] 그리고 교수진이 학생들에게 수여하는 "우등 칭호(honors)"는 학생들의 분발을 이끄는 촉매가 되었는데, 이는 지성과 인격의 엘리트가 자아실현과 사회적 효용을 찾도록 이끄는

"매혹적인 자극" 체계였다. 결국 의무 예배(chapel)마저 폐지되었고, 도널드 플레밍이 쓴 대로 "하버드에서 신은 선택 과목이 되었다."[35]

혁신은 여러 형태로 나타났다. 연구중심대학의 성장은 더 많은 도서를 요구했는데, 이는 기존 대학 도서관의 체제로는 도저히 수용할 수 없는 규모였다. 해결책은 서가였다. 이는 "지금껏 알려진 방식 중 가장 유연하고 압축적이며, 이용하기 쉬운 도서 보관 방식"이었다. 아울러 누구나 열람할 수 있는 "공용 카드 목록"을 도입함으로써 도서관 접근성을 크게 확대했다.[36] 대학 도서관 분야에서 하버드의 확고한 선도적 지위는 엘리엇 시대부터 비롯되었다. 풋볼을 혐오했던 엘리엇에게는 아이러니한 일이지만, 하버드의 풋볼 명성 역시 이 시대에 확립되었다. 그는 1903년 하버드스타디움 건립을 감독했는데, 이곳은 향후 미국 대학에서 지속될 스포츠 광풍의 첫 번째 물결을 목격한 공간이 되었다. 엘리엇의 총장직이 끝날 무렵, 하버드는 교과과정에서 비교과 활동에 이르기까지 포괄적이면

[그림 5-2] 찰스 엘리엇 초상화. 하버드대학교 초상화 소장품. 1907년 학생들과 여러 하버드 동아리 회원들이 모금해 하버드 유니언 이사회에 기증. (© 하버드칼리지 이사 및 총장, H192).

서도 독특하게 미국적인 대학의 선도적인 모델로 자리매김했다. [37]

하버드의 명성은 국제적으로도 알려졌다. 1912년 명예총장 신분이 된 엘리엇은 새로 수립된 중화민국 정부로부터 아시아 최초의 공화국 헌법을 기초할 자문관을 파견해 달라는 요청을 받았다. 그는 미국정치학회 초대 회장이자 훗날 존스홉킨스대학교 총장이 되는 프랭크 굿노(Frank Goodnow)를 중화민국에 보냈다. 굿노의 헌법 초안은 중국의 실력자 위안스카이(袁世凱)가 종신 총통이 되는 데 이바지했다. (다행히 위안스카이의 생은 짧았다. 그렇지 않았다면 황제가 되었을지도 모른다.)[38] 이것이 하버드가 중국 민주주의에 이바지한 방식이었다.

1909년 5월 엘리엇이 은퇴할 무렵에 하버드는 단순한 칼리지가 아니라 명실상부한 대학으로, 전국적 명성과 미국 내에서 가장 크고 유명한 교수진을 갖춘 기관으로 거듭나 있었다. 미국의 주요 과학자 1,000명 가운데 4분의 1이 하버드에서 공부한 이들이었다. 1924년 세상을 떠나기 직전에 엘리엇은 "최고의 시대는 아직 오지 않았다. 다가오는 시대를 환영하자"라고 말했다.[39]

하버드의 장기 20세기

하버드가 학문적 명성을 쌓아 가는 과정에는 장기 재임하며 큰 영향을 끼친 총장들의 계보가 함께했다. 찰스 엘리엇의 재임 기간은 40년, 애벗 로런스 로웰(Abbott Lawrence Lowell)은 24년, 제임스 코넌트는 20년, 네이선 퓨시(Nathan Pusey)는 18년, 데릭 복은 20년, 닐 루든스타인은 10년(20세기 후반 기준으로는 긴 재임 기간)이었다. 이들 모두 대학에 뚜렷한 발자취를 남겼다.

엘리엇이 하버드의 지적 확장을 설계한 인물이라면, 그의 후계자 애벗 로런스 로웰은 대학의 물리적 변화를 이끌었다. 엘리엇이 근대 대학의 모델을 유럽 대륙에서 찾았다면, 로웰은 철저한 영국주의자였다. 엘리엇이 학생들에게 자유롭게 과목을 선택할 수 있도록 했다면, 로웰은 체계와 필수과목을 신봉했다. 엘리엇이 (당시로서는) 종교와 인종 문제에서 개방적이었다면, 로웰은 당대 기준으로도 편협한 인종주의자였다. 1909년 로웰이 총장직에 올랐을 때 부유한 학생들은 개인 아파트에서, 가난한 학생들은 하버드의 열악한 기숙사에서 생활했다. 이렇게 하버드 학생 사회는 사회경제적 배경에 따라 분리되어 있었다. 로웰은 학생들의 결속을 강화하고 학업과 생활을 결합한 옥스브리지 칼리지식 경험을 제공하기 위해 신입생을 위한 기숙사를 건립했다. 임기 말에는 예일대학교 졸업생이 기부한, 당시 대학 역사상 최대 규모의 기부금 덕분에 상급생 전원을 위한 '하우스(Houses)'라는 기숙형 칼리지(residential colleges)를 설립할 수 있었다. 여기에 옥스브리지식 튜토리얼 체제(tutorial system)도 추가했다.[40]

그러나 이러한 개혁이 진보적 시도로 보이는 것을 원치 않았던 로웰은 새로이 통합된 학문·생활 공간을 일부 학생에게만 허용하는 데 만족했다. 그에게 "청교도 혈통"은 중대한 문제였다. 로웰은 아프리카계 미국인 학생들의 기숙사 입주를 막으려 했으며, 유대인 학생 입학에 비공식적인 상한선을 두었다.[41] 로웰은 흑인 신입생의 아버지에게 보낸 편지에서 이렇게 썼다. "거주가 의무인 신입생 기숙사에서는 처음부터 유색인종을 포함하지 않는 것이 필요하다고 느껴 왔습니다. 서로 다른 인종의 학생들을 강제로 함께 살게 하는 것은 불가능하다고 보았습니다."[42] 로웰은 유대인 신입생 비율을 12%로 제한하려 했지만, 교수진은 공식적인 할당제 도입을 거부했다. 그 대신 비공식적인 할당제가 자리 잡았다. 로웰 재임 기간인 1925년에 27.6%였던 하버드의 유대인 신입생 비율이 그가 퇴임한 1933년에 15% 미만으로 감소했다.[43] 로웰이 한 동료 교수에게 설명한 내용에 따르면, "유대인을 받아들인 여름 휴양 호텔이 망하는 이유는 유대인의 성격이 나빠서가 아니라, 그들이 비유대인들을 몰아내기 때문입니다."[44]

물론 하버드에서 가장 철저하게 이루어진 차별은 여성에 대한 차별이었다. 래드클리프칼리지는 하버드 교수진으로 구성되어 있는데도 별개의 교육기관으로 남아 있었다. 1916년 개관한 지성의 전당인 와이드너도서관에서 래드클리프 학부생들이 이용할 수 있는 공간은 작은 열람실로 한정되었다. 제2차 세계대전 이후 학부생 전용 도서관으로 건립된 라몬트도서관은 아예 여성의 출입을 금지했다. 코넌트가 총장직에 오르기 전까지 하버드의 대학원 가운데 여성 입학을 허용한 곳은 교육대학원이 유일했는데, 사실 이곳은 여학생이 없었다면 운영 자체가 불가능한 곳이었다. 법대와 의대, 경영대학원의 여성 배제는 다른 동급 기관들 사이에서도 "독보적이라 할 만큼 거의 유일한" 사례였다.[45]

로웰이 학생 생활 개혁에 집중하는 과정에서 엘리엇이 중시했던 교과과정 선택의 자유는 후퇴했다. 로웰은 '전공과 분산(Concentration and Distribution)' 제도를 확립했다. 이는 곧 미국 전역의 대학에 퍼져 나가, 오늘날처럼 특정 학문 분야에서 전공과 부전공을 택하는 고등교육 체제를 정착시키는 계기가 되었다.[46]

이처럼 새로운 세대를 위한 교과과정의 기반이 마련된 후 하버드를 국가적·세계적 위상의 연구중심대학으로 도약시킨 인물은 다름 아닌 차기 총장 제임스 브라이언트 코넌트였다. 그는 시카고, 존스홉킨스, 컬럼비아, 버클리와 같은 대학들을 하버드의 동급 경쟁자로 보았는데, 그중 동부에 위치하며 오랜 학문 세계를 답습하는 대학은 단 한 곳에 불과했다. 1933년 취임 이후 코넌트는 하버드를 연구 중심 기관으로 재정립하는 데 집중했다. 그는 "각 학과에 가능한 한 가장 뛰어난 교수진을 확보한다면 미래를 크게 걱정할 필요가 없다"라고 말했다.[47] 그러나 문제는 그가 보기에 하버드 교수진의 절반가량이 그 기준에 미치지 못한다는 점이었다. 그 결과 승진 심사는 더욱 엄격해졌고, '승진 아니면 퇴출'되는 종신 재직 제도가 도입되었다. 그는 또한 기존의 보스턴-뉴욕 축을 넘어 더 다양한 재능과 배경, 지역 출신의 학생들을 모집하고자 했다. 학생 선발에서 능력주의(meritocracy) 개념과 이를 뒷받침하는 재정 지원을 공개적으로 내세운 최초의 하버드 총장이었던 코넌트는 "재능은 있으나 경제적 여건이 부족한 젊은이들의 길을 열어 두기 위해" 하버드내셔널장학금(Harvard National Scholarships)을 설립했다.[48]

대학과 국가 (I) 식민지 군대 1,600명이 하버드 야드(Harvard Yard)[49]에 주둔했던 1775년 이후, 하버드가 그 어느 때보다 미국의 국가적 사명과 밀접하게 연결되었던 시기는 바로 코넌트의 재임 기간이었다. 코넌트에게 능력주의는 민주주의와 연결되었고, 오늘날 우리가 '사회정의'라고 부를 만한 가치와도 일정 부분 관련이 있었다. 많은 동문과 달리 그는 프랭클린 D. 루스벨트 행정부를 존경했으며, 일부 교수들과 달리 제2차 세계대전 발발 전에 개입주의를 확고하게 지지했다.

1914년 민족주의와 애국심의 열기가 베를린대학교를 휩쓸었을 때의 독일 학자들과 마찬가지로, 하버드와 그 교수진도 1941년 전쟁이 시작되자 이를 열렬히 수용했다. 진주만 공격 다음 날, 학생들을 모은 코넌트는 루스벨트 대통령이 의회에서 한 〈치욕의 날(Day of Infamy)〉 연설을 들려주었다. 코넌트는 하버드의 모든 자원을 전쟁 수행에 바치겠다고 약속했다. 장교 훈련생을 중심으로 한 병사들이 다시금 캠퍼스에 주둔했으며, 그들이 사용한 '임시' 기숙사 일부는 오늘날까지 남아 있다.

하버드 교수진은 다양한 방식으로 전쟁에 이바지했다. 잠수함전에 쓰이는 첨단 어뢰와 적국 도시에 대한 소이탄 공격에 사용된 네이팜을 개발했으며, 최초의 원자폭탄 제작에 관여했다. 그들은 정보 활동에도 참여했다. 수많은 하버드 학자가 CIA 전신인 OSS에 합류했으며,[50] 미국 외교사학 연구의 원로인 윌리엄 랭거(William Langer)가 OSS 연구 부서를 지휘했다. 랭거는 뛰어난 젊은 역사학자들을 모집했다. 지성사학자 H. 스튜어트 휴스(H. Stuart Hughes), 발칸사 연구자 로버트 리 울프(Robert Lee Wolff), 프랑스혁명 연구의 권위자 크레인 브린턴(Crane Brinton), 영국 및 대영제국 역사가 존 클라이브(John Clive), 전후 하버드 중국학 연구를 이끌게 될 존 K. 페어뱅크, 그리고 독일을 중심으로 OSS 업무를 담당하며 장차 문리과대학 학장이 될 프랭클린 포드(Franklin Ford)가 그들로, 모두 훗날 하버드의 원로 교수가 되었다. 지역별 부서로 조직된 그들의 OSS 활동은 국방부의 지원을 받으며, 전후 하버드와 미국 전역에서 발전한 지역학의 토대가 되었다.

전쟁 기간 중 확대된 대학과 국가 간의 관계는 전후 GI법을 통해 대학에 진학한 전직 군인들의 유입으로 더욱 강화되었다. 하버드칼리지의 입학생은 제2차 세계대전 이전 약 3,500명에서 1946년 5,500명으로 늘어났다. 당시 하버드의 학부 입학 기준은 크게 까다롭지 않았으며, 지원자 3명 중 2명이 합격 통지서를 받았다. 일시적으로는 15명 중 1명을 뽑아야 할 정도로 경쟁이 치열하기도 했다. 이 현상은 오래 지속되지 않았으나 수십 년 후 다시 나타난다. GI법의 더욱 지속적인 유산은 학생 구성의 변화였다. 전에는 대부분 사립학교 출신이었으나, 1952년에는 입학생의 절반 이상이 공립학교 출신이었다. 이는 다시 되돌릴 수 없는 추세가 되었다.[51]

코넌트는 전임자와 마찬가지로 교과과정 개편을 통해 미국 교육 전반에 영향을 끼치고자 했다. 1945년 코넌트가 소집한 당대의 석학들로 구성된 교수위원회는 학생들의 중등교육 배경이 점점 다양해지는 상황을 고려해, 학부 교과과정을 재검토한 후 최종 보고서 〈자유 사회에서의 일반교양교육(General Education in a Free Society)〉을 발표했다. (하버드의 '크림슨'색이라 불리기는 했지만, 실제로는 바랜 자줏빛에 가까웠는데도) 표지 색깔 때문에 "레드북(Red Book)"으로 알려진 이 보고서는 미국 시민 교육에서 중·고등교육기관의 역할에 대해 포괄적인 지침을 제공했다. 하버드대학교 교과과정은 코넌트가 말한 "공통으로 소유할 사회에 대한 공통의 (중략) 이해"를 학생들에게 제공하기 위해 다시 개편되어, 학부생이 수강하는 과목의 4분의 1을 새롭게 개설된 일반교육 과목으로 의무화했다. 이는 학습과 시민의식 확립에 폭넓은 학문적 기초를 제공하기 위해서였다. 일반교양교육은 오늘날까지도 하버드 교육의 핵심 DNA로 자리하고 있다.

하버드는 학부 교육 분야의 혁신을 선도했지만, 사회 정책에서는 그러지 못했다. 하버드는 뿌리 깊은 차별의 전통을 이어 갔다. 1950년대에 이르러 유대인 학생 입학을 제한하는 차별적이고 비공식적인 할당제는 사라졌으나, 여성은 여전히 하버드칼리지나 다수 전문대학원에 입학할 수 없었다. 1960년 당시 대학 전체의 정교수 427명 중 여성은 단 4명이었다.[52] 1960년대에 들어서야 래드클리프칼리지의 여학생들이 모든 수업을 들을 수 있었고, 1963년부터 (여전히 래드클리프 총장의 서명이 들어갔지만) 하버드 졸업장을 받았다.[53] 특별한 정책 장벽이 없었는데도 1950년대와 1960년대에 아프리카계 미국인 학생의 비율은 극히 낮았다. 대학은 1960년대 후반에 이르러서야 학생과 교수의 인종과 성별 다양성을 더욱 적극적으로 추구하기 시작했다.

하버드는 내부적으로는 보수적이었지만, 대외적 명성은 전후 고등교육이 대규모로 확장된 경쟁적 환경 속에서도 지속해서 상승했다. 미국 고등교육 연구자 데이비드 웹스터가 인용한 대학원 순위 목록에서 1925~1982년에 하버드는 단 한 번도 전국 3위 아래로 내려간 적이 없었다.[54] 해외의 대중적 여론 역시 호의적이었다. 1958년 브뤼셀만국박람회 미국관에서 실시된 여론조사에서 참가자 3만2,000명 이상이 자기 아들을 보내고 싶은 대학에 대해 하버드라고 답했다. MIT가 그 뒤를 이었으나, 응답 수는 절반에 불과했다.[55]

하버드는 20세기 후반에도 규모와 명성 면에서 더욱 성장했으나, 그 과정은 전혀 평탄치 않았다. 대학과 교수진이 확대되고 서서히 다양화되면서 전문대학원들의 부와 자율성이 커졌고, 학부생들은 권위에 도전했다. 이전까지 하버드 총장 선임 과정은 하버드의 폐쇄성을 보여주는 척도였다. 비보스턴 출신인 네이선 퓨시(1953~1971)와 하버드대학교 출신이 아닌 데릭 복(1971~1991)의 임명은 전통과의 결별로 받아들여졌다.

돈의 문제: 발전국가와 대학 재정 오스카 핸들린(Oscar Handlin)은 하버드의 초창기 몇 세기에 대해 "하버드는 늘 가난했고, 빈약한 기금으로 어려움을 겪었다"라고 썼다.[56] 그러나 네이선 퓨시 총장 시대 이후 그런 말을 믿을 사람은 아무도 없었다. 위스콘신주 애플턴에 있는 리버럴아츠칼리지이자 음악원인 로런스칼리지의 총장으로서 비교적 무명에 가까웠던 퓨시는 하버드 총장이 되자, 모금 활동을 총괄하는 '현대적 대학 총장'의 전형이 되었다. 그는 하버드칼리지와 문리과대학의 행정 감독권을 권한이 대폭 강화된 문리과대학 학장에게 위임했는데, 당시 그 자리를 맡은 인물은 강력한 정치학자 맥조지 번디(McGeorge Bundy)였다.

전후 시기에 정부, 특히 재단의 보조금(미국판 Drittmittel)의 중요성이 점점 더 커졌다. 하지만 하버드는 수많은 수혜 기관 중 하나일 뿐, 특별히 우월한 위치를 차지한 것은 아니었다. 물론 이전에도 하버드가 큰 규모의 개인 기부를 받은 적이 있었다(예컨대 1924년 조지 F. 베이커(George F. Baker)가 새로운 하버드경영대학원의 캠퍼스를 단독으로 지원한 사례). 그러나 1957년에 시작된 '하버드칼리지프로그램'과 같은 규모의 종합적 모금 캠페인은 전례가 없었다. 하버드는 이 캠페인을 통해 8,240만 달러라는 목표액을 4년 만에 달성했으며, 이는 훗날 반복될 수많은 모금 캠페인의 선례가 되었다. 하버드 동문이 동시대 다른 명문대 동문보다 특별히 기부에 적극적이라고 보기는 어려웠다. 그러나 학부 도서관의 명칭이 된 은행가 토머스 라몬트(1892년 학사)처럼 일부 하버드 동문은 상당한 재력가였고, 요청이 오면 기꺼이 지갑을 열었다.

하버드칼리지프로그램 모금 캠페인과 여타 기부 덕분에 하버드는 모더니즘적 외양을 새롭게 갖추었다. 르코르뷔지에의 시각예술센터(Center for the Visual Arts), 스터빈스(Stubbins)의 로브드라마센터(Loeb Drama Center), 야마사키(Yamasaki)의 윌리엄제임스홀(William James Hall), 세르트(Sert)의 홀리오크센터(Holyoke Center)를 포함한 33개의 신축 건물이 퓨시 재임기에 착공되었다. 이들 신축 건물은 식민지와 미국 독립 초기의 전통 건물들, 19세기 말 리처드슨 양식의 우아함, 그리고 20세기 초 신조지안(neo Georgian) 양식이 지배적이던 분위기에 어우러지며 하버드 캠퍼스의 다층적인 건축 경관을 만들어 냈다. 이 캠페인은 이후 이어질 수많은 모금 활동의 서막에 불과했다. 경영대학원, 의과전문대학원, 법과전문대학원을 비롯한 대학 내 모든 단과대학 및 전문대학원이 종종 동일한 기부자 집단을 두고 경쟁적으로 모금 캠페인을 벌였다. 이렇게 해서 기업가 정신, 경쟁, 그리고 관료적 다원주의가 결합된 하버드식 모금 체제가 시작되었고, 이는 오늘날까지도 혼란스러운 동시에 놀라울 만큼 성공적인 방식으로 이어지고 있다. 대학 기부금은 1964년까지 10년 만에 두 배로 늘어나, 마침내 "마법의 수치(magical mark)"라 불리던 10억 달러를 돌파했다.[57]

대학과 국가 (II) 1940년 졸업생인 존 F. 케네디 대통령은 1963년 10월, 하버드를 마지막으로 방문했다. 이는 승리감에 차 베를린을 방문한 지 넉 달 뒤, 암살당하기 한 달 전이었다. 1963년은 베를린자유대학교 안에 친미 정서가 절정에 달한 해였을 뿐 아니라, 하버드와 미국 정부와의 관계가 최고조에 이른 시기였다. 문리과대학 학장이던 맥조지 번디는 케네디 정부의 국가안보보좌관이 되었고, 아서 슐레진저 주니어(Arthur Schlesinger Jr., 1938년 학사)는 특별보좌관, 데이비드 벨(David Bell, 1941년 석사)은 예산국장, 존 케네스 갤브레이스(John Kenneth Galbraith)와 에드윈 라이샤워(Edwin Reischauer, 1939년 박사)는 각각 인도와 일본 주재 대사로 임명되었다.

베를린자유대학교가 그랬듯이, 하버드 역시 4년이 채 지나지 않아 정치적 혼란에 휘말렸다. 이는 어느 정도 케네디가 동남아시아에서 시작한 강경 외교 정책 때문이었다. 1966년 하버드를 방문한 로버트 S. 맥나마라(Robert S. McNamara, 1939년 MBA) 국방장관은 학생들과의 대치 상황을 피하려고 지하 증기 터널로 몸을 숨겼다. 이듬해에는 방위 산업과 연관된 기업 채용 담당자들이 건물 안에 바리케이드로 갇히는 사태가 벌어졌다. 전쟁과 제국주의, 인종차별, 그리고 단순히 하버드 자체에 대한 시위도 잇따랐는데, CIA와의 관계, 장교 훈련 프로그램, 기업 기부자들로 인해 하버드가 이 모든 문제의 화신으로 인식되었기 때문이다. 그리고 1969년 봄, 하버드 야드 중심부에 있는 찰스 벌핀치(Charles Bullfinch)의 걸작이자 학과장 사무실이 자리한 유니버시티홀 점거로 시위는 절정에 달했다.

1950년대 매카시즘 광풍이 극심할 때 우파 정부의 간섭으로부터 (대체로) 대학을 지켜 냈던 퓨시는 이번에도 좌파의 압력에 굴하지 않았다. 유니버시티홀 점거는 24시간을 넘기지 못했고, 건물을 점거한 학생 184명은 주 방위군과 지역 경찰 400명에 의해 강제로 해산되었다. 이른바 "버스트(Bust)"라고 불린 이 사건으로 하버드는 분열되었다. 학생들에 의해 퇴출당한 문리과대학 학장 프랭클린 포드는 뇌졸중을 겪은 뒤 사임했다. 퓨시는 자리를 지켰으나, 그의 총장직은 사실상 끝이 났다.

하버드는 이후 수년간의 학생 파업, 교수진 논쟁, 내부 재건 과정을 거치면서 정부와의 관계를 재조정했다. 캠퍼스 내 ROTC 장교 훈련 프로그램을 폐지하고 정부 기밀 연구 계약과 종신재직교수의 급여를 지원하는 연방 보조금을 금지했으며, 적어도 CIA와의 과도한 유착이 겉으로 드러나지 않도록 조처했다.

(그러나 오래된 습관은 쉽게 사라지지 않는 법이다. 1977년 박사과정생으로서 풀브라이트장학금을 받아 곧 타이완으로 현장 연구를 떠나기 직전, 나는 진로지원센터 소장과의 만남에 초대되었다. 나는 흔쾌히 응했다. 논문 작업이 끝나면 암울한 학계 취업 시장에 직면할 것을 알고 있었으므로, 이른바 '현실 세계'에서 가질 기회에 관해 묻고 싶기 때문이었다. 그런데 소장은 (이름을 밝히지 않은) 기관을 위해 타이완과 관련한 부수적인 연구를 할 시간이 있는지 물어서 나를 놀라게 했다. 내가 떠나올 당시는 미국이 타이완에서 군대를 철수하고 중국 본토와의 외교 관계 수립을 고려하고 있어서, 국민당 정부 안에 반미 정서가 커지고 있었다. 연구할 것이야 많았겠지만 나는 정중히 거절하면서, 타이완은 섬이고 나는 수영을 잘 못한다는 농담을 덧붙였다. 돌이켜보면 이런 제안은 놀랄 일이 아니었다. 나의 두 스승인 프랭클린 포드와 존 페어뱅크 모두 제2차 세계대전 당신 OSS에서 복무한 경험이 있었기 때문이다. 아마 둘 중 한 명은 이 제안이 괜찮은 아이디어라고 생각했을 것이다.)

퓨시의 뒤를 이어 20년간 총장을 지낸 데릭 복은 퓨시가 개편을 구상했던 침체된 행정대학원을 케네디행정대학원(Kennedy School of Government)으로 재편했다. 그리고 강변 부지에 전통적인 벽돌 외관과 현대적 구조를 지닌 대학원 건물을 세움으로써 대학을 다시 사회적·정치적 현안과 긴밀히 연결하려 했다. 그곳은 공직자가 되려는 대학원생들에게 교육을 제공하고 학부생들에게 정치 세계와의 접점을 마련하는 (덜 급진적인?)

장이 될 것이었다. 또한 현직 공무원들을 (재)교육하고 정치인들이 권력의 정상으로 향하는 길목이나, 더 흔하게는 직위를 잃은 뒤 거쳐 가는 정거장 역할도 할 것이었다. 복 총장 시절에 열정적인 학장 그레이엄 앨리슨이 오랫동안 이끌었던 케네디행정대학원은 정부 행정 관련 연구 및 집행을 아우르는 선도적 중심지로 성장해 현재의 지위를 확립했다.

그러나 1991년 총장직에서 은퇴할 즈음, 복은 대학이 국가와 사회라는 기반에서 유리되어 표류하고 있다며 개탄했다. 1950년대에 "미국과 대학들이 세계적으로 탁월한 과학 연구 체계를 구축하고 더 많은 국가의 젊은이들을 포용하기 위해 대학을 확대하겠다는 공동의 결의 속에 하나로 뭉쳤"던 그 합의는 이미 오래전에 사라졌다. 그가 남긴 경고는 오늘날 더욱 강하게 울리고 있다. "사회가 대학의 기여를 인정하지 않는다면, 대학은 세계적으로 탁월한 지위를 유지하는 데 필요한 보호와 지원을 서서히 박탈당하면서 결국 또 하나의 이익집단으로 전락할 것이다."[58]

황금의 10년 복의 뒤를 이은 이는 닐 루든스타인이었다. 그가 총장으로 재임한 1990년대는 현대 하버드 역사에서 가장 조용하면서도 가장 영향력이 컸던 시기로 평가된다. 그는 진정한 지성인이자 해박한 저자이며 연설가였고, 온화하고 호기심이 많았다. 그리고 프린스턴에서 10년간 최고 학사 책임자인 교무총장(Provost)으로 봉직하며 다져진 강인한 의지를 지니고 있어, 교수진의 큰 존경과 사랑을 받았다. 그의 과제는 비교적 짧은 시간 안에(그는 남북전쟁 직전의 워커 총장 이후 가장 늦은 나이인 56세에 취임했다) 미국은 물론 전 세계에 영향을 끼치는, 차별화되고 통합된 대학이 될 하버드를 이끌어 가는 것이었다.

그의 앞에는 만만치 않은 도전들이 놓여 있었다. 프린스턴은 학문적·재정적 권한이 총장과 교무총장에게 집중된 고도로 중앙집권화된 대학이었다. 그러나 하버드에는 부총장이 없었고, 사용할 수 있는 예산 대부분은 학장들의 손에 있었다. "각자 알아서 하는(every tub on its own bottom)" 재정 운영 모델은 단과대학과 전문대학원이 재정적 책임을 지도록 설계되었다. 하지만 이는 몇몇 단과대학 및 전문대학원을 매우 부유하게 만들기도 했다. 루든스타인이 직면한 과제는 (내널 키오헤인 총장 시기의 듀크대학교와 유사하게) 각 단과대학 및 전문대학원의 성공을 떠받치는 기업가적 역동성을 해치지 않으면서 점진적이고 꾸준하게 더 많은 자원을 중앙으로 끌어모으는 일이었다. 그는 이를 ① 인프라 구축을 위한 중앙 납입금과 ② 당시로서는 상상을 초월하는 거액 모금이라는 두 가지 방법으로 달성했다.

하버드는 결코 가난한 대학은 아니었다. 하지만 경쟁자들보다 월등히 부유한 것도 아니었다. (규모로 따지자면, 당시 하버드 문리과대학과 비슷한 규모의 기부금과 학생 수를 보유한 프린스턴이 모든 대학 중 가장 풍부한 기부금을 보유하고 있었다. 지금도 마찬가지다.) 재정적으로 가장 어려웠던 복 총장 시절에 기금 수익은 하버드 총수입의 18%에 불과했으나, 오늘날에는 그 두 배에 이른다. 하지만 1990년대야말로 하버드가 진정으로 도약한 때였다. 루든스타인 재임 10년 동안 기부금이 1990년 47억 달러에서 2000년 192억 달러로 네 배 이상 급증하면서, 하버드는 다른 종합 연구중심대학들과 뚜렷한 격차를 벌렸다. 이러한 성장은 시장의 호황, 1974년 설립된 하버드 기금 운용 기관인 하버드매니지먼트컴퍼니(HMC)의 대표이자 CEO인 잭 마이어(Jack Meyer)의 탁월한 리더십, 그리고 이제 '개발(development)'이라고 불리는 기금 모금을 통한 거액의 후원 덕분이었다.

루든스타인의 탁월한 지휘 아래 이루어진 "대학 캠페인(University Campaign)"은 하버드 역사상 단과대학 및 전문대학원 전체를 아우른 종합 모금 운동이었다. 이 캠페인은 또한 하버드 역사상 처음이자 마지막으로 시도된 대학 차원의 학사 기획 사업이었다. 캠페인은 각 단과대학 및 전문 대학원의 광범위한 전략 계획 과정과 유기적으로 연결되어 진행되었을 뿐 아니라, 단과대학 및 전문대학원 간 협력 사업의 가능성을 열어 두었다. 루든스타인의 절친한 동료이자 하버드코퍼레이션의 원로 펠로우였던 로버트 스톤(Robert Stone)이 의장을 맡은 이 캠페인은 하루에 100만 달러를 모금했고, 최종적으로 26억 달러를 모금함으로써 목표액을 5억 달러 초과 달성했다.[59]

루든스타인 재임기는 하버드의 물리적 공간이 눈에 띄게 확장된 시기이기도 했다. 케임브리지에는 하버드대학교가 더 이상 뻗어 나갈 수 있는 공간이 없었으므로, 대학은 한때 인근 워터타운(Watertown)의 땅을 임대해 사용했다. 장기적으로는 케임브리지의 하버드 야드 건너편 찰스강 너머에 있는 보스턴 올스턴(Allston) 지역의 토지 매입을 서둘렀는데, 당시 그곳에는 경영대학원과 스타디움만 있었다. 이 결정의 근거에 대해 루든스타인은 이렇게 회고했다. "앞으로 한 세기 동안 하버드에 토지가 필요할 것이고 구체적으로 무슨 일이 일어날지 알 수 없으니, (중략) 많은 땅을 유연하게 확보해 두고 지켜보아야 한다고 생각했습니다."[60] 1997년까지 하버드는 지역 사회의 일부 불만에도 불구하고 올스턴에서 $213m^2$를 추가로 매입해 총소유지를 $777m^2$로 늘렸다. 이는 케임브리지 내 $870m^2$와 맞먹는 규모였다.[61] 이후에도 올스턴의 땅을 계속 사들여 2017년까지 하버드는 이곳에서만 $1,449m^2$를 소유하게 되었다.[62]

루든스타인 재임기의 재정적·물리적 확장은 코넌트·퓨시·복 시기를 거치며 꾸준히 자율성을 키워 온 하버드의 수많은 단과대학 및 전문대학원 간 협력과 통합(통일은 아니더라도)을 증진하려는 그의 궁극적 목표를 뒷받침했다. (1994년의 잘 알려진 일화에 따르면, 하버드경영대학원을 오래 이끌었던 카리스마 넘치는 학장 존 맥아더(John McArthur)는 자신이 이사장을 맡고 있던 브리검앤드위민스병원(Brigham and Women's)과 매사추세츠종합병원(Massachusetts General Hospital)의 합병을 주도해 파트너스헬스케어(Partners HealthCare)라는 거대 의료기관을 창설했다. 그리고 직접 공동 창립 의장 자리에 앉았다. 맥아더는 이 합병 사실을 공식 발표 전날 밤에야 총장에게 알렸다. 이듬해 경영대학원에는 새 학장이 부임했다.)

루든스타인은 인력이 턱없이 부족한 중앙 집행부의 역량을 강화하기 위해 자신이 프린스턴에서 맡았고, 또 그 직위 덕분에 하버드 총장으로 영입되었던 교무총장 직책을 신설했다. 그는 환경, 보건 정책, 윤리, 그리고 마음·뇌·행동 분야에서 학제 간·학부 간 공동 연구 프로그램인 '교수진 간 이니셔티브(inter-faculty initiatives)'를 구축했다. 또한 국제학 분야의 주요 과제를 추진하고 기금 모금에 앞장섰다. 그 결과 대학 차원의 '데이비드록펠러라틴아메리카연구센터'와 '하버드아시아센터'가 설립되었다. 그뿐 아니라 래드클리프칼리지의 후신으로 '래드클리프고등연구소'를

[그림 5-3] 에버렛 레이먼드 킨슬러 (Everett Raymond Kinstler)가 그린 닐 루든스타인의 초상화. 하버드대학교 초상화 컬렉션, 문리과대학 의뢰작, 2006년. (© 에버렛레이먼드킨슬러재단, H814).

설립했으며, 그 과정에서 장차 총장이 될 인재를 영입했다.

루든스타인은 새로운 기회의 당근뿐 아니라 재정이라는 채찍도 사용했다. 학장들에게는 서로 협력하고 상대방의 계획을 검토, 비판한 뒤에야 대학 전체 캠페인에 포함될 수 있다고 통보했다.[63] 올스턴 확장 자금 마련을 위해 그는 평소 공동 결정을 내린 적이 없던 단과대학 학장들을 설득해 각 단과대학 기금에 연간 0.5%의 "본부 납임금(tax)"을 부과하는 안을 만장일치로 통과시켰다.[64]

루든스타인은 하버드 특유의 독특한 구조를 명확히 인식하고 있었다. 그는 프린스턴과 하버드를 이끌면서 느낀 어려움을 내게 설명한 적이 있다. 그는 프린스턴은 모든 것이 잘 굴러갈 때는 교향악단을 지휘하는 것 같지만, 하버드가 잘 돌아갈 때는 빼어난 솔로 연주자들의 집합체 같다고 했다. 그는 그 솔로 연주자들이 이전보다 더 훌륭한 악기를 갖추고, 더 협력적이고 풍요로우며 확장된 콘서트홀에서 연주할 수 있도록 했다. 그리고 이 모든 것은 가장 낙관적인 정신 속에서 이루어졌다. 10년의 업적으로는 전혀 나쁘지 않았다. 닐 루든스타인의 빛나는 초상화가 오늘날 유니버시티홀 패컬티룸 정문 위를 장식하고 있는 데는 그만한 이유가 있다.

21세기 초의 시련

하버드는 엘리엇에서 루든스타인에 이르는 총장들이 125년이 넘도록 장기 재임하며 큰 영향력을 발휘하는 행운을 누렸다. 그러나 2000~2006년에는 무려 4명이 매사추세츠홀 총장실을 거쳐 갔다. 대학의 거버넌스 구조는 심각한 압박을 받았다. 교수들이 역대 가장 큰 규모로 총장에 대해 불신임을 표명한 가운데, 1650년 이래 오래도록 5명의 펠로우와 재무부총장, 그리고 총장으로 유지되어 온 하버드코퍼레이션은 현대의 분권화되고 논쟁이 끊이지 않는 대학에 방향을 제시하기 위해 고군분투했다. 재정은 제대로 관리되지 못했고, 대학 기금은 여전히 세계 최대 규모였으나 모금 실적이 다른 학교들보다 저조했다. 찰스강 건너편의 '하버드 신캠퍼스'는 개창 이후 25년 동안 단 한 채의 학술사용 건물도 완공하지 못한 채 황량한 상태로 남아 있었다. 한때 교육과 연구에서 국가적 기준을 세웠던 대학은 기술 혁명과 세계화 시대를 맞아 심각한 경쟁에 직면했다. 그럼에도 2020년까지 하버드가 여전히 'primus inter pares(동등한 자 중 으뜸)'으로 남아 있을 수 있었다면, 이는 서로 이질적인 단과대학 및 전문대학원의 힘과 중앙의 쇄신 역량을 보여주는 증거였다.

2001년 10월, 로런스 서머스(Lawrence Summers)가 16세기 영국 유물인 '홀리요크 의자(Holyoke Chair)'에 앉아 취임식을 거행했다. 이 삐걱거리고 불편한 세 다리 의자에 앉은 전직 하버드 경제학과 교수이자 미국 재무장관은 하버드의 21세기를 위한 포괄적인 청사진을 마음에 품고 있었다. 코넌트와 복이 재임 기간에 그랬듯이, 그는 하버드칼리지가 확장되고 분권화된 연구중심대학의 심장부에 남을 수 있도록 학부 교육의 대대적인 개혁을 감독했다. 또 코넌트처럼 과학 분야에서 리더십을 유지하고자 했으며, 루든스타인의 국제주의적 의제를 발전시켜 하버드의 국제화를 더욱 강화하려 했다. 이러한 과정에서 하버드는 물리적으로 확장되고 내부적으로 더욱 일관된 구조를 갖출 것이었다. 이 모든 것은 하버드의 교수들과 학생들에게 매혹적이고 실로 고무적인 비전이었다. (사학과 주임교수와 아시아센터 소장을 지낸 내가 문리과대학 학장직을 수락한 핵심 이유이기도 했다.)

4년 반 뒤인 2006년 2월, 서머스는 사임을 발표했다. 그는 재임 중 사망한 코넬리어스 코너웨이 펠턴(Cornelius Conway Felton, 1860~1862) 이후 재임 기간이 가장 짧은 하버드 총장으로 기록되었다. 어떤 면에서 서머스 재임기의 갈등은 문화적 토대에서 비롯되었다. 그는 뉴잉글랜드 특유의 '예법을 지키되 공개적 대립은 피하는' 전통이 여전히 깊게 남아 있는 대학에서 낯설 정도로 직설적이고 거침없는 화법을 구사했다. 1960년대의 "혼란(troubles)" 이후 문리과대학 교수회의는 토론을 제한하는 절차 규정에 묶여 형식적이고 졸린 행사로 전락했다. 그러나 서머스 시절은 달랐다. 자신들이 세계 최고라는 위안에 익숙해진 교수진은 '더 잘할 수 있다'라는 현대 경제학자로서의 확신을 가진 총장이자 달변가의 대립과 도전에 직면했다. 루든스타인은 고위직 임용을 거절하면서도 상대방을 기분좋게 만들 수 있었던 반면, 서머스는 종신재직권 부여를 승인하면서도 상대방이 모욕감을 느끼도록 했다. 그 시절에 총장과 학장은 반나절이 걸리는 종신재직권 심의 회의를 매년 40회가량 주재했는데, 여러 동료 교수가 차례로 '증언'했으므로 불화가 생길 기회는 무수히 많았다.

"관리 스타일"이라는 완곡어법으로 불리는 총장의 소통 방식에서 비롯된 긴장에도 불구하고, 서머스는 짧은 재임 기간에 중요한 개혁을 추진했다. 4만6,451m² 규모의 사이언스 콤플렉스, 보건대학원과 교육대학원 신축 건물, 새로운 학부 기숙사를 포함한 올스턴 캠퍼스에 대한 그의 야심찬 계획은 캠퍼스의 근본적인 변화를 예고했다. 그는 단과대학 및 전문대학원 학장들에게 교원 채용과 박사과정 교육에서 협력하도록 압박했으며, 특히 그동안 독립적으로 운영되던 생명과학 분야에서 두드러진 성과를 거두었다. 또한 MIT 화이트헤드연구소(Whitehead Institute)로부터 출발한 생의학·유전체 연구기관인 신설 브로드연구소(Broad Institute)에서 하버드 과학자들이 주요한 역할을 맡도록 강력히 밀어붙였다. 그리고 가장 지속적인 영향을 끼친 업적은 학장인 나와 함께 하버드칼리지 학생들에게 제공되는 재정 지원의 범위를 근본적으로 바꾸기 위한 기금을 확보하고 모금한 일이었다. 그 결과 2004년 가구 소득 4만 달러 이하의 가정은 학비를 전액 면제하고(2020년에는 이 소득 기준이 6만5,000달러로 상향 조정되었다) 15만 달러 이하 가정에도 대폭 경감된 학비를 적용한다고 발표할 수 있었다. 메시지는 단순했다. 하버드에 가기 위해 부자가 될 필요는 없다는 것이었다. 이 메시지는 환영받았지만, 전달자인 총장은 다른 문제들로 교수진(특히 문리과대학) 및 여러 학장과 점점 더 갈등을 빚었다.

마오쩌둥은 "들판의 불길은 작은 불씨 하나에서 시작된다"라고 쓴 바 있다. 4년째 하버드 총장으로 재임 중인 서머스가 여성 과학자들이 눈에 띄게 적은 현실은 "성별 간 선천적 차이" 때문일 수 있다는 악명 높은 추측성 발언을 던진 2005년 1월, 하버드에는 이미 마른 장작더미가 쌓여 있었다.[65] 2005년 2월 7일, 문리과대학 교수회의의 공식 안건은 학부 교육개혁이었다. 그러나 이는 2년 뒤, 그것도 총장 권한대행 아래서야 통과되었다. 대신 교수진은 총장을 향해 1960년대에도 보기 힘들었던 격렬한 공격적 발언을 쏟아냈다.

미국 국회의사당을 지은 선임 건축가 찰스 벌핀치가 1813년에 설계한 유니버시티홀은 독립 초기 시대의 신고전주의 걸작이다. 2층 중앙을 차지한 옛 예배당은 오늘날 문리과대학 교수회의가 열리는 패컬티룸으로 사용된다. 그 방은 역사로 둘러싸여 있다. 엘리엇, 로웰, 코넌트, 복(오늘날에는 루든스타인)의 초상화가 걸려 있고, 17세기 초기 기부자이자 세일럼(Salem) 마녀재판 판사들 가운데 유일하게 참회하지 않았던 윌리엄 스토턴(William Stoughton)의 목조 초상처럼 덜 유명한 인물들의 형상도 섞여 있다.

패컬티룸은 200명을 간신히 수용할 만한 크기의 방이다. 그러나 2005년 2월, 그 두 배에 달하는 인원이 몰려와 총장을 대면한 채 쓴소리를 쏟아냈다. 전통적으로 총장은 문리과대학 교수회의의 의장을 맡는다. 훔볼트적 의미에서 문리과대학 대학의 중심이기 때문이다. 이 전통에 따라 총장은 교수들이 던지는 모든 질문과 비판을 정면으로 받아야 한다. 질문과 발언은 원로 교수들로부터 쉴 새 없이 쏟아졌다. 인류학자 아서 클라인먼

(Arthur Kleinman)은 서머스가 "섣부른 사회학적 편견에 기반한 무모하고 미성숙한 말들"을 내뱉었다고 비판했다. 사회학자 테다 스코크폴(Theda Skocpol)은 "하버드대학교의 명예, 경쟁적 효율성, 동료적 거버넌스를 훼손하는 리더십의 병폐를 해결하기 위해 우리는 어떻게 나아가야 하는가?"라고 물었다. 로웰하우스 기숙사(Lowell House)의 사감학장 다이애나 에크(Diana Eck)는 서머스에게 "총장의 지도력 적합성에 대한 신뢰 위기가 명백히 커지고 있는데, 이에 어떻게 대응하겠습니까?"라고 물었다. 하버드의 최고 교수 직급인 대학석좌교수(University Professor) 스티븐 오언(Stephen Owen)은 "총장님, 제가 언제 당신의 동료에서 당신의 직원으로 전락했습니까?"라고 물었다. 이 발언들은 오히려 절제된 편이었다. 이 회의에 이어 두 차례의 추가 세션과 더 큰 규모의 회의가 한 달 넘게 이어졌고, 결국 하버드에서 이런 대규모 회합을 열 수 있는 가장 큰 공간인 로브드라마센터에서 마지막 회의가 열렸다. 그날 저녁 늦게 문명의 안식처를 다스린 한 여인의 통치에 관한 크리스토퍼 말로(Christopher Marlowe)의 희곡 〈디도, 카르타고의 여왕(Dido, Queen of Carthage)〉이 공연될 무대에서, 교수들은 하버드 역사상 전례 없는 총장 불신임 결의안을 통과시켰다.[66]

서머스는 이후 1년 더 재직했다. 하지만 그의 총장직은 그날 오후 사실상 막을 내렸다. 각종 사업이 중단되었고, 올스턴 캠퍼스 개발 계획 역시 보류되었다. 서머스 임기 동안 거버넌스 과제에서 점차 발을 빼 온 최고 의결 기구인 하버드코퍼레이션은 강한 비판에 직면했다. 1년 뒤 데릭 복이 임시 총장으로 복귀했고, 21세기를 이끌 새로운 지도자를 찾는 과정이 다시 시작되었다.

위기를 겪은 코퍼레이션은 래드클리프연구소 초대 소장인 드루 길핀 파우스트(Drew Gilpin Faust)를 선택했다. 루든스타인 시대의 장점을 되새기는 동시에(닐 루든스타인이 그녀를 영입했고, 드루 파우스트는 그의 외교적 기술을 공유했다) 창의적이고 협력적이며, 설득력은 있지만 논쟁에서 호전적이지 않은 지도자를 원했기 때문이다. 그녀는 하버드 최초의 여성 총장으로 불리기보다 단순히 제28대 총장으로 기억되기를 원했다. 하버드는 여성 총장 임명에서 선두 주자는 아니었다. MIT, 프린스턴, 펜실베이니아가 이미 앞서 그런 선택을 했기 때문이다. 그러나 여전히 차별적 전통이 짙게 배어 있던 하버드에서 파우스트의 임명은 널리 환영받았다.

파우스트가 총장직에 오른 지 3년이 채 되지 않아 21세기의 중대한 위기가 발생했다. 2008년 금융 위기 직전, 하버드 기금은 369억 달러에 달했다. 그러나 불과 몇 주 만에 100억 달러가 줄어들었다. 하룻밤 사이에 전체 기금의 27.3%가 사라졌다.[67] 이는 하버드와 경쟁하는 다른 대학들보다 뒤처진 성과였다.[68] 더 심각한 점은 단 하룻밤 사이에 하버드의 단기 운영자금으로 쓰이는 현금 18억 달러가 증발했다는 사실이다.[69] 기금을 보유한 모든 대학이 그해 가을 큰 폭의 손실을 겪었다. 그러나 '저축 계좌'인 기금의 4분의 1 이상 손실은 물론이고 '당좌 계좌'인 각 단과대학 및 전문대학원의 단기 운영자금 손실까지 경험한 대학은 하버드가 유일했다.

이 대규모 재정적 실패는 하버드의 거버넌스와 내부 재정 운영 모델의 문제를 여실히 보여준다. 각 단과대학 및 전문대학원은 재정적으로 독립해야 하지만, 자금 조달 모델은 각각 다르다. 문리과대학과 신학대학원처럼 오래된 단과대학 및 대학원은 기금 의존도가 높았다. 교육대학원이나 보건대학원처럼 비교적 신생 단과대학 및 대학원은 등록금이나 외부 연구비에 크게 의존했다. 반면 총장실은 등록금 수입도 없고 기금 의존도도 낮았으므로, 세계에서 가장 부유한 대학의 행정 중심부는 주요 단과대학보다 재정적으로 훨씬 열악했다. 총장실의 재정은 각 단과대학 및 대학원에서 나오는 소규모의 본부 납입금과 단기 예산 준비금을 중앙은행에 투자해 운용하는 방식에 의존했다. 서머스 총장은 준비금을 그저 보유하기보다 투자함으로써 중앙은행의 재정 역량을 강화하려 했는데, 이는 옳은 판단이었다고 본다. 그는 대학의 일반 운영 계정(GOA)에 모인 현금을 기금과 함께 비교적 위험도가 높은 투자 상품에 투입함으로써 수익을 늘리고, 더 많은 대학 자원을 중앙 행정으로 끌어오고자 했다. 만약 그가 총장 자리를 계속 지켰다면, 그러한 투자에서 빠져나와야 할 시점을 알았을 것이다. 그러나 그가 떠난 지 2년 후 대학에 20억 달러에 이르는 현금 손실을 불러올 잠재적 위험을 파악할 수 있는 경험이나 전문 지식을 가진 사람은 거의 없었다.[70] 대학 재정을 책임진 코퍼레이션은 무지하고 무관심했다. 예컨대 보건대학원 원장이 1억 달러 가까이 쌓아 두었던 예비 자금이 순식간에 사라졌다. 이 금융 위기로 인해 하버드는 40년 만에 최악의 재정 손실률을 기록했다.[71] 2011년 코퍼레이션에 합류해 재무부총장을 맡은 래리 바코는 당시의 놀라움을 이렇게 회상했다. "하버드에는 재정 계획 능력이 전혀 없었습니다. 게다가 기금은 운영 예산과 완전히 별개로 관리되고 있었죠. 처음 그 상황을 봤을 때 정말 믿기지 않았습니다."[72] 경제가 회복된 뒤에도 이 기록적인 침체의 여파는 계속되었고, 2021년에 이르러서야 기금의 실질적인 가치가 2008년 수준을 넘어설 수 있었다.

갑작스러운 금융 위기로 하버드는 수입과 지출을 맞추기 위해 허둥지둥했다. 서둘러 비교적 높은 금리로 25억 달러를 차입해야 했으므로, 연간 이자 비용이 2010년까지 2억6,500만 달러로 불어났다. 같은 기간에 연간 운영비로 전출되는 기금 분배액은 3억 달러가 줄어들었다. 조기 퇴직 유도 프로그램과 해고 조치가 시행되어 2009년 5월에만 800명 이상이 학교를 떠났다.[73] 교원 확충 계획을 추진하던 문리과대학은 신규 임용을 전면 동결했고, 그 이후로도 규모가 커지지 않았다. 올스턴 지역의 대규모 생명과학 단지 건설은 이미 4억 달러를 들여 지하 4층 깊이의 기

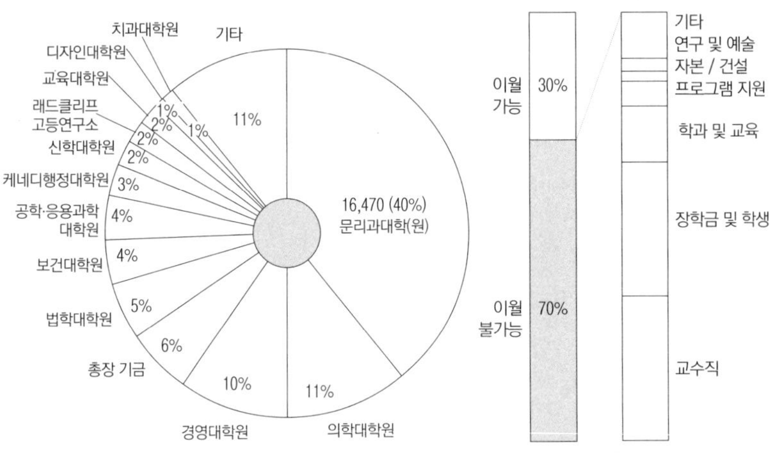

[그림 5-4] 2019회계연도 하버드 기금 내역 그래프. 하버드대학교 문리과대학. 하버드의 기금을 구성하는 자산의 대부분은 특정 프로그램, 학과, 혹은 목적에 한정되어 있다.

초 공사가 끝난 상태였음에도 중단·포기되었다. 그리고 이는 '매몰 비용(sunk cost)'이라는 경제학 용어를 물리적 실체로 보여주는 사례가 되었다. 파우스트 총장의 임기 동안 주요 목표 가운데 하나는 하버드의 여러 단과대학을 하나의 공동체로 통합하는, 이른바 "원 하버드(One Harvard)" 구상이었다. 그러나 금융 위기 직후에는 각 단과대학 및 전문대학원이 각자 도생의 태세로 전환해 자율적 생존에 몰두했다.

2020년의 하버드

21세기를 극도로 불운하게 출발했는데도 2020년의 하버드는 여전히 세계 최고의 평가를 받는 대학 가운데 하나였다. 개별 전문대학원들 가운데 다수가 세계 순위에서 최상위를 차지했으며, 대학 전체로는 2003년 상하이자오퉁대학 세계대학학술순위 체계가 시작된 이래 매년 세계 최고의 대학으로 선정되었다.

　37만1,000명이 넘는 하버드의 졸업생들이 202개국에서 활동하며 전 세계적으로 하버드의 국제적 명성을 더욱 공고히 하는 데 기여하고 있다. 그러나 하버드를 정상에 머물게 한 원동력은 무엇보다도 뛰어난 교수와 학생을 지속해서 유치하고, 그들이 서로에게서 학문적으로 배울 수 있도록 보장한 하버드의 능력이었다.

교수진　시간이 흐르며 하버드 교수진에는 노벨상 수상자 52명과 퓰리처상 수상자 44명이 포함되었다. 그러나 언제나 그랬던 것은 아니다. 로웰 총장의 재임 기간에 하버드의 연구 평판은 시카고와 컬럼비아보다 뒤처졌다. 당시 하버드에서 가장 유명한 교수는 연구가 아닌 강의의 스타들이었고, 장기 임용 강사가 종신재직권을 가진 교수보다 더 많았다. "평범한 인물을 대학에 남겨 두는 것은 잘못된 자선 행위"라 믿었던 코넌트 총장은 1939년 종신재직권 심의 연한 제도(tenure clock)를 도입했다. 이 연한은 임용 후 8년차까지며, 그 시점에 종신재직권을 얻어 "승진"하거나 대학을 "떠나야" 했다. 1942년 코넌트는 종신재직권 심사를 위해 상징적인 하버드식 절차인 비상설위원회(ad hoc committee)를 도입했다. 다른 동급 기관들과 달리 하버드에는 인사와 승진을 담당하는 상설 위원회가 없다. 대신, 종신재직권 사례별로 외부 학자들(위원회의 과반수)과 학내 여러 학과 소속 학자들로 개별 위원회를 구성해 심사를 진행한다. 이 위원회는 학장과 최종 결정권자인 총장에게 조언한다.[74]

　비상설위원회는 21세기에 이르러서야 악명 높을 정도로 까다롭고 긴 시간이 소요되는 심사 절차의 최종 단계로 자리 잡았다. 각 학과는 내부 승진이든 외부 채용이든 종신재직권 부여를 위한 "탐색(search)" 절차를 진행할 수 있도록 허가받았다. 그러면 학과는 대학 외부의 동료 학자들에게 선호도를 표기하지 않고 후보자 명단을 보내 평가를 요청하는 '블라인드 서신'을 보냈다. 학과는 외부 평가자들의 회신을 받은 후 대상자의 승진 여부를 투표에 부쳤고, 학과의 모든 종신재직권 기취득 교수들은 자기 표결의 근거를 밝힌 비밀 서신을 학장에게 제출했다. 그 후 자문단과 함께 해당 사안을 검토한 학장이 승인하면 총장에게 전달되었고, 최종적으로 적어도 세 시간 이상 걸리는 비상설위원회의 심사로 넘어갔다. 이 절차에는 번거롭고 많은 시간이 필요했다. 하지만 학장과 총장이 다양한 학문 분야의 최신 동향을 숙지할 수 있게 하면서도 외부의 엄격한 검증을 담보했다. 무엇보다(특히 1960년대 이후 종신재직권이 정교수급에만 부여되던 시기에) 이 제도는 실수를 줄이는 효과가 있었다.

이 임시위원회 제도가 대학 전반에서 임시적·탄력적으로 적용된 것 역시 하버드다운 방식이었다. 문리과대학과 신학대학원, 교육대학 등 소규모 단과대학 및 대학원에는 의무적으로 적용되었지만, 법학, 경영학, 의학 등 대형 전문대학원에는 비교적 느슨하게 적용되었다. 그러나 모든 종신재직권 임용에 대한 총장의 최종 승인 필요성은 절대적이었다.

이것이 종신재직권 심사 제도의 강점이었다. 반면에 선배들이 흔히 "주니어"라고 부르는 종신재직권 미취득 교수진의 승진 가능성을 크게 위축시킨 것은 약점이었다. 제임스브라이언트코넌트교육학 석좌교수인 주디스 싱어(Judith Singer)는 1984년 채용 당시 "종신재직권을 받지 못한다고 생각하라"라는 말을 들었다.[75] 1970년대부터 2000년대 초반까지 하버드의 인문·사회과학 분야 조교수직은 사실상 접이식 의자나 다름없었다. 종신재직권 교수와 조교수라는 '일용직 학자'들 사이의 사회적·직업적 거리는 19세기 독일 대학에서나 찾아볼 수 있을 정도로 커졌다. 외부의 석학 영입이 내부 젊은 인재 육성보다 중시되면서, 최고의 젊은 학자들은 하버드의 제안을 받아들이지 않거나 조기에 떠났다. 반면 외부에서 하버드로 영입된 종신재직권 교수들은 종신재직권 트랙을 운영하는 다른 대학의 교수진에 비해 나이가 많고 더 백인 중심적이며, 더 남성적이었다. 외부 영입 교수들은 내부 승진자들보다 평균 10년 정도 나이가 많았고, 이미 확고한 명성을 누리고 있었다. 문제는 이것이었다. 그들은 다른 곳에서 학문적 전성기를 다 보낸 것이 아닐까? 그들은 한때 폭발적인 학문적 성취로 명성을 떨쳤다. 하지만 1990년대 문리과대학 학장 제러미 놀스(Jeremy Knowles)가 우려했듯이, "이미 꺼진 화산"이 되어 버린 것이 아닐까?

이러한 임용 문화는 위대한 학과의 자기 쇄신 능력을 제한할 가능성이 있었다. 내가 속한 사학과의 사례를 보자. 20세기의 3분기 당시 하버드의 사학과는 압도적인 명성을 누렸다. 교수진 중에는 제2차 세계대전 당시 OSS에 참여한 인물이 많았으며, 모두가 학식과 현실 정치 경험을 겸비하고 있었다. 미국사에서 유럽사, 러시아사, 중국사에 이르기까지 수많은 분야에서 주도적 위치를 점하고 있었으며, 이러한 리더십은 하버드 내여러 지역학 센터 설립의 토대를 마련했다. 그러나 학과는 자기 쇄신의 야망이 부족했다. 이런 명망 있는 집단에 합류할 만큼 뛰어난 인물이 누구란 말인가? 현재 교수진을 어떻게 대체할 수 있을까? 이러한 의문은 역사학 연구에서 인종, 계급, 젠더, 사회의 역사 같은 역동적인 혁신을 놓치는 결과로 이어졌다. 이러한 태도야말로 문리과대학 역사상 가장 유능한 학장으로 평가받는 헨리 로조프스키(1973~1984년, 그리고 1990~1991년 재임)가 샤를 드골의 말로 알려진 냉엄한 경구를 대학 본관 집무실에 걸어 둔 이유였을 것이다. "묘지는 없어서는 안 될 사람들로 가득 차 있다."

1992년 내가 사학과에 합류했을 때 종신재직권 기취득 교수는 31명이었고, 그중 여성은 1.5명(1명은 공동 임용)이었다. 외부 평가위원회는 최근 사학과를 "위기의 학과"라고 진단했다. 임용이 지지부진했는데, 원로 교수들이 자신의 세부 분야 후보자에 대해 자유거부권(Liberum veto)을 행사했기 때문이다. 학보《하버드 크림슨(The Harvard Crimson)》이 발간한 1993년 〈강의 안내서(Confi Guide)〉의 사학과 페이지는 불길에 휩싸인 힌덴부르크호[76]의 대형 사진으로 시작한다. 한때 학과의 자랑이었던 미국사는 보잘것없은 수준으로 쇠퇴했는데, 아이젠하워 행정부 시절 이래 학과 내부에서 미국사 전공으로 종신재직권을 받은 사람이 한 명도 없었다. 20세기 정치사학 분야에서 연구와 교육 모두 걸출했던 앨런 브링클리(Alan Brinkley)와 같은 인물은 종신재직권 임용에서 배제되었다. 그럼에도《하버드 크림슨》은 학생들에게 사학과를 추천했는데, "과제를 많이 하지 않아도 된다. 대부분의 과목이 부담이 적고 학점이 후하다"라는 것이 그 이유였다. 그래서 그들은 동료 학생들에게 이렇게 권고했다. "특히 뉴딜에 관심이 전혀 없다면, 굳이 예일로 전학할 필요가 없다."[77]

오늘날 사학과는 눈에 띄게 달라졌다. 중진 이상 교수진의 44%가 여성일 만큼 다양하고 재능 있는 학과가 되어 하버드 역사학 연구를 이끌고 있다. 시간과 지원이 주어졌을 때 종신재직권 임용 후보로 성장할 가능성이 있을 경우에만 조교수를 채용한다. 이러한 변화는 우연의 산물이 아니었다. 기성세력이 불편을 느낄 정도로 내부와 외부에서 강하게 압박했으며, 나를 포함한 학과장들은 새로운 세대의 지도자들을 영입했다. 이 모든 노력은 학문적 퇴보를 방관하지 않으려는 루든스타인 총장과 놀스 학장의 확고한 지지를 받았다.

사학과의 쇄신이 남긴 교훈은 내가 2002년 문리과대학 학장직을 맡았을 때 문리과대학 전반의 변화를 이끄는 배경이 되었다. 이상하게 들릴지 모르지만, 승진과 종신재직권 임용의 공식 절차는 그때까지 한 번도 공개된 적이 없었다. 학과장들이 그 사본을 가지고 있었고, 때때로 종신재직권 미취득 동료들과 공유하기도 했다. 그러나 많은 젊은 동료들은 절차를 전혀 알지 못했다. 엄격한 종신재직권 트랙 절차가 마련되고 개정된 후 온라인에 게시되었다. 수많은 문리과대학 학과에서 진행되는 채용 과정을 대학본부에서 감독했으며, 종신재직권 심의 의견을 적은 서신은 더 이상 블라인드 방식이 아니었다. 하버드는 젊은 교수들의 정착, 성장, 그리고 유지를 위해 더 많은 자원을 투입하기 시작했다. 다시 말해 하버드는 교수 충원과 유치에서 다른 대학보다 훨씬 더 높은 성취를 거뒀지만, 인재를 발굴하는 과정은 정상적인 미국 대학의 모습에 점차 가까워지고 있었다.

2004~2014년에 종신재직권 기취득 교수 수는 22% 증가했지만, 종신재직권 트랙 교수 수는 12% 감소했다. 이에 대해 〈하버드 교수 개발 및 다양성 2013~2014 연례 보고서(Harvard Faculty Development and Diversity 2013~2014 Annual Report)〉는 "사상 최고 수준의 내부 승진율의 결과"라고 평가했다.[78] 2010년에 이르자, 외부 영입이 아닌 내부 승진을 통해 종신재직권 임용이 이루어지는 경우가 과반을 차지했다.[79]

미국의 여러 최상위 대학이 그렇듯이, 하버드 교수진 역시 다양성과 거리가 멀었다. 앨리스 해밀턴(Alice Hamilton)이 하버드 최초의 여성 교수로 임용된 것은 대학 설립 후 거의 300년이 지난 1919년에 이르러서였다. 문리과대학에는 여성 교원이 전혀 없었다. 1947년에 이르러서야 반드시 여성을 임용해야 한다는 조건이 붙은 기부로 교수직이 설치되면서 여성이 처음으로 자리를 얻을 수 있었다. 1985년 당시 전임교수 898명 가운데 여성은 단 45명에 불과했다.[80] 2004년에 26%였던 비율은 2020년 31%로 상승했지만, 여전히 성비 균형에는 한참 못 미쳤다.[81]

여전히 문리과대학의 각 학과와 대학 전체의 각 단위는 고유한 문화적 요소를 유지했으며, 그중 일부는 전통적으로 다양성 개념에 적대적이었다. 경제학과는 오랫동안 "젊은 남성들의 클럽"이었다. 수학과는 여성 동료들이 종신교수로 승진할 수 있다는 개념을 받아들이지 않았고, 외부에서 여성 교수를 채용하지도 않았다. 그 결과 최근까지 수학과의 교수진은 오직 남성으로 구성되어 있다. (파우스트 총장이 몇 년 전 하버드 내 단일 성별 사교 단체에 대해 금지령을 선포했을 때(그녀가 겨냥한 대상은 상류층 남학생 클럽인 "파이널클럽(Final Clubs)"이었다), 나는 농담 삼아 수학과부터 없애 보라고 제안했다.)

교수진 내 소수자 집단의 대표성을 확대하는 데는 어느 정도 진전이 있었다. 2019년 기준 하버드 교수진의 24%가 소수 집단에 속했는데, 이는 2004년에 비해 1% 증가한 수치였다. 그나마 24%라는 적은 비율 중 약 60%는 아시아계였으며, 흑인과 라틴계, 다인종 인사는 전체 교수진의 단 10%에 불과했다.

단과대학과 학문 분야별 차이는 있었지만, 21세기 초반에 하버드의 교원 채용 제안은 학자가 받을 수 있는 최상의 제안(반드시 보수가 가장 높지는 않더라도)이었다. 이는 여전히 21세기판 "베를린으로의 부름"이었다. 내부든 외부든 원로 학자를 채용하기 위한 조건의 협상은 어디에서나 그렇듯이 일종의 구애 과정이었다. 그리고 일단 채용이 확정되면, 그 구애는 결혼으로 바뀌었다. 하버드는 주택에 공동 투자함으로써 교수들이 비싼 주거 환경 속에서도 개인 부담을 최소화하며 거주할 수 있도록 도왔다. 또한 교수의 자녀들이 어디에서 공부하든 무이자 대출을 제공하는 방식으로 교육비를 지원했다. 이는 교수들에게 매력적인 혜택이자, 동시에 그들을 붙잡아 두는 "황금 족쇄"였다.

물론 하버드 역시 동급의 다른 기관들에 교원을 빼앗기기도 했다. 아무도 원하지 않는 교수를 하버드가 원할 리 없었다. 내가 학장으로서 수행한 마지막 몇 시간 동안의 업무는 케임브리지로부터 여러 시간대가 떨어진 곳에서 훌륭한 동료가 스탠퍼드로 떠나는 것을 만류하는 일이었던 것으로 기억한다. 이 건은 성공하지는 못했지만, 하버드의 전반적 이혼율은 놀라울 만큼 낮게 유지되었다.

학생들: 입학과 체육 나는 학부 교육개혁을 논의할 때 동료 교수들에게 종종 이렇게 말하곤 했다. "알다시피 학생들이 없었다면, 우리 중 누구도 여기 있지 못했을 겁니다." 이는 분명 사실이었다. 하버드는 본래 교육기관으로 설립되었으며, 거기에 연구라는 사명을 접목했기 때문이다. 하버드는 순수한 고등 연구기관, 이를테면 막스플랑크연구소 같은 곳은 절대 아니었다. 대학으로서의 하버드는 교수뿐 아니라 학생과 동문이 정의했다.

대학의 명성을 가늠하는 척도 중 한 가지는 그곳에 들어가고자 하는 사람들의 절실함이다. 이 기준으로 본다면, 하버드는 학부생(그리고 경영학·법학·의학 지망생)들이 가장 선망하는 대학으로 남아 있다. 나는 전 세계 곳곳에서 "제가 (혹은 제 딸이나 아들이) 어떻게 해야 하버드에 들어갈 수 있습니까?"라는 질문을 받았다. 나는 늘 준비된 답을 내놓는다. "지원하십시오. 지원하지 않으면 합격할 수 없습니다." 그러나 이 충고는 핵심을 빗나간 것이다. 실제로 어떻게 해야 하버드에 들어갈 수 있을까? 한 외부적 시각은 돈이다. 몇 년 전 내가 하버드상하이센터에 있었을 때, 세 명이 찾아와 하버드에 각각 약 500만 달러 규모의 놀라운 "기부"를 제안했다. 내가 그 감탄스러운 자선 정신의 동기를 물어본 결과, 세 명 모두 가족 구성원이 하버드 단과대학 및 대학원의 입학 후보군에 포함되어 있음이 밝혀졌다. 나는 기부 희망자들에게 그들의 관대함에 감사하다는 인사를 전한 후, 안타깝게도 하버드는 그 돈을 받을 수 없다고 알렸다. "당신들의 선한 의도를 다른 이들이 오해해서는 안 되기 때문입니다."

상하이에서 일어난 입학 관련 뇌물 공여 시도(물론 어디에서나 일어날 수 있는 일이었다) 사건의 배경은 명확했다. 21세기 초 하버드칼리지의 입학 경쟁이 극도로 치열했기 때문이다. 2000년 약 10%였던 합격률은 2025

년 입학생 기준 4% 미만으로 떨어졌다. 하버드 합격자 중 실제 등록 비율은 80% 수준으로, 약 70%의 예일과 프린스턴보다 높은 수치였다.[82] 하버드의 입학 통계는 스탠퍼드와 거의 동일했는데, 스탠퍼드는 2022년 기준 4.36%의 입학률과 82.4%의 등록률을 기록했다.[83]

대학 입시, 특히 최상위권 대학의 입학 경쟁이 치열해지면서 예비 지원자들과 그 부모들은 합격증을 얻기 위해 불법적인 방법까지 동원하는 등 수단과 방법을 가리지 않았다. 2019년 3월 12일, 앤드루 렐링(Andrew Lelling) 미국 연방 검사는 내부적으로 '바시티 블루스 작전(Operation Varsity Blues)'이라 불린 전국적 수사 결과를 발표했다. 이 범죄의 공모자는 최소 33명의 학부모였다. 이들은 대학 입학 담당자를 매수해 허위 표준화 시험 성적을 제출하도록 윌리엄 릭 싱어(William Rick Singer)에게 총 2,500만 달러 이상을 지급한 혐의를 받았다. 이 스캔들에는 스탠퍼드, 조지타운, 예일 등 다수의 명문 대학이 연루되었다. 하버드는 바시티 블루스 사건의 중심에 있지 않았으나, 자체적인 입학 스캔들을 겪었다. 그해 7월, 하버드는 펜싱 코치 피터 브랜드(Peter Brand)를 이해 충돌 위반 책임을 물어 해임했다. 그의 자택이 추정가의 거의 두 배에 해당하는 금액으로 펜싱 선수 두 명의 부모에게 팔린 것이 원인이었다. 그 선수 한 명은 하버드 재학생이었고, 다른 한 명은 하버드 지원자였다.[84]

입학과 체육이 복합적으로 얽혀 만들어 내는 압력을 고려할 때 하버드가 아직 바시티 블루스와 유사한 스캔들을 겪지 않은 것은 거의 기적에 가깝다. 이 점에서 대학은 수십 년간 원칙을 지키며 협력해 온 로버트 스칼리즈(Robert Scalise) 전 체육국장과 윌리엄 피츠시먼스(William Fitzsimmons) 입학 담당 학장 간의 파트너십에 크게 빚지고 있다. 이런 사람들은 어떤 기관에서도 찾기 어려운 존재다. (사실 펜싱 스캔들은 피할 수 있었다. 하버드에서 체육 부문은 입학과 동일하게 문리과대학 학장의 관할 아래 있다. 학장직에 있을 때 나는 새로운 체육 시설에 투자하고 오래된 몰킨체육관(Malkin Athletic Center, MAC)을 학생회관으로 바꾸고자 했다. 복잡한 쟁점 중 하나는 MAC 공간을 상당히 차지하던 펜싱팀의 향후 거취였다. 펜싱팀의 이전 문제는 쉽지 않았다. 나는 공개적으로 펜싱팀이 과연 필요한지 의문을 표했다. 하지만 곧이어 대학 스포츠, 특히 학생들이 무기를 다루는 종목을 건드리는 것이 얼마나 위험한 행위인지 깨달았다.)

하버드에서 체육의 중요성은 외부에서 일반적으로 알려진 것보다 훨씬 크다. 하버드는 전국대학체육협회 디비전 I[85]에서 총 42개 종목을 운영하고 있는데, 이는 미국 내 어떤 대학보다도 많은 수치다. 따라서 전국에서 가장 많은 운동선수를 보유한 대학이기도 하다. 하버드의 운동선수들은 모두 체육 특기로 선발된 학생들이며, 일반 학생으로 입학 후 팀에 합류하는 선수는 사실상 신화적인 존재라고 할 수 있다. 체육에 대한 하버드의 집착은 다른 지역 대학들과 마찬가지로 19세기 후반에 시작되었다. 20세기의 첫 사반세기까지 하버드는 대학 간 주요 스포츠에서 핵심 역할을 했다. 1890~1920년에 하버드 풋볼팀은 전국 대회에서 아홉 차례 우승을 차지했으며, 가장 최근에는 로즈볼에서 오리건을 7:6으로 꺾고 우승을 차지했다. 1903년 건립된 하버드스타디움은 미국 최초의 대규모 철근 콘크리트 건축물이자 현존하는 가장 오래된 경기장이다. 관중석과 경기장이 바로 근접해 있는 스타디움의 구조는 현대 미식축구 경기장의 크기와 규칙 형성에 영향을 끼쳤다.

근래 역사에서는 학문이 체육보다 우선시되지만, 스포츠의 중요성은 여전히 크다. 아이비리그란 결국 형식상 체육 연맹에 불과하기 때문이다. 하버드가 보유한 챔피언십 횟수는 (스쿼시와 경량급 조정을 제외하면) 줄었지만, 종목과 코치 수, 그리고 스카우트를 통해 입학한 선수들 수는 사상 최고 수준이다. 2019년에는 약 1,200명, 즉 전체 학부생의 약 20%가 대학 간 체육대회에 참가하는 운동선수들이었다.[86] 운동선수의 입학 과정은 더 수월하다. 하버드기관연구처(Harvard's Office of Institutional Research)에 따르면, 학업 성적이 높은 운동선수의 합격률은 83%로 비운동선수의 16%에 비해 현저히 높았다.[87] 아이비리그 대학들이 공식적으로 체육 장학금을 제공하지 않는 데 비해, 하버드는 필요에 따라 선수들에게 장학금을 제공한다. 이는 선수가 팀에서 빠지더라도 그대로 유지된다.

운동선수 외에도 "레거시(legacy)", 즉 동문 자녀 역시 학부생의 상당 비중을 차지한다. 2020년의 하버드가 "아버지 세대가 다녔던 그 하버드"가 아닐지 모르지만, 2022년 입학생 중 36.8%가 레거시 학생들이었다.[88] 이는 조지타운대학교와 거의 같은 수준이었다. 레거시 전형은 미국의 많은 명문 대학을 특징짓는 요소로, 체육 특기자보다 훨씬 긴 역사를 지니고 있다. 2013년 하버드기관연구처가 의뢰한 분석에 따르면, 레거시 지위를 가진 지원자는 비레거시 지원자보다 합격 가능성이 40%나 높았다.[89] 다시 말하면 동문 자녀는 다른 지원자보다 합격 가능성이 여섯 배 더 높았다.[90] 일반적으로 말하자면, 하버드에 입학한 레거시 학생들은 체육 특기자로 합격한 운동선수들과 마찬가지로 학업 성취도에서 경쟁력을 보였다. 그러나 MIT, 캘리포니아공과대학교, 존스홉킨스 같은 다른 위대한 연구 대학들은 이러한 우대 없이도 훌륭히 성장할 수 있음을 입증해 왔다.

다양성 하버드의 선발 과정은 점점 더 엄격해졌을 뿐 아니라, 21세기에 들어 인종적·사회경제적 구성 면에서 더욱 다양해지고 있었다. 예컨대 2013년 하버드는 저소득층 학생들이 하버드와 타 명문 대학에 지원하도록 독려하고 재정 지원 기회에 대한 이해를 높이기 위해 입학 홍보 프로그램인 "하버드칼리지커넥션(Harvard College Connection)"을 도입했다.[91] 2023년 입학생 4분의 1 이상이 자신을 아프리카계 미국인, 라틴계,

혹은 미국 원주민으로 표기했으며, 여기에 더해 25.6%는 아시아계 미국인으로 표기했다.[92] 2019년에는 가구 총소득이 6만5,000달러 미만이면 등록금 분담을 요구하지 않는 하버드의 재정 지원 정책에 따라, 학부생의 20%가 등록금을 모두 면제받았다.[93] 소득이 6만5,000달러를 초과하는 가정은 소득 수준에 따라 등록금을 차등 적용하되, 학생들에게 유리한 방식으로 산정했다. 그 결과 하버드 학생의 90%가 주립대학 등록금보다 적거나 같은 금액만 부담했다.[94] 2017~2018학년도에 하버드 학부생의 16%가 펠장학금의 수혜를 입었는데, 같은 기간에 예일은 16%, 프린스턴은 19%, 스탠퍼드는 16%였다.[95] 이는 하버드 학부생 중 펠장학금 수혜자가 6.5%였던 2008년에 비해 큰 폭으로 증가한 것이다.[96]

다양성을 유지하는 일은 지극히 정치적인 과제였다. 2014년 제기된 소송은 하버드가 흑인과 라틴계 지원자를 우대함으로써 아시아계 미국인을 차별했다고 주장했다. 하급심 두 법원은 하버드의 손을 들어주었다. 2021년 11월 현재, 연방대법원은 이 사건의 심리 여부를 아직 결정하지 않은 상태다.

교과과정 학생들은 하버드와 같은 엘리트 대학 진학을 위해 막대한 노력을 기울이지만, 막상 입학 후에 무엇을 배우게 될지에는 놀랄 만큼 관심이 적다. 아마도 그 이유는 교과과정이 계속 바뀌기 때문일 것이다. 근대사를 돌아보면, 엘리엇의 자유주의적 접근법부터 시작해 로웰의 더욱 엄격한 프로그램, 1940년대 코넌트의 일반교양교육, 그리고 1970년대 헨리 로조브스키 학장이 도입한 "코어 커리큘럼(Core Curriculum)"에 이르기까지, 하버드는 학부 교과과정 개혁의 최전선에 서 있었다. 이러한 개혁들은 당대에는 뚜렷한 성과를 남겼지만, 시간이 흐르면서 하나같이 생기를 잃었다. 그럼에도 이들 개혁과 21세기의 후속 개혁들은 몇 가지 공통점이 있었다. 우선 하버드는 학부 교육에서 일정한 공통 기반을 강조하되, 컬럼비아와 시카고의 "위대한 저서들(Great Books)"[97] 접근법처럼 전면적인 필수 커리큘럼을 두지 않았다. 다음으로 일반교양교육이나 코어 커리큘럼 강의는 신임 조교수에게 떠넘겨지는 부담이 아니라, 지원이나 초청을 통해 선발된 하버드 최고 교수진에 주어지는 특권이었다. 이는 적어도 한 세기 동안 이곳의 교육적 DNA로 자리 잡아 왔고, 오늘날까지 교수진이 학부 교육을 매우 중시하는 이유 가운데 하나다.

나는 학장으로서 학부 교육 전반에 대한 검토를 시작하기에 앞서 동료 교수들의 참여를 요청하고는 깜짝 놀랐다. 검토 작업을 위해 도움을 요청한 동료 100명 가운데 거절한 사람이 단 한 명뿐이었기 때문이다. 물론 100명가량의 교수가 항상 의견을 같이한 것은 아니었다. 하지만 미국의 소규모 리버럴아츠칼리지에 견줄 만한 교육과 영감을 제공하는 동시에, 위대한 연구중심대학의 중심에 있다는 장점을 이용해 그 대학들을 능가하고자 하는 하버드 학부 교육의 과제에 모두가 깊이 헌신하고 있었다. 다수의 보고서와 교수진 에세이를 통해 정식화된 이러한 열망은 하버드를 넘어 광범위한 공명을 불러일으켰다. 나는 한 중국의 유력 대학 총장이 방문했던 일을 기억한다. 그는 곧 개편 예정이던 우리의 코어 커리큘럼을 검토하고 싶어 했다. 그러나 하버드가 그 제도를 폐지할 참이라는 말을 듣고 그 계획을 접었다. 그 뒤 우리가 내놓은 교과과정 개혁 보고서는 보스턴 못지않게 베이징에서도 꼼꼼하게 검토되었다.

2020년 하버드의 일반교양교육 프로그램은 오랜 역사의 집약체다. 코넌트와 레드북의 영향을 받은 이 프로그램은 일반교양교육이 "무엇보다 책임감 있는 인간이자 시민으로서 살아가는 데 필요한 학생 교육의 핵심 부분"을 담당해야 한다는 코넌트의 철학을 계승한다.[98] 또한 교양 있는 학생은 "모든 것을 조금씩 알고, 어떤 것은 깊이 알아야 한다"라는 로웰의 믿음에 동의한다.[99] 아울러 학생의 개인적·직업적 성장에서 교과 선택의 힘과 중요성을 강조한 엘리엇에게도 경의를 표한다.

교과과정 검토가 어려움을 수반하는 것은 분명하다. 복은 그것을 "묘지를 옮기는 일"에 비유했다. 확실히 특정한 장소나 시대에 완벽한 교과과정이란 존재하지 않는다. 내가 보기에 (그리고 하버드가 학부 교육의 여러 차례 개편마다 성공을 거둔 지점이기도 한데) 가장 중요한 점은 지금 세대 교수진이 학부 교육의 토대를 스스로 만들고 주인의식을 갖도록 보장하는 일이다. 상상력이 풍부한 교원들이 열린 태도의 학부생들에게 가르치는 훌륭한 강좌들은 어떤 규정, 절차, 범주보다 훨씬 중요하다. 2007년 문리과대학의 첫 번째 교과과정 개편안이 표결에 부쳐졌다. 이는 3년간의 치열한 토론 과정을 거친 것으로, 개편안을 자신의 구상대로 이끌고자 했던 서머스 총장과의 논쟁도 포함되어 있었다. 그리고 그 안건이 거의 만장일치로 가결되었을 때 나는 중국공산당 역사에서 중대한 한 회의를 떠올렸다. 그 회의록은 회의를 이렇게 요약했다. "많은 동지가 반대했지만, 결의안은 만장일치로 통과되었다." 이것이야말로 내가 교수회의에서 늘 품어 온 최선의 희망이었다.

도전에 직면한 거버넌스 미국에서 가장 오래된 대학인 하버드는 한때 대학 거버넌스의 표준을 제시했다. 그것은 독립된 위원회에 권한을 부여해 제도적 자율성을 보장하는 것으로, 하버드코퍼레이션과 감독관위원회가 1650년 이래로 그 역할을 맡아 왔다. 그러나 다른 미국 대학들이 19세기와 20세기를 거치며 전문성과 대응력을 갖춘 이사회를 발전시켜 나간 동안 하버드의 체제는 변화 없이 그대로 유지되었다. 모든 권한이 집중된 소규모 코퍼레이션은 폐쇄적이었고, 내부 추천 방식으로 운영되었다. 감독관위원회는 우아한 장식품으로 전락했다. 이러한 구조는 20세기 후반 오랜 기간 선임 펠로우를 지낸 로버트 스톤(Robert Stone)처럼 비범한 인물이 이끌 때는 그럭저럭 작동했다. 그러나 2000년대 초와 같은 위기가 닥쳤을 때, 7명으로 구성된 코퍼레이션은 거대하고 분열된 대학의 운영 과제를 감당하기에 폐쇄적이고 정보가 부족했으며 지나치게 규모가 작았다. 미국 내 주요 대학 가운데 이처럼 소규모 이사회로 운영되는 곳은 없었다.

서머스 총장에 대한 교수진의 반발과 2008년 금융 위기를 겪으며 궁지에 몰린 코퍼레이션은 자체 관행과 책임을 점검하기 위해 거버넌스검토위원회를 설치했다. 위원회는 전략 계획을 강화하고 코퍼레이션과 감독관위원회 간 더욱 긴밀한 협력을 지향하는 개혁안을 제시하고 시행했다. 우선 7명으로 구성되었던 코퍼레이션은 총장을 포함해 12명으로 거의 두 배 규모가 되었다. 재정과 시설 같은 특정 분야를 전담하는 소위원회를 설치해 사업을 더욱 효과적으로 심의하도록 했다. 이는 환영할 만한 변화였다.

재편된 코퍼레이션은 감독관위원회와 더욱 긴밀히 협력하도록 설계되었다. 감독관위원회는 모든 하버드 학위 소지자가 선출하는 30명과 당연직인 총장, 재무부총장으로 구성되며 임기는 6년이다. 그러나 실제로는 여전히 코퍼레이션이 모든 것을 주도했고, 감독관위원회는 거리를 두고 대학을 관망하는 수준이었다.

두 위원회 모두 운영이사회 사무국(Office of the Governing Boards)이 관리했는데, 이들의 임무는 운영이사회의 안정성과 비밀을 유지하는 것이었다. 이 사무국은 일본 황실과 관련한 행정 업무를 담당하는 궁내청에 비유될 만하다. 변화는 가능하지만, 눈에 띄지 않을 정도로 점진적이어야 했다.

따라서 형식적 거버넌스의 관점에서 하버드는 소규모 거버넌스 중심부를 둔 극도로 보수적인 기관이라 할 수 있다. 다른 대학과 다르게 하버드에는 대학 전체 사안을 다루는 교원 기구(예컨대 학술평의회)가 없다. 최근 수십 년간의 발전은 대부분 단과대학 및 대학원의 주도에 따른 것이었다. 이들은 형식상 총장과 교무총장에게 보고하지만, 실제로는 널리 알려진 대로 매우 자율적으로 운영되었다.

앞서 나는 하버드의 역사를 총장들의 통치 시대로 기술했는데, 이는 분명 의미가 있다. 그러나 1930년대 이후에는 학장들의 역할이 총장 못지않게, 때로는 더욱 중요했다. 코넌트 총장 시절 문리과대학 학장 폴 벅(Paul Buck)은 레드북의 실질적 집필자였다. 그리고 맥조지 번디, 프랭클린 포드, 특히 헨리 로조프스키는 문리과대학에 지울 수 없는 흔적을 남겼다.

신설 전문대학원 중 하나인 하버드경영대학원의 경우를 살펴보자. 경영대학원은 1908년 금융 위기 속에서 설립되었고, 또 다른 위기가 시작된 2008년에 100주년을 맞았다. 경영대학원에는 여러 뛰어난 학장이 있었지만, 1979~1995년에 재임한 일곱 번째 학장인 존 맥아더만큼 독립적이고 개성적인 인물은 없었다. 그의 리더십은 경영대학원을 최고 순위로 끌어올렸고, 기부금을 여섯 배로 늘렸으며, 보스턴 광역권의 보건의료에 큰 영향을 끼쳤다. 또한 경영대학원을 독립적으로 운영하며 자체 체육관은 물론 자체 예배당까지 건립했다. (그는 예배당 건립 문제로 코퍼레이션 측에 불려 가 보고했는데, 이는 그가 명목상 상관들을 만나야 했던 단 두 번 중 하나였다.) 그의 후임인 킴 클라크(Kim Clark)와 제이 라이트(Jay Light) 시절, 경영대학원은 하버드 단과대학 및 전문대학원 중 가장 국제화된 기관으로 발돋움했다. 2010~2020년에 학장을 지낸 니틴 노리아는 맥아더 유형의 지도자였으나, 경영대학원을 찰스강 너머에 고립시키지 않았다. 오히려 하버드 학장 중 가장 모범적인 대학 시민으로서 학교를 발전시켰다.

요컨대 하버드의 현대적 성공은 코퍼레이션이나 운영이사회 사무국이 아니라, 교육과 연구, 모금과 혁신을 주도한 학장과 단과대학 및 전문대학원에서 비롯되었다.

그 성과는 또한 하버드의 베르푸스베암텐툼(Berufsbeamtentum), 또는 하버드의 '전문 관료조직'이라고 할 수 있는 상설 행정조직의 기여에서도 드러난다. 문리과대학, 경영대학원 등 대규모 단과대학 및 전문대학원의 집행학장(executive dean)과 부학장은 연구와 시설, 실험실, 공연장을 감독했다. 그들은 예산도 엄격히 지켰다. 로라 피셔(Laura Fisher),[100] 안젤라 크리스피(Angela Crispi)[101] 같은 이름은 내부자에게만 알려졌지만, 이들이야말로 대학의 심장과 기억이었다. 하버드의 교수진은 대체로 뛰어나다. 학생들 역시 훌륭하다. 그러나 전문 행정직원들, 특히 노조 소속 직원들은 더욱 탁월하다.

재정 현황 수월성을 유지하는 데는 돈이 든다. 그것도 막대한 돈이 든다. 2008년 재정 파행에도 불구하고 하버드는 어떤 기준으로 보더라도 여전히 부유한 대학이었다. 하버드의 2020~2021회계연도 총운영 수입은 52억 달러에 달했다.[102] 가장 큰 수입원은 기금 수익으로, 전체 대학 재원의 39%를 차지했다. 이 비율은 12개 단과대학, 전문대학원 연구소마다 달랐다. 예컨대 래드클리프고등연구소와 신학대학원은 각각 80%와 72%에 달했지만, 경영대학원과 T.H.찬보건대학원(T.H. Chan School of Public Health)은 각각 23%와 20%에 불과했다.[103] 그 밖의 운영 수입은 등록금 및 학생 납부금(17%), 외부의 연구비 지원(18%), 당해 사용 기부금(10%) 등으로 구성되었으며, 나머지 16%는 기타 수입에서 충당되었다. 하버드의 50억 달러에 달하는 운영 비용 가운데 가장 큰 항목은 급여와 임금, 직원 복리후생으로, 총 27억 달러, 전체 지출의 약 54%를 차지했다.[104] 하버드의 재정 보고서는 전체 대학 단위로 집계되었지만, 실제 재정적 의사결정은 각 단과대학이 자율적으로 내렸다.

2021년 하버드 기금의 가치는 532억 달러로, 이는 세계 100개국의 명목 GDP보다 큰 규모였다. 1974~2021년에 기금의 연평균 수익률은 11%를 웃돌았다.[105] 그러나 기금은 단일한 자산이 아니라 약 400년에 걸쳐 축적된 기부금의 집합체로, 특정 목적이나 제한적 용도로 묶여 있어 사용에 많은 제약이 따른다. 또한 전 세계의 돈을 다 끌어모아도 하나의 학과를 강하게 만들 수는 없다.

예를 들어보자. 켈트어문학과는 미국 내 최고의 켈트학 학과다. 사실상 미국에서 유일한 켈트학 학과이기도 하다. 이 학과가 오늘날까지 존속하는 이유(그리고 훌륭한 학과로 운영되는 이유)는 세 개의 정교수직이 기부금으로 설립된 석좌교수직이기 때문이다. 그러나 해당 정교수직 가운데 하나라도 공석이 되면, 적임자가 극히 적어서 학과의 존립 자체가 위태로워지는 상황이 벌어진다. 학장으로서 나는 켈트학을 영어영문학과와 통합하면 더 많은 지원자를 확보할 수 있지 않을까 검토한 적이 있다. 그러나 곧 아일랜드인과 잉글랜드인이 왜 서로 다른 건물에 있어야 하는지를 단박에 깨달았다. 이는 또 다른 '펜싱의 교훈'으로 남았다.

하버드와 세계 하버드는 언제나 폐쇄적인 성향을 띤 기관이었다. 초기 학생들은 다른 어딘가에서 왔으며, 고향으로 다시 돌아가고 싶어 하지 않았다. 국제학 연구가 힘과 명성을 얻은 20세기에도 학부 교육 경험은 세계적이라기보다는 지역적이었다. "이곳보다 더 나은 곳이 어디 있겠는가?"라는 사고방식이 팽배한 탓에 수년간 하버드 학부생의 해외 유학 비율은 극히 낮았다. 예를 들어 2000년 가을 학기 해외 유학자는 170명에 불과했다.[106] 국내에 남은 학생들을 탓하기는 어렵다. 해외 유학을 하려면 우선 진로개발센터의 창문 없는 지하실에 있는 유학 사무실을 찾아가야 했고, 이어서 로웰하우스 기숙사와 하버드칼리지 양쪽 모두에서 휴학을 신청해야 했다. 그리고 왜 케임브리지에서 할 수 없는 공부를 해외에서는 할 수 있는지 설명하는 에세이를 작성해야 했다. 이렇게 지지부진한 절차를 밟다 보면 졸업할 때까지 허가받지 못할 수 있었고, 설령 허가를 받더라도 외부 대학에서 이수한 학점이 인정된다는 보장이 없었다.

오래된 습관은 쉽게 바뀌지 않아서, 하버드 학부생들은 여전히 학기 중에 케임브리지를 잘 떠나지 않는다. 그럼에도 하버드는 2000년대 초 교과 개혁을 통해 약 30개의 하버드 해외 여름학교, 탄탄한 글로벌 인턴십 프로그램, 국제 공공 서비스와 연구 지원을 통해 국제 경험의 문호를 확대했다. 내가 학장으로 있을 때 추진된 이 개혁에서 우리는 모든 학부생에게 최소 8주 이상의 국제 경험을 의무화하는 방안을 검토했다. 그러나 결국 국제 경험은 학생들에게 기대 사항으로 남겨 두었고, 나머지는 그들의 의무감에 맡겼다. 이후 약 80%의 학생들이 성실히 이를 이행했다.

그러나 대학 전체 차원에서 보면 세계의 대부분은 여전히 미지의 땅이었다. 21세기 초 미국의 여러 대학은 앞다투어 국제 전략을 수립했으나, 하버드는 그렇지 않았다. 내가 듀크대학교 중국 담당 선임 고문으로 재직하던 시절, 듀크 총장 리처드 브로드헤드(Richard Brodhead)는 단과대학 학장들에게 동급 기관의 국제 전략을 보고하라고 지시한 적이 있었다. 하버드를 맡은 학장은 "보고는 짧을 겁니다. 제가 보기에 하버드에는 그런 게 전혀 없기 때문입니다"라고 말했다.

그 말이 전적으로 사실은 아니었다. 대학 전체 차원의 전략이 없었을 뿐, 단과대학, 전문대학원, 연구소는 각각의 국제화 전략이 있었기 때문이다. 그 덕에 다른 대학들이 주도권을 잡았다. 뉴욕대학교는 14개의 글로벌아카데믹센터와 상하이 및 아부다비에 각각 하나씩 정규 캠퍼스를 설립했다. 듀크대학교는 먼저 싱가포르국립대학교(NUS)와 공동 의과대학을 세웠고, 이어서 중국 쿤산에 자유학예 캠퍼스를 설립했다. 뉴욕대학교와 듀크대학교 모두 강력한 중앙 집행부와 글로벌 프로그램 및 전략을 갖추고 있었다. 하버드는 2005년에야 국제 업무 담당 부교무총장직(vice provost for international affairs)을 신설했으나, 이마저도 인력과 예산이 충분하지 않았다. 예일대학교 총장 리처드 레빈(Richard Levin)이 2010년 싱가포르에 리버럴아츠칼리지인 '예일-NUS'를 설립한다고 발표하자, 비로소 하버드는 국제전략실무단을 소집해 국제 캠퍼스 설립 방안을 검토했다. 그러나 결국 이 구상을 거부했다.[107]

주목할 점은 하버드가 과거에 해외에 학교를 세운 적이 있다는 사실이다. 1911~1916년에 중국에서 하버드의학원(Harvard Medical School of China)을 운영했고, 1950년대와 1960년대에는 하버드경영대학원이 스위스와 프랑스에서 새로운 경영대학 설립에 이바지했다. 그러나 이러한 노력은 오래가지 못했으며, 하버드는 갈수록 위험을 회피하는 성향을 보였다.

하버드는 동급 대학을 따라잡아야 한다는 동문의 압박이 이어지자(파우스트 총장은 "우리는 뒤처지는 것이 아닌가?"라고 의문을 표했다),[108] 다른 대학들처럼 해외 캠퍼스를 세우는 대신 새로운 대안으로 2015년 하버드글로벌연구소를 출범시켰다. 이는 대학의 교육 사명이 아닌 연구 사명을 세계 여러 지역으로 확장하는 데 초점을 맞춘 시도였다. 이 연구소의 설립 목적은 하버드의 분권화된 단과대학들, 전문대학원들, 연구소들을 하나의 대표적인 글로벌 연구 프로그램으로 모으는 것이었다. 그러나 이 연구소의 운영은 전적으로 외부 자금에 의존했다. 첫 5년간의 재정은 중국 대형 부동산 기업 다롄완다그룹(Dalian Wanda Group) 창립자 왕젠린(王健林)의 기부로 충당되었다.[109] 이 기간에 연구소가 수행한 주요 프로젝트는 중국에서의 지속가능성과 기후 변화 연구였다. 하버드글로벌연구소는 두 번째 기부를 기다리고 있다.

2020년 무렵, 하버드는 의도치 않게 자신의 분권적 구조에 더 적합한 또 다른 유형의 국제화 전략에 발을 들여놓고 있었다. 단과대학 및 전문대학원이 다양한 지역에 독자적인 거점을 마련하기 시작한 것이다. 예를 들어 하버드경영대학원은 1996년 글로벌이니셔티브를 출범시킨 후 2016년이 되자 전 세계에 여덟 개의 연구센터를 운영하기에 이르렀다. 이러한 분권적 접근은 위험을 수반했는데, 그 위험은 해외뿐 아니라 국내에도 존재했다. 하버드보건대학원의 전 원장인 배리 블룸(Barry Bloom)은 대담하게도 국제적 참여를 최우선 과제로 삼았다. 그는 외국 학생 수를 대폭 늘렸고, 전 지구적 보건 위기를 해결하기 위해 보건대학원이 나서도록 했다. 그는 연방 보조금을 성공적으로 확보해, 주로 아프리카에서 운영되던 미국대통령에이즈긴급구호계획(PEPFAR)의 일부를 하버드보건대학원이 집행하도록 했다. 이 노력은 훗날 아프리카 대륙의 에이즈 퇴치에 크게 이바지했다. 그러나 그는 대학 지도부보다 너무 앞서 있었다. 그는 후에 충격적인 경험을 이렇게 회고했다.

회의 도중 총장실로 불려 갔을 때, 나는 대학 역사상 최대 규모의 보조금을 따낸 공로로 큰 포옹을 받을 줄 알았습니다. 그런데 돌아온 것은 재정과 평판 모든 차원에서 대학을 완전히 위험에 빠뜨렸다는 호된 질책이었어요. 이는 세상을 변화시킬 수 있는 대학의 자산을 제대로 이해하지 못하고 있음을, 그뿐 아니라그렇게 할 의지조차 없음을 보여주는 것이었습니다. 나는 하버드가 대학이 아니라 하나의 브랜드라는 생각을 갖게 되었습니다. 그리고 당시 내 눈에 비친 대학의 모든 활동은 대학 자체를 위해 최선의 이익을 추구하기보다 하버드라는 브랜드를 보호하는 데 급급해 보였습니다.[110]

시간이 흐르면서 각 단과대학 및 전문대학원이 주도하는 상향식 국제화 이니셔티브가 수년간 이어진 결과, 하버드는 어떤 형태로든 최소 5개 대륙에 거점을 두게 되었다. 2020년이 되자 하버드는 전 세계에 22개의 독자적인 기관 센터와 프로그램을 운영하기에 이르렀다. 또한 미국 안에서 국제화를 지지하는 데 점점 더 적극적인 목소리를 내기 시작했다.

이는 무엇보다 하버드에서 국제 인재의 중요성이 빠르게 커졌기 때문이었다. 2019년 기준으로 하버드칼리지에는 791명의 외국 학생이 있었는데, 이는 전체 학부생의 약 12%에 불과했다.[111] 그러나 전체 대학에는 155개국에서 온 1만 명 이상의 유학생과 연구자가 있었다. 20세기 중반 이후 하버드는 국적을 불문하고 최고의 인재를 유치할 수 있는 능력 덕분에 연구 역량과 학문적 명성을 크게 성장시킬 수 있었다.

코로나19 위기와 트럼프 행정부의 반이민 정책은 이러한 연결 고리에 도전장을 내밀었다. 2020년 7월, 미국 정부가 유학생의 입국이나 체류를 금지하려 했다. 그러자 하버드의 래리 바코 총장이 나서, 155개국에서 온 하버드 학생들에게 영향을 끼칠 이 "잔혹하고 무모한" 정책을 공개적으로 비판하는 용기를 보였다.[112] 하버드와 MIT는 정부에 소송을 제기했으며, 미국 전역의 200개가 넘는 대학이 이에 동참했다.[113] 일주일 후 트럼프 행정부는 한발 물러섰다.

이처럼 해외뿐 아니라 국내에서도 하버드의 미래는 국제화의 확대에 달려 있었다. 하버드의 국제 업무 담당 부교무총장인 마크 엘리엇(Mark Elliott)이 말했듯이, "우리의 미래가 걸려 있습니다. 미국 고등교육이 명실상부한 세계적 선도자의 지위를 누리는 것은 바로 전 세계에서 성실하고 창의적인 학생들과 학자들을 우리 대학으로 끌어들일 수 있는 능력 덕분입니다. 외국 학생들이 고등교육기관에서 학문적 담론에 기여하고, 연구 활동을 심화하고, 새로운 기업과 산업의 성장을 이끌지 않는다면, 우리는 훨씬 더 빈약한 처지에 놓일 것입니다."[114]

국제적 교류의 기회와 위험이 가장 뚜렷하게 드러난 지점은 바로 중국과의 관계였다. 수십 년 동안 하버드는 중국과 공생 관계를 유지해 왔다. 중국 지도자들의 교육부터 중국 대학의 현대화를 위한 역량 강화와 학자 훈련에 이르기까지 하버드는 중국 고등교육 안에서 큰 영향력과 명성을 누렸다. 예를 들어 양국 간의 다리 역할을 했던 지자오주(季兆柱)는 중국에서 태어나 주로 미국에서 성장했다. 하버드에 다니던 그는 1952년 졸업 예정이었으나, 한국전쟁 발발로 1950년에 귀국해 칭화대학에 들어갔다. 지자오주는 마오쩌둥과 덩샤오핑을 비롯한 중국 지도자들의 통역관으로 활동했다. 1971년 헨리 키신저가 비밀리에 베이징을 찾았을 때는 중재자 역할을 맡았는데, 이 방문은 리처드 닉슨이 중국 본토를 방문하는 최초의 미국 대통령이 되는 기반을 마련했다.

하버드는 1911년 중국에 하버드의학원을 설립했지만, 몇 년 만에 문을 닫았다. 그 후 거의 한 세기 동안 중국에 공식적인 기관을 두지 않다가 2010년 하버드상하이센터를 설립하면서 다시 발을 들여놓았다. 하버드 경영대학원 원장 제이 라이트와 총장실 산하 하버드차이나펀드(Harvard China Fund)의 의장이었던 내가 주도한 이 이니셔티브를 통해 대학의 모든 부문이 교육, 연구, 학술회의, 인턴십을 매개로 중국과의 교류를 확장할 수 있는 플랫폼을 구축했다.[115] 경영대학원은 다시금 대학의 책임 있는 구성원으로서 이러한 글로벌이니셔티브의 "중심 주체" 역할을 맡았다. 2010년 상하이하버드센터의 개소는 국제 센터 8곳을 신설한 전례 없는 성과로 점철된 하버드의 "가장 국제화된" 10년의 대미를 장식했다. 이어 다음 10년 동안 열 곳이 추가되었다.[116]

드루 파우스트가 상하이하버드센터 출범식에서 선언했듯이, 우리가 "국경 없는 대학의 세계" 속에 살고 있다면 중국보다 더 나은 확장 지역이

어디에 있겠는가? 2020년에 이르자 하비드의 모든 단과대학이 중국에서 활발한 연구 및 관련 프로그램을 운영했고, 하버드상하이센터 프로그램에도 참여했다. 매년 100명 이상의 교원이 중국을 방문했고, 200명 이상이 중국을 주요 연구 대상으로 삼았다. 400명이 넘는 학부생이 하버드 중국 여름 인턴십 프로그램에 참여했고, 하버드베이징아카데미에서 고급 중국어 과정을 수강한 인원도 수백 명에 이르렀다. 본국에서 하버드는 매년 1,000여 명의 중국인 유학생과 수십 명의 중국인 방문학자의 본거지가 되었다. 단과대학이 주도하는 하버드의 국제화는 여전히 각 단과대학의 기업가 정신과 맞아떨어졌으며, 하버드상하이센터는 세계에서 가장 빠르게 성장하는 고등교육 부문에서 이들의 교류를 가속하는 허브였다.

1998년 루든스타인이 재임 중인 총장으로서는 처음으로 중국 본토를 방문한 이래, 모든 하버드 총장은 중국을 방문해 국가주석을 만나고 최고 대학에서 연설했다. 2002년 서머스 총장은 13명의 하버드 교수와 함께 칭화대학을 방문해 연설했고, 하버드케네디행정대학원에서 중국 공무원 양성 프로그램을 발표했다.[117] 파우스트 총장은 2015년 3월에 시진핑 주석과 회동했고, 칭화대학에서 기후 변화 대응을 위한 미·중 대학들의 협력 중요성에 대해 연설했다.[118] 바코 총장은 재임 첫해인 2019년 3월에 시진핑 주석과 회동했고, 베이징대학의 연설에서 대학은 "사상의 가치가 억압되거나 침묵당하지 않고 토론과 논쟁을 통해 다뤄지는 곳"이라고 강조했다.[119]

국제적 교류, 특히 중국과의 교류 증대는 긴장으로 이어지기도 했다. 2020년 1월, FBI 직원이 학자의 간첩 활동 단속의 하나로 하버드 화학과 학과장이던 찰스 리버(Charles Lieber) 교수 자택의 문을 두드렸다. 그는 리버가 현지 연구실 설립을 위해 중국으로부터 상당한 자금을 받은 사실을 은폐했다고 주장했다.[120] 리버의 체포는 자국 중심주의 성향의 미국 행정부가 대학의 대외적 연계 활동을 제한하려던 시기에 발생했다. 2020년 2월, 미국 교육부는 하버드와 예일이 중국, 러시아, 사우디아라비아 등으로부터 받은 최소 3억7,500만 달러의 보고 누락 여부를 조사하기 위해 연방 수사에 착수했다.[121] 1950년대 매카시 시대에 한 차례 "적색 공포"를 견뎌냈던 하버드는 이제 또 다른 적색 공포에 맞서야 할 처지에 놓였다.

하버드 평생교육과 온라인 학습　하버드는 평생교육원(Harvard Extension School)을 통해 한 세기 이상 자국 내 교육의 범위를 가정까지 넓혔다. 평생교육원은 야간 교과와 여름 계절학기 과정을 제공했다. 2020년에는 1만4,000여 명의 학생이 등록했는데, 이는 하버드의 어떤 단과대학 및 전문대학원보다도 많은 수였다. 평생교육원은 하버드에서 가장 먼저 온라인 학습을 시도한 기관으로, 더 큰 교육 혁신의 토대를 마련했다.

　하버드는 대규모 공개 온라인 강좌의 잠재력을 가장 먼저 인식한 선구자는 아니었다. 그러나 2012년 이 분야의 개척자인 MIT와 손잡고 edX를 설립함으로써 이 흐름에 합류했다. edX는 MIT가 개발한 기술을 바탕으로 대중에게 무료 강좌를 제공하는 온라인 플랫폼이었다.[122] 하버드와 MIT 및 협력 기관들은 이 플랫폼을 활용해 '기관명X'라는 브랜드(예컨대 HarvardX)로 전 세계 학습자들에게 강좌를 제공했다. edX는 비영리 기관으로서 강좌를 무료로 제공했으며, 학생들이 원하면 강의 이수 인증서를 유료로 구매할 수 있는 옵션을 제공했다.

　2019년까지 전 세계 90개 이상의 기관이 edX 플랫폼을 통해 2,400개가 넘는 강좌를 개발했고, 누적 수강자는 7,000만 명을 넘어섰다. 하버드의 10개 단과대학 및 전문대학원 소속 교수들은 140개의 강의를 개발했다. 당시 교수 학습 혁신 담당 부교무총장(Vice Provost for Advances in Learning)이었던 동료 피터 볼(Peter Bol)과 내가 함께 제작한 'ChinaX'는

3,000년간의 중국 역사, 문화, 경제, 사회를 10개의 미니 강의로 탐구하는 내용이었다. 중국 내 수만 명을 포함해 50만 명이 넘는 참가자들이 이 강의를 들었다.

2016년까지 edX는 온라인 강좌 시장의 소위 빅3 가운데 하나로 인정받았는데, 그중 유일하게 비영리 기관이었으므로 재정적 미래는 불확실해 보였다. 등록금을 받고 교수진에 적절한 보수를 지급했던 평생교육원과 달리, HarvardX는 초기 몇 년 동안 나눌 만한 유의미한 수입이 없었다. 초기에 강좌를 맡은 교수들은 사실상 자원봉사자나 다름없었다. 아무리 헌신적인 교수라 하더라도 이는 지속 가능한 방식이 아니었기에, 하버드경영대학원은 실질적 수익 모델을 갖춘 자체 플랫폼인 'HBX'(오늘날 Harvard Business School Online)를 설립했다. 다른 영역과 마찬가지로 온라인 학습 분야에서도 "하나의 하버드"는 실현되지 않았다. 2021년 MIT와 하버드는 edX를 민간 기술 스타트업인 2U에 매각함으로써 처음으로 교육 프로그램을 외부에 위탁하기 시작했다. edX 참여 경험은 2020년 코로나19의 발발로 전 세계 대학이 전면적인 온라인 수업으로 전격 전환했을 때, 하버드 교수진에 매우 유용한 기초 훈련으로 작용했다.

차세대 도약: 하버드와 공학

21세기에 들어서 하버드는 문학 및 역사 연구, 정치학과 과학사, 경제학과 생태과학, 줄기세포 연구와 인류 진화 등 여러 분야에서 탁월함으로 명성을 얻고 있었다. 법학, 경영학, 의학 등 대규모 전문대학원은 타의 추종을 불허하는 것처럼 보였다. 그러나 공학에 대해서는 누구도 그렇게 말할 수 없었다. 그럼에도 공학 분야에서 입지를 다지는 것은 21세기를 향한 수십억 달러 규모의 거대한 도박이었다. 이 도박이 거대한 이유는 매사추세츠주 케임브리지에 이미 세계적 수준의 공학 기관이 있으며, 그 기판이 하버드가 아니기 때문이었다.

공학과 응용과학은 늘 하버드의 학문 구조 안에서 확고한 위치를 차지하기 위해 고군분투해 왔다. 응용과학 분야가 처음 하버드의 일부가 된 것은 1847년 로런스이과대학이 설립되면서부터였다. 이는 전례를 깨고 이루어진 하버드 공학에 대한 첫 번째(그리고 마지막은 아니었던) 기부, 즉 매사추세츠의 저명한 실업가이자 하버드 제22대 총장 애벗 로런스 로웰의 조부인 애벗 로런스가 제공한 5만 달러 덕분에 가능했다. 충분한 재정적 뒷받침에도 불구하고 로런스과학대학은 "설립자들의 기대를 결코 충족시키지 못했다." 특히 인근에 MIT가 세워진 이후에는 더욱 그러했다.[123] MIT 출신 교수였던 엘리엇 총장은 로런스이과대학이 MIT와 경쟁할 수 없음을 알았다. 그는 두 기관을 합병하려고 여러 차례 시도했지만, 모두 실패로 돌아갔다.[124] 1905년, 오랜 구애 끝에 두 학교의 이사회가 합병을 승인했음에도 결혼은 성사되지 않았다.

그 대신 로런스이과대학은 여러 프로그램으로 분할되어 하버드 곳곳에 흩어졌다. 이 과정에서 대학원 중심의 하버드공학대학원(Harvard Engineering School)이 설립되었다. 그리고 1949년에 이르러서야 공학 및 응용과학 교육 전반이 문리과대학 산하의 공학·응용과학부((Division of Engineering and Applied Sciences, DEAS)로 통합되었다. 상당한 기금을 보유하고 있었지만, 이 학부는 순수과학에 더 중점을 둔 하버드 환경 속에서 이후 50년간 어려움을 겪었다. 교수진의 절반이 문리과대학 내 물리학과의 교수직을 겸임하고 있을 만큼 공학·응용과학부는 문리과대학과 긴밀히 연결되어 있었다. 〈블룸버그(Bloomberg)〉 칼럼니스트 버지니아 포스트렐(Virginia Postrel)은 "하버드는 결코 공학 분야의 하버드가 된 적이 없으며, 심지어 펜실베이니아대학교의 수준에도 미치지 못했다"라고 지적했다.[125] 공학과 응용과학 분야의 가장 유명한 하버드 출신 인물들이 위대한 회사를 설립했는데, 폴라로이드의 에드윈 랜드(Edwin Land), TSMC의 모리스 창(張忠謀), 마이크로소프트의 빌 게이츠, 페이스북의 마크 저커버그 등이다. 그러나 이들은 누구도 학위를 끝까지 마치지 않았다.

하버드 안에서 과소평가되었던 공학·응용과학부의 위상은 21세기 초에 급격히 변하기 시작했다. 현대 노동시장의 요구, MIT와 급부상하던 스탠퍼드와의 경쟁은 전 하버드칼리지의 학장이자 공학·응용과학대학원(School of Engineering and Applied Sciences, SEAS)의 전 임시 원장이었던 해리 루이스(Harry Lewis)의 말처럼, "훌륭한 공학대학이 없다면 하버드는 21세기에 위대한 대학이 될 수 없다"라는 사실을 분명히 했다.[126] 2007년 하버드는 공학·응용과학부를 공식적으로 공학·응용과학대학원으로 승격한다고 발표했다. 여전히 문리과대학의 틀 속에서 자유학예교양교육에 대한 강한 헌신을 유지한다는 점은 변함없었다. 공학·응용과학대학원의 초대 학장 벤카테시 나라야나무르티(Venkatesh Narayanamurti, 통칭 '벤키')는 이를 통해 "르네상스형 엔지니어"를 길러 낼 것이라고 강조했다.

2007~2016년에 하버드 내 공학·응용과학대학원의 위상은 끊임없이 성장했다. 공학·응용과학대학원에서 "전공"(하버드는 "concentrator"라고 부른다)을 선택한 학부생 수는 2008년 291명에서 2016년 887명으로 불과 8년 만에 세 배 가까이 늘어났다.[127] 2013~2014학년도에는 공학·응용과학대학원 전공자가 처음으로 인문학부 전공자 수를 넘어섰고,[128] 2019년이 되자 공학·응용과학대학원 전공자가 하버드 학부생의 20%를 차지했다.[129] 2014년 가을에는 하버드 학부생 전체의 12%가 공학·응용과학대학원의 '컴퓨터과학 입문 I(학수번호 CS50)'을 수강했다.《하버드 크림슨》은 이 과목을 "하나의 수업인 동시에 캠퍼스 문화 현상"이라고 불렀다.[130] CS50 강의는 이듬해부터 예일대학교에 실시간 스트리밍되었고, 예일 학부생들은 이 과목을 '컴퓨팅과 프로그래밍 입문'으로 수강할 수 있었다.

두 학교 학생은 해커톤과 같은 공동 활동에 참여했고, 예일대생들이 교수 상담 시간에 참석하기 위해 하버드 캠퍼스를 찾기도 했다.[131] CS50은 하버드 온라인 강좌 중 단연 가장 인기 있는 과목이었다.

이 모든 노력에도 불구하고, 2020년 기준 하버드의 공학 프로그램은 전국 순위 25위에 머물렀다. 이는 찰스강 건너편에 있는 그 기관이 1위를 차지한 것과 대조적이었다.[132] 하버드 공학·응용과학대학원은 규모 면에서 칼텍 정도의 작은 학교였는데, 선두권에 이름을 올린 소규모 공과대학은 칼텍이 유일했다. 다른 대학들에는 규모가 중요한 요인이었다.

2015년 억만장자 헤지펀드 매니저이자 하버드경영대학원 출신인 존 A. 폴슨(John A. Paulson)이 4억 달러를 기부하면서, 오늘날 '하버드존A.폴슨공학·응용과학대학원'으로 불리는 기관이 탄생했다. 공학·응용과학대학은 불과 10년이 채 되지 않아 새로운 이름과 기부금을 얻었고, 하버드 최초의 엔지니어 출신 학장 프랭크 도일(Frank Doyle)을 맞이했다. 그리고 신규 교수직과 급증하는 학생 수, 올스턴에 건설 중인 새로운 공학 콤플렉스를 갖추었다.

하버드는 선도적 역할을 이어갈 수 있을까?

거의 400년에 걸쳐 하버드는 미국 고등교육의 선두 주자였으며, 점점 늘어나는 미국 우수 대학들과의 건전한 경쟁 속에서 발전해 왔다. 그러나 하버드의 세계적 위상은 비교적 최근에 형성된 것이었다. 세계 각국 정부가 세계적 수준의 대학을 세우기 위해 전방위적 노력을 기울이는 상황에서, 과연 하버드는 글로벌 리더의 지위를 유지할 수 있을까?

21세기의 세 번째 10년대에 접어들 즈음, 도전 과제는 사방에 산적해 있었다. 하버드는 그 독보적이고 비교 불가능한 도서관을 기반으로 19세기와 20세기 동안 정보기술 분야를 선도해 왔다. 어떤 대학도 이에 근접하지 못했다. 그러나 도서와 학술지의 디지털화는 경쟁의 장을 평준화했고, 하버드는 차세대 정보기술 시대의 최첨단을 (아직) 점유하지 못했다. 예일, 프린스턴, 스탠퍼드, 듀크 등 국내 경쟁자들은 훨씬 더 중앙집권화된 기관들로서 대학 전체 차원에서 미래를 구상할 수 있는 역량을 갖추고 있었다. 그중 일부는 정기적이고 체계적인 방식으로 미래 계획을 세우기까지 했다. 하지만 강력한 단과대학 및 전문대학원과 허약한 중앙 조직을 가진 하버드는 대학 전체 차원의 전략 계획을 수행할 역량도 의지도 부족했다.

올스턴 부지 문제는 이를 잘 보여주는 사례다. 2013년 앨런 가버(Alan Garber) 교무총장이 단호하게 공과대학원을 대거 올스턴으로 이전하겠다고 발표했을 때, 해당 대학원에 적을 둔 모든 선임 부학장이 구두와 서면을 통해 이 결정을 공개적으로 반대했다.[133]

내가 학장으로 재직할 때와 그 이후에도 올스턴이라는 '약속의 땅'을 둘러싼 수많은 구상이 쏟아져 나왔음을 기억한다. 이 구상들은 새로운 길과 다리로 연결된 강 건너편 캠퍼스로, 그중 하나는 피렌체의 폰테 베키오(Ponte Vecchio)처럼 양쪽에 상점이 늘어선 다리로 확장할 수 있도록 설계되었다. 기차 터널과 모노레일, 심지어 곤돌라만 빠진 운하까지, 새로운 교통수단을 포함한 계획도 있었다. 가장 급진적인 발상은 찰스강을 옮겨서 하버드의 토지를 현대판 판게아(Pangaea)처럼 하나로 합치는 것이었다.

그러나 이 모든 것은 실현되지 않았다. 올스턴 개발을 위한 외부 기획 책임자들이 오갔으며, 또다시 교체되곤 했다. 2018년에 이르러 하버드는 결국 올스턴 개발을 외부에 위탁하기로 했다. 하버드는 공학 및 과학 부문의 학술 사업과 별도로, 14만5,687m² 규모의 상업용 '기업 연구 캠퍼스' 건설을 관리하기 위해 올스턴랜드컴퍼니(Allston Land Company)를 설립했다.[134] 이후 올스턴의 미래는 더 이상 하버드 단독으로 설계될 수 없었고, 다양한 민간 파트너십을 통해 형성될 수밖에 없었다. 이제 대학 세계에서 기업과의 협력이 중요한 시대가 된 것이다. 《타임스고등교육》세계 대학 순위에서 하버드는 2011년 1위에서 2020년 7위로 자꾸 하락했다. 이 하락의 핵심 원인은 순위 지표 중 하나인 "산업 수익(Industry Income)"이었다.[135]

하버드의 경쟁 상대는 더 이상 아이비리그 대학이나 시카고, 존스홉킨스 같은 훌륭한 연구중심대학들이 아니라, MIT, 칼텍, 케임브리지, 특히 스탠퍼드였다. 스탠퍼드의 성공은 상당 부분 기업가적 문화에 기인했으며, 이는 구글, 나이키, HP 등 《포춘》이 선정한 500대 기업의 창업자를 포함한 빛나는 동문 네트워크로 이어졌다. 엘리엇하우스 기숙사의 전 사감학장이자 대학석좌교수인 더글러스 멜턴은 이렇게 말했다.

스탠퍼드는 단연코 하버드의 가장 큰 도전 상대입니다. 만약 돈을 걸어야 한다면 스탠퍼드에 걸겠어요. 스탠퍼드에는 두 가지 중요한 장점이 있다고 봅니다. 첫째는 우리가 여기서 무엇을 말하든 간에 스탠퍼드는 전통에 얽매이지 않는다는 점입니다. 그들은 크게 신경 쓰지 않아요. 그곳에서는 '동문이 뭐라고 생각할까?', '이사회가 어떻게 볼까?' 같은 말은 절대 들리지 않아요. 그들은 그런 방식으로 생각하지 않습니다. 우리의 임무는 미래를 만드는 것이지, 과거를 기리는 것이 아니에요. 둘째는 이렇게 말하기 미안하지만, 미국 사회의 현실인 사실, 즉 돈이 중요하다는 점입니다. 스탠퍼드 자체에서 비롯된 막대한 부와 그 밖의 요인들로 인한 부가 지금은 서부 해안에 집중되어 있어요.[136]

반면, 래리 바코 총장은 낙관론자였다. "올스턴은 보스턴 대도시권의 차세대 연구, 발견, 혁신의 중심지가 될 것입니다. 이곳에서의 활동은 우리 캠퍼스와 더 넓은 지역사회 발전에 지속해서 영향을 끼칠 것이며, 앞으로 그 누구도 예측할 수 없는 방식으로 세계를 변화시킬 기업들을 불러일으키고 만들어 낼 것입니다.”[137] MIT의 전 총장이었던 바코는 산업계와의 유대 강화가 대학에 얼마나 큰 이익을 가져다줄 수 있는지 잘 알고 있었다. MIT가 자리한 켄달 스퀘어(Kendall Square)는 한때 황폐한 주차장과 낡은 공장이 늘어선 “먼지바람 부는 황무지”로 알려져 있었다.[138] 그러나 수십 년에 걸쳐 이 지역은 세계를 선도하는 바이오테크놀로지 중심지로 떠올랐고, 구글, 페이스북, 마이크로소프트 같은 거대 기술 기업들이 몰려들어 MIT와 협력하는 활기찬 혁신 허브로 탈바꿈했다.

켄달 스퀘어(혹은 팔로알토)의 성공을 재현하기란 절대 쉽지 않을 것이다. 이미 너무 많은 시간이 흘렀다. 뒤의 사진은 켄달 스퀘어와 올스턴의 과거 황량했던 시절, 그리고 오늘날을 보여준다. 지금 켄달 스퀘어는 세계적 혁신 중심지로 자리 잡았지만, 다른 한쪽은⋯솔직히 말하면 예전과 거의 변함이 없다.

2017년 11월, 올스턴의 새로운 공학·과학관의 마지막 철골보를 올려놓는 “상량식”이 열렸다.[139] 수십 년 동안 준비해 온 순간이었다. 크레인이 보를 올리기 위해 키를 늘렸다. 그때 크레인이 고장 났고, 상량은 이루어지지 못했다. 새로운 공학관은 2020년 가을 개관 예정이었으나, 그해 봄 전 세계를 덮친 코로나19 팬데믹으로 2021년 8월로 연기되었다.[140] 하버드는 상량에 실패했지만, 다행히 올스턴에서 최악의 상황은 벗어난 듯 보였다.

미국에서 가장 오래된 대학인 하버드는 그 어떤 기관보다도 미국이라는 나라의 특성을 잘 반영하고 있다. 이민자들이 설립한 하버드는 이 땅에서 자기 정체성을 새롭게 만들어 내는 한편, 해외로부터 가장 우수한

[그림 5-5] 1996년 당시 켄달 스퀘어. "켄달 스퀘어 교통시스템센터 건설 현장, 동쪽 방향." (1966
년경: 연구혁신기술청[교통] 기록, 1965~2002, 기록군 467: 보스턴 국립문서기록관리청).

[그림 5-6] 오늘날 켄달 스퀘어. (Les Vants Aerial Photos).

[그림 5-7] 1923년 당시 올스턴. (에어로 시닉 항공 사진/보스턴 화보 아카이브/보스턴 공립도서관/CCBY-NC-ND).

[그림 5-8] 오늘날 올스턴. (스티브 던웰(Steve Dunwell) 제공).

아이디어와 인재를 지속해서 받아들였다. 하버드는 많은 미국인과 마찬가지로 작은 정부의 미덕을 신념으로 삼아 왔다. 그 결과 미국 주요 대학 중에서 가장 작고 간섭이 적은 중앙 행정부를 운영하고 있으며, 중앙 차원의 기획 능력은 두드러지지 않는다. 하버드의 단과대학들과 전문대학원들은 과거 "주의 권리(states' rights)"라 불리던 것을 누리며 자신들의 자율성과 (부유한 학부의 경우) 막대한 기금을 끈질기게 지켜 내고 있다. 오늘날 미국 사회가 그러하듯이, 하버드는 학생들을 미국 사회 전 계층으로부터 선발하면서도 각 단과대학 및 대학원 간에 실질적인 재정 격차가 존재하는 곳이다. 미국과 마찬가지로 하버드 역시 부러움을 살 만한 자원을 보유하고 있으나, 그것들을 거의 남김없이 소진한다. 하버드는 타의 추종을 불허하는 학문적 기업가 정신의 장이며, 앞으로는 경제활동의 한복판에서 기업가들과 더욱 직접적으로 연결될 가능성이 크다. 혁명과 남북전쟁, 그리고 여러 차례의 국내 소요 사태를 견뎌 낸 하버드는 놀라운 자기쇄신 능력을 보여주었다. 고등교육사가 데이비드 라바리가 썼듯이, "모두가 하버드가 되고 싶어 한다."[141] 그러나 이처럼 구조적으로 분권화된 하버드가 21세기에도 여전히 하버드로 남을 수 있을까? 세계 대학의 선두 자리를 이어가려면 어떻게든 그래야 할 것이다.

제6장
공적 사명, 사적 자금
캘리포니아대학교 버클리

우리는 갈림길에 서 있다. 위태로운 것은 우리라는 존재 그 자체가 아니다. 세계적 수준의 교육에 대한 접근이 특권이나 경제적 형편이 아니라 능력에 기반을 둘 때 사회 전체가 혜택을 본다는 신념, 사적 부문(private sector)이 수월성의 유일한 저장고가 되어서는 안 된다는 확신, 공익을 위해 수행되는 연구가 이윤 추구를 위해 움직이는 탐구와 구별된다는 인식, 그리고 세상을 더 나은 곳으로 만들겠다는 우리 캠퍼스의 깊은 헌신이 결코 우연이 아니라는 믿음이다.[1]

-니컬러스 더크스(Nicholas Dirks), 전 캘리포니아대학교 버클리 총장

2017년 캘리포니아대학교 버클리 총장(chancellor)[2] 캐럴 크라이스트(Car-ol Christ)가 취임 연설을 하기 위해 단상에 올랐다. 1970년 처음 캠퍼스에 발을 들인 이래 수십 년간 버클리의 변화를 지켜본 크라이스트는 미국 최고의 공립대학이 지닌 역사, 문화, 그리고 유산에 대해 누구보다 잘 알고 있었다. 이듬해는 버클리 창립 150주년이었다. 그녀는 1868년 창립자들

이 어떤 비전을 품었는지, 그리고 그 비전이 21세기 대학에 어떤 의미를 갖는지 자문했다. 그녀는 전임 버클리 총장이자 캘리포니아대학교 총괄 총장을 지낸 클라크 커의 말을 인용하며 이렇게 말했다. "대학은 학부 교육에서 가능한 한 영국적일 수밖에 없는데, 왜냐하면 옥스퍼드와 케임브리지가 기숙형 리버럴아츠칼리지의 모델을 제시했기 때문입니다. 대학원 교육과 연구에서는 가능한 한 독일적이어야 하는데, 독일이 연구중심 대학의 모델을 발전시켰기 때문입니다. 그리고 대중과의 관계에서는 가능한 한 미국적이어야 합니다." 그녀는 이것이 "버클리의 창립 정신이며, 우리가 두 번째 150년을 시작하는 시점에 반드시 기억해야 할 점"이라고 강조했다. 그녀는 연설을 이어가며 미래를 내다보았다. "나는 지금이 버클리 역사상 그 어느 때보다도 중대한 전환의 순간이라고 믿습니다. 주 정부 지원의 감소를 고려할 때, 우리는 캠퍼스의 재정 모델을 재구상해야 합니다."[3]

크라이스트의 전임자 니컬러스 더크스는 2017년 6월 1일 사임하기 전, 버클리의 구조적 재정 적자를 해소하기 위해 이미 대응에 착수한 바 있었다. 그는 그해 여름까지 1억5,000만 달러 규모의 적자 가운데 8,500만 달러를 줄이겠다는 계획을 발표했다.[4] 안타깝게도 더크스가 떠나면서 남긴 그림자 속에는 대학이 직면한 재정 문제보다 훨씬 더 큰 도전 과제가 기다리고 있었다. 버클리에 명성을 안겨 준 여러 요인이 이제는 가장 다루기 힘든 약점으로 변해 있었기 때문이다.

버클리는 본질적으로 캘리포니아 주민들에게 세계적 수준의 교육을 제공하는 데 헌신한 공립대학이었다. 1960년 제정된 캘리포니아고등교육기본계획(Master Plan for Higher Education in California)은 주 내 공립 고등 교육기관 간 역할 분담을 명시했으며, 수년 동안 캘리포니아대학교 캠퍼스들과 캘리포니아주립대학교(California State University) 캠퍼스들, 그리고 다수의 커뮤니티 칼리지의 노력을 조율해 왔다. 캘리포니아 주민들의 사회적 상승의 동력으로서 버클리의 정체성은 대학 공동체 정신에 깊이 뿌리박혀 있었고, 오랫동안 구성원들의 학문적·사회적 활동을 추동하고 고무했다.

그러나 급속한 성장과 인구 변화의 시기를 거치며, 오늘날 캘리포니아는 기본계획이 제정되던 시기와 그 모습이 크게 달라졌다. 주 정부와 주민, 그리고 버클리 공동체는 극적인 인구 구조 변화와 인종적 다양성의 맥락에서 "공정한 접근" 보장과 "수월성 추구"라는 버클리의 두 이상을 균형 맞추기 위해 고군분투했다. 더 중요한 것은 기본계획이 제정되던 시대와 달리 주 정부가 (미국의 많은 주와 마찬가지로) 공립 고등교육에 대한 투자를 대폭 축소했다는 점이다. 2017년에는 미국 50개 주 가운데 44개 주가 2008년에 비해 학생 1인당 지출을 줄였다.[5] 캘리포니아의 간판 기관인 버클리는 2020년 예산의 13%만을 주 정부로부터 지원받았는데, 이는 1990년의 50%와 비교되는 수치였다.[6] (1919~1968년 버클리 예산의 95%를 주 정부가 부담했다.)[7] 캠퍼스에서 빈번하게 벌어진 학생 시위와 캘리포니아대학교 시스템의 최고 의결 기구인 이사회(Regents)는 등록금 인상에 반대했는데, 이는 주 정부 지원 축소에 대응할 수 있는 버클리 행정 당국의 수단을 크게 제한했다. 재정 문제 외에도, 전 캘리포니아 주지사 제리 브라운(Jerry Brown)은 "평범한 보통 학생들이 배제되고 있다"라며 버클리를 비난했는데, 이는 버클리를 예외적 기관으로 대우해 온 주 정부의 의지가 약해졌음을 보여주었다.[8] 브라운의 후임자인 개빈 뉴섬(Gavin Newsom) 주지사는 취임 초 캘리포니아대학교의 가치를 인정하며 처음에는 2020~2021년 예산 지원 증액을 제안했다. 그러나 2020년 코로나19가 발생하자, 그는 오히려 고등교육 예산을 10% 삭감했다.[9] 하지만 버클리의 교수들과 학생들은 수년간 지원이 지속해서 감소하고 있다는 증거 앞에서도 여전히 공적 자금 지원이 당연하다는 전제 아래 활동을 이어 나갔다. 주 정부 지원이 충분하던 시절에 버클리의 공적 사명은 버클리를 탁월하게 만들었지만, 지원이 줄어든 불운한 시기에는 현실에 대응하거나 심지어 직시하는 데조차 제약으로 작용했다.

교수진이 버클리의 거버넌스에 보여 온 열정과 헌신은 오랫동안 제도적 강점으로 여겨졌다. 그러나 재정 압박이 심해지면서 자원 배분에 대한 점점 더 어려운 결정들이 필요해지자, 민주적이면서 동시에 비효율적인 교수 참여형 거버넌스 모델은 종종 대학 지도부의 리더십과 전진 능력을 저해했다.

버클리의 사명과 모델의 유산은 여전히 명성을 떨치고 있으며, 다른 주의 공립대학들이 부러워하고 본받는 대상이었다. 그러나 이제 버클리의 재정 압박이 계속된다면, 그 위대한 역사는 신화 속으로 물러날까? 버클리는 오랫동안 미국 공립 고등교육의 "전형(Gold Standard)"으로 자리매김했다. 따라서 미국에서 '사적 재원으로 운영되는 공립대학은 무엇을 의미하는가?'라는 도전에 버클리가 어떻게 대응하는지는 전국 주립대학 총장들의 주목을 받게 될 터였다.

골드러시에서 전형까지

캘리포니아대학교 전체와 버클리 캠퍼스의 기원은 모두 캘리포니아라는 신생 주에 세워진 작은 학문 전초기지인 캘리포니아칼리지(College of California)의 이야기로부터 시작된다. 장차 캘리포니아가 될 지역 주민들은 고등교육을 매우 중시해서, 주 승격이 이루어지기 전부터 대학 설립 논의를 진행했다. 초기에는 1855년 예일대학교 동문이 설립한 후 법인으로 인가받은 캘리포니아칼리지 같은 사립 기관들이 시민들의 고등교육 수요를 충족시켰다.

그로부터 7년 뒤인 1862년 연방 정부는 모릴법을 제정해 각 주 정부가 농업·기계 중심의 대학을 설립하거나 재정을 지원하면, 연방 공여지를 제공함으로써 공립 고등교육기관의 발전을 장려했다. 모릴법에 힘입어 퍼듀(Purdue), 코넬 등 이른바 '랜드그랜트 대학'들이 전국 각 주에서 속속 설립되었다. 캘리포니아 주민들 역시 이 연방 프로그램을 적극 활용해 오랫동안 염원해 온 공립대학을 세우고자 했다. 다만 캘리포니아칼리지가 구축한 물리적·상징적 기반의 가치를 인정해, 새로운 기관이 농업·기계 단과대학뿐 아니라 문리과대학(college of letters and science)을 포함한다는 조건으로 랜드그랜트 대학을 캘리포니아칼리지 캠퍼스에 건설하기로 했다. 그리고 1868년 3월 23일, 이 과학과 인문학을 아우르는 랜드그랜트 대학은 캘리포니아대학교로 명명되었다.

캘리포니아대학교는 1868년 당시 하나의 캠퍼스에 불과했으나 오늘날에는 11개 캠퍼스로 확장되었으며, 1879년 5월 17일 비준된 캘리포니아주 헌법에 명문화된 대로 총괄총장과 이를 감독하는 이사회의 지휘 아래 운영되었다. 오늘날 이사회는 총 26명으로 구성된다. 여기에는 캘리포니아 주지사가 임명하는 12년 임기의 이사 18명, 학생 대표 1명, 그리고 주지사, 부지사, 주 하원의장, 주 교육감, 캘리포니아대학교 동문회장과 부회장, 대학 총장 등 7명의 당연직 위원이 포함된다.[10] 이사회는 초기부터 대학의 포용적이고 다채로운 성격을 조성하는 데 이바지했으며, 1870년 여성의 입학을 허용하고 같은 시기에 해외 학생들을 받아들였다.

설립 후 첫 10년 동안 캘리포니아대학교는 인문학과 과학 중심의 예일 전통을 계승한 진영과 모릴법에서 영감받은 농업·기계 중심의 실용 학문 진영 모두가 받아들일 수 있는 정체성을 확립하느라 고군분투했다.[11] 이 중요한 시점에서 캘리포니아대학교를 이끈 인물은 여러 중요한 총괄총장 중 한 명인 대니얼 길먼이었다. 처음에 길먼은 캘리포니아대학교를 건설한다는 전망에 큰 기대를 걸었다. 그는 캘리포니아대학교를 독일과 뉴 잉글랜드의 모델에 견주며 이렇게 말했다. "우리가 모방해야 할 것은 베를린대학교도, 뉴헤이븐의 대학교도 아니다. (중략) 그것은 바로 이 주의 대학이다. 대학은 이 사람들에게, 이들의 공립학교 및 사립학교, 독특한 지리적 위치, 새로운 사회의 요구, 아직 개발되지 않은 자원의 요구에 맞춰야 한다."[12] 길먼은 단 3년(1872~1875) 동안 캘리포니아대학교 총괄총장직을 수행했다. 그 기간 내내 그는 정치적·재정적 어려움에 자주 좌절했으며, 이후 존스홉킨스대학교의 초대 총장으로 자리를 옮겨 베를린 모델을 본뜬 최초의 대학원 중심 대학을 세웠다.[13] 그러나 짧은 재임 기간에도 그는 캘리포니아대학교의 성격을 둘러싼 이견을 극복해 냈으며, 대학을 종합적인 학문 기관의 방향으로 이끌었다.

캘리포니아대학교는 신생 기관이었는데도 주 정부와의 관계에서 어려움을 겪었다. 1878년 캘리포니아가 제2차 주 헌법 제정 회의를 열었을 때, 대학과 정부 간의 관계가 핵심 의제 가운데 하나였다. 회의 대표단이 주 의회에 품고 있던 환멸과 조셉 와이넌스(Joseph Winans) 대표가 대학의 제도적 자율성을 열정적으로 옹호한 덕분에, 1878년 캘리포니아 헌법은 대학을 "모든 정치적·종파적 영향으로부터 전적으로 독립되며, 이사회 임명과 업무 운영에서 그러한 영향으로부터 자유롭게 운영되는" 자율적 기관이라고 규정했다.[14] 캘리포니아대학교의 제도적 독립성은 원칙적으로 너무나 완전해서 때때로 캘리포니아주 정부의 "제4부"[15]라 불릴 정도였다.

제도적 자율성을 주장하는 것과 주 정부의 재정 지원을 받는 공립대학으로서 실제로 이를 행사하는 것은 전혀 다른 문제였다. 캘리포니아대학교는 1899~1919년에 대학을 이끈 벤저민 휠러(Benjamin Ide Wheeler) 총괄총장 시기에 크게 번영하기 시작했다. 휠러는 이사회와의 점진적인 협상을 통해 특정 사안의 의사 결정권을 총장실로 가져옴으로써 캘리포니아대학교의 총장직을 강력한 중앙집권적 지위로 발전시켰다. 휠러의 임기 말에 이르자, 캘리포니아대학교 총괄총장은 교수 채용뿐 아니라 예산 편성까지 관할했다. 이러한 권한은 휠러의 직전 총장이었던 마틴 켈로그(Martin Kellogg)의 권한과는 극명한 대조를 이루었는데, 켈로그가 총괄총장 권한을 확대함으로써 얻은 가장 큰 성과는 수위를 고용, 해고, 관리할 권리를 획득한 데 불과했기 때문이다. [16]

휠러는 독일의 여러 최고 고등교육기관에서 공부했으며 하이델베르크대학교에서 박사 학위를 받았다. 당시의 많은 동시대인들처럼 그는 독일의 종합 연구중심대학 모델에 깊은 영향을 받았고, 그로부터 큰 영감을 얻었다. 캘리포니아대학교가 다양한 학문 분과를 발전시키고 연구 중심적 성향을 한층 강화하기 시작한 것도 휠러의 재임 기간이었다. 에드윈 슬로슨은 캘리포니아대학교를 관찰한 후 1910년에 쓴 《위대한 미국 대학들(Great American Universities)》에서 캘리포니아칼리지의 학문적 지향과 모릴법의 실용적 지향 사이의 갈등이 상당 부분 해소되었다고 평가했다. 그는 "나는 기계공학과 형이상학을 이토록 균형 있게 성공적으로 발전시키는 대학을 알지 못하며, 우주 저 멀리까지 내다보는 동시에 민중의 삶에 이처럼 가까이 다가서는 대학도 알지 못한다"라고 기록했다. [17] 슬로슨은 또한 다양한 경제적·민족적 배경을 지닌 학생들로 구성된 평등주의적 학생 공동체를 캘리포니아대학교의 장점으로 칭송했다.

휠러의 변혁적 재임 기간은 하버드의 엘리엇 총장 시기와 유사했다. 물론 그를 비판하는 사람들이 없었던 것은 아니다. 총괄총장으로서 막강한 권한을 행사했던 휠러가 물러나자, 학술평의회(Academic Senate)는 교수에게 학문 및 교수 업무 관련 권한을 더 많이 부여할 것을 요구하며 버클리 최초의 교수 저항운동을 일으켰다. 휠러 은퇴 이후의 권력 공백기에 이루어진 이 집단적 노력은 캘리포니아대학교 학술평의회의 권한을 크게 강화했다. 그 결과 버클리 학술평의회는 2016년까지도 미국 대학 가운데 가장 영향력 있는 통치 기구 중 하나로 남아 있었다. 교수들이 학사 관련 의사 결정에 참여하고 책임을 지는 전통은 캘리포니아대학교 시스템의 지속적 특징으로 자리 잡았으며, 버클리 거버넌스를 규정하는 핵심적이고 차별적인 요소가 되었다.

기본계획과 저항하는 학생들

휠러 이후 교수진 혁신이 일어나던 바로 그때, 캘리포니아의 급격한 성장은 캘리포니아대학교가 버클리라는 단일 캠퍼스에서 주 전역으로 뻗어 나가는 다(多) 캠퍼스 체제로 발전하는 원동력이 되었다. 20세기 초에 주 남부에서 석유가 발견되면서 남캘리포니아의 인구와 부, 영향력이 확대되었다. 그러자 남부 출신 이사회 회원들은 지역 내 교육기관을 캘리포니아대학교의 일부로 편입시키기 위해 노력했다. 1919년 로스앤젤레스 사범학교(Los Angeles Normal School)를 기반으로 캘리포니아대학교 남부 분교(훗날의 UCLA)가 로스앤젤레스에 공식적으로 설립되었다. 새 캠퍼스가 추가되었는데도 캘리포니아대학교의 거버넌스 구조는 크게 바뀌지 않았다. 여전히 이사회와 총괄총장이 대학을 이끌었고, 총장실은 버클리 캠퍼스에 그대로 자리 잡고 있었다. 총괄총장은 두 기관을 모두 관할하는 행정 책임자로 남아 있었다.

20세기 초 내내 캘리포니아의 교육 자원이 점차 다양한 주립 고등교육 기관으로 분산되었는데도 버클리는 계속 성장했다. 캘리포니아대학교의 학생 수는 1899년 2,600명에서 1919년 1만2,000명으로 늘어났다.[18] 1923년 캘리포니아대학교의 재학생 수(전 캠퍼스 합계)는 1만4,061명으로, 당시 미국은 물론 세계에서 가장 큰 대학이었다.[19] 이러한 급격한 규모 확대에도 버클리의 제도적 수준은 떨어지지 않았다. 오히려 규모가 커질수록 명성도 함께 높아졌다. 1906년 최초로 미국 대학에 대한 전국 평가가 등장한 이후 2019년 세계 대학 순위에 이르기까지 버클리는 줄곧 최상위권을 유지했다.

클라크 커 제2차 세계대전이 끝날 무렵, 버클리와 캘리포니아대학교의 자매 캠퍼스들은 이미 탄탄하게 자리 잡았고 높은 평가를 받고 있었다. 그러나 전후 캘리포니아 인구와 캘리포니아대학교에 진학하고자 하는 학생 수의 폭발적인 증가는 캘리포니아에 더 크고 체계적인 고등교육 체제가 필요하다는 사실을 분명하게 보여주었다. 다행히 이러한 거대한 행정적·지적 과제를 감당할 적임자가 캘리포니아대학교 안에 있었다.

클라크 커는 버클리에서 박사 학위를 받았으며, 이후 경력의 상당 부분을 그곳에서 보냈다. 1952년, 한 명의 중앙 행정가가 캘리포니아대학교의 모든 캠퍼스를 관리하는 것이 점점 어려워지고 있다는 점을 인식한 이사회는 버클리와 캘리포니아대학교 로스앤젤레스(UCLA)에 각각 총장직을 신설해 행정적 부담을 분산시켰다. 커는 버클리의 초대 총장으로 임명되었다. 그의 주요 임무는 우선, 권한 이양을 주저하는 캘리포니아대학교 총괄총장과의 관계 속에서 자신이 맡은 신설된 직책의 역할을 규정하는 것이었다. 커는 행정과 의사 결정의 중심을 서서히 캘리포니아대학교 전체 차원이 아닌 개별 캠퍼스 차원으로 이동시켰다. 그는 총장으로서의 이러한 경험을 통해 지역 캠퍼스 차원에서 행정적 유연성과 권한의 필요성에 대한 이해를 확고히 했고, 이는 뒤이어 1958~1967년 캘리포니아대학교 총괄총장으로 영전해 활동할 때 중요한 토대가 되었다. 그는 1958년 12월 이사회가 도입한 캘리포니아대학교 최초의 '지속적 종신직(continuous tenure)' 제도를 실행함으로써, 각 캠퍼스가 중앙 행정부의 영향을 덜 받고 교수진이 캠퍼스 행정으로부터 더 큰 자율성을 확보할 수 있도록 했다.[20] 그는 훗날 각 캠퍼스로의 점진적인 권력 분산이 캘리포니아대학교 시스템의 큰 성공 요소 중 하나라고 언급했다. 왜냐하면 이를 통해 한두 개 캠퍼스만을 엘리트 지위로 끌어올리고 나머지를 방치하는 대신, 캠퍼스 간 경쟁을 유도해 모두가 더 높은 수준을 달성했기 때문이다. 그런데도 버클리(후일 UCLA도 합류)는 시스템의 기함(旗艦) 역할을 했으며, 니컬러스 더크스가 나중에 그렇게 하게 될 것처럼, 커의 후임 총괄총장들은 때때로 권한을 다시 중앙집권화하고자 시도하기도 했다.

커는 버클리와 캘리포니아 고등교육의 발전에 크게 이바지했는데, 그 중에서 1960년 '캘리포니아 고등교육 종합 계획(Master Plan for higher Education in California)'을 수립할 때 그의 역할이 대중에게 가장 널리 알려졌다. 이 종합 계획에 따르면, 일정 조건을 충족한 학생, 즉 캘리포니아주에서 고등학교를 졸업한 학생은 누구나 세 단계의 고등교육 기회를 가질 수 있었다. 고등학교 졸업생 중 상위 8분의 1은 캘리포니아대학교의 여러 캠퍼스에 입학할 수 있었고, 상위 3분의 1은 캘리포니아주립대학(California State College, 오늘날의 California State University) 체제 입학이 보장되었으며, 그 밖의 졸업생은 커뮤니티 칼리지 진학이 보장되었다. 캘리포니아대학교와 캘리포니아주립대학은 커뮤니티 칼리지 출신 편입생을 위해 3학년 정원의 상당 부분을 할애했다. 이와 대조적으로, 2019년 하버드가 커뮤니티 칼리지에서 편입생을 한 명만 받아들인 사실은 전국적인 뉴스거리가 되었다.[21] 주 정부와 관련 기관 행정가들의 지지를 얻은 이 계획은 캘리포니아주의 급속한 인구 증가, 소수민족(특히 아시아계와 라틴계) 비율 증가, 소득 불평등 확대 등 중요한 인구통계학적 변화에도 불구하고 오랫동안 강력한 사회적 이동성의 엔진으로 기능했다.[22] 커의 리더십으로 캘리포니아가 세계 최고의 공립 고등교육 체제를 구축했다고 말해도 지나치지 않다.

배울 자유, 캘리포니아 방식 20세기 후반, 버클리는 미국의 다른 어느 대학
보다도 정치적 현실 참여 운동과 소요의 대명사가 되었다. 버클리의 정치
투쟁 중 가장 널리 알려진 것은 1964년에 시작된 학생 주도의 표현의 자
유 운동이었지만, 정치적 불안은 1949년부터 이미 캠퍼스를 뒤흔들기 시
작했다. 반공 정서가 전국의 대학과 정부 기관에서 고조되면서 캘리포니
아대학교 총괄총장 로버트 스프롤(Robert Sproul)과 이사회는 교수진에
충성 서약을 요구했다. 이에 대한 교수진의 반응은 신속하고 격렬했으며,
커의 말에 따르면 그것은 "미국 역사상 대학 교수진과 이사회 사이에 벌
어진 가장 큰 대립"이었다.[23] 매카시즘 시기에 미국 대학에서 정치적 이
유로 해임된 교수 69명 가운데 31명이 캘리포니아대학교 소속이었다.[24]
이 갈등은 장기간에 걸쳐 교수진과 대학 행정 당국 간 긴장과 불신을 촉
발했다.

　이 폭풍에 이어 일어난 1964년의 표현의 자유 운동의 결과, 학생들은
미국 헌법에는 보장되어 있으나 그때까지 버클리와 대부분의 미국 대학
캠퍼스에서 허용되지 않았던 표현의 자유를 획득했다. 이 표현의 자유는
수년 동안 격렬한 캠퍼스 정치화의 시대를 열었고, 베를린, 보스턴, 베이
징에서와 마찬가지로 학생들과 대학 및 주 행정 당국의 대립이 이어졌다.
버클리가 미국 학생운동의 최전선에 서 있었기 때문인지 반격은 더 일찍
찾아왔다. 1966년 배우 로널드 레이건은 "버클리 학생 반발 진압"을 공
약으로 내세우며 캘리포니아 주지사 선거에 출마했다.[25] 레이건의 당선
은 커의 리더십과 대립하는 주 정부를 권좌에 올려놓았고, 1967년 커는
캘리포니아대학교 총괄총장직에서 해임되었다. 커는 재치와 솔직함으로
유명했다. (그는 한때 "캠퍼스의 가장 큰 세 가지 행정 문제는 학생들의 성(sex), 동

문의 체육(athletics), 교수들의 주차(parking)"라는 유명한 농담을 한 적이 있다.)[26]

그는 퇴임할 때 이렇게 회고했다. "사실 나는 총괄총장직에 취임할 때와 똑같은 방식으로 물러났다. '열정으로 해임'된 것이다. 취임 당시에는 나 자신의 열정으로, 퇴임 때에는 다른 이들의 열정으로."[27]

커는 물러났지만, 버클리와 커가 크게 발전시킨 캘리포니아 고등교육 체제는 그가 기본계획을 통해 확립한 성장의 궤적을 여전히 따라갔다. 캘리포니아 주지사들의 재정적·정치적 지원이 점차 불균등해지는 상황에서도, 캘리포니아대학교 캠퍼스의 수가 늘어나면서 캠퍼스 각각에 분배되는 주 재정이 줄어들었다. 그리고 캘리포니아대학교 내 특별했던 버클리의 위상이 희석되는 상황에서도 성장은 지속되었다. 모든 상황 속에서도 버클리는 여전히 명문 대학으로 남았다. 그러나 가장 큰 물리적·재정적·실존적 도전은 아직 찾아오지 않았다.

생존을 위한 투쟁

2008년에 이르기까지 버클리는 숱한 재정적 부침을 겪어 왔다. 하지만 하버드와 마찬가지로 그 어떤 경험도 2008년 금융 위기에 비할 바는 아니었으며, 그 후폭풍이 훨씬 오래 지속되었다는 면에서 하버드보다 더욱 심각했다. 미국 금융시장의 붕괴는 버클리의 기금에 큰 타격을 입혔다. 2007년 29억 달러였던 기금 규모는 2009년 23억 달러로 20% 이상 급감했고, 연금 투자의 손실 역시 심각했다.[28] 하지만 캘리포니아주 예산에 끼친 영향은 이보다 더 심각하고 치명적이었다. 캘리포니아주 의회가 특정 목적을 위한 전용 재원을 늘리는 추세를 보이면서, 캘리포니아대학교 예산은 정부 자금이 사전에 배정되지 않은 몇 안 되는 영역 중 하나였다. 주 재정이 위기를 맞자 주 의회는 대학들에 가혹한 삭감을 떠넘겼고, 2008년 캘리포니아대학교는 예산을 20%나 줄여야 했다.[29]

전국의 대학들이 상당한 기금 감소와 투자 수익 하락에 직면했다. 하지만 자체 투자 손실과 막대한 주 정부 지원의 갑작스러운 철회를 동시에 맞은 캘리포니아대학교 캠퍼스만큼 심각한 재정 손실의 부담을 겪은 곳은 드물었다. 버클리는 크게 줄어든 예산에 맞추기 위해 도서관 운영 시간을 줄이고 교수와 직원의 무급 휴직을 시행하며, 신규 교수 충원을 90%까지 축소하는 등 가능한 모든 조치를 해야 했다.[30] 전국의 대학 학과들은 지금이야말로 학문적 거물들을 빼 올 수 있는 절호의 기회라며 버클리 교수들을 노렸다.

2004~2013년에 버클리 총장을 지낸 로버트 버지노는 불가능해 보이는 상황에서 놀라운 능력을 발휘했다. 그는 거의 모든 측면에서 위기에 직면한 이 세계적 수준의 기관을 어떻게 운영할 것인지 결단을 내려야 했다. 전임 집행총장 겸 교무총장인 조지 브레슬라우어(George Breslauer)는 버지노의 기개를 회고하며 이렇게 전했다. "그는 평생 수비를 해 본 적이 없으며, 여기 와서도 수비할 생각이 없다고 했습니다. 그는 우리에게 '전진하라. 우리는 영광스럽게 이 위기를 돌파해야 한다'라고 말했죠."[31]

버지노와 브레슬라우어는 크게 줄어든 예산에 전략적으로 대응했다. 재정이 넉넉했던 버클리는 굳이 재정 관리 역량을 키울 필요가 없었으므로, 듀크대학교처럼 재정 관리에 강점을 보여 온 적이 없었다. 그런데도 버지노는 위기 이전인 2006년 일찌감치 전 JP모건 전무였던 네이선 브로스트럼(Nathan Brostrom)을 행정 담당 부총장으로 영입해 캠퍼스 재정 관리의 전문화를 향한 획기적 조치를 했다.

버지노는 또한 석좌교수직 설립을 위해 받은 기금의 일부를 대학 중앙으로 돌리는 방식으로 중앙의 재정 기반을 강화했다. 즉 석좌교수 기금 수익의 50%를 대학 중앙 재정으로 환원해 해당 교수의 급여를 지원하도록 했다. 오랫동안 석좌교수직을 주 정부가 지원해야 할 책임으로 여겨

왔던 버클리에 이는 중대한 상징적 전환이었다. 하버드 같은 다른 대학들에서는 석좌교수 기금 수익이 전액 학교 집행부로 환원되었지만, 버클리의 석좌교수직은 전통적으로 교수의 연구만을 지원하고 급여는 지원하지 않았다.

아무리 탁월한 재정 관리라 해도 돈을 새로 찍어 낼 수는 없는 노릇이었다. 위기 이전 브레슬라우어는 약 4,500만 달러 규모의 교무총장실 예산을 배분할 책임을 맡고 있었다. 그는 이 총예산 중 약 500만 달러를 재량기금(discretionary fund)으로 만들어 신규 교수직 창출 등 대학 내 다양한 사업을 지원하는 데 사용했다. 그는 "2008년 금융 붕괴 이후 좋은 시절은 끝났다"라고 회상했다. 예산을 전략적으로 다루기로 결심한 브레슬라우어는 캠퍼스 전체에 걸쳐 일률적 삭감을 단행하는 것을 피했다. 대신 모든 보고 단위를 광범위한 기준에 따라 평가하고 이를 네 등급으로 분류한 후, 각 등급에 상응하는 삭감을 단행했다. 브레슬라우어는 이 과정을 대부분 직접 수행했다. 그는 "충격은 너무도 심각했고, 주 정부의 삭감 또한 너무나 가혹해서 (중략) 시간은 우리 편이 아니었습니다. 위원회라는 게 시간이 끝없이 걸린다는 사실을 잘 알았기 때문입니다"라고 말했다. 그럼에도 그는 투명성과 협의를 중시했으며, 고통스럽더라도 자신이 제안한 삭감안이 "신뢰성과 정당성"을 확보하기를 바랐다.[32]

대체로 평가하건대, 재정 전문화, 자원의 전략적 배분, 그리고 자본 유치 캠페인과 주요 보조금 및 경쟁 사업 추진 등 다소 늦었지만 집중적인 모금 노력을 포함한 버지노의 위기관리 전략은 초기에 성공을 거두었다. 위기가 가장 심각했던 시기에 버클리는 1년 동안 14명의 교원을 잃었으나, 곧 전통적으로 강점을 보인 교원 유지 비율을 회복했고 점차 더 안정적인 기반을 마련했다.[33]

이러한 낙관적 분위기 속에서 2013년 버지노의 후임자로 니컬러스 더크스가 버클리에 부임했다. 그는 학문적 업적과 리더십에서 탁월한 경력을 쌓았으며, 컬럼비아대학교에서 자유학예 및 과학 분야 집행부총장 겸 문리과대학 학장을 역임한 바 있었다. 그가 총장직을 시작했을 때는 여전히 2008년 글로벌 금융 위기의 여파가 이어지고 있었지만, 버클리는 미래 전략을 진지하게 모색할 수 있을 정도로 안정적 기반을 마련해 가고 있었다. 재정 상황이 여전히 어려웠지만, 버클리는 버텨 냈다. 더크스는 "이곳은 살아남았고, 이제 모두가 다시 본연의 업무로 돌아갈 수 있다는 분위기가 있었다"라고 회고했다.[34]

자유롭게 의제를 설정할 수 있는 권한을 부여받은 더크스는 세 가지 전략적 우선순위(학부 경험, 학제 간 이니셔티브, 글로벌 파트너십)에 집중했다. 집행부는 강의실 수업뿐 아니라 더욱 강화된 기숙사 프로그램과 캠퍼스 활동을 통해 학부 생활을 향상할 방안을 검토했다. 데이터 과학 이니셔티브, 사회과학 매트릭스(학제 간 사회과학 연구를 위한 기관)와 같은 학제 간 프로그램은 학과 간 협력을 증진하고 학과 단위의 고립을 방지하는 역할을 했다. 새로운 글로벌 캠퍼스로 대표되는 글로벌 파트너십은 전 세계 기관들과 버클리의 협력을 강화할 것이었다. 그러나 재임 3년째에 접어들면서 더크스는 비우호적인 주지사와 적극적인 캘리포니아대학교 총괄총장, 그리고 헌신적이면서 때로는 격노하는 교수들 사이에서 운신의 폭이 극히 좁아지는 어려운 처지에 놓였다.

버클리의 '뉴 노멀'의 위기

버클리 캠퍼스에서 봄은 전통적으로 시위의 계절이었다. 2016년 봄 역시 예외가 아니었다. 물론 대학은 2008년 위기를 견뎌 냈고, 더크스가 총장으로 부임하면서 다시 활력을 되찾았으며, 혁신할 준비가 된 듯 보였다. 버클리는 여전히 14개의 단과대학과 대학원에 소속된 170개의 학과와 프로그램을 운영하고 있었으며, 2만7,000명의 학부생과 1만 명의 대학원생이 재학 중이었고, 전임 교수는 1,620명에 달했다. 그러나 주 정부 지원금은 2007년 수준의 57%에 불과했다. 더크스는 2016년 2월, 상시적인 구조적 적자로 굳어진 재정 문제에 맞서기 위해 전략 계획(strategic planning) 구상에 착수했다. 그는 "우리가 겪을 변화 가운데 일부는 고통스러울 것"이라고 인정하면서도 이러한 변화가 결코 "공적 사명에 대한 우리의 헌신을 포기하는 것"은 아니라고 못 박았다. 오히려 변모한 버클리가 "공립대학이라는 개념을 근본적으로 옹호하는 존재가 될 것이며, 그 개념을 보존하기 위해서 우리가 그것을 재정의하고 재구성하는 과정이 필요하다"라고 믿었다.[35]

그러나 더크스의 낙관적인 어조의 구상은 불편한 현실과 충돌했다. 왜냐하면 버클리는 실제로 수세에 몰려 있었기 때문이다. 게다가 버클리가 직면한 구조적 적자는 단순히 주 정부 재정 축소 때문만은 아니었다. 학사 영역 외부로 막대한 자본 지출이 이루어진 바람에 적자가 1억5,000만 달러에 이르렀다. 여기에는 버클리 풋볼 경기가 열리는 캘리포니아메모리얼스타디움의 재건축도 포함되어 있었다. 체육 활동, 기금 모금, 재정 지원 사이의 복잡한 관계는 많은 미국 대학 캠퍼스에서 논란이 되었고, 버클리도 예외가 아니었다.

1922년에 건립된 캘리포니아메모리얼스타디움은 훌륭한 신고전주의 건축물이다. 21세기의 버클리는 하버드와 달리 여전히 주요 대학들과의 스포츠 경쟁에 참여하고자 했으며, 전국 대학 스포츠 명문 콘퍼런스 중 하나인 PAC-12의 일원이었다(클라크 커가 말했듯이, 이는 "동문을 위한 체육"이었다). 문제는 이 스타디움이 헤이워드단층(Hayward Fault) 바로 위에 자리 잡고 있어서 대규모 지진에 극도로 취약하다는 점이었다. 안전을 위한 보강 공사의 초기 비용은 1,400만 달러로 책정되었다. 그러나 2010년 예산에는 4억4,500만 달러가 책정되었으며, 부채로 충당 후 일단 특별지정석 판매를 통해 재원을 마련하려 했다. 새 경기장에서 펼쳐질 "칼풋볼(Cal football)"[36]의 경기가 그만큼 매력적일 것이라 기대했다. 그러나 칼풋볼은 애런 로저스(Aaron Rodgers)와 제러드 고프(Jared Goff) 같은 뛰어난 쿼터백을 배출했는데도 기대만큼 강하지 않았다. 팀은 2013년에 1승 11패를 기록했고, 스타디움 재건축 이후에도 승리와 패배가 엇비슷할 정도로 성적이 부진했다. 특별지정석은 팔리지 않았고, 2012년《월스트리트 저널》은 버클리의 스타디움 관련 총재정 부담이 10억 달러를 넘어설 것으로 추산했다.[37] 버클리는 2032년까지 스타디움 관련 대출의 원금 상환조차 시작하지 못할 것으로 예상되었다.[38] 체육과 관련한 모금과 지출은 이를 반대하는 교수진과 행정 당국 간의 지속적인 갈등 요소였다.

그러나 스타디움은 이미 매몰 비용이 되었고, 주 정부 지원금은 투입되지 않았다. 따라서 버클리의 전략 계획에는 다른 영역에서의 대대적인 구조조정이 포함될 수밖에 없었다. 달리 방도가 없었다. 더크스는 이러한 고통스러운 과정을 주도하고 조율하기 위해 버클리 최초의 전략기획처(Office of Strategic Initiatives, OSI)를 설립했다.

이러한 노력은 버지노 총장 시절부터 시작되었지만, 캠퍼스 전체를 아우르는 본격적인 전략 계획은 버클리의 관행이나 문화가 아니었다. 그러나 이제는 불가피하게 해야 하는 긴급 조치가 되었다. 그 과정은 실로 고통스러웠으며, 주 정부가 사실상 재정적 책임을 포기한 시대에도 여전히 공적 자금으로 운영되는 기관으로서 버클리의 사명과 이 사명을 이끄는 것이 자신들의 핵심적 역할이라고 믿는 학술평의회 소속의 활동가적 기질이 다분한 교수들을 다시 각성시켰다. 학내 활동주의의 전통을 이어온 학술평의회 자체가 강사에서 명예교수에 이르기까지 모든 교원을 포함하는 방대한 조직이었고(심지어 은퇴한 동료들도 투표권을 지녔다), 진지한

[그림 6-1] 캘리포니아메모리얼스타디움. (Kilfmuny/위키미디어 커먼즈 CC BY-SA 4.0).

계획을 수행할 위치에 있지 않았다는 점은 중요하지 않았다.

동시에 또 다른 폭풍이 몰아쳤다. 2015~2016년 대학 내에 만연한 성비위(sexual harassment)가 수많은 대학을 뒤흔들었고, 버클리에서도 늦게나마 거세게 일어난 반대 움직임이 격렬한 갈등을 불러일으켰다. 캠퍼스는 저명한 보직자들과 교수들을 상대로 한 여러 건의 성비위 혐의 등 수많은 의혹에 휘말렸다. 한 사례로, 화학자 그레이엄 플레밍(Graham Fleming)은 2015년 4월 보좌관으로부터 성비위 의혹이 제기되자 연구부총장직을 사임했다. 이에 100명 이상의 교수가 캘리포니아대학교 총괄총장실이 주도한 조사 절차를 비판하고 플레밍을 지지하는 서한에 서명했다.[39] 이후 플레밍은 눈에 덜 띄는 보직인 버클리글로벌캠퍼스의 국제제휴 담당자로 임명되었다. 그러나 2016년 3월, 캘리포니아대학교 총괄총장 재닛 나폴리타노(Janet Napolitano)는 이례적으로 버클리 총장의 결정을 공개적으로 뒤집고는, 여전히 교수 동료들의 지지를 받고 있던 플레밍을 나머지 보직에서도 해임하도록 더크스에게 사실상 명령했다.[40]

한편, 버클리 집행부가 전략 계획을 밀어붙이기 시작하자 더크스의 정책이 하향식이라는 인식과 함께 교수들과 직원들의 분노가 커졌다. 더크스는 취임 당시 전임 총장 버지노가 구성원들과 제대로 상의하지 않고 위기 대응책을 추진해 교수진의 뭇매를 맞았던 전철을 밟지 않겠다고 약속했었다.[41] 하지만 학술평의회 지도부는 버클리 총장에게 논의를 소규모로 제한하라고 조언했고, 이런 식의 "협의"는 결국 더크스의 기획을 망치는 결과를 낳았다.

곧이어 더크스를 겨냥한 또 다른 비판이 터져 나왔다. 심각한 보안 우려에 대응해 버클리 캠퍼스 총장 공관 주변에 70만 달러 규모의 울타리 공사가 시작되었는데, 이 공사가 버클리의 개방적 문화와 맞지 않는다는 학술평의회의 서신을 포함해 광범한 비판을 불러왔다. 그러나 총장 공관은 캠퍼스 가장자리에 있어서 학내외의 공격에 사실상 무방비 상태로 노

[그림 6-2] 총장 공관 주변에 70만 달러 비용으로 설치된 울타리. (© 윌리엄 C. 커비).

출되어 있었다. 심지어 설치된 울타리조차 안전장치라기보다는 상징적 의미가 컸으며, 들어오려는 이를 막을 수는 없었다. 총장 공관은 더크스 전임자 시절에도 반복적인 시위의 대상이 되었으며, 그 양상이 폭력적일 때가 많았다. 전 총장 장린 티엔(Chang-Lin Tien) 재임 시절, 무장한 여성이 공관에 난입했다가 경찰한테 사살되기도 했다.[42] 그런데도 캠퍼스 중심부 캘리포니아홀의 집무실과 도보로 10분 거리에 있는 공관에서 생활한 더크스는 "스스로를 버클리로부터 차단한다"라는 비난을 받았다.

총장실을 중심으로 한 더크스 집행부는 교수들의 공개적인 비판에 직면하면서 무너지기 시작했다. 2016년 4월, 더크스가 외부에서 영입한 유일한 고위 인사였던 클로드 스틸(Claude Steele) 집행부총장 겸 교무총장은 또 다른 성비위 사건 처리 과정에서 비판받았다. 그는 즉각 사임을 발표했으며, 며칠 뒤 학사 전략 및 시설 기획 담당 부교무총장 앤드루 즈에리(Andrew Szeri) 역시 2016년 6월 말에 사임하겠다고 발표했다.[43]

사임, 은퇴, 인사 개편으로 본부 집행부가 축소된 데 이어, 분노로 들끓는 교수진에 직면한 더크스는 학술평의회 봄 학기 회의에서 연단에 섰다. "올해는 버클리에서 대단히 힘든 한 해였습니다." 그는 이렇게 말을 시작했다. "저도 그것을 잘 알고 있습니다. 또한 학술평의회의 구성원이자 동료인 여러분께 확신을 드리고 싶습니다. 저는 여러분의 우려와 조언을 듣고 있습니다. 여러분이 시급한 마음으로 제기해 주신 것들에 감사드리며, 오늘 저는 몇 가지 근본적인 차원에서 우리의 전략적 노력을 재조정하고자 합니다."[44]

더크스는 중앙 권력을 축소하고 교수진의 리더십을 강화하는 일련의 조치를 발표했다. 여기에는 새로 설치한 전략기획처의 해체, 버지노 총장 시절 시작된 후 실패작으로 간주받던 중앙집권적인 캠퍼스 행정 공유 서비스 프로그램 축소, 학사 및 재정 기획에서 학술평의회의 역할 확대 등이 포함되었다.[45] 또한 성비위 사건 처리 과정에 총장실이 더욱 직접적으로 관여하겠다는 방침도 밝혔다.

그러나 이러한 학내 정치적 조치들은 버클리가 직면한 만성적 재정·조직 문제를 해결하는 데 아무런 도움이 되지 않았고, 지역사회에서 더크스가 불만의 표적이 되는 것 역시 막지 못했다. 버클리는 사실상 파산 상태였고, 더크스는 이를 기꺼이 인정했다. 버클리의 재정 적자 문제를 논의할 때 그가 보여준 이례적인 개방성과 모든 가능성을 열어 두려는 그의 의지는 불안과 불신이 팽배한 교수 사회에서 온갖 불만이 그에게 쏟아지는 원인이 되었다. 결국 한계에 다다른 더크스는 2016년 8월 16일, 나폴리타노 캘리포니아대학교 총괄총장에게 사임 의사를 통보했다. 결과적으로 '버클리 외부인' 더크스는 버클리의 오랜 전통을 재현한 셈이었다. 캘리포니아대학교의 두 번째 총괄총장이자 버클리 초기의 가장 영향력 있는 지도자 중 한 명인 대니얼 길먼 역시 "재정적 어려움과 정치적 괴롭힘" 속에서 단 3년 만에 임기를 마친 바 있었기 때문이다.[46] 더크스의 두 전임 총장 또한 외부에서 영입되었으며, 어느 정도의 교수진 불만 속에서 사임했다.

행정상의 혼란과 투자 축소

버클리에서 진행 중인 "문화투쟁(Kulturkampf)"은 회전문식 총장 교체가 이어진 현대 훔볼트대학교의 상황과 별반 다르지 않았고, 더욱 높은 차원의 참여적 거버넌스 구조에 뿌리를 두고 있었다. 버클리 캠퍼스에서 거버넌스는 총장이 이끄는 고위 보직자들과 버클리 특유의 강력한 학술평의회 간에 공유되었다. 한 교원은 이렇게 지적했다. "학술평의회가 일상적 사안에서 차지하는 역할은 사실상 지배적이다. (중략) 학술평의회는 교과과정을 전적으로 통제하고, 채용, 승진, 보직에 대해서도 95%의 통제권을 행사한다."[47] 버클리 캠퍼스의 학술평의회는 형식적으로는 캘리포니아대학교 학술평의회의 한 지부였음에도 "미국 내 다른 어떤 곳보다도 진지하게" 그 역할을 했다.[48] 전체 학술평의회는 보통 연간 몇 차례만 소집되었지만, 위원회구성위원회(Committee on Committees, 여기 말고 어디에서 하겠는가?)에서 선출된 8명의 교수진이 무려 40개의 평의위원회(senate committees)를 조직했다.

물론 버클리는 더 큰 캘리포니아대학교 시스템의 일부였으므로, 캠퍼스 차원의 행정 구조는 2단계 거버넌스 가운데 하나에 불과했다. 다른 하나는 캘리포니아대학교 전체 시스템 차원의 거버넌스였다. 캘리포니아대학교에는 이사회가 있었으나, 간판 캠퍼스인 버클리는 하버드나 듀크와 달리 자체적인 운영 이사회가 없어 총장이 조언과 지원을 얻을 수 있는 통로가 제한되었다. 캘리포니아대학교 총장은 주 정부를 상대로 모든 캠퍼스의 대변인 역할을 해야 했다. 따라서 총장실은 주 정부와의 재정 협상을 담당할 뿐 아니라, 확보한 재정을 10개 캠퍼스에 배분하는 역할을 했다. 총장은 또한 고위 행정직 보수에 대한 통제권도 가지고 있었다. 더크스가 행정진에 새로운 인물을 영입하기 위해서는 먼저 캘리포니아대학교 총장인 나폴리타노와 보수 조건을 협상해야 했다. 총장실 권한에 속한 또 다른 중대 사안은 등록금 책정과 주내 학생 및 주외 학생의 비율 결정이었다. 하지만 이러한 권한들도 주 정부의 정책에 따라 제약받기 때문에, 결과적으로 주 정부는 학생 선발 규모를 좌우할 뿐 아니라 버클리가 학생들에게 부과하는 등록금을 제한할 수 있었다. 더크스는 다음과 같이 언급했다. "사립대학 총장의 재량권에 속할 것처럼 보이는 수많은 사안에 대해 캘리포니아대학교 총괄총장의 승인을 받아야 합니다."[49]

캘리포니아대학교 총괄총장의 성과와 성공, 그리고 그 연장선상에서 버클리의 성패는 캘리포니아주 주지사의 정책 우선순위에 따라서도 좌우되었다. 브레슬라우어는 역사적으로 버클리가 제도적 위상을 달성할 수 있었던 다섯 가지 주요 요인 가운데 하나로 주지사의 지지를 꼽았다. 또한 레이건이라는 잘 알려진 예외를 제외하면, 주 역사 전반에 걸쳐 어려운 시기에도 주지사들이 버클리를 지지하는 선택을 해 온 것은 캘리포니아대학교 총괄총장의 설득력 있는 리더십 덕분이라고 주장했다.[50] 대학에 대한 주 정부의 지속적이면서 거의 재앙적인 수준의 투자 축소 이후, 일부 사람들은 2013년 애리조나주 주지사 출신인 나폴리타노의 임명이 캘리포니아대학교가 주지사와 밀접한 관계를 구축하는 데 도움이 될 것이라 기대했다. 나폴리타노와 당시 주지사 제리 브라운(Jerry Brown)은 "CO2"라 불린 2인위원회(Committee of Two)에서 긴밀히 협력하기 시작했다. 한 전직 보직자는 나폴리타노가 "주지사 제리 브라운에게 당당히 맞서 할 말은 하면서, 학자 출신이라면 클라크 커 수준이 아닌 이상 엄두도 못 낼 정치적 영향력을 제대로 행사해 주기를" 기대했다.[51] (2020년 8월 오하이오주립대학교 전 총장 마이클 V. 드레이크(Michael V. Drake)가 나폴리타노의 뒤를 이어 캘리포니아대학교 최초의 흑인 총괄총장이 됨으로써, 다른 지역에서 대학-주 정부 관계를 관리한 경험을 지닌 또 다른 지도자가 캘리포니아에 탄생했다.)

대불황에서 어느 정도 회복되면서 캘리포니아주 재정이 늘어났지만, 캘리포니아대학교에 대한 주 정부의 연간 지원은 극히 미미한 증가에 그쳤다. 인플레이션과 등록생 수의 증가를 고려하면, 주 정부 지원은 지난 수십 년 동안 절반으로 줄어들었다. 1990~1991회계연도 동안 캘리포니아대학교 학생 1인당 평균 주 정부 지원액은 1만9,929달러로 전체 교육 지출의 78%를 차지했다. 그러나 2017~2018년에는 학생 1인당 지원액이 7,730달러로, 교육 지출의 37%에 불과했다.[52]

1990년대와 2000년대 초반에 이루어진 점진적인 투자 축소에 이어 2008년 주 정부 지원의 급격한 삭감이 뒤따르면서, 캘리포니아대학교는 사명은 공적이지만 주요 재원의 성격은 공적이지 않은 상태에 놓였다. 2012년 '발의안 30호(Proposition 30)'가 통과되면서 주 교육 예산 삭감을 방지하기 위한 개인소득세 인상이 승인되었다. 이는 캘리포니아 시민들이 교육 예산 지원에 새롭게 관심을 보이기 시작했음을 의미했고, 버클리는 2013년까지 더 안정적인 재정 기반을 확보해 가는 것처럼 보였다.[53]

버클리의 2013~2014년 예산안은 약 23억5,000만 달러의 수입과 약 21억4,000만 달러의 지출로 구성되었으며, 여기에 부채 상환과 자본 투자용으로 2억4,000만 달러의 기금 잔액 이체가 추가되었다.[54] 버클리 집행부에는 수입을 늘릴 수 있는 선택지가 제한적이었다. 캘리포니아대학교 시스템의 이사회가 주 정부 지원(당시 수입의 14%)의 소폭 증액을 조건으로 전체 수입의 28%를 차지하는 학생 등록금을 동결하기로 약속했기 때문이다. 연방 정부의 계약과 보조금, 기타 계약 및 보조금, 비영업 수익이 전체 수입의 32%에 이르렀지만, 이는 버클리가 건드릴 수 없는 항목이었다. 결국 전체 수입의 73%가 제약을 받는 셈이었다. 버클리가 늘어나는 비용을 충당하려면(그리고 의료보험 부담, 시설 유지비 등 운영비는 꾸준히 늘어날 것이었으므로), 그 재원을 민간 기부나 기업 파트너십과 같은 비정부·비등록금 수입원을 통해 조달해야 했다. 행정 및 재정 담당 부총장 존 윌턴(John Wilton)은 "시간은 우리 편이 아니"라고 경고했다. 이러한 수입원 보강을 위한 결연한 노력 없이는 더 이상 지속할 수 없을 정도의 운영 적자에 직면할 것이라는 뜻이었다.[55]

버클리는 새로운 재원 확보를 위한 경로를 모색하기 시작했다.《타임스고등교육》세계학술정상회의에 참석한 더크스는 민간 부문이 공립 고등교육기관과 협력하고 재정을 지원하도록 더 많이 참여를 유도하겠다는 의지를 표명했다.[56] 버클리는 이미 그러한 협력의 전례를 지니고 있었으나, 이는 종종 기업의 상업적 목적이 학문적 자유를 제약할 수 있다는 우려로 얼룩지곤 했다. 2007년 버클리와 브리티시페트롤리엄(BP), 일리노이대학교 어바나 샴페인, 로런스버클리국립연구소가 참여한 신에너지 기술 공동연구 프로젝트인 에너지생명과학연구소(Energy Biosciences Institute)의 발표는 BP의 초기 5억 달러 지원에도 불구하고 교원들의 거센 비판을 불러일으켰다.[57] 1998~2003년에 지속된 노바티스(Novartis)와 버클리 식물학·미생물학과의 협력 역시 비슷한 논란에 휩싸였다.[58] 민간 부문과의 협력은 가능했으나, 거기에는 늘 발언권이 큰 교수진의 회의적인 시선이 따랐다.

제도화되지 못한 성장 조건 더크스가 취임할 당시 버클리는 민간 자금 모금에서 형편없는 실적을 보이고 있었다. 캘리포니아대학교 캠퍼스들, 특히 버클리는 위스콘신대학교나 미시간대학교 같은 주요 공립대학과 달리 주 정부 지원에서 벗어날 준비가 되어 있지 않았다. 미시간대학교는 1960년대 초에 이미 대규모 모금 캠페인을 시작한 최초의 공립대학이었다. 캘리포니아 내에서는 UCLA가 늘 버클리보다 더 많은 기부금을 모았지만, 두 대학 모두 위스콘신대학교 매디슨에 한참 뒤처졌다. 매디슨이 2008~2018년에 매년 모은 기금액은 버클리보다 평균적으로 31% 더 많았다.[59] 연구중심대학으로서 버클리는 세계 상위 5위권에 꾸준히 이름을 올렸지만, 모금 실적에서는 미국 내 상위 20위권 안에 드는 경우가 거의 없었다. 버클리의 재정 상황을 돌아보며 더크스는 이렇게 말했다. "저는 주 정부 지원이 13%밖에 되지 않는 대학에 왔습니다. 제가 사립화를 추진한 게 아닙니다. '이미 사립화된 상태'였습니다."[60]

다행인 점은 개선의 여지가 매우 크다는 사실이었다. 무엇보다 버클리는 세계에서 가장 부유한 도시권에 자리하고 있었다. 그리고 버클리 동문의 사회적 의식은 모교만큼이나 유명했지만, 많은 이들이 엄청난 부를 쌓는 데 전혀 걸림돌이 되지 않았다. 2019년 한 연구에 따르면, 초고액 자산가 동문의 총자산을 기준으로 버클리 동문이 전 세계 대학의 동문 중 열두 번째로 부유했다. 그리고 2014년 보고서는 버클리 학부 졸업생이 모든 대학 학부 동문 가운데 여덟 번째로 많은 억만장자를 배출했다고 밝혔다.[61] 실리콘밸리 중심부 인근의 샌프란시스코만 일대에 있는 버클리와 그 동문은 수익성 높은 기술 산업에 참여하기에 최적의 위치에 있었고, 실제로 수많은 동문이 그 길을 걸었다. 이러한 수치는 모금 활동과 관련된 오래된 격언을 여실히 보여준다. "사람들은 왜 기부하는가? 요청받았기 때문이다." 그리고 버클리처럼, 요청하지 않았다면 받을 수도 없었다.

따라서 더크스는 민간 기부, 특히 동문의 기부 확대에 힘썼다. 2016학년도에 더크스는 6만5,000여 명의 기부자로부터 약 10만 건의 기부를 받아 거의 4억8,000만 달러를 모금했는데, 금액과 건수 모두 버클리의 신기록이었다. 이 새로운 모금 규모는 다양한 기부자층을 적극적으로 참여시키겠다는 노력이 거둔 의미 있는 성과였다. 예컨대 "빅 기브(Big Give)"와 같은 이니셔티브(버클리와 스탠퍼드 간의 연례 미식축구 경기인 "빅 게임(Big Game)"에 맞춰 진행된 24시간 집중 모금 행사)는 폭넓은 기부자층을 끌어들였다. 동시에 버클리의 모금 활동은 대규모 기부에도 초점을 맞춘 결과, 2015~2016년에 100만 달러 이상 기부 건수에서 사상 최고치를 기록했다.[62]

더크스의 후임 총장 캐럴 크라이스트는 2020년에 버클리 역사상 최대 규모의 모금 캠페인을 공식 출범시키며 이러한 흐름을 이어갔다. 2014년 더크스 시절 조용히 시작된 '길을 밝히다(Light the Way)' 캠페인은 "교수 및 대학원생 연구비 확대, 학부 교육 경험 개선, 동시대의 중대한 과제 해결을 위한 학제간연구 지원, 주거·체육·교육 및 연구 시설 개선"을 우선 과제로 삼았다.[63] 캠페인 출범 행사에서 버클리 컴퓨팅·데이터사이언스·

사회학부 단지 건설을 위한 2억5,200만 달러의 익명 기부가 발표되었는데, 이는 대학 역사상 최대 규모였다.[64] 2019~2020회계연도 종료 후, 크라이스트는 버클리가 10억4,000만 달러를 모금하며 역대 가장 성공적인 모금 실적을 거두었다고 발표했다.[65] 그러나 수십 년간 주 정부에 지나치게 의존하면서 잠재적으로 기부할 능력이 있는 동문을 소홀히 해 온 탓에 버클리는 여전히 뒤쫓는 처지였다. 2019년 버클리의 민간 및 공공 기금을 합친 기부금은 48억 달러로, 미시간대학교의 총 기금인 124억 달러의 3분의 1을 조금 넘는 수준이었다.

'운영수월성(Operational Excellence)' 프로그램은 버클리의 재정 격차를 메우려는 또 다른 시도였다. 버지노 총장 시절 시작된 이 프로그램은 운영 성과를 떨어뜨리지 않으면서 행정 비용을 효율화하는 새로운 방안을 찾는 데 주력했으며, 연간 7,500만 달러 절감을 궁극적 목표로 삼았다. 운영수월성 프로그램은 캠퍼스 전체의 예산 관리와 물품 조달 일원화를 통한 효율성 제고, 학생과 교원이 필수 정보에 쉽게 접근할 수 있도록 하는 새로운 온라인 행정 도구 구축, 행정 지원의 중앙집중화와 같은 프로젝트를 통해 목표를 달성하려고 했다. 또한 이 프로그램에는 수익 창출 프로그램이 포함되어 있었으며, 프로그램 사무국 직원들이 여러 학내 부서와 협력해 학문적 목표를 지원하면서도 수익 창출을 위한 프로젝트를 추진했다.[66] 그러나 이 프로그램에 대한 교수진의 반응은 냉담했다. 존 월턴이 운영수월성 프로그램을 통한 상당한 비용 절감을 인정했는데도, 교수진과 직원들은 이 프로그램 절차에 따른 해고 결정 방식에 대해 여전히 의구심을 가졌다.[67]

월턴은 이렇게 경고했다. "재정을 맞추기 위해 지출을 줄이는 일은 고등교육 접근성과 성취 수준 모두에 지속해서 영향을 끼칠 수밖에 없습니다. 우리가 개선하고자 하는 지표(학위 취득 기간, 졸업생 수, 부채 수준 등)가

오히려 나빠질 것입니다. 따라서 비용 절감뿐 아니라 수익 증대도 반드시 이루어야 합니다. 다른 실질적 해법은 없습니다."[68] 그러나 주 정부 지원도, 외부 모금에 대한 포부도 충분한 해결책에는 한참 못 미쳤다.

수월성과 저항의 문화: 교수와 학생

버클리가 장기간에 걸쳐 교수 채용에 투자한 결과, 캠퍼스에는 세계적으로 인정받는 연구 성과를 산출하는 헌신적인 학자 집단이 만들어졌다. 2021년 버클리 교수진에는 10명의 노벨상 수상자, 33명의 맥아더 펠로우, 1명의 필즈상 수상자, 4명의 퓰리처상 수상자, 3명의 튜링상 수상자, 251명의 미국문리과학아카데미 펠로우, 144명의 미국국립과학아카데미 회원이 포함되어 있었다.[69]

(잠시 주차 문제로 새어 나가자면, 클라크 커는 교수들이 주차 문제에 집착한다고 정확히 지적한 바 있으며 버클리는 공간적 제약으로 주차 공간이 늘 부족했다. 그렇다면 가장 뛰어난 교수들에게 어떻게 보상할 것인가? 버클리에는 지금까지 22명의 노벨상 수상자가 교수로 재직했다. 초기에는 노벨상 수상자에게 새 연구실이나 심지어는 새 건물을 제공했지만, 이는 너무 큰 비용이 들었다. 오늘날에는 연구실이나 건물이 아닌 캠퍼스 내에 'NL'이라고 표시된 전용 주차 공간을 제공한다. 지금 캠퍼스에는 실제 노벨상 수상자보다 훨씬 많은 NL 주차 공간이 있는 것으로 보이는데, 어쩌면 이것이야말로 훌륭한 마케팅 전략일지도 모른다.)

버클리의 특징은 캠퍼스의 발전을 주도하는 과정에서 나타나는 교수들의 높은 참여도와 자율성이었다. 1919년 이후 학술평의회는 교수 채용을 감독하고 승인하는 역할을 맡아 왔는데, 이는 수많은 동료 교수의 의견이 반영되는 매우 엄중한 절차였다. 더크스는 다음과 같이 언급했다. "채용 과정이 시작되면, 교수들이 모두 지원자의 연구를 함께 읽고 채용 공개 강의(job talks)에 참석합니다. 이는 단순히 동료적 차원을 넘어, 결정

[그림 6-3] 노벨상 수상자 전용 주차 표지판.
(호세 카모엥스 실바(Jose Camões Silva)/flickr/
CC BY 2.0).

을 내리기 위한 집단적 투자라고 할 수 있습니다."[70] 클라크 커는 버클리의 탁월한 연구 성과 중 상당 부분을 학술평의회가 주관하는 철저하고 협의 중심적인 채용 절차 덕분이라고 평가했다.[71]

버클리의 조교수 채용 절차는 미국 내에서도 가장 엄격한 수준에 속했는데, 이는 재정 여건상 외부의 고위직 교수 영입이 어려웠기 때문이기도 했다. 그 결과 교수진의 상당수가 내부 승진을 통해 종신재직권을 획득했다. 1985~2011년에 인문학, 사회과학, 물리과학, 공학, 기술, 수학 분야에서 버클리에 합류한 조교수의 약 80%가 궁극적으로 종신재직권을 획득했다.[72] 일단 채용 과정을 통과한 교수들은 버클리에 오래 머무는 경우가 많았다. 버클리 교수들은 다른 대학이 훨씬 높은 연봉을 제시하더라도 가지 않기로 유명했다. 버지노는 "가장 힘든 시기에 교수진 유지율은 오히려 올라갔습니다. 사립대학들로부터 가장 많은 스카우트 제안을 받은 시기가 오히려 우리 교수진의 잔류율이 최고조에 달한 시기였습니다"라고 회고했다.[73] 한 고위 보직자는 다음과 같이 회상했다.

　　(한 버클리 교수가) 연봉 15만 달러를 받고 있었는데, 듀크대학교가 그를 데려가기 위해 45만 달러를 제안했어요. 학장은 그 교수를 내 방으로 데려왔고, 우리는 그를 이성적으로 설득하려 했죠. 우리가 그에게 한 말은 이랬어요. "듀크가 제시한 금액에는 우리가 도저히 근접할 수 없다는 점을 이해해야 합니다. 당신은 어느 정도의 금액에 타협할 의향이 있습니까?" 그리고 "단, 3이나 4로 시작하는 금액은 말하지 마세요." 그제야 그는 말을 조심하지 않으면, 우리가 그를 정말로 보내 버릴 수도 있다는 점을 깨달았지요.[74]

　　버클리의 교수들과 보직자들은 대학이 이처럼 강력한 인재 유지력을 발휘할 수 있는 이유를 몇 가지 제시할 수 있었다. 무엇보다 중요한 것은 교수들 간의 동료애, 평등 의식, 책임감이었다. 더크스는 교수들이 "무엇보다 동료들 때문에 이곳에 머물고 싶어 했다. (중략) 그들은 동료들이 지닌 사유의 깊이와 학문적 분위기가 타의 추종을 불허한다고 여긴다"라는 점을 발견했다.[75] 역사적으로 정교수와 그 밖의 구성원 간에 거대한 사회적 간격이 존재했던 하버드와 달리, 버클리의 원로 교수들은 조교수도 동료로 대우했다.

　　또 다른 이유는 교수진이 버클리의 공적·사회적 사명에 헌신하고 있다는 점이었다. 브레슬라우어는 "(교수들이 이곳에 남고자 하는) 동기 중에는 공립대학의 일원이라는 자각과 만족, 그리고 버클리가 계층 상승의 동력이라는 자부심이 있다"라고 지적했다. 이 공적 사명이 지닌 매력에는 다수의 1세대 대학생[76]과 저소득 가정 출신 학생 등 다양한 사회경제적 배경을 가진 학생들과 함께 일할 수 있다는 점도 있었다. 브레슬라우어는 덧붙였다. "대부분의 교수에게 '왜 이곳에 남습니까?'라고 물으면, 그들은 '내 동료들, 내 학생들. 나는 그들을 사랑한다'라고 대답합니다."[77]

이러한 헌신은 양날의 검이 될 수 있었다. 버클리의 종신재직 심의 과정을 거친 젊은 학자들은 경력 전반에 걸쳐 대학에 충성했고, 버클리는 이러한 혜택을 톡톡히 누렸다. 이 과정은 버클리의 문화에 자랑스럽게 헌신하는 교수진을 만들어 냈지만, 동시에 이들은 내부 지향적인 성향을 지니게 되었다. 그들은 다른 대학에서 영입된 지도자들에 대해 의구심을 품곤 했다. 더크스가 깨달았듯이, 버클리에서 경력을 쌓지 않은 행정가들은 "버클리가 무엇인지 진정으로 이해하지 못한다"라고 비판받았다.[78]

버클리는 교수진을 유지하는 데는 탁월한 실적을 보였지만, 재정 제약으로 신규 교수진 채용이 어려웠다. 1990년대 초부터 2018년까지 종신재직교수 수는 1993년 1,147명에서 2018년 1,133명으로 거의 정체되어 있었다. 같은 기간 학생 수는 약 3만 명에서 4만5,183명으로 늘었다.[79] 대학은 점점 더 낮은 직급의 종신재직권이 없거나 종신재직권 트랙에 해당되지 않는 강사들에게 의존했고, 이들의 수는 1993년 54명에서 2018년 379명으로 일곱 배나 늘었다. 동시에, 오르는 등록금에 걸맞은 서비스 수준을 요구하는 학생들의 목소리와 규제 준수를 요구하는 정치적 압력도 커졌다. 대학 측은 이러한 변화에 대응하기 위해 직원 규모를 확대했고, 그 결과 전일제 행정·관리 인력은 1993년 306명에서 2011년 638명으로 두 배가 되었다. 그리고 2018년에 이르자 대학 경영, 재무·사업 운영, 사무·행정 지원 부문 인력이 거의 3,000명에 달했다.[80] 그에 반해 종신재직권 기취득 교수들의 수는 일정하게 유지되었으므로, 대학 전체 인력 중 그들이 차지하는 비율은 점차 줄어들었다. 일부 교수들은 이 부분을 대학의 본질이 근본적으로 변하고 있다는 신호로 인식했다.

아무리 뛰어난 교수라 해도 한계는 있다. 돌이켜 보면, 교수들의 집행부 비판은 실제 인물을 겨냥했다기보다 2010년 무렵 미국 최고의 공립대학 교수들 사이에 만연한 분노와 불안이 결합된 정서를 반영한 것이었다.

나는 버클리 동아시아연구소의 외부 평가위원장을 맡으면서 이를 직접 목격했다. 나는 과거에도 기꺼이 이 일을 맡은 적이 있는데, 이 연구소가 동아시아학에서 하버드의 아시아센터와 더불어 미국은 물론이고 세계적으로 손꼽히는 기관이었기 때문이다. 동아시아연구소는 걸출한 교수진의 리더십 아래 오랜 역사를 이어 왔다. 이런 초국가적 연구기관들이 대체로 그렇듯이, 각 국가 관련 연구에는 국가별 지위에 따른 긴장이 내재해 있었다. 이를테면 중국학은 다른 분야보다 교수들은 많았으나 자원이 부족했고, 일본학은 자원은 풍부했으나 이를 활용할 교수들이 적었으며, 한국 학은 최근까지 사실상 무시되었다. 이 연구소는 세계적으로 명성이 높았다. 그러나 2008년 이후 재정 위기가 이어지자, 무언가가 무너져 버린 것 같았다.

2011~2012년에 버클리를 다시 방문했을 때, 나는 이전과 달리 지친 데다 두려움에 사로잡혀 거의 내전 상태에 이른 교수진을 목격했다. 우리 보고서는 버클리 캠퍼스 전역이 "심각한 긴축에 따른 극도의 불안"에 처해 있으며, 이는 "교수진의 동료애의 한계를 시험하는" 상황이라고 기록했다. (사실 이는 매우 완곡한 표현이었다.) 우리의 급여 검토 결과는 뛰어난 버클리 교수진이 다른 곳의 동료들에 비해 얼마나 형편없이 보수를 받고 있는지를 보여주었다. 교수들은 한때 낮은 보수에도 불구하고 사명감으로 똘똘 뭉쳤다. 그러나 그 단결심은 어느 순간 사라져 버렸고, 사람들은 씁쓸해하며 서로를 헐뜯었다. 교수들은 "저들이 우리 몰래 비자금을 숨겨 두고 있을 것"이라는 식의 음모론에 빠져들었다. 그들은 다른 이들의 동기에 대해 최선이 아니라 최악을 가정했고, 명백히 사실이 아닌 것들까지 믿었다. 이것이야말로 훌륭한 프로그램과 위대한 대학이 동시에 실존적 위기에 처한 모습이라는 생각이 들었다.[81] 내가 동아시아연구소에서 겪은 경험은 지난 10년간 캠퍼스 전역에서 수없이 반복되었을 것이다.

크고 비인격적으로 보이는 연구중심대학인 버클리의 지속적인 강점 중 하나가 학생 공동체라는 점은 주목할 만하다. 버클리의 학생들은 수월성과 다양성의 측면에서 다른 공립대학의 학생들과 두드러지게 차별화되었다. 버클리의 전체 졸업률 또한 다른 공립대학들과 비교해 뚜렷하게 높았다. 버클리 학생들이 4년 안에 학부과정을 마치고 졸업하는 비율은 2008년의 66%에서 2019년 75.8%로 상승했다. 이 수치는 미시간대학교 앤아버(79%)와 비슷하며, 위스콘신대학교 매디슨(62%)과 텍사스대학교 오스틴(61%)보다 훨씬 높았다.[82] 버클리는 2012~2015년에 졸업 후 국립과학재단 펠로우십을 받고 대학원에 진학한 학부 졸업생 수에서 전국 1위를 차지했을 뿐 아니라, 현재 재학 중인 대학원생 중 미국과학재단 펠로우십 수혜자 수 역시 전국 최고였다.[83]

버클리는 미국의 그 어떤 사립대학보다도 이른 시기에 가장 적극적으로 경제적·인종적 배경이 다양한 학생들이 우수한 학부 교육에 접근할 수 있도록 지원했다. 2018년 버클리 학부생 중 8,684명이 펠장학금을 받았는데, 이는 아이비리그 8개 대학 전체(1만1,001명)에 근접한 수치였고, 인근의 라이벌 스탠퍼드대학교(1,133명)의 거의 8배에 달했다. 이 8,684명은 버클리 전체 학부생의 28%에 해당한 반면, 스탠퍼드의 펠장학금 수혜자 수(1,133명)는 전체 학부생의 16%에 불과했다.[84] 버클리는 중산층 학생을 위한 포괄적 재정 지원 계획을 마련한 최초의 공립대학이었고, 또한 공립·사립대학을 통틀어 미등록 이민자 출신 학생에게까지 포괄적 재정 지원을 제공한 최초의 대학이었다. 2000년 버클리 신입생의 23%가 가족 중 대학에 처음 진학하는 1세대 학생들이었고,[85] 2019년 학부생의 19.4%가 소외계층 소수자 집단이었다.[86] 버클리는 심지어 이전 위탁보호 아동들을 위한 포괄적 지원 프로그램도 운영했다. 2020년 크라이스트 총장은 버클리가 히스패닉봉사기관(Hispanic-Serving Institution, HSI)이 될 것이라고 발표했는데, 미 교육부는 정규 등록생의 최소 4분의 1이 히스패닉인 기관을 히스패닉봉사기관으로 지정한다.[87]

버클리 학생들은 교수진과 마찬가지로 이른바 '저항적 시민성' 역시 두드러졌다. 결국 1960년대 표현의 자유 운동을 주도한 것은 학생들이었고, 21세기에 이르러서도 학생 공동체는 다양한 캠퍼스 및 사회적 이슈에 대해 목소리를 냈다. 1960년대 말에 대학 내 민족연구학과(ethnic studies departments)가 설립되는 계기가 되는 시위가 미국 전역으로 퍼져나갔는데, 버클리가 이 운동의 시발점이었다. 1968년 인근 샌프란시스코주립대학교(San Francisco State University)에서 아프리카계 미국인, 라틴계 미국인, 아시아계 미국인, 원주민 학생들이 결성한 제3세계해방전선(Third World Liberation Front)이 창설되자, 버클리의 소수 인종 학생들도 1969년 초 자체적으로 제3세계해방전선을 결성했다.[88] 이 제3세계해방전선은 "제3세계대학"을 설립하고 유색인종 학생들을 위한 학과를 설치할 것을 요구했다. 10주간의 파업 끝에 학술평의회는 압도적 다수로 민족연구학과 설치를 의결했다.[89] 버클리의 현실 참여적 학생운동은 전국적으로 파급되어 듀크대학교에까지 영향을 끼쳤다. 훗날 내널 키오헤인 듀크대학교 총장은 버클리의 학생 시위가 1969년 듀크대학교 흑인학과(Black Studies Department) 설립과 이후 라틴계남녀(Latino/Latina)학과, 아시아계 미국인학과 프로그램 창설에 영향을 끼쳤다고 평가했다.[90]

교과과정 개편에 대한 요구가 학생운동의 유일한 이유는 아니었다. 시위는 2009년부터 시작된 등록금 인상과 예산 삭감에 반대해 점차 퍼져나가더니, 2011년 11월, 학생들이 버클리 스프로울광장을 극적으로 "점거"함으로써 절정을 이루었다. 이 사건에 대한 버지노 총장의 대응 방식은 수십 년 전 하버드대학교의 네이선 퓨시 총장을 떠올리게 했다. 버지노는 경찰을 투입했고, 경찰은 1,000여 명이 모인 집회를 해산시키기 위

[그림 6-4] 2009년 스프로울광장 시위. (스티브 맥코넬/캘리포니아대학교 버클리, © 2009 UC리젠츠).

해 물리적 충돌을 감행했다. 그 결과 시위는 더욱 격화되었고, 그의 사퇴를 요구하는 목소리까지 이어졌다.[91]

교수진과 마찬가지로 정치적으로 더 적극적이었던 버클리 학생들은 대학의 문화적 정체성과 전통을 지켜 나가는 일에 깊은 책임감을 느끼고 있었다. 수년 동안 계속된 학생들의 요구에 따라 인종차별적 관점을 고수했던 인물의 이름을 딴 몇몇 건물의 명칭이 바뀌었다. 주목할 만한 개명 사례는 볼트홀(Boalt Hall)이었다. 19세기 인물인 존 볼트(John Boalt)는 미국 내 중국인 이민 중단을 주장했으며, 흑인과 원주민을 향해 인종차별적 신념을 드러냈다. 볼트홀이라는 이름은 오랫동안 버클리 법학대학원의 사실상 공식 명칭으로 쓰여 왔으므로, 이를 철회한 것은 중대한 조치였다.

더크스 총장은 학부 교육 경험의 개선을 총장 임기 동안의 주요 목표 가운데 하나로 삼았다. 총장이 추진한 학부 혁신 구상은 대학 전반에 걸쳐 더욱 통합적인 학부 경험을 구축하는 것을 목표로 했다. 이 구상은 네

가지 핵심 요소로 이루어졌다. 즉 버클리칼리지(College at Berkeley)라는 자유학예 학위 프로그램을 통한 문리과대학의 학부과정 개편이었다. 특히 1·2학년 학생을 위한 학부 교과 교과과정 개선을 통한 전체적인 교과과정의 통합적·간학제적 개편, 학부생들을 위한 물리적 공간의 혁신, 그리고 전인교육 철학의 개발이었다.[92] 자유학예 및 과학을 매우 강조한 컬럼비아대학교 출신인 더크스는 더욱 공유된 교과과정을 확립하고 학문적 배움을 버클리의 연구 문화와 연결하며, 교육을 기숙사 생활과 통합하는 학부 프로그램을 구축하고자 했다.[93] 그러나 이러한 모든 노력은 더크스 총장이 재임기에 위기를 맞으면서 좌절되었다.

버클리는 다른 캘리포니아대학교 캠퍼스들과 마찬가지로 학생 구성에서 캘리포니아주의 인종적 다양성을 반영하려 했다. 그러나 이러한 노력은 캘리포니아대학교의 자매 학교들이 인종이나 민족을 고려하지 않고 캘리포니아 내 고등학교 졸업생의 상위 12.5%를 우선 입학시켜야 한다는 기본계획의 원칙과 점점 더 충돌했다. 1996년 캘리포니아 유권자들이 공교육에서의 적극적 우대 조치를 실질적으로 금지하는 '발의안 209호(Proposition 209)'[94]를 통과시킨 이후, 이 문제는 더욱 심각한 도전에 직면했다. 인구 통계 예측에 따르면, 2040년에는 캘리포니아의 대학 진학 연령대 인구 중 거의 절반이 히스패닉 또는 라틴계일 것으로 전망하고 있다.[95] 그러나 2019년 버클리에 재학 중인 학부생 가운데 히스패닉 또는 라틴계라고 정체성을 밝힌 학생의 비율은 불과 11.5%에 불과했다.[96] 버클리는 공정성을 바탕으로 한 교육 기회의 확대와 학문적 수월성을 동시에 추구해야 하는 딜레마에 직면했다.

여기에 다른 주 및 국제학생이 포함되면서 입학 결정의 복잡성은 한층 가중되었다. 이사회가 주내 학생 등록금을 동결한 상황에서, 다른 주 학생 등록금 인상과 다른 주 및 국제학생 비율 확대는 버클리가 등록금 수입을 늘릴 수 있는 많지 않은 방법의 하나였다. 동시에, 전국적으로 대학 입학 경쟁이 깊어지는 상황에서 캘리포니아 주민들은 다른 주 및 국제학생 수가 늘어나는 것에 대해 매우 민감하게 반응했다. 그런데도 고등교육의 국제화는 버클리가 외면할 수 없는 광범위한 흐름이었다.

국내외 협력과 경쟁

버클리는 초창기부터 유학생을 받아들였으며, 1962년 캘리포니아대학교 전체를 대상으로 하는 해외 교육 프로그램을 설립하는 등 오랜 국제 교류의 역사를 지니고 있었다. 1872년 변호사이자 대학 이사회 일원인 에드워드 톰킨스(Edward Tomkins)가 대학 최초 기부자였는데 이 기부마저 동양어문학 교수직 신설을 위한 것으로, 미국과 아시아 간 교역 확대에 대비해 학생들을 준비시키려는 목적이었다. 교수직 신설에 앞서 동료 이사에게 보낸 서한에서 톰킨스는 유학을 위해 미국에 온 동아시아 학생들이 "지적 환대를 찾아 거의 매일 줄지어 대륙의 반대편으로 떠나는 모습을 보며 깊은 수치심을 느낍니다. 우리가 아직 지적으로 충분히 성숙하지 못했다는 증거이기 때문"이라고 적었다.[97] 이후 버클리는 개인적·제도적 차원에서 국제 교류에 강한 의지를 보여 왔다. 2019년에는 94개국 출신의 1,555명의 학생이 버클리 신입생으로 입학했으며,[98] 2005~2019년에 모든 학위과정의 전체 유학생 등록 수가 두 배 이상 증가했다.[99]

이 모든 성과가 충분히 의미 있었지만, 다른 미국 대학들이 해외에 분교(뉴욕, 듀크)나 센터(하버드, 스탠퍼드, 시카고, 컬럼비아)를 세우는(그중 상당수가 중국에 있었다) 시대에, 재정난에 시달리면서도 캘리포니아 주민에 대한 봉사를 사명으로 하는 공립대학이 어떻게 경쟁력을 가질 수 있을까? 더크스는 여기에 기발한 해답을 내놓았다. 국제 캠퍼스를 본교 안에 건설하는 것이었다. 그의 핵심 사업 중 하나는 샌프란시스코만 연안의 버클리 소유 부지인 리치먼드 베이에 버클리 글로벌 캠퍼스를 건설하는 것이었다. 2014년 10월 29일, 학술평의회 회의에서 더크스가 발표한 이 캠퍼스는 버클리와 전 세계 대학 간 국제 협력을 위한 물리적 거점 역할을 할 것이었다. 이 캠퍼스에서 운영될 첫 프로그램은 대학원 수준의 글로벌 시민 교과과정이었다. 더크스의 구상에 따르면, 이 과정에는 융복합적 성격의 여러 교육 및 연구 프로그램이 포함되어 있었다.[100] 2015년 10월, 더크스는 케임브리지대학교와 싱가포르국립대학교 지도자들과 함께 세 기관 간 글로벌 동맹 결성을 발표했으며, 이들 프로젝트 중 일부는 새로운 리치먼드 캠퍼스에 기반을 둘 예정이었다.[101]

이러한 국제적 구상들은 고등교육을 지배하기 시작한 세계화와 국제화의 흐름을 따르겠다는 의지의 표현인 동시에, 지금까지 대부분의 대학이 "세계화"를 위해 채택해 온 수출 모델과의 결별을 의미했다. 버클리의 수입형 글로벌 캠퍼스는 세계를 캘리포니아로 불러들이는 방식이었으며, 더크스의 관점에서는 "세계와 관련되면서도 지역의 지지를 받는 공립대학"이라는 버클리의 이중적 정체성과 더 잘 부합했다.[102] 그는 많은 신흥 국제 대학들이 버클리에서 연구 프로그램을 공동 운영하기 위해 거액을 지급할 것이라 믿었는데, 이는 잘못된 판단이 아니었다. 버클리가 부담할 초기 투자 비용이 극히 적을 것이었다. 더크스는 사임하기 전 여러 주요 국제 대학들과 글로벌 캠퍼스에 연구 프로그램을 공동 설치하기 위한 협상을 거의 완료한 상태였다.

그러나 목소리가 큰 교수진은 재정난으로 인해 핵심 사명마저 수행하기 힘든 상황에서 이런 소규모 투자조차도 본질을 외면한 일로 여겼다. 2016년에 갈등이 고조되자 더크스는 자신의 세계화 구상에서 한발 물러설 수밖에 없었다. 그는 "우리는 투자하지 않습니다", "리치먼드 캠퍼스에는 어떤 교내 자금도 투자하지 않습니다"라는 말을 반복할 수밖에 없었다. 한때 더크스의 버클리 비전과 총장직의 초석으로 여겨졌던 이 구상은 교내 교수진의 반발로 더 이상 우선순위가 될 수 없었다. 새로운 설득력 있는 비전이 부재한 가운데, 버클리의 리치먼드 캠퍼스는 2020년까지 사실상 방치된 상태에 놓였다.

그러나 더크스와 그의 후임 크라이스트는 점점 더 세계화되는 학문 시장에서 버클리가 인재를 확보하기 위해서는, 그리고 재정의 87%를 비국가적 재원에서 조달하는 기관으로서 자원을 확보하기 위해서는 글로벌 차원의 경쟁에 나서야 한다고 인식했다.[103] 버클리는 여전히 모든 글로벌 대학 순위에서 상위권을 차지했지만, 순위는 어디까지나 후행 지표에 불과했다. 2019년 당시 세계적 경쟁력을 갖추지 못한 대학이라도 유능한 교수진과 같은 핵심 자원을 성공적으로 확보하면 단기간에 경쟁력을 갖출 수 있었다.

인재 확보를 둘러싼 글로벌 경쟁은 이미 젊은 교수들 채용에 영향을 끼치기 시작했으며, 특히 중국이 치열한 경쟁자로 떠올랐다. 21세기 초 중국은 해외에서 우수한 대학 교원을 유치하기 위해 국가 차원의 정책과 재정 지원 제도를 도입했는데, 해외에서 공부하거나 경력을 쌓은 중국 학자들의 귀환을 장려하는 데 초점을 맞췄다. 전임 총장 버지노는 자신의 제자 2명이 버클리와 MIT에서 해당 전공의 신규 교수직에 지원하는 대신 중국의 일류 대학으로 돌아가는 것을 선택했다고 말했다. "(중국의 인재 유치) 전략은 실제로 효과를 발휘하고 있습니다. (중략) 10년 전만 해도 (이 학생들이) 중국으로 돌아갈 가능성은 전혀 없었을 것입니다."[104] 풍부한 재정 지원과 부임 후 즉시 정교수직 임용, 그리고 문화적·정서적 요인들은 미국에서 교육받은 중국 대학원생들을 다시 중국으로 끌어들이는 매력 요인이었다. 칭화대학만 해도 버클리에서 박사 학위를 받은 원로교수를 40명이나 보유하고 있었다. 칭화대는 버클리의 종신재직권 기취득 교수들을 고위급 보직으로 유치하기도 했다. 예컨대 첸잉이(錢穎一)는 버클리에서 종신교수가 된 뒤 칭화대학 경제관리학원(清華大學經濟管理學院, Tsinghua University's School of Economics and Management) 학장이 되었으며, 펑카이핑(馮凱平)은 버클리 심리학과 종신교수로 재직하다가 칭화대 심리학과의 초대 학과장으로 자리를 옮겼다.

적어도 버클리의 한 단과대학은 독자적으로 국제적 입지를 구축하려는 기업가적 모험심을 보였다. 더크스의 승인 아래 버클리 공과대학은 칭화대 및 중국 남부의 역동적인 도시인 선전(深圳)과 협력해 공학 및 응용과학 연구와 교육을 위한 칭화버클리선전연구소를 설립했다. 텐센트, 화웨이 등 세계적 기업들의 본거지이지만 유명 대학이 없던 선전시가 2억 2,000만 달러에 이르는 건설 비용을 부담했다. 칭화대는 연간 1달러를 지급했고, 교수진의 눈에는 이조차도 과하게 보였을 것이다. 버클리는 아무런 비용도 부담하지 않았다.

인근 및 주 남부와의 경쟁 버클리의 가장 치열한 경쟁자들 가운데 일부는 가장 가까운 이웃이기도 했다. 1885년 버클리에서 불과 약 64km 떨어진 곳에 릴랜드스탠퍼드주니어대학교(Leland Stanford Junior University)가 설립되었을 때, 이제 막 걸음을 뗀 캘리포니아주가 2개의 종합 연구중심 대학을 감당할 수 있을지에 대한 두려움이 있었다. 그러나 스탠퍼드의 설립과 성장은 샌프란시스코만 일대를 미시시피강 서쪽 최고의 학문 거점으로 격상시켰고, 주 내에서 충분한 수의 학자들이 모여 서로 도우며 학문 발전을 이끌 수 있는 기반을 마련하는 데 이바지했다. 버클리와 스탠퍼드는 경쟁 관계를 유지했는데, 학문과 스포츠에서의 경쟁은 두 학교 모두에 이익을 주는 듯했다. 하버드와 예일, 혹은 칭화대학과 베이징대학과 마찬가지로 샌프란시스코만 양편에 자리한 이 두 거인은 거의 모든 면에서 협력하지 않았다.

초창기 UCLA에는 버클리에 유리한 쪽으로 이루어지는 주 자원의 불평등한 분배에 대한 남부 캘리포니아의 불안감이 드리워져 있었다. 점차 강력한 기관으로 성장한 UCLA는 주 정부로부터 많은 지원을 받는 과정에서 뚜렷한 성장통을 겪기도 했지만, 1960년쯤에는 버클리와 동등한 명성을 얻었고 같은 수준의 정부 지원을 받았다. 두 캠퍼스 간의 우호적 경쟁은 성장을 촉진했다. 그러나 주 정부와 캘리포니아대학교 사이의 갈등 관계는 이 관계를 강화하거나 약화할 힘을 지니고 있었다. 2020년에 버클리가 직면한 과제들(주 정부 투자 축소에 대한 대응, 등록금 관리, 인종적 다양성의 균형, 주 밖 학생 입학 비율 결정)은 UCLA의 문제이기도 했다. 다만 UCLA는 모금 활동에 더 기민하게 나섬으로써 더 큰 기부금을 조성했다.

버클리는 캘리포니아 내 기관들뿐 아니라, 미국 전역의 많은 강력한 대학들과 경쟁했다. 그럼에도 버클리는 전반적 학문적 수월성을 비롯한 여러 측면에서 경쟁력을 유지했다. 버지노 총장은 교수진 확보를 위한 전국적인 경쟁과 관련해 버클리가 공립대학으로서의 사명과 역할에서 오는 매력 덕분에 "막대한 경쟁 우위"를 갖고 있다고 인정했다. "교수들이 공립대학에 몸담고자 하면서 동시에 (국내 최고 대학들로부터) 제안을 받을 만큼의 역량을 지녔다면, 저쪽에는 엘리트 사립대학들이 있고 이쪽에는 단 하나의 공립대학(버클리)이 있는 셈이죠."[105] 캘리포니아 학생들에게는 저렴한 주내 등록금(2020~2021년에 1만4,312달러)이 강력한 매력으로 작용했으며, 이는 아이비리그 등 엘리트 사립대학의 연간 6만 달러 이상(재정 지원 전)의 학비와 비교되었다. 유일하게 뛰어난 공립대학이라는 점에서 오는 모집상의 이점은 수익에서 주 정부 지원이 차지하는 비중이 계속 줄어드는 상황에서도 버클리가 공립기관으로서의 정체성을 유지해야 하는 이유 가운데 하나였다.

팬데믹 이후의 세계

2016년 더크스가 버클리의 "뉴 노멀(New Normal)"을 선언한 직후, 캐럴 크라이스트가 2017년 3월에 여성으로는 최초로 버클리의 총장으로 임명되어 11대 총장 자리에 취임했다. 그녀는 고등교육 행정에서 풍부한 경험을 지니고 있었고, 버클리 캠퍼스도 낯설지 않았다. 빅토리아 시대 영문학 연구자인 크라이스트는 1970년 조교수로 처음 버클리에 왔으며, 1985년 영문과 학과장을 역임했다. 그리고 30년이 넘는 세월 동안 교수이자 행정가로 재직하며 학장부터 교무총장에 이르는 다양한 보직을 맡았다. 크라이스트는 2002년 스미스칼리지(Smith College)의 총장직을 맡기 위해 버클리를 떠난 후 그곳에서 2013년까지 머물렀다. 2015년 버클리로 돌아온 그녀는 집행부총장 대행을 포함한 여러 지도적 역할을 거친 후 마침내 총장 자리에 올랐다. 크라이스트는 잘 알려진 검증된 인물이자 외부 경험을 지닌 내부인이었으며, 공동체 지향적이고 협의 중심의 리더십으로 명성을 얻고 있었다. 따라서 그녀의 총장 지명은 열렬하게 환영받았다. 정치학 교수이자 당시 물러나는 학술평의회 의장이었던 로버트 파월(Robert Powell)은 교수들이 크라이스트의 리더십을 높이 평가하며 그녀의 스타일을 "의미 있는 방식으로 협의적"이라 불렀다고 말했다.[106]

그러나 버클리 앞에 놓인 도전 과제들이 더크스의 퇴임과 함께 사라진 것은 아니었다. 적자 예산, 오래된 주제인 "표현의 자유"를 둘러싼 새로운 논란, 그리고 학생 주거 위기가 그녀 앞에 놓인 즉각적인 난제들이었다. 크라이스트는 자신이 물려받은 적자를 2018년 6월까지 5,600만 달러로 줄였다.[107] 학생들과 동문, 행정가들의 지원에 힘입어 제리 브라운 주지사는 3억4,690만 달러가 늘어난 2018~2019회계연도 대학 예산에 서명했다. 그중 9,810만 달러는 2017~2018년도 예산 대비 영구적 증액이었고, 2,500만 달러는 버클리 적자 해소를 위한 일회성 자금이었다. 버클리는

2019년 9월에 균형 예산을 달성했고, 2년 연속 기록적인 모금액을 달성함으로써 12억 달러를 확보했다.[108] 때로는 폭력적인 양상을 띠는 우익 활동가들의 반대 시위에 대응하기 위해 크라이스트는 표현의자유위원회를 설립하고 표현의 자유 해를 선포했으며, 학생과 교수진, 직원이 한데 모여 표현의 자유가 '표현의 자유 운동'을 창시한 대학에 어떤 의미를 지니는지 논의하도록 했다.[109] 크라이스트는 버클리의 대학 주거 부족 문제에도 손을 댔다. 캘리포니아대학교의 모든 캠퍼스 가운데 버클리의 주거 수용 능력이 가장 떨어졌다. 크라이스트는 더크스가 글로벌 캠퍼스를 세우려 했던 리치먼드를 포함해 아홉 곳의 신규 대학 주거 부지를 제안했다.

크라이스트의 초기 성과에도 불구하고, 지속적인 예산 삭감과 교수들의 꾸준한 유출로 버클리의 대학 순위는 하락했다. 2018년 QS 조사에 따르면, 버클리는 80개 항목에서 순위가 떨어졌다. 2018년 《유에스뉴스앤드월드리포트》 순위에서 UCLA가 버클리와 동점을 기록했는데, 이는 거의 20년 만에 버클리가 미국에서 단독 1위 공립대학의 자리를 잃은 첫 사례였다.[110] 캘리포니아대학교 버클리는 2019년 《유에스뉴스앤드월드리포트》가 발표한 순위에서 아예 제외되었는데, 이는 2016년 동문 기부율을 실제 (그리고 참담한) 수준인 7.9%가 아닌 11.6%로 잘못 보고했기 때문이었다.[111] 이 오보를 수정한 후 버클리는 다시 《유에스뉴스앤드월드리포트》 순위표에 다시 이름을 올렸으나, 2019년과 2020년 모두 UCLA 뒤로 밀려났다.[112]

더크스의 "뉴 노멀"이라는 표현은 2019~2020학년도에 새로운 의미를 띠었다. 코로나19는 전 세계적 팬데믹을 촉발했고, 팬데믹이 가져온 예기치 못한 변화가 국제적으로 뉴 노멀로 자리 잡았다. 팬데믹은 버클리에 심대한 영향을 끼쳤다. 균형 예산을 달성했던 버클리는 단기 수입 손실과 심각하고 장기적인 주 정부의 지원 삭감으로, 다시 1억 7,000만 달러에서

4억 달러에 이르는 예상 적자와 직면했다.[113] 향후 2년간 전체 주 예산 삭감이 534억 달러에 이를 것으로 예상되었으며, 이는 캘리포니아대학교에 대한 주 정부 지원이 더욱 줄어드는 것을 의미했다.[114] 2020년 6월 크라이스트는 소규모 수업은 대면으로, 대규모 강좌는 '클라우드 학기'라 명명한 온라인으로 운영하고, 학생 도착을 단계적으로 분산하며 기숙사 수용 규모를 6,500명으로 제한함으로써 하이브리드식으로 2020년 가을 학기를 운영할 것이라고 발표했다.[115] 캘리포니아 공립 교육 시스템이 직면한 도전을 완화하기 위해 2020년 8월, 개빈 뉴섬 주지사는 공정한 '캘리포니아 고등교육 형평성 회복 태스크포스(California higher Education Recovery with Equity Taskforce)'를 조직했다.[116] 브레슬라우어 전 교무총장은 버클리 최악의 시나리오는 "주 정부가 지원하지 않고 경쟁자들은 점점 부유해져서" 대학이 "경쟁에서 완전히 밀려나는 상황"이라고 믿었다.[117] 코로나19 팬데믹은 그의 말을 예언으로 증명할까?

위기의 시기가 다시 도래했으며, 가장 어려운 질문들은 여전히 답을 찾지 못하고 있다. 기관 자금의 출처가 대부분 민간인 상황에서 '공립' 기관이 된다는 것은 무엇을 의미할까? 더 이상 지속 가능한 방식으로 재정을 지원하지 않는 캘리포니아주의 시민, 납세자, 그리고 자녀에게 버클리는 어떤 의무가 있을까? 버클리는 세계 최고의 대학 중 하나라는 지위를 유지하면서, 동시에 이러한 지역적 기대에 부응할 수 있을까? 크라이스트가 선언했듯이, "지금은 위험한 시기일 수 있으나, 동시에 창조적 격변과 가능성의 시기이기도"[118] 하다. 지속되는 긴축의 시대에 맞은 또 다른 위기에 고매한 이상을 지닌 대학과 목소리를 높이는 교수, 학생, 직원은 과연 어떻게 대응할까? 버클리의 역사적 강점 중 하나인 교수진의 자치가 불가피하게 마주한 어려운 선택에 관한 결정들을 가로막을까? 여러 뉴노멀이 압박해 오는 상황에서, 표현의 자유 운동의 본산이자 학문적 자율

성의 오랜 전통과 저항적 시민성을 지닌 버클리는 결국 통치 불능이자 재
정 파탄 상태에 이른 것일까?

제7장

대담한 야망
듀크대학교

듀크대학교 총장직에 오른 지 거의 13년 만인 2017년 5월, 리처드 브로드헤드는 중국 장쑤성(江蘇省) 쿤산시(崑山市)에 있었다. 그는 총장직에서 물러나기 불과 몇 주 전에 듀크대학교의 가장 야심 찬 국제 프로젝트인 듀크쿤산대학교(Duke Kunshan University) 자문위원회에서 연설했다. 브로드헤드는 총장직을 맡았을 때를 회상하며, 자신은 예일대학교 학생, 저명한 영문과 교수, 그리고 예일칼리지 학장으로서의 11년까지 "성인이 된 이후의 전체 삶"을 예일대학교에서 보냈다고 말했다. 예일대학교가 있는 뉴헤이븐의 많은 이들은 그가 예일을 떠나 듀크로 갈 것이라고는 상상조차 할 수 없었다. 그는 한 학생이 불평하며 했던 말을 떠올렸다. "브로드헤드 학장님은 예일과 결혼한 줄 알았는데, 이제 보니 우리를 떠나 더 젊고 운동 잘하는 상대에게 가 버린 거잖아요."[1]

실제로 듀크는 더 젊었고, 21세기 초에는 벤치마크(benchmark) 대상이었던 아이비리그 대학들보다 스포츠에서 훨씬 더 강세를 보였다. 유명한 남자 농구팀은 브로드헤드 재임 기간에 이룬 두 차례 우승을 포함해 전국 챔피언십에서 다섯 차례 우승했다. 듀크는 캐머런실내체육관에서 경기를 치렀는데, 브로드헤드는 이곳을 "듀크의 학풍이 넘쳐흐르고 팬들은 열광하며, 상대 팀은 빨리 집으로 가고 싶게 만드는 곳"이라고 말했다.[2] 그러나 듀크를 성취와 열망을 동시에 갖춘 대학, 어쩌면 미국의 연구중심 대학 중 가장 역동적인 기관으로 만든 것은 다름 아닌 '학문적 운동 능력 (academic athleticism)'이었다. 그리고 이는 끊임없는 계획과 지적·국제적 경계를 넘나드는 데 비교적 제약이 적었던 태도에서 비롯되었다.

브로드헤드는 겐슬러앤드어소시에이츠(Gensler & Associates)가 설계하고 중국에서 기업가 정신이 가장 강한 도시인 쿤산이 건설한 놀랍도록 현대적인 듀크쿤산대학교 캠퍼스를 둘러보았다.[3] 약 81만m² 규모의 듀크쿤산대학교 기숙형 캠퍼스 2단계 건설 협정에 막 서명한 그는 자신과 듀크가 얼마나 멀리까지 왔는지를 곱씹었다. 이곳은 본교로부터 비행기로 18시간 떨어져 있고, 듀크대학교의 기원이 되는 전신 기관이 세워진 지 179년이 지난 시점이었다. 듀크는 중국에 미국식 기준에 따른 리버럴아츠칼리지를 설립하고 있었다. 이는 1919년 현재 베이징대학 자리에서 설립된 옌칭대학(燕京大學) 이래 최초의 중미 합작 사업이었다. 듀크는 세계에서 양적·질적으로 가장 빠르게 성장하는 고등교육 체계의 본거지인 중국에 학문적 자본을 과감하게 투자하고 있었다. 그러나 동시에 중국은 중국공산당이 이단이라고 여기는 견해를 강력히 단속하는 정치적 억압의 현장이기도 했다.

시속 300km의 고속열차를 타고 쿤산에서 상하이로, 이어 익숙한 항공편으로 노스캐롤라이나 더럼의 자택으로 돌아가면서 브로드헤드는 7월 1일 총장직을 맡게 될 후임 빈센트 프라이스(Vincent Price)에게 자신이 남겨 줄 유산에 대해 생각했다. 듀크쿤산대학교는 듀크가 감행한 또 하나의 대담한 행보였다. 어쩌면 중국 내 미국 대학 가운데 가장 과감한 시도였지만, 그 과정에서 난관이 없었던 것은 절대 아니었다. 듀크 이사회는 이를 "100년짜리 결정"이라고 불렀다. 이 결정이 신임 총장과 듀크대학교를 글로벌 리더로 각인시키고 과감함이 부족한 다른 대학과 차별화되는 성과로 남을 것인가? 혹은 전임 총장 테리 샌퍼드(Terry Sanford)의 발언인 "대담한 야망"[4]으로 알려진 이 대학에도 지나친 모험이었을까? 어쨌든 불과 한 세기 전만 해도 고등교육의 전위에서 멀리 떨어져 있던 젊은 대학이 시도한 가장 대담한 사업의 하나임은 틀림없었다.

농촌적 기원과 자생적 기부금

최근 수십 년 전까지만 해도 상하이 외곽의 작은 시골 도시였던 곳에 듀크가 새로운 캠퍼스를 세운 것은 매우 상징적이었다. 2020년 무렵에 듀크대학교는 더럼의 4,000km² 부지에 걸친 캠퍼스에 12개의 단과대학 및 전문대학원, 약 1만6,000명의 학생, 3,800명 이상의 교수진을 둔 미국의 대표적인 사립 연구중심대학으로 성장했다.[5] 의학, 경영학, 법학, 공공정책, 환경 등 다양한 분야의 대학원과 전문대학원은 정기적으로 해당 분야 최고의 기관으로 평가되었다. 학부는 미국에서 가장 입학 경쟁이 치열한 곳 중 하나였고, 졸업생들은 고용주들에게 가장 높은 평가를 받았다.[6] 이러한 듀크는 노스캐롤라이나 농촌에서 감리교도와 퀘이커교도가 세운 한 칸짜리 학교인 브라운스쿨하우스(Brown's Schoolhouse)에 그 기원을 두고 있다. 브로드헤드는 한때 이렇게 말했다. 듀크는 "남부에서 발전이 가장 더딘 주의 오지에 세워졌다. 그러나 교육에 신경 쓰지 못할 정도로 가난한 곳은 없고, 이런 선(善)을 얻기 위해 나아가지 못할 만큼 궁핍한 공동체도 없다."[7]

이 학교는 사범학교로 발전해 교사를 양성했고, 1859년에는 트리니티 칼리지(Trinity College)라는 이름을 가진 작은 대학으로 변모했다. 1892년에 이 대학은 교명의 기원이 된 노스캐롤라이나 트리니티를 떠나, 더 도시적이고 산업적인 환경을 지닌 더럼(Durham)으로 캠퍼스를 옮겼다. 이 전환을 주도한 인물은 초기 예일 출신 총장인 존 F. 크로웰(John F. Crow-ell)이었다. 당연한 말이지만, 그는 연구와 교육을 병행하는 독일식 모델의 대학을 구상했다. 크로웰은 처음에는 트리니티의 실정을 보고 크게 낙담해 북부로 돌아가려 할 정도였다. 그는 대학 최초의 종합 도서관 건립을 포함한 개혁을 추진하기 시작했다. 그의 계획은 학문적 차원에 국한되지 않았다. 그는 지리적·계층적 배경에 따라 나뉜 학생들을 통합하고, 인근 채플힐에 있는 주립대학[8]에 도전하기 위한 수단으로 체육을 적극 지원했다.[9]

19세기 말에 더럼은 철도의 교차점이자 미국 담배 무역의 중심지였다. 남북전쟁 이후 점령군이었던 북부연방군이 그 달콤한 향에 매료되면서 노스캐롤라이나 담배의 유명세는 미국 전역으로 퍼져 나갔다. 이 산

[그림 7-1] 브라운스쿨하우스, 1892년. (데이비드 M. 루벤스타인 희귀 도서 및 고문서 도서관, 듀크대학교).

업의 개척자인 워싱턴 듀크(Washington Duke)는 트리니티칼리지를 더럼으로 인도하는 데 이바지한 인물 중 하나였다. 그의 아들 제임스 뷰캐넌 듀크(James Buchanan Duke)는 담배를 마는 기계를 도입해 담배 업계에 혁명을 일으켰다. 20세기 초에 이르러 듀크 가문의 아메리칸타바코컴퍼니(American Tobacco Company)는 미국 담배 시장을 사실상 독점했고, 영국 파트너와의 제휴를 통해 전 세계인의 상당수를 니코틴 중독의 길로 끌어들였다. 이 회사는 1930년까지 중국에서 약 550억 개비의 담배를 생산하고 판매했으며, 그곳에 오늘날까지 이어지는 남성 흡연 문화를 정착시켰다.[10]

트리니티칼리지는 1890년대에 워싱턴 듀크와 줄리언 S. 카(Julian S. Carr)의 지원을 받아 오늘날 이스트(East) 캠퍼스 부지에 새로운 캠퍼스를 건설했다. 이 야심만만한 신생 대학은 듀크의 기부 조건에 따라 여성을 "남성과 동등한 지위"로 받아들이는 남녀공학으로 운영되었다.[11] 20세기 초 트리니티는 존스홉킨스나 컬럼비아와 같은 북부의 신설 대학원에서 교원을 영입하면서, 미국 남부를 대표하는 선도적인 리버럴아츠칼리지로 자리매김했다.[12]

윌리엄 프레스턴 퓨(William Preston Few)는 1910년부터 1940년에 세상을 떠날 때까지 30년간 총장으로 재임하면서, 오늘날 듀크대학교의 기초를 닦았다. 당시나 지금이나 성공적인 모금 활동에는 인내와 굳건함이 필요하다. 퓨가 "크게 생각하라"를 신조로 삼았던 제임스 뷰캐넌 듀크를 움직여 워싱턴 듀크의 이름을 딴 "전국적"이고 "주요한" 대학을 세우려는 자신의 비전을 지원하도록 하는 데는 적어도 10년의 노력이 필요했다.[13] 1924년 교육과 보건을 위해 조성된 대규모 듀크 가문 기금 중 4,000만 달러의 지원을 받은 트리니티는 1920년대에 조지아식 양식으로 재건되어 여학생을 위한 대학을 수용했고, 약 1.61km 떨어진 웨스트(West) 캠퍼스에는 장엄한 신고딕 양식의 캠퍼스가 건설되었다. [14] 듀크 가문의 기부가 이루어진 지 10년 만에 트리니티칼리지는 일반대학원, 신학대학, 의과대학, 간호대학을 갖춘 듀크대학교로 변모했고, 곧이어 공과대학과 임학대학도 설립되었다.

듀크 변신의 중심이자 상징은 새로운 웨스트 캠퍼스였다. 캠퍼스에 우뚝 솟은 예배당과 그 양옆에 있는 사각 중정은 모두 고딕 양식으로 건축되었는데, 이 세련된 설계는 필라델피아 호레이스트럼바워(Horace Trumbauer)건축사무소에 소속된 아프리카계 미국인 건축가 줄리언 프랜시스 어벨(Julian Francis Abele)의 구상이었다. 어벨은 25년 동안이나 듀크대학교 캠퍼스를 설계했지만, 인종차별과 분리 정책이 만연했던 그 시대에 노스캐롤라이나를 방문하지 못했을 뿐 아니라 방문하려고 하지도 않았다. 이는 당시 듀크대학교의 실상을 잘 보여준다. 현대 듀크대학교 캠퍼스를 구상한 사람은 자신의 작품을 직접 눈으로 확인한 적이 없다.

제임스 B. 듀크는 생애 마지막 해인 1925년 대학에 또 다른 선물을 전달했는데, 이번에는 의과대학, 간호대학, 듀크대학병원 설립을 위한 400만 달러였다. 그 당시 그의 비전은 지역적인 것으로, 듀크가 볼티모어에서 뉴올리언스에 이르는 남부 지역의 최고 의료 센터로 자리매김하는 것이었다. 의과대학 캠퍼스와 병원은 웨스트 캠퍼스에서 불과 몇 걸음 거리에 만들어졌다. [15] 이들이 듀크의 중심부와 물리적으로 인접해 있다는 사실은 훗날 대학의 생활, 운영, 그리고 지향을 형성하는 데 핵심적 역할을 맡게 될 것임을 예고했다. 1930년 문을 연 신생 의료 센터는 곧 큰 성공을 거두었다. 미국의학협회(American Medical Association)에 따르면 듀크 의과대학은 1935년 전국 상위 20개 의과대학의 반열에 올랐다. 병원 서비스에 대한 수요가 급격히 늘어나자, 1940년에는 수용력을 확장하기 위해 새 병동을 추가했다. [16]

노스캐롤라이나 주민들의 공중 보건에 대한 듀크의 헌신은 오늘날에도 이어지고 있다. 그리고 이 헌신은 1998년 듀크지역병원(Duke Regional Hospital), 롤리커뮤니티병원(Raleigh Community Hospital) 및 기타 인근 의료 기관들을 통합해 지역을 위한 단일한 "학술적 의료 체계"를 구축한 듀크대학교의료시스템(Duke University Health System, DUHS)의 창설로 더욱 강화되었다.[17] 나중에 보겠지만, 이 지역 중심의 의료 센터는 이후 2005년 싱가포르국립대학교(NUS)와 협력해 듀크-싱가포르국립대학교 의학전문대학원(Duke-NUS Graduate Medical School)을 설립하면서 듀크의 야심 찬 국제화 전략에서 선도적 역할을 맡았다.

영국 소설가이자 철학자인 올더스 헉슬리가 1937년 노스캐롤라이나를 방문했을 때, 그는 숲속을 여행하다가 "어떠한 일도 일어나리라 기대하지 못하는 곳에서 갑자기 일이 일어난다. 놀랍게도 지금껏 본 것 중 가장 거대한 고딕 건물이 거기에 있다. 현재 대규모 대학을 품고 있는 이 거대하고 환상적인 구조물은 내가 아는 한 신고딕 양식의 가장 성공적인 시도다"라고 묘사했다.[18] 이러한 건축적 성취로 듀크는 이제 프린스턴대학교, 시카고대학교, 워싱턴대학교와 어깨를 나란히 하는 대학 고딕의 전형이 되었다.

그 설계에는 허세가 없지 않았다. 듀크 예배당에서 내려오는 석조 계단은 마치 수 세기에 걸쳐 학자들의 발길이 닿아 온 것처럼 기이할 정도로 닳아 있었다. 그러나 1959년 듀크의 첫 종합 기획 보고서가 지적했듯이 "장엄한 시설의 건설 자체"가 "새로운 대학이 무엇이 되고 무엇을 성취할 수 있는가?"라는 질문에 대한 "답은 아니었다."[19] 즉 듀크는 어떻게 그 건축물에 걸맞은 수준의 대학을 만들 수 있었을까?

[그림 7-2] 듀크 캠퍼스의 항공 사진. (《듀크투데이(Duke Today)》 직원 제공).

[그림 7-3] 듀크 예배당의 학문적 분위기를 자아내는 계단. (© 윌리엄 C. 커비).

계획의 문화

모든 대학은 미래를 대비해 계획을 세운다고 말한다. 베를린의 여러 대학처럼 일부 대학은 정부가 체결을 요구하는 '협약'이나 '우수대학육성사업(Excellence Initiative)'의 일환으로 계획 수립을 의무화하기 때문에 미래 계획을 세우기도 한다. 하버드와 같은 미국의 사립대학들은 주로 모금 캠페인을 시작할 때 계획을 수립하는데, 이는 동문에게 더 많은 기부가 필요한 이유를 설명하기 위해서다. 연구중심대학의 개별 단과대학 및 전문대학원은 교수 임용이나 시설 투자와 같은 다음 주기를 대비한 계획 수립이 필수지만, 기관 전체 차원에서 장기적인 전략 방향을 수립하는 대학은 거의 없다. 듀크는 달랐다. 듀크대학교는 2006년 〈의미 있는 변화(Making a Difference)〉 전략 계획 보고서의 서문에서 이렇게 선언했다. "많은 대학에서 전략적 계획은 낭만 없는 전망이며 관료적 절차일 뿐이다. 그러나 듀크에서 전략 계획은 실제로 변화를 만들어 내기 때문에 흥미로운 작업이다." 1950년대에 이르렀을 때, 듀크는 이미 위대한 대학처럼 보였다. 하지만 실제로 그렇게 되기까지는 수십 년에 걸친 진지한 계획이 필요했다.

현황 점검, 1958~1964 대학 전체 차원의 본격적인 학술사 계획은 1950년대에 시작되었다. 1958년 듀크대학교 이사회 산하 집행위원회는 당시 부총장(현재의 교무총장에 해당하는 직책)인 폴 M. 그로스(Paul M. Gross)가 작성한 〈장기 계획 절차에 관한 성명서(Statement of Procedure for Long-Range Planning)〉를 승인했다. 총장 A. 홀리스 이든스(A. Hollis Edens)는 위원회에 짧은 질문 세 가지를 던졌다. 듀크는 어디에서 뒤처지고 있는가? 듀크가 강조해야 할 방향은 무엇인가? 듀크는 미래에 어떤 모습이어야 하는가?[20] 그로스의 보고서는 듀크에 결정을 요구했다. 듀크는 전국적 수준의 연구중심대학을 지향할 것인가? 답은 예스였다. 그러나 갈등도 있었다.

이든스 총장이 이 보고서를 교수진과 공유하면서 지적했듯이, 1930년대 듀크의 (재)창립자들은 "지방대학을 세우려 한 것은 아니었지만, 남부 지역에 특화된 기여를 해야 한다는 필요성에는 공감했다."[21]

1959년 발간된 듀크의 〈제1차 진행 보고서(First Progress Report)〉는 대학 전체와 그 아래 여러 단과대학 및 전문대학원, 그리고 앞으로의 과제에 대해 솔직하고 때로는 가혹한 평가를 내렸다. 보고서에 따르면, 학부는 "남부 지역에서는 강력한 위치에 있다." 그러나 "전국적으로 최고 기준에는 크게 못 미친다."[22] 대학원은 "국내외적 의미에서 진정한 교육적 리더십을 향한 역동적 진전이 부족하다."[23] 당시 듀크는 약 4,000명의 주로 남부 출신 백인 학부생과 수준이 들쭉날쭉한 1,200명의 대학원 및 전문대학원생, 800명의 교수진을 보유했다. 하지만 듀크는 인종차별이 제도화된 남부에서 명망 있는 지역 대학일 뿐 전국적 명성을 다투는 대학은 아니었다.[24] 듀크는 1961년에 이르러서야 인종 분리 정책을 철폐했고, 1963년에야 처음으로 5명의 아프리카계 미국인 학부생을 받아들였다.[25]

듀크는 재정 자원 면에서도 주요 대학들에 크게 뒤처져 있었다. 1958년 듀크가 5,612명의 정규 학생에게 지원한 직접 교육 지출은 총 490만 달러(1인당 868달러)였던 반면, 하버드는 1만536명 학생에게 2,400만 달러(1인당 2,318달러)를 지출했다.[26] 1960년 듀크의 기금은 6,000만 달러로 하버드의 6억2,500만 달러의 10분의 1에도 미치지 못했다.[27]

1960년과 1961년에 발표된 장기 계획 보고서인 〈제2차 진행 보고서(Second Progress Report)〉 및 〈제3차 진행 보고서(Third Progress Report)〉 역시 대학의 부족한 점들을 계속 지적했다. 특히 〈제2차 진행 보고서〉는 듀크 학부생의 수준을 재고할 것을 요구했다. 듀크는 SAT 점수와 기타 지표에서 동급 경쟁 대학들보다 뒤처져 있었다.[28] 보고서는 시험 점수, 수학, 외국어 준비 수준의 입학 기준을 높이기로 했다.

이 세 차례의 진행 보고서는 1964년 〈다섯 번째 10년(The Fifth De-cade)〉 보고서 발표로 이어졌고, 이로써 6년에 걸친 전략 계획 과정이 마무리되었다. 이 보고서는 듀크가 맞는 다섯 번째 10년은 전국 규모의 교수진 확보, 교수 급여와 기금 규모를 넘어서는 최소 1억 달러의 신규 시설 투자, 그리고 이를 감당하기 위한 등록금 인상의 시기가 될 것이라고 천명했다.[29] 듀크가 전국구 대학이 되려면, 그에 걸맞은 등록금을 책정해야 했다.

듀크대학교는 이러한 계획을 바탕으로 〈다섯 번째 10년〉 캠페인에 착수했다. 이 캠페인을 통해 1971년 5월까지 1억500만 달러를 모금했는데, 이는 당시 미국 남부에 있는 대학 중 최대 금액이었다.[30] 모금된 기금은 과학 연구 시설, 도서관, 학생 기숙사, 여가 시설을 크게 확충하는 24개의 건축 프로젝트에 지원되었다.[31] 또한 화학, 경영학, 국제관계학, 의학 분야에 새로운 기금교수직을 신설해 차세대 학문 지도자를 영입했다.[32]

듀크의 새로운 인재 영입이 모두 순탄했던 것은 아니다. 듀크여우원숭이센터(Duke Lemur Center)는 1966년 예일대학교에서 여우원숭이들을 데리고 듀크로 옮겨 온 인류학자 존 뷰트너야누시(John Buettner-Janusch)가 듀크의 생물학자 피터 클롭퍼(Peter Klopfer)와 함께 설립한 기관이다.[33] 본부 캠퍼스 인근 듀크 숲 약 32만4,000m² 부지에 자리한 이 시설은 세계에서 절멸할 위기에 처한 포유류인 여우원숭이를 연구하고 보호하기 위한 야외 영장류 연구소였다. 14개 종, 약 230마리의 여우원숭이를 보유한 듀크여우원숭이센터는 오늘날 마다가스카르를 제외하고 세계에서 가장 다양한 여우원숭이 집단을 보유하고 있다.[34] 듀크여우원숭이센터는 PBS 어린이 프로그램인 〈조부마푸(Zoboomafoo)〉의 주인공으로서 세계적으로 유명해진 여우원숭이 조비언(Jovian)의 보금자리이기도 했다.

가장 매혹적인 영입 이야기에도 어두운 면이 존재하는 법이다. 듀크여우원숭이센터 설립 후, 뷰트너야누시는 1973년 뉴욕대학교가 더 높은 연봉을 제안하자 듀크를 떠났다. 그리고 뉴욕대학교 재직 중이던 1980년에 연방 수사관들이 그의 연구실에서 LSD와 기타 마약 제조 증거를 발견했고, 뷰트너야누시는 연구실을 "마약 공장"으로 사용한 혐의로 유죄를 판결받았다.[35] 1987년 출소한 그는 몇 년 후 자신에게 유죄 판결을 내린 판사와 전 듀크 동료에게 독이 든 초콜릿을 보냈다.[36] 판사의 아내가 그 초콜릿을 먹었으나 다행히 살아남았고, 여우원숭이들도 무사했다. 오늘날 듀크여우원숭이센터는 매혹적인 눈을 지닌 포유류의 보호구역으로서 매년 3만5,000명이 넘는 방문객을 끌어들인다.[37]

〈다섯 번째 10년〉 캠페인의 교훈(견고한 전략 계획이 성공적인 기금 모금으로 이어질 수 있다는 점)은 듀크의 후임 지도자들에게도 깊이 각인되었다. 하지만 미래의 계획들은 단순히 자본 투자의 필요성을 제시하는 수준을 넘어 듀크의 포부 자체를 규정하는 데까지 나아갈 것이었다.

1970년대의 "대담한 야망" 〈다섯 번째 10년〉 보고서 발표 후 8년 만에 다음 전략 계획을 발표했을 당시, 듀크는 전국적 정치 지도자인 테리 샌퍼드(Terry Sanford)의 리더십 아래 빠르게 성장하고 있었다. 1984년 10월 25일, 교수진을 대상으로 한 연설에서 샌퍼드 총장은 다음과 같이 선언했다.

우리는 아이비리그 대학이 아닙니다. 우리는 어느 무리나 집단에도 속하지 않습니다. 제 취임 연설을 인용하자면, "우리는 이 나라 위대한 사립대학 6곳의 획일화된 틀을 따르지 않을 것이며, 그 명성이나 지위가 아무리 높다 해도 어떤 대학을 추격하거나 모방하지 않을 것입니다. 다른 대학의 방식으로 가르치고 운영하며 그들을 모델로 삼는다면, 우리가 이룬 가장 큰 성취마저도 결국 모방품에 지나지 않을 것입니다. 우리는 듀크대학교로서 존재하고자 합니다. 최고 수준의 학문적 성취를 추구하되, 우리 고유의 자원과 창의적 역량을 온전히 발휘하는 기관으로 말입니다."[38]

베를린에서 버클리에 이르는 대학들과 마찬가지로, 1960년대 후반 듀크대학교 역시 민권을 지지하고 베트남전쟁에 반대하는 시위의 현장이었다. 1969년 아프리카계 미국인 학생들이 앨런행정본관(Allen Administration Building)을 점거하고 경찰이 구경하던 학생들에게 최루가스를 발포한 사건 이후, 더글러스 나이트(Douglas Knight) 총장은 사임할 수밖에 없었다.[39] 듀크는 하버드대학교, 베를린자유대학교, 그리고 뒤에서 보게 될 칭화대학처럼 세대 혁명(generational revolution)의 중심지로서 갈등 상황에 휘말렸다.

나이트의 퇴진 이후, 듀크 이사회는 1961~1965년에 노스캐롤라이나 주지사로 재직하면서 공립학교 지출을 두 배로 늘리고 인종 통합을 지지했던 진보적 민주당원 테리 샌퍼드를 영입했다. 그리고 그에게 캠퍼스의 평화를 회복하고 듀크를 전국적 기관으로 발전시키는 임무를 맡겼다.[40] 이러한 포부는 야망가에게 잘 어울렸다. 듀크 총장으로 재임하는 동안 샌퍼드는 두 차례 미국 대통령 선거에 출마했고, 듀크에서 물러난 후에는 결국 미국 상원의원으로 당선되었다. 사망 후 그는 듀크대학교 예배당에 안치되었다. 그의 총장 재임 기간에 듀크는 지울 수 없을 만큼 확실한 명성을 얻었다.

지난 전략 계획 이후 많은 것이 개선되었다. 1972년에 이르자 학부생들의 평균 SAT 점수는 미국 대학생 전체 상위 9%에 달했지만, 시험 성적으로 측정한 학생들의 수준은 35~40개의 최상위권 대학들보다 뒤처졌다.[41] 듀크의 전문대학원은 빠르게 성장하고 있었다. 의학전문대학원과 법학전문대학원은 이제 전국 상위 10위권에 진입했다.[42] 1969년에 설립된 경영대학원은 기금을 5배 늘려 500만 달러로 확충할 계획을 세웠다.[43]

샌퍼드의 1972년 보고서는 특히 학부 교육에 중점을 두고 더 멀리 더 빠르게 나아가는 것을 목표로 삼았다. 듀크는 1968~1969학년도에 학부 교과과정의 엄격성을 더욱 강화했는데, 이는 "지적 분위기 부족" 문제를 해결하고 학생들을 연구에 더욱 직접적으로 참여시키기 위해서였다.[44] 재정 지원과 학생 다양성을 개선하기 위해 상당한 외부 자원을 확보했으며, 학부 학생의 10%를 소수자 집단 학생으로 구성하는 것을 목표로 삼았다.[45]

듀크의 대학원 프로그램은 대다수가 이미 전국 상위 30위권에 진입해 있었으므로, 대부분의 프로그램을 상위 20위 안으로 끌어올리는 것으로 목표를 상향 조정했다. 보고서는 이를 달성하기 위해 기존에 설치되어 있던 48개의 제임스B.듀크 석좌교수직 및 기타 기명 석좌교수직에 더해, 50개의 새로운 기부금 지원 교수직 신설을 요구했다.[46]

선별적 수월성을 추구한 1980년대 1950년대 이후 듀크대학교의 부상은 미국 경제가 지속적 성장을 거듭하던 시기에 이루어졌다. 그러나 1970년대 후반에 닥친 스태그플레이션 이후, 듀크는 1980년 계획인 〈진보를 위한 방향(Directions for Progress)〉 보고서를 통해 다른 사립 연구중심대학들처럼 "성장이 아니라 긴축을 위한 계획을 수립해야 한다"라고 선언했다.[47]

듀크의 이전 모든 전략은 기존 프로그램을 냉정하게 검토한 후 더 이상 전망이 없는 프로그램을 축소하는 방향이었다. 〈진보를 위한 방향〉은 한 걸음 더 나아가 대대적인 삭감을 주장했다.[48] 몇몇 프로그램은 재정 상태를 개선함으로써 삭감을 피할 수 있었다. 여기에는 임학·환경학대학원과 듀크대학교 해양연구소가 포함되었으며, 이들은 1991년 통합되어 새로

운 환경대학원으로 거듭났다.[49]

〈진보를 위한 방향〉은 또한 듀크의 경쟁력을 강화하기 위해 교수 임용 제도에 대한 전면적 개혁을 제안했으며, 특히 더 엄격한 종신재직권 정책을 강조했다. 의료센터를 제외한 듀크 교수진의 80%가 종신직이었는데, 이 비율은 대학에 "심각한 정체 위험"을 초래한다고 보고서는 지적했다.[50] 종신재직권 임용은 "전국적 기준에서 모든 면이 탁월하다고 평가되는 선도적 학자"들에게만 한정되어야 함을 분명히 하면서, 대학은 더 이상 "성실한 봉사와 위대한 잠재력을 혼동할 여유가 없다"라고 선언했다.[51]

1980년대 후반 경제 성장세가 회복될 무렵, 듀크의 선택적이고 공격적인 인재 영입 전략은 열매를 맺었다. 1987년의 학술사 계획은 듀크가 "연구중심대학 최상위권에서 독특한 위치를 구축하고, 고유한 학술적 강점 분야들을 창조할 것"을 자신 있게 천명했다.[52] 이 과정은 이미 여러 분야에서 시작되고 있었다. 미국사와 아프리카계 미국인 경험 연구의 선도적 역사학자인 존 호프 프랭클린(John Hope Franklin)이 1982년 제임스 B. 듀크 교수직에 임용되었다. 듀크인문학연구소(Duke's Humanities Institute)는 1999년 그의 이름과 업적을 기려 설립되었다. 저명한 법학자 조엘 플라이슈먼(Joel Fleishman)은 1971년 예일대학교로부터 영입되어 정책과학·공무연구소(Institute of Policy Sciences and Public Affairs)를 이끌었으며, 이 연구소는 오늘날의 샌퍼드공공정책대학원(Sanford School of Public Policy)으로 발전했다. 필립 그리피스(Phillip Griffiths)는 하버드의 석좌교수직을 포기하고 1984년 듀크의 교무총장이 되었다.[53] 또한 1986년 듀크는 영문과 학과장으로 대담한 혁신을 추구하는 학자이자 문학 이론가인 스탠리 피시(Stanley Fish)를 영입했는데, 그는 "존경받지만 다소 고루하던 남부의 영문과를 당시 최고의 전문 기관으로 탈바꿈시켰다"라고 평가받았

다.[54]

샌퍼드 총장은 재임 기간 중 두 차례에 걸쳐 기금 모금 캠페인을 진행함으로써 1970~1980년대의 전략 계획을 뒷받침했으며, 이는 연구와 학생 지원 확대, 새로운 시설 확충, 전국적 학생 유치에 필요한 자금 지원으로 이어졌다. 노스캐롤라이나와 다른 남동부 주 출신 학부생 비율은 1958년 55%에서 1983년 35%로 줄어들었다. 이제 학생 구성은 미국 북동부 출신 48%, 중서부와 태평양 연안 출신 15%로 바뀌었다.[55] 다양성 추세는 샌퍼드의 후임인 키스 브로디(Keith Brodie) 체제에서 더욱 강화되었다. 듀크의 아프리카계 미국인 학생 비율은 1985년 4%에서 1993년 9%로 늘어났다.[56] 같은 기간, 학부생의 재정 지원 수혜율은 20%에서 40%로 늘어났다.[57] 듀크 학부생의 14%가 펠장학금을 받았다.[58]

'코치 K'와 그 이후 1980년대에는 또한 듀크를 상징하는 프로그램 중 하나인 남자 농구팀의 뿌리가 형성되었다. 마이크 크지제프스키(Mike Krzyzewski, '코치 K')는 1980~2022년에 이 팀의 감독을 맡아 듀크를 다섯 번의 전국 우승과 열두 번의 전국 4강(Final Four) 진출로 이끌었다. 그는 남자 대학 농구 최상위 디비전에서 역대 최다 승리 기록을 보유하고 있다. 이 감독의 이름을 딴 크지제프스키빌(Krzyzewskiville), 줄여서 'K-빌(K-ville)'은 듀크의 오랜 전통으로, 1986년 학생들이 듀크의 블루데블스(Blue Devils)와 숙명의 라이벌 노스캐롤라이나대학교 채플힐 캠퍼스(University of North Carolina, Chapel Hill)의 타힐스(Tar Heels) 간 연례 경기 입장권을 구하기 위해 며칠간 텐트를 치고 야영한 것에서 시작되었다. 현재 K-빌은 학생들이 농구 경기 입장권을 얻기 위해 경기가 시작되기 3~8주 전부터 텐트를 치고 야영하는 하나의 문화로 발전했다. 스포츠, 그중에서도 농구는 듀크 학부 문화의 중심으로 자리 잡았다. 많은 학생이 농구 시즌이 이어지는 겨울과 봄 학기 동안 캠퍼스에 머물다가 가을 학기에 해외 연수를 떠난다. 스포츠는 수백만 달러의 수익을 가져다주기도 한다. 듀크 남자 농구팀은 2018~2019학년도에 3,548만9,891달러의 수익과 1,300만 달러 이상의 순이익을 기록했다.[59]

　외부인이 보기에 농구가 듀크 캠퍼스 전체에 끼치는 막대한 영향과 긍정적인 효과는 결코 과장이 아니다. 노터데임대학교(University of Notre Dame)의 미식축구처럼 농구는 오늘날 듀크대학교의 학생, 교직원, 교수진, 집행부 모두를 아우르는 공통 문화의 일부가 되었다. 나는 2015년 듀크 남자 농구팀이 전국 우승을 차지하던 당시 듀크 캠퍼스에 있었는데, 다음 날 농구팀과 위엄 넘치는 감독을 환영하기 위해 대학 공동체 전체에서 몰려온 학생들과 팬들이 캐머런실내체육관의 9,314개 좌석을 가득 메웠다.

[그림 7-4] '코치 K'와 2015년 전국 챔피언에 오른 듀크대학교 남자 농구팀. (《듀크스포츠(Duke Sports)》 제공).

몇 년 전 중국 관련 학술 강연을 해 달라는 듀크의 초청을 받은 적이 있는데, 그때 나를 맞이한 이는 중국 희곡 분야의 탁월한 학자이자 실무자이며 듀크 아시아태평양연구소 소속이기도 했던 클레어 콘시슨(Claire Conceison)이었다. (현재 그녀는 MIT에서 중국 문화와 연극학을 가르치고 있다.) 클레어는 듀크에서 '퍼포먼스로서의 스포츠'라는 강의를 했는데, 농구팀 학생들에게 특히 인기가 많았다고 한다. 내가 강연을 한 시간여 앞두고 그녀의 사무실에서 기다리고 있는데, 학생들이 하나둘 과제물을 제출하러 들어왔다. 그런데 들어오는 학생마다 앞선 학생보다 키가 더 컸다. 내가 지금껏 본 학부생들 가운데 가장 키가 큰 집단이라도 해도 지나치지 않았다. 나는 쌓여 가는 과제를 보면서 들춰보는 것이 예의가 아님을 알았지만, 결국 참지 못하고 읽어 보았다. 놀랍게도 수준이 매우 높았다. 나는 학생들과 그들을 엄격하게 지도하는 클레어, 그리고 학사 부정 스캔들 없이 프로그램을 운영해 온 코치 K에게 깊은 인상을 받았다.

2019년에 이르자 학생선수, 즉 정규 스포츠팀 소속 학생은 전체 학부생의 약 10%를 차지했다. 이는 하버드보다 낮지만(하버드는 종목 수가 더 적음), 특정 종목에서 프로 선수를 목표로 하는 성향이 훨씬 뚜렷했다.[60] 스포츠는 듀크가 대학으로서 성장하는 데 중요한 도구였다. 미국의 진지한 스포츠 팬이라면 지난 30년 동안 농구에서 듀크의 눈부신 부상, 나아가 다른 분야의 성취를 모를 수가 없었다.

그러나 다른 대학들과 마찬가지로, 듀크의 눈부신 스포츠 성취 뒤에는 어두운 의혹이 따라붙었다. 2006년 3월, 부업으로 스트립 댄서 일을 하던 노스캐롤라이나센트럴대학교(North Carolina Central University)의 흑인 여학생이 봄방학 중 듀크 남자 라크로스팀이 캠퍼스 밖에서 연 하우스 파티 공연에 고용된 후 납치, 강간, 성폭행을 당했다는 혐의를 제기했다.[61] 이 사건은 전국적 관심을 끌었고, 많은 이들이 스포츠 문화가 도를 넘었다고 믿었다. 수사가 진행되면서, 그해 전국 대회 우승 후보였던 남자 라크로스 팀은 활동 정지 처분을 받았다. 1년 후 고소인의 진술에서 앞뒤가 맞지 않는 부분이 드러나고 더럼 지방 검사의 검찰권 남용이 인정되면서, 기소된 세 학생은 모든 혐의에 대해 무죄를 선고받았다.[62] 그러나 무고로 드러났는데도 많은 사람이 충분히 사실일 수 있다고 믿었기 때문에 대학 안팎에서 오래도록 파장이 이어졌다. 듀크 라크로스 사건은 당시 미국 최고 대학들 내에서 인종, 계급, 엘리트 스포츠의 역할에 대한 의문을 제기했고, 이러한 의문들은 여전히 해결되지 않고 있다. 다만 사건 발생 장소로 지목된 주택은 관광 명소가 된 탓에 대학 측이 철거하면서 더 이상 찾아볼 수 없게 되었다.

혁신적이었던 테리 샌퍼드 총장이 임기(1969~1985)를 마칠 무렵, 듀크는 여러 학문 분야에서 두드러진 성취와 차별성을 동시에 확보했다. 교원 규모는 1970~1985년에 984명에서 1,424명으로 44% 늘었지만, 그 질적 수준과 학제간연구 협력은 그보다 더 빠르게 성장했다. 1982년 생물명과학 전국 순위에서 듀크는 버클리와 하버드를 제치고 3위를 차지했다.[63] 대학 순위 발표 초기였던 1985년 《유에스뉴스앤드월드리포트》는 듀크를 미국 대학 6위에 올려놓았는데, 이는 듀크의 부상을 입증하는 반가운 외부 평가였다. 이후 듀크는 1985~2020년에 단 한 해를 제외하고 매년 《유에스뉴스앤드월드리포트》 전국 대학 순위에서 '톱 10'을 유지했다.[64]

샌퍼드는 교수진을 향한 마지막 연례 연설에서 이렇게 말했다. "모두가 수월성을 추구하고 있거나 추구한다고 주장합니다. 나는 때때로 우리가 이 단어를 오용하거나 남용해 그 의미를 약하게 만들었다고 생각합니다. 수월성은 치즈 브랜드가 아닙니다. 특정한 장소도 아닙니다. 그것은 길 혹은 길잡이 별에 더 가깝습니다. 그것은 정신이고 결의이며, 개인과 제도가 지닌 가치의 집합입니다."[65]

1990년대 듀크대학교의 미래 설계 1993~2004년에 듀크대학교 총장을 지낸 내널 키오헤인은 자신이 물려받은 듀크를 여러 단과대학 및 전문대학원의 "소함대(flotilla)"라고 묘사했다. 전략 계획은 함대의 모든 선박에 방향과 목적지를 제시하는 신호였으며, 듀크는 다른 주요 연구중심대학들과 경쟁하고 그들을 능가함으로써 "아이비리그에 대한 부러움"을 떨쳐내고자 했다. 듀크의 제독, 전대장, 선장들, 즉 전략 신호를 따르는 학장과 학과장은 더 많은 자원을 배분받았다.

그러나 듀크 전문대학원들의 명성이 쌓이고 재정이 강화되면서 대학 전체의 자원을 집중하는 일은 더욱 어려운 과제가 되었다. 1993년 키오헤인이 총장직을 맡았을 때, 그녀가 자유롭게 재량껏 사용할 수 있는 기금은 100만 달러 남짓이었다.[66] 교무총장은 공동 기금(Common Fund)과 학문 우선 기금(Academic Priorities Pool)을 통해 더 많은 재원을 보유했지만, 이 또한 연간 350만 달러를 넘지 않았다.[67]

1992년에 〈듀크 청사진: 21세기 경쟁력 구축 전략(A Duke Plan: Positioning Duke for the 21st Century)〉이 발표되었다. 1993년 키오헤인이 부임한 후 1994년에는 새로운 전략 계획 보고서인 〈우리의 미래 설계(Shaping Our Future)〉가 공개되었고, 이를 재정적으로 뒷받침하기 위해 같은 해에 "가상 자본(Virtual Equity)" 제도가 도입되었다. 가상 자본은 기관 재투자 계좌(IRA) 또는 "내부 은행"으로, 듀크의 여러 단과대학 및 전문대학원이 현금 준비금을 예치하면 듀크대학교자산운용사(Duke University Management Company)가 이를 투자하는 방식이었다. (이 개념은 하버드의 중앙은행 제도와 유사했으나, 시간이 지나면서 훨씬 더 잘 관리되었다.) 단과대학들과 전문대학원은 30일 만기 국채 금리에 해당하는 수익을 보장받았다. 투자 수익이 기금 부채의 6%를 초과하면, 초과분은 중앙 집행부로 이전되어 전략적 구상을 지원하는 데 사용되었다. 이로써 2001년까지 6,000만 달러

가 축적되었고, 향후 연간 900만 달러의 수입이 예상되었다.[68]

　이전과 마찬가지로 계획 수립 후에는 모금 운동이 이어졌다. 1996년에 시작된 '듀크 캠페인'을 통해 듀크는 25만 명으로부터 23억6,000만 달러를 모금했는데, 이 모금액은 당시 미국 고등교육 역사상 다섯 번째로 큰 규모였다.[69] 1994년 약 7억 달러였던 듀크의 기금은 2003년 말 30억 달러를 넘어섰다.[70] 〈우리의 미래 설계〉 발표 직전 수립된 새로운 캠퍼스 기본계획(1920년대 이래 최초)과 듀크 캠페인의 성공 덕분에 듀크는 키오헤인 재임 기간에 40개 이상의 건물을 신축할 수 있었다.[71]

21세기 듀크의 통제된 혼돈과 전략 계획

왜 듀크의 계획은 그토록 성공적이었을까? 계획들은 어떻게 실행력을 얻고 정당성을 확보할 수 있었을까? 듀크의 계획 과정을 회고하며 브로드헤드는 이렇게 말했다. "모든 단위가 계획 작업에 참여했고, 모두가 연관된 주제들에 대해서는 고도의 조정이 이루어졌습니다. 전략적 투자 계획서를 읽었을 때, 그 계획을 뒷받침할 자금을 구체적으로 명시한 방식은 다른 어디에서도 본 적 없었습니다." 듀크의 21세기 계획들은 가장 좋은 사례를 보여준다.

　21세기 초, '계획'은 듀크의 DNA에 깊이 새겨져 있었다. 계획의 성공은 듀크의 거버넌스와 직접적으로 연결되어 있었다. 듀크의 총장이 대학의 "최고 교육 및 행정 책임자"였다면, 교무총장은 전략 계획을 포함해 "대학의 모든 학사 업무와 활동을 관장하는 총장 다음으로 강력한 집행 책임자"였다.[72] 듀크가 장기적이고 성공적인 총장들의 재임으로 혜택을 본 것처럼, 교무총장들 또한 대학의 성격을 만들어 냈다. 1999년 교무총장이 되어 15년간 재임한 피터 랭은 2001년 〈수월성 구축(Building on Excellence)〉과 2006년 〈의미 있는 변화(Making a Difference)〉 전략 계획을 주도했다.

베를린자유대학교의 피터 랑게가 "철의 사무총장"이었다면, 듀크의 피터 랭은 "철의 교무총장"이었다. 두 사람 모두 여러 총장 재임 기간을 거치는 동안 대학의 연속성과 발전을 이끈 강력한 동력이었다. 그러나 자유대학교의 피터 랑게가 대중의 시선 밖에서 조용히 막강한 역할을 했다면, 듀크의 피터 랭은 공개적인 자리에서 활발하게 모습을 드러내며 두드러진 존재감을 발휘했다. 피터 랭은 듀크라는 하늘의 별들을 정렬시키고자 하는 강력한 야심을 보여주었다. 그는 (이런 직위에서는 드문) 대학 전체의 발전이라는 큰 그림과 학과 차원의 세부 문제까지 동시에 파악하는 능력을 지니고 있었다. 듀크에서 교무총장의 직무 범위는 공식적으로는 단순하면서도 강력했다. "교무총장은 듀크대학교의 최고 교학 책임자로서, 대학의 교육과 연구 사명에 대해 총장에게 책임을 지게 한다." 듀크의 교무총장은 단순히 조정 역할에 그쳤던 하버드나, 자원이 축소되고 학생과 교수진의 저항 전통이 긴 버클리의 교무총장보다 훨씬 더 큰 권한을 지니고 있었다. 교무총장에게 직접 보고하는 기관은 듀크의 8개 단과대학 및 전문대학원(그리고 학장들), 11개 학제 간 프로그램, 학부 교육·학사·재정 등을 감독하는 6명의 부교무총장, 그리고 입학처와 연구처 같은 기타 부서들이었다. 고위 행정 직책이 흔히 그렇듯이, 다른 업무들이 튀어나오기도 했다. 한번은 풋볼 시즌이 한창 진행 중일 때 13명이 수강하는 타악기 수업에서 7명이 풋볼 선수라는 내용의 이메일을 받았다. 게다가 그 수업에는 강의계획서도 없다는 우려마저 제기되었다. 이웃한 노스캐롤라이나대학교 채플힐에서 일어난 학업 부정행위의 여파로 언론이 이러한 사례에 눈독을 들이고 있다는 사실을 알고 있던 랭은 신속하게 주무 학장을 만나 조치했다. 사흘 만에 학생들은 다른 수업으로 옮겨졌고, 잠재적 위기는 해소되었다. 랭의 회상에 따르면, 이것은 "관리의 사례"였다. 피터 랭이 비교

정치학자였다는 점은 그가 15년간 이러한 역할을 맡아 봉직하는 데 분명 도움이 되었다. 그는 또한 설득력 있는 실무자였다. 다시 계획의 사례를 살펴보자.

랭의 체제에서 전략 계획은 "민주집중제"(혹은 랭의 표현에 따르면, "통제된 혼돈(controlled chaos)")의 형태를 취했다. 집행부가 목표를 설정했지만, 동시에 상당한 수준의 민주주의적 요소가 보장되었다. 각 단과대학 및 전문대학원이 계획 문서를 중앙에 제출하면, 랭은 대학 전체 계획을 정의하는 데 도움이 될 전략적 주제들을 제시했다.[73] 이 계획을 위한 운영위원회는 교무총장실, 학장들, 그리고 교수들 사이의 대화를 촉진하는 역할을 했다. 교수들은 학사 프로그램을 승인할 권한을 가진 강력한 전체 대학 차원의 교수 기구인 학술위원회(Academic Council)와 그 산하 위원회를 통해 운영위원회에 참가했다.

단과대학들, 전문대학원들, 연구소들의 제안서는 현황 분석의 철저함 여부, 비전의 유무, 교무총장이 제시한 주제들과의 부합 정도에 따라 학생들의 에세이처럼 "등급"(A, B, C 등)이 매겨졌다.[74] 교수들이 의견을 개진할 수 있는 학제 간 주제별 실무 그룹도 여러 단과대학 및 전문대학원 학장과의 협의를 통해 구성되었다.[75]

대학 전체 전략 계획서의 초안이 완성되면 우선 학술위원회가, 이어서 전략 계획에 대한 최종 심사 책임을 맡은 듀크 이사회(Board of Trustees)가 공식 검토했다.[76] 〈의미 있는 변화〉는 계획 시작부터 이사회 승인에 이르는 전 과정에 2년여가 소요되었다.[77]

랭은 광범위한 캠퍼스 공동체의 피드백과 참여라는 "혼돈"을 "통제" 하는 역할을 했다. 계획 과정에서 어느 정도의 "혼돈"은 필수불가결했다. "혼돈"의 과정을 통해 새로운 관점이 반영되고 다양한 참여자들의 주인의식과 지지가 형성되며, 단과대학들의 역량과 관심사가 계획이 제시하는 목표에 현실적으로 반영될 수 있기 때문이었다. 랭의 회고에 따르면, "통제된 혼돈이란 우리(집행부)가 큰 틀, 다시 말하면 채워져야 할 상자들을 만드는 것을 의미합니다. 계획 과정에서 상자를 추가하거나 변경하기는 매우 어렵습니다. 그러나 그 상자를 채워 넣는 일은 우리의 감독 아래, 결국 교수진의 몫이죠."[78] 랭의 뒤를 이은 교무총장 샐리 콘블루스(Sally Kornbluth)는 이렇게 회고했다. "이전의 계획들이 선견지명이 있는 것처럼 보인 이유 중 하나는 그것들이 실제로 벌어지고 있던 일을 포착했기 때문입니다. 유기적인 성장과 교수진의 광범위한 동의 없이는 누구도 어디로든 이끌 수 없습니다."[79]

풍부한 재원을 기반으로 수월성 구축하기 듀크대학교의 최근 계획에서 중요한 토대가 된 것은 '전략적 투자 계획(Strategic Investment Plan)'이었다. 대학 중앙 행정부는 이를 통해 주요 구상을 재정적으로 뒷받침할 수 있었다. 주변부에 있던 자원들은 전략적 투자 계획과 그 밖의 다양한 방식을 통해 대학의 중심으로 점차 집중되었다. 듀크의 지도부는 또 한 명의 장기 재임 보직자를 두고 있었다는 점에서 운이 좋았는데, 그는 바로 대학의 최고 행정·재정 책임자로 일한 재무부총장 겸 집행부총장 톨먼 트래스크 3세였다. 트래스크는 예산, 재정, 조달, 부채, 캠퍼스 기획, 건축, 유지보수 및 건설, 인사, 학술 및 행정용 전산 업무 등 놀랄 만큼 광범위한 업무를 책임졌다. 트래스크는 점진적이고도 안정적으로, 그러나 확실하게 대학의 재정 역량을 중심부로 집중시켰다. 트래스크는 듀크의 복잡한 재정을 전략적으로 운영하면서 한 가지 철칙을 반드시 지켰다. "사람들이 자기 돈이라고 '생각'하는 돈은 절대로 건드려서는 안 된다."[80]

2000년 5월, 듀크대학교 이사회는 기금 수익의 새로운 지출 비율과 배분 구조를 승인했다. 그 결과, 향후 5년간 듀크의 각 단과대학 및 전문대학원 학장이 교무총장의 동의를 받아 전략적 투자에 사용할 수 있는 4,500만 달러가 마련되었다.[81] 여기에 1994년에 마련된 가상 자본 프로그램 수익과 기타 미할당 및 사용처 제한이 없는 수입원에서 나온 1,000만 달러를 추가함으로써, 2000~2001회계연도부터 2004~2005회계연도까지 듀크 총장과 교무총장의 재량 아래 총 1억6,000만 달러를 전략적 이니셔티브에 투입할 수 있었다. 1994년 〈우리의 미래 설계〉가 작성되었을 당시에 연간 약 450만 달러였던 것과 비교하면 대폭 늘어난 수치였다.

랭은 이 자금을 효율적으로 집행해야 하는 임무를 부여받았고, 〈수월성 구축〉에서 수립한 전략적 투자 계획을 통해 이를 달성했다. 단과대학 및 전문대학원의 자원과 합쳐진 전략적 투자 계획은 5년에 걸쳐 총 7억 2,700만 달러에 달하는 지출 규모로 실행되었다. 듀크는 이미 미국 내 상위 10개 대학 중 하나로 인정받고 있었지만, 이 계획에 명시된 전략적 구상들은 듀크가 "미국 고등교육의 최고 수준을 정의하는 소수의 기관" 중 하나로 도약하는 것을 목표로 삼았다.[82] 무엇보다도 랭이 회상한 것처럼, "1999~2000년에 우리는 당시의 '양품점식(boutique)' 공과대학의 형태로는 듀크가 21세기에 우리가 지향하는 국가적 수준의 대학 리더가 될 수 없다는 결론에 이르렀다."[83] 이 판단은 전략적 차원의 대규모 공학 투자로 이어졌고, 그 결과 듀크 동문이자 화이자 회장 겸 CEO였던 에드 프랫(Ed Pratt)의 기부 덕분에 공과대학은 프랫공과대학(Pratt School of Engineering)으로 확대·개편되었다.

전체 전략적 투자 계획 가운데 중앙 재정 자원이 차지하는 비중은 22%(1억6,000만 달러)에 불과했지만, 이 자금은 각 단과대학 및 전문대학원이 대학의 중앙 우선 과제를 따르도록 유도했다. 브로드헤드는 "학술 자금에서 전략 사업이 차지하는 비중은 일부에 불과했지만, 전략 사업들 덕분에 자율적인 각 단위가 이 작은 몫의 자금을 확보하기 위해 협력할

강력한 동기를 갖게 되었다"라고 회고했다.[84]

2006년 〈의미 있는 변화〉 〈수월성 구축〉 이후 2006년에는 〈의미 있는 변화〉가 시작되었다. 오늘날 듀크대학교 정체성의 핵심이 된 듀크의 '지속적 주제들'은 〈의미 있는 변화〉에서 명시적으로 제시되었다. 학제간연구, 국제화, 다양성뿐 아니라 "사회를 위한 지식(knowledge in the service of society)"과 같은 새로운 주요 개념을 추가해 "의미 있는 변화를 만든다"라는 계획을 강화했다.[85] 〈수월성 구축〉이 과학과 공학을 강조했다면, 〈의미 있는 변화〉는 "인문학과 해석적 사회과학(interpretative social sciences)의 중심성"을 지속적 약속으로 추가했다. "경제적 부담 완화와 접근성"은 여전히 핵심 목표로 남았다. 이미 경제적 형편을 고려하지 않는 입학 정책을 시행하고 있던 듀크는 하버드의 선례에 따라 연 소득 6만 달러 미만 가정의 학부모 부담금을 없애고, 연 소득 4만 달러 미만 가정에는 학자금 대출을 면제하는 제도를 2008~2009학년도에 도입했다.[86] 〈수월성 구축〉과 마찬가지로 〈의미 있는 변화〉의 목표는 향후 6~8년에 걸쳐 13억 달러의 지출을 계획한 전략적 투자 계획으로 뒷받침되었다.

그러나 듀크의 모든 계획도 2008년에 시작된 대공황을 예견할 수는 없었다. 전략적 투자 계획의 시행은 중단되었다. 2009년 3월 브로드헤드는 듀크 공동체 구성원들에게 보낸 서한에서 "단기 투자 수익의 소멸로 전략 사업을 위한 주요 재원이 사라졌다"라고 인정했다.[87] 2008년 6월에 61억 달러였던 듀크의 기금은 20% 감소했으며, 2012년까지 대학 운영예산이 1억~1억2500만 달러 정도 줄어들 것으로 예상되었다.[88]

피해를 최소화하기 위해 대학 지도부는 연봉 5만 달러 이상인 모든 듀크 직원의 급여를 동결했다.[89] 명예퇴직 프로그램을 통해 수백 개의 일자리가 줄었고, 채용을 동결하고 초과근무 역시 엄격히 제한했다.[90] 건축 계획은 이어졌지만, 신축 건물의 공사는 지연되었다.[91] 2009년 4월, 랭은 각 단과대학 및 전문대학원 학장에게 각자 자체적으로 전략 계획을 재검토해 제한된 자원을 더욱 우선순위에 따라 배분할 것을 지시했다.[92] 이러한 조치 덕분에 대학의 장기적 궤도는 근본적으로 흔들리지 않는 듯 보였다. 2008~2009년에 44억 달러까지 줄었던 듀크의 기금은 다시 늘어나 2013~2014년에는 70억 달러를 넘어섰고, 2019년 말에는 86억 달러에 이르렀다. 2021년 7월 기준, 듀크의 기금은 127억 달러였다.[93]

듀크는 재정적 붕괴나 하버드와 같은 유동성 위기 없이, 그리고 사명 의식을 유지한 채 난국을 헤쳐 나갔다. 피터 랭은 교수진에 보낸 편지 초안에서 다음과 같이 썼다. "이럴 때일수록 역사를 되새기는 것이 유용합니다. 듀크는 이 나라가 가장 깊은 경제적 절망에 빠져 있을 때 태어나 번영하기 시작했습니다. 우리 대학은 기술, 비전, 노력, 그리고 기업가 정신을 통해 가장 낙관적인 기대조차도 빠르게 뛰어넘어 국내외에서 지도적 위치를 차지했습니다."[94]

재정 위기에도 불구하고 2006년 〈의미 있는 변화〉 계획은 대학 보직자들이 (브로드헤드의 표현처럼) "단과대학 및 전문대학원 간 풍부한 논의를 거쳐 조율된 합의를 바탕으로 (2012년에 시작된) '듀크 포워드(Duke Forward)' 캠페인의 토대를 세우도록" 했다. 듀크는 이 캠페인을 통해 예정보다 1년 앞선 2016년 7월에 32억5,000만 달러 목표를 달성했다.[95]

지속적 주제로 새롭게 지정된 "사회를 위한 지식"이 뿌리내렸다. 2007년에 시작된 사회봉사 체험 프로그램인 듀크인게이지(DukeEngage)를 통해 2019년 여름까지 4,800명의 듀크 학생이 미국 46개 도시와 84개국 600개 지역 단체에서 160만 시간 넘게 봉사 활동을 했다.[96] 2009년 샌퍼드공공정책연구소(Sanford Institute for Public Policy)가 전문대학원으로 승격되었는데, 이만 학제적 접근을 통해 정책 문제를 다루고 사회에 봉사하겠다는 대학의 의지를 보여주는 것이었다.

학제간연구 및 국제화와 함께 시민 참여 역시 듀크의 대표적 브랜드의 일부가 되었다. 듀크의 전 부교무총장이자 케넌윤리연구소(Kenan institute for Ethics) 소장이었던 노아 피커스(Noah Pickus)는 이렇게 말했다. "듀크 학생들에게 입학지원서에서 왜 듀크를 선택했는지 물으면, 예전에는 모두 '좋은 학교, 농구'라고 답했습니다. 이제는 대체로 '좋은 학교, 듀크인게이지, 시민 참여'라고 말합니다."[97]

학제간연구 계획

모든 대학은 학문적 혁신의 핵심으로서 '학제간연구(interdisciplinarity)'를 이야기한다. 서로 다른 분야의 동료들이 공동의 문제에 함께 참여하도록 하려면 어떻게 해야 할까? 심리학과 경제학처럼 전혀 다른 학문에서 나온 통찰을 어떻게 융합할 수 있을까? 혹은 좀 더 단순하게 말해서, 대학은 교원의 인사 및 소속이 뿌리내린 지 오래된 학과들의 조직적 경직성을 어떻게 극복할 수 있을까? 비교적 젊고 진취적인 기관이었던 듀크는 학제간연구를 차별화의 수단으로 보았다. 1990년대에 학제간연구 프로그램을 촉진하기 위한 주요 행정적 변화가 이루어졌다. 학제간연구 담당 부교무총장실(Office of the Vice Provost for Interdisciplinary Studies, OVPIS)이 신설되었고, 재정 지원이 뒤따랐다. 2001년 〈수월성 구축〉 계획 아래 학제간연구 이니셔티브가 확대되었으며, 7억2,700만 달러 규모의 전략적 투자 계획 중 1억5,000만 달러 이상이 존호프프랭클린인문학연구소(John Hope Franklin Humanities Institute), 게놈과학정책연구소(Institute for Genome Sciences and Policy), 사회과학이니셔티브와 같은 특별한 프로그램에 배정되었다.[98]

듀크의 학제간연구에 대한 열정은 〈의미 있는 변화〉 계획을 통해 더욱 가속화되었다. 듀크글로벌보건연구소(Duke Global Health Institute)는 의학, 경제학, 정치학 등 여러 분야의 협력을 바탕으로 전 세계 공동체 간의 건강 격차를 줄인다는 원대한 목표를 가지고 설립되었다.[99] 브로드헤드는 예일 의학대학원에서 공중보건학 학장을 지낸 옛 동료 마이클 머슨(Michael Merson)을 듀크로 영입했다. 머슨은 새로운 듀크의 사업에 활력을 불어넣어 이 신생 연구소의 전국적 위상을 끌어올렸으며, 드물게도 연구소와의 연계 활동과 교수 공동 임용 제도가 대부분의 단과대학 및 전문대학원에 자연스럽게 자리 잡는 데 크게 이바지했다. 2006~2016년에 뇌과학, 보건정책, 에너지, 기업가 정신, 빅데이터 분야를 아우르는 다른 사업들과 연구소들이 출범했다. 이들은 함께 '시그니처 대학 연구소 및 센터(Signature University Institutes and Centers, UICs)'로 불렸다.

UICs는 듀크에 인재를 끌어들이는 자석 역할을 했다. 〈의미 있는 변화〉는 전략적으로 중요한 학제간연구에 매력을 느끼는 교수를 공동 임용하거나, 특정 연구 주제에 맞추어 팀 단위로 영입하는 방식이 필요하다고 강조했다.[100] UICs는 중앙 재원으로 지원되는 연구 기금을 제공했고, 대학 전반에 걸쳐 공동 임용을 장려했다.[101] 공동 임용은 어느 대학에서든 겉으로는 매력적으로 보이지만, 젊은 교수들에게는 두 조직 사이에서 소속과 지원이 모호해져 "양쪽 의자 사이에 떨어질(falling between two stools)" 위험이 따른다. 이러한 공동 임용 노력을 활성화하기 위해 랭 교무총장은 '단과대학·대학원-UICs 공동 종신·종신트랙 교수' 임용 프로그램을 도입했고, 9년에 걸쳐 UICs와 단과대학 및 전문대학원에 절반씩 소속되는 형태로 임용되는 교수의 공동 채용을 지원했다.[102] 2018년까지 듀크에는 서로 다른 단과대학·대학원과 UICs 전반에 걸쳐 총 104명의 공동 임용 교수가 있었다.[103]

UICs는 학제간연구에 행정 지원, 물리적 공간, 기술적 훈련 및 서비스를 제공했으며, 2018년까지 내·외부 연구비 3,300만 달러를 관리했다.[104] 듀크 게놈및전산생물학센터(Center for Genomic and Computational Biology)는 생명과학과, 생의공학과, 의학전문대학원의 실험실들을 대상으로 맞춤형 유전자 분석 서비스를 제공했다.[105] 그리고 사회과학연구소(Social Science Research Institute)는 여러 사회과학 학문 분야를 아우르는 정량적 방법론 워크숍을 후원했다.[106] 더 오래되고 더 많은 기금을 가진 대학들과의 경쟁 속에서, 듀크는 각 단과대학 및 전문대학원과 학제 간에 흩어진 서비스를 중앙에서 통합 관리함으로써 본격적인 규모의 경제를 구축했다. 샐리 콘블루스 교무총장은 이를 통해 듀크가 "적은 자원으로 더 많은 일을 해낼 수 있다"라고 설명했다.[107]

계획된 학제간연구는 듀크 정체성의 주요한 일부로 자리 잡았다. 브로드헤드의 견해에 따르면, 듀크는 "학제간연구가 단순히 멋진 것 이상의 의미를 가진다"라는 더 깊은 이해에 도달했으며, 이를 통해 "차세대 문제 해결에 필요한 새로운 형태의 지성을 산출"했다.[108] 랭의 말에 따르면 듀크의 UICs는 교수 채용과 유치의 핵심이 되었고, 연구소와 직접 연관되지 않은 동료들에게조차 "듀크를 학제간연구의 장으로 각인시키는" 역할을 했다.[109] 저명한 물리학자인 가오하이옌(高海燕)은 2002년 듀크 교수진에 합류했을 당시 학제간연구는 "꽤 유행하는 주제"였으나, 10여 년의 투자가 지난 뒤 학제간연구는 "듀크 DNA의 일부가 되어 가고 있었다"라고 회고했다. 왜냐하면 그녀가 아는 대부분의 교수가 "의식적이든 무의식적이든" 학제간연구나 교육에 관여하고 있었기 때문이다.[110] 콘블루스는 듀크가 학문적 경계를 넘는 태도를 통해 여러 학문을 결합해 새로운 "조합"을 만들어 냈으며, 결국 다른 대학들이 뒤늦게 "그때 우리가 저 분야를 잡았더라면 좋았을 텐데"라며 부러워하게 만드는 "독특한 학문적 틈새"를 형성했다고 보았다. 이는 결과적으로 듀크가 "자신의 체급 이상으로 주

먹을 휘두를" 수 있도록 했다.[111]

그렇다면 (권투의 은유를 연장하자면) 듀크는 과연 어떤 체급에 속해 있었을까? 랭은 1981년 처음 듀크 교수진에 합류했을 당시를 회상하며, "우리는 여전히 '아이비리그에 대한 부러움(Ivy envy)'이 컸습니다. 하지만 지난 20년간 듀크에서 일어난 가장 큰 변화의 하나는 우리에게 그러한 부러움이 더 이상 없다는 사실입니다. 정말로"라고 말했다. 특히 〈경계 넘기(Crossing Boundaries)〉 계획에서 시작된 학제간연구 역량 강화를 계기로 듀크는 "우리의 성공은 (저쪽 대학들과) 똑같아지지 않는 것에 달려 있다. 우리는 동북부 대학들과 다른 고유한 자산을 지니고 있으며, 그것을 활용해 유사해지려기보다 차별화해야 한다"라는 사실을 깨달았다고 랭은 느꼈다. 20년 전에는 "아이비리그에 대한 엄청난 부러움"이 있었던 학부생들조차도 이제는 듀크가 매력이 큰 독특한 장소라는 사실을 깨달았다.[112]

함께하는 듀크 2017 듀크대학교는 2014년 12월에 콘블루스 교무총장의 주도 아래 새로운 차원의 전략 계획 수립에 착수했다. 2017년 〈함께하는 듀크: 공동체를 통한 수월성 증진(Together Duke: Advancing Excellence through Community)〉으로 명명된 이 기획 초안은 듀크가 구축한 "견고한 기반"인 학제간연구, 국제화, 그리고 사회를 위한 지식을 재확인했다.[113] 이 전략 계획은 중앙에서 추가로 확보한 1억3,200만 달러 규모의 재원으로 지원할 네 가지 목표를 설정했다.

1959년 듀크에서 대학 차원의 전략 계획을 처음 시작할 당시, 듀크는 미국 남부의 백인 전용 대학으로서 지역적 우수성을 자부하면서도 전국적 명성을 얻기까지 많은 과제가 남아 있다는 사실을 인식하고 있었다. 2019년에 이르렀을 때, 약 1만6,000명에 달하는 듀크 학생 가운데 57%가 인종적·민족적 소수자이거나 외국 출신이었다. 듀크는 미국 내에서

상위 10위권 대학이자 세계 상위 30위권 대학으로 자리매김했다.[114]

듀크의 여러 대학원 중 의학전문대학원과 법학전문대학원은 2019년 미국 내 상위 15위권에 나란히 올랐다.[115] 1980년 〈진보를 위한 방향〉 계획에 따라 단계적으로 폐지되었던 간호대학은 1985년 대학원 교육과 연구에 집중하는 방향으로 재편되고 부활했다. 2019년 이 간호대학의 대학원 과정은 미국 내 2위에 올랐다.[116] 2019년《유에스뉴스앤드월드리포트》는 푸쿠아경영대학원(Fuqua School of Business)을 미국 경영대학원 가운데 10위로 평가했다.[117] 듀크의 환경 및 생태학 분야 프로그램 역시 니컬러스환경대학원(Nicholas School of the Environment)의 기여 덕분에 세계 6위에 올랐다.[118]

미국 내에서 듀크는 확고한 성공을 거두었으며, 국제적 명성도 높아지고 있었다. 이에 듀크는 특히 아시아 지역에서 해외 진출의 발판을 마련하기로 결심했다.

국제화 계획 듀크에서 국제화에 관한 본격적인 논의가 처음 등장한 것은 1972년 전략 계획에서였다. 당시 듀크는 전국 차원의 미국 대학으로 성장했으나, 국제적 영향력은 미미했고 국제화를 향한 의지 역시 부족했다. 듀크는 국제학 분야에서 어느 정도 학문적 두각을 나타냈는데, 그중 가장 성공적이었던 것은 영연방 연구와 남아시아 프로그램이었다.[119] 1970년대 초반 학부생 가운데 해외에서 공부한 비율은 단 1%에 불과했고,[120] 듀크에서 공부하는 외국인 학생의 비율 역시 학부생은 1% 미만, 대학원생은 11%에 불과했다.[121]

듀크의 적극적인 국제화 계획은 그로부터 20년이 지난 후에야 시작되었다. 1992년 피터 랭은 듀크의 해외 및 캠퍼스 국제화를 촉구하는 교수위원회를 주재했다. 1994년 키오헤인 총장은 랭을 초대 학사 및 국제 교육 담당 부교무총장(나중에 글로벌 업무 담당 부교무총장으로 이름 변경)에 임명해 듀크의 국제화를 총괄하게 했다.[122] 랭의 포부는 듀크의 1994년 전략 계획인 〈우리의 미래 설계〉에 반영되었으며, 이 전략 계획은 듀크가 "선도적인 국제 대학이자 그렇게 인정받는 대학"이 될 것을 천명했다.[123] 〈우리의 미래 설계〉는 듀크의 지도자들에게 국제화 의지를 "가시적으로 보여주는 전달자"가 되어 해외 파트너십을 적극적으로 구축함으로써 국제적 명성을 쌓을 것을 요청했다.[124]

국제화는 각 단과대학 및 전문대학원 단위로도 추진되었다. 예컨대 1996년 푸쿠아경영대학원은 글로벌 임원 MBA 프로그램을 시작했는데, 이는 세계 어디에 거주하든 인터넷 강의와 두바이, 런던, 뉴델리, 상하이, 상트페테르부르크, 요하네스버그, 그리고 더럼 본교 등 여러 거점에서의 "현지 연수(residencies)"를 통해 MBA 학위를 취득할 수 있도록 했다.[125] 2000년에는 초기 및 중견 경력자를 위한 크로스 컨디넌트 MBA 프로그램(Cross Continent MBA program)이 시작되었다.[126]

2001년까지 듀크는 전 세계적으로 200건의 학술 파트너십을 체결했다.[127] 〈수월성 구축〉 전략 계획은 또한 듀크의 국제학생 수 증대와 듀크 학생들의 비영어권 국가 유학 장려를 제안했다.[128]

2004년 브로드헤드가 총장이 되면서 국제화는 더욱 가속화되었고, 2006년 전략 계획인 〈의미 있는 변화〉에서 지속적 주제로 공식화되었다. 브로드헤드 체제에서 국제화는 학제간연구 및 시민 참여와 결합했다. 듀크인게이지와 듀크이머스(Duke Immerse) 프로그램은 학부생들이 교수진과 긴밀히 협력해 학제간연구를 수행하고, 이를 전 세계 현장에서 실제로 검증할 수 있도록 했다. 2011년 교수진을 향한 연설에서 브로드헤드는 다음과 같이 말했다. "지적 작업은 점차 물리적 위치에 제한받지 않는 협력적 파트너십을 통해 이루어지고 있습니다. 다양한 고급 파트너들과의 연계성 구축에 실패한 대학은 내일의 변방이 될 것입니다." 듀크 학생들은 이제 듀크가 운영하는 43개 프로그램을 통해 해외 유학을 할 수 있었으며, 2020년 졸업반 학생의 47%가 실제로 이를 선택했다.[129]

더럼 캠퍼스의 12개 국제학·지역학 연구센터는 학제 간 교육의 장이자 전 세계 각 지역에 관한 연구 전문성과 연계망의 허브 역할을 했다. 듀크의 UICs는 자체적으로 국제 활동을 주관했으며, 국제화는 이들의 전략 계획에서 핵심 요소였다. 2017년에는 글로벌보건연구소만 하더라도 25개국에서 온 115명의 학생에게 방문 학습 기회를 제공했다.[130]

듀크·NUS의학전문대학원 자국 내에서 국제화를 추진하는 것과 세계 곳곳에 캠퍼스를 설립하는 것은 전혀 다른 차원의 일이다. 듀크는 뉴욕대학교와 더불어 현대 미국 대학 중 해외에 물리적 거점을 구축한 선구자가 되었다. 2005년 듀크는 싱가포르를 아시아의 생의학 허브(biomedical hub)로 만들고자 했던 싱가포르 정부의 전폭적인 지원 아래 싱가포르국립대학교(NUS)와 협약을 체결했다. 이 미국식 의학전문대학원은 의사 양성과 동시에 싱가포르 및 그 너머 지역을 위한 생의학 분야 연구 지도자 양성을 목표로 설계되었다. 연면적 2만6,000m² 규모의 쿠텍푸앗빌딩(Khoo Teck Puat Building)은 예정보다 3년이나 앞서 완공되어, 2009년 5월 듀크·NUS의학전문대학원이라는 이름으로 문을 열었다. 교과과정은 듀크 의과대학의 커리큘럼을 본떠 설계되었으며, 학사 운영에 관한 의사 결정권은 듀크가 보유했다. 당시 듀크대의료시스템(DUHS) CEO였던 빅터 자우(Victor Dzau)는 "듀크·NUS의 성공은 듀크의학전문대학원의 사명, 즉 의학과 보건을 변혁해 전 세계 사람들의 삶을 개선하는 데 필수적"이라고 말했다.[131] 이제 미국 의료 서비스의 질적 향상을 이끌 연구가 싱가포르에서 시작되었다.

듀크-NUS는 듀크대학교의 첫 해외 상설 거점이자 완벽한 성공 사례였다. 이 프로젝트는 국제화를 전략적 우선순위로 삼은 주요 이유, 즉 인재 유치의 필요성을 입증했다. 미국 의학전문대학원과 동일한 환경에서 아시아 환자에 관한 임상 연구를 수행하고 동남아시아의 연구되지 않은 특수 질환에 접근할 수 있다는 점은 많은 잠재적인 듀크 교원 지원자들에게 매력으로 다가왔다. 듀크는 싱가포르 진출과 듀크-NUS를 통해 구축한 아시아 내 추가 파트너십을 통해 교수진의 활동 범위를 넓혔다.[132] 듀크와 NUS 간의 협력 협정은 2010년과 2016년에 각각 연장되었다. 듀크-NUS의 성공은 더 큰 야망을 낳았고, 이번에는 중국이 목표였다.

듀크쿤산대학교

듀크의 개척자 정신의 기원은 듀크가 노스캐롤라이나 시골 지역에 설립된 데서 찾을 수 있다. 그리고 듀크의 가장 중요한 국제화 사업은 과거 중국의 농촌 지역이었던 곳에서 펼쳐질 예정이었다. 쿤산은 20세기 후반까지 교육이나 사업보다는 가을이면 상하이 식탁마다 오르던 '털게'로 유명했다. 쿤산은 명(1368~1644)과 청(1644~1912) 왕조 시기에는 학문의 중심지였으나, 근대에 들어서면서 상하이와 쑤저우라는 대공업도시 사이에 끼어 잊힌 변두리 도시로 전락했다.

그러나 1979년 시작된 중국의 '개혁개방'으로 모든 것이 달라졌다. 역동적이고 사업 감각이 있는 지방정부의 리더십 아래 쿤산은 타이완과 싱가포르의 외국인 직접투자의 중심지이자 글로벌 전자 제조업의 거점으로 변모했다. 이렇게 자생적 발전을 이룬 도시는 중국에서 빠르고 지속 가능한 발전의 전국적인 모범이 되었고, 2010년대에는 중국에서 가장 부유한 소도시로 자리매김했다.

2006~2007년 쿤산이 듀크에 합작 캠퍼스 건립 가능성을 타진했을 때,

관아이궈 시장 겸 당서기가 이끄는 지방정부는 쿤산을 교육, 연구, 개발에 주력하는 '중국의 실리콘밸리'로 구상하고 있었다. 인재 유치의 자석이 될 저명한 연구중심대학을 유치하고자 했던 쿤산은 듀크에 무상 부지를 제공하고 약 81만m² 규모의 기숙형 캠퍼스 건설 비용을 부담하기로 합의했다.[133] 캠퍼스의 1단계(전체의 3분의 1)가 더럼에 지어졌더라면, 최대 2억6,000만 달러가 소요되었을 것이다.[134]

관아이궈는 듀크대 푸쿠아경영대학원의 차기 원장으로 부임할 블레어 셰퍼드(Blair Sheppard)를 자신의 기업가적 동반자로 낙점했다. 셰퍼드는 푸쿠아의 글로벌최고경영자MBA(Global Executive MBA)와 크로스컨티넌드MBA 프로그램 창설을 주도한 인물이었다. 푸쿠아 원장으로 부임 요청을 받았을 당시 그는 미국의 대표적 최고경영자 교육기관 중 하나인 듀크기업교육센터(Duke Corporate Education)의 CEO였다. 비전과 혁신을 갖춘 원장이었던 셰퍼드는 진정한 국제 경영 교육 서비스를 제공하고, 푸쿠아를 미국 최고 경영대학원들 사이에서 차별화하기 위해 일련의 글로벌 캠퍼스를 구상했다. 그리고 2006년과 2007년에 쿤산을 방문해 놀라운 속도로 기본 협정을 맺었다.

미국 경영대학원 상위 10위권에 속하는 푸쿠아의 교수진은 이런 "번개 같은 속도"로 움직이는 데 익숙하지 않았고, 셰퍼드의 글로벌 구상에 반발했다. 그러나 듀크 본부의 브로드헤드와 랭은 대학을 대표해 이 도전을 기꺼이 받아들였다. 2010년 듀크와 쿤산시 정부가 협력 협정을 맺었을 때, 푸쿠아는 초기의 반발에도 불구하고 프로젝트에 계속 참여하면서 새로운 대학에 개설될 여러 석사과정 중 하나를 맡기로 했다. 하지만 듀크의 비전은 더욱 과감했다. 듀크는 쿤산에 듀크의 기준에 부합하는 문리학부를 설립하고자 했다.

듀크는 중국 중부 후베이성 우한에 있는, 중국에서 가장 오래된 종합대학인 우한대학(武漢大學)과 파트너십을 맺고 2011년 1월 〈협력 원칙 성명서〉에 서명했다. 이 프로젝트는 공식적으로 듀크쿤산대학교(DKU)로 불렸고, 중국에서는 쿤산듀크대학교(昆山杜克大學)로 알려졌다. DKU 프로젝트 1단계에 대한 듀크의 투자 규모는 약 4,250만 달러로, 여기에는 초기 투자금 550만 달러와 6년간 약 3,700만 달러의 운영비 분담금(전체 운영비의 52%)이 포함되었다.[135] 쿤산시는 부지와 건설 비용, 그리고 나머지 48%의 운영비를 부담하기로 합의했다.[136]

우한대학은 중국에서 가장 권위 있는 합작 대학 설립이라는 목표에 걸맞은 파트너였다. 우한과 그 주변 후베이성은 오랫동안 상업과 학문, 정치적 리더십의 중심지였다. 1893년, 그러니까 베이징대학 설립보다 5년 앞서 위대한 개혁가이자 총독이었던 장즈둥(張之洞)이 자강학당(自强學堂)을 설립했고, 이것이 훗날 우한대학으로 성장했다. 자강학당은 초창기에 중국의 부국강병 회복에 이바지할 수 있는 과목들, 즉 주로 수학, 과학, 상업을 도구적으로 중점 연구하면서도 중국 교육 전통을 희생시키지 않았다. 1898년에 발표된 장즈둥의 유명한 《권학편(勸學篇)》은 "중학(中學, 중국 고전 교육)"을 근본으로 삼아야 하며, "서학(西學, 서양 학문)"을 "실용적 사안"에 활용해야 한다고 주장했다. 그럼에도 1928년쯤 우한대학은 법학, 과학, 공학과 견줄 만한 저명하고 국제화된 인문대학(Faculty of Arts)을 갖춘 중국 최초의 종합 국립대학 가운데 하나로 성장했다. 1949년 이후 우한대학은 소련 모델에 따라 재편되었으며, 문화대혁명 기간에는 국가적 갈등과 유혈 사태의 중심지가 되었다. 오늘날 다시 주요 종합대학으로 자리매김한 우한대학은 4,000명의 교원이 3만 4,000명의 학부생과 2만 1,000명의 대학원생을 가르치고 있으며, 정기적으로 발표되는 중국 대학 순위에서 4위를 차지하고 있다. 듀크가 중국에서 맞이한 잠재적 파트너는 이런 모든 역사를 겪어 온 곳이었다.

듀크의 전략 계획 문화는 DKU 출범을 가능하게 했으며, 이는 학장, 부총장, 교수들이 다수의 위원회로 조직되는 등 대학 전체를 동원하는 사업이 되었다. 교수 주도의 학술위원회와 이사회가 교과과정과 주요 약정에 대해 최종 결정 권한을 보유했다. 2012년 9월 듀크는 류징난(劉經南)과 메리 브라운 불록(Mary Brown Bullock)을 각각 DKU의 총장과 부총장으로 임명했다. 류징난은 2003~2008년에 우한대학 총장을 지냈으며, 불록은 1995~2006년에 애그니스스콧칼리지(Agnes Scott College) 총장을 지냈다. 이렇게 중국 출신으로 공학 배경을 가진 인물과 중국사 및 자유학예 배경을 가진 미국 출신 인물의 조합은 중국에서 가장 상업화된 도시 중한 곳에서 자유학예에 뿌리를 둔 세계적 수준의 종합대학이 되고자 하는 DKU의 다층적 목표를 상징했다.[137]

공산당 정권이 막강한 권력과 깊은 불안감을 동시에 가지고 있는 중국에서의 학문적 자유에 대한 우려를 해소하고, 대학의 명성에 중대한 위험을 안길 가능성이 있는 프로젝트에 대한 듀크의 통제권을 보장하기 위해 DKU의 최종 합작 협정서는 대학의 "최고 권한"을 듀크가 전면적 거부권을 가지고 있는 독립 이사회에 부여했다. 듀크의 교무총장을 포함한 고위 행정 보직자들은 이사회의 당연직 이사로 참여했다. 중국의 악명 높은 만리방화벽(Great Firewall)이 검열하는 인터넷 접속은 싱가포르에 서버를 둔 가상사설망(VPN)을 통해 DKU 캠퍼스에서는 제한 없이 허용되었다.[138]

듀크는 DKU의 운영을 위해 합의한 금액 외에는 재정적으로 제한적 책임만을 졌으며, 필요하다고 판단되면 대학명에서 듀크라는 이름을 철회할 권리를 가졌다. 조언과 재정 지원, 그리고 정치적 완충 역할을 제공하기 위해 저명한 글로벌 기업 리더들과 은퇴한 중국 관료들로 구성된 자문위원회가 설립되었다.

2014년 개교 당시 석사과정 및 학부과정의 첫 입학생으로 11개국 출신 총 137명이 등록했다. 그리고 이 프로그램들은 2018년에 시작된 4년제 자유학예 학위과정이라는 더 큰 사업을 위한 서막이었다.

중국에서의 자유학예교육? 듀크는 중국과 오랜 인연을 맺어 왔다. 1881년, 근대 중국에서 가장 영향력 있는 가문 중 하나의 가장인 쑹자슈(宋嘉澍)는 트리니티칼리지의 첫 유학생으로 입학했고,[139] 선교사로서 중국으로 돌아간 후 쿤산에서 몇 년간 거주했다. 그러나 중화인민공화국 건국 초기 수십 년 동안, 특히 문화대혁명 시기에 중국 대학들이 입은 피해를 고려하면, 중국에서 자유학예 교육을 도입하는 일(더 정확히 말하면 재도입하는 일)은 결코 과소평가할 수 없는 도전이었다. 그러나 21세기 초에 이르자 자유학예교육이 중국에서 혁신과 기업가 정신을 이끄는 원동력이 될 수 있다는 믿음(미국에서 그렇듯)이 중국 대학 총장들 사이에서, 나아가 쿤산의 공산당 서기와 시장에게까지 널리 공유되었다.

듀크 측에서 보면, 수십 년간 중국에서 연구와 교육을 이어 온 듀크대학교 교수진이 이제 정규 학생도 정규 교수도 없는 신생 대학을 위해 완전히 새로운 학부 교과과정을 만들 수 있는 일생일대의 기회를 맞이하게 되었다. 2014년 더럼에 중국자유학예교육위원회(Liberal Arts in China Committee, LACC)가 만들어졌다. 중국자유학예교육위원회의 위원이자 DKU 학사 담당 부교학총장이었던 가오하이옌 교수에 따르면, 위원회는 2년에 걸쳐 전 세계 자유학예 및 과학 교육의 실험적 제도들을 조사하고 여러 중국 대학을 방문했다.[140] 최종적으로 마련된 교과과정은 학문 분야 간 경계를 약화하는 듀크의 전통에 따라 통합적이고 국제적인 학습을 강조했다. 이는 "정체성에 기반을 둔 세계주의"를 교육의 핵심으로 삼았으며, "서로의 역사, 사상의 전통과 소속에 대한 이해를 갖추고, 지역적·국가적·세계적 정체성과 책무를 국제적 관점에서 능숙하게 조율할 수 있는 성찰적이고 능동적인 시민을 양성한다"라는 사명을 담고 있었다.[141] 듀크는 이 신설 대학의 졸업생에 대한 듀크의 책임을 강조하기 위해 DKU 학생들에게도 듀크대학교 학위를 수여하기로 했다.

운영 규모와 중국의 학문적 자유 제한 가능성, 듀크의 명성에 중대한 위험을 안길 가능성에 대해 2년간 치열한 논의를 거친 후, 듀크 교수진의 학술위원회는 2016년 11월에 DKU의 교과과정을 압도적 다수로 승인했다. 이 표결 결과는 학교의 전략에서 중요한, 그러나 "위험도 크지만 보상도 큰(high risk, high reward)" 제안을 수용하도록 교수진을 꾸준히 설득한 듀크 지도부의 부단한 노력의 결실이었다. 브로드헤드와 콘블루스는 모든 단과대학 및 전문대학원 대표와 대학의 여러 운영위원회 구성원을 만나 중국에서의 듀크 계획과 관련한 모든 질문에 답했다. 또한 DKU에서 근무한 듀크 교수들이 논쟁적인 주제조차 자유롭게 토론할 수 있었다는 증언은 교수진의 우려를 덜어내는 데 결정적이었다. 그리고 2016년 10월, 학술위원회 회의에서 브로드헤드는 가장 강력할 수도 있는 논거를 제시했다. "중국은 세계 보건, 세계 환경, 세계 경제, 세계 안보, 세계 정보 안보 등 모든 문제에 관여되어 있습니다. 중국과 교류할 방법을 찾지 못하는 대학은 학생들에게 앞으로 그들이 주체적으로 살아가야 할 세계를 이해하는 데 필요한 교육을 제공할 수 없을 것입니다." 이사회는 다음 달 학위과정을 만장일치로 승인했다.[142]

당시 듀크의 중국 담당 선임 고문이었던 내가 보기에 이는 대학 거버넌스 최상의 모습이었다. 브로드헤드와 랭, 그리고 이후 콘블루스는 교수들의 자문을 얻어, DKU를 구축하는 계획 과정에 교수들이 직접 참여할 수 있도록 다층적 구조의 각종 교수감독위원회(faculty oversight committees)를 설립했다. 재정 수치(및 위험)는 투명하게 전면적으로 공유되었다. 특히 선출된 학술위원회 내에서 활발한 토론이 있었다. 외교가들의 표현을 빌리자면, 학술위원회 내부에서는 충분하고 솔직한 의견 교환이 이루어졌다. 듀크의 이사회는 (21세기 초 하버드코퍼레이션보다 더 크고 훨씬 전문적인 거버넌스 기구로서) 위원회와 본회의에서 DKU에 관한 다양한 제안을 검토했다. (제너럴모터스(GM)의 전 회장이자 CEO로서 GM을 회생시킨 중국 합작 투자를 직접 이끌었던 G. 리처드 "릭" 와그너 주니어(G. Richard "Rick" Wagoner, Jr.)가 이사회를 맡았다는 점이 힘이 되었을 수도 있다.) 결국 교수진은 압도적 지지를, 이사회는 만장일치를 통해 DKU의 완전한 설립을 승인했다.

DKU가 듀크 공동체로부터 받은 지지는 중국 내 첫 미·중 합작 대학인 뉴욕대학교 상하이(NYU 상하이)의 설립 과정과 뚜렷이 대비되었다.[143] 코넬대학교 전 총장인 제프리 레먼(Jeffrey Lehman)이 이끈 뉴욕대학교 상하이는 놀라운 성공을 거두었다. 듀크가 DKU 개발 과정에서 교수들과의 협의를 결단력 있고 투명한 방식으로 주도한 반면, 뉴욕대학교 교수들은 존 섹스턴(John Sexton) 총장이 국제 캠퍼스들을 일방적으로 추진했다고 비판했다. 결국 교수진은 섹스턴 총장의 리더십에 대해 네 번째 불신임 투표를 통과시켰고, 섹스턴은 사임했다. (뉴욕대학교의 경험은 이후에도 듀크에 도움이 되었다. 2021년 DKU 부총장으로 임명된 앨프리드 블룸(Alfred Bloom)은 뉴욕대학교 아부다비의 초대 부총장이었다.)

한편, 2014년 쿤산에 DKU의 첫 석사과정과 연구센터가 인재와 연구 자금을 끌어들임으로써 쿤산시의 국제적 위상이 한층 높아졌다. 듀크가 학부과정을 승인하자 쿤산시는 2017년 5월, 더 큰 규모의 2단계 건설 비용을 지원하기로 합의했다. 그럼에도 등록금과 기타 수입으로 충당해야 하는 DKU의 운영비는 여전히 과제로 남아 있었다.[144] 듀크가 DKU에 운영비로 지원하는 금액은 연간 500만 달러로 상한이 정해져 있었고,[145] 여기에 더해 쿤산에서 활동하는 듀크 교수들의 연구나 교육 프로젝트를 위해 매년 100만 달러를 추가 지원하기로 했다.[146]

DKU를 설립하려는 듀크의 결단은 매력적이었지만, 절대 쉽지 않은 투자였다. 지역적 특색과 세계적인 양식을 결합한 인상적인 캠퍼스가 인문과학 분야의 첫 학부생들을 맞이할 준비를 갖췄다. 쿤산이 있는 장난(江南, 양쯔강 하류) 지역은 "수향(水鄉)"으로 유명한데, 쿤산 구시가지 역시 그중 하나다. DKU 캠퍼스는 중심에 인공 호수를 두고, 그 주변에 교량과 보행로로 연결된 건물과 기숙사가 자리하도록 설계되었다. 유리와 장난 지역 특유의 백색 석재로 외벽을 마감한 테라스, 그리고 정자들은 강의실과 회의실에 고요한 수변 경관을 제공한다. 물론 건설 과정이 모두 순조로웠던 것은 아니다. 쿤산시가 "세계적 수준"의 대학 캠퍼스를 건설해 본 적이 없었는데도 듀크는 초기에 자체 시설 담당자를 파견하지 않는 실수를 저질렀고, 그 결과 재설계 문제가 발생하면서 건설 과정이 지연되었다. 그래서 쿤산에 도착한 첫 학부생들과 교수들은 임시로 쿤산 시내의 한 호텔에 머물러야 했다. (그럼에도 그 불가피한 실험은 매우 성공적이었다. 그 학기에 쿤산에서 가르쳤던 듀크의 한 원로 교수가 열정적인 목소리로 "이제야 나는

[그림 7-5] 듀크쿤산대학교 캠퍼스의 강의동. (Dove Feng/위키미디어 커먼즈/CC BY-SA 4.0).

대학이 건물들의 집합이 아니라는 것을 알게 되었습니다"라고 말했던 것이 기억난다.) 어쨌든 2019년 8월, 대학 혁신센터를 포함한 6개 건물로 이루어진 1단계 캠퍼스가 완공되었다.[147] 22개 건물이 추가될 2단계 건설은 2022년까지 완료될 예정이었다.

이제 우리는 대학을 세웠다. 그런데 사람들이 과연 올까? 브로드헤드는 자문했다. DKU는 더럼의 본교처럼, 그 아름다운 건축에 걸맞은 학문적 깊이를 지닌 대학이 될 수 있을까?

미래를 향해

2017년 5월 듀크대학교의 최신 전략 계획이 학술위원회의 승인을 받을 당시, 리처드 브로드헤드 총장의 임기가 막바지에 이르고 있었다. 2016년 12월, 듀크대학교 이사회는 빈센트 프라이스(Vincent Price)를 제10대 총장으로 선출했다. 2009년 이래 펜실베이니아대학교의 교무총장 겸 최고학술책임자로 재직해 온 프라이스는 듀크를 이끌기에 이상적인 인물로 여겨졌다. 애넌버그커뮤니케이션대학원(Annenberg School for Communication)의 스티븐 H. 채피(Steven H. Chaffee) 커뮤니케이션 석좌교수 겸 문리과대학의 정치학 교수로 재직한 그는 펜실베이니아대학교 내에서 여러 보직을 겸임했으며, 비영리 생의학 연구기관인 위스타연구소(Wistar Institute)의 이사이자 펜실베이니아대학교 보건 시스템의 기획집행위원으로도 활동했다. 이러한 경력은 그가 듀크의 막강한 의료 시스템을 감독할 준비가 되어 있음을 의미했다.[148] 프라이스는 교무총장으로서 펜실베이니아대학교의 글로벌 전략을 주도했고, 최초의 '글로벌 이니셔티브 담당 부교무총장'을 임명하는 한편 2015년 베이징에 개관한 펜와튼차이나센터(Penn Wharton China Center)의 설립을 진두지휘했다.[149] 2017년 듀크의 제10대 총장으로 취임한 후 프라이스는 다섯 가지 핵심 영역(인적 역량 강화, 교육 혁신, 공동체 구축, 협력적 연대, 네트워크 참여)을 중심으로 한 전략적 틀을 수립함으로써 "듀크의 두 번째 세기(Duke's Second Century)"를 향한 미래 비전을 제시했다.[150] 그는 2018년 8월, DKU의 4년제 학부과정 개설을 감독했다. 그해 DKU는 모집 실적이 예상을 뛰어넘어 애초 계획했던 225명보다 많은 266명의 첫 신입생을 맞이했다. 학생들은 총 27개국에서 모여들었으며, 중국 본토 출신이 175명, 타이완이 10명, 미국이 39명, 그 외 지역이 42명이었다. 브로드헤드 전 총장은 DKU의 첫 학부 신입생 환영식 연설에서 "듀크와 쿤산의 파트너십이 성공할 수 있었던 이유는 양측이 본질적인 특성, 즉 장기 계획에 대한 헌신을 공유했기 때문"이라고 말했다.[151]

2020년 초 듀크와 그 야심 찬 국제화 전략은 새로운 도전에 직면했다. 코로나19가 처음 발생한 곳은 DKU 캠퍼스에서 약 800km 떨어진 우한으로, 우한은 DKU의 중국 파트너 대학인 우한대학이 있는 곳이기도 했다. 2020년 8월 기준으로 확진자가 약 9만 명, 공식 사망자가 4,715명으로 집계된 중국은 (초기의 은폐 시도에도 불구하고) 비교적 성공적으로 바이러스를 통제하면서 전 세계 감염자 수 기준으로 세계 30위권 밖에 머물렀다.[152] 중국 내 초기 바이러스 확산으로 긴급 대응에 나선 DKU는 중국 교육부의 지침에 따라 중국 내 다른 대학들과 마찬가지로 모든 수업을 온라인으로 전환했다. 그러나 전체 자유학예 캠퍼스를 비대면 온라인 형식으로 전환하는 것은 이제 제3기 신입생을 모집하는 DKU에 커다란 도전이었다.[153] 이후 중국 정부가 바이러스 확산을 통제한 2020년 5월에 DKU는 학교를 완전히 재개방했고, 교직원들이 캠퍼스로 돌아왔다. 한 학기 가까이 캠퍼스가 폐쇄 상태였던 만큼 큰 기쁨이었다.[154] 한편 바이러스가 전 세계적으로, 특히 미국에서 들불처럼 번지며 결국 듀크 본교 캠퍼스에도 영향을 끼쳤다.

2020년 가을, 더럼에 있는 듀크대학교는 다른 미국 대학들과 마찬가지로 대면과 비대면 수업을 혼합한 방식으로 캠퍼스 운영을 재개했다. 캠퍼스 내 기숙사에는 신입생과 2학년생, 그리고 기숙사 이용이 꼭 필요한 일부 학생들만 복귀할 수 있었다. 캠퍼스에 있는 학생들은 대면 수업에 참여할 수 있었지만, 프라이스 총장은 모든 학생이 "상당수의 과목을 원격으로 이수할 것을 예상해야 한다"라고 강조했다.[155] 다른 미국 대학들과 마찬가지로 팬데믹 기간에 외국인 유학생들은 미국에 입국할 수 없었으나, 바로 이 부분에서 DKU는 듀크에 특별한 이점을 제공했다. 더럼의 듀크와 달리, DKU는 중국 내에 있거나 중국 입국이 가능한 모든 학생을 위해 캠퍼스를 개방했다. 다시 말하면, 미국 입국이 불가능해진 듀크와 다른 미국 대학 학생 160명을 받아들였다.[156] 듀크 학생들이 DKU에서 이수한 학점은 듀크 학위에 전적으로 인정되었다.[157] 처음에는 많은 이들이 DKU를 위험 요소로 바라보았지만, 듀크 유학생의 주요 출신국인 중국에 든든한 해외 캠퍼스를 두고 있다는 점은 해외 이동과 연결성이 더 이상 보장되지 않는 시대에 오히려 듀크의 확실한 자산이 되었다. 2020년 가을, 듀크대학교의 가장 안전한 교육 공간은 이스트 캠퍼스도 웨스트 캠퍼스도 아니었다. 유일하게 모든 수업이 대면으로 진행되고 단일 시간대에서 이루어질 수 있었던 동방의 수상 도시인 쿤산 캠퍼스였다.

브로드헤드는 총장 취임 연설에서 듀크가 지닌 지속적인 변신의 능력, 즉 "더 나은 존재가 되기 위해 때로는 상당히 과감한 방식으로 자신을 재창조하려는 의지"에 경탄을 표했다. 비공식적인 자리에서 브로드헤드는 자신이 잘 알고 있는 예일대학교와 같은 오랜 역사의 명문 대학들과 듀크를 비교하면서, 그러한 대학에서는 "이미 강점이 있는 분야를 확장하는 것 외에 다른 시도를 하기가 매우 어렵다"라고 말했다. 브로드헤드가 적절히 지적했지만, 그것은 바로 "수월함의 관성(inertia of excellence)"이었다. 반면 2007~2016년에 의과대학 학장을 지낸 낸시 앤드루스(Nancy Andrews)의 표현을 빌리자면, 듀크는 "전통으로부터 영감을 받되, 그 전통에 규정당하지 않는" 대학이었다.[158]

브로드헤드의 후임자에게 주어진 과제는 치밀한 계획에 뿌리를 둔 혁신을 지속함으로써, 듀크가 고유한 방식으로 연구중심대학이자 세계적 대학으로 성장하도록 하는 것이었다. 브로드헤드는 "내가 듀크에 대해 우려하는 것은 듀크가 언제든 안주하는 단계로 접어들지도 모른다는 점입니다. 실제로는 눈앞에서 빛나는 걸 쫓으면서 정작 자신은 별을 향해 나아간다고 믿게 되는 순간 말이죠"라고 말했다.[159]

2020년 듀크는 공중 보건 위기, 또 한 번의 세계 경기 침체, 그리고 고조되는 미·중 간의 긴장이라는 세 가지 도전에 직면했다. 학제 간 혁신과 국제화 계획을 체계적으로 추진해 온 대학이 이제 탈세계화의 시대라는 새로운 현실을 마주하게 된 것이다. 한편, 중국공산당 중앙기율검사위원회의 조사단이 "이념적 부패" 척결을 명목으로 주요 중국 대학들 순회에 나섰다. 그들은 아직 DKU를 방문하기 전이었다. 학술위원회의 DKU 교과과정 논의에서 여러 동료가 강조했듯이, 이런 정치적 도전은 듀크가 중국과 지속적으로 협력하면서 글로벌 리더로서 중국과 미국 양측에 글로벌 기준을 제시해야 할 필요성을 역설적으로 확인시키는 계기가 되었다.[160] 결국 세계 제2의 경제권에서 언젠가 4,000만 명의 학생을 위한 교육의 새로운 모델을 제시할 수 있는 제도를 구축한다는 것은 그야말로 대담한 야심 그 이상이었다.

제8장

중국의 세기?
중국 대학의 부흥과 발전

21세기 들어 고등교육에 가장 큰 야심을 품은 국가는 중국으로, 그 성장세는 실로 경이로울 정도다. 대학이 대부분 폐쇄되었던 문화대혁명 10년의 시기가 지난 1978년, 중국 대학들은 약 86만 명의 학생을 받아들였다.[1] 이 수치는 점진적으로 늘어나, 2000년에 이르자 중국 대학 등록생 수가 약 700만 명에 달했다. 이후 정부가 확장에 속도를 내면서 2010년에는 중국 대학 재학생이 3,000만 명을 넘어섰고, 2020년 중국의 고등교육기관 재학생 수는 4,000만 명을 넘어섰다.[2]

1998년 중국 대학들은 약 83만 명의 졸업생을 배출했는데, 2010년에는 그 수가 600만 명으로 늘어났다.[3] 2000년 당시 중국의 대학생 수는 미국의 절반 수준이었으나, 2020년에는 미국의 두 배 이상으로 늘어났다.[4] 2000년 중국에는 1,041개의 대학이 있었지만,[5] 10년 후에는 두 배를 넘는 2,358개로 증가했다.[6] 1999년부터 2009년까지 중국의 고등교육기관들은 약 90만 명의 신규 전임 교수를 채용했다.[7]

중화인민공화국 역사의 대부분 기간에 고등교육은 극히 일부에게만

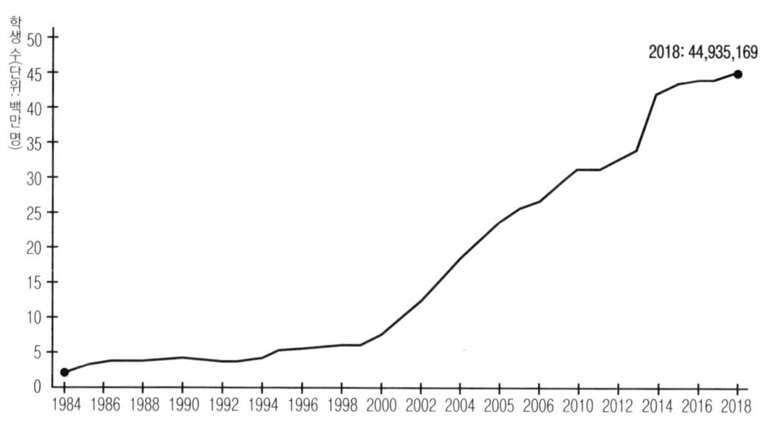

[그림 8-1] 중국의 고등교육기관 등록 현황, 1984~2018년(단위: 백만 명). (유네스코 통계연구소. http://data.uis.unesco.org/(2020년 8월 22일 접속)).

주어진 특권이었다. 이제 중국은 대중적 고등교육 체제로 나아가고 있다. 18~22세 청년층의 순 등록률(대학 진학률)은 1999년 3%에 불과했으나, 2013년에는 30%로 늘어났다.[8] 2020년에는 이 연령대 청년의 절반 이상이 칼리지 또는 대학에 재학 중이었다.[9]

이러한 고등교육의 확장은 그 규모 면에서 전례 없는 새로운 현상이지만, 동시에 수 세기 동안 이어져 온 고등 학술(advanced learning)에 대한 헌신이 현대적으로 구현된 결과다. 오늘날의 중국 고등교육 체제를 이해하기 위해서는 먼저 중화제국 시대와 중화민국 시기의 교육적 토대를 돌아보아야 한다.

학문의 유산

중국은 세계에서 가장 오래 지속된 문명의 본향이자 가장 오랜 철학적·문학적 전통을 간직한 나라다. 19세기 말에서 20세기 초에 서구식 고등교육이 도입되기 전까지 이 전통에 관한 연구는 학자로서의 정체성을 규정했을 뿐 아니라, 사회적 권력을 획득하는 데 중요한 역할을 했다. 중화 제국 시대 중국의 과거(科擧)제도는 엘리트가 되는 등용문이었다. 과거시험 응시자들을 길러 내던 교육체계는 국가 행정이나 조세 징수보다도, 오늘날 우리가 인문학(humanities)이라 부르는 분야, 즉 국가의 관리가 따라야 할 인간 행동의 원칙을 제시한 중국 문명의 고전 문헌에 초점을 맞추었다.

선한 사람들이 위대한 고전을 배우고 탐구함으로써 사회의 이익을 위해 선한 정치에 헌신하는 것, 이보다 더 고결한 학문적 이상은 드물었다. 송나라 황제 진종(眞宗, 재위 968~1022)은 〈권학시(勸學詩)〉에서 "사람이 일생의 뜻을 이루고자 한다면 / 창가에서 육경(六經)을 부지런히 익히면 된다"라고 썼다.[10] 제국 시대 중국에서 고등 학문은 인간의 운명을 바꿀 수 있었다. 송대(960~1279)에 정비된 과거의 고전 정전(正典)은 사서(四書, 대학과 중용(이 둘은 본래《예기》의 일부였다), 논어, 맹자)와 오경(五經, 시경, 서경, 예기, 역경, 춘추)으로 구성되어 있었다.[11] 과거는 또한 응시자에게 고금의 정부 정책 관련 지식과 더불어 문학적 문체의 구사 능력을 요구했다.

관직을 지망하는 자들은 향시(鄕試), 부시(府試), 성시(省試), 전시(殿試) 등 여러 단계를 거쳐야 했다. 응시자들은 여러 의식을 치르며 시험장에 입장했고, 음식과 물, 개인 용변용 통만을 휴대할 수 있었다. 응시자들은 며칠 동안 계속되는 시험이 끝날 때까지 자기 자리를 지켜야 했다. 시험 종료를 알리는 대포 소리가 나기 전에 나가는 유일한 방법은 시체가 되어 성벽 너머로 던져지는 것뿐이었다.

장래의 사대부들은 이처럼 향·성·국가 차원의 혹독한 시험과 예비 교육기관 체계를 거쳐 올라갔으며, 그 정점에는 수도에 있는 태학(太學, 나중에 국자감(國子監)으로 불림)이 있었다.[12] 과거에서 가장 뛰어난 성적을 거둔 이들은 한림원(翰林院)의 구성원이 되어 연구자, 황제의 자문관, 과거제의 감독관으로 일할 수 있었다.[13] 이러한 국가 주도의 공식 체제를 보완한 것이 학자 개개인 혹은 학술 공동체가 운영하는 지역 내 엘리트 교육기관인 서원(書院)이었다. 후기 제국 시대(late imperial times)[14]에 이르러 서원은 점점 더 과거 준비와 밀접히 연관되었으나, 때로는 시험에 출제되는 고전에 대해 급진적이거나 다른 해석을 제시하기도 했다.[15]

과거제는 그로부터 파생된 제국의 교육체계와 마찬가지로 능력주의의 토대로서 세계적 제국들의 구축 기반이 되었다. 이는 본질적으로 위계적인 사회 속에서도 (적어도 이론상으로는) 사회적 이동이 가능함을 보여주었고, 진정한 교육을 받은 자만을 권력의 자리로 끌어올렸다. 그러나 벤저민 엘먼(Benjamin Elman)이 지적했듯이, 사회적 이동성은 그 제도의 목적이 아니었다. 오히려 그것은 "의도치 않은 부산물"이었다.[16] 또한 근대에 이르면서 과거제도는 실질적 한계를 드러냈다. 시험에서 수학·과학·실용적 학문이 배제되었다는 사실은 제국이 더 잘 통치되고 있지 않음을 의미했다. 이러한 부재는 19세기에 군사화와 산업화가 진행된 활력 넘치는 서구에 대응할 수 있는 제국의 능력을 약하게 만들었으며, 연이은 굴욕을 통해 2,000년 된 제국 전통의 종말을 불러왔다고 할 수 있다. 19세기 말, 과거제도는 오히려 중국 내부보다 외부에서 더 높게 평가 받았다. 19세기 서구 열강이 중국에 침범하자, 청나라는 1887년부터 수학 등 일부 과목을 시험 범위에 포함함으로써 과거제도를 현대화하고자 시도했다.[17] 1890년대에 이르자 일부 지방 서원들이 수학, 서양어, 과학, 세계지리, 세계사 등의 과정을 개설했다.[18] 이와 동시에 서구를 연구하고 이에 대응하기 위한 새로운 근대 교육기관 설립을 목적으로 한 조정과 민간의 노력이 이어졌다. 청 제국은 1912년에 무너졌으나, 교육사적으로 더 중요한 해는 1905년이었다. 바로 이때 고래의 과거제가 공식적으로 폐지되었기 때문이다. 그 자리를 대신한 것은 여러 '신 중국(new Chinas)'을 길러낼 새로운 고등교육 제도였다.

근대 중국을 위한 외국 모델들

과거제와 그에 연관된 서원 체제를 대신한 것은 청 말과 중화민국 초기에 국제적 모델을 바탕으로 설립된 새로운 대학들이었다. 이들은 빌헬름 폰 훔볼트가 인식했을 법한 복잡하고 때로는 모순적인 과제에 직면했는데, 바로 세계의 지식과 고등교육의 국제적 기준을 중국에 도입하면서도 여전히 국가와 민족에 봉사해야 한다는 과제였다. 서양식 대학 제도의 등장은 제국 시대부터 학문의 중심지였던 우한에서 시작되었다. 1893년 이곳에 설립된 자강학당(훗날 우한대학)이 중국 최초의 근대 대학이었다. 자강학당은 총독 장즈둥의 주도 아래 중국을 부국강병으로 되돌릴 수 있는 실용 학문, 즉 수학, 과학, 상학(商學)을 중심으로 하되 중국 교육 전통을 훼손하지 않는 방향으로 운영되었다.

　우한에서 시작된 이러한 시도는 곧 중국 전역으로 퍼졌으며, 유럽, 일본, 미국의 고등교육 제도에 깊이 영향받은 다양한 형태의 기관들이 잇따라 설립되었다. 공립대학들은 외국 기관과 긴밀한 관계를 맺었다. 칭화대학은 1911년 미국이 반환한 '의화단 배상금(Boxer Indemnity)'으로 설립되었다. 상하이의 통지대학(同濟大學)은 1907년 설립된 독일의학교(German Medical School)를 모태로 1920년대에 사립대학을 거쳐 공립대학으로 성장했고, 오늘날까지 독일과의 인연을 유지하고 있다. 외국의 영향은 선교 단체가 세운 대학과 칼리지에서도 뚜렷하게 나타났다. 미국 성공회가 세운 상하이의 세인트존스대학교(St. John's University), 프랑스 예수회가 세운 오로라대학교(Aurora University), 그리고 미국 감리교 선교사들이 베이징에 설립한 옌칭대학이 그 예다. 외국 대학들이 이미 중국 본토를 장악한 상황에서 영국은 1911년 홍콩대학을 설립하며 교육적 영향력 확보 경쟁에 뛰어들었다.

　중국 교육개혁에서 외국 모델의 영향이 두드러진 것은 놀랄 일이 아니다. 근대 중국사의 전개 자체가 본질적으로 국제적이었기 때문이다. 1912년 제1공화국, 1927년 제2공화국, 1949년 제3공화국에 이르기까지,[19] 각 공화국은 입헌주의에서 공산주의에 이르는 국제적으로 승인된 여러 '주의(ism)'를 통해 정통성을 확보하려 했다. 과거제가 중화제국의 힘의 토대였다면, 국제적 고등교육 협력은 100여 년에 걸친 근대 중국의 부상을 추동한 원동력이었다.

　국제적인 기관들이 새로운 고등교육 모델을 중국에 도입하자, 해외 유학을 마치고 귀국한 중국 학자들이 이들을 발전시키고 정착시키는 데 이바지했다. 교수, 학장, 총장 등은 점점 늘어나는 해외 유학생 출신 인재들로 구성되었다. 이러한 흐름을 대표하는 초기 인물이 베이징대학 총장을 여러 차례 역임한 차이위안페이(蔡元培)였다. 그는 1906~1910년, 다시 1912~1916년 독일과 프랑스에서 유학했다.

　차이위안페이는 유럽으로 유학을 떠나기 전, 제국의 과거제 최고 단계인 진사(進士)에 급제한 인물이었다. 1912년 신생 중화민국의 초대 교육부 장관(敎育總長)으로 임명된 그는 대학은 단순히 정부에 봉사하는 기관이 아니라, 제도적 자율성을 부여받고 세계관 교육(世界觀敎育), 즉 세계적 시야를 지닌 교육의 장이 되어야 한다는 공식 견해를 발표했다. 차이위안페이의 개혁은 독일식 고등교육 모델로부터 깊게 영향받았다. 예를 들어 그는 대학과 기술학교(technical schools)의 분리를 주장했으며, 교육과 과학적 연구(여기서 과학적 연구는 독일어 Wissenschaft의(학문)의 의미, 즉 체계적 지식 탐구 전반을 뜻한다)의 토대로서 폭넓은 인문 학습(humanitic learning)과 전인교육(Bildung)의 중요성을 강조했다.[20]

　1917년 베이징대학 총장으로 취임한 차이위안페이는 중국의 고등교육에 다양한 국제적 관행을 도입했다. 그는 취임사에서 "대학 밖의 사람들은 여기서 공부하는 이들이 모두 벼슬하거나 부자가 되려는 생각을 품고 있다고 본다"라고 말하며, 학생들이 협소한 전문 분야가 아니라 인문학과 자연과학의 학문 그 자체에 헌신해야 한다고 강조했다. 차이위안페이의 총장 재임 기간에 '베이다(北大)'라 불린 베이징대학에서 인문학은 급속히 성장했고, 그는 상학부(business division)와 공학부(engineering division)를 단계적으로 폐지했다. 차이는 다음과 같이 유명한 말을 남겼다.

사상의 자유라는 근대적 원칙은 이미 공적으로 수용되었으나, 이를 실현할 수 있는 능력은 오직 대학에 달려 있다. 대학 교수들은 종교나 정당의 제약뿐 아니라, 저명한 학자들이 부과하는 제약에서도 자유로워야 한다. 이것이야말로 진정한 고등 학문의 기관을 이루는 본질이다. 우리는 사상과 표현의 자유라는 보편적 원칙을 따라야 하며, 어떤 하나의 철학이나 특정 종교의 교리가 우리의 사고를 구속하도록 허용해서는 안 된다.[21]

차이위안페이는 베이징대학 교수로 천두슈(陳獨秀)와 리다자오(李大釗)를 영입했는데, 둘은 중국에 마르크스주의를 도입하는 데 결정적인 역할을 했다. 차이위안페이는 또한 중국 자유주의의 대표적 사상가로 꼽히는 후스를 초빙했다. 후스는 컬럼비아대학교에서 존 듀이에게 사사한 철학자로, "한 나라에 해군이나 육군이 없는 것은 부끄러움이 아니지만, 대학과 국립도서관, 박물관, 미술관이 없다면 부끄러워해야 한다"라고 쓴 바 있다.[22] 이처럼 지적 활력과 사상적 다양성이 넘쳤던 베이징대학의 전통 속에서, 학생들은 1919년, 1935년, 그리고 마침내 1989년에 이르기까지 자유주의적이고 애국적인 시위를 통해 연이어 중국 정부에 맞서는 주역이 되었다.

오늘날 베이징대학 캠퍼스에는 그의 이름을 딴 자유학예학부[23] 근처에 동상이 세워져 있어, 여전히 차이위안페이의 존재를 느낄 수 있다.

중국 고등교육의 국제화는 1915년부터 1925년까지 약 10년간, '5·4 시기'라 불리는 근대 중국 문화의 가장 변혁적인 시기의 중심에 있었다. 이는 마오쩌둥의 '무산계급 문화혁명'보다 훨씬 더 심오하고 지속적인 문화혁명이었다. 마오의 운동과 달리 5·4운동은 중국 사회를 파괴하기보다 갱신하는 데 초점을 맞췄다. 그 이름의 유래가 된 1919년 5월 4일에 독일이 중국 영토 내 조차지를 중국에 반환하지 않고 일본에 이양한 베르사유조약이 발표되자, 이에 항의하는 애국적인 학생들이 베이징대학의 붉은 건물에서 쏟아져 나와 자금성 근처에서 시위를 벌였다. 참여한 학생은 수천 명에 불과했지만, 이들은 중국의 새로운 대학들을 중국 정치사의 중심 무대로 끌어올렸다.

1922년 중국 정부는 고등교육 연구의 권위자인 루스 헤이호(Ruth Hayho)가 "미국 정신(American ethos)"이라 부른 교육 이념을 초·중등 교육에 도입하고자 했다.[24] 또한 법 제정을 통해 대학의 정의를 순수 이론 연구기관에 국한하지 않고 전문·응용 교육을 수행하는 기관까지 확대했다. 이는 대학과 기술학교를 엄격히 구분하던 독일식 모델에서 벗어난 더욱 포괄적인 미국식 개념으로의 전환을 의미했다. 이 법은 학점 제도를 도입해 학생들에게 맞춤식 학업을 설계할 수 있는 자유를 부여했다. 하지만 국가의 의지를 반영하듯, 대학의 행정 결정을 담당할 이사회를 설치해 대학 운영에서 교수들의 역할을 제한하고자 했다.

이러한 제도 전반에 대한 미국의 영향은 오래가지 않았다. 1927년 이후 난징(南京)에 정권을 확립한 국민당 정부는 고등교육에 대한 중앙집권적 통제를 강화하기 시작했다.[25] 1930년대에 정부는 구(舊) 프로이센 교육부 장관 C. H. 베커(C. H. Becker)가 이끈 국제연맹 위원회의 권고에 따라 고등교육 체제를 재편했다.[26] 위원회의 권고에 따라 추진된 개혁은 프로이센 모델의 영향을 강하게 받았고, 그 결과 고등교육의 국유화와 정부 통제가 한층 강화되었다. 정치 당국은 1920년대에는 종합대학을 선호했으나, 1930년대가 되자 다시 과학, 수학, 공학에 중점을 두었다.[27]

국제화는 건축양식에서도 구현되었다. 20세기 들어 과거시험장이 사라지고, 미국과 유럽 대학의 모델을 본뜬 녹음이 우거진 캠퍼스가 그 자리를 대신했다. 칭화대학의 캠퍼스는 초기에는 미국, 이후에는 소련과의 교육 협력 관계를 반영하고 있다. 난징의 중앙국립대학은 베를린대학교를 본떴다. 또한 베이징대학의 징위안(靜園)은 전통적인 중국 양식의 아름다운 캠퍼스로, 그 자리에 있던 옌칭대학을 위해 뉴욕의 건축 회사가 설계한 것이다.

1930년대 일본과의 전쟁이 발발하자, 중국의 대학들은 혼란 속에서 스스로 떠날 곳을 찾아 새로운 모습으로 거듭나야 했다. 일본군이 국경을 침범하고 주요 도시를 점령하자, 대학들은 점령되지 않은 지역으로 피난을 떠났다. 이러한 움직임은 1931년 둥베이대학(東北大學)이 일본이 점령한 만주에서 베이징으로 옮겨 오면서 시작되었으나, 1937년 일본군이 베이징과 상하이 등 주요 도시를 장악한 후 대규모로 확산되었다. 1938년까지 전체 114개 고등교육기관 중 54개가 일본군에 의해 파괴되거나 피해를 봤으며, 1941년에 이르자 77개 기관이 중국 대륙을 횡단하는 영웅적이고 애국적인 이동 끝에 더욱 안전한 임시 거처로 옮겨 갔다.[28] 이 시기 중국 고등교육의 정점에는 국립서남연합대학(國立西南聯合大學)이 있었다. 이는 칭화, 베이징, 난카이(南開) 세 대학이 연합한 기관으로, 전시라는 열악한 환경 속에서도 자유주의 사상과 학문적 연구의 요새로 남아 있었다. 약칭 '롄다(聯大)'로 불린 이 대학을 연구한 미국 역사학자 존 이스라엘(John Israel)은 혼란스러운 정치 환경이 오히려 1920년대의 느슨한 중앙

통치 시절처럼 대학이 자유롭게 발전할 여지를 주었다고 분석했다.[29] 그러나 항일전쟁이 국공내전으로 이어지고 새로운 정치체제가 들어서면서 상황이 변했고, 그 시점에 대부분의 대학은 중국 동부 해안의 원래 부지로 복귀했다.

1949년 이전의 중국은 규모는 작았지만 국제 기준에 부합하는 활기차고 다양한 고등교육 체제를 이미 구축하고 있었다. 그 중심에 있던 학자들은 국제적 시야를 갖추었고, 다수가 해외에서 교육받았다. 학생들은 선진 서구 대학들과 유사한 교수법과 교과과정에 따라 교육받았다. 요컨대 주요 중국 대학들의 지적·건축적 토대는 모두 국제적 기원 위에 세워졌다.

구조조정과 파괴, 1949~1978 공산당이 집권하자 중국 주요 대학에 근무하던 학자의 상당수가 타이완, 홍콩, 그리고 특히 미국으로 이주했다. 1949년 이후 서구와의 협력을 중단한 대륙의 대학들은 국제 협력의 방향을 동구권으로 전환했다. 이제 스탈린식 계획경제 체제를 지원하는 방향으로 중국의 고등교육이 재편되면서, 협력의 초점은 소련과 그 동유럽 동맹국들로 옮겨졌다. 고등교육 관리 체계는 (국민당 시절과 마찬가지로) 국가 교육부 산하로 중앙집권화되었으며, 초기에는 점진적 개혁이 권장되었다. 그러나 1950년대 초에 중국 내 소련의 영향력이 공고해지면서, 중국의 고등교육 체제는 소련의 방식을 모방하는 방향으로 바뀌었다. 대학들은 특정 과제와 학문 분야에 맞춰 재조직되었고, 이론적 연구 영역과 실천적 응용 분야가 종종 분리되었다. 이렇게 소비에트화된 기관들에서는 교육과 연구가 뚜렷이 분리되었다. 대학은 지식의 교육과 전달에 전념하고, 연구 활동은 고등교육 체계 외부에 존재하는 별도의 연구기관에서 주로 이루어졌다.[30]

1950년대부터 1960년대 내내 중국의 고등교육 체제는 점점 더 강하게 통제되고 세분화되었다. 1950년대에는 이념적 정통성을 확보하기 위해 모든 대학에 공산당 기관이 설치되었다. 거버넌스 결정은 점차 대학 내에서도 아주 작은 단위, 학과 내부의 세부 조직에서 이루어졌다. 학생들은 세분화된 전공들(1953년 249개에서 1962년 627개, 1980년대에는 1,000개 이상으로 증가) 가운데 하나를 선택해 입학했고, 각 전공 내에서 획일화된 교과과정을 이수했다. 교육의 목표는 국가와 중국공산당(반드시 이 순서일 필요는 없지만)에 봉사하는 데 있었으며, 학과별 입학 정원은 국가 경제 개발 계획의 필요에 따라 결정되었다. 대학들은 학술 교육뿐 아니라 정치 교육의 임무도 부여받았다.[31]

1966년 마오쩌둥이 시작한 문화대혁명은 중국의 고등교육 체제를 파괴하다시피 했다.[32] 1966~1969년에 신입생 선발이 전면 중단되었고 지식인들은 박해받았으며, 여러 대학은 서로 경쟁하는 파벌 간의 정치적·군사적 전장이 되었다. 1970년에 입시가 재개되었을 때는 전국 대학 입학시험(가오카오(高考))이 아니라 "대중 추천(mass recommendations)"과 정치적 자격에 따라 선발이 이루어졌다. 후보자들은 "대중"(실제로는 소속 '단위'라고 불리는 직장 조직)의 추천을 받고, 지도자의 승인과 학교의 심사를 거쳐야 했다.[33] 원칙적으로 학생들은 "노·농·병(勞·農·兵)" 계층에서 우선 선발되어야 했는데, 이는 전통적인 특권 구조를 전복하는 것이었다. 그러나 실제로는 학생들의 학업 수준이 극도로 불균등해졌으며, 공식 입시 제도의 부재는 정치적 인맥이 있는 사람들에게 유리하게 작용했다.[34] 1976년 마오의 사망과 그의 충복 '4인방'의 축출 이후에야 중국의 대학들이 다시금 세계 대학 공동체의 일부로 복원될 토대가 마련되었다.

현대 중국의 대학 제도

마오 사후 중국의 최고 지도자로 떠오른 덩샤오핑(鄧小平)은 정규 대학 교육을 받은 적이 없었다. 그러나 그의 아버지는 초창기 근대 중국 대학에서 공부했으며, 덩샤오핑 자신도 15세 때 프랑스에서 근로-학습(勤工儉學) 프로그램에 참여하고 그곳에서 중국공산당에 입당했다. 그는 이후 잠시 모스크바에서 공부하기도 했다. 문화대혁명 시기에 가까스로 살아남은 덩샤오핑은 1970년대 부총리로서 고등교육 부활의 초기 주역이자 강력한 지지자였다. "과학기술 발전이 현대화의 열쇠이며, 교육은 과학기술을 육성하는 토대"라는 그의 신념은 1970년대 초 짧은 자유화 기간에 고등교육 개혁의 정당화 근거로 인용되었다.[35] 대학들은 이러한 발언을 고등교육이 곧 공식적으로 복원될 조짐으로 받아들였고, 1970년대 중반 무렵부터 스스로 문화대혁명 시기의 관행을 정리하기 시작했다.[36] 국무원은 1977년 10월, 가오카오의 부활을 발표함으로써 이러한 방향을 공식화했다.[37] 마오주의 통치의 참화를 겪은 후 중국이 새로운 국가 발전 전략을 모색해야 한다는 공산당의 자각은 초기 고등교육 개혁이 빠른 속도로, 그리고 광범위하게 추진될 수 있는 근본 동력이었다.

1978년 대학 운영이 완전히 재개되자, 국무원은 빠르게 문화대혁명의 잔해를 치우기 시작했다. 정부는 엘리트 대학에 추가 자원을 집중하는 장기 전략을 수립했다. 이 전략에 따라 88개 대학이 '중점대학'으로 지정되었으며, 그중 베이징대학, 칭화대학, 푸단대학(復旦大學)이 최상위 3개교로 선정되었다.[38] 중점대학들은 새로운 고등교육 체제의 선봉대 역할을 하며, 새로운 학위과정 개설과 연구 확대를 통해 막대한 정부 지원을 받았다. 중국 정부는 대학에 대한 자체 지원을 보완하기 위해 해외 원조를 모색했다. 실제로 1980년 세계은행이 중화인민공화국에 제공한 첫 번째 대출인 2억 달러는 26개 대학의 과학기술 관련 학과의 발전 지원을 목적으로 이루어졌다.[39] 소수의 엘리트 대학은 교육부 혹은 다른 중앙 부처의 직접적인 감독 아래 운영되었고, 더 많은 재정을 지원받았다. 성(省) 정부 및 시 정부는 나머지 공립대학들의 관리 감독을 맡고, 적어도 일부 재정을 자체적으로 부담했다.

1980년대 들어 정부는 초기 중화민국 시절의 고등교육 원칙을 복원하려는 시도를 통해 대학에 더욱 큰 학문적 자율성과 행정적 권한을 부여했다. 정부 지도자들은 성장 동력을 창출할 과학기술을 발전시키기 위해서는 지식인들이 자율적으로 연구 과제를 설정할 수 있어야 한다고 생각했다.[40] 1982년 헌법 개정에는 지적 활동에 대한 법적 보호가 포함되었고, 1985년의 〈교육개혁 결정〉은 "고등교육 개혁의 핵심은 고등교육기관에 대한 과도한 정부 통제를 없애는 데 있다"라고 선언하기에 이르렀다.[41] 같은 해 정부는 대학이 교육과 연구의 중심이 되어야 한다는 정책을 발표함으로써 1950~1960년대 소련식 교육-연구 분리 체제를 해소했다. 요컨대 대학은 중국의 전반적인 개혁개방 전략의 핵심 구성 요소로 받아들여졌다.

그러나 개혁 초기 중국 고등교육은 국가의 큰 기대에 부응하지 못했다. 대학에서 과잉 배출된 졸업생들은 여전히 성장 중인 경제 속에서 일자리를 찾는 데 어려움을 겪었다.[42] 1989년 봄, 경제적 불만과 정치적 저항이 결합하고 대학생들이 촉매 역할을 한 대규모 시위가 여러 도시에서 발생해 장기간 이어졌는데, 대표적 사례가 바로 베이징 톈안먼(天安門)광장의 시위였다. 덩샤오핑이 무력 진압을 결정하면서 수백 명의 학생이 사망하고 수천 명이 체포되거나 망명했으며, 대학과 국가 간의 긴장이 장기화되었다. 1989년 여름과 가을에 걸쳐 전국적인 탄압이 전개되면서 정부는 학문 영역에 대한 정치 개입 문제에서 기존 태도를 뒤집었다. 덩샤오핑은 "지난 10년간의 가장 큰 실수는 교육, 특히 사상 및 정치 교육에 있었다"라고 선언했다.[43] 1949년과 마찬가지로 학문적 탄압은 또 한 차례 지식인의 해외 이주를 불러왔고, 이들은 주로 미국과 유럽으로 향했다. (나의 박사과정 제자 중 한 명인 역사학자 왕단(王丹)은 톈안먼 시위 당시 베이징대학 학생 대표로, 여러 차례의 수감 생활을 거친 뒤 망명해 하버드대학교에서 학업을 이어 갔다. 당시 그는 베이징대학 교수들의 자랑스러운 추천서를 들고 하버드로 왔다. 지금도 중국의 민주화 개혁을 위한 해외 운동에 적극적으로 참여하고 있다.)[44]

톈안먼 사건은 고등교육이 첫째로 당과 국가에 종속되어야 하고, 둘째로 중국의 발전 목표에 봉사해야 한다는 확신을 지도부에 심어 주었다. 1990년대 초 정부는 대학 입학 정원을 제한해 제도 확장을 억제하고 향후 방향을 논의했다.[45] 이후 인문·사회과학 분야의 교육과 연구에 새로운 규제를 도입했는데, 이는 인문·사회과학 분야에 더 강한 이념적 관리가 필요하다는 정부의 인식을 반영한 것이었다. 그러나 1992년 경제 개혁이 재개되면서 고등교육은 다시금 우선순위로 복귀했고, 어느 정도 자유화되었다. 그리고 전체 고등교육 체계는 지속해서 성장했다. 1999~2006년에 중국의 고등교육기관 수는 1,071개에서 1,867개로 늘어났다.[46]

1993년 국무원은 정부 각급 단위에서 대학 관련 지출을 2000년까지 국내총생산(GNP)의 4% 수준으로 끌어올릴 것이라고 발표했다. 실제 교육 지출은 1997년까지 GNP의 약 2.5% 수준에 머물렀다.[47] 그러나 외부 충격인 아시아 금융 위기를 계기로 정부는 대학 신설 캠퍼스 건설을 포함한 인프라 투자를 확대하고, 이 기관들을 채우기 위해 입학 정원 상한선을 높였다. 이 조치는 미래를 위한 투자이자, 실업 상태의 젊은이들을 대학 교육으로 흡수해 사회 불안을 완화하려는 완충 장치였다. 정부의 고등교육 예산은 2000~2003년에 매년 최소 20%씩 증가했으며, 2008년 금융 위기 이전까지 해마다 최소 10% 이상 꾸준히 늘어났다.[48]

1998~2003년에 중국 대학의 입학자 수는 세 배로 증가했으며, 1999년 한 해 동안에만 입학자가 51만 명 늘었다.[49] 국가가 설정한 대학 진학 연령층의 목표 입학률은 1998년 10% 미만에서 2002년까지 15%로 상

향 조정되었다. 중국이 새 천 년에 들어섰을 당시, 대학들은 국가의 경제적·사회적 발전에서 한층 더 중요한 역할을 할 준비가 되어 있었다.

2020년 여름, 중국에는 1,265개의 4년제 대학을 포함해 총 2,688개의 고등교육기관이 있었다.[50] 4년제 대학 중 76개는 교육부 소속이었고, 38개는 기타 중앙정부, 공산당, 군 관련 기관 소속이었으며, 708개는 지방정부의 관할 아래 있었다.[51] 또한 434개 대학은 사립 기관으로 분류되었다. 이 가운데 절반이 넘는 275개교는 독립 칼리지(independent colleges)로, 공립대학이 영향력과 입학생 수, 특히 수입을 확대하기 위한 수단으로 설립한 것이었다. 왜냐하면 사립대학 수준의 등록금을 받을 수 있었기 때문이다.

고등교육기관의 사적 소유와 운영이 1982년에 진작 합법화되었는데도 사립대학은 특히 21세기 첫 20년 동안 빠르게 확대되었다. 2002년 사립 고등교육기관은 전체 고등교육 부문의 6%에 불과했으나, 2013년에는 4년제 대학의 30% 이상, 고등교육기관 전체 재학생의 19.7%를 차지

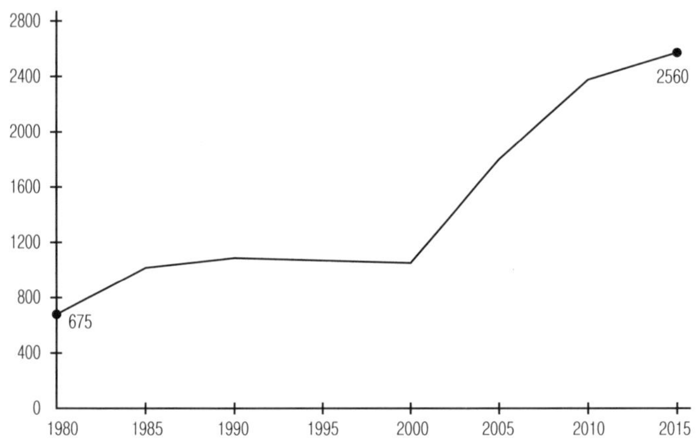

[그림 8-2] 1980∼2015년 중국의 정규 고등교육기관 수. (《중국통계연감 2018》. http://www.stats.gov.cn/tjsj/ndsj/2018/indexeh.htm(2019년 8월 22일 접속)).

했다.[52] 학위를 수여하는 4년제 사립대학의 수는 2007년 30개에서 2015년 423개로 늘어나, 1,300%가 넘는 성장률을 보였다. 이러한 사립대학 가운데 하나가 중국의 고도 시안(西安)에 있으며, 이곳에서는 기업가들이 지방 관료들과 협력해 도시를 중국 사립 고등교육의 중심지로 만들었다. 1992년 입시 준비 학원으로 시작한 시안외사학원(西安外事學院)은 현재 학생 수 3만4,000명을 보유한 중국 최대 규모의 사립대학 중 하나가 되었다. 이 대학의 졸업생들은 베이징대학이나 칭화대학 졸업생보다 더 높은 취업률을 보인다. 세계의 다른 대학 총장들과 달리, 시안외사학원의 황팅(黃藤) 총장은 자신의 임기를 걱정할 필요가 없다. 대학의 지분 55%를 소유하고 있기 때문이다. 황팅 총장은 중국의 다른 지역과 북아메리카에 분교 설립을 추진하고 있다.[53]

대기업들도 고등교육 영역에 속속 진출하고 있다. 알리바바 그룹의 타오바오 부문은 전자상거래 사업주, 관리자, 영업인, 전문 인력을 교육하기 위해 타오바오대학(淘寶大學)을 설립했으며, 궁극적으로 중소기업 창업 및 운영에 필요한 역량을 갖추려는 100만 명 이상의 온라인 학습자를 대상으로 경영 교육을 확대할 계획이다. 타오바오대학은 또한 약 2만 명의 학생을 "오프라인", 즉 대면 형태로 모집할 계획도 세웠다.[54]

다른 형태의 사립 기관으로는 공산주의 혁명 이후 처음으로 중국에 설립된 중외합작대학들(Sino-foreign joint-venture universities)이 있다. 영미 대학 등 외국 파트너들이 참여한 9개 대학은 교육부의 기존 제도와 정책적 계획을 뛰어넘는 고등교육 및 연구 거점을 탄생시켰다.[55] 영국의 현대 대학들이 이 움직임을 선도했으며, 그중에서도 2004년 중국 사립 교육 기업과 협력해 설립한 노팅엄대학교 닝보 캠퍼스(寧波諾丁漢大學)가 시발점이었다. 이 대학은 중국의 대표적인 상업 도시에서 8,000명의 학생에게 인문학, 공학, 경영학 교육을 제공한다. 본관 건물은 노팅엄 본교 캠퍼스의 우아한 트렌트빌딩을 건축적으로 재현한 것이다. 리버풀대학교(University of Liverpool)는 2008년 시안자오통대학(西安交通大學)과 협력해 동부 공업도시 쑤저우(蘇州)에 캠퍼스를 설립했으며, "국제적 시야와 경쟁력을 갖춘 기술 및 경영 전문가를 양성한다"라는 사명을 내걸었다.[56] 2013년 뉴욕대학교는 글로벌 네트워크의 일환으로, 중국에서 가장 창의적인 대학 중 하나인 화둥사범대학(華東師範大學)과 협력해 고층 건물 형태의 "수직형 대학"인 뉴욕대학교 상하이(NYU Shanghai, 上海紐約大學)를 설립했다. 그리고 앞서 보았듯이, 듀크대학교는 2014년 상하이 서쪽에 있는 중국의 가장 부유한 기업 도시인 쿤산에 81만m² 규모의 기숙형 캠퍼스를 조성하고 듀크쿤산대학교를 개교했다.[57]

이러한 확장에는 토지와 자본이 여러 방식으로 동원되었다. 중국의 토지는 국가, 정확히는 지방정부의 소유로, 지방정부는 농민인 기존 거주자들에게 거의 보상하지 않고 토지를 수용할 광범위한 권한이 있다. 그 결과 2000년 이후 중국 대학의 총 부지는 다섯 배로 늘어났다. 기존의 대학들은 눈부신 신규 캠퍼스를 건설했다. 1897년에 설립된 저장대학(浙江大學)은 5만 명의 학생을 일곱 개의 대형 캠퍼스에 분산 수용하고 있다. 1929년에 세워진 충칭대학(重慶大學)은 8개 대학을 수용하기 위한 대학성(university city, 大學城)의 일부로 아름답게 조성된 새로운 교정을 마련했다. 최근까지도 고등교육기관들은 베이징과 양쯔강 하류 지역 등 몇몇 지역에 집중되어 있었다. 그러나 오늘날에는 고등교육 전통과 거리가 먼 도시들과 성들까지 성장과 발전, 명성을 확보하기 위한 경쟁 전략의 일환으로, 신흥 과학기술 지구 내에서 대학을 설립하고 확장하기 위해 다투고 있다.

1950년대 미국 대학의 성장이나 1970년대 이후 유럽 대학의 대규모 확장과 달리, 중국의 고등교육 발전은 국가의 지원을 받는 소수 대학에 자원이 집중되는 엘리트 중심적 성격을 띠었을 뿐 아니라 규모 또한 방대했다. 정부가 감독하는 고등교육 체제는 국가가 중점대학으로 지정한 대학들의 성과를 자세히 추적하고 비교하는 데 열중했다. 최초의 대학 순위표는 중국관리과학원(中國管理科學院)이 국영《과학기술일보(科學技術日報)》에 게재하기 위해 작성한 것으로, 86개의 중점 대학을 대상으로 과학, 공학, 농업, 의학 분야의 연구 성과를 순위화했다.[58] 1990년대에 들어서 주요 학문 분야에 대한 높은 성과로 평가 대상이 된 대학들은 평가에 응하며 이에 대한 보상을 받기 시작했다. 1995년 교육부는 약 100개 대학의 질을 높이기 위해 211공정(工程, Project 211)을 출범시켰다. 이어 1998년에는 39개 엘리트 대학을 지원하기 위한 985공정(Project 985)이 추진되었다. 이 대학 중 중국의 아이비리그에 속하는 9개 대학은 고급 창의 연구자의 요람이자 과학 연구의 최전선, 혁신 연구의 추진력, 그리고 국제 교류의 교량으로 정의되는 세계일류대학(國際一流大學)으로 육성될 계획이었다. 이를 위해 중앙·성·지방 정부는 각 대학의 재단과 민간 공익 재단의 보조를 받아 선도 기관에 막대한 재정을 투입했는데, 이는 독일의 우수대학육성사업과 같이 최근 유럽이 경쟁을 도입하며 제공한 (매우 중요한) 보상을 훨씬 능가하는 수준이었다.

2018년 기준으로 중국의 고등교육기관에는 총 4,494만 명의 학생이 등록되어 있었다.[59] 중국 고등교육의 다양성과 규모, 자원은 상위권과 하위권 대학 간에 뚜렷한 격차를 만들어 냈다. 중국의 대학들은 지식 생산과 확산의 국제적 네트워크에 깊이 편입되어 있으며, 세계 고등교육 선도 기관들이 제시한 기준을 모방하고자 노력하고 있다. 하지만 동시에 대학 거버넌스, 재정, 교수진, 학생 문제에 관한 국가의 정책과 우선순위 역시 이들 대학을 형성하는 데 최소한 그에 버금가는 영향력을 행사하고 있다.

거버넌스 마오 시대 이후 정부는 대학의 의사 결정 권한의 폭과 범위를 점차 확대했다. 1985년 대학 총장들은 정치적 성격이 짙은 건을 제외한 대부분의 결정을 내릴 권한을 부여받았으나, 정치적 결정은 여전히 대학 당서기의 관할 아래 있었다.[60] 1998년의 고등교육법(高等教育法)은 이를 한층 발전시켜 대학이 자율권을 갖는 일곱 가지 영역을 명시했다. 여기에는 재정 및 자산 관리, 대학의 국제화 운영 체계, 인사 관리와 같은 행정 분야뿐 아니라, 연구와 서비스, 국제 교류와 협력, 학생 선발, 학사 운영, 전공신설 등 학문 관련 의사 결정도 포함되었다. 그러나 실제로 대부분의 대학은 정부와 밀접한 협력 관계를 유지해야 했으며, 일부에서는 이를 개혁개방 이전의 "국가 통제형(state-controlled)"과 대조되는 "국가 감독형(state-supervised)" 모델이라 불렀다.[61]

이 상황은 시진핑(習近平)의 집권과 함께 바뀌었다. 2014년 중국공산당은 공립대학의 거버넌스가 "(대학) **중국공산당위원회의 지도** 아래 총장이 책임을 지는 체제"임을 재확인했다(굵은 글자는 인용자가 표시했음).[62] 대학 당서기는 대학 당위원회를 이끌었으며, 총장은 통상 제1부서기로서 그 아래에 자리했다. 위원회의 나머지 구성원은 부당서기, 부총장, 그리고 반부패 조사 및 점점 확대되는 정치적 기율을 담당하는 대학 공산당 기율검사위원회 서기를 포함한 고위 행정 관료들로 이루어졌다. 당위원회가 의사 결정에서 맡는 중심적 역할과 모든 당원은 '핵심 지도부를 본받고 따라야 한다'라는 요구는 최근 몇 년 동안 정부 부처, 국유 기업, 모든 공공기관(심지어 일부 사립 기관)과 대학에서 더욱 강화되고 있다.

칭화대학과 베이징대학을 포함한 31개 주요 대학의 당서기와 총장은 정부 부부장급에 해당하는 행정 직위를 가지고 있었다. 중국의 다른 부부장급 이상 관료들과 마찬가지로 공산당 중앙조직부가 이들을 임명했다. 소수의 예외를 제외하면, 이들은 부부장급 공무원의 63세 정년 규정을 따라야 했다. 이들 대학의 다른 고위 간부 및 중앙정부나 당 기관에 소속된 다른 대학의 최고 책임자들도 대부분 교육부가 임명했다. 마찬가지로 행정 직급에 따라 해당 성 당위원회 조직부나 성 교육부가 성급 대학의 지도부를 임명했다. 2007년 기준으로 약 100개 대학(그중 20개는 사립대학)이 이사회를 구성하고 있었다. 그러나 대학의 법적 대리인으로서 거버넌스 및 감독 기능을 수행하는 미국 대학의 이사회와 다르게 중국의 공립대학 이사회는 권한이 제한되어 있으며, 주로 기금 조성과 산학 연계에 초점을 맞추고 있다. 중국 대학의 총장은 대학의 법적 대리인 역할을 하며 이사회에 직접 참가하기도 한다. 당위원회가 실질적으로 대학 운영을 주도하며, 대학 업무에 대한 이사회의 개입은 최소화된다.

중국의 일부 사립대학들은 거버넌스 이사회를 더욱 진지하게 운영하고 있다. 2015년 몇몇 중국의 저명 학자들은 미래에 '중국의 칼텍(캘리포니아공과대학)'이 될 수 있는 사립 연구중심대학을 구상했다. 그 결과 탄생한 대학이 바로 동부 도시 항저우(杭州)에 있는 시후대학(西湖大學)으로, 스이궁(施一公) 총장이 이끌고 있다. 스이궁 총장은 칭화대학 경제관리학원의 전 원장 첸잉이(錢穎一)가 이사장을 맡은 이사회에 의해 선출되었으며, 이사회에 보고하는 책임을 맡았다. 이사회는 노벨상 수상자이자 캘리포니아공과대학 명예총장인 데이비드 볼티모어(David Baltimore), 중국 주요 대학의 전현직 지도자, 산업계 및 공익 재단들의 거물, 항저우시 정부 대표, 그리고 대학 공산당위원회 서기 등 19명으로 구성되었다. 시안외사학원과 같은 사립 기업형 대학의 이사회는 형식적인 존재에 머무르는 경우가 많다. 한 기관의 어떤 총장이 나에게 말했듯이, "물론 우리에게도 이사회가 있습니다. 하지만 모든 결정은 제가 내립니다."

중국의 우수대학육성사업 1990년대와 2000년대 초반 중국 고등교육 부문의 성장은 재정의 확대 및 다변화와 함께 진행되었다. 2000년대 초에 이르러 대학 재정은 주로 세 가지 원천, 즉 정부 재정, 등록금 수입, 그리고 상업적 수익으로 구성되었다.[63] 중국에서 기부 활동이 확산되면서 기부금 또한 대학 재정의 중요한 수입원으로 떠올랐다. 2008년까지 총 108개의 고등교육기관이 자체 모금 재단을 설립했다.[64]

다수의 대학 예산에서 중앙정부 및 지방정부의 재정 지원이 가장 큰 부분을 차지했으나, 그 비중은 점차 감소하는 추세였다. 1950년대와 1960년대에 확립되어 문화대혁명 이후에 재개된 재정 지원의 전형적 패턴에 따라, 정부는 수월성을 갖춘 중심부를 육성하기 위해 소수의 선별된 대학에 자원을 집중하는 경향을 보였다.[65] 이러한 엘리트 대학들에 대한 재정 지원은 앞서 언급한 두 가지 주요 국가 프로젝트인 211공정과 985공정을 통해 이루어졌다. 1995년에 시작된 211공정은 약 100개의 주요 대학에 총 22억 달러를 배정해, 학문 분야별 교과 및 연구 역량의 향상과 물적 인프라 구축을 지원했다. 211공정 재원을 신청하는 대학들은 연구와 교육 수준을 높이기 위한 자금의 구체적 활용 계획을 제출했고, 이는 교육부(당시의 국가교육위원회(國家敎育委員會)), 국가발전개혁위원회(國家發展和改革委員會, 당시 국가계획위원회(國家計劃委員會)), 재정부 등의 대표로 구성된 부처 간 실무 그룹의 심사를 받았다. 이 실무 그룹은 "국가 고등교육 수준의 제고, 국민경제 발전의 가속화, 과학기술 발전 촉진, 종합적 국가 역량 및 국제경쟁력 강화, 높은 수준의 인재 양성 실현"이라는 211공정의 기본 원칙에 따라 각 대학의 신청서를 평가했다.[66]

이어서 정부는 1989년 베이징대학 100주년 기념식에서 985공정을 출범시켰다. 이 사업은 211공정과 유사한 구조를 지녔으나, 훨씬 적은 수의 대학(초기에는 단 두 곳, 이후 아홉 곳으로 확대)에 훨씬 더 많은 재정을 집중적으로 투입했다. 초기에 선정된 칭화대학과 베이징대학은 사업 첫 3년 동안 총 2억2,500만 달러를 지원받았다. 2003년에는 985공정 지원 대학의 연구 단위들이 전체 고등교육 연구비의 거의 절반을 차지했는데, 이들 대학의 재학생 수는 전체 대학생의 1%에 불과했다.[67] 이 사업은 또한 "중국판 아이비리그"로 불리는 'C9' 연맹의 탄생을 이끌었다.[68] 이 연맹은 초기 985공정의 지원을 받은 아홉 개 대학으로 구성되었다. 이후 정부는 이 사업을 확대해 총 39개 대학에 재정을 지원했다. 2015~2017년에 211공정과 985공정은 '쌍일류(雙一流, Double First Class) 대학 건설 계획'으로 통합·대체되었다. 여기서 쌍일류는 일류 대학과 일류 학과를 의미한다.

대학의 재정 전략 또한 국가의 혁신 및 산업 정책에 의해 형성되었다. 고등교육 체제가 재건된 이후, 국가는 대학을 중국의 과학기술 발전을 견인하는 핵심 기관으로 인식했다. 21세기 초에 고등교육기관의 수가 급속히 증가함에 따라, 정부는 대학들이 국가의 전략 기술 분야에 연구 역량을 집중하도록 유도하는 새로운 인센티브 제도를 실험했다. 그 대표적인 초기 사례로, 국무원은 2001년 칭화대학과 베이징대학에 시범적으로 영리기업 운영을 허용하는 프로그램을 발표했다. 이 프로그램은 "대학 내 과학기술 성과의 산업화를 한층 더 촉진한다"라는 목표 아래, 대학이 자체 수익 창출 기업을 운영할 수 있도록 허용했다.[69] 주요 도시의 시 정부 또한 산업 정책의 우선순위에 부합하는 대학 기반 연구기관을 지원하기 시작했으며, 1998년 설립된 베이징-칭화산업발전연구원(北京淸華工業發展硏究院)이 대표적이다. 중국의 산업 정책 우선순위가 변화함에 따라, 대학에 권장되는 연구 프로그램의 방향 역시 이에 맞춰 진화했다. 2015년 교육부는 졸업생의 "취업 전망 악화" 문제를 해결하기 위해 대학들에 "혁신 주도형 발전, 중국제조2025(中國製造2025), 인터넷+, 대중창업·만중혁신(大衆創業·萬衆創新), 일대일로(一帶一路) 등 주요 국가 전략에 초점을 맞추어 (중략) 지역 대학이 지역 경제 및 사회 발전에 실질적으로 이바지하도록 하라"라고 권고했다.[70] 대학들은 이러한 국가 산업 정책의 인큐베이터 역할을 하는 데 동의하는 한, 새로운 수입원을 개척할 수 있는 더 큰 자율성을 약속받았다.

이와 같은 엘리트 지향 정부 프로젝트의 지원을 받지 못하는 대학들에는 비정부 재원이 점점 더 중요한 의미를 띠었다. 1989년 국가는 학생들로부터 일정 수준의 등록금과 수수료를 징수하기 시작했고, 1994년부터는 대학이 자체적으로 등록금을 책정·징수할 수 있게 되면서 처음으로 비용 회수의 통로를 확보했다. 2001년까지 등록금과 수수료가 고등교육 총지출의 50% 이상을 차지했으나, 엘리트 대학들은 여전히 더 다양한 수입원을 확보하려는 움직임을 보였다.[71] 재정 확보의 필요성과 정부의 입학 정원 확대 요구에 대응하기 위해 다수의 대학이 앞서 언급한 것처럼, 부속 '독립' 칼리지(學院)를 설립했다. 이러한 학교는 본교보다 낮은 위상을 지녔지만, 등록금은 훨씬 높게 책정되었다. 일반적으로 국립대학의 등록금이 가장 낮았으며, 사립대학과 독립 칼리지, 합작 대학 등의 등록금은 훨씬 높았다.[72]

베이징 밖에 있는 교육부 소속 대학들에는 성 정부 및 지방정부의 지원이 점차 핵심 요소가 되었다. 1990년대 후반부터 이러한 대학과 지방정부 간의 "공동 건설(joint-building)" 혹은 "공동 재정 지원" 방식이 일반화되었다. 지방정부들은 우수 인재를 유치함으로써 첨단 산업 기업과 투자를 끌어들이려는 전략 아래, 국내외 협력 파트너와 함께 새로운 대학을 설립하는 대규모 프로젝트를 추진했다. 2011년 상하이시는 중국과학원과 협력해 상하이과기대학(上海科技大學)을 설립했다. 상하이시는 상하이과기대학 캠퍼스 건립에 7억 달러 이상을 투자했고, 중국과학원의 지원 아래 운영되는 핵심 국가연구소를 주변에 건립하는 데 30억 달러를 추가로 투입했다. 대학과 핵심 국가연구소를 같은 부지에 배치한 이 구상은 미국 캘리포니아대학교 버클리 인근의 로런스버클리국립연구소(Lawrence

Berkeley National Laboratory)에서 착안한 것이었다. 상하이과기대학의 교육 및 연구 모델은 미국의 캘리포니아공과대학에서 영감받았다. 상하이시는 부지와 초기 설립 자금을 제공했으며, 2018년 기준으로 대학 전체 예산의 98%를 부담했다.[73]

교수진

교육부는 2005년 대학원 학위를 갖춘 교수진의 비율을 전체 교수의 80%로 높이고, 그중 박사 학위 소지자를 최소 30%로 끌어올리겠다는 목표를 설정했다.[74] 이는 매우 야심 찬 목표였다. 왜냐하면 당시 중국의 최상위 대학들조차도 박사 학위를 가진 교원의 비율이 미국 대학들에 비해 현저히 낮았기 때문이다. 2006년 칭화대학에서는 전체 교수의 62.7%가 박사 학위자였지만, 같은 해 예일대학교에서는 91%가 박사 학위 소지자였다. 그럼에도 칭화대학의 62.7%는 1995년 불과 15%였던 것에 비하면 급격한 증가였다.[75]

교육부는 대학의 다양성과 질을 높이기 위해 교수가 학부생 시절부터 원로 교수가 되기까지 전 학문 경력을 단일 대학에서 보내는, 이른바 "동문 교수 편중" 관행을 타파하고자 했다. 교육부는 교수진의 70% 이상이 자신이 근무하는 대학이나 학과가 아닌 다른 학교나 학과에서 최소 하나 이상의 학위를 취득해야 한다는 목표를 규정했다. 그러나 2009년 베이징사범대학(北京師範大學)이 수집한 표본 자료에 따르면, 이러한 노력이 일정한 성과를 내기 시작했음에도 교육부 관할 대학 중 57%의 교수진이 여전히 "동문 교수" 범주에 속하는 것으로 나타났다.[76]

정부 정책은 이러한 대학의 질적 향상과 다양화 목표 달성을 뒷받침했다. 중앙정부는 2008년에 천인계획을 출범시켜 주로 중국계 해외 학자와 기업가 1,600명을 유치했다. 이어 2011년에는 외국인천인계획(外國人千人

計劃)이 추진되었다. 이 두 프로그램은 해외의 연구 및 혁신 인재를 중국으로 끌어들이기 위해 설계된 것으로, 특히 기업가와 학자에 초점을 맞추었다.[77]

중국 대학의 해외 인재 유치 노력은 중국계와 비중국계 학자를 영입하는 데 주목할 만한 성공을 거두었다. 학자들은 우대 조건과 독특한 기회를 제공하는 중국 대학들에 매력을 느꼈다. 2007년에는 전 코넬대학교 총장 제프리 레먼이 베이징대학 국제법학원의 초대 원장으로 부임했으며,[78] 2012년에는 뉴욕대학교 상하이 캠퍼스의 부총장으로 취임했다. 2008년 칭화대학은 당시 프린스턴대학교의 저명한 과학자였던 스이궁 교수를 설득해 하워드휴즈의학연구소(Howard Hughes Medical Institute)의 1,000만 달러 연구비와 석좌교수직을 포기하고 칭화대학 생명과학원의 원장직을 맡도록 했다.[79] 스이궁은 이후 시후대학 총장이 되었는데, 이는 중국의 고등교육이 국제적 인재를 끌어들이고 유지할 만큼 매력적인 체제로 발전했음을 보여준다. 최상위 중국 대학 강단은 점점 더 해외의 종신재직 교수 자리를 박차고 중국 고등교육의 질적·양적·비약적 성장에 참여하려는 학자들로 가득 차게 되었다.

입학 누가 중국의 대학에 들어가는가? 제국 시대의 과거제 때와 마찬가지로 시험의 성공 여부는 여전히 학생들의 운명을 좌우하며, 단 하나의 기준, 즉 고등학생의 가오카오 점수가 대학 입학을 거의 전적으로 결정한다. 가오카오는 공식적으로 전국고등교육입학시험(全國高等教育入學考試)이지만, 실제로는 성마다 시험 문제가 상당히 다르게 출제된다. 1978~1987년에는 전국적으로 동일한 시험이 시행되었으나, 1987년 제정된 법령에 따라 각 성이 지역 상황에 맞게 시험을 조정했다. 모든 성의 시험이 유사한 과목을 다루었으나, 2005년에는 중국 31개 성 가운데 16

개 성만이 국가 표준 시험 문제를 사용했다.[80] 시험은 일반적으로 중국어, 수학, 영어 외에 세 과목으로 구성된 두 개의 선택 계열(이과(물리, 화학, 생물) 혹은 문과(지리, 역사, 정치)) 중 하나를 포함하며, 요구되는 지식의 깊이와 문제의 난해함 측면에서 복잡하기로 악명 높았다.

대부분 지역에서는 공식 거주증(戶口)을 가진 학생만이 그 지역의 시험을 치를 수 있었으며, 이는 등록 거주지와 상관없이 다른 지역에서 성장하고 공부하는 이주 아동이 증가하는 현실과 충돌했다. 학생들은 시험을 치르기 위해 (대개 농촌 지역인) 공식 거주지로 이동해야 하는 물리적·재정적 어려움뿐 아니라, 더욱 근본적인 장벽에 부딪혔다. 각 대학이 지역별 입학 정원과 합격을 위한 최저 가오카오 점수를 자율적으로 설정할 수 있었기 때문이다. 이는 표면적으로는 각 지역 학생에게 우선권을 주기 위한 조치였다. 그러나 대학의 수준이 지역마다 크게 달랐기 때문에 국내 최고 대학들이 있는 대도시 출신 학생들에게 뚜렷한 이점으로 작용했다. 예를 들어 중국 최고의 대학으로 널리 인정받고 있는 베이징대학과 칭화대학은 모두 베이징에 있다. 2013년 자료에 따르면, 베이징 출신 수험생이 칭화대학에 합격할 가능성은 광둥(廣東) 출신 가오카오 응시자들보다 30배 높았다.[81]

이 제도에 대한 개혁이 2014년 말에 발표되었다. 새 제도에서는 학생들이 이틀간의 전국 일제 시험 대신 고등학교 재학 기간에 여러 해에 걸쳐 더욱 다양한 과목의 시험을 치를 수 있었다.[82] 중앙정부는 또한 궁극적으로 국가 차원의 시험 표준화 강화 계획을 세웠다. 마지막으로 정부는 대학들에 시험 점수 이외의 성취 지표를 평가에 반영하도록 요구하는 한편, 비교과 특기 항목에 대한 가산점 제도를 단계적으로 폐지함으로써 이 제도의 악용 소지를 없애고자 했다.

그러나 중국의 공립대학들은 여전히 시험 점수를 주요 입학 기준으로 삼고 있다. 공립학교에 비해 위상은 낮은 데 학비는 훨씬 비싼 사립대학들은 시험 점수가 공립대학 입학 기준에 미달한 학생들을 주로 받아들였다. 공립대학 부설 독립 칼리지들 역시 마찬가지였다.

자유학예교육으로의 회귀? 고등교육기관들이 소련식 전문교육 중심 모델에서 벗어나 학문 영역을 확장하면서, 각 대학은 학부 교과과정을 재구상하기 시작했다. 중국 대학들은 오래전부터 마르크스-레닌-마오쩌둥 사상을 다루는 필수과목(必修課)과 같이 일종의 일반교양교육(通識敎育) 프로그램을 시행해 왔다. 그리고 세계 여느 대학의 필수과목과 마찬가지로, 학생들은 이를 싫어하면서도 참고 수강했다. 그러나 지난 10년 동안 중국 본토의 대학들은 홍콩과 타이완의 대학들과 함께 인문·사회과학 전반에 걸친 학습 기회를 제공하는 일반교양교육 및 자유학예교육 프로그램을 경쟁적으로 도입했다.

독일에서 유래해 북아메리카에서 가장 깊이 뿌리내린 자유교양교육이 중국 고등교육의 목적에 대한 사고 속에도 다시 자리 잡기 시작했다. 많은 미국 교육자가 중국 학생들이 수학과 과학에서 더 잘 훈련되어 있다고 (타당하게) 믿는 것처럼, 다수의 중국 교육자는 서구, 특히 미국인들이 "혁신적"이고 "창의적 사고자"인 반면, 중국인은 (모든 고대 발명과 현대 혁명에도 불구하고) 여전히 "전통적"이고 "규범에 얽매이며" "암기형 학습자"라고 여긴다. 이러한 현상의 원인으로 일부는 가혹한 가오카오 입시 과정을 지목한다. 대학 입학을 위한 시험 점수에만 매달리던 학생들이 막상 대학에 들어가서 어떻게 혁신적 사고를 할 수 있겠는가?

주요 미국 대학들은 진정한 자유교양교육을 위해서는 인문학 연구가 필수적이라고 믿는다. 공학에 대한 한 세기에 걸친 집착에도 불구하고, 혹은 그 때문에 오늘날 중국의 일류 대학들에서도 이러한 관점이 점점 더 확산되고 있다. 선도적 중국 대학들은 차세대 지도자들이 과학뿐 아니라 인문·사회과학에서도 폭넓은 교육을 받아야 한다고 믿는다. 2001년 베이징대학은 전반적인 학부 교육개혁의 일환으로 "시대의 요구에 부응하는 높은 창의성과 국제적 역량을 지닌 새로운 세대의 인재" 양성을 목표로 하는 위안페이(元培)프로그램(현재의 위안페이칼리지(元培學院))을 창설했다. 이후 살펴보겠지만, 하버드대학교에서 박사 학위를 받고 캘리포니아대학교 버클리에서 교수로 재직했던 첸잉이 학장의 지도 아래, 칭화대학 경제관리학원은 전문대학원임에도 불구하고 중국 내 어느 대학보다도 창의적인 자유학예 및 일반교양교육 프로그램을 시행하고 있다. 소련식 모델로 설립된 베이징의 인민대학(人民大學)은 오늘날 중국의 대표적 고전학 및 중국사 연구기관을 다수 보유하고 있다.

국제화 21세기 초반은 중국 고등교육의 확장과 개방, 그리고 실험의 시기였다. 이러한 변화는 범중화권 전역에서 홍콩, 타이완, 싱가포르가 베이징, 상하이와 함께 중국어권 세계의 교육 중심지를 놓고 경쟁하는 구도를 만들어 냈다.

대학들은 내부적으로 국제적 모범 사례를 참조해 학부 교과과정을 개선하는 동시에, 외부적으로 해외 대학들과 점점 더 긴밀히 얽히는 형태의 구체적 협력 관계를 만들어 나갔다. 앞서 언급한 중외합작대학들 외에도 유럽연합과 합작으로 설립된 중국유럽국제공상학원(中歐國際工商學院, China Europe International Business School)은 중국 최고의 경영대학원이자 세계 상위 25위권에 정기적으로 이름을 올리는 큰 성공을 거두었다.

한편, 오늘날 거의 모든 세계 유수 대학들은 "중국 전략"이 필요하고 중국 고등교육의 급속한 성장에 어떤 형태로든 참여해야 한다고 믿는다. 이에 따라 다양한 형태의 실험과 대안적 협력 모델이 활발히 등장했다. 공식 캠퍼스 외에도, 컬럼비아대학교와 시카고대학교는 베이징에 각각 사무소와 센터를 개설했다. 스탠퍼드대학교는 베이징대학 캠퍼스 내에 정원형 센터(courtyard center)를 건립했다. 하버드상하이센터는 중국 내 연구, 학생 인턴십, 학술회의, 그리고 경영자 교육을 지원하고 있다.[83] 그러나 현재 중국 정부는 해외 교육 파트너들에게 상반된 신호를 보내고 있다. 새로운 고등교육 협력 사업이 찬사를 받는 동시에, 교육부는 외국 대학들과 체결한 협정 중 20% 이상에 해당하는 200여 건을 종료했다.[84] 그럼에도 "중외합작대학 운영 개선"은 〈중국 교육 현대화 2035(中國敎育現代化2035)〉 계획의 최우선 과제 중 하나로 제시되었다.[85]

국제화는 일방통행이 아니다. 교육부는 2018년 기준으로 150만 명 이상의 중국 학생이 해외에서 유학 중이라고 보고했다.[86] 중국 학생들은 미국 내 외국인 학부생의 30% 이상을 차지했으며, 핀란드, 이탈리아, 한국 등 여러 나라에서도 최대 규모의 유학생 집단을 형성했다.[87] 중국 대학들 또한 국제화를 추진했다. 2015년 6월에 칭화대학은 워싱턴대학교 및 마이크로소프트와 협력해 기술혁신대학원을 설립한다고 발표했으며, 최근에는 이탈리아, 인도네시아, 칠레에서도 협력 프로그램을 개설했다.[88] 베이징대학은 영국 옥스퍼드에 경영대학원을 설립했다. 샤먼대학(廈門大學)은 2015년 말레이시아에 5,000명의 학부생과 대학원생을 수용할 수 있는 3억 달러 규모의 캠퍼스를 건립했고,[89] 푸단대학은 2021년 헝가리에 2024년 개교를 목표로 한 캠퍼스 설립 계획을 발표했다.[90] 이들은 중국 대학들이 국경을 넘어 해외로 확장한 최초의 사례이며, 마지막은 확실히 아닐 것이다.

세계적 수준의 도전 과제들

대학 입학시험이 재도입된 지 40여 년이 지나면서 중국의 고등교육은 교육의 양적·질적 측면에서 모두 괄목할 만한 성장을 이루었다. 교수진의 질적 향상, 첨단 연구실 설비 구축과 같은 장기적 투자가 열매를 맺기 시작했고, 중국 대학들, 특히 최상위권 대학들의 학문적 명성이 가파르게 상승했다. 2008년에는 상하이자오퉁대학 세계대학학술순위에서 200위 안에 든 중국 대학이 하나도 없었으나, 2018년에는 세 곳의 대학이 100위권에 이름을 올렸다. 2021년에는 칭화대학과 베이징대학이 QS 세계 대학 순위에서 각각 15위와 23위를 차지해, 중국 대학으로는 역대 최고 순위를 기록했다. 칭화대학은 미국의 아이비리그 학교 중 두 곳을 제외한 모든 대학보다 높은 순위를 차지했다.[91]

중국 정부는 자국 대학의 세계적 위상을 한층 더 높이기 위해 2015년에 '쌍일류 대학 건설 계획'을 출범시켰다. 이 계획은 세계적 수준 대학으로 "발전해 가고 있는(Type A)" 대학, 또는 세계적 수준 대학의 "잠재력을 갖춘(Type B)" 대학으로 평가된 42개 주요 대학을 핵심 대상으로 삼았다. 이들 42개 대학은 211공정이나 985공정, 또는 두 사업 모두에 포함된 대학이었다. 추가로 95개 중국 대학이 기존에 강점이 있는 특정 학문 분야를 "세계 일류" 수준으로 발전시키기 위한 프로그램에 선정되었다. 총 110개의 지정 학문 분야 중 36%는 공학 및 기술 분야로, 칭화대학 등 일부 중국 대학은 이미 이 분야에서 세계 최고 수준에 도달한 것으로 평가되었다.[92] 프로그램에 선정된 대학 중 일정 수준의 성과를 내지 못한 곳은 프로그램에서 제외되어 우대 재정 지원 대상에서 탈락할 수 있었다.

중국 고등교육의 규모와 다양성을 고려하면, 대학을 감독하는 주체(중앙정부와 각급 당·국가기관)와 실제 운영을 담당하는 주체 사이에 틈이 있는 것은 놀랍지 않다. 중국의 2010년 〈국가 중장기 교육개혁 및 발전 전략 요강(國家中長期教育改革和發展規劃綱要)〉 서문에 따르면 "교육은 국가 부흥의 초석"이다.[93] 중앙정부의 관점에서 교육은 국가 역량 구축을 목표로 하며,

개인적 성취보다 공동선을 위한 인재 양성을 우선한다. 이러한 시각은 미국의 대학처럼 개인의 해방과 비판적 사고의 함양을 목표로 하는 중국 최고 대학들의 일반교양교육 프로그램과 명백히 긴장 관계를 이루고 있다.

교육을 국가 전략 수단으로 인식하는 중앙정부가 각급 정부에서 유입되는 막대한 재정을 전략적으로 운용하려는 반면, 실제 대학 재정을 담당하는 지방 및 성 정부의 관료들은 더 단기적이고 실용적인 관점을 취하려고 한다. 이들은 경제성장을 촉진하고 10대 후반과 20대 청년층의 고용 기회를 늘리며, 고등교육을 확대하기 위해 국유 은행의 저금리 대출을 적극 활용하려 한다.

형평성과 접근성 만약 대학에 관해 '중국 모델'이 존재한다면, 그것이 특별히 공산주의적이라고 보기는 어렵다. 화둥사범대학의 전(前) 당서기이자 역사학자인 장지순(張濟順)은 대학 입학자 수가 늘었다고 해서 교육의 접근성과 형평성이 그에 비례해 좋아진 것은 아니라고 지적했다. 등록금을 보자. 과거 중국의 대학에는 등록금이 없었다. 그러나 2020년, 예를 들어 이공계 전공 학생이 공립 명문대인 칭화대학에 다닌다면 연간 약 850달러를, 공립 저장대학 산하 독립기관인 시티칼리지(城市學院, Xi'an International University)에는 약 926달러를, 사립 시안국제대학(西安國際大學)에는 3,861달러(예과과정은 그 몇 배에 달함)를, 그리고 뉴욕대학교 상하이에는 3만890달러를 납부해야 했다.[94] 이러한 금액은 미국 기준으로는 높지 않지만, 중국에서는 공립대학 등록금만 해도 농촌 주민이 벌어들이는 가처분소득의 3분의 1을 훌쩍 넘는 수준이었다.[95] 사립대학의 등록금은 농촌 가구의 연 소득을 몇 배나 웃도는 경우도 많았다. 그 결과, 가장 가난한 학생들(대체로 농촌 출신 학생들)이 가장 비싼 사립대학에 진학하는 반면, 부유하고 인맥이 있는 도시 출신 학생들은 오히려 상대적으로 저렴한 명문 공립대학에 훨씬 더 쉽게 진학하는 상황이 벌어졌다.

이러한 불균형은 중국 대학의 농촌 출신 학생 통계에서도 확인된다. 전국적으로 보면 대학생의 약 50%가 농촌 가정 출신(그 정의를 다소 넓게 잡으면)이지만, 베이징대학과 칭화대학 같은 명문대에서는 그 비율이 약 20%에 불과하다. 2020년 기준으로 중국에서 가장 농촌적인 12개 성의 고등교육 진학률은 11개 동부 해안 성보다 평균 13%포인트 낮았다.[96] 그러자 중국 정부는 "보편적 고등교육"을 실현하겠다고 공언했다.[97] 그러나 농촌 주민과 빈곤층에게는 대학보다, 오히려 군과 공안 기관이 사회적 이동성을 실현할 수 있는 더 현실적인 경로가 되고 있다.

마지막으로 입시 제도를 살펴보자. 가오카오는 옛 과거제처럼 능력에 따른 공정한 선발이라는 외형을 유지하고 있으며, 국민이 여전히 공정하다고 믿는 몇 안 되는 국가 제도로 남아 있다. 원칙적으로는 치열한 경쟁 시험을 통해 선발된 최우수자만이 입학할 수 있다. 그러나 가오카오의 한계는 오래전부터 지적되었으며, 명문 대학들은 부유한 가정과 명문 학교 출신에게 유리한 각종 추가 시험, 면접, 올림피아드식 수상 실적 등과 같은 대체 입학 경로를 앞장서 도입해 왔다. 현지 학생을 다른 성 출신 학생보다 우대하는 현행 입학 할당제는 불평등을 심화하지만, 개혁 또한 쉽지 않다. 2016년 5월, 일부 대학의 다른 성 학생 선발 비율을 늘리려는 교육부의 시도에 대해 4개 성의 학부모가 강하게 반발하며 국제 언론의 주목을 받았다.[98]

중국 정부가 공식적으로 인정한 55개 소수민족은 전체 인구의 약 8.5%를 차지하는데, 이들 역시 고등교육에 온전히 참여하는 데 어려움을 겪어 왔다. 그럼에도 소수민족 학생의 대학 등록 비율은 지난 10년간 많이 증가해, 2010년 6.76%에서 2020년 9.86%로 45% 이상 상승했다.[99] 정부는 소수민족 학생에게 가오카오 합격선 완화 등 입시에서 혜택을 주는 일종의 적극적 우대 조치를 시행했다. 이러한 정책은 칭화대학과 베이징대학같은 명문대에서 효과를 보였는데, 2020년 신입생 중 칭화대학은 9.7%, 베이징대학은 약 12%가 소수민족이었다.[100] 학부과정에서는 이렇게 소수민족의 비율이 늘었으나, 대학원생 중 소수민족의 비율은 여전히 5.47%에 그치고 있다.[101]

정치 2013년 푸단대학과 난징대학을 비롯한 중국의 최상위 9개 대학 연맹(C9) 소속 학교의 총장들이 미국대학협회(Association of American Universities) 및 오스트레일리아의 8개 대학 그룹(Group of Eight)과 함께 〈현대 연구중심대학의 10대 원칙에 관한 허페이 선언(當代研究型大學十項原則的合肥宣言)〉에 공동 서명했다.[102] 서명자들은 "책임 있는 학문적 자유의 실천"이 현대 대학의 핵심 원칙이라는 데 합의했다. 그러나 이러한 이상은 현실 속에서 유지되기 어렵다는 사실이 곧 드러났다. 중국 대학이 세계적 수준으로 도약하는 데 가장 큰 난관은 아마도 거버넌스와 정치 분야일 것이다. 중국 대학에서 다수의 의사 결정은 위계적 거버넌스 구조에 따라 소수의 인물이 독점한다. 중국의 대학은 당위원회의 감독을 받으며, 대학 당서기는 통상 총장보다 상위 직급일 뿐 아니라 종종 그 권한을 능가하기도 한다. 일부 뛰어난 당서기가 대학의 성공을 견인하기도 하지만, 일반적으로 이러한 이중권력 구조는 아이디어의 흐름을 촉진하기보다 제약하는 경향이 있다. 미국 대학 총장 중 일부가 교수 자치의 전면적 확대를 달가워하지 않듯이, 중국의 당서기들 또한 교수 중심의 거버넌스를 긍정적으로 보지 않는다. 교수진이 사유의 방향을 제한받지 않고 자유롭게 탐구할 수 있어야 지속적인 혁신이 가능하다. 결국 대학에서 가장 탁월한 사상과 아이디어는 어디에서 나오는가? 각 학장과 총장은 의사 결정을 내리고 우선순위를 설정해야 한다. 그러나 실제로 가장 가치 있는 아이디어들(학장과 총장이 그 지적 설득력 때문에 마침내 수용하게 되는 아이디어들)은 "하층(bottom)"이라고 잘못 명명된 곳, 곧 각 분야의 최고 연구자들인 평교수들로부터 나온다. 이러한 상향식 아이디어의 흐름을 제도적으로 보장하는 구조는 세계적으로 드물며, 오늘날 중국 대학에서는 더욱 보기 어렵다. 세계 유수 대학들과 비교할 때, 중국 대학의 교수들이 거버넌스에서 차지하는 비중은 극히 낮다.

2012년 6월, 당시 국가부주석이자 차기 주석 지명자였던 시진핑이 주요 대학을 방문해 고등교육에 대한 당의 통제를 강화해야 한다고 강조한 것은 결코 좋은 징조가 아니었다. 실제로 이 방문은 시진핑 주석 체제 아래서 대학에 대한 정부 통제 강화를 예고하는 신호였다. 2013년 당 내부에 배포되었다가 언론에 유출된 〈제9호 문건〉에는 대학에서 논의가 금지된 일곱 가지 주제가 명시되어 있었다. 그것은 서구식 입헌 민주주의 옹호, "보편적 가치", 시민사회, 신자유주의, 서구식(다시 말하면, 독립) 언론, 역사 허무주의, 그리고 마지막으로 "개혁개방 및 중국 특색 사회주의의 사회주의적 본질에 의문을 제기하는 행위"였다.[103] 이처럼 중대한 금지 항목 목록이 담긴 문건에 이어 고등교육 전반에 대한 이념 통제를 한층 강화할 것을 촉구하는 내용을 담은 〈제30호 문건〉이 이어졌는데, 이 문건은 대중에 공개되지 않았다.

상부로부터 신호를 받은 당시 교육부 부장 위안구이런(袁貴仁)은 대학 교육에서 "서구적" 가치와 사상을 배제해야 한다고 맹렬히 비판했다. 그의 발언은 대학 캠퍼스에서 점점 확대되어 가던 학문적 자유를 옥죄겠다는 위협이었다. 중국공산당은 여러 명문대에서 여전히 필수과목으로 남아 있는 마르크스-레닌주의-마오쩌둥 사상 강의뿐 아니라, 인문·사회과학 전반에 이념적 규율을 재확립하려 했다. 베이징대학에서는 학계의 두터운 존경을 받던 왕언거 총장이 당에 의해 돌연 해임되었다. 베이징대학의 단호한 성향의 당서기(현재는 전직) 주산루(朱善璐)는 다음과 같이 썼다.

> 우리는 이념 업무의 지도, 관리, 논의에 대한 권한을 결코 손에서 놓아서는 안 되며, 단 한 순간이라도 이 일을 소홀히 한다면 돌이킬 수 없는 역사적 오류를 범하게 될 것이다. 대학은 사상의 생산과 결집이 이루어지는 중요한 전쟁터이며, 사회 전체에 사상을 주도하고 모범을 보이며 확산하는 핵심 역할을 담당한다. 대학의 이념 공작에 대한 주도권을 확고히 장악해야만 고급 지식층에서 당의 결속력과 흡인력을 강화할 수 있으며, 그래야만 청년을 얻고 미래를 얻을 수 있다.[104]

시진핑의 대대적 반부패 운동의 하나로 2017년 중국공산당 중앙기율검사위원회의 조사단이 전국 각지, 특히 주요 대학에 파견되었다. 그곳에서 이들은 대학 재정과 지도부 및 교수진의 정치적 충성도를 자세히 점검했다. 주요 대학의 총장들은 이념 규범의 느슨한 집행과 캠퍼스 내 당 조직 강화에 미흡했다고 비판받았다. 조사단은 또한 점검 과정에서 확보한 개인의 기율 위반 관련 단서들을 상급 조사기관으로 전달할 것이라고 경고했다.

2018년 10월 23일, 베이징대학과 난징대학에서 열린 회의에서 중국공산당 중앙조직부 대표들이 일련의 인사 변동을 발표했다. 여기서 63세가 된 베이징대학 총장 린젠화(林建華)의 전격 퇴임이 발표되었는데, 이로써 베이징대학은 3년 만에 다시 새로운 총장을 맞이했다. 그의 후임 총장으로 취임한 베이징대학 당서기 하오핑(郝平)은 부당서기직을 겸했다. 판사 출신 치우수이핑(邱水平)이 대학의 신임 당서기이자 사실상 최고 책임자가 되었다. 베이징대학 법학과를 졸업한 치우수이핑은 초기 경력을 베이징 지방정부에서 쌓았고, 이후 베이징시의 주요 사법 및 안보 관료로 재직했으며, 잠시 베이징시 국가안전국(國家安全局) 당서기를 지내기도 했다. 치우수이핑은 산시성 고급인민법원(高級人民法院) 원장(수석판사)직에서 베이징대학으로 소환되었다. 이는 학문적 계엄령과 완전히 동일하지는 않았지만, 그에 근접한 조치였다.

교육부는 2018년 11월에 발표한 '신시대 대학 교원의 직업 행동 10대 기준'을 통해 대학과 교수진이 정치적 레드라인을 넘지 말아야 한다는 당의 관점을 강조했다. 시진핑 주석이 스스로 선언한 "신시대"에서 교수들은 "도덕 확립이라는 근본 과제를 실행하기 위한 새롭고 더 높은 요구 사항"을 충족해야 했다. 그 요구 사항은 무엇이었을까? 목록의 최상단에는 "당 중앙위원회의 권위를 해치는 어떠한 언행도 금지한다"라는 조항이 있었다.[105]

한편, 당은 대학 운영에 대한 권한을 강화했다. 2013~2017년에 109개 대학이 사상 처음으로 학칙(대학 헌장)을 공표했다.[106] 정도의 차이는 있었지만, 이 문서들은 대학이 당의 영도를 준수하고 그 정치적 특권을 따를 것을 서약하는 것이었다. 2019년 말, 세 곳의 대학이 개정 학칙을 발표하며 기관 내 당의 지위를 한층 더 격상시켰다. 중국의 명문인 푸단대학은 학문적 자율성과 사상의 자유에 관한 문구를 삭제하고, 공산당의 영도와 애국주의를 지지하는 표현으로 대체했다.[107]

중국 대학의 세계적 지향에 대한 도전은 내부뿐 아니라 외부로부터도 거세졌다. 기술과 혁신을 둘러싼 미·중 간 경제적 충돌이 깊어지면서, 중국 대학과 그들의 국제 교류는 십자포화의 중심에 놓였다. 공학과 응용과학의 최첨단 연구는 최신 소프트웨어와 하드웨어에 대한 접근성에 의존한다. 미국 정부, 특히 트럼프 정부는 이 분야에 대한 중국 대학의 연구가 당과 국가의 군민융합(軍民融合, MCF) 전략을 지원한다고 보았다. 2015년에 시작된 군민융합은 대학을 포함한 중국의 경제 및 사회 전 영역 기관에 인센티브를 제공함으로써, 중국인민해방군이 군사적 용도로 사용할 기술 개발을 지원했다.

물론 이러한 정책은 미국 국방성과 미국의 고등교육기관 및 민간 기업 간에 체결된 다수의 협정과 다르지 않다. 그럼에도 트럼프 행정부는 2020년 5월 "중국의 군민융합 전략을 지원하는 중국 기관"의 학생, 졸업생, 관계자가 학술 및 문화 교류에 흔히 사용되는 특정 비자를 통해 미국에 입국하는 것을 차단하는 행정명령을 발표했다.[108] 이어 9월에는 중국군과 연계되었다고 의심되는 중국인 유학생과 연구자 1,000명 이상의 비자를 취소했다.[109] 미국 정부는 또한 처음으로 두 중국 대학, 즉 하얼빈공업대학(哈爾濱工業大學)과 하얼빈공과대학(哈爾濱工程大學)을 미국 상무부의 제재 명단에 올려 미국 기업이 해당 대학들에 기술을 판매하려면 미 정부의 승인을 받도록 했다.

사례연구 이제 범중화권의 주요 대학 세 곳에 대한 세 가지 사례연구로 눈을 돌려보자. 세 기관은 각기 다른 시기에 중화권 고등교육을 이끌어 왔으며, 다시 선도적 위치를 지향하고 있다. 첫째로 '중국의 MIT'로 자주 언급되지만, 최근에는 중국에서 가장 글로벌 경쟁력이 높은 종합대학으로 자리 잡은 칭화대학을 살펴볼 것이다. 둘째로 중화민국 시기에 국립중앙대학(國立中央大學)으로 알려졌고 베를린대학교를 모델로 삼았던 기관의 현대적 계승자인 난징대학을 소개한다. 지리적으로, 때로는 지성사적으로도 중앙정부로부터 거리를 두어 온 난징대학은 오늘날 공산당의 고등교육 장악 캠페인이 전개되는 전장이 되고 있다. 마지막으로 홍콩대학을 살펴볼 것이다. 이 대학은 중국어권 최고 대학이면서 적어도 아직은 중국공산당의 직접적인 지도 아래에 있지 않다는 특징이 있다.

이 세 기관은 중국 근현대 고등교육사의 전 범위를 아우르는 유산을 지니고 있으며, 또한 중국 국경 밖 대학들 및 전문가들과의 협력과 파트너십을 구축한 역사가 있다. 과연 이 세 기관은 21세기 세계 고등교육을 선도할 잠재력을 지니고 있을까?

제9장

예비 학교에서 국가의 명문 대학으로
칭화대학

2013년 4월 21일 일요일, 베이징 중심부 톈안먼광장의 인민대회당에 칭화대학의 신설 칼리지 개원식을 기념하는 인파가 모였다. 중국 시진핑 국가주석과 미국 버락 오바마 대통령이 축사를 낭독한 뒤, 헨리 키신저, 콜린 파월, 존 케리 등 전현직 미국 국무장관들의 영상 메시지가 이어졌다. 행사를 주재한 류옌둥(劉延東) 국무원 부총리를 비롯한 참석자들은 칭화대학 슈워츠먼칼리지(Schwarzman College, 清華大學蘇世民書院)의 설립을 미·중 관계사와 중국 대학의 부상에서 기념비적인 사건으로 평가했다. 칭화대학과 새 칼리지의 설립 기부자인 미국의 기업가이자 독지가 스티븐 A. 슈워츠먼의 비전은 21세기 글로벌 리더들을 중국에서 교육하기 위한 기숙형 칼리지를 건립하는 것이었다. 슈워츠먼칼리지와 부속 프로그램인 슈워츠먼학자프로그램은 그 규모와 야심에서 100년 넘게 "리더십 잠재력을 지닌 인재" 양성에 헌신해 온 옥스퍼드대학교 로즈장학금(Rhodes Scholarships)에 필적할 만했다.[1]

당시 칭화대학의 역동적인 총장 천지닝(훗날 중국 환경보호부 부장과 베이징 시장을 역임한다)은 새 칼리지와 프로그램이 칭화대학의 오랜 국제화 역사의 일부라고 언급했다. 과거의 칭화대학이 미국 유학을 준비하는 학생들이 들어오는 기관이었다면, 이제는 오히려 미국, 유럽, 아시아 등 세계 각지의 우수한 대학원생들이 찾아오는 교육의 목적지가 되었다. 이 새로운 제도의 출범은 이미 중국 내에서 급속히 성장한 중국 고등교육 체계의 정점에 있던 칭화대학이 이제 세계 고등교육 무대에 진입했음을 선언하는 상징적 사건이었다.

전쟁과 혁명, 그리고 칭화의 발전

오늘날 칭화대학은 중국의 양대 명문 대학 중 하나이자, 입학 경쟁률 면에서 세계 최상위권 대학으로 꼽힌다. 칭화가 청나라 선통(宣統) 연간의 신해년(辛亥年)이었던 1911년에 설립된 이래 중국과 중국 고등교육계는 엄청난 변화를 겪었다(1911년은 청나라의 마지막 황제인 선통제가 물러난 해이며, 최후의 중화제국은 이듬해인 1912년에 붕괴했다). 칭화대학의 역사는 곧 근대 중국 고등교육의 역사이기도 하다.

칭화대학은 베를린대학교처럼 참혹한 군사적 패배의 여파 속에서 설립되었다. 1900년 여름, 청나라의 실권자 서태후(慈禧太后)는 외세 배척 운동을 일으킨 의화단의 봉기에 호응해 사실상 전 세계, 적어도 영국, 미국, 러시아, 일본, 프랑스, 독일, 이탈리아, 스페인, 오스트리아-헝가리, 네덜란드와 심지어 벨기에에까지 선전포고했다. 그리고 이어진 '베이징의 55일' 동안, 베이징공사관 구역에 고립된 채 버티던 소수의 외국인(할리우드 영화에서는 찰턴 헤스턴과 에바 가드너가 주연을 맡았다)을 결국 8개국 연합군이 구출했다. 불과 2만 명의 외국군이 4억 인구의 제국을 제압한 셈이었다. 그 결과 체결된 강화조약[2]은 2018년 가치로 약 100억 달러에 달하는 막대한 배상금을 중국에 부과했고, 중국은 40년에 걸쳐 이를 지급해야 했다.

청 제국의 굴욕은 극에 달했다. 그럼에도 중국은 20세기 첫 10년, 즉 제국의 마지막 10년 동안 자강(自强) 개혁을 재개했다. 그중 교육개혁이 핵심이었다. 청 정부에 의해 칭화학당(淸華學堂)이라는 이름으로 출발한 칭화대학은 미국 유학을 위해 선발된 중국 학생들을 준비시키는 예비 학교로 설립되었다. 미국의 시어도어 루스벨트 대통령은 당시 일리노이대학교(University of Illinois) 총장인 에드먼드 J. 제임스(Edmund J. James)의 건의를 받아들여 의화단 배상금 중 상당액을 감면하고, 그 돈을 중국인의 미국 유학과 칭화학당 설립에 사용하도록 했다. 제임스는 루스벨트에게 보낸 편지에서 "중국은 혁명의 문턱에 서 있습니다. 지금 젊은 중국인을 교육하는 데 성공하는 나라가 도덕적, 지적, 상업적으로 가장 큰 영향력을 얻을 것입니다"라고 썼다.[3]

첫 10년 동안 칭화학당은 학생들의 미국 유학을 준비시키기 위해 미국식 캠퍼스를 조성했다. 제퍼슨 양식의 대강당은 일리노이대학교 어바나샴페인(Urbana-Champaign) 캠퍼스의 강당에서 영감받아 지어졌다. 미국에서 교육받은 중국인 학자들의 지도를 받은 젊은 학생들은 8년에 걸친 예비과정을 마치면 미국 대학의 3학년으로 편입할 수 있었다. 칭화학당의 주요 후원자가 미국 정부였으므로, 학당은 교육부가 아니라 외교부의 관할 아래 있었다. 주중 미국 대사가 총장 임명이나 예산 결정을 승인하는 암묵적 권한을 가지고 있었다.[4]

1911년 4월 29일, 칭화학당이 문을 열었다. 당시 입학생 16명은 철학, 중국문학, 세계문학, 예술과 음악, 역사와 정치, 수학과 천문학, 물리와 화학, 생물학, 지질학과 지리, 체육과 공예 등 열 가지 전공 가운데 선택할 수 있었다. 교과과정에는 학생들의 미국 유학 준비를 위한 언어 및 문화 교육도 포함되어 있었다. 학생 수는 빠르게 늘어났고, 중국 전역에서 국

[그림 9-1] 존 K. 페어뱅크와 윌마 캐넌 페어뱅크(Wilma Cannon Fairbank) 부부, 량쓰청(梁思成), 린후이인(林徽因). (홀리(Holly) 페어뱅크와 로라(Laura) 페어뱅크 제공).

내 고등교육에 대한 수요가 증가함에 따라 학교의 포부도 커졌다. 1925년에 이르자 칭화학당은 자유학예와 과학을 아우르는 종합대학으로 성장했고, 중국 최고 수준의 중국학 연구기관인 국학원(國學院)을 설립했다. '4대 스승'으로 불린 네 명의 저명한 교수인 량치차오(梁啟超), 왕궈웨이(王國維), 천인커(陳寅恪), 자오위안런(趙元任)은 중국어, 문학, 언어학, 고고학 연구에 국제적 시각과 과학적 접근법을 접목했다.

칭화학당의 영향력은 중국을 넘어 퍼져 나갔다. 1926년 설립된 사학과는 첫 10년 동안 오벌린칼리지(Oberlin College)에서 미국식 자유학예교육을 받고 컬럼비아대학교에서 박사 학위를 취득한 장팅푸(蔣廷黻)가 학과장을 맡았다. 장팅푸는 중국 근대 국제관계 연구의 혁신을 이끌었다. 그는 이후 외교관으로서 두각을 나타내며, 1946~1966년에 중화민국 유엔대사를 지냈다. 나의 스승이자 미국 내 근대 중국학의 개척자인 존 K. 페어뱅크는 1930년대 초 칭화에서 장팅푸에게 중국사를 배웠다. 칭화의 영향력은 하버드대학교에서도 이어졌다. 페어뱅크가 1939년 하버드에서 개설한 중국사 강의는 80년 넘게 하버드 일반교양 프로그램(Harvard's General Education programs)의 핵심 과목으로 자리 잡았으며, 나와 동료 피터 볼 (Peter Bol)은 지금도 그 강좌를 새롭게 재구성해 가르치고 있다.

국립대학으로 발전한 칭화대학 1927년 장제스가 이끄는 국민정부가 수립되면서, 칭화학당은 교육부 산하의 국립칭화대학으로 개칭되었다. 대학은 인문대학, 법학대학, 이학대학, 공학대학 등 네 개 단과대학으로 구성되었으며, 그 아래 17개 학과로 세분되었다. 칭화대학은 과학 분야에 대한 탄탄한 전문교육뿐 아니라 폭넓은 자유학예교육을 제공했다. 1929년에는 대학원 과정을 신설했다. 칭화대학은 설립 후 25년이 채 지나기 전에 학문적 폭뿐 아니라 졸업생의 우수성 면에서도 명성을 얻었다. 1935년 당시 칭화대학의 10개 대학원 학과는 중국 전체 대학원 학과의 3분의 1을 차지했다.[5]

1930년대는 칭화대학의 첫 번째 황금기로 기록되었다. 칭화대학은 당시 국립대학들 가운데서도 미국식 전면 기숙형(1929년 이후 남녀공학으로 전환된) 캠퍼스를 갖춘 드문 사례로, 구 베이징 성곽 밖 시내에서 약 18km 떨어진 전통적이고 목가적인 환경에 자리 잡고 있었다. 학생들과 교수들은 모두 학자의 복장인 남색 무명 도포를 걸쳤다. 캠퍼스와 그 안의 호수는 거의 사유 정원(private garden)처럼 가꾸어져 있었으며, 학생들은 낚시, 스케이트, 한적한 구석에서의 연애 같은 여가를 즐길 수 있었다. 의화단 배상금으로 탄탄한 재정 지원을 받은 칭화대학은 세련된 방식으로 캠퍼스를 확장했다. 장대한 도서관, 수입 장비로 채워진 체육관, 최고급 서양 악기가 갖추어진 강당, 최신 과학기기가 완비된 실험실까지, 그 모든 시설이 예원신의 지적처럼 "미국에서 직접 배에 실려 온 것이었다."[6]

1937년 무렵, 칭화대학은 자유학예와 과학을 아우르는 연구중심대학으로 성장했다.[7] 칭화대학은 의화단 배상금으로 운영되었으므로, 베이징대학이나 국립중앙대학과 같은 기관들에 비해 정부 재정에 대한 의존도가 낮았다. 따라서 집권 국민당의 이념적 통제 시도에 더욱 강하게 저항할 수 있었다.

이러한 발전의 시기는 1937년 일본군이 칭화대학 캠퍼스를 점령하면서 갑작스럽게 막을 내렸다. 1938년 다수의 교수와 학생이 국민정부와 함께 내륙으로 피난했으며, 그곳에서 칭화대학은 베이징대학, 난카이대학과 함께 전쟁 중 윈난성 쿤밍(昆明)에 설립된 국립서남연합대학(國立西南聯合大學)의 일부로 편입·운영되었다. 전시의 긴박한 분위기 속에서도 이 시기는 중국 고등교육사에서 특별한 순간으로 기억된다. 당시는 이전에 세 개의 캠퍼스에 흩어져 있던 중국 최고의 학자들이 비교적 자유로운 학문 환경 속에서 긴밀히 협력한 시기였다. 노벨상 수상 물리학자인 양전닝(楊振寧)과 리정다오(李政道, C. N. Yang) 등 칭화대학의 가장 저명하고 혁신적인 동문이 바로 이 시기에 학업을 마쳤다.[8] 당시 칭화대학 총장이자 국립서남연합대학의 지도자였던 메이이치(梅貽琦)는 전쟁의 가장 암울한 시기에도 자유학예교육, 대학의 자율성, 그리고 학문적 자유를 옹호한 인물로 오늘날까지 기억되고 있다. 이러한 공로로 그는 칭화대학의 역사에 정통한 동문으로부터 "칭화의 영원한 총장"이라는 존칭을 얻었다.

1946년 베이징 캠퍼스로의 복귀는 국공내전과 공산당의 중국 장악이 시작되기 전, 잠깐의 휴식기를 제공했을 뿐이었다. 1948년 12월, 메이이치 총장은 베이징을 떠났다. 1956년 그는 타이완에서 재건된 명문 국립칭화대학(國立清華大學)의 총장이 됨으로써 분단된 중국의 분리된 칭화대학 중 한 부분을 이끌었다.

공산화 이후의 칭화대학 공산당이 대륙에서 승리하면서 칭화대학이 미국과 오랫동안 유지해 온 관계는 단절되었고, 그 관계는 이후 30년 동안 회복되지 못했다. 새로 수립된 중화인민공화국은 1921년 중국공산당을 창당을 도운 "사회주의의 맏형" 소련과 긴밀한 동맹을 맺었다. 중국의 정치체제는 스탈린주의 모델에 따라 재편되었고, 오늘날까지 지울 수 없는 "소련의 유전자"를 간직하고 있다. 칭화대학을 포함한 중국의 대학들은 빠르게 소비에트식 체제로 전환되었다. 기존 캠퍼스 옆에 새로운 칭화 캠퍼스가 들어섰다. 세 개의 건물로 이루어진 13층 규모의 본관은 전형적인 스탈린식 양식으로 지어져 캠퍼스를 압도했다. 1950년대의 칭화대학은 일리노이대학교 어바나-샴페인보다는 모스크바국립대학교(Moscow State University)를 더 닮아 있었다.

1952년 칭화대학은 엔지니어 양성을 위한 기술 중심 대학(polytechnic university)으로 개편되었다. 이 과정에서 문리학원, 농학원, 법학원이 모두 폐지되었고, 그 교수진은 주로 베이징대학 등 다른 대학으로 흩어졌다. 대신 베이징대학과 옌칭대학의 공학 교수들이 칭화대학으로 옮겨 왔다. 새 체제에서 일하기를 거부하거나 적응하지 못한 교수들은 해외로 도피하거나 국내에서 숙청되었다. 이제 칭화대학의 학문적 구조는 미국 대학보다는 동독의 훔볼트대학교 모델에 가까웠다. 새롭게 통폐합된 기술 중심 대학 체제 아래서 학점제가 폐지되고, 대신 입학 때 결정된 전공에 따라 획일적인 교과과정이 배정되었다. 이는 졸업 후 정부 기관이나 국영기업에 배치를 전제로 한, 전형적인 소비에트식 제도였다. 재편 과정에서 저명한 학자 다수를 잃었음에도, 칭화대학은 경쟁력을 유지하기 위해 공학 중심의 새로운 교육 프로그램을 개발했다. 1952년 재편 직후 22개였던 전공 수는 1966년에 40개로 늘어났다.

이러한 재편은 소련의 경제계획을 본뜬 '중국 제1차 5개년 계획(1953~1958)' 시기에 칭화대학이 선도적 역할을 하는 토대가 되었다. 칭화대학은 이후 중국의 정치 및 기술 관료 엘리트를 다수 배출했다. 그러나 마오쩌둥 시대의 무자비한 대학의 정치화는 칭화대학을 약화하더니, 곧이어 거의 파괴 직전까지 몰아넣었다. 1966년 여름, 칭화대학 캠퍼스는 당과 군의 수장 마오쩌둥과 국가주석 류사오치(劉少奇) 간의 정치·이념 투쟁의 핵심 전장이 되면서 파국을 맞았다. 가장 먼저 정치적 공격을 받은 인물은 1952년부터 칭화대학의 총장과 당서기, 그리고 고등교육부장을 겸임하던 장난샹(蔣南翔)이었다.[9] 그는 1966년 6월 문화대혁명이 시작되자마자 거세게 비판받았으며, 마오쩌둥 휘하의 중앙당이 파견한 공작대는 대학의 행정 기구를 전면 중단시켰다. 캠퍼스에서 2년 동안 소규모로 이어지던 충돌은 결국 전면적인 무력 충돌로 번졌다.

1960년대의 중국은 베를린, 보스턴, 버클리보다 훨씬 더 폭력적이고 피비린내 났다. 1968년 칭화대학 캠퍼스에서 벌어진 백일전쟁(百日戰爭) 동안 최소 18명이 사망하고 30명이 영구적 부상을 입었으며, 1,100여 명이 다쳤다. 군이 투입되어 사태를 진압한 후 남은 학생들과 교직원들은 육체적·이념적 재교육을 위해 농촌 지역으로 "하방(下放)"되었고, 그곳에

[그림 9-2] 칭화대학의 정문을 파괴하는 홍위병들. (https://xsg. tsinghua.edu.cn/info/1003/2288. htm).

서 1,000명 이상이 기생충병의 일종인 주혈흡충병에 걸렸다. 캠퍼스가 운영을 재개한 후에는 원칙적으로 노동자·농민·군인 계급 출신 학생들만 프롤레타리아화된 칭화대학에 입학할 수 있었다. (그러나 실제로는 노동자도, 농민도, 군인도 아닌 공산당 엘리트의 자제들을 위한 자리가 있었다. 그중 한 명이 1977년 화학공학 학위를 받은 시진핑이었다. 다만 그조차 재학 중 농업 노동을 병행해야 했다.)[10] 문화대혁명은 칭화대학의 상징이던 교문마저 파괴했고, 한동안 마오쩌둥의 거대한 동상으로 대체되었다가 1991년에야 원래 정문의 복제문으로 교체되었다. 칭화대학은 1978년에 이르러서야 비로소 완전히, 그것도 최소한의 규모로 운영을 재개했다.[11]

칭화대학의 재탄생

중국과 마찬가지로 칭화대학 역시 중화인민공화국 수립 후 첫 30년 동안 혁명과 트라우마를 겪었고, 거의 완전한 마비와 궁핍에 시달렸다. 마오 시대를 통과한 후 칭화대학은 사실상 껍데기에 불과한 모습이었다. 그러나 이후 수십 년간 이어지는 개혁개방 시기와 함께 칭화대학은 부활의 길을 걸었다. 칭화는 명칭으로는 아니었지만, 사실상 '국립'칭화대학의 지위를 회복했다. 대학은 막대한 정부 투자를 받아 공학 분야에서 중국을 선도하는 대학으로 빠르게 부상했으며, 1987년 중국에서 최초로 도입한 "중점 공과대학" 순위에서 1위를 차지했다.[12] 충분한 정부 지원을 바탕으로 칭화대학은 교수진을 재건하고, 일련의 대학원과 전문대학원을 신설했다. 나중에 국무원 총리를 지낸 주룽지(朱鎔基)가 1984년 신설된 경제관리학원의 초대 원장을 맡았으며, 이 학원은 이후 세계에서 가장 입학 경쟁이 치열한 대학원으로 자리 잡았다. 칭화대학 출신 졸업생들은 중국의 지도 엘리트층을 구성하는데, 그중에는 후진타오(胡錦濤)와 시진핑 주석도 있다.[13]

지난 수십 년 동안 칭화대학은 중화민국 시절 종합대학이었던 위상을 회복했을 뿐 아니라, 그 범위를 한층 확장했다. 1993년에는 인문사회과학대학이 설립되었으며, 2012년에는 별도의 단과대학들로 분리되었다. 1995년에는 법학원이 재설립되었다. 1999년에는 중앙공예미술학원(中央工藝美術學院)이, 2006년에는 베이징협화의과대학(北京協和醫科大學)이 각각 칭화대학에 편입되었다. 2009년 11월, 칭화대학은 명성이 자자했던 국학원을 부활시켰다. 칭화대학 경제관리학원은 일반교양교과과정 개혁에서 대학을 선도하기 시작했다. 그리고 2011년 개교 100주년을 맞아, 칭화대학은 지난 수십 년 동안 명성을 쌓아온 공학·과학·기술 분야가 아닌 공연예술 분야를 위해 장엄한 신칭화학당(新清華學堂)을 개관했다.

일리노이대학교의 제임스 총장은 1907년에 "세계의 모든 위대한 국가는 급속히 변화하는 중국과 불가피하게 긴밀한 관계를 맺게 될 것이다"라고 확신했다.[14] 그는 중국이 다른 나라로부터 배우는 세계를 상상했지, 그 반대는 아니었다. 그래도 그는 국제적 교육 협력을 통해 부상할 중국 또한 함께 그려 보았다. 학문적 다양성과 국제적 연계를 확대해 온 칭화대학은 오늘날 의심할 여지 없이 중국 고등교육의 선두 주자이자, 세계 대학 시장에서 점점 더 중심적 지위를 차지하고 있다. 2021년 QS 세계 대학 순위에서 칭화대학은 예일대학교를 두 단계 앞선 15위에 올랐는데, 이는 연구 성과의 비약적 향상과 학계 내 명성의 상승을 반영한 결과였다.[15]

2020년 기준으로 칭화대학에는 21개 단과대학 및 전문대학원에 약 3,600명의 교수와 2,836명의 박사후연구원이 재직하며, 5만 명이 넘는 학생이 수학했다. 1만6,000명 이상의 학부생은 82개 전공 중에서 선택할 수 있었으며, 1만9,700여 명의 석사과정생 및 1만7,200여 명의 박사과정생과 밀접히 교류하는 학문 환경 속에서 학습했다.[16]

칭화대학은 이제 "세계적 수준"의 대학을 지향했다. 세계적 대학이 되기 위해서 여전히 공학과 응용과학 분야에 중점을 두면서도 다양한 학문 분야를 포괄해야 한다는 학자들의 신념을 실천에 옮겼다.[17] MIT나 캘리포니아공과대학처럼 한정된 학문 영역에도 불구하고 세계적 대학으로 평가받는 미국의 사례가 있긴 하지만, "중국의 MIT"라는 별칭은 칭화대학의 위상과 지향을 온전히 설명하기에 부족했다. 오히려 칭화대학은 공학과 응용과학에 강점을 지니면서도 폭넓은 학문 분야를 아우르는 종합 연구대학, 즉 스탠퍼드대학교를 닮아 가기 시작했다.

칭화대학이 수십 년에 걸쳐 추진한 "세계적 수준의 종합대학"이라는 비전은 장기 계획에 근거했으며, 중국 정부의 국가 발전 목표와 긴밀히 연동되었다. 2003년 왕다중(王大中) 총장은 칭화대학을 2020년까지 세계 일류 종합대학으로 도약시키기 위한 〈9년 단위의 3단계 발전 계획(三個九年三步走)〉을 제시했다. 그러면서 세계일류대학 구상을 위한 대학의 장기 계획이 1993년 중국공산당 제16차 전국대표대회에서 제시된 "전면적 소강사회(小康社會)[18]의 건설과 사회주의 현대화의 가속화"라는 국가 목표에 대한 응답으로 시작되었다고 밝혔다.[19] 1994~2002년의 첫 번째 9년 단계는 칭화대학을 진정한 의미의 종합대학으로 재구성하는 데 초점을 맞추었다. 이어 2003~2011년의 두 번째 단계에서는 "세계일류대학의 반열에 오르기 위한 노력"을 대학의 최우선 과제로 제시했다. 칭화대학은 이 목표를 달성했다. 2011년 칭화대학은 여러 국제 대학 순위에서 세계 100위권에 진입했고, 《타임스고등교육》이 선정한 공학 분야에서 20위 안에 진입했다.[20] 왕다중에 따르면, 2012~2020년의 세 번째 단계는 여러 학문 분야에서 세계적 수준을 달성하는 데 중점을 두는 것이었다.

왕다중이 목표를 향한 마지막 단계로 본 시점에 들어섬에 따라 칭화대학은 2020년까지 종합대학으로서 세계 일류 지위를 달성한다는 목표를 전략 계획의 최우선 과제로 삼았다. 〈2011~2015년 대학 발전 계획〉은 이 시기를 "(칭화대학을) 세계일류대학으로 발전시키는 가속화의 핵심 시기"로 선언했다. 이를 위해 대학 본부는 학문 분야의 전면적 강화에서 국제 협력 확대에 이르기까지, 제도 개혁을 위한 다양한 우선 과제를 제시했다. 〈2016~2020년 대학 발전 계획〉은 사명감과 긴박감을 한층 더 강조했으며, 서문에서 "(칭화대학이) 2020년까지 세계일류대학 수준에 반드시 도달할 필요가 있다"라고 천명했다.[21]

표면적으로 볼 때, 칭화대학 집행부는 세계일류대학이 되겠다는 목표를 처음 공표한 이후 꾸준히 그 목표를 주시해 왔다. 그러나 칭화대학의 세계 대학 순위가 계속 상승하는 시기에도, 대학 공동체 내부와 당·국가 체제 내의 상충하는 이해집단을 조율하는 일은 지도부에 지속적인 도전이었다. 칭화대학은 〈2016~2020년 대학 발전 계획〉에서 군민융합이나 중국제조2025와 같은 산업 정책에 대한 칭화대학의 기여를 확대하겠다고 언급했는데, 이는 대학을 국익 증진의 수단으로 보는 당·국가의 관점을 분명히 드러낸 것이었다. 그러나 이러한 국가의 이익이 칭화대학의 세계적 표준 확립과 반드시 일치하지는 않았다. 〈2016~2020년 대학 발전 계획〉은 2050년까지 "세계 최고 대학 중 하나"가 되겠다는 목표를 제시함으로써, 칭화대학의 제도 개혁이 2020년 이후에도 완결되지 않을 것임을 사실상 시인했다.[22] 칭화대학이 자임한 2020년 세계일류대학 달성 목표가 이미 시한을 넘긴 지금, 이 대학은 국제적 모범 사례를 실제로 얼마나 충실히 도입했을까? 또 중국의 정치체제는 칭화대학의 성공과 한계를 어떻게 규정해 왔을까?

1,000명의 인재가 꽃을 피우기를

앞서 보았듯이, 일류 대학의 조건은 최소 세 가지 요소로 구성된다. 탁월한 교수진, 우수한 학생 집단, 그리고 정치적 제약을 받지 않으면서 뛰어난 연구와 교육을 촉진하는 거버넌스 체계다. 이 세 가지 측면에서 칭화대학은 어떤 성과를 거두었을까?

교수진 칭화대학 3,565명의 교수들은 저명한 집단이다. 2019년 기준으로, 이들 중에는 중국과학원 원사 54명, 중국공정원(中國工程院) 원사 40명, 그리고 다수의 저명한 학술상 수상자가 있다. 이들은 칭화의 447개 연구 단위에서 다양한 연구를 수행하고 있으며, 2020년에는 이들 중 많은 기관을 중앙정부와 지방정부가 "중점" 기관으로 지정했다.[23] 칭화대학 설립 이래 대학 집행부는 해외에서 훈련받은 중국 학자들을 적극적으로 영입함으로써 교수진의 질을 높이고자 했으며, 이러한 전통은 개혁 시대 내내 이어졌다. 예를 들어 경제관리학원 원장 첸잉이는 스탠퍼드대학교, 메릴랜드대학교(Univerisity of Maryland), 캘리포니아대학교 버클리 교수로 재직한 후 칭화대학으로 영입되어 학원을 이끌었다. 칭화대학 내에서 가장 경쟁이 치열한 단과대학 및 대학원의 원장으로서 첸잉이는 학부생을 위한 2년제 일반교양과정 신설과 대학원 프로그램의 재편뿐 아니라, 종신재직권 제도 도입과 급여 체계 단순화 등 행정 측면에서도 대대적인 개혁을 단행했다.

〈2011~2015년 대학 발전 계획〉에서 집행부는 "우리 교원의 전반적 수준과 세계일류대학 교원 간에는 여전히 상당한 격차가 존재한다"라고 인정했다.[24] 그러나 여러 지표에서 그 격차는 빠르게 좁혀지고 있었다. 1995년에는 칭화대학 교수진의 15%만이 박사 학위를 소지했지만, 2006년에는 그 비율이 62.7%로 상승했으며 2020년에는 91.02%가 박사 학위를 보유했다.[25] 그럼에도 〈2016~2020년 대학 발전 계획〉은 칭화대학이 여전히 "수월성"을 확보하는 데 어려움을 겪고 있다고 지적했는데, 특히 우수 인재를 놓고 해외의 "유명" 대학들과 경쟁해야 한다는 점을 문제로 들었다. 칭화대학은 2020년까지 세계일류대학이 되는 것을 목표로 삼으면서도 "전반적으로 최고 수준"의 교수진을 구축하는 기한을 2050년으로 설정했다. 이는 칭화대학이 "세계 최고 대학 중 하나"가 되겠다고 정한 목표 시기와 일치했다. 생산성이 낮은 고령 교원을 강제 퇴직이 아닌 점진적 은퇴를 통해 교체할 예정이었다.

칭화대학은 2008년에 발표된 정부의 천인계획이 세계적 수준의 교수진을 유치하는 데 도움이 되기를 기대했다. 이 계획은 해외에 기반을 둔 학자들, 주로 중국계지만 반드시 중국인만은 아닌 이들에게 중국 대학으로 이직할 수 있도록 매우 후한 재정적 혜택을 제공했다. 칭화대학은 이 기회를 적극 활용했다. 〈2011~2015년 대학 발전 계획〉은 칭화대학이 "천인계획을 최대한 활용해 일류 국제 학자를 영입할 것"이라고 명시했다.[26] 2016년까지 칭화대학은 이 프로그램을 통해 111명의 고위급 학자를 영입했다.[27] 2019년 미국이 천인계획은 "지식재산 절도를 조장"한다고 비판하자, 중국 정부는 이 프로그램의 대외 홍보를 중단했다.[28] 실제로 천인계획에 참여했던 하버드대학교 화학 교수 찰스 리버(Charles Lieber)가 2019년 체포되기도 했다. 칭화대학은 이후에도 천인계획을 통해 학자를 계속 영입했으나, 그 속도는 완만해졌다. 2018년에는 9명의 새로운 "인재"가 칭화대학에 합류했으나, 2019년에는 4명에 그쳤다.[29] 칭화대학은 풍부한 재정을 갖춘 세계 명문 대학들과 인재 유치를 놓고 경쟁하면서, 정부의 "스타 교수" 영입 지원금에 지속해서 의존했다.

그러나 칭화대학은 여전히 사회주의 시절의 유산에 짓눌려 있었다. 국제 인재 시장에서 우수 교원을 유치하는 데 걸림돌이 된 것은 철밥통식 영구 고용이 표준이던 계획경제 시대의 인사 제도였다. 1995년 이후 칭화대학은 원칙적으로 "승진 아니면 퇴직" 정책을 채택했다. 조교수(이전의 강사)는 세 번의 3년 계약, 즉 최대 9년 안에 부교수로 승진해야 했다. 부교수직은 종신재직권 트랙에 진입했음을 의미했으나, 부교수가 정교수로 승진해야 하는 구체적인 시한은 없었다. 정교수는 추가로 두 번의 3년 계약을 체결한 후, 기한이 정해지지 않은 계약을 부여받아 사실상 종신재직권을 획득했다. 교원은 거의 전적으로 내부 승진을 통해 진급했으며, 동일 학과 내 동료들과 경쟁해야 했다. 대학 집행부가 중앙집중식 계획에 따라 각 단과대학 및 전문대학원의 직급별 교수 정원을 결정했으므로, 각 각의 단위가 채용 범위를 자율적으로 조정할 여지는 거의 없었다. 교수진 급여는 월 단위로 산정되었다. 그러나 이러한 제도의 구조는 월급제가 아닌 연봉제에 익숙한 해외 연구자들을 유치하는 데 어려움을 초래했다. 결국 해외에서 영입된 학자들이 연봉제(그리고 더 높은 급여)를 제시받자, 학과 내부에 긴장이 조성되었다.[30]

그럼에도 경제관리학원은 일종의 "특구(特區)"처럼 실험적 운영이 가능했기에, 교수들을 위한 더 높은 연봉제와 국제 기준의 종신재직권 제도를 단계적으로 도입할 수 있었다. 이러한 방식은 칭화대학의 〈2011~2015년 전반적 발전 계획〉에 포함되었다.[31] 그러나 칭화대학 내 모든 단과대학과 전문대학원이 경제관리학원 정도의 재정적 여유나 실험 정신을 가진 것은 아니었다. 〈2016~2020년 대학 발전 계획〉은 교원 급여 체계가 "각 학과의 상황에 적합한 방식으로 설정될 것"이라고 명시했다.[32]

자격 요건 면에서 칭화대학은 특히 자교 학부 출신의 동문을 채용하는 것을 선호했다. 그러나 슈워츠먼학자프로그램의 초대 주임이자 저명한 경제학자인 리다오쿠이(李稻葵)가 지적한 대로, "해외 박사 학위가 없다면 칭화대학에서 큰 어려움에 직면할 것이었다."[33] 종신재직권 심사는 중국 밖의 권위 있는 국제 학술지에 충분한 논문을 게재할 것을 요구했다. 해외 박사 출신 교수들은 연구 성과와 종신재직권 경쟁에서 확실한 우위를 점했으며, 그들의 연구는 칭화대학이 집착하다시피 하는 국제 대학 순위에도 이바지했다. 동시에 이러한 국제 지향적 종신재직권 정책은 젊은 교수들이 중국 현실과 직접적으로 관련 있는 주제보다 국제 학계에서 환영받을 만한 주제에 더 집중하도록 유인할 가능성도 있었다. "자기 수양과 사회적 책무"를 교훈으로 삼는 대학에 이것은 절대 가볍지 않은 도전이었다.

학생 이 대학의 교훈을 영어로 번역한 표현만으로는 칭화대학이 지닌 특별한 사명감과 위상을 충분히 담아낼 수 없다. 《주역(周易)》에서 유래한 교훈 "자강불식(自強不息), 후덕재물(厚德載物)"은 군자는 '끊임없이 자신을 강하게 하고, 큰 덕으로 세상을 이끌어야 한다'라고 가르친다. 실제로 중화인민공화국 시기의 가장 유명한 칭화대학 동문은 세상을, 혹은 그 중요한 일부를 이끌어 온 인물들로서 시진핑 국가주석, 후진타오 전 국가주석, 주룽지 전 총리 모두 칭화대학 공학 계열 출신이다. 칭화대학은 세계에서 가장 경쟁이 치열한 입시과정을 통해 여전히 중국 최고 수준의 수재들을 끌어모으고 있다. 2018년에는 대륙의 32개 성급 행정구역 중 28개 지역의 문과 계열 가오카오 최고 득점자들이 칭화대학에 입학했다. 또한 14개 성급 행정구역의 이과 계열 최고 득점자들도 칭화를 선택했다. 내가 칭화대학에서 여러 차례 강의와 세미나를 진행하며 직접 경험한 바로는 칭화대학 학생들은 그 누구에게도 뒤지지 않는다.

칭화대학은 세계에서 가장 우수한 학생들을 끌어들이는 대학임이 분명하다. 그러나 그들은 그 상징적인 교문을 통과한 뒤 어떤 교육을 받고 있을까? 칭화대학은 종합대학으로 부활한 이후, 새로운 교과과정과 교수법을 개발하기 위해 다양한 시도를 거듭해 왔다. 칭화대학의 모든 단과대학 및 전문대학원에는 일정한 일반교양교육 요건이 있으며, 여기에는 국가 차원의 필수 정치 과목과 대학 자체 차원의 여러 일반교양교육 프로그램이 포함된다. 모든 학생은 토론 중심의 참여형 학습을 촉진하기 위해 설계된 신입생 세미나를 수강할 수 있다. 또한 학생들은 학생연구훈련(Student Research Training, SRT) 프로그램에 참여해 교수진과 함께 특정 프로젝트를 수행하며 연구 경험을 쌓을 수 있다. 칭화대학의 보고서에 따르면, 학부생의 60% 이상이 매년 1,000건이 넘는 학생연구훈련 프로젝트에 참여하고 있다.[34] 학계로의 진로를 희망하는 우수한 학생들은 다양한 과학 및 계량(quantitative) 학문 분야에서 고급 학문 훈련을 제공하는 칭화학당인재육성프로그램(清華學堂人才培養計劃)에 지원할 수 있다. 이처럼 특화된 교육 기회가 확대되고 있는데도 칭화대학의 학부 평균 수업 규모는 50명이며, 정교수가 담당하는 학부 강좌는 전체의 35.3%에 불과하다.[35] 1만6,000명이 넘는 학부생을 보유한 상황에서 개별화와 창의성을 촉진할 수 있는 교육 프로그램을 설계하는 일은 절대 쉽지 않은 과제다.

도전을 피하지 않는 칭화대학은 2014년 9월, 기존의 경험을 바탕으로 더욱 엄격한 일반교양교과과정을 결합한 새로운 학부 기숙형 칼리지 모델을 출범시켰다. 새로 설립된 신야서원(新雅書院, Xinya College)의 학생들은 "중국과 서양 문명, 그리고 서로 다른 문명과 문화 간의 상호 연관성"을 주제로 한 세미나형 핵심 교과목에서 총 12학점을 이수해야 했다.[36] 학생들은 입학 시 전공이 정해지지 않은 채로 신야서원에 입학한 후 1학년 동안 일반교양과목을 포함한 다양한 수업을 이수한 뒤 2학년 때 전공을 선택했다.[37]

이 프로그램의 핵심은 학교생활에 있었다. 신야서원 학생들은 기숙형 칼리지의 형태로 함께 생활하며 다학제적 동기 집단(cohort)을 구성했다. 이는 학생들이 전공별로 배정된 기숙사에 머물며 학제 간 교류의 기회가 거의 없었던 기존 칭화의 전통적 캠퍼스 생활 방식과는 다른 접근이었다. 신야서원의 기숙사 내에서는 비교과 활동과 공동체 생활 역시 중시되었다. 학생들은 스스로 축제와 행사를 주관하고, 관심사가 비슷한 동료들과 함께 여러 동아리나 소모임을 만들었다.

이 전교적 실험이 2014년에 시범 운영되었을 때, 신야서원 담당자들은 2009년에 이미 자체적으로 학부 일반교양 필수 요건을 신설하며 교과과정 개혁을 선도했던 경제관리학원의 경험을 참고할 수 있었다. 여기서도 경제관리학원 원장 첸잉이의 존재감이 크게 드러난다.

첸잉이는 비범한 인물이었다. 그는 문화대혁명 이후 대학 입시가 재개된 첫해 시험에 합격했는데, 그해에는 10년 동안 누적된 수험생이 극소수의 입학 정원을 두고 경쟁하던 시기였다. 그는 칭화대학 수학과를 졸업한 뒤 하버드대학교에서 경제학 박사 학위를 취득했다. 그가 버클리에서 경제학과 교수로 재직 중일 때, 경제관리학원의 초대 원장이자 전 국무원 총리였던 주룽지가 직접 그를 칭화로 불러들였다. 이후 첸잉어는 주룽지를 이어 2006~2018년에 경제관리학원 원장으로 재직했다. 자신의 분야에서 주요 학술지에 다수의 논문을 발표한 학자였던 첸 원장은 중국의 경제개혁뿐 아니라 관심이 많았던 공산화 이전 칭화대학의 탁월한 사회과학 전통에 관한 저서를 여러 권 남겼다.[38]

그가 원장으로 재직하던 때는 중국 경제와 칭화대학의 명성이 크게 성장한 시기와 겹쳤다. 경제관리학원은 학부생뿐 아니라 최고경영자 과정을 찾는 이들에게도 최고의 선택지가 되었다. 매주 주말마다 경제관리학원의 주차장은 메르세데스부터 마세라티까지, 중국 신흥 기업 엘리트들의 고급 차량으로 가득 찼다. 반면에 첸잉이가 몰고 다닌 것은 녹슬고 낡아서 아무도 훔쳐 가지 않을 유일한 교통수단인 오래된 자전거 한 대였다.

연구 순위 경쟁이 치열한 시대에 드문 일이었지만, 첸잉이의 진정한 열정은 학부생 교육에 있었다. 그는 하버드를 비롯한 여러 미국 대학의 핵심 및 교양과정을 연구했으며, 나 역시 그와 각 모델의 장단점을 두고 오랜 시간 토론한 기억이 있다. 그는 칭화대학 전반의 학부 교육을 개혁하는 과제가 험난하고 정치적으로도 어려운 싸움이 될 것을 알고 있었지만, 경제관리학원에서 조용히 시작해 모범을 보일 수 있다고 판단했다. 그는 이렇게 결론지었다. "중국 학생들은 일부 영역에서는 강하지만, 세계관, 글로벌 비전, 비판적 사고 측면에서는 매우 약하다. 그래서 나는 처음부터 학부 교과과정을 바꾸는 것이 가장 중요하다고 깨달았다." 지식 습득이 아닌 "사고 훈련"을 목표로 삼은 첸잉이는 교수진과의 긴밀한 협력 아래 학생들의 처음 2년을 차지하는 핵심 과목 중심의 교과과정을 구축했다. 그가 회상하듯이, 이 일반교양교육 프로그램은 "가치 형성, 역량 개발, 그리고 인류 문명에 대한 핵심 지식 습득을 통합하며, 호기심과 상상력,

[그림 9-3] 칭화대학 캠퍼스에서 자전거와 함께한 첸잉이 원장. (© 윌리엄 C. 커비).

비판적 사고의 함양을 중시했다. 새 교과과정은 미래 글로벌 사회의 요구에 부응하며, 학생의 성장 자체를 설계의 중심에 두었다."[39]

이 새로운 교과과정은 경제관리학원 내의 여러 면에서 깊은 변화를 불러왔다. 일반교양과정의 핵심 요소 중 하나는 '비판적 사고와 도덕적 추론(Critical Thinking and Moral Reasoning, CTMR)'이라는 과목이었다. 어느 날 첸잉이는 이렇게 말했다. "학생들이 '너 CTMR 했어?'라고 말하더군요. 그걸 동사처럼 쓰는 겁니다. 저는 깜짝 놀랐어요. 어떤 이름이 동사가 된다는 건 대단한 성취니까요." 일부 학생들은 분명히 새 교과과정을 긍정적으로 받아들였지만, 회의적인 반응을 보인 이들도 있었다. 많은 학생이 1~2학년 동안 금융이나 회계 같은 전문 과목을 충분히 배우지 못해 인턴십 경쟁력에서 뒤처질까 봐 우려했다. 그럼에도 첸잉이는 조용한 결단력과 신중하게 구축한 신뢰를 바탕으로 자신이 구상한 교과과정 개혁을 성공적으로 실현했다. 그는 매년 각 학위과정의 필수 요건을 하나씩 개정함으로써, 결국 경제관리학원의 모든 프로그램을 자신의 비전에 맞춰 나갔다.

거버넌스: 경제관리학원의 사례 칭화대학은 중국의 모든 국립대학과 마찬가지로 총장 치우융과 당서기 천쉬(陳旭)가 이끄는 중국공산당 당위원회가 협력하는 구조로 운영되었다. 홍콩대학 교육학부의 연구조교수인 판수옌(潘蘇燕)은 칭화대학과 정부의 관계를 "준자율적(semi-independent)"이라고 묘사했는데, 이는 대학이 "특정 영역에서는 외부의 개입으로부터 자신을 보호할 수 있는 권한을 가지며, 정부 정책의 틀 안에서 사회적 요구에 자율적으로 대응할 수 있다"라는 의미였다.[40] 빌헬름 시대의 베를린대학교와 마찬가지로, 통치 체제에 대한 대학의 충성, 적어도 그에 대한 순응은 당연한 전제였다. 많은 중국의 정치 지도자들의 모교인 칭화대학은

자유분방한 인접 대학 베이징대학보다 더 큰 자율성을 가졌는데, 베이징 대학에서는 당이 대학 지도부를 통제하기 위해 일찍이 그리고 빈번히 개입했다. 총장과 당서기의 이해관계가 언제나 일치한 것은 아니었지만, 칭화대학의 집행부와 중앙정부 모두 칭화대학을 세계적 수준의 대학으로 발전시키겠다는 목표를 공유하고 있었다.

당위원회가 보유하지 않은 행정적 의사 결정권은 대학 총장과 단과대학 및 전문대학원 원장들이 나눠 가졌다. 각 단과대학 및 대학원은 물론 각 학과에도 당위원회가 존재했으나, 칭화대학 원장들은 예산 배분이나 교과과정 운영의 문제(경제관리학원의 경우)와 같은 자신들의 영역 내에서 상당한 재량권을 지녔다. 반면 중앙 집행부는 교수 채용과 승진에 관한 쿼터를 설정함으로써 각 단과대학 및 대학원에 대한 일정한 통제력을 유지했다.

경제관리학원의 교수 급여는 경제관리학원 자체 예산에서 지급되었으므로, 학원은 대학 중앙 예산의 추가 지원 없이도 개혁을 시행할 수 있었다. 그러나 이것이 원장이 독단적으로 행동할 수 있다는 뜻은 아니었다. 오히려 첸잉이 원장은 새로운 급여 제도를 수립하기 위해 여러 교수위원회와 긴밀히 협력하며 긴 논의 과정을 거쳤다. 그는 대부분의 다른 나라에서는 학장과 교수 개인 간의 일대일 협상으로 급여가 정해지지만, 이러한 방식은 중국적 맥락에서는 용납될 수 없다고 지적했다. 대신, 7인 급여위원회가 무기명 투표를 통해 각 교수의 급여를 검토하고 협의해 결정하는 방식으로 개혁되었다.

종신재직권 제도 개혁은 대학 본부와 개별 단과대학 및 대학원의 상대적 거버넌스 역할을 잘 보여주는 사례였다. 채용 절차의 변경은 중앙 집행부의 관할 사항이었기 때문에 대학 본부의 승인이 필요했다. 이는 오늘날 중국의 많은 민간 기업이 따르는 "먼저 실행하고 나중에 용서를 구하라"식의 전략과는 전혀 달랐다. 혁신적인 시도였음에도 경제관리학원은 개혁 과정 전반을 중앙 집행부에 자세히 보고해야 했다.

보직을 맡지 않은 교원들은 대학 거버넌스에서 제한적인 역할만을 수행했다. 평교수들의 참여를 위한 주요 통로는 교직원대표협의회로서 각 단과대학·대학원과 학과별로 선출된 대표들로 구성되었고, 구성원의 60% 이상이 교원이어야 했다. 이 협의회는 하버드대학교 문리과대학 교수회의나 버클리의 학술평의회와 전혀 달랐다. 이 협의회는 대학의 당 주도 노동조합(工會, 유럽이나 미국의 노동조합과는 성격이 다른 조직)에 속해 있었으며, 그 권한은 극히 제한적이었다. 정관에 명시된 권한은 대학과 행정 운영에 관한 보고를 청취하고 의견을 제시하는 수준으로, 자문하는 기능에 그쳤다. 이 협의회의 규정에는 이러한 의견이 반드시 반영되어야 한다는 조항이 존재하지 않았다.[41]

결국 칭화대학 전체와 경제관리학원의 거버넌스는 약 18km 떨어진, 자금성의 그림자 아래 자리한 중난하이(中南海)의 중국공산당 최고 지도부로부터 남쪽으로 불어오는 정치적 바람에 좌우되었다. 2012년 이후 시진핑 주석 취임과 함께 시작된 검열과 학문 통제 강화는 대학 운영에서 당의 역할 강화와 개별 단과대학 및 전문대학원에 대한 감시 심화로 이어졌다. 예를 들어 경제관리학원은 다른 주요 중국 경영대학원들과 마찬가지로 고위경영자과정을 통해 상당한 수익을 올리고 있었다. 그러나 어느 날 갑자기 국유 기업은 고액의 경영자 MBA 프로그램 등록금을 납부해서는 안 되며, 납부할 수도 없다는 지침이 발표되었다. 더 나아가 국유 기업 간부는 학위를 받기까지 이수할 학점이 한 학점만 남은 상황이더라도 프로그램을 즉시 중단해야 했다. 경제관리학원 입장에서 더욱 심각한 점은 수년간 국유 기업 간부들로부터 받은 모든 등록금을 전액 환급하라는 명령이 내려졌다는 사실이다.

2017년 중국공산당 중앙기율검사위원회는 다른 주요 대학들과 마찬가지로 칭화대학을 조사했다. 당시 기율검사위원회는 칭화대학을 포함한 대학들을 "이념적 체계의 구현이 아주 강력하지 않다"라며 비판했다.[42] 위원회는 칭화대학에서 금전적 또는 이념적 부패의 흔적을 찾고자 했다. 조사 결과, 경제관리학원에서는 어떠한 부패도 발견되지 않았다. 그러나 첸잉이 원장의 사무실 면적이 중앙 규정보다 몇 제곱미터 더 크다는 사실이 드러났다. 이는 중국 대학 본부 사무실에서 흔히 발견되는 문제였다. 일부 동료들이 가짜 벽을 세워서 사무실을 규정 크기에 맞추는 편법을 동원한 것과 달리, 첸잉이 원장은 자신의 사무실을 세미나실로 전환하고(이미 그렇게 사용해 오기도 했다) 자신은 복도 건너편의 일반 사무실 크기의 방으로 자리를 옮겼다.

칭화 주식회사

2020년 칭화대학은 예상되는 예산 지출이 46억 달러(미화 기준) 이상이라고 보고했다.[43] 2020년 대학의 전체 예상 수입 중 39%는 학생 등록금과 그 수수료를 포함한 대학 자체 수익에서 나왔다.[44] 학부·석사·박사 과정의 등록금 수준은 교육부가 결정한다. 학부 등록금은 전공에 따라 다르지만 2020년 기준으로 대부분 연간 1,000달러 미만이었으며, 예외적으로 순수예술 프로그램은 약 1,500달러에 달했다. 대학원 과정의 연간 등록금은 1,200~1,500달러였다. 전문 학위과정의 등록금은 해당 대학의 행정 부서가 제안하고 교육부와 협의해 결정된다.[45] 경제관리학원의 MBA 등록금은 2만9,600달러를 넘어, 다른 대학원 등록금보다 훨씬 높았다.[46] 그러나 이러한 국가 주도 혹은 협의된 등록금은 외국인 학생에게는 다르게 적용된다. 2019년 칭화대학에 재학 중인 1,198명의 전일제 외국인 학부생들은 2,000~5,000달러의 등록금을 냈다.[47]

칭화대학은 211공정과 985공정의 주요 수혜 대학 중 하나로, 정부로부터 막대한 연구 및 시설 확충 자금을 지원받았다. 그러나 이러한 정부 지원금의 회계 처리 과정은 다소 불투명했다. 칭화대학이 받은 정부 지원금의 정확한 수치는 알려지지 않았지만, 그 규모가 막대함은 분명하다. 한편 대학 고위 집행부 측은 소수의 명문대에 자원을 집중했던 이전 정책과 달리 지역 균형 발전을 중시하는 방향으로 정부 정책의 기조가 선회하면서, 향후 정부 지원 총액이 감소할 것으로 내다보았다. 또한 정부의 국가 발전 우선순위가 변함에 따라 칭화대학이 받는 정부의 재정 지원의 구성도 달라지고 있다. 2020년 칭화대학에 대한 정부 지원 중 증가세를 보인 분야는 과학기술 연구비가 거의 유일하다시피 했다.

칭화대학은 군민융합 연구 및 교육 프로그램을 확대하고 있는데, 이 분야는 중국 정부의 지원이 점차 증가하고 있다. 2015년 시진핑 주석이 발표한 국가 전략인 군민융합은 민간 부문의 국방 산업 기여를 장려하기 위한 것으로, 칭화대학의 〈2016~2020년 대학 발전 계획〉에서는 "군과의 전략적 협력과 자원 연계"를 정당화하는 근거로 활용되었다.[48] 이 계획 발표 이후 칭화대학은 인민해방군 장교를 위한 교육 프로그램을 신설하고 군민융합 기술을 연구하는 실험실을 개소하며, 관련 기업에 투자하기 시작했다.[49]

칭화대학의 이공계(STEM) 관련 연구 사업들은 또한 산업 정책인 중국제조2025를 지원하기 위해 정부가 시작한 인센티브의 수혜를 입었다. 2015년 국무원이 발표한 중국제조2025는 반도체, 자동차, 인공지능, 통신장비 등 첨단 기술 분야에서 자급자족적이고 세계 경쟁력을 갖춘 산업을 육성하기 위한 청사진을 제시했다.[50] 칭화대학은 즉각적으로 이 정책에 지지를 표명했다.[51] 칭화대학이 중국제조2025를 조기에 적극 지지한 배경에는 2016~2020년 전체 대학에 분배될 것으로 예상되는 16억 달러 이상의 막대한 정부 연구 지원금에 대한 기대가 있었다.[52] 더욱이 중앙정부 공업정보화부(工業和信息化部)는 중국제조2025 보조금 신청 지침에서 대학과의 협력을 "기본 원칙"으로 명시했다.[53] 이후 칭화대학은 중국제조 2025를 지원하기 위한 일련의 연구센터와 교육 프로그램을 설립했다.[54]

칭화대학과 국가의 재정적 관계는 국가와 지방 차원의 두 축으로 구성되어 있었다. 베이징시 정부는 칭화대학이 있는 하이뎬구(海淀區) 내에서 진행될 군민융합 프로젝트를 지원하기 위해 보조금 공모 절차를 개시했다.[55] 칭화대학은 톈진(天津)에서 칭하이(靑海)에 이르는 전국의 중국제조2025 산업 정책에서 역할을 했으며,[56] 중앙정부가 이 계획에 대한 공식 언급을 중단한 이후에도 그 활동을 지속했다.[57] 2018년 국영 언론은 2015년 군민융합2025 발표 이후 칭화대학이 80건의 프로젝트와 총 2억 8,800만 달러의 정부 자금을 받았다고 보도했다.[58] 정규 정부 지원금이 대학 전체 수입에서 차지하는 비중은 감소했지만, 산업 정책 관련 특별 프로젝트의 증가는 독일 맥락에서 '제3자 민간 재원(Drittmittel)' 구조와 비슷하게 국가가 여전히 칭화대학 자원의 구성과 배분에서 핵심 행위자임을 보여준다.

제도적 기업가 정신 칭화대학은 정부의 연구 지원금과 정부가 통제하는 등록금 이외의 재원을 독자적으로 개발하기 시작했다. 칭화대학은 하버드나 버클리보다는 스탠퍼드나 MIT에 가까운 제도적 기업가 문화를 장려하고 있다. 칭화대학은 칭화대학과학기술원(淸華大學科技園)이 설립한 기업(예를 들어 칭화유니그룹(淸華紫光集團)과 칭화퉁팡(淸華同方))의 주식 지분을 보유하고 있다. 이 두 기업은 대학 기반 기업으로서 부분적인 세금 감면 혜택을 받는다.[59] 이들 기업과 과학기술원은 모두 대학의 투자 부문인 칭화홀딩스유한공사(Tsinghua Holdings)에 속하는데, 칭화홀딩스 전체는

2019회계연도 말 기준으로 730억 달러가 넘는 자산과 1,908개의 자회사를 보유하고 있었다.[60] 《포춘차이나(Fortune China)》는 2019년 영업이익 기준으로 칭화홀딩스를 중국 187위 기업으로 선정했다.[61]

그러나 시진핑 시대의 중국에서 기업가 정신이 항상 보상받는 것은 아니다. 칭화대학이 수익 기업을 통해 수입원을 다변화하려던 시도는 2017년 중앙기율검사위원회가 29개 중국 대학의 당 지도 체제를 조사하면서 복잡한 국면에 빠졌다. 중앙기율검사위원회의 칭화대학 관련 보고서는 "지주회사에 대한 (칭화대학) 당위원회의 지도력"을 강화하고, 투자 규모와 경영 위험을 줄이기 위해 수익 기업을 재구조화할 것을 대학 측에 명시적으로 지시했다.[62] 그리고 2018년 5월, 정부는 "교육에 전념하기 위해 국가 자본 관리 개혁을 시행해야 한다"라고 선언하며 이 입장을 한층 강화했다.[63] 국가의 개입으로, 칭화대학의 투자 계획에서 상업적 기업이 재정 다변화에 어떤 역할을 할 수 있을지는 불투명해졌다. 칭화대학이 국가의 지시에 따라 상업 자산을 처분한다면, 재정은 더욱 정부 지원금에 의존하게 되어 장차 국가의 이해관계에 한층 민감하게 반응할 것이다.

칭화대학은 또한 민간 기부를 유치하고 받는다. 칭화대학은 중국 최초의 대학 기금인 칭화대학교육기금회(清華大學敎育基金會, TUEF)를 보유하고 있으며, 이 재단은 25인으로 구성된 이사회가 관리한다. 1994년 300만 달러 미만의 초기 자금으로 설립된 이 기금은 2019년 총 14억 달러 이상으로 성장했으며, 중국 내 가장 높은 운용 성과를 보이는 대학 기금 중 하나로 평가받았다.[64] 2019년 교육기금회의 투자는 1억5,000만 달러(약 12.2%의 수익률)가 넘는 투자 수익을 기록했다.[65] 칭화대학교육기금회에 대한 연간 기부는 꾸준히 증가했다. 2018년에는 약 3억 달러의 기부금을 받았으며, 그중 약 10%는 해외에서 유입된 것이었다. 그러나 해외 기부금은 안정적 확보가 어려웠다. 2019년에는 해외 기부금이 전년 대비

75% 급감해 전체 기부금의 2%에 불과했는데, 전체 기부액은 약 9% 감소하는 데 그쳤다.[66] 미국 대학 기준으로는 작은 규모지만, 교육기금회는 짧은 기간에 향후 성장을 위한 기반을 구축하고자 했다. 현재 중국에는 칭화대학의 모델을 따라 설립된 623개의 대학 기금이 존재한다. 그중 칭화대학의 기금은 여전히 가장 크고 성공적이며, 2020년에는 가장 가까운 경쟁자인 베이징대학의 거의 두 배에 달하는 투자 수익을 올렸다.[67]

그러나 하버드를 비롯한 많은 미국 대학과 마찬가지로 중앙 차원의 모금 활동은 일부에 불과했으며, 비중이 가장 크지도 않았다. 단과대학 및 전문대학원 또한 자체 모금팀을 운영했다. 칭화대학 경제관리학원이 최초로 독자적 모금 캠페인을 시작했고, 이후 여러 단과대학·대학원이 그 전례를 따랐다. 칭화대학교육기금회는 더 많은 단과대학 및 전문대학원이 모금 역량을 강화하고 자체 개발 사무국을 설립하도록 적극 지원했다.

경제관리학원이 다시 한번 좋은 사례를 제공한다. 경제관리학원의 자문위원회는 세계 어느 대학의 어느 단과대학이나 전문대학원에서도 찾아보기 어려울 만큼, 비즈니스 측면에서 가장 명망 있고 가장 영향력 있으며 재정적으로도 막강한 위원회 가운데 하나다. 위원회의 구성원은 중국의 정치 엘리트와 서구의 기업 엘리트를 망라한 일종의 명사록(Who's Who)이라 할 수 있다. 전 국무원 총리이자 경제관리학원의 초대 원장인 주룽지가 자문위원회 의장을 맡았으며, 2018년 중국 측 주요 인사를 보면 왕치산(王岐山, 시진핑의 최측근 부주석), 천지닝(전 칭화대학 총장이자 현 베이징시 시장), 이강(易綱, 중국인민은행 총재), 마윈(馬雲, 알리바바 회장), 리옌훙(李彦宏, 바이두 회장) 등이 포함되었다. 해외 인사들 또한 뒤지지 않아서, 메리 바라(Mary Barra, 제너럴모터스 CEO), 로이드 블랭크파인(Lloyd Blankfein, 골드만삭스 회장), 팀 쿡(Tim Cook, 애플 CEO), 일론 머스크(테슬라 CEO), 스티븐 슈워츠먼(블랙스톤 회장), 그리고 중국에서 자신의 회사를 합법화하기 위해서라면 어떤 일도 마다하지 않을 인물인 마크 저커버그(페이스북 CEO) 등이 포함되었다. 경제관리학원과 그 자문위원회는 해외 기업 지도자들에게 중국의 정치 및 경제의 최상층부로 진입할 수 있는 특권적 통로였다.

이러한 인맥과 교류 속에서 경제관리학원에도 기부가 이어졌다. 자문위원인 존 손턴(John Thornton, 전 골드만삭스 부회장)은 워싱턴의 브루킹스연구소(Brookings Institution)와 칭화대학에 각각 존L.손턴중국연구센터(John L. Thornton China Center)를 설립했다. 그러나 대부분의 대학과 마찬가지로, 칭화대학에서도 가장 큰 "대어급" 기부자들은 중앙 집행부가 직접 관리했다. 경제관리학원의 첸 원장은 스티븐 슈워츠먼이 학원에 어떤 도움을 줄 수 있을지 이런저런 기대를 했을지 모르지만, 천지닝 총장은 훨씬 더 큰 포부를 품고 있었다. 슈워츠먼이 주도한 5억 달러 규모의 모금으로 설립된 칭화대학의 새로운 슈워츠먼칼리지는 훗날 천지닝의 상징적 성과로 평가받았다.

다른 모금 수단에 많은 제약이 존재하는 상황에서, 이러한 기부금과 대학 산하 기업들의 수익은 대학 전체와 각 단과대학 및 전문대학원이 재정적 유연성을 확보하는 중요한 계기였다. 교육부는 등록금 수준을 통제했고, 정부는 대학들이 대형 시설 투자 자금을 은행 차입으로 충당하는 것을 금지했다 이처럼 해외 인사들의 대규모 기부는 시작에 불과했다. 그러나 첸잉이가 지적했듯이, 중국 내 부유층이 급격히 늘어남에 따라 국내 민간 기부가 향후 대학 재정의 주요 성장 동력이 될 가능성이 높았다.[68]

국내외 경쟁

칭화대학은 중국 내에서 선도적 종합대학으로의 위상을 성공적으로 재건했으나, 세계적 수준의 대학으로 지속해서 인정받기까지는 여전히 많은 과제를 안고 있다. 리다오쿠이가 언급했다시피, 칭화대학의 중국 내 비교우위는 "국가의 정치, 과학, 기술, 발전, 교육의 중심에 있다"라는 점이었다.[69] 그러나 중국 인구의 국제적 이동성이 커지고 세계에 대한 인식이 넓어지면서, 해외 대학들이 우수한 중국인 학생과 대학의 높은 대학 순위를 두고 칭화대의 가장 강력한 경쟁자로 떠오르고 있다. 단, 한 가지 예외가 있다.

정부 보조금과 국제적 명성을 놓고 칭화대학과 가장 치열한 경쟁을 벌이는 기관은 바로 교문 건너편에 있다. 1898년 수도 중심에 설립된 베이징대학은 오랫동안 중국을 대표하는 간판 대학이었다. 1952년 옌칭대학의 캠퍼스 부지를 인수하면서 칭화대학 및 다른 대학들과 함께 오늘날 베이징 서북부의 대학 밀집 지대를 형성했다. 그러나 두 대학은 초기부터 서로 다른 목적을 지향하도록 설계되었다. 얼마 전 리다오쿠이가 내게 설명했듯이, "베이징의 전통은 정부에 비판적이다. (중략) 정치로부터 멀리 떨어져 있다. (중략) 반면, 칭화는 정치와 가깝다. 그것이 두 대학의 차이점이다."[70]

칭화대학과 마찬가지로 베이징대학 역시 개혁개방 시기에 다시금 종합대학으로 확대되었으며, 세계적 수준의 대학으로 도약하기 위한 목표를 세웠다. 현재 두 대학은 모두 985공정의 주요 수혜 기관이며, 기타 국가 보조금을 놓고 경쟁하고 있다. 2015년 11월 중국 국무원은 세계 최고 수준의 "일류 대학"과 "일류 학과"를 육성하기 위한 국가 프로젝트인 쌍일류 계획을 발표했다.[71] 2017년 1월 칭화대학은 총 110개 학문 분야 중 34개 분야에서, 베이징대학은 41개 분야에서 선정되어 칭화대가 근소하게 뒤처졌다.[72] 게다가 세계 수준 대학으로 도약하려는 베이징대학의 야심은 칭화대학의 그것과 상당 부분 유사한 방향을 띠었다. 예컨대 베이징대학의 옌칭아카데미(Yenching Academy)는 칭화대학의 슈워츠먼학자프로그램의 많은 부분을 모방한 것이었다. 칭화대학과 마찬가지로 베이징대학 역시 세계 유수 대학들과의 경쟁을 목표로 삼고 있다. 이러한 목표와 방향성은 두 대학을 새로운 도전의 길로 안내했다.

중국 학생들의 이동성과 국제적 인식이 높아짐에 따라 성취도 높은 학생들이 중국의 최상위 대학 대신 해외 유수 대학을 선택하는 경향이 두드러지고 있다. 중국의 많은 명문 고등학교가 전통적인 가오카오 대비 과정 대신 해외 대학 입시 절차에 맞춘 특별 과정을 운영하고 있다. 21세기 첫 10년 동안 해외 고등교육기관을 지망하는 중국 학생 수는 매년 20% 이상 증가했지만, 가오카오 응시생 수는 2008~2013년에 매년 감소했다.[73] 2013년에는 하버드에서 수학한 중국 본토 출신 학생이 686명에 달했는데, 이는 해당 캠퍼스에서 가장 큰 국제학생 집단이었다.[74] 2002년 본토 유학생(장학금 혜택을 받지 않는 자체 등록금 납부자 한정)에게 문을 연 홍콩의 명망 있는 대학들 역시 우수 학생 유치를 위해 칭화대학과 경쟁하고 있다. 중국이 세계적 제도 및 규범 체계 속에 통합되면서, 칭화대학은 국제적 역할의 확대와 더 높은 위상을 지향하게 되었다. 하지만 그러한 환경 변화는 국제 경쟁이 격화되면서, 중국 최상위 학생들 가운데 "정수 중의 정수"를 선발해 온 칭화대학의 핵심 강점을 일부 약화하는 효과도 가져왔다.

칭화대학이 세계적 종합대학에 요구되는 방대한 자원을 확보함에 따라, 대학 내 개별 프로그램들은 단일 분야에서 세계적 위상을 목표로 하는 전문 기관들과 경쟁해야 한다. 칭화대학 경제관리학원과 유럽의 선도적인 경영대학원인 유럽경영대학원(Institut Européen d'Administration des Affaires, INSEAD) 간 공동 MBA 프로그램은 2015년 《파이낸셜타임스》가 선정한 세계 MBA 프로그램 순위에서 1위로 선정되었다. 반면, 경제관리 대학원의 정규 MBA 프로그램은 중국 정부와 유럽연합 간 합작 투자 프로그램인 중국유럽국제경영대학원(中歐國際工商學院, CEIBS)과의 치열한 경쟁에 직면했다. CEIBS는 같은 해 《파이낸셜타임스》 정규 글로벌 MBA 프로그램 순위에서 11위를 기록했다.[75] 중국 및 해외 경영대학원생에게 국제적 감각을 갖춘 목표 지향적 교육을 제공하는 CEIBS는 상대적으로 작은 규모에 집중 전략을 취함으로써 학문 분야 확장을 지향하는 칭화대학의 전략과 대비를 이루었다. 그러나 그 명확한 성과는 칭화대학 비전의 실현 가능성과 타당성에 도전장을 내밀기에 부족함이 없었다.

국가의 지원에 힘입어 중국 고등교육의 정점에 오른 만큼, 칭화대학은 국가가 설정한 연구 우선순위에 부응하기 위해 새로운 분야에서 획기적 성과를 내는 대신 전통적 강점을 더욱 강화해야 했다. 물론 칭화대학은 중국의 쌍일류 계획이 "세계일류대학으로 발전할 잠재력이 있다"라고 지정한 42개 대학 중 하나였다.[76] 이 대학들은 특정 학문 분야에서 국내적 선도 위치를 기반으로 선정되었으며, 각자 선택한 분야에서 세계적 선도 지위를 구축할 것을 요구받았다. 칭화대학이 선택한 학문 분야의 약 3분의 2는 공학, 정보기술, 자연·물리과학 분야였다.[77] 여전히 칭화대학 예산의 큰 비중을 차지하는 정부 재정은 칭화대학이 이미 국제적으로 두각을 나타내는 분야로 집중되는 경향이 있었다.

칭화대학 치우융 총장의 시각에서, 국가가 소수 특정 분야에 집중적으로 지원하는 방식은 칭화대학이 공학을 넘어선 영역에서도 세계일류대학으로 도약할 가능성을 제약했다. 지도부 및 교수들과의 회의에서 치우융 총장은 칭화대학이 "4대 스승"과 같은 인물을 통해 중국의 인문·사회과학 분야에 엄청난 영향력을 끼쳤던 사실을 떠올리게 했다.[78] 칭화대학의 교육철학은 국가를 위한 혁신 인재를 양성하기 위해 "가치관 형성", "역량 배양", "지식 전수"를 통합하는 것이었다. 이를 위해 치우융은 학생들이 다양한 분야에서 선도적 지성들이 문제를 어떻게 이해하고 해결하는지를 파악하기 위해서는 자유학예와 과학 전반에 걸쳐 깊이 있게 학습해야 한다고 주장했다. 그러나 자연과학 및 응용과학에 대한 국가의 강조와 투자는 칭화대학이 추구하는 전인교육의 균형을 무너뜨렸다.

이런 의미에서 최근 몇 년 동안 칭화대학은 종합적 위상을 강화하기보다 이미 탁월한 공학 분야를 2030년에는 세계 선도적 위치로, 그리고 2050년까지 최정상으로 끌어올리겠다는 목표를 재확인했다. 2015~2018년에 칭화대학은 공학, 물리학, 수학 및 컴퓨터과학 분야 논문 수에서 세계 선두를 차지했다. 칭화대학 교수진이 수행한 연구는 양적으로 풍부할 뿐 아니라, 영향력도 컸다. 물리학 및 공학 분야의 상위 1% 피인용 논문 수 기준으로, 같은 기간 칭화대학은 MIT와 스탠퍼드에 이어 세계 3위를 기록했다.[79] 2021년 《유에스뉴스앤드월드리포트》와 QS 전공별 순위에서 칭화대학은 각각 공학 분야 세계 1위와 9위로 선정되었다.

독립된 정신?

지난 20여 년간 공학 교육을 받았거나 그런 배경을 지닌 인물들이 중국 지도부를 주도해 온 점을 고려하면, 공학자들이 이끄는 국가가 인문·사회과학의 진흥에 상대적으로 덜 매료되는 것은 놀랍지 않다. 1949년 이후 당·국가 체제는 인문·사회과학의 학문적 성취보다 통제, 검열, 정치적 동원에 더 많은 관심을 기울여 왔다. 여러 차례 부침을 거친 후 2012년 이후 정치적 압력은 다시 강화되었다. 2017년 칭화대학에 대한 중앙기율검사위원회의 조사는 "교재에 대한 정치적 통제를 강화"하고 "교육에 대한 감독을 확대"해, "직위 관리의 느슨함 문제"를 해결할 것을 요구했다. 또한 이 조사는 자유학예 분야 13개 학과에 대해 "교원 임용 시 정치적 기준을 추가"하고 "학문 평가 기준에 중국적 특색의 요구 사항을 반영"하도록 강제했다.[80] 이러한 정치적 기준은 〈2016~2020년 대학 발전 계획〉에서 제시된 것처럼, 칭화대학이 "신인문학(new humanities)"의 적극적 추진을 통해 칭화의 자유학예 전통을 되살리는 것을 어렵게 만들었다. 그러나 난징대학의 사례에서 보겠지만, 칭화대학은 다른 중국 대학들에 비해 중앙기율검사위원회의 조사를 비교적 무사히 통과했다.

물론 중국 대학들은 바람직하지 않은 국가의 개입을 지연시키거나 완화, 또는 무시하는 데 풍부한 경험이 있다. 그들은 과거에도, 특히 마오쩌둥 시대에는 지금보다 훨씬 더 심각한 상황을 경험했다. 교재를 보자. 칭화대학의 한 주요 강의는 국제적으로 널리 쓰이는 경제학 교과서를 사용하고 있었다. 문제는 그 교재가 마오쩌둥 시기에 벌어진 대약진운동으로 중국 경제가 거의 파탄에 이른 사실을 정확히 서술하고 있었다는 점이다. 그렇다면 어떻게 해야 할까? 세관과 우편 검열 당국(그렇다, 검열은 어디에나 존재한다)은 몇 쪽을 찢어 낸다면 교재 사용을 허용하겠다고 제안했다. 칭화대학 교수는 그렇게 하겠다고 대답했다. 그런데 검열관은 더 읽고 나서, 그 책을 (칭화대학에서 이미 10년 이상 사용되었는데도) 아예 중국으로 반입해서는 안 된다고 결론 내렸다. 그런데 기적적으로, 교재의 해외 저자가 칭화대학 학생들에게 교재의 PDF 파일을 이메일을 통해 "선물"로 보냈다. 출판사를 제외하면 모두가 만족한 결론이었다. 책의 실물이 중국에 들어오지 않았으므로 검열관들은 임무를 수행한 셈이었고, 교수들 역시 자신들이 선택한 교재를 학생들이 읽을 수 있게 되었으므로 임무를 다했다. 그리고 저자는 자신이 염두에 두었던 독자에게 닿을 수 있었다. 이렇듯 자선의 정신은 학문적 선의를 구현할 수 있다.

천인계획, 군민융합, 중국제조2025와 같은 국가 주도 프로그램에 참여하는 것은 칭화대학의 국제적 명성에 정치적 위험을 초래했다. 어느 나라에서든 대학이 정부의 재정적·정치적 지원을 확보하기 위해 자신들의 우선순위와 제도적 전략을 조정하는 것은 자연스러운 일이다. 그러나 미국과 오스트레일리아 등 일부 서방 국가에서 중국 정부에 대한 불신이 커지면서, 중국 정책의 우선순위에 대한 칭화대학의 기여는 엄격한 감시 대상이 되었다.[81] 천인계획은 칭화대학이 연구 역량을 높일 세계적 학자를 영입하는 데 이바지했다. 하지만 앞서 언급했듯이, 중국과의 경제 경쟁에 대한 우려 때문에 일부 외국 정부들이 이 프로그램을 지식재산 "탈취" 수단으로 해석했다. 이는 미국 의회의 보고서에도 명시되어 있다.[82] 칭화대학에서 군민융합 프로젝트가 확대되자, 일부 외국 정부는 칭화대학과 해외 학자의 공동 연구가 중국 군대를 지원할 수 있다는 우려를 제기하기 시작했다.[83]

내 생각에 이러한 우려의 상당 부분은 과도하거나 부정확하다. 앞선 장에서 보았듯이, 최고의 학자와 교원을 확보하고 유지하는 것은 위대한 대학의 본질적 속성이다. 천인계획은 하버드, 버클리, 듀크에는 적합하지 않았을 것이다(숫자가 너무 크다). 중국 대학들과 마찬가지로 미국의 선도 대학들 역시 최고의 인재를 영입하는 것을 핵심 사명으로 삼는다. 내가 21세기 초 하버드 문리과학대학 교원 규모를 100명 확대했을 때, 이를 백인계획이라고 부를 수도 있었을 것이다. 또한 하버드의 역사에서 보듯이, 대학이 군대를 지원하는 사례는 중국에만 있지 않다. 그러나 어느 정도 한계는 필요할 수 있다. 1990년대에 하버드 케네디행정대학원이 중국 인민해방군 대령들과 미국 군 장교들이 만나서 함께 연구하는 프로그램을 운영했던 일을 기억한다. 당시 케네디행정대학원에서 이 프로그램을 책임졌던 로버트 블랙윌(Robert Blackwill) 대사가 "하버드와 인민해방군의 지속적인 협력을 위하여!"라고 건배사를 했던 순간을 떠올리면 지금도 몸서리가 쳐진다. 그것은 내게 너무 지나쳤다.

칭화대학의 발전을 가로막는 가장 시급한 도전은 외부의 지정학적 압력이 아니라, 중국 내부에서 다시 강화되고 있는 정치적 억압이다. 이러한 억압은 대학 공동체 전체에 직접적인 영향을 끼친다. 이는 특히 인문·

사회과학 분야에서 두드러진다. 2018년 7월, 칭화대 법학원 교수이자 2005년 중국 "10대 젊은 법학자" 중 한 명으로 선정된 쉬장룬(許章潤)이 인터넷에 〈즉각적인 두려움, 당면한 희망〉이라는 제목의 공개서한을 발표했다.[84] 그 글은 국가 주석 임기 제한 철폐를 통한 시진핑의 장기 집권 시도에 대해 통렬한 비판을 담고 있었다. 쉬장룬 교수는 당 지도부의 정치적·이념적 충성을 요구하는 국가로의 회귀를 우려했으며, 이는 충분한 근거가 있었다. 이 서한은 중국 소셜미디어와 국제 언론에서 큰 반향을 불러일으켰다. 곧이어 반격이 시작되었다. 2019년 3월, 쉬장룬이 칭화대학의 모든 강의와 연구 직무에서 정지되었다는 보도가 나왔다. 이후 2020년 7월, 코로나19 기간에 시진핑 정부를 강하게 비판하는 추가 논평을 발표한 뒤 쉬장룬은 공식 구금되었다.[85] 전국인민대표대회 개막 직전에 발표된 마지막 논평에서 쉬장룬은 "과감하게 목소리를 내는 대학 교수들에 대한 탄압은 끝나야 한다"라고 썼는데, 이는 자신이 아니라 리원량(李文亮) 박사의 죽음 이후 표현의 자유 보장를 요구하는 서한에 서명한 우한대학 교수 10명을 가리켰다. 리원량은 중국의 코로나바이러스 발병 은폐에 대한 내부 고발자이자 순교자였다.[86]

쉬장룬 교수는 체포 후 6일 만에 구금에서 풀려났지만, 칭화대학으로부터 해임 통지를 받았다. 칭화대학은 해임 사유로 쉬장룬의 글이 교육부가 2018년에 발표한 '신시대 고등교육기관 교사 직업 행위 10대 기준', 즉 "당 중앙위원회의 권위를 훼손하거나 당 노선을 위반하는 언행"을 위반했다고 주장했다.[87] 그러나 칭화대학이 쉬장룬을 해임했음에도, 대학 내부에서는 그의 처지에 공감하는 이들이 많았다. 약 600명의 칭화대 구성원이 월급과 생계를 잃은 쉬장룬에게 1만4,000달러 이상을 모아 전달했다. 하지만 그는 이를 정중히 거절하며, "진정으로 도움이 필요한 사람들에게 기부하라"라고 권유했다.[88] 쉬장룬이 자신의 학문적 신념을 지키기 위해 모든 부담을 감수하겠다고 했고, 칭화대학 역시 가능한 한 그를 보호하려 했던 것으로 보인다. 하지만 결국 정치적 압력이 이를 압도했고, 쉬장룬은 중국 학계에서 사실상 추방되었다.

칭화대학 소속 학자들은 학교의 명성과 중국 통치자들과의 개인적 친분 덕분에 많은 특권을 누린다. 쉬장룬 사건은 중국에서 가장 세계적 수준을 지향하는 대학에서조차 중국 고등교육이 지닌 인간적·지적 한계를 적나라하게 보여준다. 칭화대학은 막대한 국가 자원과 고위 관료와의 관계를 바탕으로 성장했지만, 어쩌면 어떤 면에서 독특하게도 정치적 논쟁의 포화에 휘말릴 위험에 노출되어 있다.

여기서 우리는 중화민국 시대에 칭화가 중국에서 가장 저명한 네 명의 학자를 품었던 시절을 떠올리게 된다. 량치차오, 왕궈웨이, 천인커, 자오위안런은 모두 고전 학문과 근대 국제 학계의 지적 전통을 두루 갖춤으로써, 중국 문화에 정통하면서도 현대 인문·사회과학의 최전선에 선 학자들이었다. 그리고 이들은 국내뿐 아니라 해외에서도 명성을 떨쳤다. 1927년 왕궈웨이가 스스로 생을 마감한 후, 동료 천인커는 왕궈웨이를 기리기 위해 캠퍼스의 기념비에 이렇게 새겼다. "독립된 정신과 자유로운 사상(獨立之精神, 自由之思想)."

이 10자의 문장은 칭화대학 구성원 모두에게 잘 알려져 있다. 최근 수십 년의 정치적 격동과 억압에도 불구하고, 칭화대학 교수진은 여전히 왕궈웨이 기념비에 새겨진 덕목을 숭상한다. 그러나 2019년 4월, 칭화대학 창립 108주년을 맞아 쉬장룬을 포함한 교수들과 동문이 왕궈웨이 기념비에 경의를 표하려 했을 때, 기념비는 벽으로 가려진 채 "보수 중"이었다. 기념비를 둘러싼 벽에는 천인커의 글귀를 비틀어 쓴 조롱 섞인 문장이 적혀 있었다. "108년의 칭화: 스스로 만든 벽으로 독립된 정신을 틀어막고, 그 벽은 사유조차 속박할 만큼 두텁다." 칭화대학이 세계적 명문으로 도약하고자 하는 이때 "독립된 정신과 자유로운 사상"을 지닌 학자를 영입, 지원, 보호할 능력 또한 보수 중인 듯했다.

해외를 품은 캠퍼스: 칭화의 국제화

칭화대학은 본래 해외 유학을 준비하는 이들을 위한 예비 학교로 설립되었다. 중화민국 시기의 대학으로서 칭화의 교수들과 학생들은 미국식 고등교육과 학문 세계를 지향했다. 중화인민공화국 초기에는 이들의 눈이 모스크바로 향했다. 마오쩌둥 시기의 문화대혁명 동안에는 안으로 움츠러들었고 어디로도 가지 못했다. 그리고 1979년 이후 개혁개방이 시작되자 칭화대학은 다시 세계 대학 공동체의 일원으로 자리매김하기로 결심했다.

현대의 칭화대학은 우수 교수진 확보부터 연구 역량 강화, 학생 성과 제고, 행정 체계 개선에 이르기까지 전반적으로 국제화 노력을 다시 강화했다. 이 변화는 교수진 확보에서 시작되었다. 칭화대학은 국제적 위상을 높이기 위해 특히 칭화 출신의 해외 중국 학자들을 유치함으로써 저명한 교수진을 구성하는 데 집중했다. 첸잉이와 리다오쿠이 모두 이러한 초기 귀국 물결에 합류한 학자들이었다. 중국 대학들 사이에서 이러한 유치 방식이 칭화대학만의 독특한 것은 아니었다. 그러나 칭화대학은 명성과 재정뿐 아니라 광범위한 엘리트 동문 네트워크라는 강점을 지니고 있었다. 첸잉이와 리다오쿠이 세대의 학자들에게 조국으로 돌아와 봉사하라는 부름은 외면하기 어려운 것이었다. 특히 정부 인센티브와 고등교육 투자 확대로 교수직이 매력적인 직업으로 떠올랐던 21세기 초반에는 더욱 그러했다. 채용된 교수들은 해외 공동 저자들과 함께 국제 학술지에 논문을 발표할 것을 요구받았으며, 이는 결국 대학의 연구 순위를 높이는 데 이바지했다.

칭화대학 학생들 역시 점점 더 국제화된 동료 집단 속에서 공부하고 생활하게 되었다. 2019년 칭화대학에는 총 3,257명의 국제학생이 등록했다.[89] 2017년에는 약 2,000명의 칭화 학부생이 국제 교류 프로그램에 참여했으며, 칭화대학은 공식 교환 협정을 체결한 전 세계 140개 이상의 대학과 교환학생 프로그램을 운영했다.[90] 2016년 칭화 캠퍼스 내에 새롭게 건립된 슈워츠먼칼리지의 개원과 함께 슈워츠먼학자프로그램이 개설되면서, 더 많은 국제 대학원생과 교수진, 언론의 관심이 칭화대학으로 쏠렸다.

제도적 차원에서도 칭화대학은 해외 대학과 적극적인 협력을 추진했다. 2014년에는 캘리포니아대학교 버클리와 협력해 선전(深圳)에 칭화버클리선전연구소를 설립한다고 발표했다.[91] 2015년에는 마이크로소프트 및 워싱턴대학교와 협력해 미국 시애틀에 기술·혁신 분야 대학원인 글로벌이노베이션익스체인지(Global Innovation Exchange, GIX)를 설립함으로써 해외에 주요 연구 시설을 구축한 최초의 중국 대학이 되었다.[92]

칭화대학의 국제 협력은 중국 정부의 국제 인프라 전략인 일대일로와 보조를 맞추며 개발도상국으로도 확장되었다. 인프라 투자가 일대일로의 핵심이지만, 투자국의 기술 엘리트를 양성하고 인적 교류를 확대하기 위해 교육 협력 또한 포함되었다. 2016년 중국 교육부는 백서를 통해 "중국은 일대일로 참여국과 인문학 교류를 확대하고 인재 양성을 강화하며, 교육을 통해 더 나은 미래를 공동으로 창조하기를 원한다"라고 밝혔다.[93] 칭화대학은 〈2016~2020년 대학 발전 계획〉에서 일대일로의 정책 방향과 보조를 맞추겠다는 의지를 밝히며, 대학이 "일대일로를 추진하고 이 이니셔티브에 참여한 국가들을 적극 활용할 것"이라고 명시했다.[94] 이후 칭화대학은 일대일로 중심의 싱크탱크 설립, 연례 포럼 개최, 일대일로 국가 유학생 확대, 심지어 일대일로 관련 공공관리학 학위과정 개설까지

다양한 일대일로 관련 프로그램을 운영하기 시작했다.[95]

칭화대학은 국제 비즈니스에도 관여했다. 2015년 칭화대학 소유의 칭화홀딩스 산하 칭화유니그룹은 미국 반도체 기업 마이크론(Micron) 인수를 시도했는데, 인수 규모가 이전 중국 기업의 미국 기업 인수액 기록의 네 배를 넘는 230억 달러였다. 그러나 이 거래는 미국 정부가 국가 안보 우려를 제기하면서 중지되었다.[96]

특별 교육 구역: 슈워츠먼칼리지 중국 내 정치적 압력의 증대와 국제 정세의 불확실성은 칭화대학의 국제화 전략과 세계적 위상 강화 노력을 제약할 수 있다는 우려를 낳았다. 그러나 국내에서 새로운 기회가 등장하고 있었다. 1980년대 중국의 개혁개방이 선전과 같은 경제특구로 시작되었듯이, 21세기 초에는 뉴욕대학교 상하이와 쿤산의 듀크쿤산대학과 같은 중외합작대학이라는 "교육특구"가 등장했다. 칭화대학은 캠퍼스 내부에 자체적인 교육특구를 만들었다.

세계적인 사모펀드 블랙스톤그룹(Blackstone Group)의 회장이자 CEO인 스티븐 슈워츠먼은 2007년 블랙스톤의 기업공개 당시 중국국부펀드(China's sovereign wealth fund)가 블랙스톤에 투자한 이후 중국에서 강력한 사업적 이해관계를 형성해 왔다. 그는 칭화대학 경제관리학원 자문위원으로 활동했다. 경제관리학원 원장이었던 첸잉이는 뉴욕공공도서관 등 여러 기관에 거액을 기부해 온 자선가 슈워츠먼에게 큰 금액의 기부를 요청하고자 했다. 그러나 대학에서는 학장이 발굴한 최고의 기부자를 총장이 선점하는 일이 종종 일어났고, 천지닝 총장은 더 큰 포부를 품고 있었다. 천지닝 총장은 슈워츠먼과 협력해 칭화뿐 아니라 칭화의 국제적 위상까지 변화시킬 프로젝트를 추진하고자 했다.

수년간의 협상과 기획, 건축, 학생 및 교수 모집 끝에, 칭화대학 캠퍼스에 "차세대 글로벌 리더" 양성을 목표로 하는 국제적인 거주형 글로벌 정책 대학원인 슈워츠먼칼리지가 탄생했다.

나는 2011년 말 하버드경영대학원에 있는 내 사무실을 방문한 스티븐 슈워츠먼이 자문을 부탁해서 이 프로젝트에 관여했다. 당시 슈워츠먼의 기부 규모가 매우 막대하다는 사실 외에 해당 기부금의 활용에 관한 칭화대학 측의 계획은 구체화되지 않은 상태였다. 슈워츠먼 역시 구체적 형식은 정하지 않았으나, 변혁적이어야 하고 무엇보다 중국과 미국의 장기적 관계 발전을 도모함으로써 양국 차세대 지도자들이 서로 배우고 교류하는 프로젝트가 되기를 원했다. 슈워츠먼의 말에 따르면, 그의 목표는 학생들이 "중국과 서구의 교수진 아래서 학습하며 문화 간 연결 고리를 발견하고 그러한 경험을 통해 지적·문화적으로 성장하며, 장차 각국에서 영향력 있는 위치에 올랐을 때 서로와 서로의 지향을 이해함으로써 국가들을 '투키디데스의 함정(Thucydides trap)'[97]으로 이끄는 의심과 불신이 아니라 우정과 이성에 기반해 행동"[98]하도록 만드는 데 있었다. 몇 달 후 나는 하버드경영대학원의 동료 워런 맥팔런(Warren McFarlan)과 함께 미국 학계 기준으로는 경이적일 만큼 빠른 속도로 전개되는 이 프로젝트의 전반에 대해 슈워츠먼에게 조언하고 있었다.

새로운 대학을 설립하는 일은 어디서든 쉽지 않다. 기존 대학 안에 새 단과대학이나 전문대학원을 세우는 일은 특히 어렵다. 새로운 조직에 투입되는 자원과 관심이 기존 조직들(그리고 그 학장들)에게는 대체로 손실로 작용하기 때문이다. 그러나 천지닝 총장과 그의 후임인 치우용 총장은 칭화대학의 각 단과대학 및 전문대학원과 교수진을 이 프로젝트에 동참시켰다. 이들 또한 이 프로젝트가 국제학생과 교수진, 그리고 국제적 기준을 캠퍼스 중심부에 들여옴으로써 대학 전체를 변혁할 것이라고 믿었기 때문이다. 이 프로그램이 칭화대학, 중국, 미국, 더 나아가 세계에 끼칠 영향을 제외하고는 모든 것이 정의와 협상의 대상이었다. 심지어 슈워츠먼의 중국어 이름도 새롭게 부여되었다. 이전까지 그의 이름을 단순히 음역해 표기했으나, 천지닝 총장은 그에게 "세계의 사람, 쑤"라는 의미가 담긴 쑤스민(蘇世民)이라는 세 글자의 정식 중국 이름을 지어 주었다.

천지닝과 슈워츠먼 모두 속도를 중시하는 인물이었다. 천지닝과 칭화대학은 오늘날 중국에서 사안이 추진되는 놀라운 속도를 가리키는 말인 "중국 속도(中國速度)"로 움직였다. (최근 하버드대학교에서는 찰스강을 가로지르는 다리 하나를 보수하는 데 6년이 걸렸지만, 중국에서는 비슷한 규모의 다리가 48시간 만에 교체된다.) 그러나 때로는 중국 속도조차 '슈워츠먼 속도'에 미치지 못했을 정도로 프로젝트는 숨 가쁘게 추진되었다. 2012년 말까지 프로젝트의 성격과 재정 구조에 대한 기본 합의가 이루어졌고, 건축가의 글로벌 공모가 시작되었다. 그리고 나는 국제학사자문위원회를 구성해 의장을 맡았다. 칭화대학은 카리스마 넘치고 학술적으로 왕성한 경제학자 리다오쿠이 교수를 초대 학장으로 임명했고, 슈워츠먼은 자신의 자금 1억 달러를 약정함과 동시에 나머지 거의 전액을 모금하는 일에 착수했다. 슈워츠먼의 지인 중 그의 요청을 거절할 수 있는 사람이 거의 없었기에, 2020년에 이르자 이 프로그램의 기금 약정액은 거의 6억 달러에 달했다.[99]

이 정도 자금은 오늘날의 슈워츠먼학자프로그램을 구축하고 지속하는데 필수적인 규모였다. 이 프로그램은 최대 200명의 대학원생에게 모든 것(등록금, 수수료, 주거, 식사, 교통)을 무료로 제공할 계획이었다. 학생들은 옥스브리지 모델을 따라, 학생과 (일부) 교수진을 수용하는 새로운 주거형 칼리지에서 거주하게 된다. 그곳은 사례연구 강의실, 화려한 강당, 개방형 회의 공간, 체육관, 그리고 펍까지 갖추고 있었다(그 펍은 내 아이디어였다). 20세기 초 중국 캠퍼스의 전통에 따라, 미국 건축가 로버트 A. 스턴

[그림 9-4] 슈워츠먼칼리지. (© 윌리엄 C. 커비).

(Robert A. Stern)이 설계를 맡았다. 그는 베이징 스타일의 벽돌과 정원을 포함해 중국적 요소를 가미한 완전히 현대적 캠퍼스를 설계했다.

개별 침실, 욕실, 스위트룸까지 마련되어 있는 슈워츠먼칼리지는 하나의 독립된 건물 단지로, 칭화대학의 기존 학생 기숙사들과 선명하게 대조되었다. (슈워츠먼칼리지는 원래 칭화대학 기숙사의 학생들이 공동으로 사용하던 공공 목욕 시설 부지에 지어졌다.) 이 대학원은 베이징 특유의 유해 환경을 차단할 수 있는 첨단 공기 및 수질 정화 시스템을 갖추고 있으며, 중국의 인터넷 검열 장벽인 만리방화벽을 우회할 수 있는 자체 전용 인터넷망을 보유하고 있었다. 이곳의 도서관에는 국제 신문과 잡지, 학술 서적은 물론, 시진핑 주석의 연설집이 10개 국어로 제본·비치되어 있었다.

이 시설은 치외법권의 특권을 가진 학술 분야의 새로운 조약항(treaty port)이었을까? 확실히 그런 면이 없지는 않았다. 그럼에도 슈워츠먼칼리지는 중국과 해외 각계 지도자를 초청하는 광범한 공개 프로그램을 운영하고 이를 대학 공동체에 개방했다. 그렇다면 이 대학원이 칭화대학이 지향하는 미래 방향의 징표였을까? 의심할 여지 없이 그렇다. 새로운 대학원의 상대적 호화로움과 개방성이 비판에 직면하자, 천지닝 총장은 이곳이 칭화대학의 미래 모델이 될 수 있다고 단언했다. (수십 년 전 덩샤오핑이 첫 경제특구를 출범시키며 말한 것처럼, 일부가 먼저 부유해진다고 해서 중국식 사회주의의 배신은 아니라는 논리였다.)

2020년 무렵, 글로벌 팬데믹의 영향으로 인해 일시적으로 베이징 현지에서 운영되지 못했는데도 칭화대학의 슈워츠먼학자프로그램은 의문의 여지 없는 성공으로 평가받았다. 이 프로그램은 로즈장학금의 선발 방식을 본뜬 펠로우십 경쟁 방식을 도입하며, 미국, 중국 본토, 홍콩, 마카오, 타이완은 물론 전 세계 74개국에서 학생들을 선발했다. 지원자 중 약 4%만 합격했으며, 합격자 등록률 94%를 기록하는 등 세계에서 가장 경쟁적인 국제 대학원 프로그램 중 하나로 빠르게 자리매김했다. 이 프로그램의 글로벌정책학 석사과정은 정치, 비즈니스, 과학에 초점을 맞추면서, 학생들이 중국과 세계가 직면한 주요 이슈에 몰입하도록 설계되었다. 지금까지 이 프로그램은 시진핑 시대에 강화된 정치적 감시로부터 어느 정도 보호받았다. 현재 이 프로그램은 저명한 학자이자 행정가인 쉐에란(薛瀾) 학장이 이끌고 있으며, 칭화대학과 해외 유수 학자들로 구성된 교수진이 재능 있는 젊은 세대를 교육한다. 이들은 "중국과 세계의 상호 이해를 심화한 준비된 리더"로 성장할 것이라고 기대받는다.

칭화대학은 선도할 수 있을까? 중국 내부에서 칭화대학은 이미 많은 분야에서 선두를 달리고 있다. 칭화대학은 국제적으로 가장 권위 있는 대학 순위에서 중국 최고의 종합대학으로 평가받고 있으며, 학문 분야별 순위에서도 세계 선두권이거나 세계 최고인 대학들을 바짝 추격하고 있다. 과학, 기술, 공학, 수학(STEM) 분야의 탁월함 덕분에 칭화대학은 다른 중국 대학보다 재정 전반에서 더 큰 안정성을 확보할 수 있었다. 2020년 칭화대학의 공공 재원 기반 과학기술 지출은 거의 30% 증가했는데, 이는 코로나19 팬데믹 이후 칭화의 경쟁 대학들에 대한 정부 지출이 감소한 것과 대조적이다.[100] 그러나 칭화대학의 발전에 힘을 실어 준 정권에 대한 의존은 대가 없이 이루어지지 않았다. 빌헬름 시대의 베를린대학교가 그러했듯이, 칭화대학은 과학기술 분야에서 세계 선두권에 선 신흥 국가 프로젝트의 일부이자 핵심 구성 요소다. 이 대학은 자유학예교육을 장려하지만, 국가 정치적 맥락에서는 광의의 비자유주의적 환경 속에 놓여 있다. 더 나아가 과학, 기술, 공학, 수학 분야에 대한 국가의 막대한 지원은 대학이 지식의 창출과 확산보다도 중국의 발전 전략에 대한 봉사를 우선시해야 한다는 관점을 강화한다. 그렇다면 슈워츠먼과 같은 프로그램만으로 칭화대학이 연구 성과뿐 아니라, 대학이 지향하는 가치 측면에서도 진정한 국제화 대학임을 스스로 입증할 수 있을까?

그 답은 두고 볼 일이다. 한편, 원래는 중국 학생들을 해외 유학시키기 위해 설립된 칭화대학은 이제 스스로 "21세기의 로즈장학금"이라 부르는 프로그램을 자랑스럽게 운영하고 있다. 결국, 세계의 가장 우수한 젊은 리더들이 쇠퇴하는 유럽 해안의 안개 자욱하며 쌀쌀하고 고립된 섬인 옥스퍼드로 가야 할 이유가 무엇인가? 그 대신 떠오르는 중국의 수도 베이징에 있는 칭화대학으로 올 수 있는데 말이다. 세실 로즈(Cecil Rhodes)는 "리더십에서 잠재력을 가진 사람들"을 교육하고자 했다. 칭화대학도 분명히 리더십을 발휘할 잠재력을 갖추고 있다.

제10장
역사의 짐
난징대학

영어권에서 오래도록 난킹(Nanking)으로 불린 난징은 남경(南京), 즉 중국의 '남쪽 수도'다. 적어도 문자 그대로는 그렇다. 오늘날 난징은 중국의 정치적·경제적 위계 속에서 그 위상이 다소 모호하다. 정치권력의 본부가 베이징에, 금융의 힘이 상하이에, 무역과 제조의 중심이 광둥에 있는 상황에서, 난징은 수많은 부유하고 산업화된 성도(省都) 중 하나에 불과하지 않은가? 물론 그것이 하찮은 지위는 아니다. 인구 850만 명의 이 대도시는 오랜 기간 중국의 상업적·지적 중심지였던 장쑤성의 성도이며, 8,000만 명에 이르는 장쑤성 주민들은 중국에서 가장 높은 생활 수준을 누리고 있다. 확실히 중국의 도시 위계에서 난징은 미국 도시 체계 속의 노스캐롤라이나 더럼보다 훨씬 높은 위치를 차지하고 있다. 그러나 오늘날 난징대학은 한때 듀크대학교가 직면했던 것과 유사한 도전에 맞서고 있다. 즉 주어진 위상을 넘어서는 성취를 어떻게 이룰 것인가 하는 문제다.

중국 중동부의 양쯔강(長江) 기슭에 있는 난징은 한때 절대적 중심지였으며, 건조한 확북 평원의 북단에 자리한 베이징보다 더 길고 찬란한 역사를 지녔다. 난징은 여러 중국 왕조의 수도였다. 명 왕조(1368~1644)의 수도였을 때는 응천(應天)으로 불렸으며, 1400년경 50만 명이 살고 있었으니 세계에서 가장 큰 도시였을 것이다. 명 왕조가 베이징에 '북쪽 수도'를 세우자, 응천부는 난징, 즉 '남쪽 수도'로 불리면서 갑작스럽게 제2 수도로 격하되었다. 청 왕조(1644~1912) 시기에 난징은 19세기 중엽 약 10년간 반란 정권인 태평천국의 수도로서 '하늘의 수도'를 뜻하는 톈징(天京)으로 불렸다. 1912년 중화민국이 수립되었을 때 난징은 초대 수도가 되었다. 그리고 국민당 정부 시절인 1927~1949년에 명실상부 국가의 수도 역할을 했다.

근대에 들어 난징은 비극과 희망을 모두 경험했다. 19세기 중반에 일어난 태평천국의난 동안 난징 주민은 두 차례 대규모 학살을 겪었다. 1853년 태평군이 난징을 점령했을 때, 3만 명의 청나라 군은 찌르고 불태우고 익사시키는 방식으로 난징 주민을 학살했다. 11년 뒤 청나라 군이 도시를 탈환한 후 장수 증국번(曾國藩)은 10만 명의 반란군이 죽었다고 보고했다. 1911년 청 왕조를 전복하려는 혁명군이 피비린내 나는 전투 끝에 난징을 함락했을 때, 마지막 제국 왕조의 몰락이 목전에 있었다. 1937년 일본군의 난징대학살은 군사 폭력의 잔혹성을 전례 없는 수준으로 끌어올렸다. 7주에 걸친 중국군 포로의 집단 처형과 수만 명의 민간인에 대한 학살과 성폭력은 세계가 목도하는 가운데 현대 전쟁의 모든 규범을 철저히 짓밟은 사건이었다.

그러나 1927년 이후 수도였던 시절에 난징은 영광의 회복을 꿈꾸었다. 새로 들어선 국민당 정부와 향후 200만 인구(돌아보면 보수적인 추정치)를 수용하기 위해 도시 경계가 대대적으로 확장되었다. 철도망 확충과 대규모 공항 건설이 이루어질 예정이었다. 옛 명나라 궁 서쪽 부지에 약 10km^2 규모의 관청 지구가 조성될 예정이었고, 명나라 왕릉 남쪽에는 국민당 창시자인 쑨원(孫文)을 위한 웅장한 영묘가 세워질 예정이었다. 해당 구역 중심에는 남북 축을 따라 현대식 궁정 단지가 위치하며, 북단에는 베이징 천단과 워싱턴 D.C. 연방의회 의사당의 요소를 결합한 국제적 건축 걸작으로 설계된 대규모 국민당 본부가 들어설 예정이었다. 이 모든 것 외에도 도시는 아름답게 꾸며질 계획이었다. 파리 스타일로 가로수가 대로를 따라 늘어서고 중국 등롱 모양의 전등이 거리를 밝힐 예정이었다. 중산로(中山路) 혹은 쑨원로로 불리는 6차선 대로를 중심으로 공원 도로와 대로 망이 구상되었고, 그 환상대로(環狀大路)가 새 수도를 감쌀 예정이었으나 베이징처럼 고대 성벽을 철거하는 방식은 아니었다. 난징의 거대한 성벽은 보존될 예정이었는데, 당시 상황을 고려하면 언젠가 그것이 필요할지도 모른다는 생각에서였을 것이다. 따라서 난징의 환상대로는 성벽 위를 달리며 도시, 강, 교외를 조망하는 경관 도로가 될 예정이었다.[1]

이 모든 계획이 실현되지는 않았다. 그러나 일부는 건설되어 오늘날에 난징이 지향했던 바를 떠올리게 한다. 쑨원로는 주요 간선도로로, 도시를 관통해 쑨원의 장엄한 능묘로 이어진다. 성벽 역시 남아 있으며, 중국에서 가장 잘 보존된 성벽의 하나다. 또한 주민들이 "프랑스 나무(French trees)"라고 부르던(실제로는 미국산 플라타너스와 동양 플라타너스의 교배종) 나무 묘목을 많이 심었다. 프랑스에서 들여온 이 묘목은 훗날 공산당 통치 아래의 난징에 그늘을 드리웠다.

유산

중화인민공화국이 수립되기 전인 야망과 부흥의 시기에 난징대학의 전신들인 국립중앙대학과 진링대학 같은 기관들이 설립되고 번영했다. 훗날 난다(南大)라 불리며 베이다(北大)와 구분되는 난징대학으로 통합되기 전, 각 기관은 당시 국제 고등교육의 흐름 및 모델과 밀접하게 연결된 고

유한 기관 문화를 발전시켰다.[2]

국립중앙대학: 양쯔강의 베를린 난징대학의 주요 전신인 국립중앙대학은 청나라 말기 개혁 운동 속에서 설립된 여러 교육 기관으로부터 비롯되었다. 국립중앙대학의 기원은 1902년 개혁가 장즈둥이 주도해 설립한 삼강사범학당(三江師範學堂)까지 거슬러 올라간다. 그는 당시 양강총독(兩江總督, 오늘날의 장쑤·장시·안후이 지역)이었다. 장즈둥은 이 지역에 근대 교육 체제가 필요하다고 판단했고, 서구 모델로부터 영향받은 일본식 체제를 바탕으로 삼강사범학당을 설립했다. 이 학교는 설립 후 첫 20년 동안 빠르게 변화했다. 1905년 첫 입학생을 받은 지 1년도 지나지 않아 학교는 양강사범학교(兩江師範學校)로 개명되었고, 학생이 전공을 더 유연하게 선택할 수 있도록 교과과정이 확대되었다. 1914년 학교는 국립난징고등사범학교로 재편되었으며, 일본식 교과과정은 미국 및 유럽식 모델로 대체되었다.[3] 이러한 변화의 중심에는 당시 중국 교육계의 중요한 인물이었던 궈빙원(郭秉文) 총장이 있었다. 의화단 배상금 장학생(Boxor Indemnity Scholarship)이었던 그는 오하이오주의 우스터대학교(University of Wooster, 현재는 칼리지로 바뀜)에서 수학하며 과학과 인문학 교육의 중요성을 확고히 인식했다. 궈빙원은 미국 대학에서 박사 학위를 받은 최초의 중국인 중 한 명이었으며, 컬럼비아대학교에서 '중국 공교육 제도'에 관해 박사 학위 논문을 썼다. 총장으로서 그는 선택과목제 도입, 여성 입학 허용 등 중국에서 혁신적으로 여겨지던 서구식 고등교육 제도를 도입했다. 1920년까지 그는 학교를 종합대학으로 발전시켰다. 3년 뒤 학교는 그 위상에 걸맞게 국립동남대학(國立東南大學)으로 이름이 바뀌었다. 중국 화중 및 화동 지역의 대표 대학임을 선언한 것이다.

국립동남대학은 당시 유력한 고등교육기관이었다. 교직원은 200명이 넘고 학생 수는 1,600명에 달했으며, 5개 단과대학 아래 27개 학과를 보유하고 있었다. 학생들은 전공과 선택과목을 정하기에 앞서 일반교양 교육과정을 이수했다. 이 대학은 중화민국 시기의 주요 지적 운동과 밀접하게 관련되어 있었다. 5·4운동 및 베이징대학 출신 인사들이 주도했던 신문화운동이 중국 전통을 날카롭게 비판했을 때, 동남대학교의 여러 학자는 서구 문화를 수용하면서도 중국의 국수(國粹)를 보존하고자 했다. 이들은 학술지《학형(學衡, Critical Review)》에서 이름을 딴 학형파로 불렸다. 1920~1930년대 미국 보수주의 사상의 형성에 이바지한 어빙 배빗(Irving Babbitt)의 지도로 하버드에서 교육받은 "대담하고 직설적인" 젊은 학자들이 이 학형파의 중심이었다.[4]

국립동남대학은 난징대학의 역사적 토대에 중요한 흔적을 남겼으나, 1926~1927년 국민혁명으로 국민당 정부가 수립된 뒤 불과 4년 만에 다시 개편되었다. 1927년에 수립된 국민당 정부는 새 수도 난징에 국가의 위상을 드높일 최고 권위의 종합 '국립'대학 설립을 열망했다. 그들은 난징에 세울 대학이 "베를린의 베를린대학교"처럼 되기를 원했다. 국민당 정부는 또한 당의 최고 거점 대학, 즉 중화민국 초대 임시 총통이자 영원한 혁명가로 추앙받던 쑨원(孫文)의 이념을 계승할 엘리트 양성 기관을 세우고자 했다. 쑨원은 1925년에 사망했지만, "당이 주도하는 국가 발전"이라는 그의 사명은 장제스가 이끄는 국민당의 정치적 신조가 되었다.

장제스의 통치는 정치적 규율과 과학·기술 발전에 대한 헌신을 동등하게 강조했다. 1928년 5월 16일, 국립동남대학을 포함해 여덟 개 기관의 통합으로 설립된 국립중앙대학은 집권 국민당의 직접적인 후원 아래 탄생했다. 이 신생 대학은 8개의 단과대학, 1,762명의 학생, 346명의 교수를 갖춘 당시 중국 최대 규모의 대학으로, 같은 시기 칭화대학보다 훨씬 큰 기관이었다. 국립중앙대학으로 전환된 초기에 교과과정의 구조는 동일하게 유지되었으나, 그 내용은 점차 정치적 통제와 이념적 요구의 대상으로 전락했다. 학생들은 영어와 쑨원의 그 유명한 삼민주의(민족주의, 민권주의, 민생주의)를 집권당 관점에서 학습해야 했으며, 군사훈련과 체육 교과과정을 통과해야 했다.[5]

1937년 중일전쟁 발발 이전 10년 동안, 독일은 중국의 군사·산업·교육 발전에 상당한 영향을 끼쳤다.[6] 이 시기에 독일 유학파 지질학자인 주자화(朱家驊)는 총장으로 재임하며(1930~1932) 국립중앙대학을 중국 고등교육의 모범으로 만들고자 했다. 고등교육은 당화(黨化)되어야 했으며, 국가의 정치 목표와 과학 중시 노선을 따르도록 요구받았다. 장제스 자신도 프로이센·독일식 교육의 가치, 즉 "애국, 기율, 명예, 질서"의 가치를 칭송했다.[7] 그는 심지어 아들 장웨이궈(蔣緯國)를 뮌헨 군사학교(Kriegsschule)에 생도로 보냈고, 그곳에서 장웨이궈는 1938년 독일의 오스트리아 합병 과정에 동원되기도 했다. 그러나 국립중앙대학 학생들은 국민당원이라기보다 민족주의자였고, 일본의 지속적 침략에 격렬히 항의했다. 1931년 일본의 만주 점령은 난징 학생들의 거센 시위를 불러왔고, 장제스는 국립중앙대학의 운영을 일시 중단시켰다. 장제스의 요청을 받은 뤄자룬(羅家倫)은 칭화대학 총장직을 내려놓고 국립중앙대학을 운영하고 개혁했다.

베를린, 파리, 런던의 여러 대학에서 수학한 뤄자룬은 국립중앙대학을 중국 문화 부흥의 주요 주체로 만들고자 결심했다. 그는 우수한 교수들을 영입하고 정교수 임용 기준을 높이는 데 주력했는데, 이는 교수들의 반감을 사는 결과를 낳았다. 그의 두 번째 우선순위는 대학의 학술적 발전을 중국의 사회·경제적 요구와 연계하는 것이었다. 예컨대 그는 MIT 출신 뤄룽안(羅榮安)을 영입해 기계공학과를 설립함으로써 중국 최초의 항공공학자들을 배출하는 데 이바지했다. 또한 대학의 행정 구조를 정비해 불

[그림 10-1] 국립중앙대학의 브란덴부르크문. (위키미디어 커먼즈).

필요한 중복을 없애고 효율성을 제고하며 비용을 절감했다. 절감된 예산을 도서 구매와 캠퍼스 재정비에 사용했는데, 여기에는 상징적인 브란덴부르크문(1933)과 베를린대학교를 본뜬 강당(1934) 건립이 포함되었다. 그러나 1만 명의 추가 학생을 추가로 수용할 새로운 캠퍼스 건설이라는 그의 가장 야심 찬 계획은 일본의 침략으로 영구히 무산되었다.

1937년 난징이 일본군에 함락되자, 나치 독일과 공식 동맹 관계에 있던 일본 주도의 중국 "괴뢰"정부가 기존 부지에 별도의 국립중앙대학을 운영했다. 훗날 중화인민공화국 주석이 되는 장쩌민은 1943년부터 1945년 전쟁이 끝난 직후까지 이 중앙대학에서 학업을 이어 갔다. 그곳에서 그는 반일 학생운동에 적극 참여했다. 그러나 1945년 전쟁이 끝나고 국민당 정부가 난징으로 복귀했을 때, 정부는 일본 통제 아래 중앙대학에서 수학한 장쩌민 등의 학력을 인정하지 않았다. 이에 장쩌민은 상하이자오

퉁대학에서 학업을 마쳐야 했으며, 그곳에서 곧바로 공산당에 가입했다.[8]

국민당 정부가 이끄는 국립중앙대학은 1946년 난징에서 중국 최고의 종합대학으로 재개교했다. 학교가 중국 남서부로 이전해 있던 제2차 세계대전 시기에 국민당 정부의 주석 장제스가 국립중앙대학 총장직을 맡았다. 그는 전쟁 후에도 명예총장으로 남았으나, 대학의 회복은 오래 지속되지 못했다. 국공내전(1946~1949)에서 공산당이 승리한 후 대학은 다시 국립난징대학으로 개명되었다. 이후 모든 대학 명칭에서 국립이라는 표현이 폐지되면서 최종적으로 난징대학으로 확정되었다.

진링대학 국립중앙대학은 난징대학의 가장 중요한 전신일 수 있지만, 난징대학의 계보에는 19세기 말과 20세기 초 중국 고등교육에서 중요한 역할을 했던 주요 기독교 계열 대학들도 있다. 이들 기독교 대학은 현대의 난징대학에 강한 교육 중심 전통을 물려주었는데, 이는 오늘날 다른 중국 명문대들보다 난징대학에서 더 강하게 유지되고 있다고 평가된다.

난징대학의 직접적 전신인 진링대학(金陵大學, University of Nanking)은 1910년 난징에 있던 여러 미국 선교사가 운영하는 기관들을 합병해 설립된 학교로, 뉴욕주립대학교 이사회에 의해 법인화되었다.[9] 왜 뉴욕이었을까? 뉴욕주 의회가 해외에 "자선·구제·과학 및 선교 단체"를 설립하고 발전을 지도하며, 이수한 학업에 학술적 인정을 부여하는 역할을 했기 때문이다.[10]

이러한 기독교적 이상은 교육, 의학, 농학, 인문학 등 중국에서의 선교 활동과 밀접하게 연관된 학문 분야에 특화된 진링대학의 교과과정에 반영되었다.[11] 진링대학의 교과과정은 영어 교육, 양방향 교수법, 응용 프로젝트 중심이라는 미국식 모델의 영향을 강하게 받았다.[12] 진링대학은 미국과의 긴밀한 연계로 재정을 지원받았으며, 설립 선교위원회가 예산의 65%를 제공했다. 1928년 캘리포니아대학교 버클리 소속 학자가 실시한 중화권 학부 프로그램 평가에서 진링대학은 종합 11위를 차지하며 어느 정도 명성을 얻었다.[13] 국민당 정부의 감시 아래 외국과의 관계는 약해졌으나, 지속적인 성장을 통해 1934년 진링대학은 학생 675명과 교수 214명, 3개의 단과대학과 중국문화연구센터를 갖추었다.[14] 그러나 국립중앙대학과 마찬가지로, 중일전쟁 발발 후 교육부의 명령으로 1937년에 쓰촨성 청두(成都)로 이전한 뒤 1946년까지 그곳에서 운영되면서 학교는 큰 타격을 받았다.

전쟁이 끝난 직후 난징으로 돌아온 진링대학은 다시 활기를 찾았으나, 이어진 국공내전으로 인해 안정적인 기반을 다지지 못했다. 1948년 진링대학은 전쟁 전 규모를 넘어서 학생 1,100명과 교수진 150명을 보유했다. 그러나 이러한 행운은 오래가지 못했다. 불과 1년 뒤 전세가 공산당 쪽으로 기울자, 국민당 지도부와 많은 관련 기관이 타이완으로 도피했다. 진링대학 지도부는 난징에 남는 선택을 했고, 이는 대학의 독립성을 잃는 결과로 이어졌다. 1951년 1월, 새로 수립된 중화인민공화국 교육부는 진링대학이 미국 선교계의 자금원과 모든 관계를 단절하도록 압박했고, 진링대학은 공립 난징대학으로 재편되었다. 곧이어 진링대학은 진링여자대학과 합병되었으나, 통합된 기관은 1년을 버티지 못하고 새로 조직된 난징대학에 흡수되었다.

진링여자대학 난징대학의 계보에는 명칭 문제에 따른 혼란이 빈번하다. 진링대학(University of Nanking)의 중국 명칭은 金陵大學이었다(Jinling 또는 Ginling[15]은 난징의 역사적 명칭이었다). 그러나 진링여자대학(金陵女子大學, Ginling College)은 기원이 달랐으며, 난징대학 계보에서 또 하나의 중요한 갈래를 형성한다. 진링여자대학은 1912년 난징에서 다섯 개 미국 선교

[그림 10-2] 진링여자대학의 학생들. (메리 루이즈 닌드 게임웰(Mary Louise Ninde Gamewell), 《중국의 새로운 생명 조류(New Life Currents in China)》, 미국 및 캐나다 선교교육운동본부 발행, 1919, 194/위키미디어 커먼즈).

단체가 미국의 세븐시스터스(Seven Sisters)[16]를 모델로 설립한 여성 리버 럴아츠칼리지로, 진링대학과 협력 관계를 맺고 있었다. 미국 선교사들은 여성을 위한 교육 기회 확대가 주요 사회적 과제로 떠올랐던 미국 혁신주의 시대의 영향을 받았다.[17] 진링여자대학은 중국에서 최초로 여성에게 학사 학위를 수여한 대학이었다. 첫 총장인 마틸다 C. 서스턴(Matilda C. Thurston)은 마운트홀리오크칼리지(Mount Holyoke College) 출신이었다. 그러나 진링여자대학은 스미스칼리지와 가장 긴밀한 관계를 맺었고, 교수 교류뿐 아니라 스미스칼리지 동문의 모금을 통해 재정 지원까지 받았다.[18] 미시간대학교에서 박사 학위를 받은 우이팡(吳貽芳)은 중국 최초의 여성 대학 총장으로, 1928~1951년에 진링여자대학의 총장을 지냈다. 1937년 난징대학살 당시, "자비의 여신"으로 알려진 미국인 선교사 윌헬미나 보트린(Wilhelmina Vautrin)은 진링여자대학의 임시 총장으로서 캠퍼스로 피신한 여성과 어린이 약 1만 명을 보호했다.[19] 다른 고등교육 기관들과 마찬가지로 진링여자대학 역시 제2차 세계대전 동안 분산·해체되었다가, 1946년 교육 사명을 이어 갈 열망과 함께 다시 난징으로 복귀했다.[20] 그러나 대학의 독립은 불과 5년밖에 이어지지 못했으며, 이후 새로 조직된 난징대학에 편입되었다.

공산주의 시대의 난징대학 1949년 공산당이 중국을 장악하면서, 난징은 갑작스럽게 국가의 수도 지위를 잃었다. 난징과 중국을 대표하던 최고 학문 기관인 국립중앙대학은 더 이상 존재하지 않게 되었다. 훔볼트대학교가 1945년과 1990년대에 겪었던 것처럼, 이 학교에서도 구체제(ancien régime)에 가장 충성했다고 여겨진 교수진과 행정 인력이 숙청되었다. 모든 면에서 중심에 있고 중앙의 재정 지원을 받던 대학이었으나, 이제 확연히 일개 지방대학으로 전락했다. 국민당의 대학이라는 "원죄"를 짊어진 채

국립중앙대학을 계승한 새로운 난징대학은 수십 년 동안 베이징에 있는 대학들이 받던 특별 자원을 배정받지 못했다. 공식적이지는 않았지만, 베이징대학과 칭화대학이 사실상 중국의 새로운 "국립대학"이 되었다.[21] 더욱이 난징대학의 여러 전신 대학이 해외 선교계와 깊은 연관을 맺고 있었다는 사실은 공산당 정권 아래의 난징대학이 출발부터 험난한 길을 걸을 수밖에 없음을 의미했다.

난징대학은 국립대학의 지위를 잃었을 뿐 아니라 그 규모도 축소되었다. 학교는 빠르게 소련식으로 재편되었고, 새로운 연구를 수행할 권한이 없는 순수 교육 중심의 대학으로 개조되었다. 국립중앙대학과 진링여자대학의 옛 교사에 자리 잡은 난징대학에서 공학, 교육학, 농학 프로그램은 모두 폐지되었고, 기초과학과 인문학을 중심으로 교과과정이 전환되었다.[22] 1956년 무렵 난징대학은 문학, 언어, 기초 수학과 과학 분야의 단 10개 학과만 보유하게 되었다. 개편 과정에서 교원의 36%를 잃었지만, 수학과 과학 분야의 저명한 학자들을 일부 유지해 해당 분야에서 선도적 위치를 간신히 지킬 수 있었다.[23]

국립중앙대학, 진링여자대학, 그리고 진링대학은 모두 유럽 또는 미국과 긴밀한 관계를 맺고 있었다. 그러나 이제 난징대학은 다른 중국 대학들과 마찬가지로 국제 협력의 범위를 소련권 국가들로 한정할 수밖에 없었다. 사회주의 형제국의 학자들을 난징으로 초청하고 난징대학 소속 인사들을 소련과 동유럽에 파견했지만, 중국-소련 학술 교류의 중심 역할을 한 적은 없었다. 난징대학의 "몽유 상태"는 1963년까지 이어지다가 중국 전통 문화 연구자이자 공자의 전기를 쓴 쾅야밍(匡亞明)이 총장으로 임명되면서 비로소 깨어나기 시작했다. 야심 차고 직설적인 성격의 쾅야밍은 중국의 짧은 정치적 이완 시기에 임기를 시작했고,[24] 그 기회를 최대한 활용하려 했다. 극단적 전문화(ultra-specialization)를 추구한 소련식 대학 모델을 비판한 그는 새로운 연구소를 설립해 각종 학회를 주최하고, 학술지를 발간해 난징대학을 다시 중국의 연구중심대학의 선두에 세우고자 했다. 난징대학을 학문적 황무지에서 되살리기 위한 10개년 계획도 수립했다. 그러나 결과적으로 그에게 주어진 시간은 3년에 불과했다.

쾅야밍은 현대 중국의 모든 대학 총장처럼 이리저리 바뀌는 정치적 바람에 끊임없이 촉각을 곤두세워야 했다. 1964년과 1965년에 마오쩌둥이 엘리트주의적이고 현실과 동떨어졌다며 대학 교육을 공개 비판하자, 그는 1966년 초 난징대학의 충성을 증명하고자 적극적으로 행동에 나섰다. 그는 인문학 분야의 학생과 교원 500명을 시골로 보내 반농반학(半農半學) 생활을 장기간 수행하게 했다. 이들은 원칙적으로 마오주의의 이상을 실천한 셈이었는데, 실제로는 노동 환경이 참혹했고, 난징에 남은 공학 계열 구성원들에 대한 불만이 극심했다. 그해 여름 베이징의 대학들에서 문화대혁명이 발발하자, 반농반학 생활을 하며 불만을 품은 학생들과 교원들이 쾅야밍에 대한 정치적 공격을 주도했다. 쾅야밍은 이에 대응해 그들을 반동분자이자 "우파"로 규정했다. 그 후 베이징의 급진 세력들로부터 "학생운동을 억압했다"라는 어처구니없는 비난을 받았고, 자신이 마오의 뜻을 따른다고 믿었던 그를《인민일보》는 "혁명적 대중운동을 탄압하고 무산계급 문화대혁명을 훼손한 반당·반사회주의 범죄자"로 낙인찍었다.[25]

쾅야밍 총장은 1966년 6월 1일에 공식 절차도 없이 해임되었고, 몇 주 뒤 부하 직원들과 함께 대규모 집회에 끌려가 구타당한 뒤 교정 곳곳을 끌려다녔다. 도시와 나라 전체가 그러했듯이, 캠퍼스 역시 파벌 갈등과 혼란 속으로 빠져들었다. 난징 전역에서 대중운동과 투쟁이 벌어졌고, 세 개의 상이한 난징대학 학생 그룹이 1967년까지 이어진 파벌 간 무력 충돌에서 주도적 역할을 했다. 같은 해, 혼란이 계속되는 가운데 대학은 입학을 중단하고 사실상 폐쇄 상태에 들어갔다. 다음 입학생은 1972년에야 모집되었으며, 추천과 계급 정체성에 기반한 입시를 실시한 칭화대학과 마찬가지로 노동자와 농민, 군인만 입학이 허용되었다.[26] 이 시기 난징대학은 과거의 영광을 잃은 껍데기이자 기능이 마비된 대학에 불과했다.

재탄생 12년에 걸친 혼란과 마비의 시기를 지난 1978년, 난징대학은 마침내 다시 생명을 얻었다. "학문의 무덤"에서 불려 나와 다시 총장직에 복귀한 쾅야밍은 새로운 시대를 이끌 준비가 되어 있었다. 그는 소비에트식의 전문화 방침을 폐기하고, 학점제를 기반으로 한 더욱 개방적인 학부 교과과정으로 전환했다. 중앙정부는 88개의 중점대학 체제를 확립했으며, 난징대학은 그중 하나로 지정되었다. 중앙정부와 지방정부의 새로운 지원이 이루어지고 개방적 교육관이 확산되는 가운데, 쾅야밍은 개혁개방이 제공한 고등교육의 기회를 과감히 포착했다.[27]

그는 문화대혁명기의 반지성주의적 혼란 속에서 숙청되었던 유능한 학자들을 빠르게 복귀시켰다. 1949년 이전부터 이어져 온 난징대학 이학 분야의 전통(그가 1차 재임기 동안 강화했던) 덕분에 쾅야밍은 비록 노쇠했으나 견실한 토대 위에서 다시 출발할 수 있었다. 1978년 중국의 전국과학대회(全國科學大會)에서 난징대학은 54개의 상을 받으며 모든 중국 대학 가운데 가장 두드러진 성취를 거두었다. 그는 젊은 인재들을 유지하고 격려하기 위해 신진 교수들을 승진시키고 국제 학술회의에 파견했다. 그의 개혁은 교과과정 전반으로 확장되어 공산 정권 수립 이후 처음으로 난징대학에 일반교양교육의 요소가 도입되었다. 각 학과는 비전공자 학생들에게 개방된 기초과목을 최소 한 과목 이상 개설해야 했다. 쾅야밍은 모든 학생에게 필수인 작문 과목을 직접 가르쳤다. 1981년 난징대학은 대학원을 재개설하며 다시금 종합대학의 길을 걷기 시작했다. 당시 대학원은 24개의 박사과정과 53개의 석사과정을 운영했다.

이 시기 난징대학의 학문적 풍토에는 과거보다 한층 자율적이고 독립적으로 변한 쾅야밍의 지적 태도가 반영된 듯했다. 난징대학 인문학연구소는 정치학과의 부교수 후푸밍(胡福明)의 연구로 전국적 주목을 받았다. 그의 1978년 논문 〈실천은 진리를 검증하는 유일한 기준이다(實踐是檢驗真理的唯一標準)〉는 마오주의의 무오류성을 강력하게 부정한 충격적인 선언이었다. 후푸밍은 마오의 후계자 화궈펑(華國鋒)이 내세운 "마오쩌둥이 내린 어떤 결정이든, 그가 내린 어떤 지시든 모두 지지해야 한다"라는 교리를 공개적으로 반박했다. 후푸밍의 비판은 전국적으로 커다란 반향을 일으켰으며, 그해 말 중국의 최고 지도자로 복귀한 덩샤오핑에게 이론적 정당성을 부여했다. 이 시점에서 난징대학은 드물게도 중국 정치의 승자 편에 서게 되었다.

난징대학은 또한 역사학 부문의 부흥을 주도했는데, 이 분야는 마오 시기에 이념적인 연구를 제외하고는 거의 금지된 영역이었다. 중국의 전통적 역사 서술의 관례에 따르면, 새로운 왕조는 전 왕조의 정사(正史)를 편찬한다. 이러한 정사는 2,000년 동안 모두 24종이 편찬되었으며, 그 마지막은 1775년에 완성된 《명사(明史)》였다. 중화민국 시기에 《청사(清史)》 초고[28]가 작성되었으나 완성되지 못했고, 1949년 이후 중화민국 정부가 타이완으로 옮겨간 뒤 양안(兩岸)에서 경쟁적인 《청사》 편찬 작업이 이어졌다. 정사를 편찬하는 행위 자체가 새 정권의 정통성을 부여하는 상징이었으므로, 중화인민공화국은 중화민국의 역사를 서술함으로써 그것을 과거의 역사에 귀속시키고자 했다. 이러한 작업의 중심지는 국민당 정부의 옛 수도인 난징이었다. 난징대학의 용기 있고 통찰력 있는 역사학자 장셴원(張憲文)이 이끄는 중화민국사연구소(中華民國史研究所)가 설립되었으며, 그는 사학과 학과장과 역사연구소 소장을 겸임했다. 장셴원은

1980년대 초 국민당 정부 시기의 국사관(國史館), 현재 중화인민공화국의 제2사료관(第二歷史檔案館)에 보관된 자료를 바탕으로 중화민국사의 정본을 집필하는 선구적 연구를 이끌었다. 그의《중화민국사강요(中華民國史綱要)》는 양안 모두에서 오랫동안 냉정한 분석보다는 선전의 도구로 소비되어 온 주제를 사료에 근거해 객관적으로 분석했다는 점에서 높이 평가받았다.[29] (이 주제가 워낙 민감했기에, 서문을 쓴 인물조차 "책을 읽지 않았다"라고 고백할 정도였다.)

장셴원과 그의 동료들 덕분에 난징대학은 20세기 중국사 연구의 중심지로 떠올랐다. 나는 1980년대에 장셴원 교수가 동료들과 함께 주최한 여러 학술회의와 워크숍에 참석한 기억이 있다. 나는 그의 소개 덕분에 외국 학자 중 최초로 제2역사당안관에 소장된 국민당 정부 시기의 문서를 폭넓게 살펴볼 수 있었다. 비록 당시의 당안관은 국제 학계에서 통용되는 연구 관행에 아직 익숙하지 않았지만, 돌이켜보면 내 연구 분야에서는 이 시기가 진정한 황금기였다. (기록 보관 담당자의 책상 뒤 벽에는 인쇄된 규정표가 걸려 있었는데, 그중에는 "정확한 각주 작성 금지" 조항이 있었다. 연구자는 문서의 세부 사항은 인용할 수 있지만 출처 기관명은 밝힐 수 없거나, 반대로 기관명은 명시할 수 있지만 세부 사항은 적을 수 없었다. 내가 이유를 묻자, 담당자는 "그럼 모두가 알게 되잖아요!"라고 답했다.)

장셴원과 난징대학은 그의 중화민국사 연구 덕분에 얻은 주목을 발판으로 마오 시기에는 불법이었던 타이완과의 본격적인 학술 교류를 추진했고, 나아가 타이완 기업들을 대상으로 기금 조성에도 나섰다.[30] 이처럼 여러 측면에서 난징대학은 난징과 그 지역의 대학들이 중국의 중심이었던 민국 시기의 과거를 연구하는 데서 주도권을 확립해 나가고 있었다.

국제화 난징대학이 공산당 집권 이전의 국제 교류 전통을 토대로 세계와의 관계를 다시 회복해 가기 시작했을 때, 이러한 역사적 맥락은 중요한 의미를 지녔다. 1979년 난징대학은 문화대혁명 이후 처음으로 외국인 학생과 학자 그룹을 초청했다. 같은 해에 쾅야밍은 공산주의 혁명 이후 최초로 중국 대학 총장으로 구성된 대표단을 이끌고 미국을 방문했다.[31] 릴랜드 체류 중 그는 존스홉킨스대학교 총장 스티븐 뮐러(Steven Muller)의 친구인 치융첸(Chih-Yung Chien, 錢致榕) 교수를 만나 그에게 중국을 방문해 난징대학과 다른 대학에서 3개월간 강의해 줄 것을 요청했다.[32] 한편 뮐러는 존스홉킨스 국제관계학고등대학원(School of Advanced International Studies, SAIS)[33]이 이탈리아 볼로냐에서 캠퍼스를 열었던 것처럼, 중국에도 홉킨스 캠퍼스를 설립하고자 했다. 1979년 당시에도 뮐러에게는 "중국이 미래"였다. 치융첸은 중국 방문 후 베이징처럼 정치적이지도, 상하이처럼 상업적이지도 않은 난징이야말로 이러한 사업을 위한 최적의 장소라고 확신했다.

1981년 뮐러는 난징을 방문해 쾅야밍과 협정을 협의했고, 중국 교육부의 승인을 받았다. 1984년 건설이 시작되었고, 1986년 난징대학은 존스홉킨스 국제관계학고등대학원과 협력해 홉킨스-난징중미연구센터(Hopkins-Nanjing Center for Chinese and American Studies, HNC)를 개설했다.[34] 홉킨스-난징센터는 중화인민공화국 건국 이후 중국과 미국 대학 간 최초의 학술 합작 기관으로, 오늘날까지도 가장 엄정한 학문 수준을 유지하고 있다. 이 프로그램은 중국학과 미국학을 아우르는 고난도 학제 간 공동 석사학위과정으로 설계되었으며, 양측 모두에게 까다로운 언어 학습 요건을 요구했다. 예컨대 미국 학생들은 입학 전에 보통 3~4년 동안 대학 수준의 중국어 과정을 이수했다. 미국 학생들은 대부분의 수업을 표준 중국어로 들었고, 중국 학생들은 주로 영어로 공부했다. 이 프로그램은 장차 미국 정부, 기업, 학계로 진출하고자 하는 이들에게 중국을 이해하는 최고의 관문이자, 미국과 중국 학생 간 교류를 촉진하는 장으로 설계되었다. 서로 다른 배경의 학생들이 우정을 쌓을 수 있도록 기숙사 방에는 미국인 1명과 중국인 1명이 배치되었다.

난징대학의 전통적 강점인 우수한 교육은 홉킨스·난징센터의 학문적 명성을 떠받치는 핵심이었다. 출범 초기부터 학생 규모는 작았으며(초기 100명, 현재 170명), 미국과 중국의 역사, 정치, 문화 등을 다루는 강의가 매우 집중적으로 이루어졌다. 이 도서관에 양측 대학이 주문한 책과 정기간행물이 풍부하게 비치되었는데, 여기에는 중국에서 금지된 학술 자료와 언론 자료도 있었다. (이는 내가 중국 대학을 수백 차례 방문하면서 본 유일한 개가식 도서관이었고, 지금도 그렇다.) 홉킨스·난징센터는 합작 프로그램의 학문적 기준을 매우 높게 설정했다. 이후 화둥사범대학과 협력한 뉴욕대학교 상하이, 우한대학과 협력한 듀크쿤산대학교, 칭화대학의 슈워츠먼학자프로그램 등이 홉킨스·난징센터가 세운 학문적 자율성의 기준을 본받았다. 국제주의 시대였던 중화민국 시절의 수도 난징은 다시금 중국의 글로벌 체제 재진입의 중심이자 선봉에 섰다.

홉킨스·난징 실험의 성공은 결코 쉽게 이루어지지 않았다. 워싱턴 D.C.에 위치한 존스홉킨스 국제관계학고등대학원과 난징대학의 정치적·관료적 문화는 현저히 달랐고, 미국 측 공동 소장은 대체로 짧은 임기를 선호했다. 주기적으로 발생하는 미·중 관계의 거시적 긴장은 양국 문화가 공존하는 기관 운영에서 나타나는 미시적 문제를 더욱 복잡하게 만들었다. 그럼에도 홉킨스·난징센터는 견뎌 내고 발전했다. 홉킨스·난징센터는 중국에서 최초로 문화대혁명 관련 강의를 개설했고, 학문적 자율성이라는 초기의 약속을 꾸준히 지켰다. 공식적인 절차가 통하지 않을 때는 다른 방식으로 문제를 해결했다. 나는 1987년 미국 측 공동 소장이던 레온 슬라베츠키(Leon Slawecki)의 초청으로 센터를 방문해 강연했던 일을 기억한다. 그는 은퇴한 외교관으로, 중국의 대외 관계를 멀리서 그리고 가까이서 연구한 사람이었다. 그는 중국을 잘 이해하고 있었다. 또한 난징 지역이 유명 브랜드를 다수 거느리고 있는 독한 바이주(白酒)를 아낌없이 대접하는 일이 문제 해결에 가장 유용한 외교적 수단임을 잘 알고 있었다. 그는 자신의 아파트에 200종이 넘는 바이주 컬렉션을 소유하고 있었다.

물론 난징이 국제주의를 다시 추구함으로써 예기치 않은 불행한 결과가 닥치기도 했다. 1980년대에 난징대학과 난징의 여러 대학은 문화대혁명으로 단절되었던 1950년대의 국제 교류를 회복하기 위해 많은 아프리카 학생을 받아들였다. 당시 중국 대학 입학 정원이 매우 제한적이었던 탓에, 상대적으로 큰 장학금으로 유치한 아프리카 학생들에 대한 반감이 생겨났다. 여기에 중국 여성과 교제하는 아프리카 남학생에 대한 중국 남학생들의 질투와 분노가 더해졌다. 이러한 정치적·성적 불만과 반아프리카 인종주의, 반외국 정서가 결합한 상황에서 1988년 크리스마스이브에 인근 캠퍼스에서 결국 사달이 났다. 이는 난징역에서의 대규모 학생 시위로 이어졌고, 도시를 떠나려던 아프리카 학생들을 위협하는 사태로 번졌다. (나는 이 사건을 상당히 뛰어난 한 하버드 학부생을 통해 처음 알게 되었는데, 그가 1989년에 쓴 〈중국의 반아프리카주의(Anti-Africanism in China)〉라는 학사 학위 졸업 논문은 지금까지 내가 읽은 학부생이 쓴 글 중 가장 탁월하다. 나는 그에게 역사학 박사과정을 밟기를 권했으나 배우가 되고 싶다며 거절했다. 6년 후, 미라 소르비노(Mira Sorvino)는 아카데미상을 받았다.)[35]

1989년 베이징 톈안먼광장에서 비극적 결과를 낳았던 전국적 시위와 진압마저도 국제적 기준에 맞추어 재도약하려는 난징대학의 움직임을 잠시 멈추게 했을 뿐이었다. 그해 봄 난징의 학생 시위는 열정적이고 규모가 작지 않았으나 베이징만큼 대규모이거나 조직적이지 않았고, 동일한 수준의 군사적 탄압을 받지 않았다. 그렇다고 1989년의 상황이 아무런 영향도 끼치지 않았다는 의미는 아니다. 존스홉킨스의 일부 인사들은 밀러 총장에게 센터를 폐쇄하라는 압력을 넣었다. 그러나 밀러는 존스홉킨스 국제관계학고등대학원 중국학 석좌교수인 A. 도크 바넷(A. Doak Barnett)의 도움으로 혼란과 위기 속에서도 중국에 남는 것, 특히 난징대학과의 파트너십을 지속하는 것이 올바른 길이라고 이사회를 설득하는 데 성공했다.[36]

야망, 좌절, 그리고 재건 1982년 쾅야밍이 두 번째 총장 임기를 마친 후에도, 중국 고등교육의 중심으로 복귀해 다시 선도적 종합대학이 되고자 하는 난징대학의 야망은 계속되었다. 그의 후임자인 천체물리학자 취친웨(曲欽岳) 역시 탁월하고 독립적인 지도자였다. 그는 중국 본토 대학 총장으로서는 드물게 공산당원이 아니었다. 더욱 이례적이었던 것은 그가 난징대학을 교육과 연구가 통합된 모델로 만들겠다는 목표를 세웠다는 점이다. 난징대학의 교과과정은 수백 종의 교과서 출판을 통해 전국으로 확산되었다. 취친웨 총장은 학부·대학원 교육의 개편을 주도했고, 1984년에는 대학원을 설립했으며, 3년 후에는 공산당 집권 이후 중국 대학 최초로 의학전문대학원을 세웠다.[37]

총장직을 떠난 후에도 영향력을 유지한 쾅야밍은 중앙정부의 지원을 얻기 위해 로비 활동을 벌였다. 그러나 난징대학은 덩샤오핑이 발표한 특별 재정 지원 대상 5개 대학에 포함되지 못했다.[38] 덩샤오핑은 중국의 중점 전략 대학이 될 가장 유력한 대상으로 베이징과 상하이의 최상위 대학들을 선정하고 투자를 집중했다.[39] 난징은 다시 주변부로 밀려났다. 취친웨 총장도 자원을 확보하려 노력했으나 그의 초기 시도는 실패했고, 중앙정부가 15개 대학에 대한 투자를 늘리는 과정에서도 난징대학은 다시

한번 제외되고 말았다.[40] 1993년이 되어서야 난징대학은 211공정을 통해 재정 지원을 받을 100개 대학 중 하나로 지정되었고, 뒤이어 985공정 2차 사업을 통해 훗날 C9이라 불린 9개 엘리트 대학에 포함됨으로써 더 큰 도약의 계기를 맞았다. 난징대학은 비로소 다시 국가적 명문으로서의 위상을 되찾을 수 있었다. 그러나 재정적 측면에서 국가적 지원은 여전히 제한적이었다. 1999년 이후 난징대학이 국가적 논의의 장에 남는 데 필요한 투자를 떠맡은 곳은 장쑤성 정부였다.[41]

북아메리카의 듀크대학교처럼, 난징대학은 더 적은 자원으로 더 많은 일을 해야 했다. 난징대학은 교수진 확보와 인재 양성에 자원을 집중하고 난징의 고도(古都) 구러우(鼓樓) 지구에 있는 중앙 캠퍼스를 재정비했으며, 양쯔강 북안의 푸커우(浦口)에 새로운 독립 캠퍼스를 건설해 학생 수와 등록금 수입을 확대했다.

상대적으로 규모가 작고 자원이 제한적이었음에도 난징대학은 연구에서 꾸준히 체급 이상의 성과를 냈다. 중국과 세계에서 과학 분야 연구 역량을 평가하는 지표로 널리 쓰이는 톰슨사이언티픽(Thomson Scientific)의 과학인용색인(Science Citation Index, SCI)에 따르면, 난징대학은 1992~1998년에 6년 연속으로 중국 대학 중 국제 학술지에 게재된 논문 총수에서 최고를 기록했다.[42] 그러나 중국 고등교육의 급속한 발전으로 인재와 자원 경쟁이 심해지면서, 난징대학은 학사상의 수요가 정부의 재정 지원을 지속해서 앞지르는 상황을 맞았다. 정부의 재정적 소극성에 좌절한 취친웨 총장은 중국 대학에서는 전례가 없는 결단을 내리고 1997년 사임하면서, "정부가 구호를 실제 책임으로 전환하지 않는다면, 교육 발전이 사회 변화의 요구를 충족시키기 어려울 것이다. 그리고 이는 필연적으로 대학 지도층과 교수진, 교육계의 사기에도 영향을 끼칠 것"이라고 밝혔다.[43]

중심으로의 복귀? 21세기의 대중화와 글로벌 명성 추구

21세기에 들어서면서 재정의 제약은 사실상 사라졌다. 난징대학은 중국 고등교육의 폭발적 팽창 속에서 크게 성장해, 마침내 중국 최상위권 대학의 지위를 회복했다. 2019년 난징대학은 31개 단과대학·전문대학원 및 학과에 걸쳐 총 6만3,876명의 학생을 교육했는데, 여기에는 학부생 1만3,129명, 석사과정생 1만4,937명, 박사과정생 6,996명, 외국인 학생 3,205명이 있었다. 난징대학은 2005년 이후 학부 정원을 약 1만3,000명으로 제한했지만, 대학원생이 25년간 8배 증가해 2,409명(1995)에서 2만명 이상(2019)으로 불어났다.[44] 국제 대학 평가에서 난징대학은 일관되게 중국 내 6~7위, 세계적으로는 100~150위에 있었다. 이는 2004년 세계 300위권 밖에 있던 세기 초의 위치와 비교하면 극적인 도약이었다. 15년 만에 200단계 상승은 대부분의 대학에서 환영받을 성과였고, 난징대학에서도 그러했다. 그러나 시진핑 주석이 2014년 난징대학을 "최초의 중국 명문 고등교육기관"으로 향하는 궤도에 오른 5개 대학 중 하나로 지목한 이후, 난다를 세계일류대학으로 발전시키는 것은 전 대학 차원의 필수불가결한 핵심 전략이 되었다.

2016년에 발표된 난징대학의 〈제13차 5개년 계획〉은 "중국적이면서 세계적 특성"을 갖춘 발전 모델을 추구할 것과 "국내 선도적 위치를 유지하는 동시에 세계적 대학으로의 도약 속도를 높이겠다"라는 목표를 밝혔다.[45] 이 계획은 지금은 "세계적 대학 대열에 합류하기 어려운 시기"임을 솔직하게 인정하면서도 난징대학의 지도부는 도전에 맞설 준비가 되어 있다고 선언했다. 이듬해 난징대학은 〈세계일류대학 건설 계획〉을 발표하며, 난징대학이 "중화민족의 위대한 부흥 실현을 위해 세계일류대학의 최전선"에 설 것이라 전망했다.[46] "위대한 부흥"은 시진핑 주석의 핵심 정치 구호였고, 난징대학은 점점 그 정치적 의제와 긴밀히 연결되었다. 난징대학이 높은 목표를 설정한 유일한 중국 대학은 아니었지만, 여러 고유한 제도적 강점이 있는 대학이었다.

교육으로 정상에 오를 수 있을까? 난징대학은 독립적 지성주의 전통과 쾅야밍·취친웨 총장의 개혁을 바탕으로, 연구 성과뿐 아니라 무엇보다 재능 있는 학생 양성에 집중함으로써 국내외 동급 대학들과 차별화를 꾀했다. 난징대학의 세계일류대학 건설 계획은 "인재 양성은 세계일류대학 도약의 바탕을 이루는 요소"라고 규정했다.[47] 그렇다면 대학은 어떻게 인재 "양성" 방식을 개선할 수 있을까? 난징대학이 내린 답은 강의실에 있었다.

이는 중국 대학들의 성공이 거의 연구 성과로만 평가되고 탁월한 교육 활동은 좀처럼 인정받지 못하던 현실에서 난징대학이 차별화를 시도한 이례적 전략이었다. 무엇보다, 다른 대학들이 하지 않는 상황에서 오래전부터 난징대학의 DNA에 내재해 있는 교육 분야에서 자신을 차별화하지 않을 이유가 없었다. 그것은 난징대학에 충분히 승산이 있는 경쟁이었다. 2006년 난징대학은 과학 분야 학생들에게 학제 간 교육을 제공하기 위해 소규모·교육 중심의 쾅야밍영재학원(匡亞明英才学院)을 설립했다.[48] 2009년에는 대학 전체 차원에서 일반교양교육 개혁이 뒤따랐다. 이제 학생들은 미국 대학처럼 전공을 정하지 않은 상태로 난징대학에 입학했으며, 일련의 일반교양과정을 마친 후 정식으로 전공을 확정할 수 있었다. 난징대학의 일반교양교육 필수 요건의 개편에는 세미나 중심 교육과 공식적인 강의가 포함되었다. 교육과 교육과정의 질에 대한 강조는 칭화대학의 첸잉이 원장의 개혁과 맞닿아 있었다. 그러나 첸잉이 원장은 칭화대학 내부 단위만 설득하면 되었던 반면, 난징대학은 전체 학생이 공유하는 일반교양교육 체계를 구축하고자 했다. 2016년 난징대학은 세계적 수준으로 인정받는 강좌 10개, 중국 최상위 수준의 강좌 100개, 현대적으로 개별화된 교수법을 도입한 강좌 1,000개를 만들겠다는 야심 찬 수치 목표를 제시했다. 새로운 교과과정에 대한 자부심이 컸던 난징대학 집행부는 2018년 국제 교육자들을 초청해 직접 수업을 참관하고 난징대학이 제공하는 교육을 직접 확인하도록 했다.

존스홉킨스와의 대표적인 협력 프로그램에 기반한 "국제 교류와 협력 증진"은 "국제적 자원, 명성, 지원"을 구축하려는 난징대학의 핵심 전략으로 남았다.[49] 대학은 인재 양성 강화, 학과 역량 제고, 연구 수준 향상을 전략적 목적으로 삼아 새로운 국제 교류 네트워크 구축에 전념했다. 난징대학의 국제화 전략은 최고 수준의 학문적 기준을 찾아 배우고 수용하려는 개방성을 보여준다는 점에서 가장 이상적이었다. 2020년까지 난징대학은 무려 유럽의 40여 개 기관, 영국의 8개, 오스트레일리아의 9개, 아시아의 40여 개, 미국의 20개, 라틴아메리카의 2개 기관과 학생·교수진·학술 교류를 진행했다.

그러나 21세기 두 번째 10년이 끝날 무렵, 난징대학이 야심 차게 지향해 온 국제주의적이고 세계시민주의적 학문 문화(이상적으로 세계적 수준인)는 국내에서 점차 의심과 조사의 대상이 되었다. 베이징은 결국 누가 중심에 있고, 누가 통제권을 쥐고 있는지 난징에 상기시키고자 했다.

국가에 봉사하며 순위를 추구하다 마오쩌둥 시대 이후 난징대학이 다시 명예로운 지위를 회복할 수 있었던 것은 대학의 역사, 즉 중화민국 시대 자유 학예와 과학에서 쌓아 올린 위대한 유산 덕분이었다. 그러나 정부의 관점에서 볼 때 대학은 본질적으로 국가의 우선 과제를 달성하기 위한 수단이었고, 그 우선순위는 언제든 변할 수 있었다. 이는 국립중앙대학 시절 국민당 정부에게도, 개혁개방 시대 공산당 정부에게도 마찬가지였다. 난징대학에 이는 1950년대 중국 대학 구조조정 과정에서 잃었던 공학과 응용과학 관련 학과를 재건하는 방향으로의 전환을 의미했다. 난징대학은 1950년대 난징대학으로부터 분리해 생긴 응용 분야 학과 중심의 둥난대학(東南大學)과 합병을 추진하기도 했으나, 둥난대학 교수진의 반대로 무산되었다.[50] (중국에서도 평교수들은 행정가들에게 심각한 골칫거리를 안길 수 있다.) 공학 분야에 대한 정부의 재정 지원이 급증하자, 이를 계기로 난징대학은 야심을 실현하고 대학 순위를 높일 기회를 얻었다.

2016년 난징대학의 〈제13차 5개년 계획〉은 놀랄 만큼 솔직했으며, 어딘가 듀크대학교의 전략을 연상케 했다. 보고서는 대학이 "국가의 주요 전략적 수요에 부응하는 획기적인 성과를 충분히 내지 못했다"라고 지적했다. 이에 난징대학은 위상을 개선하기 위해 "공학 분야와 연구개발 자원을 통합해 국가와 지역의 경제·사회 발전의 주요 수요에 따라 운영되는 대학"이 되겠다고 선언했다.[51]

이러한 방향에 따라 난징대학은 교원 신규 채용의 40% 이상을 이공계(STEM) 분야에 배정했다.[52] 난징대학의 "고급 인재(High-Level Talent)" 프로그램을 통해 영입된 이공계 분야 학자들은 급여 보너스, 창업 지원금, 주택 보조금, 연구조교들을 제공받았다.[53] 정부의 이공계 분야 연구 자금이 폭발적으로 늘어나자, 난징대학은 2014년 연구기금관리센터를 설립해 인문, 과학, 군사 관련 각종 재원 공모와 배분을 총괄하도록 했다. 난징대학은 장쑤성과 난징시로부터 지역 발전에 이바지한 공로를 인정받았는데도, 2017년 공학, 물리, 화학, 대기, 환경과학 분야의 전국 순위가 모두 하락했다. 이 영역들에서의 성공이란 쫓아가도 계속 멀어지는 목표와 같았다. 더욱이 난징대학이 강점으로 여겼던 외국어와 문학 분야마저 순위가 떨어졌다. 중국 대학들의 치열한 경쟁 세계에서 성공하기 위해 난징대학은 "더 크고 더 부유해져야 한다"라는 결론에 도달했다.

일곱개의 캠퍼스를 가진 저장대학처럼 지역 대학과의 지속적인 합병을 통해 규모와 재정을 확대한 여러 유수의 중국 대학들과 달리, 난징대학은 현재의 규모에 이르기까지 매우 더디게 성장했다. 난징대학이 추진했던 유일한 대규모 합병인 둥난대학과의 통합은 실패로 돌아갔다. 이에 대해 난징대학 부당서기 양중(楊忠)은 "세계적 대학은 규모에 의존하지 않는다고 믿습니다. 핵심은 인재 양성의 질적 수준입니다. 대학의 위대함은 크기보다 사고방식과 혁신에 달려 있습니다"라고 설명하며 난징대학의 입장을 옹호했다.[54] 그럼에도 난징대학은 규모와 재정을 모두 확대하고자 했다. 1998년 난징대학은 진링여자대학의 후신인 난징대학진링학원(南京大學金陵學院)을 설립했다. 이는 국영기업인 장쑤국제신탁공사(江蘇國際信託公司)와의 협력으로 설립된 별도 독립기관이면서 난징대학의 부속기관이었다. 신탁회사가 1억 위안을 출자했고, 진링학원은 독립된 조직 구조와 법적 지위, 캠퍼스, 예산 체계를 갖춘 형태로 설립되었다.[55] 난징대학의 일반 학부과정이 기초연구에 강점이 있다면, 진링학원은 공학, 경영, 미디어 등 응용 분야의 인재를 양성해 난징대학의 "산학연 통합"을 강화하는 데 초점을 맞추었다.[56] 2009년 진링학원은 난징대학의 푸커우 캠퍼스로 이전했으나, 교육의 질을 유지하기 위해 학생 수를 제한했다. 난징대학과 그 부속기관의 규모 확장을 망설인 대가는 뼈아팠다. 자율적으로 활용할 수 있는 재정이 절실한 시점에 등록금 수입이 정체된 것이다. 2020년에 이르러 난징대학은 이러한 난국을 타계하고자 했다. 진링학원을 또 한 번 이전하되, 이번에는 전혀 다른 도시인 쑤저우로 옮기기로 한 것이다. 난징대학은 혁신적 산업 중심지이자 기업가적 행정이 강한 쑤저우에서 진링학원의 응용 분야 학문이 더 큰 성장 기회를 얻을 것으로 기대했다.[57] 한편 푸커우 캠퍼스는 지역 경제를 지원할 R&D 혁신단지와 잠재적 수입원이 될 경영자교육센터의 거점이 될 예정이었다.[58]

이런 부수적 수입을 제외하면, 난징대학의 가장 큰 재원은 여전히 정부

[그림 10-3] 난징대학 셴린 캠퍼스에 있는 국립중앙대학을 기념하는 새 브란덴부르크문. (zhongwenpan/픽사베이(Pixabay)).

지원이었다. 앞에서 살펴본 칭화대학 등 다른 중국 대학들과 마찬가지로, 난징대학 역시 정부로부터 받은 재정 지원 내역을 투명하게 공개하지 않았다. 다만 재정부로부터 직접 받은 금액에 대한 공개 자료를 보면, 정부 재원이 난징대학의 예산에서 압도적인 비중을 차지한다는 것을 알 수 있다. 2019년 기준 난징대학의 예상 총수입 12억 달러 가운데 약 4억260만 달러, 즉 전체의 3분의 1이 재정부로부터 직접 지원된 금액이었다.[59] 그러나 정부 지원금의 상당 부분이 학생 정원 규모에 연동되어 있었기 때문에, 정원을 제한한 이상 난징대학은 전략 사업 보조금 경쟁을 통해서만 국가 재원을 늘릴 수 있었다. 난징대학은 매년 신입생을 약 3,000명 수준으로 제한하는 정책을 유지했다.[60] 2009년 약 3,400만 달러였던 난징대학의 기금은 2017년 1억6,300만 달러로 늘었지만, 이를 운용하는 난징대학교육재단의 투자 수익은 연간 약 700만 달러에 불과했다.[61]

대학 지도부는 2009년 난징 동쪽의 대학 신도시 셴린(仙林)에 새 캠퍼스를 개교함으로써 향후 100년의 성장을 뒷받침할 수 있기를 기대했다.

[그림 10-4] 난징대학의 셴린 신캠퍼스. (Ozonefrance/위키미디어 커먼즈/CC BY-SA 3.0).

2012년 무렵 셴린 캠퍼스는 난징대학의 주 캠퍼스로 자리 잡았고, 공학·응용과학 계열 학과들이 이전했다. 수학, 물리 같은 기초과학 학과들과 경영, 법, 의학 등 전문대학원들은 역사적인 구러우 캠퍼스에 남았다. 이러한 물리적 확장과 재배치는 난징대학을 문자 그대로 구난다(舊南大)와 신난다(新南大)로 나누었다. 셴린에는 산학 협력을 강화하기 위한 50억 위안 규모의 과학단지가 조성될 계획이었으며, 이는 혁신과 잠재적 수익의 원천으로 기대되었다.

장쑤성 정부와 난징시 당국은 이 계획을 환영하며 재정적으로 지원했다. 난징대학 동문도 사업 자금 일부를 후원했다. 셴린 캠퍼스는 정책적·정치적 우선순위에 따라 투자를 확대함으로써 발전하려는 난징대학의 의지를 물리적으로 구현한 상징이었다.

해외에서의 경쟁, 국내에서의 공격

21세기에 들어서도 난징대학은 국제 협력 기회 분야에서 혁신을 지속했다. 난징대학은 미국 국방부가 지원하는 중국어플래그십프로그램(Chinese Flagship Program)의 미국 학생을 최초로 받아들일 두 중국 대학 중 하나로 선정되었다.[62] 국가안보교육프로그램(National Security Education Program, NSEP)이 관리하는 이 언어 플래그십 프로그램은 핵심 언어(critical languages), 즉 미국 안보상 중요한 국가의 언어에 대한 고급 어학 능력을 갖춘 미국인 집단을 양성하기 위해 설립되었다.[63] 2006년 이 프로그램이 학부과정을 시작한 후 중국에는 두 개의 플래그십 센터가 개설되었는데, 난징대학은 1980년대부터 교류를 이어온 브리검영대학교(Brigham Young University)와 협력해 그중 하나를 개설했다.[64] 이후 매년 미국 내 12개 중국어플래그십프로그램에서 선발된 상위 40명의 학생이 한 학기 동안 난징대학에서 공부했다.[65] 홉킨스-난징센터와 달리 플래그십 학생들은 난징대학에 직접 등록하고 난징대학의 정규 학부 및 대학원 강좌(전부 중국어 강의) 중에서 수강 과목을 선택했다. 이는 난징대학이 자교 교과과정에 점점 더 자신감을 느끼게 되었음을 보여준다. 21세기 들어 미·중 관계의 중요성이 커지는 가운데, 난징대학은 일찍이 적극적으로 미국 대학들과 협력해 미국의 대중 교육 교류 수요를 선점할 수 있었다.

그러나 2016년 도널드 트럼프 대통령의 "미국 우선(America First)" 행정부가 출범한 이후, 미국 정부가 중국과의 교육 협력을 비판하면서 이 모든 게 불확실해졌다. 매년 제정되는 미국 법안인 국방수권법(National Defense Authorization Act, NDAA)은 2018년부터 중국어플래그십프로그램과 공자학원(孔子學院, 중국 교육부가 부분적으로 지원하는 중국어 및 문화 진흥 사업)을 동시에 운영하는 대학이 플래그십 자금을 받으려면 공자학원을 폐쇄해야 한다고 규정했다. 이에 따라 여섯 개 미국 대학이 플래그십프로그램을 보호하기 위해 자교의 공자학원을 폐쇄했다.[66] 트럼프 정부 아래서 미·중 긴장이 고조되자, 플래그십프로그램의 운영 거점을 중국 본토에서 타이완으로 옮기려는 움직임도 나타났다. 프로그램 개시 이후 본토에는 줄곧 두 개의 플래그십 센터가 있었는데, 2019년 그중 하나가 국립타이완대학(國立臺灣大學)으로 이전되었다. 이로써 중화민국 시절의 전통을 계승한 난징대학은 갑작스레 타이완의 중화민국과 불편하고 공개적인 경쟁 관계에 놓였다.[67]

한편 난징대학의 대표 국제 교육 프로그램인 홉킨스·난징센터는 중국 최고 엘리트 대학들과의 새로운 경쟁이라는 압박에 직면했다. 칭화대학과 베이징대학은 세계 최고 학생들을 끌어들이기 위해 독자적인 길을 개척해 왔다. 홉킨스·난징센터와 달리, 2013년 발표된 칭화대학의 슈워츠먼칼리지와 2014년 발표된 베이징대학의 옌칭아카데미(Yenching Academy)는 공동 운영 형태가 아닌 독립적인 사업이었다. 이 두 프로그램의 핵심 경쟁력은 비교할 수 없는 대학의 명성과 막대한 재정이었다. 성취 기반 장학 프로그램으로 설계된 슈워츠먼칼리지와 옌칭은 옥스퍼드의 로즈장학금과 비교되길 원했다. 이들은 로즈장학금에 필적하는 기금을 조성하고자 했다. 실제로 슈워츠먼학자프로그램이 조성한 6억 달러 장학기금은 로즈장학금의 3억 9천만 달러를 능가했으며,[68] 난징대학의 전체 기금을 훨씬 웃돌았다. 자체적인 재정 문제를 안고 있던 존스홉킨스 국제관계학고등대학원으로부터 부분적인 지원을 받는 홉킨스·난징센터에는 그런 막강한 재정력이 없었다.

슈워츠먼칼리지와 옌칭에는 홉킨스·난징센터의 핵심 요건인 중국어 능력 조건이 없었다. 그 덕분에 지원자 저변이 극적으로 확대되었다. 슈워츠먼학자프로그램이 시행된 첫해에는 47개가 넘는 국가에서 3,000명 이상의 학생이 지원했다.[69] 지원자 수는 계속 늘어나 2019년에는 4,700

명을 넘어섰다.[70] 옌칭아카데미는 구체적인 지원자 수를 공개하지 않았지만, 매년 약 125명을 선발하고 합격률이 2.7%에 불과하므로 역시 매년 수천 명이 지원하는 것으로 추정된다.[71] 이 두 신생 프로그램의 합격자들은 홉킨스-난징센터 학생들보다 평균적으로 더 높은 학업 수준을 보였다. 옌칭아카데미 지원자의 학부 평점(GPA)이 3.7 이상이었으며, 슈워츠먼 학자프로그램 합격생의 평균 평점은 3.8이었다.[72] 2019년 홉킨스-난징센터 학생들의 GPA 중간 50% 구간은 3.30에서 3.77 사이였다.[73] 슈워츠먼 칼리지와 옌칭아카데미가 매년 홉킨스-난징센터보다 더 많은 학생을 선발하면서 난징대학이 해외 학생들, 특히 미국인을 위한 중국학 대학원 교육의 대표 기관으로서 지녔던 위상은 사실상 사라진 듯하다.

당의 반격 세계적 수준의 대학 건설과 시진핑 국가주석이 정의한 "최초의 중국 명문 고등교육기관" 실현이라는 과제 사이의 긴장은 최근 몇 년 사이 고통스러울 정도로 뚜렷해졌다. 난징대학의 〈2016년 5개년 계획〉에서 "세계 일류" 수준 달성이라는 목표는 "중국몽 실현"이라는 시진핑의 정치적 담론과 공식적으로 연결되었다.[74] 그러나 2017년 중국공산당 중앙기율검사위원회가 조사 대상으로 지목한 29개 대학 명단에 난징대학이 포함되면서, 대학의 리더십과 거버넌스 전반에 대한 당의 정치적 개입이 급격히 확산되었다.

중앙기율검사위원회는 대학에 대한 조사를 통해 당이 고등교육에 대한 이념적·운영적 통제권을 유지(난징대학의 경우 더 정확히 말하자면 '회복')하려 했다. 시진핑의 핵심 측근이자 중앙기율검사위원회의 서기였던 왕치산(王岐山)이 조사 개시를 직접 발표했으며, 그는 대학들의 "정치적 기율"의 엄격성과 "당 지도부의 핵심 역할" 및 당 교육정책 준수 여부를 중점적으로 점검할 것이라고 밝혔다.[75] 중앙기율검사위원회 조사단은

2017년 3월 중순부터 5월까지 각 대학에 파견되어 조사를 진행했다.[76] 시진핑 주석 자신도 이 조사에 직접 참여함으로써, 그의 정치적 의제에서 이 작업이 갖는 중요성을 강조했다. 그는 5·4운동 기념일 전날 중국정법대학(中國政法大學)을 시찰하면서, "대학 당위원회는 당의 운영뿐 아니라 대학 자체의 관리도 책임져야 한다"라고 말했다.[77]

조사가 끝난 후 난징대학의 당서기 장이빈(張異賓)과 집행부총장 뤼젠(呂建)은 교직원 특별회의를 소집해 중앙기율검사위원회의 조사 결과가 대학의 미래에 미치는 의미를 강조했다. 장이빈 서기는 빽빽이 들어찬 강당에서 조사관들의 요구를 충족시키기 위해 "대학은 정치의식, 정치 규율, 정치적 책임 세 가지에 집중해야 한다"라고 밝혔다. 교육도, 연구도, 사회봉사도 언급하지 않았다. 뤼젠 집행부총장은 이러한 분야를 바로잡는 것이 이제 난징대학의 "가장 중요한 정치적 과제"라고 강조했다.[78]

중앙기율검사위원회의 조사 결과가 공개되고 난징대학이 부진한 평가를 받은 사실이 알려지자, 대학 집행부는 절박한 분위기에 휩싸였다. 중앙기율검사위원회 조사단은 난징대학의 당 지도력에 대해 "현저한 문제들이 객관적으로 존재하고 심층적이며 중대하다"라며 이번 결과가 난징대학에게 "경종"이 되어야 한다고 평가했다.[79] 요컨대 국민당 정부 시절의 전통과 국제주의적 뿌리를 가진 난징대학은 정풍(整風)[80]이 필요했다. 난징대학은 중앙기율검사위원회의 우려를 해소하기 위해 100개가 넘는 실천 항목으로 구성된 "정풍 과제 목록"을 수립했다. 대학의 대응책에서 가장 핵심적인 내용은 교직원과 강의실 전반에 걸쳐 이념을 확산하고 사상을 규율하는 정책 개혁이었다.[81] 난징대학 당위원회 위원들로 구성된 태스크포스가 작성한 〈조사 및 정풍 보고서〉는 학교, 단과대학 및 전문대학원, 당원 등 각 수준에서 이론 학습의 내용과 형식을 명확히 규정하기 위한 새로운 "이념 교육·감독 지침"을 발표했으며, 이를 통해 당의 사상이 학습 전반에 "완전히 적용"되도록 하겠다고 밝혔다. 이 보고서는 또한 "당의 교육정책을 전면적으로 이행하고 사회주의 교육 지침을 준수하며, 학교에 대한 당의 지도력을 강화"하는 내용을 담은 〈세계일류대학 건설 계획〉을 발표할 것을 천명했다.[82] 이 과정에서 난징대학은 당의 역할을 재조정하면서 당이 허용하는 범위 내로 세계 일류의 야심을 제한하기 시작했다. 난징대학이 사실상 당 지도력의 전복을 기도했다며 기소한 것이나 다름없는 중앙기율검사위원회의 혹독한 비판과 그에 따른 대대적인 시정 조치는 이번 조사가 난징대학에 또 하나의 실존적 위기였음을 시사한다.

중앙기율검사위원회의 질책 이후 난징대학은 문화대혁명 이래 어느 때보다도 중국 내 정치적 변화에 민감하게 반응하는 대학이 되었다. 2017년 10월, 시진핑 사상이 중국공산당장정(中國共産黨章程, 약칭 당장(黨章))에 명문화된 후 난징대학 당위원회는 당장 개정에 대한 이해를 높여 대학이 "중앙정부와 보조를 맞출" 수 있도록 학습회를 열었다. 총장 천쥔(陳駿) 역시 회의에 참석해, 당장 개정의 내용을 "학교 발전과 연계하겠다"라고 표명했다.[83] 이후 난징대학 당위원회는 대학 내 개혁의 방향에 대해 더욱 강력한 권한을 요구했다. 2018년 4월, 장이빈 당서기는 난징대학 당원을 상대로 올해의 핵심 과제를 발표했다. 그 과제들은 난징대학에 대한 당의 통치 강화, 정치 규율 준수 개선, 중앙기율검사위원회 조사에 대한 대학의 대응을 "공고히 하는 것"을 넘어 "확대"한다는 내용을 담고 있었다.[84]

난징대학이 이러한 공세에 저항할 수 있었을까? 불가능했다. 국민당 정부 시절의 전통을 지닌 지방대학으로서, 베이징 기반의 칭화대학과 같은 정치적 네트워크를 갖지 못한 난다는 국가 권력의 압력에 특히 취약했다. 게다가 칭화대학과 같은 세계적 명성이 없었기에, 당은 "국가의 보물"

을 훼손할 우려 없이 난다의 내부에 얼마든지 개입할 수 있었다.

2017년 12월, 중앙기율검사위원회 조사가 끝난 지 6개월 후 난징대학은 대학 발전의 우선순위를 당의 정치적·경제적 의제에 맞추어 대대적으로 수정한 〈세계일류대학 건설 계획〉을 발표했다. 난징대학의 〈제13차 5개년 계획〉에서 언급된 중국몽이 단순한 수사로 이해될 여지가 있었다면, 이번 새로운 〈세계일류대학 건설 계획〉은 그렇지 않았다. 쾅야밍과 취친웨가 세운 과거의 발전 계획들과 달리, 이번 계획은 학술적 계획이 아니었다. 그것은 이념적 동원령이었다. 이제 난징대학의 교육 목표는 "마르크스주의를 준수하며 난징대학을 이끌고, 당의 교육정책을 전면적으로 시행하며 대학의 사회주의적 운영을 견지하는 것"이었다.[85] 2017년 11월 당위원회의 당장 학습회 이후, 시진핑 사상은 난징대학의 〈세계일류대학 건설 계획〉 속에서 대학의 "지도 이념"으로 명명되었다.

난징대학 전략의 정치화는 교육과 국제화의 수월성을 추구하는 데 중대한 영향을 끼쳤다. 2030년까지 난징대학은 "사회주의 핵심 가치를 인재 양성의 전 과정에 완전히 통합"하겠다고 공언했다. 모든 학생에게 폭넓은 학제 간 일반 교양교육을 제공하려는 대학의 중심축인 인문·사회과학 분야의 교육과 연구는 이제 '중국적 특색'에 부합해야 했다. 난징대학의 계획에 따르면, 교원과 학생은 "중국화된 마르크스주의의 최신 성과로 무장해 정치적·이념적으로 행동해야" 했다.[86] 난징대학의 일반교양교육을 소개하는 홈페이지에는 프로그램이 "학생의 독립적 사고와 자유로운 성장"을 우선시한다고 여전히 명시되어 있었으나, 난징대학에서 지적 자율성의 범위는 점점 더 제한되었다.

이 모든 변화는 대학의 국제화 전략에도 영향을 끼칠 수밖에 없었다. 난징대학은 우수한 학생과 학자를 유치하기 위해 해외 명문대들과 협력 관계를 구축해 왔다. 그러나 시진핑 주석의 일대일로 구상이 등장하면서,

난징대학의 국제화 노력의 일부는 신실크로드를 따라 위치한 개발도상 국과의 협력으로 방향이 바뀌었다. 난징대학의 수정된 세계 일류 전략은 "일대일로가 그 구상에 유용한 연구 및 학문 분야 발전에 집중할 기회"라 고 명시했다.[87] 대학은 일대일로연구소를 설립하고 관련 아이디어 창출 을 위해 국제 심포지엄을 개최했으며, 일대일로 국가 출신 학생들을 위한 정부 장학금을 지원받았다. 그러나 난징대학의 국제적 미래가 런던이나 로스앤젤레스보다 파키스탄 라호르(Lahore)에 있다고 믿는 사람은 거의 없었다.

마르크스 대 "마르크스주의"

고등교육의 정치화는 난징대학의 대학 생활 전반으로 퍼져 나갔다. 중국 공산당은 (아마도 여타의) "서구 가치"의 대안으로서 마르크스주의 연구의 확대를 명령했다. 당은 2004년 마르크스주의 연구를 확대하기 위한 대 규모 운동을 전개했으며, 그 결과 "마르크스주의의 중국화가 이룩한 새 로운 성과"를 통합한 당 승인 교과서들을 잇달아 편찬했다. 이러한 교과 서들은 획일적인 성격을 띠었으며, 중국공산당이 통치하는 중국 현실에 "적합"하도록 구성되었다.[88] 전국 상위 5위 안에 드는 난징대학 철학과도 이 프로젝트에 적극 참여했다. 2018년 12월 발간된 〈난징대학 학부 교 육 품질 보고서(2017~2018)〉는 "철학 및 사회과학 교재에 대한 정치적 검 열 수행"과 "중국 밖에서 출판된 원본 교재 사용의 엄격한 관리"를 주요 과제로 삼아 "잘못된 서구적 시각을 전파하는 교재가 강의실에 들어오지 못하게 하겠다"라고 밝혔다.[89]

난징대학의 학생들은 정부의 구호를 문자 그대로 받아들여 마르크스 의 혁명적 원전들을 읽기 시작했다. 2014년 가을, 열의 넘치는 학생 몇몇 이 철학과 교수들에게 찾아가 마르크스독서연구학회 창립을 제안했다.

시진핑의 지시에 따라 학생과 교직원 모두 마르크스주의를 학습하도록 "권장"(사실상 지시)받고 있었기에 교수들은 학생들을 지지했고, 그중 한 명이 공식 동아리 등록을 후원했다. 그해 초 난징대학 당위원회는 〈교원 도덕성 강화와 개선에 관한 여러 의견〉을 발표하면서 대학 교과과정에서 마르크스주의 이념의 역할을 확대한다고 천명했다. 〈교원 도덕성 강화와 개선에 관한 여러 의견〉은 "사회주의 핵심 가치를 학생들의 마음속에 주입하는 것"을 대학 교원의 "주요 임무" 중 하나로 규정했다.[90] 그러나 난징대학의 학생들은 책을 통한 학습에 그치기를 원치 않았다. 그들은 마르크스 원전에서 배운 것을 실천하기 위해 청소 노동자들과 식당 근로자들을 도왔고, 그들의 삶이 나아질 수 있도록 물품을 기부했다. 학생들은 캠퍼스 곳곳에서 마르크스 연구를 장려하는 행사를 열기도 했다. 이런 활동으로 학생들은 중국공산당의 공식 청년 기구인 공산주의청년단 난징대학지부 서기로부터 칭찬받았다.[91]

2018년 7월, 마르크스독서연구학회 학생들은 선전에 있는 선전자스커지유한공사(深圳佳士科技有限公司, Jasic Technology Company) 공장의 노동자들이 임금과 노동 조건 개선을 위해 독립 노조를 결성하려 한다는 소식을 알게 되었다. 노동자들의 시도를 지역 경찰의 도움을 받아 사측이 진압하자, 몇몇 난징대학 학생은 중국의 다른 주요 대학 학생들(대부분 비슷한 마르크스주의 학습 동아리에 속한)과 함께 선전 노동자들을 지지하는 단체를 결성했다.[92] 그들은 노조 조직에 앞장선 노동자 체포에 가담한 경찰서 앞에서 시위를 벌였으며,[93] 8월 말에 학생 활동가들은 숙소로 들이닥친 진압 공안에 의해 체포되었다.[94] 얼마 후 난징대학 학생들을 포함한 다수의 학생은 석방되었고, 9월에 학교로 돌아갈 수 있었다.[95]

학교로 돌아온 난징대학의 마르크스독서연구학회 학생들은 학교 행정 당국에 동아리를 재등록해야 한다는 사실을 알게 되었다. 오랫동안 그들을 후원해 온 철학과 교수는 다시 후원하기를 주저했다.[96] 학회 학생 대표들은 오랜 대화 끝에 학회 지도부 일부를 교체하고, 등록 서류에서 "사회 현실에 주목하고 시사 문제를 논의하며 사회적 실천에 초점을 맞춘다"와 같은 표현을 삭제하는 조건으로 기존 후원 교수의 지원을 다시 얻었다. 교수는 재후원을 수락하면서 학회 학생들에게 "행사를 줄이고 책을 더 많이 읽어라"라고 충고했다.[97]

9월 9일, 마르크스독서연구학회 학생 몇 명이 다른 대학의 학생 활동가들과 선전자스커지유한공사의 노동자 일부와 함께 후난성(湖南省)의 마오쩌둥 생가에 모여 그의 기일을 추모한 일이 있었다.[98] 그러자 9월 중순에 학회를 후원하던 교수는 학회 등록 서류를 반환했고, 대학 당국은 학생들에게 학회의 추가 심사 필요성을 통보했다. 이에 마르크스독서연구학회 지도부는 9월과 10월 내내 새로운 후원자를 찾기 위해 난징대학의 모든 인문·사회과학 학과의 문을 두드렸다. 9월 말 학회 지도부는 난징대학 당 서기이자 저명한 마르크스주의 학자인 장이빈에게 청원서를 제출하고, 창립 당시처럼 조직을 지원해 달라고 간청했다. 마르크스주의 학원(School of Marxism, 馬克思主義學院)의 한 교수와 사회과학·행동과학원(School of Social and Behavioral Sciencees)의 다른 교수가 도움을 주겠다고 나섰으나, 상부 보직 관료와의 회의 후 모두 지원 의사를 철회했다. 한편, 학회 학생들은 학회의 대표적인 자원봉사 프로그램인 구내식당 노동자 지원 활동과 학생 단체 등록을 가로막는 대학 집행부에 대한 항의 시위를 비롯한 캠퍼스 활동을 지속해서 이어갔다. 이 과정에서 일부 학생은 사복 경찰에게 감시와 미행을 당했고, 사진을 찍히기도 했다. 학회 학생 대표는 학교 보안과 직원과 경찰에게 소환되어 벼랑 끝에 몰린 채 "질문에 답하도록" 강요받았다.[99]

2018년 10월 23일, 중대한 결정이 내려졌다. 교수와 보직자 전원이 참석한 대학 전체 교수회의에서 이전까지 알려지지 않았던 장이빈 당서기의 자진 조기 퇴임 요청과 후진보(胡金波)의 신임 당서기 임명이 공표되었다. 장이빈은 중국공산당 중앙조직부, 교육부, 장쑤성 당위원회, 장쑤성 교육청의 대표들과 루젠 총장으로부터 그간의 공로와 헌신에 대한 감사 인사를 받았다.[100]

이틀 뒤 마르크스독서연구학회 학생들은 다시 한번 학교 지도부의 지지를 요청하며 신임 당서기에게 공개서한을 제출했다. 서한은 2018년 5월, 시진핑이 베이징대학 연설에서 "학생들이 마르크스주의의 이론적·현실적 의미를 깊이 이해하도록 하고, 마르크스주의 원칙으로 세계를 관찰하고 분석할 수 있도록 교육해 마르크스주의의 진리의 힘을 완전히 깨닫게 하라"라고 교수들에게 당부한 내용을 인용했다.[101] 자신들이 공산당 총서기의 호소에 응답하고 있다고 믿고 있었던 학생들은 학교가 자신들을 왜 이런 식으로 대우하는지 의문을 나타냈다.

당은 난징대학 행정 당국을 당의 우선순위에 맞춰 이념적으로 완전히 복종시키는 데 성공했다. 하지만 개혁개방 시대의 물질문화 가운데에서도 이례적으로 이상주의를 좇던 학생들은 훨씬 더 다루기 어려운 존재였다. 2018년 여름, 난징대학 학생들은 베이징대학과 인민대학의 학생들과 연대해 광둥성에서 노동운동을 조직하고, 가을에는 각 대학 캠퍼스에서 시위를 벌였다.[102] 이 세 대학 모두 강점이 있는 인문·사회과학 분야에 대한 자부심이 컸으며, 중국 최고 수준의 철학과를 보유하고 있었다. 시위에 참여한 세 대학의 학생들은 강력한 징계를 받았다. 일부는 체포되었고, 일부는 퇴학당하는 등 모두가 어떤 형태로든 징계받았다.[103] 그리고 세 대학에서 총장 또는 당위원회 고위 인사의 갑작스러운 "퇴임" 혹은 인사 교체가 이어졌다.[104] (기이하게도, 미국에서 일어난 "정치적 올바름(political correctness)" 열풍 속에서 코넬대학교(Cornell University) 산업노사관계대학원

(School of Industrial and Labor Relations)은 인민대 학생들이 징계받자 연구 및 교류 프로그램을 중단했다. 인민대학이 학생들을 위해 어떤 노력을 기울였는지 전혀 모른 채 그런 결정을 내린 셈이다.) [105]

"신시대"를 위한 새로운 규칙 시진핑은 중국이 "신시대"에 진입했다고 선언했는데, 이 표현은 중국 사회의 모든 정치적 발언에서 반복적으로 등장했다. 난징대학에 그것은 새로운 대학 헌장을 의미했다. 중국의 대학들은 시진핑이 최고지도자 자리에 오른 직후인 2013년에 헌장을 발표하기 시작했다. 난징대학이 2015년에 발표한 첫 헌장은 제2항에서 "중국몽과 중화민족의 위대한 부흥을 실현하는 데 헌신한다"라고 명시했지만, 제6조에 이르러서야 비로소 "당의 이념 건설에 대한 충성"과 "당의 교육정책의 전면적 이행"을 명기했다. [106] 이는 명백히 불충분했다. 2019년 개정 헌장은 에둘러 말하지 않았다. 전문 제2항은 "난징대학은 미래로 나아가면서 당의 전면적 영도를 견지한다"라는 문장으로 수정되었다. [107] 문서 전반에 걸쳐 당의 권한과 위상이 강화되었다. 중국 3대 명문 대학으로 꼽히는 상하이의 푸단대학 역시 개정 헌장을 발표했는데, 전문에서 사상의 자유에 대한 언급을 삭제하고 "중국공산당의 지도, 당 교육정책의 완전한 이행, 마르크스주의의 지도적 역할과 사회주의 방향의 준수"를 지지한다는 문구로 대체했다. [108] 전국적으로 발표된 새로운 대학 헌장들은 당에 대한 충성 서약이나 다름없었다.

난징대학의 새 헌장은 대학 운영에서 당의 역할을 한층 강화했다. 제22조에 따라 긴급한 행정 문제나 주요 현안을 논의하는 특별지도회의를 소집할 수 있는 권한이 당서기에게 부여되었는데, 이는 이전에는 총장에게만 주어진 권한이었다. 이제 난징대학의 당·행정연합위원회는 단순히 대학의 발전 계획을 검토하고 이행하는 수준을 넘어, "당과 국가의 노선, 원칙, 정책을 반영하는 실천 계획을 수립"하는 임무를 맡았다. 또한 헌장에 따라 대학의 최고 학술 기구인 학술위원회 내 당직 및 정부 인사의 권한도 강화되었다.[109]

이전 해 난징대학에서 발생한 학생 소요에 대한 대응으로, 2019년에 개정된 헌장은 교내 조직 내에서 당의 이념적 통제를 한층 강화할 것을 강조했다. 최신 개정판 제14조에는 "대학의 사상·정치·도덕 교육을 주도하고, 캠퍼스의 정치적 안정과 안전을 유지한다"라는 내용이 포함되었다.[110] 또한 2019년에는 난징대학이 "당원들의 이론 학습을 강화하고 당의 과학적 이론으로 정신을 무장하도록 강조하며, 당의 노선, 원칙, 정책, 결의를 학습하도록 당원들을 조직한다"라는 새로운 조항이 추가되었다.[111]

대학 사회가 전반적으로 이러한 변화를 환영한 것은 아니었다. 인문학원(人文學院) 부원장은 온라인에 글을 올려 이번 개정안이 학문의 윤리적 헌신에 도전하는 "악행"이라고 비판했다.[112] 다른 대학들은 새 헌장 발표 이후 캠퍼스 소요를 겪기도 했다. 헌장에서 사상의 자유 조항을 삭제한 푸단대학에서는 학생들이 대학 식당에서 훔볼트식 학문 정신이 담긴 교가를 합창하며 이러한 조치에 항의했다. 뉴욕대학교와 듀크대학교의 합작 파트너이자 오랜 기간 학문적 자율성을 강조해 온 화둥사범대학과 우한대학은 헌장에서 학문의 자유를 지지하는 문구를 그대로 유지했다.[113] 홉킨스-난징센터의 파트너 대학인 존스홉킨스대학교 대변인은 난징대학의 헌장 개정에 관한 질문에, 센터는 "학문의 자유의 원칙 위에 세워졌다. (중략) 강의실, 또는 학생이나 교수의 연구에 부과되는 외부의 제약은 (이러한) 원칙과 전적으로 상충한다"라고 밝혔다.[114]

이제 어떻게 할 것인가? 규모의 확대와 정치화에 대한 압력이 가중되는 가운데, 공산당 집권 이전 풍부한 역사를 지녔으며 개혁 초기 눈부신 회복력을 보여준 난징대학이 세계일류대학 경쟁에서 살아남을 수 있을지 의문이 제기되었다. 난징은 한때 중국의 수도였지만, 지금은 일개 성의 수도다. 물론 부유한 일개 성의 수도이긴 하지만, 어쨌든 지방 도시일 뿐이다. 현재 난징대학의 전신은 베를린대학교를 모델로 한 중화민국의 국립중앙대학이었다. 그 역사와 전통은 난징대학의 명성을 높였지만, 21세기에 다시 한번 당대의 정치에 무릎 꿇을 수밖에 없었다.

오늘날의 난징대학은 국제적 수준의 수월성을 성취할 잠재력을 간직하고 있다. 그러나 그 운명은 1949년 이전의 국민당 정부와 이후의 공산당 정부라는 두 개의 당-국가의 야심과 밀접히 얽혀 있다. 칭화대학의 사례에서 보듯이, 일부 대학은 당-국가에 봉사하면서도 중국과 세계 고등교육에서 독자적 위상을 확보하고 있다. 그러나 난징대학은 그렇게 유리한 위치를 점하지 못한 듯하다. 갈수록 경직된 이념적 규율을 고수함에 따라, 존스홉킨스와의 협력 당시 난징대학의 국제적 위상을 특징지었던 자신감 넘치는 개방성이 지속될 수 있을지 의문이다.

적어도 최근에 강화된 고등교육의 정치화는 대학에 아무런 도움이 되지 않는다. 강의실 내 당 이념의 역할 확대는 난징대학 학부 교육의 핵심이었던 비판적 사고력을 기르는 교과과정을 잠식할 위험이 있다. 더구나 이념적 순수성에 대한 압박은 안정보다 오히려 학생 불만을 자극했다. 트럼프-시진핑 시기에 미·중 관계가 급격히 나빠지면서 주요 교류 프로그램들은 정치적 십자포화의 표적이 되었다. 기존 프로그램을 운영하기에도 재정난을 겪고 있던 난징대학은 응용 학문 분야를 확대하라는 압력으로 자원 수요를 더욱 늘릴 수밖에 없었다. 이처럼 당의 정책 방향에 노골적으로 맞추려는 난징대학의 노력은 국내외 대학 평가에서 아무런 성과를 거두지 못했다. 한때 중국 3대 명문으로 꼽히던 난징대학은 순위표에 따라 6위 또는 7위로 밀려났다.

코로나19 팬데믹은 난징대학이 처한 불안정한 위치를 더욱 드러냈다. 바이러스에 따른 봉쇄가 가져온 경기 침체는 중국 정부의 세입과 재정을 감소시켰고, 정부는 여러 예산 항목에 대한 지출을 대폭 삭감했다. 칭화대학과 달리 난징대학은 팬데믹 대응을 위한 정부의 "공공 지출 대폭 축소" 지침에서 예외가 아니었다.[115] 2020~2021 회계연도에 난징대학의 공공 재정 지원은 17.5% 감소했다. 정부가 지원하던 과학기술 분야의 지출이 50% 이상 줄어들면서, 난징대학이 당면한 부담과 미래의 불확실성은 더욱 분명해졌다. 난징대학의 연구실 예산이 60% 이상 줄었고, 전통적 강점이던 기초연구 분야의 연구비가 55% 감소했다.[116] 요컨대 난징대학은 과학기술 분야를 강화하려는 노력을 지속하고 있으나, 중국 최고 공과대학들과 경쟁하려면 아직 갈 길이 멀다. 국가의 경제적 우선순위에 부응해 왔음에도 정작 위기 상황에서 보상을 받지 못한다면, 난징대학의 현 제도적 전략이 과연 얼마나 견고하게 유지될 수 있을까?

앞으로 난징대학은 어려운 선택의 기로에 설 것이다. 중국 고등교육의 정치화 흐름에 편승한 전략이 과연 성과를 낼 수 있을까? 미국 내 중국 대학에 대한 매파적 인식이 확산되는 가운데, 난징대학이 국제적 명성을 쌓아 온 양자 협력 관계의 취약성과 긴장감은 더욱 커질까?

지방대의 한계를 극복하고 미국 내에서 전국적 명성을 얻은 듀크대학교와 다르게 난징대학은 중국 내에서 자율적으로 혁신하고 실험하며 계획을 세울 여지가 부족하다. 물론 개혁개방 초기에는 놀라울 만큼 자율적으로 그러한 일을 해냈다. 그러나 지금은 그 정신이 억눌려 있는 듯하다. 하지만 앞에서 본 것처럼, 난징대학은 여러 차례의 혁명에서 살아남았고, 비록 선도자는 아닐지라도 중국 고등교육의 주요 주자로서 버티고 있다.

독일과 미국의 공립대학들이 지닌 강점 중 하나는 모두 국가의 재정 지원을 받지만, 여러 다른 주들로부터도 재원을 받는다는 점이다. 즉 독일에서는 각 주(Länder)가, 미국에서는 50개 주가 대학을 지원한다. 중국의 대학들 역시 그 기원과 역량이 제각각이며, 한때는 중국의 다양한 지역 경제나 음식 문화만큼 뚜렷한 차별화 능력이 있었다. 이는 진정으로 용기 있는 총장들이 이끌던 개혁 초기 난징대학의 성취로 충분히 입증되었다. 그러나 시진핑 체제 아래서 학문과 이념의 영역이 표준화되고 동질화되면서, 지역적 실험의 가능성은 사실상 중단되었거나 최소한 급격히 제동이 걸린 것으로 보인다.

천고황제원(天高皇帝遠), 즉 "하늘은 높고, 황제는 멀리 있다." 원대(元代)로 거슬러 올라가는 이 옛말은 수도에서 멀수록 더 큰 자율성을 가질 수 있음을 뜻한다. 그러나 오늘날의 "황제"는, 적어도 그의 사상은 어디에나 존재하며 모든 지방대학을 가득 채우고 있다. 특히 이전 왕조의 뿌리를 지닌 이 대학에서는 더욱 그러하다. 중국의 남쪽 수도에 자리한 이 위대한 역사적 대학의 앞날에는 이제 서광이 아닌 석양이 드리우고 있는지도 모른다.

제11장

아시아의 글로벌 대학?
홍콩대학

홍콩대학 총장인 장샹은 2017년 총장 임용 면접을 보는 과정에서 '센트럴 점거 운동(Occupy Central movement)'과 그에 따른 시위 이야기를 들었다. 중국 본토에서 태어나 본국과 미국에서 교육받고 캘리포니아대학교 버클리의 석좌교수까지 지낸 그는 "아시아의 글로벌 대학"이라는 비전을 상징하는 인물이었다. 그는 "이제 긴장은 사라졌다고 모두가 말했다"라고 회상했다.[1] 실제로 그가 2018년 피터 매시슨(Peter mathieson) 총장의 뒤를 이어 부임했을 때, 홍콩의 대규모 시위는 잦아든 듯 보였다. 홍콩에서 보기 드물게 평온한 시기였던 당시, 장샹은 매시슨이 추진해 온 홍콩대학의 국제화와 글로벌 위상 강화 사업을 더욱 진전시킬 열망을 품고 부임했다. 매시슨이 만든 〈비전 2016~2025〉가 "좋은 계획"이기는 하나, "더 구체적이고 실행할 수 있는 단계들이 필요하다"라고 장샹은 덧붙였다.[2] 장샹은 비전 실현 방식에 대해서는 여전히 구상 중이었지만, 홍콩대학에 대한 목표는 명확하고도 거대했다. "우리는 제2의 하버드가 되고 싶습니다. 제2의 케임브리지가 되고 싶습니다. 20년 혹은 50년 후에는 우리의 교수 임용, 학생, 동문 수준 모두 하버드와 경쟁할 수 있다고 말하고 싶습니다. 그것이 우리의 평가 기준입니다."[3] 그러나 장샹이 홍콩대학의 여러 이해관계자의 뜻을 대학 발전을 위한 장기적이고 실질적인 의제로 모으고자 했을 때, 난징대학의 그것과는 다른 종류의 정치적 긴장이 홍콩대학 캠퍼스와 도시의 표면 아래에 깊숙이 자리하고 있었다.

홍콩대학은 오랫동안 홍콩의 유일한 대학이었다. 현재는 7개의 홍콩 고등교육기관과 정부 지원을 놓고 경쟁하고 있지만, 홍콩대학은 명성 면에서 여전히 홍콩 최고의 대학이자 역사적 우연 덕분에 중국공산당의 직접 통제 밖에 있는 최고 수준의 중국 대학이었다. 장샹은 홍콩대학이 더 높이 도약하기 위해서는 외부를 향해 시선을 돌려야 한다고 믿었다. 홍콩대학이 지속해서 발전하려면 국제화가 필수적이었다. 그는 "글로벌 대학, 세계적 대학이 되고자 한다면, 도시의 문제뿐 아니라 세계적이고 중요한 쟁점들을 바라보아야 한다"라고 말했다.[4]

역사적으로 홍콩대학의 고유한 가치는 홍콩 고등교육의 독점적 위치뿐 아니라, 접근하기 어려웠던 중국 본토와 세계를 잇는 다리 역할에 있었다. 그러나 중국 본토 대학들이 국제적 명성과 협력 네트워크를 넓혀 가면서 동서양 사이의 중개자로서 홍콩대학의 역할은 위협받기 시작했다. 매시슨이 마련한 〈비전 2016~2025〉는 중국의 글로벌 부상을 활용하는 한편, 국제적 위상을 키워 가는 중국 일류 대학들과의 경쟁을 염두에 둔 전략이었다. 중국과 세계를 잇는 교차점에 있는 영어권 대학인 홍콩대학은 아시아의 글로벌 대학이 되고자 했다. 장샹은 강력한 리더십만 있다면 중화인민공화국 홍콩 특별행정구에 있는 홍콩대학이 중국의 부상이라는 파도를 타고 자신의 위상을 높일 수 있다고 믿었다. "홍콩대학은 언제나 아시아 최고 3~4개 대학 중 하나입니다. 하지만 세계 질서가 변화하는 지금, 그 정도에 만족해서는 안 됩니다."[5]

이 목표를 이루기 위해서는 홍콩대학에 평온하고 생산적인 시간이 필요했다. 그러나 장샹 총장이 부임한 지 1년 만에 홍콩은 역사상 최대 규모의 정치 시위를 마주했다. 홍콩대학이 직면한 가장 큰 도전은 점점 더 지역적 성격을 띠기 시작했다. 본토 권력에 예속된 홍콩의 현실에 수백만 명의 시민이 저항하는 이때, 홍콩대학은 어떻게 본토 대학들과의 연계를 강화할 수 있을까? 동서 긴장이 고조되고 도시 자체가 극도로 불안정해진 상황에서 홍콩대학은 어떻게 동서양을 연결하는 핵심 대학이라는 위치를 유지할 수 있을까?

제국의 프로젝트

홍콩대학은 설립 초기부터 복합적인 목적을 지닌 기관이었다. 식민 종주국인 영국과 중국 본토를 연결하는 동시에, 동남아시아의 영국 식민지 청년들에게 양질의 교육 기회를 제공하고 홍콩 시민의 역량을 강화하는 것이 설립 목적이었다. 1907~1912년에 홍콩 총독을 지낸 프레더릭 루가드 (Frederick Lugard)는 홍콩대학을 영 제국의 핵심 기관으로 구상하며 제국의 주요 성과로 만들어 가고자 했다.[6] 루가드는 "영국이 기근을 완화하기 위해 인도와 이집트에서 해 온 일을 (중략) 이제 중국이 스스로 할 수 있도록 도울 수 있다"라고 적었다.[7] 오랜 외교관 경력을 지닌 루가드는 교육 분야 경험은 많지 않았지만, 현지 대학 설립이 경제적·도덕적 가치가 있는 일이라고 굳게 믿었다.

제국 열강 간의 경쟁의식 또한 홍콩대학 설립의 동력이었다. 1905년 무렵 신문들은 중국 내 영국의 영향력이 일본에 뒤처지고 있다고 경고했는데, 일본은 중국 유학생들이 가장 먼저 향한 지역이었다.[8] 영국은 특히 미국 선교사들이 중국 본토의 고등교육 발전에서 이룬 성과를 부러움의 눈길로 바라보았다. 1907년 독일이 상하이에 퉁지대학을 설립하고 1908

년에는 자오저우만(膠州灣, 칭다오)에 연구중심대학을 세우려는 계획까지 발표하자, 영국은 자체 대학을 세워야 한다는 압박을 더욱 크게 느꼈다. 실제로 독일의 대학 설립 소식은 홍콩대학의 주요 후원자가 된 파르시(Parsi)계[9] 상인 호르무스지 노로지 모디(Hormusjee Nowrojee Mody)에게 큰 자극이 되었다. 그는 루가드 총독 부부에게 "도대체 우리가 그들보다 뒤처질 이유가 뭐란 말입니까?"라고 물었다.[10]

루가드는 대학이 제국 건설 과정에서 수행할 수 있는 중요한 역할에 대해 열정적으로 강조했지만, 영국 정부로부터 큰 재정 지원을 끌어내지는 못했다. 초창기 대학 설립을 위한 자원 대부분이 민간에서 나왔는데도, 행정적 결정에 대한 정부의 영향력은 상당했다. 모디는 초기 후원자였으며, 홍콩대학의 상징적 건물인 본관 건설을 위해 총 36만5,000홍콩달러(당시 3만6,500파운드, 2021년 기준 약 590만 달러)에 달하는 거액을 후원했다.[11] 설립 초기인 1909년 5월, 또 다른 거액의 후원이 이루어졌다. 기업 존스와이어앤드선즈(John Swire & Sons)가 대학 기금을 위해 기부한 4만 파운드로, 이는 2021년 기준 약 690만 달러에 해당했다.[12] 이러한 기부를 계기로 홍콩과 중국 본토 그리고 오스트레일리아, 말라야, 프랑스령 사이공[13]의 해외 화교 사회의 기부가 이어졌을 뿐 아니라, 베이징과 광둥의 정부 기관(신설 대학이 혁명의 온상이 될 것이라는 우려가 가라앉으면서)으로부터도 재정 지원이 이루어졌다. 1912년 루가드 총독 임기 말에는 대학의 뼈대를 세울 만한 자금이 확보되었다.

홍콩대학은 홍콩에 문을 연 첫 종합대학이지만, 그 이전에도 기술학교나 기독교계 칼리지가 있었다. 예컨대 홍콩서의서원(香港西醫書院)은 홍콩대학 의과대학의 전신으로, 1887년에 설립되었다. 1912년 가을에 홍콩대학이 문을 열고 75명의 1기 신입생을 맞이했을 때[14] 의과대학과 공과대학의 강의가 제공되었고, 1913년에는 문과대학이 설립되었다. 1911년 제정된 조례에 따라 홍콩대학의 삼각 운영 체계가 확립되었다. 바로 행정적·사회적 사안을 감독하는 자문위원회(Court, 校董會), 행정을 맡는 이사회(Council, 校務委員會), 학문을 관장하는 교무위원회(Senate, 教務委員會)였다. 시간이 지나면서 세 기구의 권한과 역할이 바뀌고 자문위원회는 점차 의례적 기관으로 남았지만, 기본 구조는 21세기까지 크게 변하지 않았다.

이 조례는 차별 금지 원칙을 규정해 "인종 또는 국적을 이유로 한 어떠한 차별도 허용하지 아니하며, 어떤 경우에도 종교적 신념 또는 종교적 직분에 관한 시험 또는 검증을 요구하지 아니한다. 이는 개인이 본 대학교의 구성원, 교수, 리더(Reader),[15] 강사, 교사 또는 학생으로 입사·입학

[그림 11-1] 홍콩대학 본관(홍콩대학 본교 캠퍼스에서 가장 오래된 건물), 1912년. (《홍콩과 함께 성장하다: 대학과 그 졸업생들(Growing with Hong kong: The University and Its Graduates)》, 홍콩대학출판부, 2002/위키미디어 커먼즈).

하거나, 본 대학교 내 직위를 보유하거나, 학위를 취득하거나, 본 대학교가 제공하는 혜택 또는 특권을 향유하는 데 동일하게 적용된다"라고 명시했다.[16] 설립 초기, 이 정신은 교수들보다는 학생들에게 더 수월하게 적용되었다. 홍콩대학 설립자들은 신설 대학의 명성을 높이기 위해서는 충분한 자격을 갖춘 영국인 교원이 필요하다고 여겼다.[17] 그러나 이러한 우대 정책은 1919년 병리학과에 신설된 정교수 임용 과정에서 도전에 직면했다. 당시 영국인 후보를 지지한 교무위원회와 홍콩대학 의과대학 및 에든버러대학교 출신의 왕중이(王忠益, Wang Chung Yik) 박사를 지지한 이사회 간 입장이 대립하며 난항을 겪은 것이다. 결국 교무위원회가 지지한 후보자가 사퇴하면서 왕중이 박사가 임명되었고, 그는 홍콩대학 최초의 중국계 교수로 기록되었다.[18]

개교 이후 첫 10년 동안 대학은 재정적 지급 능력을 유지하는 데 어려움을 겪었다. 식민 정부는 1919년에 이르러서야 홍콩대학의 부채 해결을 위해 지원하기로 했으나, 그 대가로 대학에 대한 정부의 감독 권한을 확대하기로 했다. 그 후 제2차 세계대전 전후를 포함해 수십 년 동안, 대학은 정부와 미묘한 균형을 유지하며 점점 더 많은 공공 재정 지원을 확보했다. 그러나 증가하는 정부의 조사와 보고 요구에 시달려야 했다.

설립 초기, 예산의 제약은 대학의 연구 의제를 제한했다. 그러나 재원이 충분히 확보되고 기부자들의 선호가 반영되면서 홍콩대학은 점차 연구 중심 기관으로 재편되었다. 1922년에는 중국 본토를 포함해 전 세계 의학교육기관을 후원하던 록펠러재단이 홍콩대학 의과대학에 두 개의 석좌교수직을 후원했고, 2년이 채 지나기 전에 세 번째 석좌교수직이 추가되었다. 이 재정 지원 덕분에 의과대학의 교수진 확충이 가능해졌고, 학교의 연구 지향적 성격이 한층 강화되었다. 1929년에 이르자 기부금 수입이 홍콩대학 운영 재원의 62%를 차지했다.

홍콩대학의 설립에는 젊은 학생들을 급진적 정치, 즉 근대 중국 민족주의 정치로부터 분리하려는 의도가 있었다. 중국국민당이 주도한 민족주의 운동이 중국 남부에서 세력을 확장하면서 영국 식민 통치가 도전받았다. 1925년 광저우 외국 조계지에서 중국인 시위대가 총격당한 사건이 발생한 후, 영국 상품 보이콧과 총파업이 홍콩으로 퍼지면서 캠퍼스의 정치화 여부가 시험대에 올랐다. 학교 집행부는 홍콩대학 학생들이 대체로 영국 측에 동조했고, 파업으로 직원이 이탈하자 학생들이 대신 정신병동에서 보조 관리 역할까지 맡았다는 사실에 안도했다.[19] 중국인 직원들 역시 영국의 이해관계를 지지했다. 이 사건을 계기로 식민 당국은 홍콩대학 학생들을 영제국에 충성하는 존재로 더욱 인정하기 시작했다.

1930년대에 접어들면서 홍콩대학은 록펠러재단의 후원과 1931년 반환된 영국의 의화단 배상금 지원으로 재정적 안정을 이루었다.[20] 그러나 당시 홍콩대학은 중국 전역의 고등교육 지형 속에서 뚜렷한 역할을 확보하지 못한 상태였다. 홍콩대학은 중국 본토에서 서구식 고등교육기관들이 우후죽순 설립되던 시기와 같은 시대적 배경 속에서 설립되었다. 1930년대에 이르렀을 때 중국 본토에는 미국, 유럽, 일본과 연계한 우수한 고등교육 기관들이 다양하게 있었다. 홍콩대학이 제공하는 교육은 비싸고 접근성이 낮았을 뿐 아니라 서구 학위가 갖는 전문성과 사회적 명성마저 없었으므로, 대학의 입지가 매우 불안정했다.[21]

이러한 불확실한 위상에 대응하기 위해 1937년 식민 정부와 재계 대표들로 구성된 위원회가 조직되어 대학의 사회적 역할과 향후 발전 방향을 검토했다. 이 위원회의 보고서는 "홍콩대학 교수들이 반드시 수준 높은 연구 학위를 보유할 필요는 없다"와 같은 제안을 담고 있었는데, 대학을 이류 기관으로 격하할 위험이 있다는 점에서 많은 교수들의 강한 반발을 불러일으켰다. 이 보고서의 권고안을 두고 교무위원회와 식민 정부에서 치열한 논쟁이 벌어졌다. 교무위원회는 "연구가 모든 대학의 필수적이고 본질적인 기능이라는 데 만장일치로 합의"했다고 발표했다.[22]

결국 신임 총장 던컨 슬로스(Duncan Sloss)는 1937년 보고서를 둘러싼 논란을 계기로 홍콩대학의 존재 목적을 확대하고 그 기준을 끌어올리고자 했다. 슬로스는 홍콩대학이 "상급 기술학교 수준의 소규모 기관"이 아니라 "영국적 의미의 진정한 대학"[23]이 되어야 한다고 주장하며, 1939년 〈대학 발전 보고서(University Development Report)〉 작성 위원회를 설립했다. 이 위원회는 중국 본토 학생 모집 확대, 교과과정 개편, 시설 개선을 포함한 야심 찬 계획을 제시했다.[24]

패배와 구금 안타깝게도, 슬로스가 성장 전략을 세웠을 당시 중국은 일본과의 전쟁에 돌입한 지 이미 2년이 지난 상태였다. 그리고 불과 2년 뒤인 1941년, 일본이 홍콩을 침공하면서 갑작스레 모든 계획이 중단되었다.[25] 일본군의 침략 후 홍콩대학 교수들과 학생들은 뿔뿔이 흩어졌다. 일본군은 캠퍼스를 군사기지로 전환하고 의학 및 과학 장비와 물품을 군사용으로 징발했다.

당시는 전례 없는 고난의 시기였다. 일본군은 계엄령을 통해 홍콩을 통치했다. 도로와 건물 이름이 일본식으로 바뀌었다. 식량은 부족해졌고, 배급제가 시행되면서 식량난이 더욱 심각해졌다. 홍콩은 역사상 처음으로 진정한 기근을 겪었다. 전쟁 후반에는 미국의 지속적인 폭격까지 이어졌다. 사망과 강제 이주가 겹치면서, 일본 점령기 동안 홍콩 인구는 1941년 약 160만 명에서 1945년 60만 명 수준으로 절반 이상 감소했다. 1만 명의 민간인이 처형되는 등 홍콩은 수많은 일본군이 저지른 전쟁범죄의 현장이 되었다.

전쟁 기간에 유럽 출신 교수들 상당수가 열악하고 참혹한 환경의 구금 수용소에서 생활했다. 일부는 조용히 연구를 이어 가며 대학 복귀를 준비했지만, 많은 이들이 목숨을 잃었다. 일부 탈출 기회가 있었던 홍콩대학 교직원, 학생, 동문은 "자유 중국"으로 불리던 국민당 통치 지역으로 몸을 피했다.[26] 또 다른 이들은 일본군이 점령한 난징에 있는 국립중앙대학 등 중국 본토의 명문 대학에서 학업을 이어 갔다. 정체성과 충성심이 불확실한 시기였으며, 이러한 상황은 전후에도 계속되었다.

던컨 슬로스는 전쟁 기간에 홍콩섬 남부의 스탠리수용소(Stanley Internment Camp)에 구금되어 있었다. 슬로스는 1945년 9월 홍콩이 해방된 후 요양을 위해 런던으로 귀환할 준비를 하면서 남긴 고별사에서, 중국이 8년에 걸친 전쟁을 버텨 내고 승리를 거두었다는 사실은 새로운 시대의 도래를 예고한다고 말했다. "우리는 모두가 자랑스러워할 수 있는 대학을 재건하기 위해 함께 노력할 것입니다. 새로운 중국을 지향하는 이 대학은 중국과 영국 간, 그리고 영국과 중국 간 소통 창구로서 영구적으로 기능할 것입니다. 우리의 노력은 서구 문명이 중국에 이바지할 수 있는 것 못지않게 중국이 서구 문명에 이바지할 수 있다는 인식에 기초합니다."[27]

전후의 상흔과 기회 제2차 세계대전이 끝날 무렵 홍콩대학의 건물들은 폐허가 되었고, 물자는 부족했으며, 학생들은 흩어졌고, 교수들 역시 대부분 떠난 상태였다. 홍콩 정부와 대학의 잔류한 보직자들은 대학의 존치를 깊이 고민한 끝에 1948년 재개교하기로 했다.[28] 이 결정은 곧 국공내전에서 공산당이 승리하고 1949년 중화인민공화국이 수립되며 범중화권의 고등교육 환경이 격변하는 상황에서 매우 선견지명 있는 선택이었다. 중국 본토의 많은 학자가 홍콩으로 피신했으며, 과거 같았으면 중국 본토로 유학을 떠났을 홍콩 학생들 다수는 그 길이 막혀 버렸다.

중국의 공산화는 홍콩에 부담인 동시에 축복이었다. 홍콩은 한때 한 달

에 10만 명 이상이 유입될 정도로 본토 난민이 급증했고, 1950년대 초에
는 인구가 200만 명 이상으로 불어났다. 홍콩은 상하이와 기타 대도시에
서 피신한 뛰어난 기업가 집단과 우수한 학자들을 동시에 흡수했다. 물론
공산당 정권을 피해 도망쳐 온 사람들이 압도적으로 많았는데, 이들은 갑
작스레 과밀해진 데다가 중국 본토와 경제적으로 단절되어 버린 홍콩에
서 삶을 꾸려 나가기 위해 도움과 교육이 필요했다.

1950년대와 1960년대에 들어 홍콩대학은 제한된 재정과 시설 여건
속에서도 급성장하는 홍콩 사회가 요구하는 전문 인력 양성을 위해 가능
한 한 빠르게 규모를 키웠다. 1963년에는 세 개의 고등교육 기관이 통합
되어 홍콩의 두 번째 공립대학인 홍콩중문대학(香港中文大學)이 설립되었
다.[29] 홍콩중문대학은 본토에서 망명한 반공 지식인들의 유입과 영국 식
민지에 중국어로 학사가 이루어지는 종합대학을 설립하려는 열망이 맞
물리면서 탄생했다. 고등교육 체제의 복잡성이 증가하자 1965년 홍콩 입
법회(立法會)는 영국 모델을 기반으로 한 대학교육지원위원회(大學教育資助
委員會)를 설립해, 고등교육 재정 조정과 정부 교육국과 각 대학 간의 중간
운영 기구 역할을 담당하게 했다.

1960년대 후반에 일어난 문화대혁명으로 중국 본토의 사회 질서가 파
괴되고 시위의 여파가 홍콩으로 번지면서, 홍콩은 2019년까지는 유례를
찾아보기 어려운 규모의 폭동을 겪었다. 그러나 대학 캠퍼스가 물리적 전
장이 되어 교육이 완전히 마비된 본토와 달리, 홍콩대학은 비교적 비정치
적(apolitical)인 상태를 유지했다. 홍콩대학 학생회는 시위 참여를 거부했
다.[30] 1970년대에 들어서자, 홍콩대학 학생들은 정치 활동에 좀 더 적극
적으로 참여했다. 예컨대 1974년에는 시위를 통해 영어와 함께 중국어가
식민지의 공식 공용어로 지정되는 결과를 끌어냈다.[31]

영국에서 중국으로

홍콩대학이 있는 홍콩섬은 난징조약(1842)에 따라 영구적으로 영국에 할양되었다. 그러나 홍콩에서 가장 넓은 지역이자 홍콩중문대학은 물론 홍콩 인구 대부분의 터전인 산가이(新界)는 1898년에 99년 임대 형식으로 영국령에 편입되었으며, 1997년에 중국으로 반환될 운명이었다. 그리고 1984년 중영공동선언(Sino-British Joint Declaration, 中英聯合聲明)은 식민지의 불가분성을 전제로 홍콩 전체가 1997년 중국 주권으로 반환될 것임을 확정했다. 이 합의는 마오쩌둥 사후 중국이 정치 개혁을 약속하던 시기에 체결되었으나, 1989년 베이징 톈안먼광장에서 학생과 시민에 대한 군사적 진압이 발생하면서 홍콩 전체의 미래, 나아가 홍콩대학의 장래에 대한 불신과 불안을 촉발했다.

중국은 홍콩에 일국양제(一國兩制) 체제를 제안하며, 홍콩 반환 후 50년이 지난 2047년까지 홍콩의 기존 법률 체계가 기본적으로 유지될 것이라고 약속했다.[32] 홍콩 내 불안감이 고조되자 1990년대 영국 식민 정부는 대규모 공공 부문 투자를 시행했으며, 이는 교육 분야에서도 예외가 아니었다. 이에 모든 수준의 공교육 등록이 확대되었다. 1989~1994년에 고등교육기관 진학률은 중등교육기관 졸업자의 3% 미만에서 18%로 증가했다. 1991년 상하이 출신이자 미국 교육을 받은 우자웨이(吳家瑋) 초대 총장의 역동적 리더십 아래, 홍콩의 세 번째 대학이자 "홍콩의 MIT"로 불리는 홍콩과학기술대학(香港科技大學)이 설립되었다. 곧이어 증가하는 학생 수요를 수용하기 위해 몇몇 칼리지가 종합대학으로 승격되었다.[33] 대학교육지원위원회는 공립 고등교육기관을 감독하는 핵심 기구로서 이러한 확장을 총괄했으며, 대학에 포괄보조금을 제공해 각 기관이 학문적·행정적 자율성을 넓게 유지하도록 했다. 홍콩대학은 홍콩의 대표 대학의 역할을 유지했으나, 고등교육 환경은 이전보다 훨씬 혼잡하고 경쟁적인 상황으로 변모했다.

홍콩 반환을 앞둔 시기에 홍콩 사회를 지배한 불확실성을 과소평가할 수 없다. 주민 50만 명이 홍콩을 떠났으며, 많은 이들이 해외에 제2 거주지를 마련했다. 1842년부터 제국 식민지로 홍콩을 통치해 온 영국은 홍콩 입법회 선거권 확대를 포함한 일련의 민주적 개혁을 실시했다. 그러나 홍콩 내 최고 특권층에 속하는 이들조차 의구심을 품었다. 나는 1997년 초 현지 언론에서 "재벌"이라 불리던 홍콩 최고 부유층 인물과 나누었던 대화를 기억한다. 그는 "공산주의자들이 들어오고 있기 때문에 홍콩을 떠난다"라고 말했다. 공산주의자란 그와 좋은 관계를 유지하고 있던 중국공산당이 아니라, 그와 같은 부유층에게 세금을 인상하겠다고 공언한 홍콩 민주당을 의미했다(그는 결국 떠나지 않았다).

홍콩대학 내부의 불안감은 더욱 증폭되었다. 1990년 중국 전국인민대표대회에서 채택된 '중화인민공화국 홍콩특별행정구 기본법(香港特別行政區基本法)'은 사실상 홍콩의 헌법이 되었다. 그 문서는 "모든 종류의 교육기관은 자율성을 유지하며 학문의 자유를 누릴 수 있다"라고 명시하고 있었다. 그러나 톈안먼 사건과 그에 따른 본토 대학들에 대한 탄압을 목격한 홍콩대학 지도부는 학문적 자율성이 실제로 유지될 수 있을지 우려했다.[34] 여러 명성 있는 학자들이 영국과 오스트레일리아로 떠났으나, 정치적·경제적 안정이 확인되자 상당수는 다시 홍콩으로 돌아오기도 했다. 1997년 6월, 홍콩의 중국 반환 직전에 홍콩대학 학생들은 톈안먼 사건 8주기를 기념하기 위해 덴마크 예술가 옌스 갈스포트(Jens Galschiot)의 민주주의 조형물 〈수치의 기둥(Pillar of Shame)〉을 교내에 전시하고자 했다. 대학 집행부는 일단 "안전상의 우려"를 이유로 전시를 불허했다. 중국 국가주석 장쩌민의 최대 치적, 즉 홍콩 반환을 통해 중국 영토상의 마지막 식민 지배의 흔적에 마침표를 찍는 시점을 앞두고 대학은 베이징을 자극

[그림 11-2] 2021년까지 홍콩대학 학생회관 밖에 "영구" 전시되었던 〈수치의 기둥〉. (© 윌리엄 C. 커비).

하는 것을 매우 우려하고 있었다. 그러나 학생들이 강제로 조형물을 캠퍼스로 들여오자, 결국 대학은 전시를 허용하기로 합의했다.[35] 이 사건은 복잡한 통치 체제 아래 공적 공기관의 역할을 하는 동시에, 학문적 자유와 자율성을 유지하고자 하는 대학이 앞으로 겪게 될 갈등을 예고했다.

홍콩의 중국 반환은 홍콩대학에 새로운 기회, 새로운 리더십, 새로운 비전을 제공했다. 홍콩대학은 영국의 아시아 식민지 내 최고 대학으로 설립되었으나, 홍콩이 제국의 마지막 잔존지 중 하나로 남았던 상황에서 영제국의 쇠퇴와 함께 그 영향력도 축소되었다. 영국 통치 말기에 이르자 홍콩대학은 점점 치열해지는 지역 고등교육 경쟁 환경 속에서 지역 내 경쟁 우위를 확보하는 데 주력했고, 대학의 학생 구성 또한 대부분 홍콩 출신으로 채워지면서 사실상 지역 중심 대학으로 변화했다.

이처럼 다소 제한적이었던 비전은 글로벌 관점을 지닌 새로운 지역 리더십에 의해 재검토되었고, 훨씬 더 확장된 방향으로 재정립되었다. 홍콩의 저명한 기업인이자 하버드경영대학원 전직 교수였던 빅터 풍은 2003~2009년에 홍콩대학 이사회 이사장으로 재임하면서 변혁적 역할을 했다. 풍은 기업 활동과 공공 서비스 모두에서 두각을 나타냈다. 그는 동생 윌리엄 풍과 함께 가업인 리앤드풍(Li&Fung)을 공급망 관리 분야의 세계적 선도 기업으로 키웠다. 그는 또한 홍콩공항관리국 의장을 맡아 영국 통치 말기(그리고 중국 측의 강한 반대 속에서) 오늘날의 홍콩국제공항 건설을 이끌었으며, 이 공항은 반환 이후 홍콩 번영의 핵심 요소로 입증되었다. 홍콩을 아시아의 현대적 발전 중심지로 만들고자 하는 그의 열망은 교육 분야까지 확장되었다. 풍은 홍콩대학을 단순히 홍콩의 대표 고등교육기관이 아닌 아시아와 세계를 선도하는 대학으로 재정립하는 작업을 주도했다. 이 새로운 비전을 현대적이고 효율적인 행정 운영을 강화하는 다양한 주요 거버넌스 개혁이 뒷받침했다. 풍은 추이랩치(Lap-Chee Tsui,

徐立之) 총장 및 재편 후 역량이 강화된 이사회와 긴밀히 협력하며, 이 비전에 대한 교수진과 학생들의 합의를 끌어냈다. 그리고 이를 통해 홍콩대학이 21세기에도 글로벌 수월성을 지속해서 추구할 수 있는 기반을 마련했다.

홍콩대학의 21세기

2019년 무렵 홍콩대학은 홍콩의 여덟 개 공립 고등교육기관 가운데 여러 면에서 최고의 위치를 차지하고 있었다. 홍콩 내 대표적인 영어권 연구중심대학인 홍콩대학이 제공하는 교육은 전 분야에서 국제적 경쟁력을 갖췄으며, 일부 분야에서는 국제적 수준에서도 우위를 보였다.[36] 홍콩대학에는 1만7,000명이 넘는 학부생과 1만3,000명의 대학원생이 재학하고 있었다. 홍콩대학은 창립 초기부터 다양한 지역 출신의 학생을 유치하려 노력해 왔는데, 중국 본토 학생을 끌어들이는 역량은 100년 전보다 21세기 초에 훨씬 더 강화되었다. 2019~2020학년도에는 학부생의 23.5%, 대학원생을 포함하는 전체 학생의 35.5%가 중국 본토 혹은 해외 여권을 소지한 학생들이었다.[37]

홍콩대학의 다양한 학생들은 10개 단과대학(설립 당시의 의과대학, 공과대학, 문과대학과 더불어 건축대학, 상경대학, 치의과대학, 교육대학, 법과대학, 이과대학, 사회과학대학)과 대학원에 소속된 약 2,000명의 교수에게서 수학했다.[38] 의학은 물론 인문학, 사회과학, 경영·관리 분야의 프로그램들이 특히 강세를 보였으며, 학과 전체를 통틀어 졸업 후 6개월 내 취업률이 99.3%에 달했다.

이사장으로 재임 시절에 빅터 풍은 홍콩대학이 세계 상위 25위권 대학이 되어야 한다는 목표를 제시했다. 그는 홍콩대학이 홍콩중문대학이나 홍콩과학기술대학과 같은 지역 대학들과 경쟁할 것이 아니라, 버클리, 스탠퍼드, 하버드 등 세계 최고 대학들과 글로벌 리더십을 놓고 경쟁해야한다고 주장했다. 그리고 2007년《타임스고등교육》세계 대학 순위에서스탠퍼드보다 한 단계 위인 세계 18위에 올랐을 때, 홍콩대학은 그 목표에 성큼 다가서는 듯 보였다.[39]

그러나 이러한 상승세는 지속되지 않았다. 2019년 기준으로 홍콩대학은 QS 세계 대학 순위에서 25위,《타임스고등교육》순위 36위, ARWU에서는 101~150위권을 기록했다. 총장 재임기 동안 피터 매시슨은 이러한 하락세를 크게 걱정하지 않았다. 그는 "순위에 관한 나의 입장은 공개적으로 표명한 것처럼, 특정 순위표를 충족시키기 위해 대학 전략을 세우지는 않을 것입니다"라고 말했다.[40] 한편, 2010년대의 지역, 국가, 국제 정치의 소용돌이는 홍콩대학이 더 높은 순위로 나아가는 일은 물론 현 위치를유지하는 일조차 앞으로 큰 도전에 직면할 것임을 예고하고 있었다. 그러나그에 앞서 홍콩대학은 자유학예 및 과학 교육을 재구성하려고 시도한다.

교과과정의 확장과 제도적 확대 홍콩대학은 오랫동안, 특히 의학·법학·행정학 분야에서 곧바로 전문직으로 진출하는 졸업생을 배출하는 대학으로알려져 왔다. 영국 대학들과 마찬가지로, 홍콩대학 학생들은 입학 후 바로 전공 학과에 배정되어 3년제 교과과정을 이수했다. 홍콩대학은 훔볼트식 의미에서든 미국식 관행의 맥락에서든 자유학예교육의 전통을 가진 대학으로 인식된 적이 없었다. 2005년 대학교육지원위원회는 홍콩 소재 8개 공립대학의 학부 교육을 3년제에서 4년제로 확대하도록 의무화했다. 이 개혁의 목적은 대학 교과과정 안에 새로운 일반교양교육을 위한여지를 마련하고 홍콩대학의 교과과정을 가장 권위 있는 글로벌 교육 관행에 부합하도록 조정하는 데 있었다. 개혁 이후 홍콩 학생들은 중등교육을 기존 7년에서 6년으로 단축해 이수한 뒤(미국의 중·고등학교에 해당) 선택적으로 4년제 대학 과정에 진학했고, 이 체제는 '3+3+4'라는 별칭으로 불렸다.

홍콩대학은 이러한 대규모 개혁 준비에 즉시 돌입해 2009년부터 새로운 일반교양교과과정의 일부 요소를 도입하기 시작했다.[41] 2012년 홍콩대학은 새로 설계된 4년제 과정의 첫 입학생과 3년제 과정의 마지막 입학생을 동시에 맞이했다. 홍콩중문대학 전 총장이자 홍콩 정부에서 교육·인력부 장관을 지낸 아서 리(Arthur Li, 李國章)는 다음과 같이 언급했다. "영국식 제도는 만약 열여덟 살의 어린 나이에 이미 자신이 무엇을 하고 싶은지 분명히 알고 있다면 정말 좋은 제도일 겁니다. 그러나 다재다능함과 유연성이 요구되는 21세기에 더욱 포괄적 역량을 갖춘 인재를 길러내고자 한다면, 그렇게 이른 시기에 인생의 진로를 결정하도록 하는 것이 과연 바람직할까요?"[42] '3+3+4' 체제는 홍콩대학 교수진에 큰 활력을 불어넣었다. 무엇보다도 대학에서 한 해 분량의 새로운 교과과정을 무엇으로 채울지를 두고 논의하는 일 자체가 매우 드문 기회였다. 오랜 논의와 협의 끝에 6개의 공통 핵심 교과목(Common Core classes)에 과학 및 기술 리터러시, 인문학, 글로벌 이슈, 중국의 문화·국가·사회라는 네 개의 탐구 영역(Areas of Inquiry)이 도입되었다.

이처럼 학부 교육의 전면적 재구상은 학문적·재정적 도전 과제를 수반했다. 홍콩대학은 교수진을 20% 추가 확보하고 이에 필요한 재원을 마련해야 했다. 대학은 이 기회를 활용해 연구를 중시하는 성향이 강한 젊은 교수들을 적극 영입했다. 그러나 정부가 추가된 1년 교과과정의 비용 중 60%만 지원했으므로 재정 부담은 더욱 늘어났다. 홍콩대학은 불가피하게 대규모 모금 활동에 나섰다.

이러한 학부 교육의 근본적 변화는 모든 학과에 광범위한 영향을 끼쳤다. 각 단과대학은 전공 필수 요건을 재검토하고 새로운 교과목을 개발해야 했다. 2015년 기준으로 홍콩대학에는 공통 핵심 교과목에 이미 175개 강좌가 개설되어 있었으므로, 이는 교수들에게 큰 어려움이 아니었다. 그러나 대학원 진학과 진로 준비에 집중해 온 학생들에게는 더 큰 부담으로 다가왔다. 교학부총장 이언 홀리데이(Ian Holliday)는 교과과정 실행은 대체로 성공적이었지만, 전공과목 이수를 후반부로 미루도록 한 전환의 취지를 학생들이 충분히 이해하지 못함으로써 "기대의 불일치"가 있다고 지적했다.[43]

마지막으로, 늘어난 학생 수를 수용하기 위한 강의 공간과 생활 공간을 마련하는 물리적 과제가 남아 있었다. 홍콩섬 서쪽 끝의 바다가 내려다보이는 바위 언덕 위에 자리한 홍콩대학 캠퍼스는 오랫동안 확장에 제약이 있었다. 그러나 2014년 12월, 캠퍼스 내에 급행열차 역이 개통됨으로써 홍콩 전역으로의 이동이 편리해짐에 따라 다른 지역에 학생 기숙사를 배치할 가능성이 열렸다. 공학 기술의 발전에 힘입어 홍콩대학은 캠퍼스를 서쪽에 인접한 저수지 위로 확장해 100주년 캠퍼스(Centennial Campus)를 조성했다. 이 확장은 대학 100주년 기념 사업의 하나로 추진되었으며, 확장된 캠퍼스에는 새 4년제 학부 학위 프로그램이 진행될 핵심 강의 공간이 포함되었다.

또 다른 형태의 외연 확장을 위해 새로운 기관인 센테니얼칼리지(Centennial College, 100주년 캠퍼스에는 있지 않음)가 설립되었다. 센테니얼칼리지는 4년제 학부 학위를 제공하며, 홍콩대학그룹(HKU Group)으로 알려진 영리 조직의 일부로서 정부 보조금이 아닌 학생 등록금으로 운영되었다.

다문화 환경 홍콩대학은 오랫동안 다양한 구성원이 공존하는 캠퍼스로 자리해 왔으며, 이러한 특징은 21세기에도 그대로 유지되었다. 1972년 레이슨 황(Rayson Huang, 黃麗松)이 최초의 중국계 총장으로 임명된 이후, 이 직책은 중국계와 영국계 행정관리가 번갈아 맡아 왔다.[44] 1997년 이후 현지 학자 채용이 늘었지만, 교수진의 상당수는 여전히 해외 출신으로 구성되었다. 교수진의 구성이 전반적으로 좀 더 균형을 이루었는데도, 홍콩, 중국 본토, 기타 국가 출신 교수들은 출신에 따라 홍콩대학에 대한 인식과 경험이 각기 달랐다. 한 중국인 교수는 공식적인 서구적 행동 규범과 비공식적인 중국적 행동 규범 사이에서 자신을 끊임없이 조율해야 하는 필요성을 지적했다. "사람들 대부분이 내가 '공식적 체계'와 '비공식적 체계'라고 부르는 둘 사이의 긴장을 분명히 느낄 것입니다. 살면서 나는 끊임없이 나 자신을 조정해야 합니다. 어떤 상황에서는 중국인이 되어야 하고, 또 다른 상황에서는 빠르게, 때로는 매우 극적으로 서양인이 되어야 합니다."[45]

학문의 자유는 중국계와 비중국계 교수들 사이에 균열을 일으킬 수 있는 대표적 쟁점이었다. 홍콩대학의 학문적 분위기는 매우 개방적이었다. 2015년, 전 수석부총장 롤런드 친(Roland Chin)은 수용할 수 있는 논의 주제를 제한하는 중국공산당의 성명이 "현재는 적용되지 않습니다. 어느 정도의 자율적 절제가 있다고 말할 수는 있겠지만, 뚜렷하게 드러나지는 않습니다"라고 말했다. 그러나 그는 2047년이 되면 "상황이 달라질 수 있다"라고 경고했다. 한 미국인 교수는 홍콩대학에서 향후 갈등의 불씨가 될 수 있는 문제에 대해 이렇게 언급했다. "아마도 학문적 자유 문제가 있을 텐데, 나는 그 점이 그렇게 큰 문제라고 보지는 않습니다. 하지만 그 문제에 대해 외국인과 중국인 사이에는 분명한 시각 차이가 존재합니다."[46] 홍콩대학 캠퍼스가 정치적 사안에 점점 더 깊이 관여함에 따라, "보호받는" 외국인 교직원과 더욱 취약한 위치에 놓인 현지 또는 중국계 교수들 사이의 분열이 더욱 깊어질 가능성이 있었다.

문화적·민족적 차이가 큰 교수진 사이의 긴장은 불가피했지만, 홍콩대학의 국제주의적이고 세계시민주의적인 분위기는 여전히 대학의 뚜렷한 강점이었다. 롤런드 친은 최근 몇 년 동안 홍콩의 다른 대학들은 점차 중국적 색채가 짙어졌지만, 국제적 성격은 약해지는 경향을 보였다고 지적했다. 반면 홍콩대학은 국제적인 성격을 유지하기 위해 꾸준히 노력해 왔다. 친의 관점에서 보자면, 홍콩의 제도적 자율성은 중국 본토의 고등교육 체제와 매우 달랐다. "게다가 대학이 지역적이고 고립되어 있다면 세계 속에서 그 대학이 가지는 가치와 영향력은 미미해집니다. 사회와 정부의 지원 또한 당시의 경제적·정치적 상황에 크게 좌우될 것입니다. 반대로 대학이 국제적이고 세계와 긴밀히 연결되어 있다면, 사회는 그 존재와 다양성을 훨씬 더 높이 평가할 것입니다."[47] 2019년에 장기간 이어진 반정부(그리고 암묵적으로 반베이징) 시위는 이러한 전제들을 시험하는 사건이었다.

2019년 홍콩대학이 직면한 도전 중 하나는 우수한 학자를 영입하는 능력을 제약하는 낡은 인사 정책을 어떻게 개선할 것인가였다. 1952년 홍콩대학이 처음으로 정부 보조금을 받기 시작한 이후, 교수들의 급여 체계와 정년 제도는 공무원 제도와 연동되었다. 2000년대 초에 급여 체계가 공무원 보수 체계와 분리되면서 홍콩대학은 교수 채용에서 더욱 경쟁력 있는 보수를 제시할 수 있었다. 이 변화 덕분에 홍콩대학의 교수 충원 능력은 어느 정도 향상되었다. 그러나 공무원 체계의 영향을 받은 만 60세 정년 규정은 여전히 큰 제약이었고, 그에 따라 학문적 경력의 정점에 있는 우수 학자들을 영입하는 일이 사실상 불가능했다. 2016년 홍콩대학은 사실상 실행되지 않은 정년 연장 관련 정책을 폐지하고, 만 60세가 되는 교수들에게 비정년직(nontenured)에 지원해 대학에 더 남을 수 있게 하는 제도를 정식으로 도입했다.[48]

관련 보직자들과 고령 교수 및 강의 중심 교원의 비율이 높은 학과들은 교수진의 세대 교체를 위해 기존 60세 정년 정책을 유지하기를 선호했다. 반면 인문학 등 경력 후반에 가장 뛰어난 연구 성과를 내는 분야의 학과들은 석학을 유치하기 위해 엄격한 60세 정년 정책에 변화를 가하기를 열망했다. 이는 교수진의 약 60%를 차지하는 해외 출신 연구자들을 영입하는 데 특히 중요한 사안이었다. 홍콩대학은 높은 급여, 연구 지원, 풍부한 주거 보조금을 제시할 수 있었다. (신임 교수가 바다 전망의 넓은 아파트를 저렴하게 제공받을 수 있는 곳이 또 어디 있겠는가?) 그러나 정년을 맞는 순간 이러한 혜택은 모두 사라졌고, 홍콩 부동산에 미리 투자하지 않은 교수들은 지구상에서 가장 비싼 주택 시장에서 구매 또는 임차 경쟁을 해야 하는 상황에 놓였다. (2020년 기준, 홍콩의 주택 평균 가격은 미화 125만 달러였다.)

2018년 대학의 최고 의결 기구 중 하나인 자문위원회 구성원들이 홍콩대학의 현행 정년 정책이 "대학 최선의 이익에 부합하는지 재고할 것"을 요구했다.[49] 60세 이후 계속 근무하기 위해 비정년직 신규 계약을 신청하는 교수들이 늘어나면서, 교수 사회의 불만도 함께 커졌다. 교수들은 비정년직 계약이 낮은 급여를 제공하거나, 계약 갱신의 기준이 되는 성과 기준이 모호하다는 점을 우려했다. 일부는 정치적 고려가 계약 갱신 여부와 기간에 영향을 끼칠 수 있다고 우려했다.[50] 이에 홍콩대학 집행부는 정책의 근거를 설명하는 타운홀 미팅을 열었으나, 정책 개정에 대해서는 확답을 내놓지 않았다.[51] 정년 규정은 여전히 그대로 유지되고 있다.

〈목적 적합성〉: 거버넌스와 그 개혁 거버넌스는 모든 대학에 중요하지만, 범중화권 대학들 가운데서도 홍콩대학만큼 그 중요성이 두드러지는 곳은 없었다. 중국공산당의 직접적 감독을 받지 않는 선도적인 대학으로서, 홍콩대학이 아시아의 글로벌 대학이라는 비전을 실현하기 위해서는 영국

식민지 말기에 형성된 전통에서 물려받은 학문적 자율성과 자유로운 교육과 연구의 전통을 유지해야 했다.

홍콩대학은 대학 전체의 학사 계획 수립에 적합하지 않은 복잡하고 구식의 거버넌스 구조가 있었다. 그럼에도 전략을 수립해야 할 필요성은 명확했다. 1990년대 말의 과도기에 패트릭 쳉(Patrick Cheng, 鄭耀宗) 총장은 대학이 직면한 국제적·지역적 위상 재정립과 지도적 역할 유지 등 주요 현안을 논의하기 위해 원로 학자 관련 책임자들로 구성된 임시 전략 자문단을 구성해야 했다. 그리고 이 작업을 통해 저명한 학자들과 기업인들로 구성된 전문가특별위원회(blue-ribbon commission) 설립의 기반을 마련했고, 이 위원회는 2003년 홍콩대학 최초의 현대적 전략 계획을 수립했다.

그렇다면 이 대학의 구조는 어떠했을까? 대학 행정은 형식적으로는 대학의 최고 책임자인 명예총장(Chancellor, 校監)이 이끌었다. 이 직책은 과거에는 식민지 총독이 맡았으며, 현재는 홍콩 행정장관이 맡고 있다. 행정장관은 홍콩의 8개 공립대학의 명목상 명예총장으로서 주로 의례적 역할을 한다. 각 대학의 실질적인 행정 통제권은 총장(President and Vice-Chancellor, 校長)이 행사한다. 총장은 "대학의 최고 학사 및 행정 책임자"로서 수석부총장(provost, 首席副校長), 집행부총장(executive vice president, 行政副校長), 그리고 여러 부총장으로 구성된 부총장단의 지원을 받는다. 이들은 교무처장(registrar, 敎務長), 재무처장(director of finance, 財務處長)과 함께 고위 경영진을 구성하고 대학 이사회에 보고했다.

대학 이사회는 대학의 최고 통치 기구로서 재정, 인력, 전략 계획을 관리했다. 이사회는 대학 외부 인사, 홍콩대학 집행부, 교수, 직원, 학생 등으로 구성되었으며, 21세기 초에는 그 수가 50명을 넘었다. 빅터 풍은 이사장으로 재임하던 시기에 이사회 개혁에 나섰다. 그는 세 명의 전문가, 즉 하버드대학교 전 총장 닐 루든스타인, 홍콩 종심법원 법원장 및 대학교육 지원위원회 위원장을 지낸 앤드루 리(Andrew Li), 그리고 뉴사우스웨일스대학교 전 총장 존 나일런드(John Nyland)로 이루어진 전문가특별위원회를 구성한 후, 이들에게 대학의 거버넌스와 관리 구조를 검토하도록 했다. 이 위원회는 2003년 〈목적 적합성(Fit for Purpose)〉 보고서에서 권고안을 제시했다. 해당 보고서는 건전한 거버넌스를 위한 17개 권고 사항을 제시했는데, 대부분은 대학 이사회의 역할 강화를 중심으로 했다. 보고서는 규모 면에서 비효율적이던 기존 이사회를 18~24명 규모의 이사회로 재편할 것을 권고했고, 이사회가 "사실상의 최고 통치 기구"임을 재확인했다.[52] 의원회는 또한 개편된 이사회의 구성을 변경할 것을 권고했으며, 이에 따라 풍 이사장은 이사회에 더 많은 학생 대표를 참여시켰다. 또한 사상 처음으로 원로 교수와 주니어 교수 및 전문직 직원 대표의 노동조합 대표가 포함되었다.

이사회가 주로 행정·정치·예산 문제를 다루었다면, 교무위원회(the Senate)는 학문과 교육 관련 모든 사안을 관장했다. 따라서 교무위원회가 3년제에서 4년제로의 교과과정 전환을 관리하는 데 깊이 관여했다. 교무위원회는 교수들, 학장들, 그리고 여러 명의 학생 대표로 구성되었고,[53] 정책 논의를 위한 장을 제공할 뿐 자체적으로 정책을 생산하지는 않았다.

세 번째 핵심 행정 기구는 자문위원회(University Court)였다. 자문위원회는 연 1회 회의를 열었고, 실질적 기능은 거의 없이 의례적·상징적 역할만 했다. 자문위원회는 총장의 주재 아래 정계와 교육계의 여러 단체에서 선출된 대표들로 구성되었다.[54]

패트릭 쳉 총장이 해결해야 할 과제 중 하나는 홍콩대학의 지나치게 분절화된 학문·재정 구조였다. 전통적으로 관리의 핵심 단위는 학과였고, 홍콩대학에는 80개가 넘는 학과가 있었으며, 각 학과는 모두 중앙 행정 본부에 직접 보고했다. 각 학과와 이를 묶는 단과대학은 조직 차원에서 부여된 공동의 목표나 조정 권한이 없었고, 서로 협력할 유인도 없었다. 학부생 수에 따라 예산이 배분되었기 때문에 각 학과는 더 많은 학생을 확보·유지하기 위해 경쟁했고, 그 결과 강의가 중복되는 일이 빈번했다. 예컨대 토목공학과는 학생들의 수요를 맞추기 위해 수학과의 기존 역량을 활용하기보다, 자체적으로 수학 교원을 별도로 채용할 때도 있었다.[55]

홍콩대학은 많은 대학들이 겪는 과제, 즉 주변부의 자원을 대학의 중심으로 어떻게 끌어올 것인가라는 문제에 직면했다(앞서 논의한 듀크대학교의 사례를 떠올려 보라). 쳉은 대중적 지지를 얻기 어려웠지만 효과적인 방식으로 '상부 분할(top-slicing)'이라는 새로운 정책을 도입했다. 전체 예산의 대부분을 기존 방식대로 학과에 배분하되, 10~15%는 중앙 집행부가 전략 사업을 지원하기 위해 별도로 확보해 두는 방식이었다. 이 정책은 원칙적으로 각 학과가 학생 수 확보 경쟁에 매몰되지 않고, 단과대학 단위에서 협력하며 사업을 계획하도록 유인하려는 목적이었다.[56]

빅터 풍이 이사회 이사장으로 재임하던 시기에 미국식 제도를 상당 부분 참고해 도입한 여러 개혁 조치는 홍콩대학 단과대학들의 행정 역량을 더욱 강화했다. 이후 단과대학 학장은 국제 공모 절차를 거쳐 중앙 집행부가 임명하는 방식으로 전환되었다. 과거에는 학장들이 독일 방식으로 동료 교수들에 의해 선출되었다. 따라서 집행부에 대한 책임성이 약했으며, 평생 함께 일해 온 동료들을 불편하게 만들 수 있는 중요하지만 필수적인 개혁을 실행하기 어려웠다. 이 변화는 〈목적 적합성〉 보고서가 제안하고 이후 시행이 승인된 17개 행정 개혁안 가운데 하나에 불과했다. 교직원 급여를 공무원 급여 체계에서 분리한 것도 빅터 풍의 리더십 아래 이루어진 개혁이었다.[57]

홍콩대학은 신생 대학이 아니었는데도 그동안 공식적인 중·장기 전략 계획을 수립해 본 적이 없었다. 빅터 풍과 추이랩치는 학문적 수월성 제고, 글로벌 존재감 강화, 사회와의 협력 및 지역사회 봉사, 그리고 '대학 공동체'의 육성과 지원이라는 네 가지 영역을 우선 과제로 삼은 '2003~2008 전략 계획' 수립을 주도했다.[58] 현대화된 거버넌스 체계와 효율화된 대학 이사회를 바탕으로, 빅터 풍은 각 단과대학을 직접 방문해 원로 교수들을 만나고 대외 벤치마킹 계획을 논의했다. 이 시기에 빅터 풍은 《타임스고등교육》 세계 대학 순위 상위 25위 진입이라는 목표를 제시했다. 그러나 홍콩대학이 2006년 기준 33위에서 2007년 18위로 뛰어올랐을 때, 빅터 풍 본인조차도 이런 "즉각적인" 상승을 예상하지는 못했을 것이다.[59]

2016년 피터 매시슨은 〈목적 적합성〉 보고서를 기반으로 대학 운영의 모든 차원에서 국제화를 대폭 강화하는 〈비전 2016~2025〉 전략 계획을 출범시켰다. 〈비전 2016~2025〉는 홍콩대학이 "중국 본토와 해외에서의 학습 경험"을 확대하는 데 주력할 것을 명시했다.[60] 중국 외부에 있는 대학이라는 정체성을 오랫동안 유지해 온 홍콩대학은 이제 저장성에 공학연구소를 설립하고, 홍콩 북쪽의 역동적 신도시 선전(深圳)에 의과대학 부속병원을 세우는 등 본토와의 연계를 확대하는 방안을 모색해 나갔다.[61]

교수진과 집행부는 〈목적 적합성〉 보고서가 제시한 거버넌스 및 관리 개혁이 대학에 지속적인 영향을 끼쳤다는 점에 대체로 동의했다. 그러나 홍콩대학의 전략 계획 자체에 대한 평가는 다소 엇갈렸다. 분명히 홍콩대학의 전략 계획은 듀크대학교처럼 절대적 권위를 갖고 있지는 않았다. 한 전직 고위 보직자는 "기관의 문화가 성과를 측정하고 우수한 성과를 보상하는 것이 적절하다는 사실을 수용했다"라는 언급과 함께 성과 중심 평가가 촉진되었다는 면에서 장기적 변화가 이루어졌다고 보았다. 동시에 그는 "전략 계획이 어떻게 됐냐면, 그저 서가에 꽂혀 있다고 말해야겠

군요. 계획은 만들어졌지만 실제로는 아무 변화가 없었고, 대학은 그 전
과 똑같이 흘러갔습니다"라고 말하며 씁쓸하게 웃었다.

재정 홍콩대학은 무엇을 목표로 하든 이를 실현할 만큼 재정적으로 매우
유리한 위치에 있었다. 홍콩대학, 센테니얼칼리지, 홍콩대학 전문평생교
육원(School of Professional and Continuing Education, SPACE)으로 구성된 홍
콩대학그룹은 2019~2020학년도에 1억8,000만 달러가 넘는 흑자 예산
을 기록했다. 대학 재무부는 대학교육지원위원회로부터 받은 포괄적 보
조금(block funding)과 늘어난 기부금이 이러한 흑자의 주요 요인이라고
설명했다.[62] 대학의 재원은 정부 지원금, 등록금 및 수수료, 기부금, 투자
수익이라는 네 가지 주요 출처에서 마련되었다.

홍콩의 여덟 개 공립 고등교육기관 중 하나인 홍콩대학은 대학교육지
원위원회로부터 3년 주기로 지급되는 포괄적 보조금을 통해 안정적이고
예측적인 재정 운용이 가능했으며, 여기에는 건설·설비 사업, 연구 프로
젝트 등 특정 목적을 위한 예산도 있었다. 예컨대 2014년에는 국제화 및
중국 본토와의 협력 강화를 위해 대학교육지원위원회로부터 새로운 형
태의 목적성 지원금을 받았다.

등록금과 수수료는 홍콩대학의 두 번째로 큰 수입원이었다. 대학은 현
지 학생과 외국 학생에게 서로 다른 등록금 기준을 적용했다. 2019년 기
준 현지 학부생의 1년 등록금은 약 5,400달러였던 반면, 중국 본토 학생
을 포함해 비(非)현지 학생들은 약 2만1,000달러를 부담했다.[63] 센테니
얼칼리지의 등록금은 현지 학생의 경우 약 1만1,300달러로 훨씬 비쌌지
만, 해외 학생의 경우 약 1만5,200달러로 상대적으로 낮게 책정되었다.[64]
2015년 대학 발표에 따르면, 센테니얼칼리지와 같은 자체 재정 기반 프
로그램들은 홍콩대학그룹 전체 지출의 15%도 차지하지 않으면서 전체

등록금 수입의 약 40%를 가져오는 핵심 재원 역할을 했다.[65]

홍콩대학의 나머지 수입 대부분은 기부금과 투자 수익으로 구성되었다. 기부금에는 연구비, 장학금, 자본 확장을 위한 자금이 포함되었다. 홍콩대학그룹은 투자된 기금의 수익뿐 아니라 홍콩의 성장하는 의료서비스 산업을 이끄는 주요 기업들의 20% 지분도 보유하고 있었다.[66] 홍콩대학은 2019년 부러움을 살 정도로 큰 흑자 예산을 기록함으로써 재정적으로 어려웠던 초기 시절을 완전히 극복하고 상당한 발전을 이뤘다. 그러나 미래를 바라보면, 홍콩대학의 재정 상황은 그다지 확실하지 않아 보였다. 한 교수는 정치적으로 영향력 있는 대학 보직자와 나눈 대화를 회상하며, 그 보직자가 "우리는 정부에 우리 편이라고 부를 만한 이들이 없습니다. 좌파(즉 친중파) 정치인들은 애국적이지 않다고 우리를 싫어하고, 민주 성향 정치인들은 우리가 중국 본토 학생을 너무 많이 받는다고 생각합니다"라고 말한 적이 있다고 전했다.[67] 고위 행정진은 정부 지원금이 장기적으로 대학 운영예산의 50% 이하로 떨어질 것으로 전망했는데, 이는 버클리와 같은 미국의 공립대학 관점에서는 오히려 부러워할 만한 비율이었다. 홍콩대학은 이 부족분을 메우기 위해 모금과 발전 기금 활동을 강화할 계획을 세웠다. 이 임무는 대학 발전 담당 부총장 사브리나 린(Sabrina Lin)에게 맡겨졌는데, 그녀가 감당해야 할 과제는 홍콩의 기준으로 봐도 쉽지 않은 난제였다. 그녀의 주요 업무 중 하나는 동문 기부자 비율을 높이는 일이었다. 2018년 당시 동문 기부자 비율은 고작 2.5%에 불과했다.

홍콩의 정치적 질서와 무질서

1997년 이후 홍콩의 정치 질서는 중국 전국인민대표대회가 승인한 홍콩 기본법에 따라 보장되었고, 이는 21세기 초 홍콩대학의 성장을 가능하게 했다. 일국양제 체제는 중국 본토의 대학에서 보장되지 않는 학문적 자유를 홍콩대학 체제에 부여했다. 홍콩대학 지도부가 아시아의 글로벌 대학을 구축하고자 했을 때, 그들은 홍콩 반환 이후 정치체제 아래서 홍콩대학이 누려 온 풍부한 재정 지원과 학문적 자율성이 앞으로도 지속될 것이라고 가정했다. 그러나 홍콩이 범중화권 내에서 누려 온 특별한 지위가 앞으로도 유지될지는 불투명했다. 기본법이 보장한 홍콩의 "높은 수준의 자치권"은 2017년에 이르기까지 20년간 거의 온전히 유지되었지만, 그 후 수년간 이어진 정치적 갈등과 시위로 홍콩 시민과 중국 본토 당국 모두에 그 자치권은 약해진 듯 보였다.

홍콩의 정치체제는 낡고 점점 기능을 잃어 가고 있었다. 홍콩의 "황태자"라 불리는 홍콩특별행정구 행정장관(行政長官, Chief Executive)을 사실상 중국 정부가 임명했다. 행정장관은 상당한 권한을 가졌지만 정당성이 부족했으며, 각 행정장관의 재임 기간은 이전보다 더 험난했다. 입법회는 형식적으로는 민주주의 절차를 갖추고 있었고 일부 의원이 직선제로 선출되었으므로 일정한 정당성을 지녔지만, 실제 권한은 매우 제한적이었다. 홍콩은 역사적으로 독립적인 법원 체계와 청렴한 경찰 조직처럼 강력한 전문성을 갖춘 공무원 조직을 보유하고 있었다. 이러한 요소들은 불안정한 정치적 상황 속에서도 체제에 어느 정도 안정성을 제공했다. 하지만 홍콩의 위기 상황이 반복되자 이들 또한 극한의 시험대에 올랐다.

홍콩의 정치 개혁 시도들은 시정 운영에 대한 시민들의 늘어나는 불만을 되돌리지 못했다. 2013년 조사에서 응답자의 50% 이상이 홍콩의 정치 발전 속도에 불만족을 나타냈는데, 이는 2007년의 29%에서 많이 늘어난 수치였다.[68] 일국양제에 대한 지지 또한 흔들리기 시작했다. 2007년에는 홍콩 주민의 약 4분의 3이 이 체제를 지지했지만, 2012년 조사에서는 절반 정도만이 이 체제를 신뢰한다고 응답했다.[69] 베이징은 더 늦기 전에 홍콩 내 점진적인 정치 개혁의 기반을 마련해야 한다는 압박을 느끼는 것 같았다. 경제적 불평등은 깊어졌고, 정치 개혁은 물론 홍콩의 새로운 정치적 정체성을 요구하는 목소리도 커지고 있었다.

홍콩의 안정과 대중의 지지를 유지하려는 베이징의 시도는 여러 장애물에 직면했다. 홍콩에서 삶의 질을 나타내는 주요 지표는 2008년에 사상 최고치를 기록했지만, 그 이후로는 지속해서 하락세를 보였다.[70] 2012년에 발표된 결과는 이 지표가 2003년보다도 낮아졌음을 보여주었다.[71] 거주민에게 부여된 제한적이고 불완전한 선거권은 홍콩 시민들이 정치적 불만과 사회적 압박을 제도적으로 표출할 수 있는 통로를 크게 제약했다. 홍콩 시민의 민주적 권리를 제한하는 과정에서 중국 본토의 점진적인 정치 개혁 방식은 오히려 홍콩 내부의 사회적 분열을 심화했고, 그 갈등의 십자포화 속으로 베이징을 내모는 결과를 초래했다. 중국 본토의 홍콩 정치 발전 관리 방식에 대한 불만이 커지면서, 주민들 사이에서는 자신을 중국인이 아니라 홍콩인으로 우선 규정하는 비율이 점차 높아졌다.[72] 국가적 정체성보다 강한 지역적 정체성에 대한 욕구가 커지면서, 홍콩과 홍콩대학 내에서 전개된 민주·법제 개혁 논쟁의 정치적 긴장은 더욱 고조되었다.

1997년 이후 홍콩대학에서는 중국과의 관계 설정을 둘러싼 갈등이 점차 커졌다. 2000년에는 패트릭 쳉 총장과 그를 보좌하던 고위 보직자가 학내의 한 연구자에게 베이징이 지명한 행정장관에 대한 지지율 하락을 보여주는 여론조사를 중단하라는 압력을 넣었다는 비판 속에서 사임했다.[73] 일부가 이 사안을 학문의 자유 문제로 규정하면서 대학이 감당해야 할 학문적·정서적 부담이 상당히 커졌다. 2011년 추이랩치 총장이 세 번째 임기에 나서지 않겠다고 발표하자, 많은 사람들은 이것이 리커창(李克強) 중국 국무원 부총리 방문 중 학생 시위대에 대한 과도한 대응 논란과 관련이 있을 것이라고 봤다.[74] 그러나 이러한 사건들 가운데 그 어느 것도 '센트럴을 점령하라' 시위가 지닌 규모와 영향력에 비할 수는 없었다.

센트럴 점거 운동 베이징은 홍콩에 행정장관이 장차 보통선거로 선출될 것이라고 약속한 바 있었다. 그러나 2014년 베이징은 유권자 범위를 확대하되 후보자를 제한하는 방안을 제시했고, 이는 격렬한 반발을 불러일으켰다.

홍콩대학 법학부 부교수 베니 타이(Benny Tai, 戴耀廷)가 일부 주도한 '사랑과 평화로 센트럴을 점거하자(Occupy Central with Love and Peace)'라는 단체가 이 과정을 자세히 추적했다. 2014년 9월 말, 이 단체와 대학생 다수, 고등학생들까지 합세해서 홍콩 도심의 가장 번화한 센트럴 거리를 점거하고 전면적 보통선거를 요구하는 시민불복종 운동을 전개했다. 2014년 9월 28일, 경찰이 시위대에 최루탄을 사용하자 이 저항운동은 급격한 동력을 얻었다. 이 사건은 시위대에 대한 큰 주목과 공감을 불러일으켰고, 어떤 형태의 경찰 폭력도 반대하는 시민들이 합류하면서 시위대의 규모가 더욱 커졌다. 시위대가 최루탄을 막기 위해 우산을 들었던 데서 "우산운동(Umbrella Movement)"이라고 알려진 이 운동은 79일 동안 홍콩의 거리를 점거했다.[75] 궁극적으로 전국인민대표대회가 승인한 선거안을 홍콩 입법회가 부결했다. 그러나 이는 센트럴 점거 운동의 애매한 승리에 불과했다. 2017년에도 기존의 간접선거 체제가 그대로 유지됨으로써 홍콩 시민의 선거 참여가 이루어지지 못했기 때문이다.[76]

센트럴 점거 운동은 홍콩에서 강경한 지지자와 반대자가 공존하는 첨예한 쟁점으로 남았다. 베니 타이(이후 홍콩 법원에서 '공공질서 방해 모의' 혐의로 16개월의 징역형을 선고받았다) 등 홍콩대학 교수들의 두드러진 관여와 홍콩대학 학생들의 대규모 참여로, 이 대학은 장기화되었으나 절제된 방식으로 이루어진 이 운동과 불가분의 관계에 놓인 듯했다.[77] (79일간의 시위와 해산 과정에서 단 한 명의 학생도 다치지 않았다.) 칭화대학과 난징대학의 사례에서 보았듯이, 본토 대학들에 대한 중국 중앙정부의 이념적 통제가 강화되던 시기에 정부와 홍콩대학의 관계는 점차 긴장 국면으로 접어들었다.

홍콩 정부 및 중국의 중앙정부와 홍콩대학 간의 관계 악화를 보여주는 초기의 징후는 요하네스 찬(Johannes Chan, 陳文敏) 교수를 둘러싼 논란이었다. 홍콩대학 법학부 교수이자 전 학장인 요하네스 찬의 학술발전부총장직 임명 지연을 둘러싼 공개적 갈등은 정부가 대학 업무에 개입한다는 추상적 우려를 구체화했고, 대학 행정에 대한 홍콩 행정장관의 역할에 의문을 제기했다. 2014년 12월, 대학 인사위원회는 5년간 공석이었던 이 부총장직에 요하네스 찬을 지명했다.[78] 그러나 홍콩대학 이사회는 먼저 수석부총장 자리를 채운 후 새로운 보직자가 이 결정에 의견을 개진할 수 있도록 해야 한다는 이유로 지명에 대한 답변을 보류했다. 이러한 임명 지연이 찬의 센트럴 점거 운동을 주도한 단체와의 연관성 때문이라는 의혹이 널리 제기되었다. 베니 타이가 2000~2008년에 법학부 부학장으로 재직했는데, 그중 6년이 요하네스 찬의 학장 재임 기간과 겹쳤기 때문이다.

7개월이 지나도록 이사회는 인사위원회의 추천에 대해 답변하지 않았다. 2015년 7월, 학생 일부가 행정절차 지연에 항의하며 이사회 회의장에 난입했다. 이후 홍콩대학 동문 1,000명 이상과 시민 3,000명 이상이 학생들의 행동을 규탄하는 온라인 청원에 서명했다.[79] 2015년 9월 1일까지도 사안이 해결되지 않자, 홍콩대학 교직원과 동문 7,000명 이상이 찬을 30일 안에 임명할 것을 이사회에 촉구했다.[80] 2015년 9월 29일, 이사회는 12대 8로 찬의 임명을 부결시켰다.[81] 이사회의 학생 대표 중 한 명이 비밀 유지 서약을 위반하고 회의 내용을 공개했다. 그 내용에 따르면, 표결은 대체로 찬의 임명에 찬성한 학내 구성원 출신 이사들과 반대표를 주도한 정부 임명 이사들로 갈라졌다.[82] 대학 교수들과 많은 시민은 찬의 임명 거부가 대학 외부의 정치적 압력 때문이라고 여겼다.

이 사태는 홍콩대학 거버넌스의 질서 자체를 뒤흔드는 위기를 가져왔다. 과연 대학은 어떻게 운영되고 있는가? 대학 인사위원회와 총장이 승인한 학장직조차 무력화될 수 있는 상황은 무엇을 예고하는가? 이사회 이사들 가운데 일부가 행정장관의 정치적 동맹으로 보였다는 점에서, 이 사태는 행정장관의 이사회 임명권과 이사회의 전체 구성 방식 자체를 철저하게 재검토하는 계기가 되었다. 역사적 이유로 홍콩의 여러 대학 가운데 홍콩대학에서만 행정장관이 총장과의 협의 없이 이사회 이사장과 이사를 임명할 권한을 갖고 있었다. 이러한 행정장관의 권한을 둘러싼 긴장은 강경한 리더십 스타일로 알려진 아서 리가 2015년 이사회 이사장으로 임명되면서 정점에 이르렀다. 2016년의 반대 시위에도 불구하고, 그의 이사장직은 2018년에 3년 더 연장되었다.[83]

거버넌스: 검토는 있었으나 재구성은 없었다 홍콩대학 명예학위 수여자 후보 선정이라는 비공개적 사안에서부터 요하네스 찬 논란과 같은 공개적 쟁점에 이르기까지, 량전잉(C. Y. Leung, 梁振英) 행정장관이 홍콩대학 내 정치에 깊숙이 개입하고 있다는 인식은 널리 퍼져 있었다. 총장(vice chancellor 겸 president)과 구별되는 직위인 행정장관의 명예총장 직함은 전임자들 아래서는 대부분 의례적 성격에 머물러 있었다. 그러나 이 직함을 문자 그대로 받아들인 량전잉은 대학 업무 전반에 빈번하고도 조기에 개입했다.

대학의 학문적 건전성을 확보하라는 교수, 학생, 직원의 거센 압력 속에서, 홍콩대학 이사회는 2016년 4월 독립 조직인 대학거버넌스검토패널(Review Panel on University Governance)을 설립하며 21세기 들어 두 번째로 대규모 거버넌스 검토에 착수했다. 2003년의 〈목적 적합성〉과 2009년에 발표한 후속 보고서를 바탕으로 구성된 이 패널은 홍콩의 끊임없이 소용돌이치는 정치적 격랑 속에서 대학의 거버넌스와 학문적 자치를 보호하기 위한 권고를 제시했다.

이 패널의 구성과 활동은 홍콩대학과 홍콩의 현재 상황을 적나라하게 드러낸다. 검토 패널의 의장은 영국 요크대학교(University of York)의 명예총장이자 유니버시티칼리지런던(UCL)의 전 총장인 맬컴 그랜트 경(Sir Malcolm Grant)이 맡았다. 홍콩대학 교육지원위원회의 오랜 핵심 구성원이었던 그랜트는 영국 국가보건서비스(National Health Service, NHS)의 의장직도 역임했다. 나 역시 검토 패널에 합류해 달라는 요청을 받았다. 나는 대학교육지원위원회에서 오랫동안 일한 전 위원이었으며, 홍콩의 대학들에 깊은 애정이 있었다. 맬컴 경과 나는 홍콩특별행정구 고등법원 전 판사이자 저명한 변호사인 피터 반 투 응우옌(Peter Van Tu Nguyen)과 함께 패널을 구성했다.

홍콩대학 이사회가 우리에게 요청한 검토 사항은 상당히 방대한 것으로, 우리는 대학의 전체 거버넌스 구조를 재검토하고 기존 평가(예컨대 〈목적 적합성〉)을 참조하며, 모든 관련 구성원과 면담하고 여러 규정과 법규의 타당성을 검토한 뒤 대학의 거버넌스를 강화할 방안을 제시해야 했다.

우리는 요청 받은 모든 것을, 아니 그보다 더 많은 일을 해냈다. 우리는 교수, 학생, 동문을 포함한 모든 이해관계자에게 비공개 서면 의견서를 요청했다. 우리는 40건의 공식 제출 문건을 수령했는데, 그중 상당수의 내용은 매우 방대했다. 이 모든 자료는 검토 패널 구성원과 서기만이 열람할 수 있도록 기밀로 처리되었다. 또한 대학 내 다양한 집단과 서른세 차례의 회의를 진행했는데, 일부는 공개로, 일부는 비공개로 이루어졌다.

각 회의 시작 시 우리는 이른바 채텀하우스 규칙(Chatham House rules)을 적용한다고 밝혔는데, 이는 회의에서 제시된 의견을 직접 인용할 수는 있으나 특정 개인에게 귀속시키지 않는다는 의미였다. 서기는 각 회의의 요약본을 작성했으며, 발언자는 이름이 아닌 발언 순서로만 표기되었다. 우리는 이사회를 포함한 대학 운영 위원회들의 모든 최근 회의 안건과 회의록을 검토했다.

패널은 우리가 접한 내용을 검토하고 권고안을 마련하기 위해 안전하고 조용한 회의실에서 논의를 진행했다. 우리에게는 검토 내용을 공개할 준비가 될 때까지 모든 논의가 비밀리에 진행될 것이라고 믿을 만한 충분한 이유가 있었다. 그러나 이곳은 홍콩이었다. 홍콩이 존 르 카레(John le Carré)의 소설과 제임스 본드 영화의 단골 배경이 되는 데는 그럴 만한 이유가 있었다. 홍콩에서 영원히 비밀로 남는 것은 아무것도 없다.

우리 검토패널은 35개의 공식 권고를 담은 장문의 보고서를 작성했다. 상당수는 행정 효율성을 높이기 위한 단순한 제도 정비에 관한 것이었지만, 일부는 당시 홍콩대학을 휩쓴 심각한 신뢰 위기를 해결하기 위한 것이었다. 그중 가장 중대한 권고는 행정장관이 사실상 대를 이어 맡아 온 명예총장직의 성격을 명확히 의례적 지위로 규정하고, 비정상적이거나 정치적 영향을 끼칠 수 있는 명예총장의 권한(예컨대 이사회 이사장 및 이사의 단독 지명)을 이사회로 이양하며, 명예학위 수여와 같은 기타 사안에서도 동일한 원칙을 적용하라는 것이었다. 나아가 우리는 영국, 오스트레일리아 등 영국식 관행을 따르는 국가들의 최신 기준에 따라 명예총장직을 정부로부터 분리하는 것이 명백히 이익에 부합한다고 판단했다.[84] 이 권고의 취지는 당시 행정장관이 대학 업무에 개입했다는 비난을 제기하기 위해서가 아니라, 곧 퇴임을 앞둔 그가 아닌 후임 행정장관이 대학과 관련해 정치적 동기로 행동하고 있다고 의심받지 않도록 그 부담을 덜어 주기 위해서였다.

우리 세 사람은 홍콩대학 캠퍼스 내 우리의 '밀폐된' 전용 회의실에서 일주일 동안 집중적으로 이 권고안에 대해 숙고했다. 논의 초기에 우리는 행정장관과의 면담을 요청했으나, 행정장관실로부터 시간 여유가 없다는 퉁명스러운 답변을 받았다. 그런데 우리가 아직 비공개 결론에 이르기도 전에, 우리는 갑작스레 행정장관 관저로 소환되어 그와 면담했다. 우리의 회의실은 밀폐되어 있지도, 비밀스럽지도 않았던 듯하다. 그 방에는 '귀'가 있었다. 우리를 만났을 때 량전잉 행정장관는 인사치레마저 건너뛰고는 대뜸 "나는 당신들이 권고하려는 것에 절대 동의하지 않을 것이며, 베이징도 허용하지 않을 것"이라고 말했다. (우리는 아직 권고안을 확정하지도 않은 상태였다.) 우리는 행정장관으로서, 그리고 홍콩의 대학들 일반, 특히 홍콩대학에 대해 그가 예산권을 비롯해 상당한 권한을 이미 갖고 있다는 점을 상기시켰다. 그러자 그는 "아시다시피, 내가 홍콩대학에 손을 쓰는 데 명예총장 자리가 꼭 필요한 건 아닙니다"라고 말하며, 우리 말에 동의하는 듯했다. 그러나 그는 아직 문서화되지도 않은 권고안을 받아들이지 않겠다는 태도를 굽히지 않았다. 우리가 자리를 뜰 때 그는 이 대화가 비공개(off-the-record)임을 강조했고, 실제로 그 자리에는 어떤 직원도 배석하지 않았다. 우리는 이 내용을 우리끼리만 간직하기로 합의했으나, 그날 저녁 이사회 이사장인 아서 리와 함께한 만찬에서 우리는 그로부터 행정장관과 가졌던 그 '비밀 회동'에 대해 낱낱이 들을 수 있었다.

이 모든 일은 어떤 결과를 가져왔을까? 검토패널 구성원들의 견해는 량전잉과의 험악한 분위기 속 면담 후 더욱 공고해졌다. 우리는 2016년 9월, 보고서 초안에 만장일치로 합의한 후 이를 아서 리와 피터 매시슨에게 검토용으로 전달했다. 그러나 이후(이 부분은 추측일 수밖에 없지만), 우리 패널에서 유일한 홍콩 지역 출신이었던 응우옌은 거센 압박을 받았는지 맬컴 경과 나와의 모든 소통을 중단했다. 그는 상당히 뒤늦게야 행정장관 관련 권고를 제외한 대부분의 보고서 내용에 대해 동의한다고 밝혔다. 한편 아서 리 이사회 이사장은 새 행정장관이 취임한 다음 해 봄까지 이 보고서를 이사회 내부에 묻어 두었으며, 이후 핵심 내용을 사실상 무력화했다.

결국 홍콩대학 이사회는 검토패널의 권고 사항 다수를 채택했으나, 이사회의 투명성과 자율성 강화를 위한 가장 핵심적인 권고들은 거부했다.[85] 이사회가 거부한 권고에는 명예총장의 역할을 "대체로 명예직"으로 한정하고, 이사회 이사 지명권과 이사장 선출권을 포함한 관련 권한을 이사회로 이양하자는 내용이 포함되어 있었다.[86] 새 행정장관이 아서 리를 이사회 이사장으로 재임명하자, 홍콩대학의 30개가 넘는 학생·교직원·동문 단체가 이사회를 향해 공개적 협의 없이 명예총장이 이사회 이사를 임명하고 이사장을 지명할 수 있는 권한을 폐지하라는 공동 성명을 발표했다.[87] 2019년 여름 홍콩 전역이 다시 시위로 들끓자, 정치적 폭풍 속에서 대학의 제도적 자율성을 지키면서 대학을 효과적으로 운영해야 하는 이사회의 능력이 다시 시험대에 올랐다.

송환법 반대 시위 2019년 봄, 홍콩 정부는 행정장관이 홍콩 내에서 체포된 범죄 혐의자를 상호 송환 조약이 체결되지 않은 지역으로도 임시 송환할 수 있도록 허용하는 법안을 발의했다.[88] 이 법안은 홍콩에서 친베이징 성향의 행정장관이 정치적 반체제 인사들을 체포해 중국 본토로 송환해 재판에 회부하는 데 악용될 수 있다는 우려를 불러일으켰다.[89] 이러한 비판이 일자 량전잉의 후임자인 캐리 람(Carrie Lam, 林鄭月娥) 행정장관은 수정안을 제출했고, 수정안이 정치적 목적의 악용 가능성을 제한할 것이라며 신속한 통과를 추진했다.[90]

수정안은 시민들을 만족시키지 못했다. 그럼에도 수정안을 통과시키려는 람의 행보는 6월 대규모 시위를 촉발했고, 많은 홍콩대학 학생이 시위에 참여했다.[91] 람이 법안 처리를 유예하자, 홍콩대학 학생들은 일부 시위대와 함께 법안의 공식 철회가 이루어질 때까지 시위를 이어 나가겠다고 선언했다.[92] 시위는 송환법 반대 운동을 지지하는 홍콩 현지 학생들과 베이징을 지지하는 중국 본토 출신 학생들 간의 긴장 관계를 더욱 고조시켰다. 시위를 논의하기 위해 열린 홍콩대학 포럼에서 우려를 나타낸 본토 학생들이 야유받기도 했다.[93] 대학 당국은 시위가 학내 교육 활동에 영향을 주어서는 안 된다고 설득하고자 했으나, 학생 단체들은 학기 개시와 함께 동맹휴학을 선언하며 이를 받아들이지 않았다.[94] 홍콩대학 학생운동 전통은 대학을 다시금 홍콩의 시위 정치 한가운데로 끌어들였다.

송환법 반대 시위가 지속되자, 시위대의 요구가 확대되고 폭력 양상도 심해지면서 홍콩의 정치 질서 역시 위기에 처했다. 9월, 람은 송환법 공식 철회를 발표했으나 시위대의 요구는 이미 민주적 권리 확대와 경찰 폭력에 대한 조사로까지 확장되었다.[95] 홍콩대학 학생회는 동료 학생들에게 이러한 요구를 지지할 것을 독려했으며, 조사 결과 대학생 연령층과 대학 교육을 받은 집단이 시위 참여자 중 가장 큰 비중을 차지하는 것으로 나타났다.[96] 시위대의 요구가 더욱 근본적인 정치적 쟁점들로 확장되면서, 동시에 시위 현장에서 폭력이 증가하기 시작했다. 여름까지 2,000명 이상의 시위대가 다쳤다는 보고가 있었으며, 중화인민공화국 건국 70주년 기념일에는 시위대 중 처음으로 경찰의 총에 맞은 피해자가 발생했다.[97] 중국이 홍콩 내 준군사(paramilitary) 조직 병력을 두 배로 증강했는데도, 시진핑 국가주석은 군사력을 동원한 시위 진압은 원치 않는 것으로 알려졌다.[98] 그러나 홍콩 정부가 시위를 종식하는 데 어려움을 겪자, 베이징의 인내심은 한계에 가까워지는 듯했다.

10월 시진핑은 "국가의 어느 지역에서든 중국을 분열시키려는 자는 반드시 몸이 으깨지고 뼈가 부서지는 결말을 맞을 것"이라며 위협적인 발언을 내놓았다.[99] 이 발언은 홍콩의 불길에 기름을 부은 격이었고, 더욱 폭력적인 시위가 이어졌다. 시위에 참여한 학생들 사이에서 베이징의 묵인 아래 강경 진압이 임박했다는 두려움이 커지면서 시위의 중심 무대가 대학 캠퍼스 내부로 이동했다. 11월 중순, 경찰이 시위 학생들을 체포하기 위해 진입을 시도하면서 홍콩대학, 홍콩중문대학, 홍콩과학기술대학 캠퍼스에서 시위대와 경찰 간 충돌이 발생했다.[100] 학생들과 다른 시위자들은 캠퍼스 안에 바리케이드를 치며 맞섰다. 경찰이 최루탄을 사용해 시위대를 해산하고 캠퍼스를 확보하려 하자, 시위대는 접근하는 경찰을 막기 위해 활과 화살, 심지어 창까지 사용한 것으로 보고되었다.[101] 홍콩과학기술대학 캠퍼스에 대한 경찰의 포위 작전은 12일간 이어지면서 전 세계 언론의 주목을 받았다. 경찰이 장갑차를 투입하자 홍콩과학기술대학 시위대는 폭발성 화염병을 던져 경찰 차량을 공격했다.[102] 캠퍼스에서 벌어진 이러한 충돌로, 홍콩의 대학들은 시위가 시작된 이후 가장 중대한 위기를 맞았다. 홍콩대학을 포함한 홍콩 전역의 대학 시설들이 심각한 피해를 보았다.[103] 많은 중국 본토 출신 학생들이 도시를 떠났다는 보고가 있었고, 10여 개 이상의 해외 대학들이 홍콩 유학 프로그램을 중단했다.[104] 11월 14일, 홍콩대학 총장은 본교 캠퍼스의 수업을 학기 말까지 전면 중단한다고 발표했다.[105]

2019년 늦가을, 시위가 절정에 이르자 홍콩 정부는 긴장을 완화할 방안이 필요했다. 11월 24일 구의회 선거는 홍콩 시민과의 관계를 개선할 기회로 여겨졌다. 구의회 의원들은 지역사회를 대표하지만, 실질적인 정치 권한을 행사하지는 않는다. 그러나 정치적 긴장이 고조된 시기에 행정장관을 선출하는 1,200명 규모의 선거위원회 중 117석을 차지하는 구의

[그림 11-3] 2019년 6월 16일 홍콩 시위. (Studio Incendo/위키미디어 커먼즈/CC BY 2.0).

회는 상징적으로 매우 중요한 의미를 지녔다. 11월 24일에 치른 선거에서 민주 진영 정당들은 전체 452개 구의회 의석 중 389석을 확보하며, 시 전체 71%라는 기록적 투표율 속에 압승을 거두었다.

캐리 람 행정장관은 친베이징 인사들에게 이번 선거 결과가 "정부에 대한 불만을 보여준다"라고 말했다. 그럼에도 혹은 바로 그래서, 홍콩 내에서 정책적 인기가 극히 낮았던 베이징은 더욱 강경한 통제에 나섰다. 2020년 1월, 칭하이성(靑海省)과 산시성(山西省)에서 당서기를 지낸 뤄후이닝(駱惠寧)이 홍콩 주재 중국 연락판공실 주임으로 임명되었다. 뤄후이닝은 산시와 칭하이에서 부패 관료와 반체제 인사를 굴복시키기 위해 강경한 정책을 펼친 것으로 알려졌다.[106] 홍콩 관련 경력이 전혀 없는 첫 연락판공실(聯絡辦公室, Hong Kong Liaison Office) 주임이 된 그는 시진핑의 반부패 캠페인을 충실히 수행한 공로로 베이징의 신뢰를 받는 인물이었다.[107] 뤄후이닝의 지휘 아래 연락판공실은 홍콩에 대한 본토의 통제 강화를 위해 더욱 적극적으로 목소리를 내기 시작했다. 2020년 4월, 연락판공실은 본토 기관의 홍콩 사안 불간섭을 보장한 기본법 제22조가 "연락판공실에는 적용되지 않는다"라고 처음으로 주장했는데, 이는 법적 규정과 일국양제의 정신 모두를 훼손하는 것이었다.[108] 뤄후이닝은 또한 "폭력적인" 시위대와 "외세의 영향"으로부터 도시를 지키기 위해 논란이 되는 국가보안법을 통과시킬 것을 입법회에 촉구했다.[109] 2003년에도 유사한 입법 시도가 있었으며, 당시에 홍콩 반환 이후 최대 규모의 시위를 촉발한 바 있었다.

이어 베이징은 2020년 5월 전국인민대표대회에서 홍콩에 적용될 자체 국가보안법을 일방적으로 추진하기로 했다.[110] 전년도 시위로 도시가 마비된 뒤 베이징은 오랫동안 미뤄졌던 이 법안을 직접 밀어붙여 통과시키고자 했지만, 홍콩에서는 여전히 친베이징계 입법회가 이를 주도할 것이라고 예상하는 시각이 많았다.[111] 그러나 대신 전국인민대표대회는 홍콩 내 분리주의, 국가권력 전복, 외세 개입, 테러리즘을 금지하는 법률을 중앙정부가 직접 제정하도록 하는 결의를 통과시켰다.[112] 이와 같은 뜻밖의 결정은 즉각적인 반발을 불러일으켰고, 홍콩은 2020년 겨울 코로나19에 따른 봉쇄 이후 처음으로 다시 대규모 시위를 목격하게 되었다.[113] 그러나 홍콩대학 이사회의 아서 리 이사장은 전년도 시위대를 신나치(neo-Nazi)에 비유하며 이 법안을 공개적으로 지지했다.[114] 홍콩대학 총장 장상 역시 법안 초안이 공개되기도 전에 조심스럽게 이 법안을 지지했다. 그러면서 그는 홍콩 내 다른 네 명의 대학 총장과 함께 서명한 서한에서 "우리는 '일국양제'를 전적으로 지지하며, 국가보안법 제정의 필요성을 이해하고, 기본법은 홍콩 시민에게 부여한 언론, 출판, 집회 등 표현의 자유를 소중히 여긴다"라고 밝혔다.[115]

베이징이 법안 내용을 철저히 비밀에 부쳤으므로, 6월 30일 밤 전국인민대표대회 상무위원회의 표결에서 법안이 통과될 때까지 캐리 람 행정장관조차 그 내용을 확인하지 못했다.[116] 이 법은 베이징 시간으로 밤 11시에 공포되었고, 그 즉시 효력이 발생했다. 베이징이 이처럼 극비리에 입법을 추진한 이유는 무엇일까? 그 이유는 전 세계가 최종 법안의 전문을 확인하면서 분명해졌다. 이 법에 따라 홍콩을 통제하기 위한 광범위한 국가 안보 기구가 설치되었는데, 이 기구는 폭넓은 재량권을 부여받았고 궁극적으로 베이징에 직접 보고하게 되어 있었다. 국가보안법에 따르면, 정부의 "직무 수행을 방해하는 행위"부터 "불법적 수단을 통해 홍콩 주민들 사이에서 정부에 대한 증오를 유발하는 행위"에 이르기까지 광범위하고 모호한 범죄 목록이 국가 안보 범죄로 규정되어 최고 종신형까지 선고될 수 있었다. 홍콩의 교육 부문 또한 이 법의 적용을 피할 수 없었다. 국가보안법은 "홍콩특별행정구는 학교와 대학에서 국가 안보 교육을 추진해 (중략) 홍콩 주민의 국가 안보 의식과 법 준수 의무를 제고해야 한다"라고 규정했다.[117] 장상 총장은 법안 발표 전에 조기 지지를 표명했지만, 법 시행 이후에는 그도 대학 당국도 어떤 공개적 견해를 밝히지 않았다.

홍콩대학과 홍콩 내 다른 대학의 학자들 사이에 향후 홍콩 내 학문의 자유에 대한 우려가 짙게 드리웠다. 국가보안법의 광범위하면서도 모호한 문구 때문에, 홍콩대학 교수들은 어떤 학술적 논의가 어느 지점에서 법 위반으로 간주될 수 있는지를 두고 논쟁을 벌였다.[118] 그러나 홍콩대학 집행부 내에서는 국가보안법 시행으로 학문적 발언이 일정 부분 제약될 수밖에 없다고 이미 판단한 듯한 움직임도 있었다. 홍콩대학 전문평생교육원의 인문학·법학 프로그램 책임자는 직원들에게 "민감한 사안에 대한 추가 논의를 유도하는 모든 행동을 반드시 피해야 한다"라고 공지하고, 강의실에서 이뤄지는 정치적 논의 또는 정치에 대한 개인적 견해를 피력하는 행위에는 "무관용 원칙"을 적용할 것이라고 경고했다.[119] 홍콩대학은 이에 대해 공식 대학 정책은 아니지만, 강의실은 "정치적으로 중립적"이어야 한다고 밝혔다. 분명히 홍콩대학에서 학문적 발언이 점차 위축되는 이러한 흐름은 캐리 람 행정장관의 입장과 맞닿아 있었다. 그는 홍콩대학 측이 고등교육을 정치화하는 "수업 자료"와 "강의 내용"을 허용하고 있다고 비판해 왔다.[120] 그러나 이러한 조치가 반대 성향의 학자들과 학생들을 침묵시키기 위한 '경고 사격'에 불과한 것인지, 아니면 이러한 불확실성이 더 큰 감시와 학문 활동 침해로 이어질 것인지는 여전히 불투명했다. 홍콩의 대학들이 과연 압박에 굴복해 중국 본토 대학의 규칙과 제약에 따를까?

2020년 7월, 홍콩대학 이사회가 반체제 성향의 법학자 베니 타이를 해임한 사건은 국가보안법 통과로 홍콩의 학문적 자유가 본격적으로 위축되는 새로운 시대의 개막을 알리는 첫 번째 구체적 신호였다. 타이는 2014년 센트럴 점거 시위에 주도적으로 참여함으로써 2019년 4월 "공공질서 방해 모의" 혐의로 16개월의 징역형을 선고받았다.[121] 장샹 총장의 요청에 따라 대학 당국은 타이에 대한 조사를 시작했다. 그 결과 그의 행위가 "위법 행위"의 기준에는 부합하지만, 해임의 기준에는 미치지 않는다는 결론을 내렸다. 교수들이 대부분을 차지하는 홍콩대학 교무위원회는 이 권고를 승인했으나, 최종 결정권은 친정부 성향 인사가 다수 포함된 아서 리의 이사회가 쥐고 있었다. 이사회는 18대 2의 표결로 교무위원회의 권고를 뒤집고 타이를 교수직에서 해임하는 결정을 내렸다. 장샹 총장을 포함한 세 명의 이사는 표결에 참여하지 않았다. 해임 소식을 들은 타이는 이 결정이 "홍콩 학문 자유의 종말을 의미한다"라는 성명을 발표했다. 홍콩 주재 베이징 당국자들은 기쁨을 감추지 못했다. 중국 본토의 홍콩 연락판공실은 타이의 "사악한" 행동에 책임을 물은 홍콩대학의 결정을 환영했다.[122]

아서 리 홍콩대학 이사장은 베니 타이 사건에 대한 우려를 일축하며 그의 해임이 "정치적 결정이 아니다"라고 주장했다. 하지만 홍콩 정부는 대학에서 반체제 성향의 교원을 제거하는 일이 우선순위가 되었음을 분명히 했다.[123] 홍콩 보안장관 존 리(John Lee)는 반환 이후 홍콩이 "교육 부문에서 일을 제대로 해내지 못했다"라고 말하며, 교육 부문을 비정치화함으로써 "학교와 그 안의 문제 요소들을 바로잡는 일"이 자신의 최우선 과제가 될 것이라고 밝혔다.[124] 이러한 개입은 학문적 자유와 대학의 자치를 보장한 홍콩기본법 제137조와 배치되는 듯했지만, 국가 안보를 앞세우는 논리는 홍콩에 약속되었던 이러한 권리와 그 밖의 많은 권리를 종속시킬 태세였다. 베니 타이는 홍콩대학 명예총장을 겸한 캐리 람 행정장관에게 이사회 결정에 대한 항소를 제기했다. 이 항소는 그가 람이 결정을 뒤집을 가능성이 사실상 전무하다는 것을 인정하면서도, 자신의 사건에 대한 람의 직접적이고 가시적인 정치적 판단을 강제하는 조치였다.[125]

자만과 경쟁 홍콩대학은 모든 정치적 혼란 속에서도 점점 치열해지는 지역·국가·세계 고등교육 환경에서 위상을 유지하는 데 집중해야 했다. 매시슨 총장은 "홍콩대학은 이 지역에서 비교적 오래된 대학이므로 자만에 빠질 위험이 있습니다. 104년의 역사가 있고 과거에 좋은 평판을 얻었다고 해서 그저 지금껏 하던 대로 하면 된다고 말할 수는 없습니다"라고 경고했다.[126] 아서 리도 같은 생각이었다. "홍콩대학의 가장 큰 적은 자만일 것입니다. 우리는 항상 최고라고, 잘한다고, 훌륭하다고 스스로 칭찬해왔습니다. 그 자만을 흔들어 깨워야 합니다."[127] 1990년대 초, 홍콩의 고

등교육이 급속히 확대되면서 학생들은 훨씬 다양한 진학 선택지를 갖게
되었다. 최근에 설립되거나 확장된 대학들은 홍콩대학만큼 종합적이지
는 않았지만, 홍콩과학기술대학과 같은 몇몇 대학은 특정 분야에서 강력
한 경쟁자로 자리 잡았다.

홍콩대학은 인적 자원뿐 아니라 재정적 자원을 확보할 때도 경쟁에
직면했다. 정부의 공공기관 지원이 홍콩연구지원위원회(Hong Kong's Re-
search Grants Council)가 지급하는 경쟁 기반의 프로젝트 보조금으로 점차
전환됨에 따라, 교수 유치와 연구비 확보를 둘러싼 지역 대학 간 경쟁이
더욱 치열해졌다. 홍콩대학은 정치적 중립을 유지하는 한 이러한 경쟁에
서 유리한 위치를 차지할 수 있었다.

오랫동안 홍콩대학은 홍콩 기업가들의 후원을 가장 많이 받아 온 대학
이었다. 후원자 다수는 동문이 아니었는데도, 특히 보건과 행정 분야에서
대학이 사회에 이바지한 바를 높이 평가했다. 전 수석부총장 롤런드 친은
"지난 60년 동안 홍콩의 지도자들은 대부분 홍콩대학 출신이었지만, 이
제 상황이 바뀔 것"이라며 "10년, 20년 뒤에는 이들이 은퇴하고 (다른 대학
출신의) 젊은 세대가 (자리를 차지하게) 될 것"[128]이라고 말했다. 홍콩대학
은 더 이상 성숙한 전문직 인력이 선택하는 유일한 지역 명문대가 아니었
고, 따라서 민간 기부에서의 독점적 우위 역시 일부 잃을 수밖에 없었다.

한편, 앞에서 살펴본 것처럼 중국 본토 정부는 세계적 수준의 대학을
육성하기 위한 집중적 노력을 시작했다. 베이징대학과 칭화대학 같은 선
도 대학들은 늘어난 재정과 더욱 유연한 교수 채용 정책, 낮은 등록금으
로 우수 학생을 끌어들이는 전략을 마련하고 있었다. 예를 들어 중국 본
토 학생의 경우, 칭화대학 대부분 학부과정의 연간 등록금이 1,000달러
를 넘지 않았다. 칭화대학과 홍콩대학에서 '비(非)현지 학생'으로 분류되
는 학생의 경우에도 등록금 차이는 두드러졌다. 칭화대학 해외 학부생의

연간 등록금은 약 4,000달러로, 홍콩대학 1년 학비의 20%도 되지 않았다.[129]

홍콩대학의 영어 강의 전통은 본토 최상위 대학들과 구별되는 핵심 경쟁력이었다. 그러나 칭화대학 경제관리학원과 같은 프로그램은 영어로 진행되는 강의와 학위를 점점 더 확대하고 있었다. 빅터 풍 역시 홍콩대학의 경쟁력이 약해지고 있다고 지적했다. "우리는 중국에서 완전히 영어로 교육하는 유일한 대학입니다. 우리가 유일해요. 이건 의미 있는 일이에요. 하지만 칭화대학은 막대한 자원을 가지고 있고 계속 발전할 것입니다. 결국 홍콩을 능가할 수도 있습니다."[130] 사실 센트럴 점거 시위 이전까지만 해도 홍콩대학은 칭화대학이나 베이징대학으로 갈 법한 중국 본토 최우수 학생들을 끌어오는 데 큰 어려움이 없었다. 그러나 시간이 지나 본토 대학들의 꾸준한 부상과 홍콩의 정치적 불안이 겹치면서, 홍콩대학은 앞으로 본토 출신 학생과 교수들을 유치하기 위해 더 큰 노력을 기울여야 하는 상황에 놓였다.

홍콩대학이 직면한 경쟁 상대는 중국 본토에 한정되지 않았다. 2012년 싱가포르국립대학교(NUS)가 《타임스고등교육》 세계 대학 순위에서 처음으로 홍콩대학을 앞서며 도쿄대학교에 이어 아시아 2위 대학으로 올라섰다.[131] 그 후 몇 년 동안 홍콩대학은 계속 아시아 3위 자리에 머물렀다.[132] 특히 싱가포르국립대학교는 국제화를 위한 다양한 실험을 통해 학교 위상을 드높였는데, 예일대학교와 협력해 새로운 리버럴아츠칼리지인 예일-NUS를, 듀크대학교와 함께 듀크-NUS의학전문대학원을 세운 것이 대표적 사례였다.[133] 또한 홍콩 정부가 지역 내 여덟 개 고등교육기관에 비교적 공평하게 재정을 배분한 데 반해, 싱가포르 정부는 싱가포르국립대학교를 포함한 일부 엘리트 기관을 우선 지원했다. 그 결과 2014년 싱가포르국립대학교가 정부로부터 지원받은 금액은 홍콩대학이 홍콩

정부에서 받은 금액보다 60%가량 컸다. [134]

　마지막으로, 국제 대학 순위표상 홍콩대학의 위치는 집행부의 관심에서 결코 멀어진 적은 없었다. 〈비전 2016~2025〉와 〈대학 거버넌스 검토 자문단 보고서〉가 순위를 일부 회복하는 데 이바지했을지 모르지만, 홍콩대학은 여전히 〈목적 적합성〉 보고서 발표 직후 기록했던 최고 성과에는 미치지 못했다. 심각한 불안과 혼란의 시기에는 전략 계획의 중요성이 크게 약해진 듯 보였다. 언론과 대중은 대학 성과가 조금만 하락해도 즉각 반응했으며, 대학 자체도 순위가 "고등교육 환경의 영구적 요소가 되었으므로 기관 전략을 세울 때 무시할 수 없다"라고 인정했다. [135] 피터 매시슨은 국제 순위에 대한 대중의 인식이 전보다 많이 증가했다고 말하면서도, 대중의 가장 큰 관심사는 여전히 홍콩 대학들끼리의 상대적 순위라고 지적했다. 빅터 풍은 자신이 이사장으로 일하던 초기에도 비슷한 역학관계가 있었다고 회상했다. "홍콩대학은 중문대학과의 경쟁에 시달렸습니다. 그러나 이 경쟁은 절대적 수월상과는 무관했습니다. 이들 대학은 세계 최고 대학을 기준으로 삼아야 하는 것 아닌가요?" [136] 고등교육의 세계에는 경쟁자가 곳곳에 존재했지만, 홍콩대학은 국경 너머의 경쟁자를 진정으로 인식하는 데 여전히 미흡한 것 같았다. 2019~2020년의 사건들은 이러한 과제를 더욱 어렵게 만들었다.

미래를 마주하며

홍콩대학은 학생들이 정치에 관여하지 않을 것이라는 전제를 바탕으로 설립되었다. 홍콩대학이 설립되었을 당시 대학이 대표적 고등교육기관 역할을 하는 데 방해가 된 요인들은 주로 내부에 있었다. 그것은 교육과 연구의 균형에 대한 갈등, 만성적 재정 부족, 그리고 멀리 떨어져 있는 본국 [137]의 흔들리는 정치적 지원 등이었다. 1997년 일국양제 체제 아래 홍콩이 중국에 반환된 후, 홍콩대학은 공산당 서기의 개입을 받지 않는 거버넌스 구조를 기반으로 범중화권에서 가장 뛰어난 대학이 될 기회를 잡고자 했다. 홍콩대학은 홍콩 정부의 후한 재정 지원과 정치적 영향으로부터 비교적 자유로운 대학교육지원위원회의 지원을 받는 등 여타 대학과 비교할 수 없는 기회를 누렸다. 빅터 풍이 이사장으로서 역동적인 리더십을 발휘하던 시기, 홍콩대학은 훗날 슬로건으로 공식화된 아시아의 글로벌 대학이라는 목표를 실질적으로 실현하기 위해 세계 최고 대학들을 벤치마킹하며 변화에 박차를 가했다. 홍콩대학은 학부 교육을 대대적으로 재구상하고 확장하는 과정에서 큰 변화를 이룰 수 있는 역량을 보여주었으며, 피터 매시슨의 〈비전 2016~2025〉 계획을 통해 명확한 야심을 제시했다. 장상 총장은 취임 후 홍콩대학의 세계화 목표를 한층 더 확장하고자 했다. "위대한 대학은 여러 차원이 있습니다. 첫째는 영국식 체제가 보여주듯이 교육과 지식 전달, 둘째는 독일식 체제가 보여주는 연구 학위, 셋째는 미국 대학들이 잘하는 연구 혁신입니다. 나는 여기에 미국 대학들이 강조하는 네 번째 차원, 즉 사회적 영향력도 주목하고 있습니다."[138] 21세기 초 이후, 홍콩대학은 높은 목표를 세우고 이를 실현하기 위한 경로를 모색하는 데 전념해 왔다. 이러한 결의는 홍콩이 시위 정치로 요동친 2010년대에도 대학의 중심추 역할을 했다. 그러나 끝이 보이지 않는 홍콩의 정치적 위기는 가장 정교하게 마련된 계획들마저 위협했다.

2022년에 이르러 홍콩대학은 매우 다른 유형의 도전에 직면했다. 홍콩대학은 스스로 뚜렷한 차별화를 이루지 못한 채 홍콩 내 여러 우수한 대학들과 경쟁해야 했을 뿐 아니라, 국제화를 가속한 중국 본토, 싱가포르, 세계 각지의 대학들과도 치열한 경쟁을 벌여야 했다. 2015년 폴 탐(Paul Tam) 수석부총장은 "홍콩대학은 글로벌 대학이지만, 동시에 중국이라는 배후 기반이 있습니다. 그러므로 이러한 위치를 최대한 활용해 우리의 연구가 세계 무대에서 의미를 지니게 함으로써 명성을 확보하도록 해야 합니다. 그리고 중국이라는 요인을 활용하되, 국제적 시각을 도입함으로써 중국을 돕는 역할도 수행할 수 있기를 바랍니다"라고 말했다.[139] 그러나 불과 5년 뒤, 고립되어 도움이 필요해 보이는 쪽은 중국이 아니라 사면초가에 빠진 홍콩대학이었다.

대학 내부에서는 거버넌스 문제가 한층 더 심각해지고 있었다. 2021년 말 홍콩대학은 학생회를 공식적으로 인정하지 않기로 했고, 25년 가까이 표현의 자유에 대한 헌신을 상징해 온 〈수치의 기둥〉을 철거하도록 명령했다.[140] 홍콩대학 이사회는 종종 과거 총장과 정부 장관이었던 시절처럼 권한을 행사하려는 강경한 이사장 아래서 '국가 안의 국가'처럼 변모했고, 홍콩대학은 자기 쇄신 능력은 물론이고 자치 역량까지 훼손되는 상황에 이르렀다.

장샹 총장은 흔들림 없이 단호한 태도를 유지했다. 2019년 말, 그는 교수진과 학생들에게 다음과 같이 말했다. "홍콩대학은 자유와 지식의 보루이며, 우리는 이곳에서 문명적이고 이성적인 토론을 중시하고 지식, 지혜, 상상력을 통해 해결책을 찾고자 합니다. 나는 개방성과 예의, 존중에 기반한 다양하고 활기찬 캠퍼스 문화를 지지하고 발전시키기 위해 이 자리에 서 있습니다. 여러분 중 많은 이들이 고통받고 있으며, 홍콩 역시 고통 속에 있다는 것을 잘 알고 있습니다. 이제는 다르게 생각하고 해결책을 모색하며, 함께 나아갈 길을 찾아야 합니다."[141]

교훈과 전망

지금까지 현대 연구중심대학이 가장 강력하게 자리 잡은 세 곳인 독일, 미국, 중국과 각 국가의 여덟 개 주요 기관을 다루었다. 나는 하나의 단순한 질문을 던졌다. 19세기 독일 대학들은 세계 현대 대학의 기초를 놓았고, 20세기 말 미국 대학들은 막대한 국제적 영향력을 행사했다. 그렇다면 21세기에 중국이 대학의 세계에서 주도권을 잡을 전망은 어떠한가?

이 마지막 질문에 답하기에 앞서, 우리는 어떤 시스템도 과거의 특정 시점과 장소에 고정된 정태적 체제가 아니라는 점을 기억해야 한다. 그렇다면 오늘날 독일과 미국 고등교육이 향하고 있는 궤적을 간략하게나마 어떻게 평가할 수 있을까?

독일의 재각성

21세기 첫 20년 동안 독일 대학들은 독일 고등교육을 재편할 만한 점진적이고 지속적이며 중대한 변화를 목격했다.

첫째, 우수대학육성사업은 선도 기관들 사이에 지속 가능한 경쟁의 윤리를 도입했다. 즉 이 기관들은 우수 대학으로 지정되었다는 사실을 통해, 자신들의 위치를 자각했다. 둘째, 제3자 민간 재원을 둘러싼 경쟁이 매우 심해지면서 독일 대학 재정의 판도를 바꾸고 있다. 셋째, 역동적이고 혁신적인 사립대학들이 등장하면서 수적 규모가 아닌 창의성 측면에서 공립대학의 독점적 지위를 흔들고 있다.

2005년에 사업이 시작된 이후, 우수대학육성사업은 현대 독일 대학을 흔들어 깨우고 활력을 불어넣었으며, 대학의 적극적인 행동과 조직화의 원동력이 되었다. 독일 대학 시스템 전체는 격동의 1960년대와 1970대, 그리고 1980년대의 고등교육 대중화 속에서 형성된 평등주의적 정신에 안주하며 자만에 빠져 있었다. 그런데 어느 순간 다시 수월성이 중요해지기 시작했다. 2006년에 발표된 첫 우수대학 선정에서 유서 깊은 명문인 하이델베르크대학교가 잠잠한 기술학교에 불과했던 신흥 이웃 카를스루에대학교(Karlsruhe University)에 밀린 것은 큰 충격이었다. 카를스루에대학교는 강력한 리더십과 우수대학육성사업 기금을 바탕으로 카를스루에공과대학교(Karlsruhe Institute of Technology, KIT)로 재탄생했으며, 적어도 바덴뷔르템베르크주(Baden-Württemberg)의 MIT로 성장했다. 카를스루에공과대학은 나노 기술의 선도적 연구 중심지로서 2020년 독일 대학 가운데 물리과학 분야 1위를 차지했다.[1] 당시 하이델베르크대학교 총장이었던 페터 호멜호프(Peter Hommelhoff)는 "한때 '엘리트'라는 단어는 추한 말처럼 여겨졌다"라고 말했다. 그러나 우수대학육성사업 덕분에 "독일에서 엘리트 개념은 더 이상 문제가 되지 않는다."[2]

15년이 지난 지금, 이러한 전국적 경쟁과 그에 따른 자원이 독일 대학들이 인재를 유치·유지하고 연구 역량을 확장·정교화함으로써 혁신적이고 국제적인 연구 허브로 성장하는 데 원동력이 되었다는 점은 분명하다. 보조금이 영구적이지 않다는 사실은 기관이 형식적 의미에서 우수한 상

태를 유지하거나 다른 재원 확보 방안을 찾도록 하는 또 다른 동기가 된
다. 요컨대 우수대학육성사업는 독일 대학들에 학사와 관련해 기업가적
성향을 띠게 했으며, 여러 분야에서 새로운 국제 경쟁력을 갖추도록 했
다. 2017년 두 번째 우수대학육성사업 기금 지원이 마무리될 무렵, 이 사
업의 미래와 독일 대학 자체의 향방을 둘러싸고 정치권과 언론에서 활발
한 논쟁이 이루어졌다. 논의 중에 연방정부가 소수의 엘리트 대학을 설립
하고 나머지는 주 정부가 운영하도록 하자는 의견이 나왔다.[3] 이는 막대
한 자원을 칭화대학과 베이징대학에 집중하고 나머지 대학들은 경쟁하
도록 두는 중국식 모델을 본뜬 방식이다. 그러나 19세기에 베를린대학교
가 사실상의 국립대학으로 기능했음에도 불구하고, 혹은 그 이유로 이러
한 구상은 실현되지 않았다. 한편, 2019년에 수월성 전략(Exzellenzstrate-
gie)이라는 이름으로 새롭게 시작된 우수대학육성사업 사업은 독일 고등
교육의 핵심 요소로 지속될 가능성이 크다. 2026년 수월성 전략에 따른
기금을 확보할 기회가 대학들에 다시 주어질 예정이며, 이는 새로운 지원
자들을 경쟁 구도로 끌어들일 것이다. 그러나 이 전략이 경쟁 촉진을 목
표로 하는 만큼, 선정된 클러스터, 대학원, 대학에 대한 지속적 또는 영구
적 기금 지원은 성과에 따라 결정되며, 내 견해로는 매우 바람직한 방향
이다.

우수대학육성사업 기금이 준영구적으로 운영되는 것은 역사적으로 주
정부의 재정 지원을 받아 온 독일 대학들에 대해 연방 교육연구부가 계획
적 조정을 강화하고 있음을 보여준다. 연방정부의 대학 외 연구기관에 대
한 투자가 급증하면서, 때에 따라 연구기관이 대학을 대체해 연구 수월성
의 중심이 되는 사례도 나타나고 있다. 막스플랑크협회나 라이프니츠협
회처럼 오래된 비(非)대학 연구기관들은 교육 의무의 부담 없이 국제적
수준의 연구를 수행하고 있다. 2020년 자연과학 분야 주요 학술지에 발

표된 연구 기준으로 막스플랑크연구소들은 중국과학원과 하버드대학교에 이어 세계 3위를 차지했다.[4]

재원을 둘러싼 지속적 경쟁은 앞으로도 독일 학계의 특징으로 남을 것이 분명해 보인다. 오늘날 제3자 재원은 연구자가 학문적으로 성공을 거둘 가능성을 높이며, 가장 혁신적인 프로젝트 다수를 지원한다. 독일연구재단은 어떤 대학이 어떤 프로젝트에 대해 어떤 재원을 받았는지 보여주는 《재정 아틀라스(Förderatlas)》를 발간하는데, 이는 제3자 재원이 대학의 전반적 질을 나타내는 지표가 되었음을 보여준다.[5] 이러한 변화가 전반적으로 찬사만 받은 것은 아니다. 비평가들은 대학의 위상을 외부 재원 유치 능력에 결부하는 것은 학계를 시장의 가치 기준에 종속시킨다고 비판한다.[6] 그럼에도 외부 재원 유치 능력은 연구자와 대학의 위상을 좌우하는 데 중요한(가장 중요하지는 않더라도) 요인으로 남아 있다. 그리고 그 중요성은 사라질 기미가 없다.

외부 시장이 독일 대학의 세계에 본격적으로 진입한 곳은 바로 사립 부문이다. 가장 규모가 크고 잘 알려진 연구중심대학들은 여전히 모두 공립 기관이다. 그러나 21세기의 첫 20년 동안 전문화되고 차별화된 프로그램을 제공하는 소수의 사립대학이 등장했다. 이 사립 교육기관들은 그것이 캠퍼스 문화든 혹은 진정한 의미에서 국제적으로 통용되는 학위 과정이든, 국제적인 교육 모델을 독일에 도입하는 것을 목표로 한다. 이 사립대학들은 비영리 재단의 재정 지원으로 운영된다. 이들 가운데 가장 첫 사례인 브레멘의 야콥스대학교(Jacobs University)[7]는 브레멘대학교(University of Bremen), 미국의 라이스대학교(Rice University), 그리고 브레멘시의 지원을 받아 1999년 국제브레멘대학교로 설립되었으며, 2001년 학생들에게 문을 열었다. 전후에 실향민 수용소로 사용되었던 옛 나치 병영에 있는 이 대학은 역사적으로 국제적 연결성이 깊은 항구 도시 브레멘에서 다양한 국가의 학생들에게 미국식 캠퍼스 경험을 제공하는 것을 목표로 했다. 2006년 야콥스재단은 수년 간의 재정난과 브레멘시의 불안정한 지원에 시달리던 대학을 인수해 경영권을 확보하면서 위기에서 구해냈다. "우리는 작지만 혁신적이고 민첩한 대학입니다." 2016년 이 대학의 젊고 야심 찬 총장 카트야 빈트(Katja Windt)가 내게 말했다. 2021년 기준, 이 대학은 학사부터 박사에 이르기까지 영어로 진행되는 15개의 학위과정을 제공하고 있으며, 1,500명의 학생을 교육하고 있다.

야콥스대학교 설립 이후 얼마 지나지 않아 또 다른 두 개의 사립 교육기관이 등장했다. 2003년에는 베를린 홈볼트대학교 인근에 헤르티대학원(Hertie School)이 문을 열었다. 이 대학원은 공공 행정과 거버넌스 분야의 전문 교육을 원하는 독일과 해외의 학생들을 대상으로 영어 학위 프로그램을 제공했다. 2019년 기준 687명의 학생이 등록했으며, 이 학교는 국가의회의사당(Reichstag) 인근에 있는 로베르트코흐포럼(Robert Koch Forum)으로 확장 이전을 계획하고 있었다. 빌헬름 시대 양식으로 건축된 이곳은 원래 베를린대학교 자연과학·의학연구소로 사용되던 건축 단지였다.[8]

독일에서는 현재가 늘 과거와 얽혀 있다. 헤르티대학원을 지원하는 헤르티재단은 독일의 현대 백화점을 창시한 유통 기업에서 비롯되었다. 이 기업은 1933년 나치에 의해 아리안화되어 자산을 몰수당했고, 소유주들은 망명을 강요당했다. 전후 합의로 서독(및 서베를린) 곳곳에서 헤르티백화점이 다시 운영을 시작했고, 1970년대에 자선 재단이 만들어졌다.

더 남쪽으로 내려가면 또 다른 이야기가 펼쳐진다. 헤르티대학원이 문을 열던 무렵, 바덴뷔르템베르크주 남부 콘스탄츠 호숫가에서 또 하나의 사립대학이 첫 학부생을 맞이했다. 프리드리히스하펜(Friedrichshafen)의 체펠린대학교(Zeppelin University)는 현대적 시설에서 비즈니스, 기술, 문화를 잇는 교차 영역을 공부하기 위해 모여든 학생들을 엄선해 가르친다. 이 대학은 세계화, 문화 생산, 계량사회과학 연구에 중점을 둔다. 이 대학은 20세기 초 페르디난트 폰 체펠린(Ferdinand Graf von Zeppelin) 백작이 설립한 비행선 회사의 자산에서 비롯된 체펠린재단의 지원을 받고 있다. 작고한 백작의 이름을 딴 그라프체펠린2세는 힌덴부르크호의 자매선이자 마지막 비행선이었다. 1937년 힌덴부르크호가 화염에 휩싸여 추락한 후, 이 회사는 제2차 세계대전 중에 영국을 공격하기 위한 V-2 로켓을 생산하는 체제로 전환했다. 헤르티와는 사뭇 다른 역사다.

체펠린대학교는 독일의 과거에 뿌리를 두기보다는 "비즈니스와 문화, 정치를 잇는" "21세기의 대학"이 되는 것을 목표로 한다. 이 대학의 교과 과정은 학제 간 접근과 혁신을 강조하며, 학생들과 교수들이 기업 및 기업가와 긴밀히 협력하도록 장려한다. 서류 심사와 면접을 통한 선별적 입학 절차는 이 대학을 독일의 공립대학들과 구분 짓는 특징이다. 또한 14개의 학·석사 및 박사 과정 전반에서 '교육과 연구의 통합'이라는 오래된 원칙과 소규모 수업 방식을 중시한다. 이 대학의 경제학 프로그램은 2020~2021년 독일 대학 평가에서 프랑크푸르트대학교와 공동 1위를 차지했다.[9] 학생들은 대학에서의 마지막 해인 "훔볼트 연도(Humboldt Year)"를 85개 국제 협력 대학 중 한 곳에서 연구 프로젝트를 수행하며 보낸다. 중국 주요 대학들의 검열('일곱 가지 토론 금지 주제'를 떠올려 보라)을 겨냥한 듯, 체펠린대학교 사명 선언문의 첫 번째 원칙은 "모든 질문이 허용되는 곳이어야 한다"이다. 체펠린대학교의 현 총장 클라우스 뮐한(Klaus Mühlhahn)은 베를린자유대학교 부총장을 지낸 현대 중국사 분야의 저명한 역사학자다.[10]

지금까지 소개한 세 기관은 독일 고등교육에서 여전히 예외적 존재로 남아 있다. 이 학교들은 작은 규모와 상대적으로 큰 기금 덕분에 공립대학에서는 찾아보기 어려운 높은 수준의 유연성을 확보하고 있다. 특히 야콥스대학교와 체펠린대학교의 학부과정이 제공하는 소규모 환경, 영어 학위 프로그램, 캠퍼스 경험은 독일과 해외 학생들에게 매력적인 선택지가 되었으며, 전통적인 대학들에 하나의 모델을 제시하고 있다. 2012년 프라이부르크대학교(University of Freiburg)는 독일 최초로 '대학 칼리지(university college)'를 설립했다. 프라이부르크는 네덜란드에서 큰 성공을 거둔 모델을 따랐는데, 대표적으로 암스테르담대학교 칼리지(Amsterdam University College)는 두 개의 주요 연구중심대학이 협력해 설립한 엘리트 자유학예 및 과학 칼리지다.[11] 프라이부르크대학교의 대학 칼리지는 전 세계 학부생들에게 4년제 자유학예 프로그램을 제공한다는 점에서 미국의 소규모 리버럴아츠칼리지와 유사하지만, 대규모 연구기관 안에 자리 잡고 있다는 차이점이 있다. 학사 프로그램은 영어로 진행되며, 강좌 규모는 의도적으로 작게 유지된다. 매년 평균 입학생 수는 80명 정도다.

요컨대 경쟁을 강제하고 계획을 요구하는 우수대학육성사업, 연구재단의 확대와 '제3자 재원'의 비중 증가, 그리고 헤르티, 야콥스, 체펠린, 프라이부르크에서 나타난 교육 스타트업 문화 사이에서 현재의 독일 고등교육은 20년 전에는 누구도 예상하지 못했을 만큼 역동적이고 창의적이다. 독일 대학들은 한때 최선의 관행을 공급하는 주체였다. 이제는 오히려 세계 대학 시스템에서 발견되는 다양한 경험을 가장 적극적으로 수용하는 소비자가 되었다. 독일 대학들은 국가의 강력한 지원과 재정적 인센티브라는 중국식 모델의 장점을 취하는 동시에, 주변부에서는 혁신적 가능성이라는 미국 경험의 장점 역시 참고하고 있다.[12]

독일 대학들이 다시금 세계 무대를 지배하지 못할 수도 있지만, 그들은 다시 수월성과 혁신의 중심지가 되어 가고 있다.

미국: 공립 고등교육의 시련

대외적 관점에서, 특히 유럽이나 아시아의 시각에서 볼 때 미국 대학들은 여전히 세계가 부러워하는 존재다. 2021년 세계대학학술순위를 기준으로 보면 세계 상위 10개 대학 중 8개가 미국 대학이었고, 상위 25개 중 17개가 미국 대학이었다. 《타임스고등교육》세계 대학 순위 역시 비슷한 결과를 보여주는데, 상위 10개 중 8개, 상위 25개 중 15개가 미국 대학이었다. 역사적으로 미국 대학에 더 엄격한 평가를 내려 온 QS 세계 대학 순위에서도 2021년에 미국 대학이 상위 10위권과 25위권의 절반을 차지했다.

그러나 미국 내에서는 자국 고등교육의 미래에 대한 광범위하고 깊은 불안이 존재한다. 미국 대학의 한계, 실패, 혹은 쇠퇴를 한탄하는 책들이 하나의 작은 출판 산업을 형성할 정도로 쏟아져 나오고 있다. 하버드 전 총장 데릭 복은《성취가 미흡한 우리 대학들(Our Underachieving Colleges)》을 썼다. 하버드 영문과 동료인 짐 엥겔(Jim Engell)은《돈의 시대에 고등교육을 구하는 일(Saving higher Education in the Age of Money)》에 대해 우려를 나타낸다. 비슷한 맥락에서 듀크대학교의 찰스 클로트펠터(Charles Clotfelter)는《격차의 시대, 불평등한 대학들(Unequal Colleges in the Age of Disparity)》을 저술했다. 노스캐롤라이나대학교 전 총장 홀든 소프(Holden Thorp)는 "미국 정부와 대학 간의 파트너십을 재건해야 한다"라고 주장했다. 당시 멜론재단(Mellon Foundation)의 제임스 슐먼(James Shulman)은 프린스턴대학교 전 총장 윌리엄 G. 보언(William G. Bowen)과 함께《인생의 게임(The Game of Life)》을 쓰고, 미국 대학 스포츠가 어떻게 교육적 가치를 왜곡해 왔는지를 분석했다. 미국문리아카데미(American Academy of Arts and Sciences)는 인문학이 더 이상《문제의 핵심(The Heart of the Matter)》이 아니라는 우려와 함께, 미국 과학·공학 분야의《안일함의 위험(The Perils of Complacency)》에 대해서도 경고했다. 옥스퍼드의 사이먼

마진슨(Simon Marginson)은 캘리포니아대학교 버클리에서 열린 고등교육 분야의 최고 권위 강연인 '클라크 커 강연(Clark Kerr Lectures)'에서 《꿈은 끝났다(The Dream is Over)》[13]라고 결론지었다. 또 다른 이들은 미국 교육의 가장 중요한 과제가 《상하이를 넘어서(Surpassing Shanghai)》[14]는 것이라고 말한다. 다른 저서에 따르면 미국 고등교육은 《재의 궁전(Palace of Ashes)》이 되었으며, 그 부제는 '중국, 그리고 미국 고등교육의 쇠퇴(China and the Decline of American higher Education)'다.[15]

접근성과 불평등에 대한 비판은 더욱 많아지고 점점 예리해지고 있다. 앤서니 에이브러햄 잭(Anthony Abraham Jack)은 엘리트 대학에 입학해 장학금을 받더라도 저소득층 학생들이 어떻게 여전히 《특권을 가진 빈민층(The Privileged Poor)》으로 남는지를 설명한다. 엘리자베스 암스트롱(Elizabeth Armstrong)과 로라 해밀턴(Laura Hamilton)은 미국 대학생들의 '그릭 라이프(Greek life)'[16]와 '파티' 문화가 저소득층 학생들에게 끼치는 사회·문화적 영향을 폭로한다. 세라 골드릭랩(Sara Goldrick-Rab)은 교육비 부담과 미국의 비정상적으로 많은 중퇴자 수를 "아메리칸드림의 배신"이라고 부른다. 트레시 맥밀런 코텀(Tressie McMillan Cottom)은 미국의 영리 대학들을 《하위 교육(Lower Ed)》[17]이라고 부르며, 이들이 불평등을 어떻게 심화하는지를 지적한다. 또한 제니퍼 허시(Jennifer Hirsch)와 셰이머스 칸(Shamus Khan)은 《성적 시민(Sexual Citizens)》에서 대학 캠퍼스 내 성폭력의 만연한 실태를 탐구한다.[18]

주요 대학에 대한 비판은 미국 정치 문화의 건강한 부분이다. 그리고 아마 미국 대학의 장점을 다룬 책은 시장성이 없기 때문일지도 모른다. 그러나 이 책들은 총체적으로, 다른 영역에서처럼 대학의 세계에서도 미국의 우위와 오만의 시대가 끝나 가고 있을지 모른다는 강력한 조기 경보 역할을 한다.

미국의 사립대학들이 처한 극도로 불균등한 현실에는 우려할 점이 많다. 하버드와 듀크라는 두 사례는 여러 도전에 직면해 있음에도 상대적으로 걱정이 가장 적은 편에 속한다. 물론, 역사적으로 '한 발 늦은 혁신가(second-wave innovator)'이자 상대적으로 위험 회피적 성향을 지닌 하버드는 리처드 브로드헤드가 말한 "수월성의 관성(the inertia of excellence)"이라는 위험에 직면해 있다. (하버드는 듀크의 피터 랭이 말한 "평판이 높을수록 위험을 감수할 능력 역시 커진다"라는 교훈을 아직 제대로 받아들이지 못했다.)[19] 그러나 미국이 진정으로 심각하게 우려해야 할 영역은 우리가 버클리 사례에서 상세히 살펴본 것처럼, 바로 공공 고등교육 분야다.

세계대학학술순위 상위 25개 대학 중 6곳이 미국의 공립대학이다. 그러나 이들 중 한 곳을 제외한 모든 대학이 지난 수십 년 동안 미국 전역에서 일어난 현상, 즉 공공 고등교육에 대한 국가의 투자 축소로 심각한 재정 압박을 받았다. 버클리에서 우리는 투자 축소가 초래한 몇 가지 결과를 이미 목격했다. 한때 자긍심과 공적 사명을 바탕으로 운영되던 캠퍼스가 만성적 재정 부족 속에서 혼란과 내부적 갈등과 불신의 장으로 전락했다. 버클리가 처한 현실은 캘리포니아대학교 시스템(University of California System) 전반에도 어느 정도 해당한다.[20] 캘리포니아주는 1911년 캘리포니아대학교 전체 캠퍼스의 성장에 비례해서 재정을 지원하겠다고 약속했다. 즉 주가 확장되고 등록 학생 수가 늘어나면 고등교육에 대한 주의 지원도 늘리겠다는 원칙이었다. 그러나 이제 더 이상 그렇지 않다. 캘리포니아대학교는 클라크 커의 마스터플랜에 따라 캘리포니아 고교 졸업생 상위 12.5%를 입학시키겠다는 약속을 유지했다. 그러나 등록 학생 수가 1990년 16만6,500명에서 2020년 29만1,200명으로 증가했음에도,[21] 주 정부의 재정 지원금은 축소되었다. 1990년대 초, 2001년, 그리고 특히 2008년의 경기 침체 때마다 캘리포니아대학교에 대한 공공 재정 지원 역시 줄어들었다. 주 정부는 1970년대 중반에 예산의 18%를 고등교육에 지출했으나, 2017년 그 비율은 12%에 불과했다. 캘리포니아대학교는 1996~1997년 주 정부 일반기금의 8.1%를 받았지만, 10년 후에는 2.5%로 떨어졌다.[22] 주 정부는 2000년에 캘리포니아대학교 운영예산의 24%를 지원했다. 그러나 2014년에 이 수치는 10%로 감소했고, 이후 더 떨어졌다. 1988년 주 정부는 캘리포니아대학교와 캘리포니아주립대학교의 학생에게 1인당 약 2만5,000달러(인플레이션 조정 기준)를 지출했으나, 2015년에는 1만 달러 수준으로 줄었다. 주 정부가 부담하지 않는 비용은 더 높은 등록금으로 충당된다. 버클리의 주내 학생들은 2000년에 4,050달러를 냈으나, 2019~2020년에는 1만4,250달러를 냈다. 이와 같은 통계를 무수히 나열할 수 있지만, 모두 동일한 이야기를 전할 뿐이다.[23]

캘리포니아는 언제나 선구자로서 미국 공공 고등교육의 부흥과 쇠퇴 모두를 주도해 왔다. 2009년 버클리의 로버트 버지노 총장이 "공립대학의 미래를 완전히 외면한 캘리포니아의 무책임한 투자 축소"[24]라고 규탄했던 현상이 이제는 전국적으로 나타났다. 전국적으로 공립대학에 대한 주 정부 지원(전일제 학생 1인당 지원액 기준)은 2000~2014년에 30% 감소했다. 2000년에는 전국적으로 공립대학이 학생 1인당 교육비로 지출하는 재정 수입 중 주 정부 지원이 차지하는 비율이 평균 32%였으나, 2016년에는 18%에 불과했다. 2020년 전국 공공 고등교육에 대한 주 정부 지원은 2008년 이전(세계 금융 위기 이전) 수준보다 9% 낮고, 2001년 수준보다도 18% 낮았다. 2009년 로버트 버지노는 연방 자금을 통해 주요 공립대학을 재활성화하기 위해 미국 정부가 "21세기판 모릴법"을 제정해야 한다고 제안했다.[25] 그러나 아무 성과도 없었다. 2020년에 한 고등교육 재정 분석가는 "경기 침체가 올 때마다 고등교육 재정의 감소 폭은 더 가파르고 회복 증가 폭은 더 완만해졌다"라고 지적했다.[26] 이러한 패턴이 코로나19 팬데믹에 따른 경제 침체에서도 반복될지는 지켜봐야 한다. 등록금 인상이 재정 부족분의 상당 부분을 메우면서 더 많은 학생이 부채를 지고 있다. 2012~2013년 공립대학 졸업생의 54%가 학자금 대출을 안은 채 졸업했으며, 그중 약 20%의 대출액은 2만 달러 이상에 달했다. 2019년에는 미국 대학 졸업생의 약 70%(공립, 사립 포함)가 학자금 대출을 이용했으며, 평균 부채는 2만9,900달러였다.[27] 늘어나는 부채와 그 여파는 특히 저소득 유색인종 학생들에게서 두드러지게 나타난다.[28]

고등교육 재정 측면에서 캘리포니아가 최악은 아니었다. 2020년 기준 캘리포니아는 전일제 학생 기준 1인당 교육 예산 총액이 2008년 이전 수준으로 회복된 7개 주 중 하나였다(현재 달러 기준이긴 하지만). 한편 또 다른 7개 주는 2008년 이전과 비교해 30% 이상 낮은 수준을 기록했고, 나머지 주는 그 사이 어딘가에 있었다.[29] 요컨대 2008년 이후 미국 50개 주 가운데 43개 주가 공공 고등교육에 대한 투자를 축소했다는 의미다.

공립대학에 대한 공공 지원이 이렇게 적은 이유는 무엇일까? 미국의 선도적 사립대학들이 대중적 비판의 표적이 되는 것은 이해하기 어렵지 않다. 하버드는 엘리트적이고, 거리감이 있고, 상상을 초월할 만큼 부유한 기관으로 인식될 수 있다. 따라서 기부금에 세금을 부과해야 한다는 목소리가 나올 수 있다. 그러나 왜 앨라배마 주민들은 대학 풋볼팀인 크림슨타이드(Crimson Tide)의 성공을 자랑스러워하면서 공립대학인 앨라배마대학교(University of Alabama)에 대해서는 자부심이 없을까? 나로서는 이해하기 어려운 일이다. 어쩌면 미국 사회 전반에 재확산된 '세금 기피' 정서 때문일지도 모른다. 미국의 공립 기관은 미국 대학생의 4분의 3을 교육하고 있다. 이 학교들 가운데는 세계적 수준의 대학들도 다수 포함되어 있다. 캘리포니아와 미시간처럼 역사적으로 공공 고등교육을 가장 적극적으로 지원해 온 주들마저 자국의 뛰어난 대표 공립대학에 재투자하지 않는 현실은 지속되는 비극이다. 《뉴욕타임스》칼럼니스트 밥 허버트(Bob Herbert)는 2009년에 "이처럼 가장 소중한 자산들을 쇠퇴하도록 방치하는 현상은 우리가 어떤 국가가 되어 가고 있는지를 명확히 보여준다"라고 썼다.[30]

오해하지 말아야 한 점은 미국 공공 고등교육에서 서서히 진행되는 재정 축소는 스탠퍼드와 하버드를 비롯한 사립대학들에도 영향을 끼칠 것이라는 사실이다. 공립대학이 쇠퇴하면, 동일한 풀에서 교수, 대학원생, 고위 행정가를 두고 경쟁하는 사립대학 역시 시간이 지남에 따라 쇠퇴할 수밖에 없다. 미국 고등교육의 선도적 지위를 위협하는 여러 요인 가운데 공공 고등교육 지원에 대해 점점 더 커지는 미국의 인색함이야말로 가장 큰 위협이다. 나는 1991년 워싱턴대학교 본부의 고위 보직 제안을 숙고하던 때에 일종의 불길한 예감이 들었다. 나는 당시 총장이었던 고(故) 빌 거버딩(Bill Gerberding)과의 비공식 만찬에 초대된 적이 있었다. 총장은 대학 예산 문제로 주 의회와 회의를 하느라 도착이 늦어졌는데, 나는 그의 도착 순간을 결코 잊지 못한다. 그는 아무 말 없이 들어오더니 거대한 스카치위스키를 주문했고, 이어 내게 말했다. "아시다시피, 커비 씨, 우리 대학은 이 주의 주민들이 부담하는 세금 수준에 비하면 지나치게 훌륭한 대학입니다."

교훈

미래와 중국 대학의 역할로 넘어가기 전에, 대학이 최고 수준을 지향하는 과정에서 이를 강화하거나 저해할 수 있는 요인들에 관한 사례연구를 통해 우리가 배운 것을 돌아보자. 이를 위해 우리는 먼저 훔볼트의 몇 가지 창립 원칙으로 돌아갈 필요가 있다.

첫째, 훔볼트와 그의 후계자들이 대학에 부여한 근본적이고 새로운 사명, 즉 순수 학문과 응용 학문을 아우르는 학문(Wissenschaft)의 추구는 같은 세대의 누구도 상상할 수 없을 정도로 큰 성취를 이루었다. 대학에서 발전한 사상과 발명 덕분에 독일, 미국, 중국과 같은 국가들의 역량은 전시와 평시를 막론하고 지속해서 강해졌고, 대학 연구의 지평은 달과 화성, 외계 행성에 이를 만큼 놀라울 정도로 넓어졌다. 대학들이 2020년대 들어 코로나19 치료제, 백신, 공중 보건 전략을 이끄는 의학·역학·공중 보건 연구의 최전선에 서 있다는 사실은 결코 우연이 아니다.

둘째, 자유학예와 과학에 뿌리를 둔 교육에 대한 훔볼트의 신념은 대다수 대학생이 전문직이 되기 위한 교육을 추구하던 그의 시대에 이상주의적으로 보였지만, 놀랍게도 연구중심대학이 진화한 지난 200년 동안 지속되었다. 이러한 자유학예와 과학 기반의 교육 전통은 미국의 대부분 공립·사립대학에서 학부 교육의 토대가 되었고, 지금도 그러하다. 이러한 교육은 독일의 우수대학육성사업이 인문·사회과학에 대한 지원을 확대한 영향도 있었지만, 독일 학생들 상당수를 받아들인 인접국 네덜란드의 자유학예 및 과학 중심의 대학 칼리지들의 사례 덕분에 독일로 재수입되었다. 이 네덜란드 모델은 프라이부르크에서 본 것과 같은 실험적 시도가 독일에서 가능해지는 데 중요한 발판을 마련했다.

21세기 중국 엘리트 고등교육에서 가장 주목할 만한 발전 중 하나는 중국 학생들의 일반교양교육, 즉 자유학예와 인문학뿐 아니라 자연과학과 사회과학 교육이 전문화된 직업 훈련만큼 중요하다는 독자적 인식이 확립되었다는 점이다. 일반교양교육(통식교육(通識教育) 등으로 다양하게 표현됨)은 현재 중화인민공화국 전역은 물론 홍콩과 타이완에서도 교과과정 개혁의 초석이 되고 있다. 그중에서도 난징대학의 시도는 매우 야심차며, 모든 학생에게 전공을 선택하기 전에 공통 일반교양교과과정을 이수하도록 하고 있다.

중국의 교육계 지도자들, 적어도 엘리트 기관에 있는 지도자들은 왜 자유학예와 과학에 관한 일반교양교육을 실험하고 있을까? 부분적으로 그들은 미국이나 독일에서와 마찬가지로 중국에서도 모든 압력이 반대 방향으로만 작용하고 있다고 믿기 때문이다. 즉 학생들은 지나치게 취업과 진로 중심적으로만 움직이고 교수들의 연구와 관심사는 계속 세분화되면서, 교수와 학생이 학문적으로 만날 수 있는 공통 기반이 점점 좁아지고 있기 때문이다. 헨리 로조프스키가 언젠가 말했듯이, 교수들이 가르치고자 하는 내용이 정확히 학생들이 배워야 할 내용과 일치한다면 좋을 것이다. 그러나 로조프스키 학장이 잘 알고 있었듯이, 그러한 일은 단 한 번도 실현된 적이 없다. 하지만 바로 그 이유로, 최상위 대학들의 책무는 학생들이 뛰어난 교수들로부터 사고하고 성찰하고 분석하는 법을 폭넓게 배움으로써 차세대의 비판적 사고를 할 수 있는 자(critical thinkers)이자 문제 해결자(problem-solvers)로 성장하도록 하는 데 있다. 이를 위해서는 인문학적 탐구가 여전히 필수적이라는 것이 내 판단이다. 그리고 이러한 견해는 캠퍼스에 대한 정치적 감시와 압력이 강화되고 있는 상황에서도, 중국 최상위 대학 총장들 사이에 널리 공유되고 있다. 아마도 그 이유는 인문학이 부재할 때 삶이 어떠한지 그 누구보다도 그들이 잘 알고 있기 때문일 것이다. 그리고 그 인식은 비록 오늘날 자주 언급되지는 않지만, 20세기 중엽 마오주의가 남긴 비극에 대한 기억과 깊이 맞닿아 있다.

셋째, 거버넌스는 어떤 시대 못지않게 오늘날에도 중요하다. 대학이 자치를 통해 독자적으로 임용을 결정하며 교과과정을 설정하고, 당대 정치로부터 분리된 채 미래를 설계할 수 있다는 훔볼트적 이상은 실현된 적이 없다. 이는 국가에 의해, 어떤 의미에서는 국가를 위해 설립된 대학들에서는 더욱 그러하다. (듀크를 제외하고 이 책에서 다룬 모든 대학이 여기에 포함된다.) 베를린대학교의 첫 세기 동안 확립된 높은 수준의 학문적 독립성은 수월성이나 비범한 잠재력을 주요 기준으로 교수진을 선발하는 관행을 통해 구현되었다. 이러한 모델은 미국에서 교수 종신재직권 트랙 제도가 발전하는 방식을 규정하는 핵심 기준이 되었고, 최근 수십 년 동안에는 중국에서도 다시 중요한 참고가 되고 있다.

대학에서 좋은 거버넌스를 가늠하는 단일하고 간단한 기준으로 교수 채용만 한 것이 없다. 하버드는 우리가 살펴본 여러 기관 가운데 가장 오래되었고, 가장 오래된 이사회 체제를 지닌 대학이다. 기억하다시피, 매사추세츠주 정부가 아니라 하버드코퍼레이션이 총장을 선출하며 총장은 코퍼레이션에 보고할 의무를 갖는다. 하버드코퍼레이션은 1650년부터 2010년에 이르기까지 단 7명으로 구성된 자기 충원적 기구(self-perpetuating)였다. 이처럼 작고 비공개적인 구조는 예를 들어 1975~2002년에 코퍼레이션 구성원이었던 로버트 스톤(Robert Stone)처럼 뛰어난 리더십이 있을 때 잘 작동했다. 그러나 2005~2006년에 총장과 코퍼레이션 모두에 대한 신뢰가 무너지고 거버넌스 체계 자체가 흔들리는 위기가 발생하자, 결국 코퍼레이션은 13명으로 확대됨으로써 더 전문적이며 덜 폐쇄적인 기구로 개편되었다. 하버드 이사회는 연간 예산이 50억 달러가 넘고 구성원 규모가 4만 명에 이르는 기관치고는 여전히 놀라울 만큼 작고 사적이다. 반면 듀크대학교는 다양한 전문 분야와 산업 배경을 가진 인사들로 구성된 더 큰 규모의 이사회(2021년 기준 35명)를 오래전부터 운영해 왔고, 여러 상임위원회를 갖추고 있다. 그리고 이러한 이사회는 듀크를 규정하는 핵심 요소가 된 전략 계획에 깊이, 그리고 공개적으로 참여했다.

"더 민주적으로 만든다고 해서 모든 것이 개선되지는 않는다." 이것이 헨리 로조프스키가 제시한 대학 거버넌스의 첫 번째 원칙이었다.[31] 지나치게 민주적인 절차 때문에 점점 통제가 어려워진 버클리의 경험은 확실히 이 주장의 타당성을 증명한다. 베를린 장벽 붕괴 이후 다시 민주화되면서 총장이 잇따라 교체되는 혼란을 겪은 훔볼트대학교의 경험 역시 그러하다.

이들 사례에서 보듯이, 거버넌스에서는 복잡함보다 오히려 단순성과 명료성이 더 큰 힘을 발휘한다. 현대 중국 대학의 이중 거버넌스 구조(총장 위에 공산당위원회 서기가 있고, 각 단과대학에서도 당서기가 학장과 나란히 존재하는 체제)는 대학들을 당의 우선순위에 맞춰 움직이도록 하는 데 목적이 있다. 그러나 중국 대학들의 성장은 당의 개입 덕분이 아니라, 당의 개입에도 불구하고 이루어졌다.

넷째, 리더십은 총장뿐 아니라 그 아래 수준에서도 중요하다. 하버드에는 찰스 엘리엇이, 버클리에는 클라크 커가 있었는데, 이 두 사람은 각 대학의 미래를 근본적으로 바꿔 놓았다. 또한 베를린대학교의 총장은 아니었지만, 사실상 프로이센의 문화부 장관으로서 그 대학의 제도적 형성에 누구 못지않게 이바지한 프리드리히 알트호프도 덧붙일 수 있다. 대학의 총장 리더십에 관한 책들은 흔하며, 대개 성공한 전직 총장들이 쓴 것이다.[32] 반면 대학의 미래를 장기적으로 바라보며 하루하루 대학을 운영하는 인물들에 대한 기록은 훨씬 적다.

베를린자유대학교가 오늘날 독일의 선도 대학으로 자리매김할 수 있었던 것은 30년에 걸쳐 대학을 위해 일하며 마지막 15년을 재무부총장(Kanzler)으로 헌신한 페터 랑게의 탁월한(그리고 놀라울 만큼 조용한) 공헌 덕분이었다. 대서양 건너 듀크대학교의 동명이인인 피터 랭은 교수로서 듀크의 국제화를 주도했고, 교무총장으로 재임한 15년 동안 학문적·재정적 통합을 이끌었다. 랭은 행정과 재정을 총괄한 오랜 동료 톨먼 트래스크 3세와 긴밀히 협력했는데, 트래스크 역시 자유대학교의 페터 랑게처럼 소리 없이 필요한 재원을 정확히 확보할 줄 알았다.

위대한 대학에는 언제나 이런 이들이 존재하며, 이들은 총장이라는 스포트라이트 밖에서 조용히 변혁적 역할을 한다. 버클리에서는 2009년 이후 재정이 무너진 최악의 시기에도 조지 브레슬라우어 교무총장이 대학의 운영을 실질적으로 떠받쳤다. 하버드에서는 이 직책을 만든 하비 파인버그(Harvey Fineberg) 교무총장과 그의 후임으로 오랫동안 재직한 스티븐 하이먼(Stephen Hyman), 앨런 가버(Alan Garber)가 연결점을 거의 공유하지 않는 독립 왕국들로 이루어진 광범위한 대학을 하나로 엮는 시시포스적 과업을 수행했다. 칭화대학에서는 경제관리학원을 장기간 이끈 첸잉이 원장이 변혁적 리더로서 대학 전체에 영향을 끼치는 일반교양교육 개혁 실험을 주도했다. 당시 부학장이었던 양빈은 이후 칭화대학 교무총장과 부총장, 그리고 대학 기금인 칭화대학교육기금회 이사장 자리에 올랐다. 양빈이 실제로 하는 일은 이보다 훨씬 넓어서, 국내외에서 진행되는 칭화대학의 국제 협력 전반을 아우른다. 그의 직책 중 널리 알려진 것만 꼽아도 교무총장, 부총장, 그리고 일종의 '외교부 장관'이 있었다. 이처럼 오랜 기간 조용히 일하면서 강력한 성과를 거둔 덕분에, 그는 중국 고등교육계에서 가장 신뢰받고 영향력 있는 인물이 되었다. 이 목록에 하오핑(郝平)의 이름도 반드시 더해야 한다. 그는 베이징대학 총장으로 재임하고 있으며 이전에는 당서기를 지냈다. 그 이전에는 중국 교육부 부부장으로 재직했는데, 이는 그의 여러 경력 가운데 가장 중요한 직책이었다. 그는 이 자리에서 노팅엄대학교 닝보 캠퍼스(University of Nottingham Ningbo), 쑤저우의 시안자오퉁-리버풀대학교, 뉴욕대학교 상하이, 듀크쿤산대학교, 칭화대학 슈워츠먼칼리지를 비롯한 중국과 해외 대학 간의 주요 합작 사업을 총괄하며 결정적 지원을 제공했다. 따라서 하오핑을 중국 고등교육 국제화의 프리드리히 알트호프라고 불러도 지나치지 않을 것이다.

리더십은 이사회 차원에서도 중요하다. 앞서 언급했듯이, 하버드코퍼레이션에서 활동한 밥 스톤은 세 명의 총장을 거치는 동안 "미스터 하버드”라는 별칭을 얻을 만큼 중요한 존재였다. 릭 와그너(Rick Wagoner)는 듀크가 중국 캠퍼스를 설립하던 시기에 강력한 이사장으로서 긍정적인 역할을 했는데, 이는 그가 제너럴모터스 CEO 시절부터 중국을 잘 알고 있었기 때문에 가능했다. 빅터 퐁은 홍콩대학 이사장으로 재임하는 동안 많은 총장들이 이루어 낸 것 이상을 성취했다. 퐁은 홍콩대학을 아시아와 세계의 선도 대학으로 재구상하는 작업을 주도했다. 그는 시대에 뒤떨어진 거버넌스 구조를 개혁해 이사회를 더욱 간결하고 강력한 기구로 만들었고, 홍콩대학의 임용, 승진, 종신재직권 제도 또한 개혁했다. 그리고 특유의 지성과 끈기, 겸손함을 바탕으로, 교수와 학생 사이에 홍콩대학이 지향해야 할 모습에 대한 새로운 공감대를 형성했다. 안타깝게도 그의 성과 중 많은 것을 후임자가 크게 훼손했다.

다섯째, 돈은 매우 중요하다. 그러나 성공은 결국 돈의 활용 계획에 달려 있다. 하버드는 막대한 자산 덕분에 지구상의 어느 대학보다도 더 많은 일을 더 높은 수준에서 할 수 있다. 하버드는 대학 자금을 배분받고 사용하는 주체인 교수를 임용하는 데서 수월성의 문화를 유지하고 있다. 하버드는 2008년 경기 침체 전후로 재정 운영의 실패를 경험했지만, 그 방대한 자원 덕분에 살아남을 수 있었다. 그런데 이 책에서 다룬 다른 대학들과 다르게 하버드는 자원의 관리와 활용이 여전히 단과대학 및 전문대학원별로 광범위하게 분산되어 있으며, 단과대학·전문대학원의 리더십이 전반적으로 우수하지만 그 능력에 불가피한 편차가 존재한다. 하버드는 전 대학 차원의 심층적 전략 계획(듀크가 한정된 자원으로도 많은 성과를 낼 수 있었던 바로 그 전략)을 아직 실행할 역량이나 의지를 갖추지 못한 것으로 보인다. 우수대학육성사업에서 베를린자유대학교가 성공을 거두는 데에도 전략 계획이 결정적 역할을 했다. 자체 역량과 목표에 대한 세밀한 평가가 없었다면, 자유대학교는 '우수 대학'이 누리는 재정이나 평판의 혜택을 받기는커녕 그 지위를 놓고 경쟁할 만한 최소한의 조건조차 갖추지 못했을 것이다. 중국의 대학들 역시 전략 계획을 광범위하게 도입하고 있으며, 전략 계획은 세계 선도 대학으로 도약하려는 그들의 열망을 실현하는 데 크게 이바지했다. 그러나 중국 대학들이 무엇을 계획하고 실제로 무엇을 실행할 수 있는지는 중국 당·국가의 우선순위에 달려 있으며, 난징대학의 사례에서 보듯이 이는 때로 대학에 불리하게 작용하기도 한다.

국가 차원에서 이루어지는 고등교육 계획은 큰 차이를 만들어 낼 수 있다. 고등교육의 재정 지원, 육성, 지도 측면에서 오늘날 독일연방정부 교육연구부와 (훨씬 강력한) 중국 교육부의 역할을 살펴보면, 그 존재감이 거의 보이지 않는 미국 교육부와 뚜렷이 대비된다.

버클리와 두 베를린 대학은 위대한 대학들도 재정 위기로 거의 무너질 수 있음을 보여주는 사례이며, 이들 가운데 자유대학교는 위기를 잘 관리했다는 측면에서 단연 돋보인다. 반면 우리가 살펴본 중국의 대학들은 현재 자원이 부족하지는 않으며, 그 분배가 다소 불균형적이긴 하지만 풍부한 편이다. 이들 대학의 자원과 국내 순위는 어느 정도 사전에 정해져 있는 구조다. 가까운 미래에도 중국에서는 '1위 대학'이 두 곳, C9에 속해 만족하는 대학이 일곱 곳, 그리고 그 밖의 대학들이 존재하는 구조가 유지될 것이다. 앞서 말했듯이, 이들 모든 대학의 역량은 자금이 넘쳐날 때 어떤 성과를 내는지가 아니라, 자금이 마를 때 어떻게 버티고 대응하는지로 평가될 것이다. 역사가 가르쳐 주는 바에 따르면, 중국 대학들에도 그런 날이 언젠가는 올 테지만, 아직은 아니다.

중국은 대학의 세계를 선도할 수 있을까?

이것이 내가 약 8년 전 이 연구를 시작하면서 던진 질문이다. 그 당시 중국 고등교육의 흐름은 가치와 성취 측면에서 모두 거침없는 상승세를 보이고 있었다. 다양한 기관들이 공존하는 중국의 교육 환경은 그 자체로 야심을 드러내고 있었다. 중국은 새로운 교육기관을 세우기 위해 해외 대학들을 받아들이는 등 위험을 감수하려는 의지를 보여주었다. 중국이 20세기 전반에 이미 소규모지만 강력한 고등교육 시스템을 구축하는 데 성공했다면, '중국 스케일'의 대규모 체제를 구축하지 못할 이유가 무엇이겠는가?

독일이 대학을 재정비하며 대학의 부흥을 꾀하고 미국이 적어도 공립대학에서는 투자를 줄이는 가운데, 중국은 그 어느 나라보다 더 많은 세계적 수준의 대학을 구축하겠다는 유례없는 야심을 드러내고 있다. 이를 위해 중국은 국가 자원과 민간 자원을 모두 동원했으며, 국내외 중국계 학자들을 끌어들임으로써 세계 어느 고등교육 체제보다 풍부한 최고의 인적 자본을 확보하고 있다.

중국 대학들은 다양한 세계 대학 순위에서 꾸준히 상승하고 있으며, 칭화대학과 베이징대학 두 곳은 머지않아 세계 상위 10위 안에 들 것이 확실하다. 이러한 상승은 대학 자체의 역량 강화와 더불어 중국이라는 국가의 지정학적 부상에 힘입은 바 크다.

중국과 중국 현대 대학의 부상은 개방과 국제화의 시기와 궤를 같이해왔다. 독일, 미국, 소련은 서로 다른 시기에 서로 다른 방식으로 중국의 파트너 역할을 했다. 마오쩌둥의 문화대혁명 시기에 잠시 나타난 중국의 자력갱생 기조는 중국 대학에 사실상 회생 불가능에 가까운 치명타를 입혔다. 중국 대학들이 앞으로도 국제적 교류를 지속할 것이라는 점에는 의심의 여지가 없다. 과연 어느 방향으로 나아갈까?

신실크로드에서 중국형 대학 모델은 가능한가? 2021년 현재 중국의 대학들은 세계에 개방된 동시에, 정부에 의해 재규정당할 가능성에도 열려 있다. 앞서 보았듯이, 시진핑 국가주석은 다른 나라 대학과 구별되는 독특하고 특색 있는 중국 대학을 건설하려는 열망이 있다. 즉 '중국의 하버드'가 아니라 '중국의 칭화대학', '중국의 난징대학'을 만들고자 한다. 또한 중국 대학들은 새로운 국가적 목표, 즉 중앙아시아와 아프리카, 나아가 유럽에 이르기까지 고등교육의 '중국 모델'을 확산하려는 국가의 신실크로드(New Silk Road) 전략에 동원되고 있다. 신실크로드라는 은유는 역사적 특정 시기에 동아시아와 중앙아시아의 시장과 중동 및 지중해를 연결했던 유라시아 육상 교역로의 유산을 떠올리게 한다. 이 길들은 1877년 독일 탐험가 페르디난트 폰 리히트호펜(Ferdinand von Richthofen)이 자이덴슈트라세(Seidenstraße), 즉 실크로드라 부르며 널리 알려졌다. 경제적 관점에서 볼 때 실크로드는 역사의 긴 시간 동안 그랬던 것처럼 근대에도 활력을 잃은 상태였다. 그러나 2015년 시진핑 주석이 고등교육 협력을 신실크로드의 핵심 요소로 삼겠다고 발표하면서, 신실크로드가 지식과 사상의 통로가 될 가능성을 시사했다.

중국 고등교육의 부상과 국제화가 신실크로드, 달리 말해 더욱 직설적 명칭인 일대일로 구상에 대해 갖는 함의는 무엇일까? 130개가 넘는 유라시아, 아프리카, 라틴아메리카의 국가들과 중국 간의 다층적 협력을 지향하는 이 야심 찬 구상은 중국의 기관들이 해외로 진출해 비즈니스, 인프라, 교육 등 다양한 영역에서 존재감을 드러내는 것을 전제로 한다. 이 구상을 뒷받침하기 위해 실크로드의 은유와 유산을 호출함으로써 신실크로드는 적어도 수사적으로는 역사적으로 서구 중심으로 이루어져 온 중국 고등교육의 국제화 방향을 바꾸려는 듯 보인다.

중국 대학들은 해외로의 확장을 이어가고 있는데, 이는 실크로드를 폭넓게 해석한 결과이기도 하다. 라오스로 간 쑤저우대학(蘇州大學)은 2012

년 첫 신입생을 받았고, 윈난차이징대학(雲南財經大學)은 2014년 방콕에 윈난차이징대학 경영대학원을 설립했으며, 샤먼대학(廈門大學)은 2015년에 말레이시아 분교를 개교했다. 그러나 더 큰 노력은 이미 확립된 고등교육 중심지들로 향하고 있다. 베이징위옌대학(北京語言大學, BLCU))은 일본 ISI그룹과 협력해 2015년 도쿄칼리지(BLCU Tokyo College)를 설립했다. 2016년에는 오스트레일리아에서 최초의 중국계 단독 소유 고등교육기관인 오스트레일리아글로벌비즈니스칼리지(Global Business College of Australia)가 첫 학생을 맞이했다. 2019년에는 베이징사범대학(北京師範大學, BNU)과 웨일스의 카디프대학교(Cardiff University, CU)가 카디프에 BNU-CU차이니즈칼리지를 설립하기로 합의했다.[33] 2020년에는 베이징대학 하버드경영대학원이 영국 옥스퍼드셔에 있는 오픈대학교(Open University)의 네오고딕 양식과 현대식 구조가 결합된 캠퍼스를 인수한 후 "선진국 최초의 온전한 중국계 대학 캠퍼스"를 개교했다.[34] 앞서 언급했듯이, 칭화대학과 워싱턴대학교는 마이크로소프트와 협력해 2015년 복수 학위 프로그램인 '글로벌 이노베이션 익스체인지(Global Innovation Exchange)'를 만들었고, 미국 내 최초의 중국 대학 연구 시설을 완공했다. 그 본부는 마이크로소프트의 공동 창업자(이자 하버드 출신) 스티브 발머(Steve Ballmer)의 이름을 딴 9,290m² 규모의 신축 건물인 스티브발머빌딩에 자리 잡고 있다. 그리고 2021년 6월, 상하이의 푸단대학은 부다페스트에 유럽 캠퍼스를 설립하겠다는 계획을 발표했다.

중국 학생들은 오래전부터 해외 유학을 위해 "바깥으로 나갔으며"(2019년 기준 70만 명 이상), 그 대부분은 신실크로드 국가들을 거의 거치지 않고 북아메리카, 오스트레일리아, 영국, 유럽연합, 일본 등으로 향했다. 반대로 중국으로 유학 오는 신실크로드 국가 출신 학생 수는 꾸준히 증가했고, 신실크로드 국가의 과학자들 역시 신설된 일대일로 연구실로 채용되고 있다. 그러나 현재까지 이는 한 방향의 흐름일 뿐이며, 파키스탄 카라치(Karachi)나 카자흐스탄 알마티(Almaty)의 대학원에 입학하는 중국인은 극히 드물다. 중국이 국제학생 유치 장소로 떠오른 데는 오랫동안 유학생의 선호지였던 미국과 영국에서 최근 민족주의 성향이 강해지면서 학생들이 다른 지역의 대학을 고려하게 된 점도 작용하고 있다. 이러한 변화는 중국 대학의 국제화를 새로운 방식으로 촉진할 수도 있다. 2021년 현재 신실크로드에 관한 중국의 수사와 홍보는 이미 넘쳐나지만, 정작 일관된 전략은 아직 제대로 마련되지 않은 상태다. 신실크로드를 통한 고등교육 협력은 중국 대학들을 외형상 더 국제적으로 보이도록 만들 수 있지만, 이러한 교류의 성격은 중국 대학들이 세계적 수준에 도달하는 데 별 도움이 되지 않을 수 있다.[35] 리히트호펜(Richthofen)의 자이덴슈트라세(Seidenstraße)가 실제의 역사보다 더 과장되고 체계적인 유라시아 교류상을 그려 냈던 것처럼, 신실크로드가 중국 교육의 국제화에 끼칠 영향 역시 많은 이들이 기대하는 것만큼 크지 않을 가능성이 높다.

여기서 중요한 점은 중국의 주요 대학들이 자신을 글로벌 엘리트 대학 네트워크의 일부로 인식해 왔으며, 오늘날 유럽과 북아메리카의 동급 대학들을 가장 중요한 비교 기준으로 삼고 있다는 것이다. 신실크로드 국가 출신 유학생 수가 늘어날 수는 있지만, 이들 중국 대학은 여전히 서구의 주요 대학에서 교수들을 영입하며 그들과 핵심 연구 협력 관계를 구축하는 데 주력하고 있다. 현재 중국 대학들이 세계적 수준에 도달하는 길은 여전히 유럽 및 미국 기관들과의 협력과 경쟁 속에 놓여 있다.

그렇다면 신실크로드를 따라서든, 아니면 다른 지역으로든 수출할 수 있는 '중국형 대학 모델'이라는 것이 존재할까? '중국적 특색을 지닌 대학'이라는 것이 실제로 존재할까? 답은 기본적으로 '아니오'다. 오늘날 중국 주요 대학의 특징은 그들이 국제 고등교육 및 연구 체제의 일부로 성장해 왔다는 점, 그리고 지금은 부러움을 살 정도로 중국 정부의 강력한 재정 지원을 바탕으로 하고 운영되고 있다는 점이다. 미국이 독일과 영국 대학의 규범을 모방해 명성 높은 대학들을 발전시킨 것처럼, 중국의 대학들도 지난 한 세기 동안 유럽, 미국, 소련 등 세계의 선도 기관들로부터 배웠다. 예컨대 대학 거버넌스에서 당서기의 역할이라는 중국 모델은 결코 중국만의 발명품이 아니다. 동독 시기의 훔볼트대학교의 사례에서 보았듯이, 이는 모든 사회주의 형제 국가에서 공통으로 발견되는 구조다. 무엇보다 수출 대상국이 북한이 아니라면, 현재로서는 쉽게 수출할 수 있는 모델이 아니다.

그렇다고 해서 중국 대학들이 현대 국제 대학에서 나타나는 모든 흐름을 공유하고 있다는 뜻은 아니다. 미국의 경우 접근성 문제뿐 아니라 다양성과 포용성, 특히 유색인종 학생과 관련된 쟁점이 점점 더 중요한 의제로 부상하고 있다. 그러나 이러한 문제가 중국에서 핵심 의제로 다뤄지고 있다는 증거는 찾아보기 어렵다.[36] 앞서 살펴보았듯이, 대학을 정치적 공간으로 이해하는 관점은 중국 당국에 의해 의도적으로 배제되고 있다. 특히 중국공산당이 다양한 민족적·종교적 소수집단을 동화시키고 중국화하려는 정책을 강화하고 있는 현재 상황에서는 이러한 경향이 더욱 두드러진다.

중국의 대학들은 선도할 수 있을까? 오늘날 중국 대학이 직면한 가장 큰 도전은 해외에서 맞닥뜨리는 경쟁이 아니라, 국내에서 마주하는 장애물이다. 과거와 현재의 많은 중국 교육 지도자들과 개인적인 대화를 나누면서 나는 질문을 던졌다. "당신들이 직면한 가장 큰 문제는 무엇입니까?" 돌아오는 답은 한결같이 "당(黨)"이었다. 베이징대학, 칭화대학과 같은 명문대학의 창립 이념은 강력하지만 정치적 불안감을 지닌 중국공산당과 여전히 긴장 관계에 놓여 있다. 중국 연구자들이 순수과학 및 응용과학 분야에서 세계적 리더로 인정받고 있지만, 당은 인문학 및 사회과학의 여러 영역에서 토론을 제한하고 있다. 현대 중국사에서 내내 그러했듯이, 대학이 강력한 저항의 거점이 될 수 있다는 불안감이 당 내부에 뿌리 깊게 자리하고 있다.

중국 최초의 근대 대학을 만든 장즈둥 총독이 1898년 《권학편》을 썼을 때, 그는 "중학(中學, 경전 교육)"이 기초가 되어야 하며 "서학(西學)"은 실용을 위한 것이라고 강조했다. 오늘날 중국 정치 지도자들 역시 '중국적' 가치와 '서구적' 가치를 구분한다. 중국 정부 정책에서는 종종 새로운 버전의 중학이 서학보다 우선시된다. 적어도 장즈둥의 시대에는 중학이 곧 고전 정전에 대한 깊은 교육을 뜻한다는 사실을 사람들이 알고 있었다. 반면 전 교육부장 위안구이런(袁貴仁)의 말처럼, 오늘날의 중학은 "중국적 특색을 지닌 사회주의"와 "마르크스주의의 지도적 역할"을 의미한다. 그는 학생들이 "서구적 가치"에 맞서기 위해 시진핑 주석의 이론을 공부해야 한다고 주장했다.[37] 전통 경전인 사서오경에 비하면 이는 실로 빈약한 내용이다. 국제적 영향 속에서 태어나고 중국 정부의 막대한 지원으로 성장한 중국 고등교육은 문화대혁명 이후 사라졌던 이념적 통제에 직면하고 있다.

과연 세계적 수준의 대학이 (그 정의가 무엇이든) 정치적으로 비자유주의적인 체제 안에서 존재할 수 있을까? '일곱 가지 토론 금지 주제'가 존재하는 나라에서 말이다. 대답은 "그렇다"이다. 19세기 독일 대학들을 떠올려 보라. 당시 독일에서도 대학들은 정권의 정통성에 거의 의문을 제기하지 않았다. 그러나 빌헬름 시대의 독일은 정치적·역사적 서사를 통제하는 데서 오늘날 중국과는 비교할 수 없을 만큼 느슨했다. 오늘날 중국의 역사학계에서 중국의 몸젠(Theodor Mommsen)이나 마이네케(Friedrich Meinecke) 같은 대가가 등장할 수 있을까? 그럴 수 있을지도 모른다. 하지만 차이위안페이가 한 세기 전에 주장한 것처럼, 대학 내부에 상당한 자율성을 확보할 수 있을 때만 가능할 것이다. 19세기 독일 대학들도 정치적 압력을 받았지만, 제도적·지적 자유의 전통을 중시했다. 오늘날 중국 대학들은 뛰어난 학자들과 세계에서 가장 우수한 학생들을 보유하고 있다. 중국 대학의 지도자들 또한 세계 최고 수준이다. 그러나 최근의 이념적 캠페인 속에서 학생들은 당 이데올로기 과목을 의무적으로 수강해야 하며, 자국의 역사를 만화책 수준으로 단순화해 배우고 있다. 우수한 일반교양교육 프로그램들이 새로 도입되었음에도, 정치와 역사의 영역에 관한 한 학생들이 졸업을 위해 배워야만 내용과 학생들이 참이라고 인식하는 내용 사이의 간극은 해마다 커지고 있다. 이런 환경에서, 21세기 중국과 세계의 리더를 길러야 할 중국의 명문 대학들은 냉소주의자와 기회주의자라는 두 종류의 학생을 배출할 위험에 직면해 있다. 왜냐하면 세계적 수준의 대학에서는 ('일곱 가지'는 말할 것도 없고) 금기시되는 주제가 단 하나도 있어서는 안 된다는 사실을 그 학생들뿐 아니라 그들을 가르치는 뛰어난 학자들 역시 알고 있기 때문이다.

하지만 이렇게 비관적으로 끝낼 필요는 없다. 국가와 사회를 위해 인재를 교육하고 선발하며 등용한 역사가 중국보다 길고 지속적으로 성공적인 문명은 없다. 지난 130년 동안 근대 대학들은 중국을 과학과 공학 분야의 최전선으로 끌어올렸으며, 정치적 여건이 허용될 때마다 세계 유수의 고등교육기관을 특징짓는 개방적 탐구의 가치를 확산시켰다. 심지어 한 세기 전 중국에 마르크스주의를 최초로 소개한 곳 역시 베이징대학이었으니 말이다.

중국 대학들은 청나라 말에 설립되어 중화민국 초기에 번영을 누렸고, 그중 몇몇은 국민당 정부 시기에 국제적 명성을 지닌 주요 국립 기관으로 성장했다. 그들은 제2차 세계대전 동안 '자유 중국'의 오지에서 젊은 지도자들을 교육했으며, 전쟁, 내전, 소비에트화, 문화대혁명 속에서도 살아남았다. 한 번의 제국과 여러 공화국 체제를 거쳐 중화인민공화국의 변곡점들까지 모두 견디며 생존했다. 그들은 현재와 같은 정치적 운동들의 흥망성쇠를 지켜봤다. 이제 그들은 긴 안목을 가져야 한다. 우리 역시 마찬가지다.

현대 연구중심대학의 원칙과 가치를 가장 설득력 있게 천명한 문서는 2013년 난징 서쪽, 중국과학기술대학이 자리한 안후이성 허페이(合肥)에서 열린 '중국 C9 대학 연례회의'에서 발표되었다. 오늘날 전 세계적으로 〈현대 연구중심대학의 10대 원칙에 관한 허페이 선언〉으로 알려진 이 문서는 미국대학연합(Association of American Universities), 유럽연구중심대학연맹(League of European Research Universities), 오스트레일리아의 8개대학 그룹(Group of Eight universities)과 협력해 작성되었다.[38] 연구의 진실성(research integrity), 학문의 자유(academic freedom), 제도적 자율성(institutional autonomy)을 강조한 〈허페이 선언〉은 훔볼트적 가치관을 21세기에 맞춰 강력하게 재정의한 문서다. 이 원칙들 가운데 일부는 2021년 중국 대학 지도자들에게 이미 달성된 목표라기보다는 지향점에 가깝다. 하지만 내 생각에 이는 전 세계 명문 대학들이 공유하는 열망을 정확히 보여준다.

21세기에 중국 대학들이 세계적 기준을 제시할 수 있을까? 물론이다. 그러나 단독으로는 아니다. 중국 대학들은 국제적 모델을 바탕으로 유럽과 북아메리카의 주요 기관들과의 협력 속에서 성장하고 번영했다. 중국 대학들이 계속 함께하고자 하는 것도, 경쟁하고자 하는 것도, 그리고 궁극적으로 선도하고자 하는 것도 바로 그러한 지성의 공동체일 것이다.

대학은 지성주의의 보루여야만 한다

이종식 [1]

연구중심대학이란 무엇인가?

오늘날 한국에서 '연구중심대학(research university)'이라는 개념은 대단히 모호하고 위태롭다. 대학 바깥의 시민들에게 일견 연구중심대학이라는 표현은 희한한 동어반복처럼 느껴진다. 대학은 응당 '연구'를 하는 곳인데, 굳이 연구를 중심에 둔다고 수식할 필요가 있는가? 그런데 조금 더 곰곰이 생각해 보면, 대학은 한 나라의 최고 수준의 교육, 다시 말해 '고등교육(higher education)'이 이루어지는 '교육'의 장이라는 점에 착안하는 독자들도 있을 것이다. 그렇다면 연구중심대학이라는 것이 혹 '교육중심대학'의 반의어는 아닐지 추론해 볼 수 있을 것이다.

그렇다. 한국 현대사에서 한국 대학들은 대략 1980년대 중엽을 기해

---

[1] KAIST 과학기술정책대학원 교수. 고려대학교 사학과에서 학사 및 석사 학위를, 하버드대학교 과학사학과에서 박사 학위를 받았다. 포항공과대학교에서 인문사회학부 교수 및 박태준미래전략연구소 부소장으로 재직했다. 과학사학, 과학기술학(STS), 과학기술정책학을 교차시키며 현대 중국 과학을 연구하고 있다

교육중심대학에서 연구중심대학으로 전환되었다.[2] 1980년대 이후 우리나라에서 대학이라는 사회제도는 교육기관이면서 동시에 연구기관이라는 이중의 정체성을 갖고 있음을 이해하는 것이 대학과 관련된 여러 사회적 논의의 중요한 기초가 된다. 예를 들어, 대학 등록금은 어떠한 조건에서도 낮게 유지되는 것이 바람직하다고 굳게 믿는 사람들은 대학의 연구 기능을 크게 고려하지 않고 교육기관으로만 바라보는 경향이 있다. 이러한 전제 위에서는 대학이 더 양질의 교육 서비스를 더 저렴하게 학생들에게 제공할 수 있다면 좋은 일이다. 그러나 대학의 연구 기능을, 혹은 연구적 성취를 최우선시하는 사람들에게 값싼 학생 등록금은 곧 대학이 연구를 위해 사용할 수 있는 자체 재원의 총액이 줄어든다는 사실을 의미한다. 이렇게 되면 한국의 대학들은 연구로써 해외 유수의 대학들과 경쟁하는 데 힘에 부치게 된다.

이제 대학 바깥의 일반 시민들이 아니라 대학 내부의 구성원들로 초점을 옮겨 보자. 오늘날 한국 대학에 몸담은 교원, 직원, 그리고 총장을 비롯한 고위 행정 보직자들에게 연구중심대학은 대체로 연구 사업 중심 대학 또는 연구비 중심 대학을 뜻한다. 또한 대체로 교육 기능은 부차적으로 여겨지고 연구 기능의 중요성이 극대화된 대학을 의미한다. 왜 그러한지 따져 보자. 대학이 연구를 잘하려면 좋은 연구자(우수한 교수, 박사후연구원, 대학원생)와 연구 인프라가 필요하다. 이를 감당하기 위해 연구비가 넉넉하게 필요하다. 대학은 어떻게 연구비를 마련할까? 대학은 기업이 아

2　이종식, 〈대학교수들을 위한 연구 "왕국" 만들기: 물리학자 김호길의 연암공학원 및 포항공과대학 구상과 건학〉,《한국과학사학회지》46.1 (2024): 203~233; 강기천, 〈교육기관에서 연구기관으로: 1970-80년대 서울대학교 공과대학 연구 기능의 확대〉,《한국과학사학회지》47.1 (2025): 31~57쪽; 신유정, 〈대덕연구단지의 두뇌 만들기: 카이스트의 대덕 이전 및 대학화 과정에 관한 연구〉,《과학기술학연구》21.3 (2021): 4~37쪽. 1980년대 이전 한국 대학에서 연구의 위치에 대해서는 다음을 보라. 강기천·최형섭, 〈공업 없는 공학: 1950-60년대 서울대학교 공과대학의 지향과 현실〉,《사회와역사》119 (2018): 41~73쪽.

니다. 법이 허용한 범위 안에서 일부 수익 활동을 제한적으로 벌일 수 있지만, 기본적으로 대학의 '돈'은 정부, 기업, 학생(등록금), 기타 기부자(각종 제3자 기부금)로부터 나온다. 정부와 기업이 대학에 지급하는 돈은 많은 경우 연구 사업이라는 형식을 취한다. 정부나 기업이 필요한 연구 과제를 대학에 제시하면, 대학의 연구진이 이에 응해 연구비를 받아 연구를 수행해 그 결과를 사업 발주 기관에 제공하는 식이다. 이 일련의 과정은 관련 법규와 한국연구재단 같은 국가기관의 중재 아래 촘촘하게 제도화되어 있다.[3]

　이러한 구조 아래 우리나라의 대학들(또한 세계 주요 국가의 대학들)은 연구중심대학이자 연구 사업 중심 대학, 그리고 연구비 중심 대학으로서 작동한다. 대학교수들이 이런 의미의 연구 활동에 매진해야 논문(또는 특허)이 나오고, 논문 출간의 양적 실적이나 연구비 수주 총액 같은 기준을 통해 교수와 대학 전체가 평가를 받는다. 따라서 우리가 각종 대학 순위표에서 확인할 수 있는 상위권의 '좋은' 대학은 무엇보다도 이 '연구' 메커니즘이 효율적으로 돌아가는 대학, 즉 대규모 연구비가 걸려 있는 대형 연구 사업을 많이 수주해 연구 성과들을 짧은 시간 내에 다량으로 원활하게 산출할 수 있는 대학을 뜻한다. 대학이 정부나 기업의 자금에 의존하는 비중이 크면 클수록, 대학은 '물주'에게 종속될 위험성도 함께 커진다. 대학의 자율성, 더 나아가 학문의 자유는 공허한 말이 되기 십상이다. 학내에서 정부나 기업이 요구하지 않은 자신만의 중장기 '기초'연구 과제에 몰두하는 교수들이나 그러한 교수들이 많이 포진해 있는 학과는 연구 중심의 문화에서는 그다지 인정받지 못하며, 심지어 '비생산적'인 존재로 간주되기도 한다. '연구'하느라 바쁜 교수들에게 너무 많이 강의 및 비교

<hr>

3　예를 들어 다음을 보라. 유상운, 〈국가연구개발사업 속의 연구중심대학: 1990년대 이후 물리과학 분야를 중심으로〉, 《과학기술학연구》21.1 (2021): 74~95쪽..

과(extracurricular) 교육의 의무를 짐 지우는 것도 어불성설이다. 연구중심대학에서 어디까지나 교육, 특히 학부생 지도는 부차적이어야 한다. 공동 연구 사업에 참여한다는 맥락이 아니라면, 교수와 학생의 상호작용은 최소화되어야 할 비용(cost)이다. 오늘날 많은 대학 구성원에게 대학과 정부나 기업의 자체 연구소 사이의 차이는 그리 크게 느껴지지 않을지도 모르겠다.

대학이 이토록 '큰 배움(大學)'과 거리가 멀어지게 된 것은 아이러니가 아닐 수 없다. 자못 위태로워 보인다. 물론 대학에는 여전히 교육에 헌신하는 훌륭한 스승과 앎을 향한 열정이 충만한 학생들이 만들어 내는 유의미한 배움의 순간들이 있다. 문제는 대학 내에서의 이러한 지적 관계맺음이 적어도 구조적으로, 제도적으로 높이 평가되고 인정되며 지원과 지지를 받는 상황은 아니라는 데 있을 것이다. 이 책《지성의 제국》이 상술하듯이, 한국이 이런 연구중심대학이라는 모델을 처음 만들어 냈거나 한국만 이를 채택하고 있는 것은 절대 아니다. 해외의 대학들이라고 우리나라 대학들보다 마냥 형편이 더 낫고 이상적인 것만도 아니다. 그렇다면 우리는 "현대 연구중심대학의 세계사"로부터 무엇을 배울 수 있을까? '좋은' 대학이란 무엇인가?

훔볼트적 이상(Humboldtian Ideals)

《지성의 제국》의 저자 윌리엄 커비에 따르면, 세계 최초의 현대적 연구중심대학은 1810년 독일에 설립된 베를린대학교다. 연구중심대학의 원형으로서 베를린대학교의 '학풍(學風)'은 철학자·문헌학자·외교관인 빌헬름 폰 훔볼트에 의해 만들어졌다. 훔볼트가 생각하는 고등교육의 본질은 한 국가의 모든 개개인이 "도덕적이고 교양 있는 인격을 형성함으로써 '내면의 수양'을 추구"하고, 그와 동시에 그렇게 "교육받은 개인이 사회에 참여하고 책임을 다하는 시민"으로 거듭날 수 있는 전인적 성장의 과정이다. 대학은 이런 과정의 장으로서 기능해야 한다(54쪽).

훔볼트는 대학을 배움, 앎, 학술 연구 전반에 헌신하는 "교수와 학생의 공동체"로 정의했다. 이러한 공동체로서의 대학은 훔볼트 이전 시기처럼 귀족 자제들이 사회적 자본을 과시하고 재생산하기 위한 학생 간의 사교 클럽이어서도 안 되었고, 단순히 신학, 의학, 법학 등 훔볼트의 시대에서 유망했던 전문 분야로 진출하는 데 필요한 자격증 발급 기관에 머물러서도 안 되었다. 대학은 교수라는 선배 세대의 인간(또는 先學)과 학생이라는 후배 세대의 인간(後學)이 만나 더불어 인간과 세계에 대한 가치 있는 지식을 생산하면서(이것이 '연구' 활동이다), 동시에 그 과정에서 배움이 일게 하는 장소여야 했다(이런 의미에서 연구와 교육이 결합된다). 따라서 연구중심대학의 훔볼트적 본의(本意)는 교육 기능에 연구 기능을 긴밀히 가미한 형태의 기관이지, 연구만 하는 대학이나 연구를 교육보다 무조건 우선시하는 대학이 아니었다. 소규모 세미나와 연구 중심 학습과 같이 연구와 교육이 결합된 지적 활동을 교수와 학생이 함께 수행한다면, 훔볼트는 대학이 진실로 한 세대에서 다음 세대로 인류의 지적 자산을 닦고 잇게 하는 초세대적(transgenerational) 지성의 전당이 될 수 있다고 믿었다.

한편, 이러한 훔볼트적 대학에서의 배움, 앎, 학술 연구 및 교육 활동의 근간에는 넓은 의미의 인문학과 가장 기초적이고 본질적인 자연과학적 훈련을 결합한 자유학예(liberal arts and sciences)가 위치한다. "모든 학생은 전문 분야를 공부하기에 앞서 자유학예 및 과학을 먼저 학습해야 했다. 이처럼 지식 탐구를 통해 창조적 인격을 형성하는 교육이야말로 국가에 대한 대학의 최고 기여가 될 수 있다고 훔볼트는 보았다"(56쪽). 그러나 훔볼트도 자유학예교육(liberal education) 또는 전인교육(Bildung), 그리고 일반교양교육(general education)이 '느린' 과정임을 잘 알고 있었다. 예컨대 전쟁을 치르는 국가의 단기적 필요나 기업계 및 산업계의 경제적 우선순위 같은 더 시급하고 '빨라야 하는' 과정에 언제든 느린 배움과 앎의 과정이 잠식될 수 있다고 보았다. 따라서 그는 대학의 구성원들이 외부의 압력과 요구 사항, 속력에 휘둘리지 않고 학문할 수 있는 자유와 자율, 즉 '가르칠 자유(Lehrfreiheit)'와 '배울 자유(Lernfreiheit)'를 보장해야 한다는 원칙을 제시했다. 이러한 이상을 현실적으로 견지하기 위해 대학은 재정적 독립성을 최선을 다해 유지해야 한다는 점도 훔볼트는 강조한 바 있다.

이상과 현실, 여러 지향점 사이에서 균형 잡기

그러나 이상은 이상이다. 인간 세계에서 이상은 언제나 무정한 '현실'과 마주할 수밖에 없다. 본문에서 다루고 있듯이, 훔볼트의 이상은 '원조' 베를린대학교에서조차 시시때때로 굴절되거나 뒷전으로 밀리곤 했다. 엄밀히 말해, 《지성의 제국》에서 소개하는 독일, 미국, 중국의 여덟 개 대학 가운데 훔볼트의 이상을 시종일관 온전히 또는 효과적으로 실현해 냈다고 볼 수 있는 대학은 단 한 곳도 없다. 이상은 여러 이유로 타협되고 왜곡되고 심지어 무너지기도 했다. 그뿐 아니라, 몇몇 대학의 '성공'이 훔볼트의 이상을 철저히 관철했기 때문에 얻어진 것이라고 단정하기도 어렵다. 그렇다면 이 책이 보여주고 있는 것은 '현실'을 논하지 않은 채 '이상'만을 되뇌는 장황한 설교가 아니다. 《지성의 제국》은 여덟 개 대학이 저마다의 역사적 조건 속에서 훔볼트의 이상과 여타의 많은 고려 사항 사이에서 나름의 균형을 추구하는 가운데 내렸던 의사결정의 과정들, 그리고 그러한 선택의 누적이 초래한 결과들의 기록이자 서사인 것이다.

베를린대학교, 베를린자유대학교, 하버드대학교, 캘리포니아대학교 버클리, 듀크대학교, 칭화대학, 난징대학, 홍콩대학의 이야기를 여기서 굳이 다시 요약할 필요는 없을 것이다. 다만, 세계적인 명성을 구가하고

있는 이 여덟 개 대학이 공통적으로 맞닥뜨렸던 이상과 현실, 여러 지향
점과 변수를 묶어 정리해 볼 수는 있다.

가장 먼저 이 책 속의 여러 대학에는 국가권력과 어떤 관계를 맺을 것
인가, 국가권력 앞에서 대학의 자율을 어떻게 보존할 것인가라는 공통의
과제가 있었다. 한 가지 분명한 것은 훔볼트적 이상은 대학의 이상이지
국가의 이상 그 자체는 아니라는 점이다. 훔볼트적 연구중심대학에서 배
출한 비판적이며 범속하지 않은(not banal) 정신을 가진 시민 개개인은
국가의 노복이 되기보다는, 국가주의와 민족주의에 함몰되기보다는,[4] 캘
리포니아대학교 버클리의 사례에서 가장 두드러졌듯이, 현실 정치의 불
의에 항거하며 인류 보편의 자유와 세계시민주의적 연대를 지향할 것이
라 기대된다. 그러나 대학이 마냥 국가와 각을 세울 수는 없는 노릇이다.
베를린자유대학이 서독 정부와 맺었던 관계를 생각해 본다면, 대학이라
는 사회적 기관은 한 사회 민의의 총의인 민주적 정부와 협력하는 가운데
국가의 지원 아래 공적 사명을 다하는 길을 모색할 수 있다. 비자유주의
적(illiberal)이고 권위주의적인 국가권력 앞에서는 더더욱 대학이 자율성
을 고수하며 입바른 소리를 하기 어려울 수 있다. 그럼에도 칭화대학 및
난징대학 리더들의 역사적 기억에 문화대혁명의 상흔이 각인되어 있듯
이, 언제나 강력한 국가권력에 바짝 엎드리는 것만으로는 한 사회와 개인
의 존엄, 대학에서의 지성주의를 지킬 수 없을지도 모른다. 이런 맥락에
서 "중국 대학들의 성장은 당의 개입 덕분이 아니라, 당의 개입에도 불구
하고 이루어졌다"라는 커비의 진단은 의미심장하다(509쪽). 요컨대, '좋
은' 대학은, 특히 대학의 '좋은' 지도자들은 시대적 여건 속에서 국가권력
과 불가근불가원(不可近不可遠)식 거리 두기의 묘를 발휘할 줄 알아야 한

4　한나 아렌트, 김선욱 옮김, 《예루살렘의 아이히만》, 한길사, 2006

다. 경영대학원 소속 교수로서 저자 커비는 비록 대학과 기업 및 자본의 관계에 대해서는 덜 비판적으로 접근하는 것으로 보이지만, 산학(産學)의 관계에 대해서도 같은 이야기를 할 수 있을 것이다.

다음으로 대학 내부의 거버넌스 이야기를 하지 않을 수 없다. 훔볼트적 이상의 추구와 현실 상황 논리의 압력 사이에서 균형을 잡는 일은 연구중심대학 모델을 수용한 대학이 자초한 업보와도 같다. 이 균형 잡기의 업보, 훔볼트적 업보를 감당하지 못하는 대학은 우수한 연구중심대학이 될 자격이 없다고까지 말할 수도 있다. 어쨌든 대학의 누군가는 이 업보를 주도적으로 짊어져야 한다. 두 가지 상이한 방향의 스펙트럼을 생각해 볼 수 있다. 한쪽은 중앙집권적·하향식 모델이라면, 다른 한쪽은 민주적·분산적·상향식 모델이다. 본문의 내용에 근거해 전자의 사례로 듀크대학교와 중국의 대학들을, 후자의 사례로 하버드대학교와 캘리포니아대학교 버클리를 꼽을 수 있다. 중앙집권적·하향식 시스템 아래에서는 이사회, 총장, 부총장과 같은 대학 집행부의 고위 보직자들이 대학 운영이라는 균형 잡기 행위의 주체가 된다. 듀크대학교가 그러했듯이, 본부에 힘이 집중된 하향식 거버넌스는 대단히 효율적일 수 있다. 과감한 선택과 집중에 능할 수 있다. 그러나 평교수, 직원, 학생의 지지를 만성적으로 얻지 못하는 대학의 리더들에게 후한 역사의 평가를 기대하기란 어렵다는 점도 《지성의 제국》 곳곳에서 상기되고 있다. 역으로 교수평의회, 학술평의회, 학생회 등이 대학 운영에 대해 적극적으로 개입할 때, 대학은 민주적 거버넌스를 향유할 수 있다. 다만, "더 민주적으로 만든다고 해서 모든 것이 개선되지는 않는다"라는 점도 유의해야 할 것이다(508쪽). 훔볼트대학교(베를린대학교의 후신)와 버클리의 사례에서 볼 수 있듯이, 수평적이고 민주적인 거버넌스 만들기의 과정 그 자체가 수단이 아닌 목적이 될 때, 더 큰 목표와 지향을 향한 전 대학 공동체의 일사불란함은 기대하기 어려울 수 있다.

　세 번째로 우리가 살펴본 여덟 개 대학 모두 수월성과 접근성의 균형, 국제화와 지역에 대한 헌신 사이의 균형에 대해 고민했다. 원론적으로 말하자면, 더욱 넓은 지역에 걸쳐 두루 통용되는 지식이나 영감이 특정한 지역 안에서만 의미를 갖는 지식이나 영감보다 더욱 '좋은' 것이거나 탁월한 것일 수 있다. 이런 의미의 '좋은' 지식, 탁월한 지식은 훔볼트가 천명한 바대로 우수한 연구와 교육의 통합을 통해 만들어질 수 있다. 이런 종류의 수월성을 지향한다면, 대학은 인재를 유치하고 캠퍼스 제도와 문화를 운영하는 데서 마치 다국적 기업처럼 '다국적 대학(multinational university)'이 되는 것이 유리할 수 있다. 많은 대학이 여러 국적과 문화권의 교원과 학생이 모여들고, 강의실 안팎에서는 복수의 공용어가 사용되며, 사람·지식·인프라의 이동과 교류에서는 내행(inbound)과 외행(outbound) 양방향 모두 원활한 국제적인 기관으로 거듭나려 한다. 이는 충분히 이해할 만하다. 그러나 더 '보편적'이고 탈맥락적인 것이 곧 더 '좋은' 것이자 탁월한 것이라는 명제가 현실에서는 무조건 참이 아닐지도 모른다는 점을 간과하기 어렵다. 시급한 지역의 공적 현안에 대응하는 것, 그러기 위해 지역의 맥락에 천착하는 것이 '글로벌한 시야'를 갖는 자세보다 언제나 열등하다고 단언할 수 있을까? 소수의 세계적인 수재를 키우기 위해, 정작 어느 대학이 위치한 지역사회의 준수한 인재 다수에게는 그 대학에서 수학할 기회가 돌아가지 않는다면 어떻게 해야 하는가? 대학이 심원하고 근본적인 지식만을 추구한 나머지 지역 시민들의 생활 세계와 완전히 유리된다면 그것이야말로 우리가 떠올리는 부정적인 의미의 '상아탑'의 전형이 아닌가? 모든 대학은 어느 공간에, 사회에, 국가에 물리적으로 뿌리내리고 있다. 고정된 '뿌리'와 널리 뻗어나갈 가능성이 있는 '열매'를 한 몸에 모두 갖고 있는 조직이 곧 대학이다. 뿌리와 열매를 양자택일하기보다는 항시 변하는 조건 속에서 끊임없이 최적의 균형을 추구하는 편이 더 낫다는 점을 《지성의 제국》의 대학들이 증거하고 있다.

마지막이자 네 번째 공통 주제는 장기적 전략 계획과 리더십의 문제다. 각 대학이 훔볼트적 균형 잡기의 업보를 장기적인 시야에서 감당해 나가는 데 중장기 전략 계획이 매우 유용했다는 것이 커비의 지적이다. 듀크대학교의 전략 계획 보고서가 가장 긍정적인 예일 것이다. 더 주목할 만한 점은 물론 계획 자체의 질도 중요하겠지만 장기 계획을 일관되게 밀고 나갈 수 있는 리더십의 연속성 또한 몇몇 연구중심대학의 부상에 대단히 주효했다는 것이다. 예를 들어, 베를린자유대학교에서 15년간 사무총장(Kanzler 또는 Chancellor)이라는 핵심 보직을 수행한 페터 랑게(Peter Lange)와 공교롭게도 마찬가지로 15년 동안 듀크대학교에서 대학 이인자인 교무총장(provost)으로서 봉직한 동명이인 피터 랭(Peter Lange) 같은 인물들의 활약상이 눈길을 끈다. 심지어 하버드대학교의 경우, 총장 임기가 평균적으로 매우 길다는 특징이 있다. 20세기를 하버드의 세기로 만드는 데는 단 6명의 리더만으로 충분했다. 바로 찰스 엘리엇(Charles Eliot, 재임 1869~1909), 로런스 로웰(Lawrence Lowell, 1909~1933), 제임스 코넌트(James Bryant Conant, 1933~1953), 네이선 퓨시(Nathan Marsh Pusey, 1953~1971), 데릭 복(Derek Bok, 1971~1991), 닐 루든스타인(Neil L. Rudenstine, 1991~2001)이다.[5] 대체로 총장이 4년 단임으로 재직하는 경향이 강한 한국 대학에 특히 시사하는 바가 크다.

5 하버드대학교에는 이처럼 굵직한 발자취를 남긴 대학의 리더들을 기념하는 문화와 전통이 뿌리 깊게 자리 잡고 있다. 예를 들어, 엘리엇 총장과 로웰 총장은 각각 학부생이 사용하는 기숙사 하우스의 이름이 되어 기억되고 있다(엘리엇하우스(Eliot House)와 로웰하우스(Lowell House)). 100년이 넘은 고풍스러운 대학원생 기숙사 중 한 곳은 오늘날 코넌트홀(Conant Hall)이라 불린다. 하버드대학교 대학기록물보관소가 위치한 작지만 핵심적인 도서관의 이름은 퓨시도서관(Pusey Library)이며, 자유학예교육과 교수법에 관심이 많았던 복 총장을 기리며 데릭복교수학습센터(Derek Bok Center for Teaching and Learning)가 성황리에 운영 중이다

대학이 반드시 해야 할 일, 대학만이 해낼 수 있는 일

어쩌면 모든 대학이 훔볼트적 업보를 감당하며 연구중심대학의 고매한 이상에 가까워지고자 분투할 필요는 없을지도 모른다. 어떤 대학은 (미국의 리버럴아츠칼리지(liberal arts colleges)처럼) 연구 기능에 어느 정도 힘을 덜 주고 자유학예 및 기초과학 학습에 방점을 둔 교육 중심의 소규모 지성 공동체를 지향해도 좋을 것이다. 어떤 대학은 전문 직업 교육에 초점을 맞춰 특정 직종에서 강력한 '학연'을 구축해 명성을 구가하기를 꾀하는 것도 나쁘지 않을 수 있다. 또 어떤 대학은 오늘날 많은 '명문' 대학들이 그러하듯이, 교육에 상대적으로 덜 가치를 부여하는 대신 세상이 원하는 연구에 매진하는 길, 즉 산학 협력을 강화하고 관(官)과 밀착하는 가운데 대학 바깥 클라이언트의 수요에 맞춘 연구 성과를 적시에 공급하는 데 특화하는 길을 걸어 가야 할 필요도 있을 것이다. 한 국가의 고등교육 제도와 생태계 안에는 다종다양한 기능과 역할을 하는 대학들이 공존하는 것이 바람직하고 자연스럽다.

다만, 그럼에도 그 유형과 방향성을 불문하고 어느 기관이 자신을 '대학'이라면 부르고자 한다면, 마땅히 견지해야 할 '본질'이 무엇인지, 모름지기 유지해야 할 최소한의 공통 기능은 무엇인지 구성원들 스스로 고민해야 한다. 국가 부처, 정부출연연구소, 기업 연구센터, 자격증 시험 준비 교습소, 각종 사설 학원, 중국공산당 중앙당교(中央黨校)는 해당 사항이 없거나 수행할 수 없는 일, 오직 대학만이 할 수 있는 일은 과연 무엇인가? 저명한 교육학자 제라드 포스티글리온(Gerard Postiglione)의 말마따나, 대학의 성공은 "대학이 경제에 얼마나 기여하는지 뿐 아니라 **다른 어떤 기관도 할 수 없는 대학만의 본질을 얼마나 잘 보호하는지**에 달려 있다."**6**

6　Gerard A. Postiglione, "Expanding Higher Education: China's Precarious Balance," *The China Quarterly*, Vol. 244 (December 2022): 935. 강조는 필자

오늘날 대학과 어떤 식으로든 연을 맺고 있는 사람들에게 대학만의 본질이 무엇이라고 생각하는지 묻는 다소 한가한 상상을 해 본다. 만인만색의 답변이 있으리라. 누군가 나에게 같은 질문을 한다면,《지성의 제국》을 찬찬히 읽고 숙고한 바를 바탕으로 다음과 같은 답안을 제출하고 싶다. 현대 사회에서 대학만이 할 수 있고 대학이 아닌 기관은 할 수 없는 일은 지성주의(intellectualism)를 지상 목표로서 지향하고 추구하는 것이다. 국가권력의 필요, 국방상의 필요, 경제 발전과 산업계의 필요, 그 외 사회 각계각층의 다양한 필요에 대학은 응답해야 한다. 그러나 동시에 대학의 연구와 교육은 대학 바깥의 요청에 제한·종속되어서는 안 되며, 이를 초월하는 연구와 교육도, 앎과 배움도 용인되고 장려되어야 한다. 다시 말해, 대학이 수행하는 지적 활동의 범위 안에 정치적·경제적·사회적 수요가 포함되는 것이지 그 역은 아닌 것이다. 현대 사회에서 대학 외의 그 어떤 제도나 기관도 당장 수요가 없을 수도 있는 지식을 그 자체의 목적으로서 추구하고 생산하고 공급하는 일을 하지 않는다. 대학은 지성주의의 보루여야 한다.

하나가 더 있다. 대학은 명실상부 '고등교육'의 보루여야 한다. 가장 높은 수준의 지적 교류와 창발의 현장이어야 한다. 앞서 검토했듯이, 훔볼트 이래 연구중심대학은 초세대적인 지성의 공동체다. 대학은 다른 어느 기관이나 제도가 결코 하지 못하는 방식으로 인간의 고결한 정신을 한 세대에서 다음 세대로 전달할 수 있다. 가르치는 사람이 일방적으로 자신의 지적 경험을 쏟아 내는 것으로는, 배우는 사람이 일방적으로 현재 자신에게 필요하다고 생각되는 것만 배우겠다고 요구하는 것으로는 진실로 고등한 교육이 발생할 수 없다. 느리고 골치 아픈 교학상장(敎學相長) 외에 다른 방법은 없다. 오직 대학만이 이를 허용하고 용인하고 기다려줄 수 있다. 그렇게 다음 세대 청년들의 '정신의 결'이 대학에서 아로새겨진다.

커비에 따르면, 대학 교육은 냉소주의자를 만들어 낼 수도 있고, 기회주의자를 만들어 낼 수도 있다. 동시에 비판적인 사유를 능히 해낼 수 있는 사람을 양육할 수도 있다. 그렇다면 대학만이 감당할 수 있는 자유학예와 기초과학에 입각한 고등한 수준의 교학상장이라는 임무는 실로 무겁고 무서운 것이 아닐 수 없다.

21세기의 사반세기가 지났다. 창업(創業)의 시기를 거쳐 수성(守城)의 시기로 이행 중인 한국의 많은 대학에 다가올 시절은 훗날 어떤 역사로 기억될까. 여러 가지 이유로 낙관하기는 힘든 상황인 것 같다. 그럼에도 불구하고, 바로 그렇기 때문에 지금이야말로 '좋은' 대학이란 무엇인가에 관한 이상을 깊이 생각해야 할 때다. 이 책이 보여주듯이, 공교롭게도 이상의 힘은 복잡다단한 현실 속에서 이상이 꿈꾼 그대로 실현될 때 발휘되지 않는다. 지켜지지 못한, 실현되지 못한 이상일지라도, 그 이상을 꾸준히 견지하며 그에 한 발짝이라도 가깝게 다가가고자 하는 사람들의 노력은 숭고하다. 이런 숭고함이야말로 이상의 힘의 원천이며, 숭고함의 뒷받침을 받는 이상은 명성과 평판과 소프트파워를 갖는다. 그리고 명성, 평판, 소프트파워를 탑재한 이상은 신화화되고 '모델'이 된다.

지금, 여기 우리에게 '좋은' 대학이란 무엇인가? 포항공과대학교 박태준미래전략연구소 총서 사업의 일환으로 이 책의 역간을 기획한 나로서는 이 근본적인 고민을 짊어지고 한국 대학의 미래를 근심하는 모든 분께 부디 《지성의 제국》이 유익한 읽을거리였기를, 21세기의 남은 4분의 3을 위한 방향을 설정하고 이상을 현실화하는 지혜를 모으는 데 일말의 도움이 되었기를 바랄 뿐이다.

주

책을 펴내며

1 원제는 《History of the University Unter den Linden, 1810-2010》(전6권)이다(옮긴이).

2 이 책에는 베를린자유대학교에서 사무총장을 지낸 페터 랑게(Peter Lange)와 듀크대학교에서 교무총장을 지낸 피터 랭(Peter Lange)이 등장한다(옮긴이).

3 앨런 가버는 2024년 8월부터 하버드대학교 제31대 총장직을 수행 중이다(옮긴이).

4 William C. Kirby, *The World of Universities in the 21st Century: The* 2017 *Kuo Ting-yee Memorial Lectures* (Taipei: Institute of Modern History, Academia Sinica, 2019).

서론

1 *All India Survey on Higher Education* 2019-20 (New Delhi:Ministry of Education, 2020), 1.

2 위키피디아 "List of Universities in North Korea," https://en.wikipedia.org/wiki/List_of_universities_in_North_Korea 참조.

3 다른 수치에 대해서는 "Countries Arranged by Number of Universities in Top Ranks," July 2021, http://www.webometrics.info/en/distribution_by_country 참조.

4 Sheldon Rothblatt, *The Modern University and its Discontents* (Cambridge: Cambridge University Press, 1997), 1.

5 Paul Kennedy, *The Rise and Fall of the Great Powers: Economic Change and Military Conflict* (New York: Vintage Books, 1987)(폴 케네디, 이왈수 등 옮김, 《강대국의 홍망》, 한국경제신문, 1997); David Landes, *The Wealth and Poverty of Nations* (New York: Norton, 1998)(데이비드 랜즈, 안진환·최소영 옮김, 《국가의 부와 빈곤》, 한국경제신문, 2009); Daron Acemoglu and James A. Robinson, *Why Nations Fail* (New York: Crown Business, 2012)(대런 아세모글루, 제임스 A. 로빈슨, 최완규 옮김, 《국가는 왜 실패하는가》, 시공사, 2012); Charles S. Maier, *Among Empires* (Cambridge, MA: Harvard University Press, 2006).

6 Landes, *The Wealth and Poverty of Nations*, 409.

7 프랑스의 소수 정예 고등교육기관 체계를 가리킨다(옮긴이).

8 Sharan B. Merriam, *Case Study Research in Education: A Qualitative Approach* (San Francisco: Jossey-Bass Publishers, 1988), xiii. 또한 Robert E. Stake, *The Art of Case Study Research* (Thousand Oaks, CA: SAGE Publications, 1995) 참조.

9 "Teaching by the Case Method," https://www.hbs.edu/teaching/case-method/Pages/default.aspx 참조.

10 L. W. B. Brockliss, "The European University 1789-1850," in *University of Oxford*, *VI*, Part I, 131-133, cited in A History of the University in Europe: Volume III, Universities in the *Nineteenth and Early Twentieth Centuries* (1800-1945), Walter Rüegg, ed. (Cambridge: Cambridge University Press, 2004), 11.

11 Phillip Altbach, *forward to Indian Higher Education: Envisioning the Futureby Pawan Agarwal* (Thousand Oaks, CA: SAGE Publications, 2009), xi-xii.

12 Arvind Panagariya, "Higher Education: A New Dawn—National Education Policy 2020 Offers Transformative Road Map for Colleges and Universities," *Times of India*, August 19, 2020.

13 Jamil Salmi, *The Challenge of Establishing World-Class Universities* (Washington, DC: World Bank, 2009), 1-2.

14 Tsinghua University, *Qinghua da xue shiye fazhan shi er wu guihua gangyao*[칭화대학 제12차 5개년 계획 개요] (Beijing: Tsinghua University, 2/ openness/attachments). 중국의 대규모 재정 지원은 1995년 발표된 '211공정'으로 시작되었으며, 이 계획을 통해 궁극적으로 100개 대학으로 지원이 확대되었다. 1998년에 시작된 '985공정'은 더욱 엘리트 지향적으로, 이를 통해 37개 기관에 수십억 위안이 투입되었고, 이 가운데 베이징대학과 칭화대학은 각각 18억 위안을 지원받았다.

15 Philip G. Altbach, "Costs and Benefits of World-Class Universities," *Academe* 90 (2004): 21.

16 Luke Meyers and Jonathan Robe, *College Ranking: History, Criticism and Reform*(Washington, DC: Center for College Affordability and Productivity, 2009).

17 James McKeen Cattell, *American Men of Science: A Biographical Directory* (New York: Science Press, 1906).

18 Meyers and Robe, *College Ranking*.

19 Meyers and Robe, *College Ranking*, 17.

20 David S. Webster, *Academic Quality Rankings of American Colleges and Universities* (Springfield, IL: C. C. Thomas, 1986), 6.

21 Henry Rosovsky, *The University: An Owner's Manual* (New York: W. W. Norton, 1990), 33.

22 Justin Thorens, "Liberties, Freedom and Autonomy: A Few Reflections on Academia's Estate," *Higher Education Policy*, no. 19 (2006): 87-110, 재인용: Kai Ren and Jun Li, "Academic Freedom and University Autonomy: A Higher Education Policy Perspective," *Higher Education Policy*, no. 26 (2013): 509.

23 James O. Freedman, *Liberal Education and the Public Interest* (Iowa City: University of Iowa Press, 2003), xi.

24 *The Heart of the Matter: The Humanities and Social Sciences for a Vibrant, Competitive and Secure Nation* (Cambridge, MA: American Academy of Arts and Sciences, 2013), 6.

25 Derek Bok, *Our Underachieving Colleges: A Candid Look at How Much Students Learn and Why They Should Be Learning More* (Princeton: Princeton University Press, 2006) 참조.

26 *Essays on General Education in Harvard College* (Cambridge, MA: President and Fellows of Harvard College, 2004); *On the Purpose and Structure of a Harvard Education* (Cambridge, MA: President and Fellows of Harvard College, 2005) 참조.

27 Jonathan R. Cole, *The Great American University: Its Rise to Preeminence, Its Indispensable National Role, Why It Must Be Protected* (New York: Public Affairs, 2009), 8.

28 Jamil Salmi, *The Challenge of Establishing World-Class Universities*, 7.

29 Rosovsky, *The University: An Owner's Manual*, 34.

30 "Lead the Future," Schwarzman Scholars at Tsinghua University, https://www.schwarzman-scholars.org, accessed November 28, 2021.

31 예를 들어, 칭화대학교육연구원의 "Creating First-Class Universities: Combining National Determination with the University Spirit: Round-Up of an Academic Seminar on the Theory and Practice of Establishing First-Class Universities," *Chinese Education and Society 37*, no. 6 (Nov/Dec 2004) 참조.

32 예를 들어 자밀 살미의 논의를 참조. *The Challenge of Establishing World-Class Universities*, 6-7.

제1장

1 현대 독일연방공화국의 대학에 대해서는 Christian Bode et al., eds., *Universitäten in Deutschland* (München: Prestel Verlag, 2015) 참조.

2 James J. Sheehan, *German History 1770-1866* (Oxford: Clarendon Press, 1989), 135.

3 미국에서 제작된 존 랜디스 감독의 1978년 코미디 영화(옮긴이).

4 Charles E. McClelland, *State, Society, and University in Germany* 1700-1914 (Cambridge: Cambridge University Press, 1980), 78-79.

5 Daniel Fallon, *The German University: A Heroic Ideal in Conflict with the Modern World* (Boulder: Colorado Associated University Press, 1980), 6.

6 Fallon, *The German University*, 5.

7 McClelland, *State, Society, and University*, 34-35.

8 McClelland, *State, Society, and University*, 43에서 재인용.

9 Friedrich Gedike, Report to King Friedrich Wilhelm II of Germany, Louis Menand, Paul Reitter, and Chad Wellmon, eds., *The Rise of the Research University: A Sourcebook* (Chicago: University of Chicago Press, 2017), 14-15에 해설과 함께 재수록.

10 다른 수치는 McClelland, *State, Society, and University*, 28; Sheehan, *German History*, 137 참조.

11 McClelland, *State, Society, and University*, 79에서 재인용.

12 McClelland, *State, Society, and University*, 28, 56, 63-64; Fallon, *The German University*, 8.

13 Fallon, *The German University*, 32-34.

14 Fallon, *The German University*, 5.

15 모두 Fallon, *The German University*, 2-3에서 재인용.

16 또한 William C. Kirby and Joycelyn W. Eby, "'World-Class' Universities: Rankings and Reputation in Global Higher Education," Case 316-065 (Boston: Harvard Business School, 2015) 참조.

1   Christoph Markschies, "Words of Welcome by the President of Humboldt-Universität-zu-Berlin," Conference Program, *HU200: Humboldt's Model: The Future of Universities in the World of Research*, October 7-9, 2010, 6-7.

2   Markschies, "Words of Welcome," 7.

3   Thomas Nipperdey, *Deutsche Geschichte 1800-1866: Bürgerwelt und starker Staat* (München: C. H. Beck, 1983), 11의 유명한 첫 문장.

4   또한 Walter Rüegg, "Themes," in *A History of the University in Europe: Volume III, Universities in the Nineteenth and Early Twentieth Centuries (1800–1945)*, Walter Rüegg, ed. (Cambridge: Cambridge University Press, 2004), 3 참조.

5   또한 Max Lenz, *Geschichte der Königlichen Friedrich-Wilhelms-Universität zu Berlin. Erster Band: Gründung und Ausbau* (Halle: Verlag der Buchhandlung des Waisenhauses, 1910), 78 참조.

6   James J. Sheehan, *German History*, 1770-1876 (Oxford: Oxford University Press, 1989), 137.

7   Charles E. McClelland, *State, Society, and University in Germany*, 1740-1914 (Cambridge: Cambridge University Press, 1980), 115.

8   Sheehan, *German History*, 137-141.

9   Karl-Heinz Günther, "Profiles of Educators: Wilhelm von Humboldt (1767-1835)," *Prospects 18*, no. 1 (March 1988) 참조.

10   David Sorkin, "Wilhelm von Humboldt: The Theory and Practice of Self-Formation (Bildung), 1791-1810," *Journal of the History of Ideas 44*, no. 1 (1983): 55-73.

11   Wilhelm Humboldt, "Der Königsberger und der Litauische Schulplan (1809)," in *Wilhelm von Humboldts Gesammelte Schriften*, Band 13, A. Leitzmann, ed. (Berlin: B. Behr Verlag, 1920), 277.

12   Sorkin, "Wilhelm von Humboldt," 63.

13   McClelland, *State, Society, and University*, 125.

14   또한 Brad S. Gregory, *The Unintended Reformation: How a Religious Revolution Secularized Society* (Cambridge, MA: Harvard University Press, 2012), 349 참조.

15   Walter Rüegg, "Themes," 5에서 재인용. 또한 Friedrich Schleiermacher, *Gelegentliche Gedanken über Universitäten im deutschen Sinn. Nebst einem Anhang über eine neu zu errichtende* (Berlin: In der Realschulbuchhandlung, 1808), 32-33 참조.

16   Daniel Fallon, *The German University: A Heroic Ideal in Conflict with the Modern World* (Boulder: Colorado Associated University Press, 1980), 29 참조.

17   Fallon, *The German University*, 19에서 재인용.

18   Johann Gottlieb Fichte, "Über die einzig mögliche Störung der akademische Freiheit: Eine Rede beim Antritte seines Rektorats an der Universität zu Berlin den 19ten Oktober 1811," (Berlin: L. W. Wittich, 1812).

19   Lenz, *Geschichte*, 410.

20   Ilka Thom and Kirsten Weining, *Mittendrin: Eine Universität macht Geschichte: Eine Ausstellung anlässlich des 200-jährigen Jubiläums der Humboldt-Universität zu Berlin* (Berlin: Akademie Verlag, 2010), 43.

21 Sheehan, *German History*, 365; Fallon, *The German University*, 25.

22 Fallon, *The German University*, 25-26.

23 Fallon, *The German University*, 25에서 재인용.

24 David McLellan, *Karl Marx: A Biography* (London: Palgrave Macmillan, 2006), 15에서 재인용.

25 Sheehan, *German History*, 575.

26 McClelland, *State, Society, and University*, 164.

27 Sylvia Paletschek, *Die permanente Erfindung einer Tradition. Die Universität Tübingen im Kaiserreich und in der Weimarer Republik* (Stuttgart: Steiner, 2001), 234.

28 McClelland, *State, Society, and University*, 165-167.

29 Thom and Weining, *Mittendrin*, 53; Sheehan, *German History*, 666-668; 특히 Heinz-Elmar Tenorth, "Universität im Protest und auf den Barrikaden—Studenten und Dozenten," in *Geschichte der Universität Unter den Linden: Gründung und Blütezeit der Universität zu Berlin, 1810-1918*, vol. 1, Heinz-Elmar Tenorth, ed. (Berlin: Akademie Verlag, 2012), 381-424 참조.

30 또한 Fritz K. Ringer, *The Decline of the German Mandarins: The German Academic Community, 1890-1933* (Cambridge, MA: Harvard University Press, 1969), 5-6 참조.

31 McClelland, *State, Society, and University*, 221-223.

32 Ringer, *The Decline of the German Mandarins*, 141-142.

33 Robert Proctor, *Value-Free Science? Purity and Power in Modern Knowledge* (Cambridge, MA: Harvard University Press, 1991), 106-107.

34 또한 Hartmut Titze, *Datenhandbuch zur deutschen Bildungsgeschichte: Wachstum und Differenzierung der deutschen Universitäten 1830-1945* (Göttingen: Vandenhoeck & Ruprecht, 1995), 81 참조.

35 Einweihung der Ruhmeshalle in *Görlitz* (29 November 1902). Ernst Johann, *Reden des Kaisers: Ansprachen, Predigten und Trinksprüche Wilhelms II.* (München: Deutscher Taschenbuch Verlag, 1966), 107 참조.

36 Sheehan, *German History*, 307-309.

37 노벨상 수상자(화학, 문학, 의학, 물리학 분야): https://www.hu-berlin.de/en/about/history/nobel-laureates.

38 McClelland, *State, Society, and University*, 291-299 참조; 또한 Proctor, *Value-Free Science*, 106 참조.

39 또한 Friedrich Lenz, *Beiträge zur Universitätsstatistik* (Halle: Verlag der Buchhandlung des Waisenhauses, 1912), 15; Titze, *Datenhandbuch*, 82 참조.

40 또한 Franz Eulenburg, *Der akademische Nachwuchs: Eine Untersuchung über die Lage und die Aufgaben der Extraordinarien und Privatdozenten* (Berlin: B. G. Teubner, 1908), 80-81 참조. 또한 Ulrich von Lübtow, *Die Rechtsstellung der entpflichteten Professoren* (Berlin: Duncker & Humblot, 1967), 24-25 참조.

41 1905~1906년 기준, 베를린의 평균 연봉은 7,653마르크였으며, 프로이센 전체 대학의 평균 연봉은 5,825마르크였다. 또한 Lenz, *Beiträge*, 35, table X 참조.

42 19세기 영국 대학은 외국인에게 문호가 매우 제한적이었으며, 입학은 개인의 신분, 재력, 종교적 배경 등 비공식적이고 복잡한 네트워크에 의해 결정되었다(옮긴이).

43 Christopher Lasch, *The American Liberals and the Russian Revolution* (New York: McGraw

Hill, 1962), 26.

44 Max Lenz, *Geschichte der Königlichen Friedrichs-Wilhelms-Universität zu Berlin*, 5 vols. (Halle: Verlag der Buchhandlung des Waisenhauses, 1910). 200주년 기념으로 출판된 특별판은 Heinz-Elmar Tenorth, ed., *Geschichte der Universität Unter den Linden*, 6 vols. (Berlin: Akademie Verlag, 2012) 참조.

45 인용문은 Charles E. McClelland, "Die Universität am Ende ihres ersten Jahrhunderts—Mythos Humboldt?" in Tenorth, *Geschichte*, vol. 1, 637, 641.

46 McClelland, "Die Universität," 640.

47 McClelland, "Die Universität," 651.

48 McClelland, "Die Universität," 652-653 참조.

49 원문 인용: "Kriegssemester sind die gewonnenen Semester." Thom and Weining, *Mittendrin*, 68.

50 둘 다 McClelland, *State, Society, and University*, 315에서 재인용.

51 또한 Titze, *Datenhandbuch*, 82 참조.

52 또한 Hans Kohn, *The Mind of Germany* (New York: Scribner's, 1960); Istvan Deak, *Weimar Germany's Left-Wing Intellectuals* (Berkeley: University of California Press, 1968), 44 참조.

53 검열당한 저자에는 에리히 마리아 레마르크(Erich Maria Remarque), 슈테판 츠바이크(Stefan Zweig), 지크문트 프로이트, 에리히 케스트너(Erich Kästner), 하인리히 만(Heinrich Mann), 카를 마르크스, 그리고 쿠르트 투홀스키(Kurt Tucholsky)가 포함되었다.

54 Heinz-Elmar Tenorth, "Eduard Sprangers hochschulpolitischer Konflikt 1933. Politisches Handeln eines preußischen Gelehrten," *Zeitschrift für Pädagogik 36* (1990): 573-596; United States Holocaust Memorial Museum, "Telegram Regarding the 'Action against the Un-German Spirit,'" https://perspectives.ushmm.org/item/telegram-regarding-the-action-against-the-un-german-spirit

55 Jens Thiel, "Der Lehrkörper der Friedrich-Wilhelms-Universität im Nationalsozialismus," in *Geschichte: Der Berliner Universität zwischen den Weltkriegen*, 1918-1945, vol. 2, Tenorth, ed., 465-538.

56 또한 Lauren Leff, *Well Worth Saving: American Universities' Life-and-Death Decisions on Refugees from Nazi Europe* (New Haven, CT: Yale University Press, 2019) 참조.

57 Christian von Ferber, *Die Entwicklung des Lehrkörpers des deutschen Universitäten und Hochschulen, 1864-1954* (Göttingen: Vandenhoeck & Ruptrecht, 1956).

58 Carlo Jordan, *Kaderschmiede Humboldt-Universität zu Berlin: Aufbegehren, Säuberungen und Militarisierung, 1945-1989* (Berlin: Ch. Links Verlag, 2001), 20에서 재인용.

59 Jordan, *Kaderschmiede*, 14.

60 16세기 예수회에서 유래한 말로 '맹목적인 복종' 또는 '완벽한 복종'을 의미한다. 이후 프로이센 군국주의의 복종 문화를 풍자·비판하는 용어로 자리 잡았다(옮긴이).

61 2015년 10월 9일 베를린에서 내가 하인리히 핑크와 진행한 인터뷰.

62 또한 Ilko-Sascha Kowalczuk, "Die Humboldt-Universität zu Berlin und das Ministerium für Staatssicherheit," in *Geschichte: Sozialistisches Experiment und Erneuerung in der Demokratie—die Humboldt-Universität zu Berlin 1945-2010*, vol. 3, Tenorth, ed., 462 참조.

63 "Inoffizieller Mitarbeiter (IM)" *MFS-Lexikon*, Bundesbeauftragte für die Unterlagen des Sta-

atssicherheitsdienstes der ehemaligen Deutschen Demokratischen Republik.

64 또한 Kowalczuk, "Die Humboldt-Universität zu Berlin," 466 참조.

65 Stefanie Endlich, ed., *Gedenkstätte für die Opfer des Nationalsozialismus. Eine Dokumentation* (Berlin: Bundeszentrale für politische Bildung, 2002), 111.

66 국가나 권위 있는 집단이 국민이나 구성원을 마치 아버지처럼 보호하고 간섭해야 한다는 이념(옮긴이).

67 Hannelore Scholz, "A Free University—Free of Women? Women and Higher Education in Berlin since 1989," in *Berlin in Focus: Cultural Transformations in Germany*, Barbara Becker-Cantarino, ed. (Westport, CT: Praeger, 1996), 38.

68 또한 Konrad H. Jarausch, "Umgestaltung von außen, Dezember 1990-März 1994," in *Geschichte*, vol. 3, Tenorth, ed., 653 참조.

69 Helmut Klein, ed., *Humboldt-Universität zu Berlin: Überblick 1810-1985* (Berlin: VEB Deutscher Verlag der Wissenschaften, 1985), 145-146.

70 2015년 10월 9일 내가 하인리히 핑크와 진행한 인터뷰.

71 2015년 10월 9일 내가 하인리히 핑크와 진행한 인터뷰.

72 또한 Jarausch, "Umgestaltung," 646-647 참조.

73 Personalabteilung, file of Prof. Dr. Roland Felber, 1983-2010, Universitätsarchiv der Humboldt-Universität zu Berlin.

74 또한 Jarausch, "Umgestaltung," 660, 683 참조.

75 훔볼트대학교 정관, §13 (1).

76 훔볼트대학교 정관, §4 (2).

77 훔볼트대학교 정관, §8.

78 훔볼트대학교 정관, §2 (1).

79 훔볼트대학교 정관, §2 (3).

80 훔볼트대학교 정관, §13 (2), (3).

81 2015년 10월 5일 내가 크리스토프 마르크시스와 진행한 인터뷰.

82 Humboldt-Universität zu Berlin, Personenstatistik-Daten, 1995-2020, https://www2.hu-berlin.de/personalstatistik/components/personal/daten.php#

83 2015년 12월 2일 내가 얀헨드리크 올베르츠와 진행한 인터뷰.

84 2017년 1월 10일 베를린에서 내가 페터 프렌슈와 진행한 인터뷰.

85 2015년 12월 2일 내가 얀헨드리크 올베르츠와 진행한 인터뷰.

86 2015년 10월 5일 내가 크리스토프 마르크시스와 진행한 인터뷰.

87 2015년 12월 2일 내가 얀헨드리크 올베르츠와 진행한 인터뷰.

88 2015년 12월 2일 내가 얀헨드리크 올베르츠와 진행한 인터뷰.

89 2017년 1월 10일 베를린에서 내가 레카르도 만츠케와 진행한 인터뷰.

90 Öffentlicher-Dienst.info, "Besoldungstabelle Beamte Berlin 2016," http://oeffentlicher-dienst.info/c/t/rechner/beamte/be?id=beamte-berlin-2016&matrix=1

91 Verordnung über die Lehrverpflichtung an Hochschulen (Lehrverpflichtungsverordnung-LVVO), March 27, 2001, §2.

92 Humboldt-Universität zu Berlin, Personenstatistik-Daten, https://www2.hu-berlin.de/personalstatistik/components/personal/diagram.php

93 Federal Ministry of Education and Research, "The Path to a Professorship," https://www.research-in-germany.org/en/jobs-and-careers/info-for-postdocs-and-junior-researchers/career-paths/path-to-professorship.html

94 Humboldt-Universität zu Berlin, Personenstatistik-Daten, https://www2.hu-berlin.de/personalstatistik/components/personal/daten.php

95 수치는 2015년 기준 23%에서 증가한 것임: Statistisches Bundesamt, "Frauenanteil in Professorenschaft 2015 auf 23% gestiegen," https://www.destatis.de/DE/Presse/Pressemitteilungen/2016/07/PD16_245_213.html

96 Statista, "Frauenanteil in der Professorenschaft in Deutschland im Jahr 2020 nach Bundesländern," https://de.statista.com/statistik/daten/studie/197898/umfrage/frauenanteil-in-der-professorenschaft-nach-bundes laendern/

97 Humboldt-Universität zu Berlin, "Daten und Zahlen zur Humboldt-Universität," https://www.hu-berlin.de/de/ueberblick/humboldt-universitaet-zu-berlin/daten-und-zahlen

98 Humboldt-Universität zu Berlin, "Daten und Zahlen zur Humboldt-Universität," https://www2.hu-berlin.de/personalstatistik/components/personal/diagram.php; https://www.hu-berlin.de/de/ueberblick/humboldt-universitaet-zu-berlin/daten-und-zahlen

99 Statista, "Number of students at universities in Berlin in Germany in the winter semesters from 1998/1999 to 2019/20," https://www-statista-com.ezp-prod1.hul.harvard.edu/statistics/1114450/students-number-universities-berlin-germany/

100 2016년 기준 훔볼트대학교 여성 학생 비율 출처: https://www.hu-berlin.de/de/ueberblick/humboldt-universitaet-zu-berlin/daten-und-zahlen. 2015년 기준 독일 여성 학생 비율 출처: https://www.destatis.de/DE/ZahlenFakten/GesellschaftStaat/BildungForschungKultur/Hochschulen/Tabellen/FrauenanteileAkademischeLaufbahn.html

101 Humboldt-Universität zu Berlin, "Studierendenstatistik, Studierende nach Bundesland und Hochschulzugangsberechtigung," http://edoc.hu-berlin.de/browsing/series/index.php?l[2]=Einrichtungen&l[3]=Humboldt-Universit%C3%A4t%2C+Studierendenstatistik&c[3][corp_id]=27501&l[4]=Studiere nde+nach+Bundesland+der+Hochschulzugangsberechtigung+-&c[4][series_id]=41035& _=521a552fece06b8245430c05a864183b.

102 2015년 10월 5일 내가 크리스포프 마르크시스와 진행한 인터뷰.

103 또한 Jan-Hendrik Olbertz, *Angelegenheit vier: Abschiedsworte des Präsidenten Christoph Markschies am* 18. *Oktober* 2010, 7 참조.

104 Humboldt-Universität zu Berlin, "Studierendenstatistik, Bewerbungen und Einschreibungen im 1. F achsemester in NC-Studienfächern im Akademischen Jahr 2016-17," http://edoc.hu-berlin.de/browsing/series/index.php?l%5B2%5D=Einrichtungen&l%5B3%5D=Humboldt-Universit%C3%A4t%2C+Studierendenstatis tik&c%5 B3%5D%5Bcorp_id%5D=27501& _=383 6b3faa3c66a2336969e24 a2857081

105 2015년 10월 5일 내가 크리스토프 마르크시스와 진행한 인터뷰.

106 2016년 기준 HU 국제학생 비율 출처: Studierendenstatistik, Anteile ausländischer und männlicher Studierender, http:// edoc.hu-berlin.de/browsing/series/index.php?l%5B2%5D=Einrichtungen &l%5B3%5D=Humboldt-Universit%C3%A4t%2C+Studierendenstatistik &c%5B3%5D%5Bcorp_id%5D=27501& _=3836b3faa3c66a2336969e24a28 57081. 독일

전체 국제학생 비율 (2015~16) 출처: https://de.statista.com/statistik/daten/studie/222/um-frage/anteil-auslaendischer-studenten-an-hochschulen/.

107   2016~2017년 수치. Studierendenstatik, Ausländische Studierende in grundständigen und weiterführenden Studiengängen nach Herkunft und Fächern.

108   Humboldt-Universität zu Berlin, "Daten und Zahlen zur HumboldtUniversität 2019," https://www.hu-berlin.de/de/ueberblick/humboldt-universitaet-zu-berlin/daten-und-zahlen#personal.

109   2014년 수치. Calculated by Deutsches Zentrum für Hochschulund Wissenschaftsforschung based on Statistisches Bundesamt, in Deutsches Zentrum für Hochschul-und Wissenschaftsfor-schung and Deutscher Aka-demischer Ausstauschdienst, eds., *Wissenschaft weltoffen kompakt 2016: Facts and Figures on the International Nature of Studies and Research in Germany*, fig. 24, 25.

110   "BMBF Initiatives in the Context of the Bologna Process," Federal Ministry of Education and Research (Germany); Stephan L. Thompson and Johannes Trunzer, "Did the Bologna Process Challenge the German Apprenticeship System? Evidence from a Natural Experiment," IZA Institute of Labor Economics, October 2020.

111   또한 International Agenda of the Presidential Committee of Humboldt-Universität zu Berlin, 2015 참조.

112   Humboldt-Universität zu Berlin, Strategische Partnerschaften der HU-Berlin: "Princeton University," https://www.international.hu-berlin.de/de/internationales-profil/strategische-part-nerschaften-der-hu-berlin/PU

113   상파울루 관련 출처: https://www.international.hu-berlin.de/de/inter nationales-profil/partnerschaften/profilpartnerschaften/universidade-de-saopaulo. 싱가포르 관련 출처: https://www.international.hu-berlin.de/de/internationales-profil/partnerschaften/profilpartner-schaften/NUS.

114   베를린은 독일의 연방주(Federal State, Land)인 동시에 도시(City)다. 독일에는 베를린, 함부르크, 브레멘 이렇게 총 3개의 도시주가 있다(옮긴이).

115   Humboldt-Universität zu Berlin, "Daten und Zahlen zur HumboldtUniversität 2019," https://www.hu-berlin.de/de/ueberblick/humboldt-universitaet-zu-berlin/daten-und-zahlen#personal.

116   2017년 1월 10일 내가 레카르도 만츠케와 진행한 인터뷰.

117   Frank Bösch, *A History Shared and Divided: East and West Germany Since the 1970s* (New York: Berghahn Books, 2018), 419.

118   Katerina Selin, "Berlin's Humboldt University Plans Massive Job Cuts," *December* 19, 2016. 또한 만츠케와의 인터뷰 참조.

119   또한 William C. Kirby and Joycelyn W. Eby, "'World-Class' Universities: Rankings and Rep-utation in Global Higher Education," Case 316-065 (Boston: Harvard Business School, 2015) 참조.

120   Anja Krieger, "Equality or Excellence," *Nature*, 537 (2016): 12.

121   2015년 수치는 추정치임.

122   우수대학육성사업 1단계는 20억 달러(또는 19억 유로) 규모의 재정을 지원했다. 2단계는 29억 달러(또는 27억 유로)를 배정했다.

123 Deutsche Forschungsgemeinschaft, "Excellence Initiative General Information," http://www.dfg.de/en/research_funding/programmes/excellence_initiative/general_information/index.html

124 Deutsche Forschungsgemeinschaft, "Excellence Initiative at a Glance: The Programme by the German Federal and State Governments to Promote Top-level Research at Universities," 16.

125 2015년 12월 2일 내가 얀헨드리크 올베르츠와 진행한 인터뷰.

126 Stanford Facts 2016. 2015년 스탠퍼드 학생 수(9쪽): 16,122; 2015~16년 스탠퍼드 연간 예산(44쪽): 55억 달러(50억2,000만 유로). 홈볼트대학교 관련 정보: https://www.hu-berlin.de/de/ueberblick/humboldt-universitaet-zu-berlin/daten-und-zahlen. 홈볼트대학교 학생 수(2016): 3만2,553명(샤리테 제외); 홈볼트대학교 연간 예산(2016): 4억1,300만 달러(또는 3억9,700만 유로).

127 "Internationale Expertenkommission zur Evaluation der Exzellenzinitiative: Endbericht," (Jan. 2016).

128 Stabsstelle Presse-und Öffentlichkeitsarbeit der Humboldt-Universität zu Berlin, ed., Spuren der Exzellenzinitiative. *Die Humboldt-Universität zu Berlin zieht Zwischenbilanz—The Excellence Initiative makes its mark—Humboldt-Universität reviews its successes and looks ahead* (2015), 14.

129 Findings by Nature based on an analysis of articles in Scopus database using Elsevier's SciVal tool.

130 "Zusammenfassung des Antrags: Berlin University Alliance—Crossing Boundaries toward an Integrated Research Environment," Berlin University Alliance, Exzellenzstrategie.

131 "The Oxford / Berlin Research Partnership," Berlin University Alliance—Our Goals, https://www.berlin-universityalliance.de/en/commitments/international/oxford/index.html

132 "Wide-ranging new research partnership with Berlin universities," Oxford Sparks, https://www.oxfordsparks.ox.ac.uk/content/wide-ranging-new-research-partnership-berlin-universities.

133 Jarausch, "Umgestaltung," 653.

제3장

1 1963년 6월 26일 베를린 루돌프빌데광장에서 행한 존 F. 케네디 대통령의 연설. John F. Kennedy Presidential Library and Museum, Boston, https://www.jfklibrary.org/archives/other-resources/john-f-kennedy-speeches/berlin-w-germany-rudolph-wilde-platz-19630626

2 1963년 6월 26일 독일 서베를린의 자유대학교에서 행한 대통령의 연설(현장에서 낭독된 내용). https://www.jfklibrary.org/asset-viewer/archives/JFKPOF/045/JFKPOF-045-028

3 "Henry Ford Building: Construction," Freie Universität Berlin, https://www.fu-berlin.de/en/sites/hfb/geschichte/bau/index.html.

4 Karol Kubicki and Siegward Lönnendonker. *Die Freie Universität Berlin 1948-2007: Von der Gründung bis zum Exzellenzwettbewerb* (Göttingen, Germany: V&R Unipress, 2008), 14.

5 James Tent, *The Free University of Berlin: A Political History* (Indianapolis: Indiana University Press, 1988), 36.

6 Tent, *The Free University*, 65-66.

7 Tent, *The Free University*, 78

8   Tent, *The Free University*, 81-82

9   Tent, *The Free University*, 85.

10   Tent, *The Free University*, 95.

11   *Tent, The Free University*, 104.

12   Tent, *The Free University*, 106에서 재인용.

13   Tent, *The Free University*, 139에서 재인용.

14   Tent, *The Free University*, 141.

15   1948년 7월 23일에 발표된 자유대학교 설립 호소문에서 인용.

16   Tent, *The Free University*, 160-164 참조. 161쪽에서 인용.

17   인용문과 배경 설명: Tent, *The Free University*, 154-155.

18   공식 기념 행사 자료집에 전체 연설문 수록: *Gründungsfeier der Freien Universität Berlin* (Berlin: Erich Blaschker, 1949); 또한 Tent, *The Free University*, 166-168 참조.

19   Fritz von Bergmann, "Die Hilfe der USA für die Freie Universität Berlin," 189, in *Freie Universität Berlin 1948-1973: Hochschule im Umbruch, Teil III: Auf dem Weg in den Dissens* (1957-1964), Universitätsarchiv der Freien Universität Berlin (hereafter, FU Archives).

20   Kubicki and Lönnendonker, *Die Freie Universität Berlin*, 50.

21   Der Präsident der Freien Universität Berlin, ed., 40 *Jahre Freie Universität Berlin: Die Geschichte 1948-1988, Einblicke, Ausblicke* (Berlin: Zentrale Universitätsdruckerei der Freien Universität Berlin, 1988), 53.

22   Kubicki and Lönnendonker, *Die Freie Universität Berlin*, 50.

23   개별 혹은 소규모 그룹 지도 위주의 다양한 교수 학습 방법을 통칭한다(옮긴이).

24   Tent, *The Free University*, 219-220, 244-249 참조.

25   Tent, *The Free University*, 281-286.

26   Tent, *The Free University*, 303.

27   Tent, *The Free University*, 324-325.

28   Gerhard Göhler, "Politischer Wissenschaftler und Philosoph. Zum Tode von Alexander Schwan," *Politische Vierteljahresschrift* 31 (1990), Heft 1, 97-100. 마오주의자 관련 내용은 Anke Jaspers et al., eds., *Ein kleines rotes Buch. Über die 'Mao-Bibel' und die Bücher-Revolution der Sechzigerjahre* (Berlin: Matthes & Seitz, 2018) 참조.

29   Tent, *The Free University*, 403-407 참조. 인용문은 Tent, *The Free University*, 406-407.

30   Tent, *The Free University*, 417에서 재인용.

31   40 *Jahre Freie Universität Berlin*, 53.

32   Tent, *The Free University*, 451.

33   Tent, *The Free University*, 446.

34   Freie Universität Berlin, *Fünfzig Jahre Freie Universität Berlin* (Berlin, 1998), 72.

35   Landeshochschulstrukturkommission Berlin, ed., *Stellungnahmen und Empfehlungen zu Struktur und Entwicklung der Berliner Hochschulen* (Berlin, 1992), 63.

36   "Empfehlungen zur Struktur der Freien Universität Berlin in den Neunziger Jahren" (April 1988), FU Archives.

37   Kubicki and Lönnendonker, *Die Freie Universität Berlin*, 141. 여기 사용된 수치는 "Zwischen Wende und Jahrtausendwende: Freie Universität Berlin, 1989-1999. Zahlen-Daten-Fakten," 3,

FU Archives에서 인용됨.

38 2015년 6월 17일 베를린에서 내가 헤르베르트 그리쇼프(Herbert Grieshop)와 진행한 인터뷰.

39 "Der Unsichtbare Kanzler," *Furios. Studentisches Campusmagazin an der FU Berlin*, Jan. 24, 2011.

40 Peter-André Alt, "Rede anlässlich der Abschiedsfeier für den langjährigen Kanzler der Freien Universität Berlin, Peter Lange, am 18. Dezember 2015," 전체 전문은 *FU Berlin Campus. Leben*, December 22, 2015.

41 페터 랑게 인터뷰, *Berliner Tagesspiegel*, Feb. 13, 2016.

42 Jon Marcus, "Germany Proves Tuition-Free College is Not a Silver Bullet for America's Education Woes," *Quartz*, October 18, 2016.

43 자유대학교에서 제공한 정보.

44 또한 *Struktur-und Entwicklungsplan für die Freie Universität Berlin* (Stand 2015).

45 Kubicki and Lönnendonker, *Die Freie Universität Berlin*, 142.

46 Fortschreibung des Struktur-und Entwicklungsplans für die Freie Universität Berlin (Stand 2018).

47 자유대학교에서 제공한 정보.

48 Deutscher Hochschul Verband, "Grundgehälter und Besoldungsanpassungen," https://www.hochschulverband.de/fileadmin/redaktion/download/pdf/besoldungstabellen/grundgehaelter_w.pdf

49 자유대학교에서 제공한 정보. 의과대학 정보는 포함되지 않음. "Der Besoldungsdurchschnitt für die Freie Universität Berlin ist für das Jahr 2017 durch amtliche Bekanntmachung auf monatlich."

50 *Times Higher Education World University Rankings*, "Free University Berlin."

51 "Leistungsbericht über das Jahr 2018" Professorinnen und Professoren: 559; Sonstige wiss. u. künstl. Beschäftigte: 2,286; Nebenberufliches Lehrpersonal: 953; 35.

52 Berlin University Alliance, vi.

53 "Freie Universität Berlin," *U.S. News and World Report*; Freie Universität Berlin, "Facts and Figures," https://www.fu-berlin.de/en/universitaet/leitbegriffe/zahlen/index.html

54 "Freie Universität Berlin," *U.S. News and World Report*; "Facts and Figures," Freie Universität Berlin.

55 "Freie Universität Berlin," *U.S. News and World Report*.

56 Deutsche Wissenschafts-und Innovationshäuser (German Center for Research and Innovation), *Annual Report 2018*, 79.

57 Deutscher Akademischer Austauschdienst, *Wissenschaft Weltoffen* 2019: *Daten und Fakten zur Internationalität vom Studium und Forschung in Deutschland* (Bielefeld: wvb Media, 2019), 136.

58 Kubicki and Lönnendonker, *Die Freie Universität Berlin*, 152.

59 *Wissenschaft Weltoffen 2019*, 82.

60 자유대학교에서 제공한 자료.

61 Alexander von Humboldt Foundation, *Annual Report 2018*, 127.

62 European Commission, UNA Europe.

63 "International Council," Freie Universität Berlin, https://www.fu-berlin.de/en/sites/inu/network-university/international-council/index.html

64 "Decision in the German Excellence Strategy," Berlin University Alliance, https://www.berlin-university-alliance.de/en/news/items/20190719-decision-excellence-strategy.html

65 2015년 6월 18일 베를린에서 내가 페터안드레 알트와 진행한 인터뷰.

66 "Freie Universität Declares State of Climate Emergency," Freie Universität Berlin, https://www.fu-berlin.de/en/presse/informationen/fup/2019/fup_19_398-klimanotstand/index.html

67 Ibid.

68 1963년 6월 26일 서베를린 자유대학교에서의 대통령 연설(현장에서 낭독된 원고 기준), https://www.jfklibrary.org/asset-viewer/archives/JFKPOF/045/JFKPOF-045-028

제4장

1 Henry W. Diederich, "American and German Universities," *Science*, July 29, 1904, 157.

2 "German Universities Left Behind," *Literary Digest*, December 11, 1909, 1067.

3 John S. Brubacher and Willis Rudy, *Higher Education in Transition: A History of American Colleges and Universities* (New Brunswick, NJ: Transaction Publishers, 1997), 3; Samuel Eliot Morison, *The Founding of Harvard College* (Cambridge, MA: Harvard University Press, 1998), 127.

4 Brubacher and Rudy, *Higher Education in Transition*, 4.

5 Arthur M. Cohen, *The Shaping of American Higher Education: Emergence and Growth of the Contemporary System* (San Francisco: Jossey-Bass, 1998), 57.

6 Samuel Eliot Morison, *Three Centuries of Harvard* (Cambridge, MA: Harvard University Press, 1946), 224.

7 Philip Alexander Bruce, "History of the University of Virginia, 1819-1919: The Lengthened Shadow of One Man," vol. 1, 339-342, https://babel.hathitrust.org/cgi/pt?id=coo1.ark:/13960/t48p6m780;view=1up;seq=363;size=150

8 Edwin Emery Slosson, *Great American Universities* (New York: MacMillan, 1910), 374.

9 Jonathan R. Cole, *The Great American University: Its Rise to Preeminence, Its Indispensable National Role, Why It Must Be Protected* (New York: Public Affairs, 2012), 22.

10 미국 고등교육의 맥락에서 대학원 교육은 전문대학원(professional schools)과 비전문직 분야 대학원(nonprofessional schools)로 구별된다. 전문대학원은 특정 직군의 자격이나 면허를 제공한다는 점이 핵심인데, 대표적으로 의학전문대학원이나 법학전문대학원이 이에 해당한다. 맥락이나 각 대학의 구체적 교과과정에 따라 경영대학원(최고 경영자 자격 등), 교육대학원(교사 자격), 보건대학원(보건의료 행위 관련 자격), 신학대학원(목회 활동과 관련된 자격)이 포함될 수도 있다. 비전문직 분야 대학원은 한국의 맥락에서 '일반대학원'이 대체로 상통하며, 법적으로 특정 전문직 자격이나 면허와 연동되지 않은 채 학문의 심화와 후속 세대 양성에 매진하는 기관을 생각하면 틀리지 않다(옮긴이).

11 Slosson, *Great American Universities*, 375.

12 Cole, *The Great American University*, 26-27.

13 Slosson, *Great American Universities*, 383.

14 "A Brief History of the University of Chicago," University of Chicago, http://www-news.uchi-

cago.edu/resources/brief-history.html

15 "A History of Stanford," Stanford University, https://www.stanford.edu/about/history/

16 Roger Geiger, *American Higher Education since World War II: A History* (Princeton, NJ: Princeton University Press, 2015), 426-427.

17 John R. Thelin, *A History of American Higher Education* (Baltimore, MD: Johns Hopkins University Press, 2011), 199-201.

18 David F. Labaree, *A Perfect Mess: The Unlikely Ascendancy of American Higher Education* (Chicago: The University of Chicago Press, 2017), 106.

19 Labaree, *A Perfect Mess*.

20 Ibid.

21 Geiger, *American Higher Education since World War II*.

22 Thelin, *A History of American Higher Education*, 263.

23 "History and Timeline," U.S. Department of Veterans Affairs, http://www.benefits.va.gov/gibill/history.asp.

24 "The Office of Scientific Research and Development (OSRD) Collection," Library of Congress, https://www.loc.gov/rr/scitech/trs/trsosrd.html

25 National Science Foundation, "Science The Endless Frontier," A Report to the President by Vannevar Bush, Director of the Office of Scientific Research and Development, July 1945.

26 National Science Foundation, "Science The Endless Frontier."

27 "Farewell Address," Dwight D. Eisenhower Library, https://www.eisen howerlibrary.gov/research/online-documents/farewell-address

28 Charles T. Clotfelter, introduction to *American Universities in a Global Market*, Charles T. Clotfelter, ed. (Chicago: University of Chicago Press, 2010).

29 예를 들어 다음을 볼 것. Clotfelter, *American Universities*; James Axtell, *Wisdom's Workshop: The Rise of the Modern University* (Princeton, NJ: Princeton University Press, 2016); 또는 Hunter R. Rawlings, "The Lion in the Path," 2014년 2월 22일 프린스턴대학교 동문회 행사에서의 연설, https://www.princeton.edu/main/news/archive/S39/33/39I39/index.xml?section=topstories, accessed August 16, 2016

30 Axtell, *Wisdom's Workshop*, 365.

31 Derek Bok, *Higher Education in America* (Princeton, NJ: Princeton University Press, 2013), 44-46.

32 Bok, *Higher Education in America*, 49.

33 Bok, *Higher Education in America*, 51.

34 Axtell, *Wisdom's Workshop*, 228.

35 리버럴아츠칼리지는 종합대학(universities)과 구별되는 미국의 독특한 4년제 고등교육 기관으로, 대부분 소규모 자유학예 학부 교육에 방점을 둔다. 대체로 리버럴아츠칼리지 중에는 대학원 과정이 설치되어 있지 않거나 소수 과정만 존재하는 학부대학이 많다. 윌리엄스칼리지(Williams College), 애머스트칼리지(Amherst College), 스워스모어칼리지(Swarthmore College), 웰즐리칼리지(Wellesley College) 등 명문 리버럴아츠칼리지의 입시 및 교육 경쟁력은 그 어느 유수 종합대학에 뒤지지 않는다는 평을 받고 있다(옮긴이).

36 Walter Crosby Eells, "The Origin and Early History of Sabbatical Leave," *AAUP Bulletin 48*, no. 3 (September 1962): 253-256.

37 Celina M. Sima, "The Role and Benefits of the Sabbatical Leave in Faculty Development and Satisfaction," *New Directions for Institutional Research 2000*, no. 105: 67-75.

38 "Federal and State Funding of Higher Ed ucation," Pew Trusts, June 11, 2015.

39 "Historical Trends in Federal R&D," American Association for the Advancement of Science.

40 Michael Mitchell, Michael Leachman, and Kathleen Masterson, "A Lost Decade in Higher Education Funding," Center on Budget and Policy Priorities, August 23, 2017.

41 Labaree, *A Perfect Mess*, 7.

42 Melissa Korn, "Giving to Colleges Jumps 7.2% to Record $46.7 Billion," *Wall Street Journal*, February 11, 2019.

43 Council for Aid to Education, "Colleges and Universities Raise Record $40.30 Billion in 2015," 보도자료.

44 미국의 대형 공립대학들은 소속 주 내에 여러 캠퍼스를 보유하고 있다. 각각의 캠퍼스는 개별 대학에 준할 정도의 자율성을 누리지만, 대학의 최고 경영진이나 주 정부 층위에서는 이 캠퍼스들을 하나로 묶어 '대학 시스템'으로 관리한다. 예를 들어, 텍사스대학교 시스템은 텍사스대학교 오스틴, 텍사스대학교 엘링턴, 텍사스대학교 댈러스 등을 포괄한다. 마찬가지로 제6장에서 상술할 것처럼, 캘리포니아대학교 시스템도 캘리포니아대학교 버클리, 캘리포니아대학교 로스앤젤레스(UCLA), 캘리포니아대학교 샌디에이고 등의 개별 캠퍼스들을 총괄한다(옮긴이).

45 National Association of College and University Business Officers (NACUBO), "Endowment Study," (Boston: Cambridge Associates Inc., 1990), 23; "Number of U.S. Institutional Respondents to the 2019 NTSE, and Respondents' Total Endowment Market Value, by Endowment Size and Institution Type," NACUBO.

46 "GDP data," World Bank, United States, https://data.worldbank.org/country/united-states, accessed March 15, 2021

47 National Association of College and University Business Officers, "Educational Endowments' Investment Returns Decline Sharply to 2.4% in FY2015; 10-Year Returns Fall to 6.3%," 2015 *NACUBO-Commonfund Study of Endowments*.

48 "U.S. Educational Endowments Report 5.4 Percent Average Return in FY19," National Association of College and University Business Officers, January 30, 2020.

49 Michael Bloomberg, "Michael Bloomberg: Why I'm Giving $1.8 Billion in College Financial Aid," *New York Times*, November 18, 2018.

50 Michael Bloomberg, "Why I'm Giving $1.8 Billion."

51 Phillip G. Altbach, *Global Perspectives on Higher Education* (Baltimore, MD: Johns Hopkins University Press, 2016), 32.

52 Slosson, *Great American Universities*, 180.

53 "Number of Internationa l Students in the United States Hits All-Time High," Institute for International Education, November 18, 2019; "NAFSA International Student Economic Value Tool," National Association of International Educato rs.

54 David Engerman, *Know Your Enemy: The Rise and Fall of America's Soviet Experts* (New York: Oxford University Press, 2006); Mitchell L. Stevens, Cynthia Miller-Idriss, and Seteney Shami, *Seeing the World: How US Universities Make Knowledge in a Global Era* (Princeton, NJ:

Princeton University Press, 2018).

55　"Announcement: IFLE Awards Over $71 Million in FY 2018 Grants to Strengthen International Studies, World Language Training, and Global Experiences for Educators and Students," U.S. Department of Education.

56　Nick Anderson, "In Qatar's Education City, U.S. Colleges Are Building an Academic Oasis," *Washington Post*, December 6, 2015.

57　Slosson, *Great American Universities*, 180.

58　Labaree, *A Perfect Mess*, 183-185.

59　Labaree, *A Perfect Mess*, 2.

60　앞서 언급한 모릴법에 따라 정부가 공여한 토지 위에 설립된 농업 및 기술 중심의 대학들을 통칭한다(옮긴이).

61　Clark Kerr, *The Uses of the University* (Cambridge, MA: Harvard University Press, 2001), 7-11; Labaree, *A Perfect Mess*, 13, 73.

62　Kerr, *The Uses of the University*, 1; Labaree, *A Perfect Mess*, 129

제5장

1　Samuel Eliot Morison, *Three Centuries of Harvard* (Cambridge, MA: Harvard University Press, 1946), 253.

2　Morison, *Three Centuries*, 251.

3　Morison, *Three Centuries*, 260에서 인용.

4　이 절은 Morton Keller and Phyllis Keller, *Making Harvard Modern: The Rise of America's University* (Oxford: Oxford University Press, 2001), 3-10에 실린 하버드 300주년에 관한 탁월한 서술에 의존한다.

5　Keller and Keller, *Making Harvard Modern*, 8에서 인용.

6　Keller and Keller, *Making Harvard Modern*, 4-5.

7　Morison, *Three Centuries*, 272.

8　Keller and Keller, *Making Harvard Modern*, 10에서 인용.

9　Gene I. Maeroff, "Harvard of the West Climbing in Ratings," *New York Times*, October 10.

10　기업 등록, 시장 감독, 지식 재산권 보호 등을 담당하는 중국의 중앙 행정 부처. 2018년 중국 정부 조직 개편 후 국가시장감독관리총국으로 통합되었다(옮긴이).

11　요약은 다음을 참조할 것. Eugenia V. Levenson, "Harvard Girl," *Harvard Magazine*, July-August 2002.

12　Keller and Keller, *Making Harvard Modern*의 부제에서 따온 표현.

13　Morison, *Three Centuries*, 5.

14　Bernard Bailyn, "Foundations," in *Glimpses of the Harvard Past*, Bernard Bailyn, Donald Fleming, Oscar Handlin, and Stephan Thernstrom (Cambridge, MA: Harvard University Press, 1986), 9.

15　Morison, *Three Centuries*, 22-24.

16　Morison, *Three Centuries*, 14-16.

17　Morison, *Three Centuries*, 69-71.

18　Bailyn, "Foundations," 11.

19   Bailyn, "Foundations," 61.

20   Bailyn, "Foundations," 224-226.

21   Bailyn, "Foundations," 232.

22   Bailyn, "Foundations," 254.

23   Bailyn, "Foundations," 35.

24   Bailyn, "Foundations," 324

25   Morison, *Three Centuries*, 295.

26   Donald Fleming, "Eliot's New Broom," in Bailyn et al., *Glimpses*, 63.

27   모든 인용문은 Fleming, "Eliot's New Broom," 62-63에서 가져옴.

28   Morison, *Three Centuries*, 324.

29   Fleming, "Eliot's New Broom," 65.

30   Morison, *Three Centuries*, 330.

31   Fleming, "Eliot's New Broom," 65.

32   Records of the President of Harvard University, Charles W. Eliot, Addresses, Speeches, and Articles, 1869-1925, 1870년 하버드 졸업식 연설, Harvard University Archives.

33   Morison, *Three Centuries*, 421.

34   Fleming, "Eliot's New Broom," 70에서 인용.

35   leming, "Eliot's New Broom," 76.

36   Fleming, "Eliot's New Broom," 73.

37   Fleming, "Eliot's New Broom," 384.

38   Ernest P. Young, *The Presidency of Yuan Shikai* (Ann Arbor: University of Michigan Press, 1977), 47-48, 172-176. 인용은 175쪽.

39   Richard Norton Smith, *The Harvard Century: The Making of a University to a Nation* (Cambridge, MA: Harvard University Press, 1986), 60에서 인용.

40   John King Fairbank, *Chinabound: A Fifty-Year Memoir* (New York: Harper & Row, 1982), 155.

41   Keller and Keller, *Making Harvard Modern*, 14.

42   Stephen Steinberg, *The Ethnic Myth: Race, Ethnicity, and Class in America* (Boston: Beacon Press, 2001), 245.

43   Jerome Karabel, *The Chosen: The Hidden History of Admission and Exclusion at Harvard, Yale, and Princeton* (Boston: Houghton Mifflin, 2005), 126.

44   Karabel, *The Chosen*, 88; Steinberg, *The Ethnic Myth*, 245.

45   Keller and Keller, *Making Harvard Modern*, 51. 다음 소절을 볼 것. "No Women Allowed···" 51-59.

46   Morison, *Three Centuries*, 446.

47   Keller and Keller, *Making Harvard Modern*, 23.

48   Keller and Keller, *Making Harvard Modern*, 24.

49   1775년 독립전쟁이 본격화된 후 하버드 야드 내 건물들이 식민지 민병대의 병영, 군수품 창고, 병원으로 활용되었다(옮긴이).

50   Keller and Keller, *Making Harvard Modern*, 163-164.

51   John T. Bethell, *Harvard Observed: An Illustrated History of the University in the Twentieth Century* (Cambridge, MA: Harvard University Press, 1998), 34.

52   Bethell, *Harvard Observed*, 278.

53   "It's Complicated: 375 Years of Women at Harvard," *Radcliffe Institute for Advanced Study*, Harvard University, https://www.radcliffe.harvard.edu/event/2012-its-complicated-exhibition

54   David S. Webster, *Academic Quality Rankings of American Colleges and Universities* (Springfield, IL: Charles C. Thomas, 1986), 137-139.

55   Keller and Keller, *Making Harvard Modern*, xii.

56   Oscar Handlin, "Making Men of the Boys," in Bailyn et al., *Glimpses*, 48.

57   Bethell, *Harvard Observed*, 198-201; Keller and Keller, *Making Harvard Modern*, 178-183.

58   Keller and Keller, *Making Harvard Modern*, 347-348에서 인용.

59   Johanna Berkman, "Harvard's Hoard," *New York Times*, June 24, 2001l; 또한 다음을 볼 것. Keller and Keller, *Making Harvard Modern*, 372.

60   2016년 8월 26일 뉴욕시에서 내가 닐 루든스타인과 진행한 인터뷰.

61   Sara Rimer, "Some Seeing Crimson at Harvard 'Land Grab,'" *New York Times*, June 17.

62   Sarah Wu, "Lessons from Barry's Corner," *Harvard Crimson*, May 10, 2017.

63   Steve Stecklow, "Management 101: Harvard's President, Too Slow to Delegate, Got Swamped in Detail-It's a Uniquely Tough Job, and Rudenstine's Style Made It Even Tougher, Will He Return After a Rest?," *Wall Street Journal*, December 1994.

64   Laura L. Krug, "Allston Tax Extended to 25 Years," *Harvard Crimson*, January 9, 2004.

65   Daniel J. Hemel, "Summers' Comments on Women and Science Draw Ire," *Harvard Crimson*, January 14, 2005.

66   William C. Marra and Sara E. Polsky, "Lack of Confidence," *Harvard Crimson*, March 15, 2005.

67   Geraldine Fabrikant, "Harvard and Yale Report Losses in Endowments," *New York Times*, September 10, 2009.

68   "$11 Billion Less," *Harvard Magazine*, November-December 2009.

69   Beth Healy, "Harvard Ignored Warnings about Investments," *Boston Globe*, November 29, 2009; Geraldine Fabrikant, "Harvard and Yale Report Losses in Endowments."

70   "Further Financial Fallout," *Harvard Magazine*, January-February 2010.

71   Geraldine Fabrikant, "Harvard and Yale Report Losses in Endowments."

72   2016년 7월 7일 매사추세츠 케임브리지에서 내가 로런스 S. 바코와 진행한 인터뷰.

73   "Looming Layoffs," *Harvard Magazine*, July-August 2009.

74   Keller and Keller, *Making Harvard Modern*, 64-70; 코넌트 인용은 65쪽.

75   "The New Tenure Track," *Harvard Magazine*, September-October 2010.

76   독일의 여객 비행선으로 1937년 5월 6일, 미국 뉴저지주 레이크허스트 해군 항공 기지의 계류탑에 정박을 시도하던 중 화재가 발생해 전소했다. 이 사건은 비행선 시대의 종말을 알리는 계기가 되었다(옮긴이).

77   *The 68th Annual Harvard Crimson Confidential Guide to Courses at Harvard* (1993), 133.

78   Harvard University Office of the Senior Vice Provost, *Faculty Development & Diversity Annual Report 2013-2014*.

79   "The New Tenure Track."

80   Colin Campbell, "The Harvard Factor," *New York Times Magazine*, July 20, 1986.

81 *Faculty Development & Diversity Annual Report 2013-2014*; Julie Chung, "Women at Work," *Harvard Magazine*, March-April 2020.

82 Noah J. Delwiche and Daphne C. Thompson, "Yield Remains Steady at 81 Percent for Class of 2019," *Harvard Crimson*, May 15, 2015; Tyler Foggatt, "Yield Drops, Diversity Increases for Class of 2019," *Yale Daily News*, September 3, 2015; "At 69.4 Percent, Class of 2019 Yield Highest Ever," *The Daily Princetonian*, May 8, 2015.

83 Victor Xu, "Record 81.1 Percent Yield for Class of 2019," *The Stanford Daily*, June 9, 2015.

84 Susan Svrluga, "Harvard Fencing Coach Dismissed for Conflict-of-Interest Violation," *Washington Post*, July 10, 2019.

85 미국 전국대학체육협회는 미국 대학 스포츠를 수준에 따라 디비전 I, 디비전 II, 디비전 III 으로 나누어 관리하는데, 그중 디비전 I에는 최상위권에서 경쟁을 펼치는 대학들이 포함되어 있다(옮긴이).

86 Derek Thompson, "The Cult of Rich-Kid Sports," *The Atlantic*, October 2, 2019.

87 William L. Wang, "Filings Show Athletes with High Academic Scores Have 83 Percent Acceptance Rate," *Harvard Crimson*, June 30, 2018.

88 "Meet the Class of 2022," *Harvard Crimson*, https://features.thecrimson.com/2018/freshman-survey/makeup/

89 Max Larkin and Mayowa Aina, "Legacy Admissions Offer an Advantage-And Not Just at Schools Like Harvard," *NPR*, November 4, 2018.

90 Preston Cooper, "The Real Problem with Legacy Admissions," *Forbes*, February 20, 2020.

91 Zohra D. Yaqhubi, "New Admissions Outreach Initiative Seeks to Encourage Low-Income College Applicants," *Harvard Crimson*, October 24, 2013.

92 Camille G. Caldera, "83 Percent of Harvard College Admits Accept Spots in Class of 2023," *Harvard Crimson*, May 10, 2019.

93 "How Aid Works," *Harvard College*, https://college.harvard.edu/financial-aid/how-aid-works

94 Ibid.

95 "Economic Diversity," *U.S. News and World Report*, https://www.usnews.com/best-colleges/rankings/national-universities/economic-diversity

96 David Leonhardt, "How Elite Colleges Still Aren't Diverse," *New York Times*, March 29, 2011.

97 고전 텍스트 중심의 필수 교양 과목군을 전원이 이수하도록 하는 모델을 가리킨다(옮긴이).

98 *General Education in a Free Society* (Cambridge, MA: Harvard University Press, 1945), 51.

99 Morison, *Three Centuries*, 446 참조.

100 하버드에서 오랫동안 슬라브어문학을 가르치고 있으며, 2025년 문리과대학 선임부학장을 맡고 있다(옮긴이).

101 2025년 현재 하버드경영대학원의 행정 담당 집행학장(옮긴이).

102 "Financial Administration," Harvard University, https://finance.harvard.edu/financial-overview

103 "Financial Report FY2021," Harvard University, https://finance.harvard.edu/files/fad/files/fy21_harvard_financial_report.pdf

104 Ibid.

105 Harvard Management Company, *Annual Report 2021*, "Message from the CEO," October 2021.

106 Doug Gavel, "University Has a Cosmopolitan Flair," *Harvard Gazette*, November 16, 2000.

107 Michael C. George and Alyza J. Sebenius, "Between Harvard and Yale, a World of Difference," *Harvard Crimson*, May 24, 2012.

108 John S. Rosenberg, "Going Global, Gradually," *Harvard Magazine*, November 24, 2015.

109 "About HGI," Harvard Global Institute, https://globalinstitute.harvard.edu/about-hgi, accessed June 2020.

110 2016년 5월 25일 매사추세츠주 케임브리지에서 내가 배리 블룸과 진행한 인터뷰.

111 "Statistics," Harvard International Office, http://www.hio.harvard.edu/statistics

112 United States District Court for the District of Massachusetts, "Civil Action No. 1:20-cv-11283," https://www.harvard.edu/sites/default/files/content/sevp_filing.pdf

113 Camille G. Caldera and Michelle G. Kurilla, "Harvard Affiliates, Other Colleges and Universities File Amicus Briefs in Support of ICE Lawsuit," *Harvard Crimson*, July 12, 2020.

114 Nate Herpich, "The Conundrum for International Students," *Harvard Gazette*, July 31, 2020.

115 Christine Heenan, "Harvard Center Shanghai Opens Its Doors," *Harvard Gazette*, March 20, 2010.

116 "Harvard in the World," Harvard Worldwide, https://worldwide.harvard.edu/harvard-world accessed September 2020

117 "Summers Visits People's Republic of China," *Harvard Gazette*, May 16, 2002.

118 Theodore R. Delwiche, "In Beijing, Faust Talks Climate Change with Chinese President," *Harvard Crimson*, March 17, 2015.

119 Colleen Walsh, "In China, Bacow Emphasizes Common Values," *Harvard Gazette*, March 20, 2019.

120 Nidhi Subbaraman, "Harvard Chemistry Chief's Arrest over China Links Shocks Researchers," *Nature*, February 3, 2020; James S. Bikales and Kevin R. Chen, "Former Chemistry Chair Lieber Indicted on Four Additional Felonies for Tax Offenses," *Harvard Crimson*, July 29, 2020.

121 Kate O'Keefe, "Education Department Investigating Harvard, Yale over Foreign Funding," *Wall Street Journal*, February 13, 2020; *U.S. Department of Education*, "U.S. Department of Education Launches Investigation into Foreign Gifts Reporting at Ivy League Universities," February 12, 2020.

122 Meg P. Bernhard and Ignacio Sabate, "The Founders: The Evolution of edX at Harvard and MIT," *Harvard Crimson*, May 28, 2015.

123 Morison, *Three Centuries*, 371.

124 Morison, *Three Centuries*, 371-372.

125 Virginia Postrel, "Harvard Gets Its Geek On: Can Big-Ticket Gifts Lift Harvard's Engineering Schools to the Top Ranks?," *Bloomberg*, June 18, 2015.

126 Postrel, "Harvard Gets Its Geek On."

127 Jonathan Shaw and John S. Rosenberg, "Engineering a School's Future," *Harvard Magazine*, January-February 2016.

128 "Ballmer Boosts Harvard Computer Science," *Harvard Magazine*, November 13, 2014.

129 "Frequently Asked Questions," Harvard John A. Paulson School of Engineering and Applied Sciences, https://www.seas.harvard.edu/prospective-students/prospective-undergraduate-students/frequently-asked-questions-faqs

130 Meg P. Bernhard, "CS50 Logs Record-Breaking Enrollment Numbers," *Harvard Crimson*, September 11, 2014; Melissa C. Rodman, "CS50's First Semester Winds Down at Yale," *Harvard Crimson*, December 16, 2015.

131 Melissa C. Rodman, "CS50's First Semester Winds Down at Yale."

132 "Best Undergraduate Engineering Programs Rankings 2020," *U.S. News and World Report*.

133 "Allston: The Killer App," *Harvard Magazine*, February 5, 2013.

134 John S. Rosenberg, "Allston Land Company Leads Harvard Commercial Development," *Harvard Magazine*, November 29, 2018.

135 *Times Higher Education World University Rankings*, https://www.timeshighereducation.com/world-university-rankings/2020/world-ranking#!/page/0/length/25/sort_by/rank/sort_order/asc/cols/scores

136 내가 2016년 5월 24일 매사추세츠주 케임브리지에서 더글러스 A. 멜턴과 진행한 인터뷰.

137 John S. Rosenberg, "Allston Land Company Leads Harvard Commercial Development."

138 Jay London, "The Transformation of Kendall Square: The Past, Present, and Future of MIT's Neighborhood," *Slice of MIT*, October 7, 2015; Andy Metzger, "Kendall Square: From Dustbowl of 1970s to Tech Hub of Today," *Wicked Local*, April 27, 2012.

139 "Science and Engineering Complex Gets Final Beam," *Harvard Gazette*, November 29, 2017.

140 Brigid O'Rourke, "SEAS Moves Opening of Science and Engineering Complex to Spring Semester '21," *Harvard Gazette*, April 10, 2020.

141 David F. Labaree, *A Perfect Mess: The Unlikely Ascendancy of American Higher Education* (Chicago: The University of Chicago Press, 2017), 13.

6장

1 제사(題詞): Nicholas Dirks, "Chancellor's Corner: Traditions of Excellence Worth Maintaining," *The Daily Californian*, February 6, 2015.

2 이 장에서는 캘리포니아대학교 시스템(University of California System) 전체의 수장을 총괄총장(president 혹은 system president)으로, 캘리포니아대학교 버클리를 비롯한 각 캠퍼스의 최고 의사결정자를 총장(chancellor)으로 옮겼음을 밝힌다(옮긴이).

3 Will Kane, "Chancellor Christ Sworn in as 600 Graduate during Winter Ceremony," *UC Berkeley News*, December 17, 2017.

4 "Update on Campus Budget," *University of California, Berkeley Office of the Chancellor*, April 11, 2016; "Reducing UC Berkeley's Deficit," *University of California, Berkeley Office of the Chancellor*, http://chancellor.berkeley.edu/deficitreduction, accessed on August 3, 2016.

5 Center on Budget and Policy Priorities, "A Lost Decade in Higher Education Funding: State Cuts Have Driven Up Tuition and Reduced Quality," August 23, 2017.

6 "Budget 101," University of California, Berkeley Office of the Chief Financial Officer, https://cfo.berkeley.edu/budget-101

7   "History," UC Berkeley Foundation, https://www.ucberkeleyfoundation.org/history-mission/

8   Ry Rivard, "The New Normal at Berkeley," *Inside Higher Ed*, January 23, 2015.

9   Michael Burke and Larry Gordon, "Newsom's Proposed Budget Cuts to Higher Education Force Difficult Choices Ahead," EdSource, May 15, 2020; John Aubrey Douglass, "Why Does UC Berkeley Need $6 Billion?," UC Berkeley Blog, March 12, 2020.

10   "An Act to Create and Organize the University of California," *California State Assembly Bill No. 583*, March 5, 1868; "Bylaws," University of California Board of Regents, November 2015.

11   Patricia A. Pelfrey, *A Brief History of the University of California*, 2nd edition (Berkeley: University of California Press, 2004), 9.

12   Pelfrey, *A Brief History*, v.

13   Pelfrey, *A Brief History*, 11.

14   Pelfrey, *A Brief History*, 14-15.

15   캘리포니아대학교가 입법부, 행정부, 사법부와 동등한 수준의 독립성과 자율성을 가지고 있었다는 의미(옮긴이).

16   Clark Kerr, *The Gold and the Blue: A Personal Memoir of the University of California, 1949-1967, Volume One: Academic Triumphs* (Berkeley: University of California Press, 2001), 39.

17   Edwin Emery Slosson, *Great American Universities* (New York: MacMillan, 1910), 149; Pelfrey, *A Brief History*, 22.

18   Pelfrey, *A Brief History*, 24.

19   Pelfrey, *A Brief History*, 28-29.

20   Kerr, *The Gold and the Blue: Academic Triumphs*, 140.

21   Jennifer Fenn Lefferts, "From Community College to Harvard," *Boston Globe*, May 23, 2019.

22   예를 들어 다음을 볼 것. Belinda Reyes, ed., *A Portrait of Race and Ethnicity in California: An Assessment of Social and Economic Well-Being* (Public Policy Institute of California, 2001); Deborah Reed, Melissa Glenn Haber, and Laura Mameesh, "The Distribution of Income in California," (Public Policy Institute of California, July 1996).

23   Clark Kerr, *The Gold and the Blue: A Personal Memoir of the University of California, 1949-1967*, Volume Two: *Political Turmoil* (Berkeley: University of California Press, 2001), 28.

24   Kerr, *The Gold and the Blue: Political Turmoil*, 28.

25   Kerr, *The Gold and the Blue: Political Turmoil*, 288.

26   다음에서 인용. "Education: View from the Bridge," *Time Magazine*, November 17, 1958.

27   Kerr, *The Gold and the Blue: Political Turmoil*, 309.

28   University of California Annual Endowment Report *2007*; *University of California Annual Endowment Report 2009*.

29   Kevin O'Leary, "California's Crisis Hits Its Prized Universities," *Time Magazine*, July 18, 2009.

30   Kevin O'Leary, "California's Crisis Hits Its Prized Universities."

31   2015년 4월 28일 캘리포니아주 버클리에서 내가 조지 브레슬라우어와 진행한 인터뷰.

32   2015년 4월 28일 내가 조지 브레슬라우어와 진행한 인터뷰.

33   Mac Taylor, *Faculty Recruitment and Retention at the University of California*, Report of the

Legislative Analyst's Office of California, December 13, 2012.

34 2015년 5월 3일 캘리포니아주 버클리에서 내가 니컬러스 더크스와 진행한 인터뷰.

35 "Announcement of Comprehensive Planning and Analysis Process," *UC Berkeley Office of the Chancellor*, February 10, 2016.

36 캘리포니아대학교 버클리의 풋볼팀을 가리키는 표현(옮긴이).

37 Rachel Bachman, "Cal's Football-Stadium Gamble," *Wall Street Journal*, April 18, 2012.

38 Nanette Asimov, "Cal Scrambling to Cover Stadium Bill," *SFGate*, June 16, 2013.

39 Amy Jiang, "Campus Faculty Urge Review of Investigation into Allegations Faced by Former Vice Chancellor," *The Daily Californian*, April 21, 2015.

40 Andrea Platten, "Napolitano Addresses Sexual Misconduct Cases, Orders Graham Fleming Fired from New Post," *The Daily Californian*, March 13, 2016.

41 UC Berkeley Public Affairs, "Berkeley's Budget Challenge: Reduce, Rethink, Restructure," *UC Berkeley News*, March 11, 2016.

42 Phillip Matier and Andrew Ross, "Fence and Its Costs Rising at UC Berkeley Chancellor's Home," *San Francisco Chronicle*, August 29, 2015.

43 Teresa Watanabe, "UC Berkeley Provost Resigns after Criticism of Handling of Sexual Harassment and Budget Issues," *Los Angeles Times*, April 15, 2016; Suhauna Hussain, "Andrew Szeri Resigns from Position as Vice Provost of Strategic Academic and Facilities Planning," *The Daily Californian*, June 19, 2016.

44 캘리포니아대학교 버클리 학술평의회 봄 학기 분과 회의 음성 기록, May 3, 2016, http://academic-senate.berkeley.edu/meetings/division/property-0-3, accessed August 9, 2016.

45 Nanette Asimov, "UC Berkeley Chancellor Faces Skeptical Academic Senate," *SFGate*, May 3, 2016.

46 Pelfrey, *A Brief History*, 11.

47 2015년 5월 3일 캘리포니아대학교 버클리에서 내가 셸던 로스블랫과 진행한 인터뷰.

48 2015년 4월 28일 내가 조지 브레슬라우어와 진행한 인터뷰.

49 2015년 5월 3일 내가 니컬러스 더크스와 진행한 인터뷰.

50 George Breslauer, "What Made Berkeley Great? The Sources of Berkeley's Sustained Academic Excellence," University of California, Berkeley Center for Studies in Higher Education Research & Occasional Paper Series: CSHE.3.11, January 2011.

51 2015년 4월 28일 내가 조지 브레슬라우어와 진행한 인터뷰.

52 University of California, *Budget for Current Operations Report: Summary of the Budget Request As Presented to the Regents for Approval 2019-20*, 9.

53 Curan Mehra, "Prop. 20 Passes, Midyear UC Tuition Increase Avoided," *The Daily Californian*, November 6, 2012.

54 2013-2014 *UC Berkeley Budget Plan*, http://cfo.berkeley.edu/sites/default/files/2013-14%20UC%20Berkeley%20Budget%20Plan%20-%20Final%20%289-5-13%29.pdf, accessed December 7, 2015.

55 John Wilton, "Time Is Not on Our Side," Berkeley Administration and Finance, November 29, 2013, part 1, 5-6.

56 *Times Higher Education*, "THE World Academic Summit: Nicholas Dirks," YouTube video,

46:59, October 2, 2015; Nicholas Dirks, "The Future of World-Class Universities," *University World News*, no. 385 (October 2, 2015).

57　Energy Biosciences Institute: About EBI," 2015, Energy & Biosciences; Rick DelVecchio, "UC Faculty Critical of BP Deal," *SFGate*, March 9, 2007.

58　Charles Burress, "Probe of Research Pact at Cal Released," *SFGate*, July 31, 2004; Lawrence Busch et al., *External Review of the Collaborative Research Agreement between Novartis Agricultural Discovery Institute, Inc. and the Regents of the University of California* (East Lansing, MI: Institute for Food and Agricultural Standards, Michigan State University, 2004); Robert M. Price and Laurie Goldman, *The Novartis Agreement: An Appraisal*, UC Berkeley Administrative Review, October 4, 2004.

59　미국 국립교육통계센터 고등교육통합데이터시스템(National Center for Education Statistics Integrated Postsecondary Education Data System) 자료, http://nces.ed.gov/ipeds/, accessed August 26, 2020.

60　2015년 5월 3일 내가 니컬러스 더크스와 진행한 인터뷰.

61　"University Ultra High Net Worth Alumni Rankings 2019," Wealth-X; Chris Parr, "Top 20 Universities for Producing Billionaires," *Times Higher Education*, November 20, 2014.

62　UC Berkeley Public Affairs, "Campus Sets New Records for Fundraising," *UC Berkeley News*, July 14, 2016.

63　UC Berkeley, "Light the Way: The Campaign for Berkeley: FAQ," https://light.berkeley.edu/o/about/, accessed September 2020.

64　UC Berkeley Public Affairs, "At Saturday Event, Berkeley Kicks off $6 Billion 'Light the Way' Campaign," *UC Berkeley News*, March 2, 2020.

65　UC Berkeley, "Light the Way: The Campaign for Berkeley."

66　"Berkeley Operational Excellence: About," http://oe.berkeley.edu/about, accessed December 7, 2015.

67　Logan Goldberg, "Campus Leaders Address 'Painful' Budget Cuts, Other Changes at Staff Forum," *The Daily Californian*, February 24, 2015; Curan Mehra and Jordan Bach-Lombardo, "Birgeneau Leaves Legacy of Complicated Commitment to Public Mission," *The Daily Californian*, May 3, 2013.

68　Wilton, "Time Is Not on Our Side," part 1.

69　UC Berkeley Research, "Faculty Excellence," https://vcresearch.berkeley.edu/excellence/faculty-excellence, accessed March 16, 2021.

70　2015년 5월 3일 내가 니컬러스 더크스와 진행한 인터뷰.

71　Kerr, *The Gold and the Blue: Academic Triumphs*, 8-9.

72　Marc Gould, "UCB Faculty Advancement Slides, 1985-2011 by Discipline," Office for Faculty Equity and Welfare, http://ofew.berkeley.edu/sites/default/files/ucb_faculty_advancement_slides_by_discipline_2011.pdf, accessed August 18, 2016.

73　2015년 5월 3일 캘리포니아대학교 버클리에서 내가 로버트 버지노와 진행한 인터뷰.

74　2015년 4월 비공개 저자 인터뷰.

75　2015년 5월 3일 내가 니컬러스 더크스와 진행한 인터뷰.

76　가족 중 처음으로 대학에 입학한 학생을 말한다(옮긴이).

77 2015년 4월 28일 내가 조지 브레슬라우어와 진행한 인터뷰.

78 Teresa Watanabe, "UC Berkeley Chancellor to Resign Following Widespread Criticism by Faculty," *Los Angeles Times*, August 16, 2016.

79 미국 국립교육통계센터 고등교육통합데이터시스템 자료, http://nces.ed.gov/ipeds/, accessed August 24, 2016.

80 National Center for Education Statistics, "UC Berkeley: Human Resources," https://nces.ed.gov/ipeds/datacenter/Facsimile.aspx?unitid=110635, accessed September 2020.

81 *Review of the Institute of East Asian Studies, University of California, Berkeley*, 2011-2012, January 27, 2012 제출.

82 "Best Colleges, 2020," *U.S. News and World Report*, 2019.

83 Wilton, "Time Is Not on Our Side," part 2, 2-3.

84 Wilton, "Time Is Not on Our Side," part 2, 2; U.S. Department of Education, "Distribution of Federal Pell Grant Program Funds by Institution," https://www2.ed.gov/finaid/prof/resources/data/pell-institution.html, accessed August 26, 2020; "Economic Diversity Among the Top 25," *U.S. News and World Report*, https://www.usnews.com/best-colleges/rankings/national-universities/economic-diversity-among-top-ranked-schools, accessed August 26, 2020.

85 "By the Numbers," 2015, University of California, Berkeley, http://www.berkeley.edu/about/bythenumbers, accessed December 7, 2015.

86 "UC Berkeley Fall Enrollment Data," University of California, Berkeley Office of Planning and Analysis, https://opa.berkeley.edu/uc-berkeley-fall-enrollment-data, accessed August 26, 2020.

87 "A Semester Unlike Any Other," University of California, Berkeley Division of Equity and Inclusion, https://diversity.berkeley.edu/news/semester-unlike-any-other, accessed September 25, 2020.

88 제3세계해방전선(Third World Liberation Front)의 심층적 역사에 대해서는 Gary Y. Okihiro's *Third World Studies: Theorizing Liberation* (Durham, NC: Duke University Press, 2016) 참조.

89 The Berkeley Revolution, "The Third World Liberation Front," http://revolution.berkeley.edu/projects/twlf/

90 Gino Nuzzolillo and Trey Walk, "You Should Take an Ethnic Studies Course," *The Chronicle*, January 15, 2019.

91 Tyler Kingkade, "Occupy Cal Berkeley Protest Draws Thousands, As Two Years of Occupation Come Home," *Huffington Post*, November 10, 2011; Amruta Trivedi, "Chancellor's Statement to ASUC Senate Cut Short by Calls for Resignation," *The Daily Californian*, December 8, 2011; Chloe Hunt and J. D. Morris, "Robert Birgeneau to Step Down as Chancellor of UC Berkeley," *The Daily Californian*, March 14, 2012.

92 "The Berkeley Undergraduate Initiative Executive Summary," University of California, Berkeley Vice Chancellor for Undergraduate Education, March 30, 2016.

93 2015년 5월 3일 니컬러스 더크스와의 인터뷰.

94 캘리포니아에서 적극적 우대 조치를 금지한 역사적인 법안. 발의안 209호가 1996년 11월 승인됨으로써 캘리포니아주 헌법이 개정되었으며, 공공 고용, 공공 계약, 공공 교육 분야에서 인종, 성별, 민족을 고려하는 것을 금지했다(옮긴이).

95 "CA Demographics," University of California, https://www.universityofcalifornia.edu/infocen-

ter/ca-demographics, accessed September 2020.

96　"UC Berkeley Fall Enrollment Data," University of California, Berkeley Office of Planning and Analysis, https://opa.berkeley.edu/uc-berkeley-fall-enrollment-data, accessed August 26, 2020.

97　Doris Sze Chun, "John Fryer, The First Agassiz Professor of Oriental Languages and Literature, Berkeley," *Chronicle of the University of California*, no. 7 (Fall 2005): 2.

98　"International Student Enrollment, Fall 2019," University of California, Berkeley International Office, https://internationaloffice.berkeley.edu/sites/default/files/student-stats2019.pdf

99　"International Student Enrollment Data," Berkeley International Office, http://internationaloffice.berkeley.edu/students/current/enrollment_data

100　Larry Gordon, "UC Berkeley Studies International Education Campus in Richmond," *Los Angeles Times*, February 24, 2015.

101　UC Berkeley Public Affairs, "Campus Launches Effort to Form New Global Alliance," *UC Berkeley News*, October 16, 2015.

102　Larry Gordon, "UC Berkeley Studies International Education Campus"; Nicholas Dirks, "Open Letter to the Richmond Community from UC Berkeley Chancellor Nicholas Dirks: An Update on the Berkeley Global Campus," May 28, 2015.

103　Wilton, "Time Is Not on Our Side," part 1, 3.

104　2015년 5월 3일 내가 로버트 버지노와 진행한 인터뷰.

105　2015년 5월 3일 내가 로버트 버지노와 진행한 인터뷰.

106　Teresa Watanabe, "UC Berkeley's New Chancellor Brings Optimism-and a World Record-to an Embattled Campus," *The Baltimore Sun*, August 18, 2017.

107　Teresa Watanabe, "UC Berkeley's New Chancellor Brings Optimism."

108　Maxine Mouly and Olivia Buccieri, "Campus Officials Announce Elimination of $150M Deficit," *The Daily Californian*, September 26, 2019.

109　UC Berkeley Public Affairs, "Chancellor Christ: Free Speech Is Who We Are," *UC Berkeley News*, August 23, 2017.

110　Yao Huang, "UC Berkeley Ranks Below UCLA as 2nd-Best Public School in US," *The Daily Californian*, September 13, 2018.

111　Robert Morse, Matt Mason, and Eric Brooks, "Updates to 5 Schools' 2019 Best Colleges Rankings Data," *U.S. News and World Report*, July 25, 2019.

112　UC Berkeley Public Affairs, "UCLA, UC Berkeley Top Publics in U.S. News National Rankings," *UC Berkeley News*, September 2019.

113　UC Berkeley Public Affairs, "In Online Conversation, Carol Christ Gives Budget, Campus Updates," *UC Berkeley News*, May 12, 2020.

114　UC Berkeley Public Affairs, "In Online Conversation, Carol Christ Gives Budget, Campus Updates."

115　"UC Berkeley Announces Plans for Fall Semester," *UC Berkeley News*, June 17, 2020.

116　Jessica Ruf, "California Creates Higher Ed Recovery Taskforce to Mitigate COVID-19 Impact," *Diverse Education*, August 10, 2020.

117　2015년 4월 28일에 진행한 조지 브레슬라우어와의 인터뷰.

118　"A Semester Unlike Any Other," University of California, Berkeley Division of Equity &

Inclusion, https://diversity.berkeley.edu/news/semester-unlike-any-other, accessed September 2020.

제7장

1   이 일화는 2004년 9월 18일에 행해진 브로드헤드의 취임 연설 〈More Day to Dawn〉에서 처음 소개되었으며, 이후 Richard H. Brodhead, *Speaking of Duke: Leading the 21st Century University* (Durham, NC: Duke University Press, 2017), 19에 재수록되었다.

2   Brodhead, "Constructing Duke," Freshman Convocation, August 19, 2015, in Brodhead, *Speaking of Duke*, 220.

3   William C. Kirby, Nora Bynum, Tracy Yuen Manty, and Erica M. Zendell, "Kunshan, Incorporated: The Making of China's Richest Town," Case 313-103 (Boston: Harvard Business School, 2013) 참조.

4   1984년 10월 25일 "대담한 야망"을 주제로 한 테리 샌퍼드(Terry Sanford)의 교수 연례회의 연설, https://dukespace.lib.duke.edu/dspace/bitstream/handle/10161/91/outrageousambitions.pdf?sequence=1

5   "Facts," Duke University, https://facts.duke.edu, accessed August 2020; "Quick Statistics about Duke University," Duke University Libraries, https://library.duke.edu/rubenstein/uarchives/history/articles/statistics, accessed September 2020.

6   "Global Companies Rank Universities," *New York Times*, October 25, 2012.

7   Brodhead, "More Day to Dawn," in Brodhead, *Speaking of Duke*, 20.

8   노스캐롤라이나대학교 채플힐(University of North Carolina at Chapel Hill)을 가리킨다(옮긴이).

9   크로웰과 더럼 이전 과정에 대한 자료는 다음을 볼 것. Robert F. Durden, *The Dukes of Durham, 1865-1929* (Durham, NC: Duke University Press, 1975), 91-96. 또한 다음을 참조할 것. Crowell's memoirs: John Franklin Crowell, *Personal Collections of Trinity College, North Carolina, 1887-1894* (Durham, NC: Duke University Press, 1939). The Duke University Archives hold Crowell's papers, including account books and grade books in the collection "John Franklin Crowell Records and Papers, 1883-1932."

10   다음을 볼 것. Robert F. Durden, *The Dukes of Durham*; 중국 내 영미 담배 회사의 성공에 대해서는 다음을 볼 것. Sherman Cochran, *Big Business in China: Sino-foreign Rivalry in the Cigarette Industry* (Cambridge, MA: Harvard University Press, 1980).

11   "Washington Duke and the Education of Women," Duke University Libraries, https://library.duke.edu/rubenstein/uarchives/history/articles/washington-duke-women, accessed September 2019.

12   Nora Campbell Chaffin, *Trinity College, 1839-1892: The Beginnings of Duke University* (Durham, NC: Duke University Press, 1950); Earl W. Porter, *Trinity and Duke, 1892-1924: Foundations of Duke University* (Durham, NC: Duke University Press, 1964) 참조.

13   Robert F. Durden, *Bold Entrepreneur: A Life of James B. Duke* (Durham, NC: Carolina Academic Press, 2003), 155.

14   Robert F. Durden, *The Launching of Duke University: 1924-1949* (Durham, NC: Duke University Press, 2005), 26.

15 "Medical Center History-Overview," Duke University Medical Center Archives, https://archives.mc.duke.edu/history, accessed September 2020.

16 "History of Duke Hospital," Duke Department of Surgery, https://surgery.duke.edu/about-department/history, accessed September 2020.

17 "History of Duke Hospital," Duke Department of Surgery.

18 *Duke University: An Architectural Tour* by Ken Friedlein and John Pearce (New York: Princeton Architectural Press, 2015), 11-12쪽에 실린 톨먼 트래스크 3세의 서문에서 인용.

19 *First Progress Report*, Committee on Planning and Development at Duke University (June 1959), 5.

20 *First Progress Report*, Introductory Statement.

21 Robert F. Durden, *Lasting Legacy to the Carolinas: The Duke Endowment, 1924-1994* (Durham, NC: Duke University Press, 1998), 149에서 인용.

22 Durden, *Lasting Legacy*, 36.

23 Durden, *Lasting Legacy*, 36-37.

24 Durden, *Lasting Legacy*, 32; "Quick Statistics about Duke University," Duke University Library, https://library.duke.edu/rubenstein/uarchives/history/articles/statistics.

25 "Commemorating 50 Years of Black Students at Duke University," Duke University, https://spotlight.duke.edu/50years/

26 *First Progress Report*, 36.

27 Richard H. Brodhead, "Coming through the Current Challenges," Duke Today, February 10, 2010, https://today.duke.edu/2010/02/rhbspeech.html.

28 *Long Range Planning at Duke University: Second Progress Report*, Duke University (1960), 19.

29 *The Fifth Decade*, Duke University (1964); *Duke University in the Decade Ahead* (*Third Progress Report*), Duke University Committee on Long Range Planning (1961).

30 "Profile of Duke University 1956-1976," Duke University (1976), 15.

31 "Profile of Duke University 1956-1976," 16-18.

32 "Profile of Duke University 1956-1976," 20.

33 "History and Mission," Duke Lemur Center, https://lemur.duke.edu/about/history-mission/.

34 "History and Mission," Duke Lemur Center.

35 John Markis, "From Lemurs to Poisoned Chocolate: The Tale of a Lemur Center Founder," *The Chronicle*, April 23, 2019.

36 Markis, "From Lemurs to Poisoned Chocolate."

37 "History and Mission," Duke Lemur Center.

38 Sanford, "Outrageous Ambition."

39 Howard E. Covington and Marion A. Ellis, *Terry Sanford: Politics, Progress, and Outrageous Ambitions* (Durham, NC: Duke University Press, 1999), 368-369.

40 Covington and Ellis, *Terry Sanford*, 373; "Meet Terry Sanford," Duke Sanford School of Public Policy, https://sanford.duke.edu/about-us/inside-sanford/meet-terry-sanford

41 "Summary Report of the University Planning Committee," Duke University (1972).

42 "Summary Report," Duke University (1972).

43   Ibid.

44   Ibid.

45   Terry Sanford, "A Time for Greatness at Duke: The Epoch Campaign," Duke University (1973),
      21.

46   Sanford, "A Time for Greatness at Duke," 20.

47   *Directions for Progress: A Report to the Duke University Board of Trustees*, Duke University
      (1980), 1-2.

48   *Directions for Progress*, 2.

49   "History and Quick Facts," Duke Nicholas School of the Environment, https://nicholas.duke.
      edu/general/history-quick-facts.

50   *Directions for Progress*, 3.

51   *Directions for Progress*, 64.

52   "Academic Plan," Duke University (1987), 15-16.

53   Covington and Ellis, *Terry Sanford*, 421.

54   David Yaffe, "The Department That Fell to Earth: The Deflation of Duke English," http://
      Linguafranca.mirror.theinfo.org/9902/yaffe.html.

55   *Crossing Boundaries: Interdisciplinary Planning for the Nineties*, Duke University Self-Study
      (1988), 46.

56   Adam Beyer, "Remembering Keith Brodie: Community Mourns Passing of the Former Duke
      President," *The Chronicle*, December 6, 2016.

57   Beyer, "Remembering Keith Brodie."

58   "Economic Diversity among the Top 25 National Universities," *U.S. News and World Report*,
      https://www.usnews.com/best-colleges/rankings/national-universities/economic-diversi-
      ty-among-top-ranked-schools, accessed June 2020.

59   U.S. Department of Education, "Equity in Athletics Data Analysis," https://ope.ed.gov/athlet-
      ics/#/, accessed June 2020.

60   Niharika Vattikonda, "Duke Athletics' Annual Equity Report Sheds Light on Spending,
      Coaching for Men's and Women's Teams," *The Chronicle*, April 10, 2019.

61   Burton Bollag, "Men's Lacrosse Team at Duke U. Forfeits Games Following Accusations of
      Rape at Party," *The Chronicle of Higher Education*, March 27, 2006.

62   Duff Wilson and David Barstow, "All Charges Dropped in Duke Case," *New York Times*,
      April 12, 2007.

63   David S. Webster, *Academic Quality Rankings of American Colleges and Universities*(Spring-
      field, IL: Charles C. Thomas Publisher, 1986), 127, 131; David S. Webster, "America's Highest
      Ranked Graduate Schools, 1925-1982," *Change: The Magazine of Higher Education*15, no. 4
      (May-June 1983)에서 인용.

64   "U.S. News & World Report Historical University Rankings," Andrew G. Reiter가 가공한 데
      이터, https://sites.google.com/site/andyreiter/data

65   Sanford, "Outrageous Ambitions."

66   *Shaping Our Future: A Young University Faces a New Century*, Duke University (1994), 6-8.

67   *Shaping Our Future*, Duke University (1994).

68 *Building on Excellence*, Duke University (2001), 160.

69 "$2 Billion and Counting," *Duke Magazine*, January-February 2003.

70 "$2 Billion and Counting."

71 "Master Plan," Duke Facilities Management, https://facilities.duke.edu/campus/master-plan, accessed March 16, 2021.

72 "Bylaws of Duke University," Duke University Board of Trustees, https://trustees.duke.edu/governing-documents/bylaws-duke-university.

73 2015년 4월 13일 노스캐롤라이나 더럼에서 내가 피터 랭과 진행한 인터뷰.

74 "Minutes of the Regular Meeting of the Academic Council: January 19, 2006," Duke University Academic Council, https://academiccouncil.duke.edu/sites/default/files/AC01-19-061.pdf, accessed June 2020.

75 Ibid.

76 "Bylaws of Duke University."

77 "Minutes of the Regular Meeting of the Academic Council: September 21, 2006," Duke University Academic Council, https://academiccouncil.duke.edu/sites/default/files/AC09-21-06P.pdf, accessed June 2020.

78 2015년 4월 13일 내가 피터 랭과 진행한 인터뷰.

79 2015년 4월 10일 노스캐롤라이나 더럼에서 내가 샐리 콘블루스와 진행한 인터뷰.

80 2015년 4월 15일 노스캐롤라이나 더럼에서 내가 톨먼 트래스크 3세와 진행한 인터뷰.

81 *Building on Excellence*, 160.

82 *Building on Excellence*, 177.

83 2021년 2월 7일 나와 피터 랭 간의 서신.

84 2015년 4월 15일 노스캐롤라이나 더럼에서 내가 리처드 브로드헤드와 진행한 인터뷰.

85 "Minutes of the Regular Meeting of the Academic Council: September 21, 2006," Duke University Academic Council, https://academiccouncil.duke.edu/sites/default/files/AC09-21-06P.pdf, accessed June 2020.

86 "Duke's Financial Aid Initiative Raises $308.5 Million," *Duke Today*, January 26, 2009.

87 "In Letter to Staff, President Brodhead Outlines Duke's Response to Economic Downturn," *Duke Today*, March 1, 2009.

88 "In Letter to Staff."

89 Ibid.

90 Ibid.

91 Ibid.

92 "Memo: Peter Lange Charges Deans to Review Strategic Plan," *Duke Today*, April 29, 2009.

93 "Duke University's Endowment: 2015-16 Snapshot," Duke University (2016), https://dukeforward.duke.edu/downloads/Duke_Endowment-2016_D.pdf; Jake Satisky, "University Endowment Rises to Record $8.6 Billion after 'Economic Headwinds,'" *The Chronicle*, September 28, 2019; "Duke's Endowment Returns Nearly 56 Percent in Fiscal Year 2021," *The Chronicle*, October 15, 2021.

94 피터 랭이 교수진에게 보낸 서한의 초안, 듀크대학교 기록보관소, 교무처(Provost) 사무실, 공용 기록물, 2000~2007년.

95 Rachel Chason, "How Brodhead Changed Duke," *The Chronicle*, April 12, 2017,

96 "About DukeEngage," DukeEngage, https://dukeengage.duke.edu/about-dukeengage.

97 2015년 4월 9일 노스캐롤라이나 더럼에서 내가 노아 피커스와 진행한 인터뷰.

98 *Building on Excellence*, 165.

99 "About Duke Global Health Institute," Duke Global Health Institute, https://globalhealth.duke.edu/about.

100 *Making a Difference*, Duke University (2006), 45-47.

101 "Interdisciplinarity at Duke: A Brief Inventory of Connections among Schools and University-Wide Institutes, Initiatives, and Centers," Duke OVPIS (2018), https://sites.duke.edu/interdisciplinary/files/2018/09/interdisciplinarity-at-duke-august2018-1.pdf, accessed September 2019.

102 "Interdisciplinarity at Duke."

103 Ibid.

104 Ibid.

105 Ibid.

106 Ibid.

107 2015년 4월 10일 내가 샐리 콘블루스와 진행한 인터뷰.

108 2015년 4월 15일 내가 리처드 브로드헤드와 진행한 인터뷰.

109 2015년 4월 13일 내가 피터 랭과 진행한 인터뷰.

110 2015년 4월 9일 노스캐롤라이나 더럼에서 내가 가오하이엔과 진행한 인터뷰.

111 2015년 4월 10일 내가 샐리 콘블루스와 진행한 인터뷰.

112 2015년 4월 13일 내가 피터 랭과 진행한 인터뷰.

113 *Together Duke: Advancing Excellence through Community*, Duke University (April 2017).

114 *Times Higher Education World University Rankings*, 2017, https://www.timeshighereducation.com/world-university-rankings/2017/world-ranking#!/page/0/length/25/sort_by/rank/sort_order/asc/cols/stats; "QS World University Rankings 2016-2017," QS Top Universities (2017), https://www.topuniversities.com/university-rankings/world-university-rankings/2016; Duke University, Academic Ranking of World Universities, http://www.shanghairanking.com/World-University-Rankings/Duke-University.html.

115 "Best Medical Schools," USNWR Rankings 2019, https://www.usnews.com/best-graduate-schools/top-medical-schools/research-rankings; "Best Law Schools," USNWR Rankings 2019, https://www.usnews.com/best-graduate-schools/top-law-schools/law-rankings.

116 "Best Nursing Schools: Research," USNWR Rankings 2019, https://www.usnews.com/best-graduate-schools/top-nursing-schools/nur-rankings.

117 "Best Business Schools," USNWR Rankings 2019, https://www.usnews.com/best-graduate-schools/top-business-schools/mba-rankings.

118 "Duke Ranks as 6th Best Global University in Environment and Ecology," Duke Nicholas School of the Environment (2016) citing USNWR rankings, https://nicholas.duke.edu/about/news/duke-ranks-6th-best-global-university-environment-and-ecology.

119 *Summary Report of the University Planning Committee*, Duke University (1972), 95.

120 Ibid.

121　Ibid.

122　Lisa K. Childress, *The Twenty-first Century University: Developing Faculty Engagement in Internationalization* (Frankfurt, Germany: Peter Lang Publishing, 2009), 43-44.

123　*Shaping Our Future*, Duke University (1994), 26.

124　*Shaping Our Future*, Duke University (1994), 27.

125　"A Global Vision for Duke University," Duke University Global Priorities Committee (2013), Fuqua Global Executive MBA Program, http://www.fuqua.duke.edu/programs/duke_mba/global-executive/.

126　Fuqua Cross Continent MBA Program, http://www.fuqua.duke.edu/programs/duke_mba/cross_continent/.

127　*Building on Excellence*, 89-90.

128　*Building on Excellence*, 89-92.

129　"About," Duke Global Education Office, https://globaled.duke.edu/about, accessed September 2012.

130　Duke Global Health Institute (2018), *2015-2016 Impact Report*, https://globalhealth.duke.edu/sites/default/files/files/dghi_annual-report-2017-2018_final-forweb.pdf

131　"Duke University and National University of Singapore Advance to Second Phase of Medical School Partnership," November 30, 2010, Duke Health, https://corporate.dukehealth.org/news/duke-university-and-national-university-singapore-advance-second-phase-medical-school.

132　2015년 4월 15일 내가 리처드 브로드헤드와 진행한 인터뷰.

133　"Duke-Kunshan Planning Guide," Duke University Office of the Provost and Office of Global Strategy and Programs (2011); 저자의 온라인 강좌 ChinaX 제10부 49.6절 "Kunshan Field Trip(쿤산 현장 답사)"에 수록된, 관아이궈 당서기와의 영상 인터뷰를 참조할 것, https://www.edx.org/course/contemporary-china-the-peoples-republic-taiwan-and.

134　"Duke-Kunshan Planning Guide."

135　"Duke-Kunshan Planning Guide," 20.

136　"Duke-Kunshan Planning Guide," 19.

137　"Senior Leaders Appointed for Duke Kunshan University," *Duke Today*, September 20, 2012.

138　"Duke-Kunshan Planning Guide."

139　쑹자슈(또는 찰리 쑹(Charlie Soong))은 그의 자녀들과 관련해서도 널리 알려진 인물이다. 그의 세 딸 쑹아이링(宋靄齡), 쑹칭링(宋慶齡), 쑹메이링(宋美齡)은 각각 쿵상시(孔祥熙), 쑨원, 장제스와 혼인했으며, 아들 쑹쯔원(宋子文)은 국민당 정부 재무부 장관을 역임했다. 쑹씨 가문은 중화민국 최고의 실력가 집안 중 하나였다(옮긴이).

140　2017년 3월 22일 중국 쿤산에서 내가 가오하이옌과 진행한 인터뷰.

141　"Undergraduate Curriculum: Liberal Arts in the 21st Century," Duke Kunshan University, https://dukekunshan.edu.cn/en/academics/undergraduate-curriculum.

142　"Trustees Approve Undergraduate Program for Duke Kunshan University," *Duke Today*, December 3, 2016.

143　New York University, "The Creation of NYU Shanghai," March 27, 2011.

144　Sally Kornbluth, "Memo to the Faculty from Provost Sally Kornbluth," March 16, 2016.

145　Ibid.

146 Ibid.

147 Maria Morrison, "Duke Kunshan University Breaks Ground on 47-acre Expansion," *The Chronicle*, August 19, 2019.

148 "Vincent Price Named Duke University 10th President," *Duke Today*, December 2, 2016.

149 Ibid.

150 Duke Strategic Framework, https://president.duke.edu/wp-content/uploads/2019/04/Duke-Will-Strategic-Framework.pdf, accessed October 2019.

151 Duke Kunshan University, "Duke Kunshan University Welcomes Its First Undergraduate Class," August 14, 2018.

152 Johns Hopkins University Coronavirus Resource Center, "COVID-19 Dashboard by the Center for Systems Science and Engineering (CSSE) at Johns Hopkins University," https://coronavirus.jhu.edu/map.html, accessed September 2020.

153 Nick Anderson, "China's Coronavirus Crisis Forces Duke Kunshan University to Teach Online," *Washington Post*, February 22, 2020.

154 Duke Kunshan University, "Coronavirus: Updates on DKU's Response," May 14, 2020.

155 Matthew Griffin and Carter Forinash, "Duke Limits Fall Housing to First-years and Sophomores, Scaling Back Reopening Plans," *The Chronicle*, July 26, 2020.

156 "A Global Celebration for Duke Kunshan's Class of 2024," *Duke Today*, August 26, 2020.

157 Duke Office of Duke Kunshan University Relations, "Message to Duke '24 International Students: DKU Option for Fall 2020," https://dkurelations.duke.edu/students/duke-students-dku/message-duke-24-international-students-dku-option-fall-2020.

158 2015년 4월 15일 내가 리처드 브로드헤드와 진행한 인터뷰.

159 Ibid.

160 "Minutes of the Meeting of the Academic Council: November 17, 2016," Duke University Academic Council.

제8장

1 Qi Wang and Nian Cai Liu, "Higher Education Research Institutes in Chinese Universities," *Studies in Higher Education* 39, no. 8 (September 2014): 1488-1498.

2 "Sustainable Development Goals: National Monitoring: Enrolment by Level of Education: Enrolment in Tertiary Education, All Programmes, Both Sexes (Number): China," UNESCO, http://data.uis.unesco.org/#, accessed January 19, 2021.

3 Andrew Jacobs, "China's Army of Graduates Struggles for Jobs," *New York Times*, December 11, 2010; Qinying He, Yao Men, and Lin Xu, "Composition Effect Matters: Decomposing the Gender Pay Gap in Chinese University Graduates," *Economic Research* (*Ekonomska Istraživanja*) 33, no. 1 (March 2020).

4 "College Enrollment in the United States from 1965 to 2018 and Projections up to 2029 for Public and Private Colleges," Statista, November 5, 2020.

5 National Bureau of Statistics, "China Statistical Yearbook 2001: Number of Institutions of

Higher Education by Region and Type (2000)," China Statistics Press, http://www.stats.gov. cn/english/statisticaldata/yearlydata/YB2001e/ml/indexE.htm, accessed January 19, 2021.

6 Guojia tongji ju, "Zhongguo tongji nianjian 2011: gaodeng xuexiao shuliang (2010)" [National Bureau of Statistics, China Statistical Yearbook 2011: Number of Schools or Institutions of Higher Education (2010)], China Statistics Press, http://www.stats.gov.cn/tjsj/ndsj/2011/ indexeh.htm, accessed January 19, 2021.

7 William C. Kirby, "The Chinese Century? The Challenges of Higher Education," *Daedalus143*, no. 2 (Spring 2014): 145-156.

8 유네스코 통계연구소, "School Enrollment, Tertiary (% Gross)," World Bank, http://data. worldbank.org/indicator/SE.TER.ENRR/countries/CN-4E-XT?display=graph, accessed May 12, 2020.

9 이러한 모든 동향에 대한 개관으로는 다음 자료를 참조할 것. David A. Stanfield and Yukiko Shimmi, "Chinese Higher Education: Statistics and Trends," in *International Briefs for Higher Education Leaders*, no. 1 (2012): 5-7. 더욱 광범위한 동향에 대해서는 다음 자료들을 참조할 것. the annual *Zhongguo jiaoyu fazhan baogao* [Report on China's Economic Development], edition 21 sheji jiaoyu yanjiuyuan (Beijing: Shehui kexue wenxian chubanshe, 2011); "Mao ruxue lu da 51.6% gaodeng jiaoyu geng pujile" [The Collegiate Gross Enrollment Rate is 51.6%, Higher Education Has Become More Popular], Xinhua, November 26, 2020.

10 Kai Yu, Andrea Lynn Stith, Li Liu, and Huizhong Chen, *Tertiary Education at a Glance: China* (Boston: Sense Publishers, 2012), 7.

11 다음을 볼 것. Ichisada Miyazaki, *China's Examination Hell: The Civil Service Exams of Imperial China*, trans. by Conrad Schirokauer (New Haven, CT: Yale University Press, 1976).

12 Ji Xianlin, as quoted in Hao Ping, *Peking University and the Origins of Higher Education in China* (Los Angeles: Bridge21 Publications, 2013), 384.

13 한림원에 대한 상세한 설명은 다음을 참조할 것. Adam Yuen-chung Lui, *The Hanlin Academy: Training Ground for the Ambitious 1644-1850* (Hamden, CT: Archon Books, 1981).

14 명대(1368~1644)와 청대(1644~1912)를 일컫는다(옮긴이).

15 Gu Ming-yuan, *Cultural Foundations of Chinese Education* (Leiden, Netherlands: Brill, 2014), 108-113.

16 Benjamin A. Elman, *Civil Examinations and Meritocracy in Late Imperial China* (Cambridge, MA: Harvard University Press, 2013).

17 Frank J. Swetz, "The Introduction of Mathematics in Higher Education in China, 1865-1887," *Historia Mathematica*1 (2, 1974), 169.

18 Richard A. Hartnett, *The Saga of Chinese Higher Education from the Tongzhi Restoration to Tiananmen Square* (Lewiston, NY: Edwin Mellen, 1998), 7.

19 1911~1912년 쑨원 등이 주도한 신해혁명(辛亥革命)으로 만주족의 청 제국이 무너지고 중화민국이 탄생했다. 곧 위안스카이와 여타 지방 군벌의 발호가 이어졌다. 쑨원은 광둥으로 근거지를 옮겨 중국국민당을 이끌며 저항했다. 본문에서의 제1공화국은 이러한 초기 중화민국을 일컫는다. 1925년 쑨원이 사망하자 그의 후계자 장제스가 국민혁명군을 이끌고 1927년 북벌을 완수함으로써 주요 군벌들을 제압하고 중국을 재통일했다. 장제스의 중앙정부는 수도를 난징에 두어 흔히 난징정부라고 부르는데, 제2공화국은 이를 뜻한다. 중일전

쟁(1937~1945)과 국공내전(1946~1949)을 거친 뒤 마오쩌둥이 이끄는 중국공산당이 장제스 정부를 타이완으로 패퇴시키고 1949년 베이징에서 중화인민공화국의 건국을 선포했다. 제 3공화국은 이 사회주의 체제 아래의 중국을 말한다(옮긴이).

20 다음을 참조할 것. Timothy B. Weston, *The Power of Position* (Berkeley: University of California Press, 2004), 81ff.

21 Cai Yuanpei, "Daxue jiaoyu" [University Education], in *Cai Yuanpei quanji* [Collected Works of Cai Yuanpei], vol. 5 (Beijing: Zhonghua shuju, 1988), 507-508.

22 Hu Shi, "Guoli daxue zhi zhongyao" [Important Features of National Universities], in *Hu Shi sanwen* [Hu Shi's Essays], Yao Peng and Fan Qiao, eds. (Beijing: Zhongguo guangbo dianshi chubanshe, 1992), 191-192.

23 베이징대학 위안페이칼리지(元培學院)를 말한다(옮긴이).

24 다음을 볼 것. Ruth Hayhoe, *China's Universities 1895-1995: A Century of Cultural Conflict* (New York: Routledge, 1996), 47.

25 다음을 볼 것. Wen-Hsin Yeh, *The Alienated Academy: Culture and Politics in Republican China 1919-1937* (Cambridge, MA: Harvard University Press, 1990).

26 비판적이면서도 미국적 관점에서의 반응으로는 다음을 볼 것. Stephen Duggan, "A Critique of the Report of the League of Nations' Mission of Educational Experts to China," *Institute of International Education* 14, no. 3 (January 1933).

27 William C. Kirby, "The Internationalization of China: Foreign Relations at Home and Abroad in the Republican Era," *China Quarterly*, no. 150 (June 1997): 455.

28 "Recent Conditions of Chinese Universities, Colleges, and Libraries," *China Institute Bulletin* 3, no. 2 (November 1938): 51-62; John Israel, *Lianda: A Chinese University in War and Revolution* (Stanford: Stanford University Press, 1998), 15.

29 Israel, *Lianda: A Chinese University in War and Revolution*, 376.

30 Hayhoe, *China's Universities 1895-1995*, 78.

31 Robert Taylor, *Education and University Enrolment Policies in China, 1949-1971* (Canberra: Australian National University Press, 1973).

32 이에 대해서는 다음을 볼 것. Andrew G. Walder, *Fractured Rebellion: The Beijing Red Guard Movement* (Cambridge, MA: Harvard University Press, 2009).

33 Joel Andreas, *Rise of the Red Engineers* (Stanford: Stanford University Press, 2009), 189.

34 Andreas, *Rise of the Red Engineers*, 210.

35 Chen Zhili, "Gaige kaifang ershinian de Zhongguo jiaoyu" [China's Education in the Past 20 Years of Reform and Opening Up], Zhonghua renmin gongheguo jiaoyubu [Ministry of Education of the People's Republic of China], http://www.moe.gov.cn/jyb_xwfb/xw_zt/moe_357/s3579/moe_90/tnull_3161.html, accessed May 12, 2020; Suzanne Pepper, *China's Education Reform in the 1980s* (Berkeley, CA: Institute of East Asian Studies), 69.

36 Pepper, *China's Education Reform in the 1980s*.

37 "Zhagen Zhongguo dadi fenjin qiangguo qishinian gaodeng jiaoyu gaige fazhan licheng xin Zhongguo [Rooted in China's Land and March Towards a Powerful Country: The 70-Year History of Higher Education Reform and Development in New China], Zhonghua renmin gongheguo jiaoyubu [Ministry of Education of the People's Republic of China], http://www.

moe.gov.cn/jyb_xwfb/s5147/201909/t20190924_400593.html, accessed May 12, 2020.

38 Wanhua Ma, "The Flagship University and China's Economic Reform," in *World Class World-wide: Transforming Research Universities in Asia and Latin America*, P. G. Altbach and J. Bal, eds. (Baltimore, MD: Johns Hopkins University Press, 2007), 32.

39 Colin Norman, "China to Get $200 Million for University Expansion," *Science* 213, no. 4506 (1981): 420-421.

40 Martin King Whyte, "Deng Xiaoping," *China Quarterly*, no. 135 (September 1993): 515-535.

41 Ruth Hayhoe, "China's Universities and Western Academic Models," *Higher Education 18*, no. 1 (1989): 49-85.

42 Pepper, *China's Education Reform in the 1980s*.

43 Chen Zhili, "Gaige kaifang ershinian Zhongguo jiaoyu."

44 국내에 소개된 왕단의 저작으로는 다음을 참고할 수 있다. 왕단, 송인재 옮김, 《왕단의 중국 현대사》, 동아시아, 2013(옮긴이).

45 Ruth Hayhoe, "China's Universities since Tiananmen: A Critical Assessment," *China Quarterly*, no. 134 (June 1993): 291-309.

46 Guojia tongji ju, "Zhongguo tongji nianjian 2007: xuexiao shuliang (2006)" [National Bureau of Statistics, China Statistical Yearbook 2007: Number of Schools by Level and Type of School (2006)], China Statistics Press, http://www.stats.gov.cn/tjsj/ndsj/2007/indexeh.htm; National Bureau of Statistics, "Number of Institutions of Higher Education by Region and Type (1999)," http://www.stats.gov.cn/english/statisticaldata/yearlydata/YB2000e/T16E.htm, accessed January 19, 2021.

47 Li Lixu, "China's Higher Education Reform 1998-2003," *Asia Pacific Education Review 5*, no. 1 (2004): 14-22.

48 Xiaoyan Wang and Jian Liu, "China's Higher Education Expansion and the Task of Economic Revitalization," *Higher Education 62*, no. 2 (August 2011): 213-229.

49 Li Lixiu, "China's Higher Education Reform 1998-2003."

50 "Gaodeng jiaoyu xuexiao shuliang" [Number of Higher Education Schools (Institutions)], Zhonghua renmin gongheguo jiaoyubu [Ministry of Education of the People's Republic of China], http://www.moe.gov.cn/s78/A03/moe_560/jytjsj_2019/qg/202006/t20200611_464789.html, accessed June 2020.

51 "2019 nian quanguo gaoxiao mingdan" [2019 National College List], Zhonghua renmin gongheguo jiaoyubu [Ministry of Education of the People's Republic of China], http://www.moe.gov.cn/jyb_xxgk/s5743/s5744/201906/t20190617_386200.html, accessed August 2019.

52 Huiqing Jin, "China's Private Universities," *Science* 346, no. 6208 (2014): 40.

53 다음을 참조할 것. C. Kirby, Michael Shih-ta Chen, Keith Chi-ho Wong, and Tracy Manty, "Xi'an International University: The Growth of Private Universities in China," Case 309-074 (Boston: Harvard Business School, 2009).

54 Kirby, "The Chinese Century?"

55 "2019 nian quanguo gaoxiao mingdan."

56 "Vision and Mission," Xi'an Jiaotong-Liverpool University, https://www.xjtlu.edu.cn/en/about/overview/vision-and-mission.

57	William C. Kirby, Nora Bynum, Tracy Yuen Manty, and Erica M. Zendell, "Kunshan, Incorporated: The Making of China's Richest Town," Case 313-103 (Boston: Harvard Business School, 2013).

58	"Sanshinian qiande Zhongguo daxue paiming yilan, ni zenme kan? [What Do You Think of the Rankings of Chinese Universities 30 Years Ago?], Sohu, May 23, 2020.

59	"Education: Enrolment by Level of Education: Enrolment in Tertiary Education, All Programmes, Both Sexes (Number)," 유네스코 통계연구소, http://data.uis.unesco.org/#, accessed May 12, 2020.

60	Hayhoe, *China's Universities* 1895-1995, 119.

61	Mei Li and Rui Yang, "Governance Reforms in Higher Education: A Study of Institutional Autonomy in China," in *Governance Reforms in Higher Education in Asia: A Study of Institutional Autonomy in Asian Countries*, N. V. Varghese and M. Martin, eds. (Paris: International Institute for Educational Planning, UNESCO, 2013), 70.

62	Zhongguo shehui kexue wang, "Zhong ban yinfa gaoxiao dangwei lingdao xia de xiaozhang fuze zhi shishi yijian" [Chinese Academy of Social Sciences, Opinion on the Implementation of the Principal Responsibility System under the Leadership of the University Party Committee], October 16, 2014.

63	Yao Li et al., "The Higher Educational Transformation of China and Its Global Implications," National Bureau of Economic Research, Working Paper 13849 (March 2008), 22-24.

64	Sun Yan, "Qinghua daxue jiaoyu jijinhui cheng licai gaoshou," [Tsinghua University Education Foundation Becomes a Master of Fundraising], *CNTV Online*, October 19, 2010, http://igongyi.cntv.cn/20101019/100856.shtml, accessed October 2014.

65	Hayhoe, *China's Universities* 1895-1995, 95.

66	Zhonghua renmin gongheguo jiaoyubu, "211 gongcheng jianjie" [Ministry of Education of the People's Republic of China, Introduction to Project 211], https://web.archive.org/web/20121110220139/http://www.moe.edu.cn/publicfiles/business/htmlfiles/moe/moe_315/200409/3799.html, accessed March 3, 2021.

67	Yao Li et al., "The Higher Educational Transformation of China and Its Global Implications," 20.

68	Zhongguo xuewei yu yanjiusheng jiaoyu xinxi, "C9 lianmeng gaoxiao mingdan" [China Academic Degrees & Graduate Education Information, List of 'C9 Alliance' Universities], https://www.cdgdc.edu.cn/xwyyjsjyxx/xwsytjxx/yxmd/274942.shtml, accessed January 19, 2021.

69	Guowuyuan, "Guifan xiao ban qiye guanli tizhi zhongdian wenti de tongzhi" [State Council, Notice of Standardizing Issues of School-Run Enterprise Management System], November 1, 2001.

70	"Difang putong benke gaoxiao xiang yingyong xing zhuanbian de zhidao yijian" [Opinions on Guiding Some Local General Undergraduate Colleges and Universities to Transform into Application-Oriented Institutions], Zhonghua renmin gongheguo jiaoyubu [Ministry of Education of the People's Republic of China], October 23, 2015.

71	Yao Li et al., "The Higher Educational Transformation of China and Its Global Implications," 19-21.

72   dxsbb.com [College Student's Essential Network], "2020 nian Qinghua daxue xuefei shi du-oshao? Ge zhuanye shoufei biaozhun" [How Much Is the Tuition Fee of Tsinghua University in 2020? Fee Standards for Each Major], September 9, 2020; Zhejiang daxue chengshi xueyu-an, "Zhejiang daxue chengshi xueyuan 2020 nian xuefei shi duoshao? Shoufei biaozhun" [City College of Zhejiang University, How Much Is the Tuition Fee of City College of Zhejiang University in 2020? Fee Standards], January 14, 2020; Daxuesheng bi bei wang, "Xi'an guoji daxue 2020 nian xue zafei shi duo-shao? Ge zhuanye shoufei biaozhun" [College Student's Essential Net, How Much Are Annual Tuition and Fees for Xi'an International University in 2020? Fee Standards for Each Major], September 16, 2020; "Xuefei he jiangxuejin" [Tuition and Scholarships], NYU Shanghai, https://shanghai.nyu.edu/cn/zsb/cost, accessed January 19, 2021.

73   Shanghai shi zhengfu, "2018 nian shanghai keji daxue yusuan an" [Shanghai Municipal Government, ShanghaiTech Budget 2018].

74   Sheng Yunlong, "Qinghua daxue jiaoshi xueli yu xue yuan jiegou de bianqia" [Changes to Tsinghua University's Teaching Qualifications and Structure], *Tsinghua daxue jiaoyu yanjiu* [Tsinghua Journal of Education] 29, no. 2 (April 2008): 92-98.

75   Ibid.

76   Lin Jie, "Zhong Mei liang guo daxue jiaoshi jinqin fanzhi zhi bijiao" [Comparison of "Inbreed-ing" between Chinese and American University Teachers], *Gaodeng jiaoyu yanjiu* [Higher Education Research] 30, no. 12 (December 2009): 39-51.

77   Guojia waiguo zhuanjia ju, "Gongzuo Zhongguo zhaopin waiguo zhuanjia jihua: 1000 ren gao cengci waiguo zhuanjia rencai jihua" [State Administration of Foreign Expert Affairs, Work China Recruitment Program of Foreign Experts: 1000 Talent Plan for High-Level Foreign Experts], http://1000plan.safea.gov.cn/index.php?s=Cont&id=12742321, accessed August 28, 2015; Liz Gooch, "Chinese Universities Send Big Signals to Foreigners," *New York Times*, March 11, 2012.

78   Gooch, "Chinese Universities Send Big Signals to Foreigners."

79   Sharon LaFraniere, "Fighting Trend, China Is Luring Scientists Home," *New York Times*, January 6, 2010,

80   *Kai Yu, Diversification to a Degree: An Exploratory Study of Students' Experience at Four Higher Education Institutions in China* (Bern, Switzerland: Peter Lang, 2010), 62.

81   Yiqun Fu, "Gaokao Statistics 2014," *TeaLeaf Nation*, https://docs.google.com/spreadsheets/d/1XgT5uoO31m5gPnPXRpAQfc26LIlJHDCrhsl6asgm-WM/edit#gid=0, accessed August 28, 2015.

82   Kong Defang and Yao Chun, "China to Overhaul Exam, Enrollment System by 2020," *People's Daily Online*, September 4, 2014; Song Rongrong, "Wo guo gaokao zhidu gaige shi da yaodian" [Ten key points of China's college entrance examination system reform], *IFeng Talk*, September 4, 2014.

83   Kirby et al., "Kunshan, Incorporated."

84   "MOE closes 234 Chinese-Foreign Joint Education Institutions and Programs," Ministry of Education of the People's Republic of China, July 5, 2018; Emily Feng, "China Closes a Fifth

of Foreign University Partnerships," *Financial Times*, July 17, 2018.

85   "Jiaoyubu jiedu Zhongguo zhongyang, guowuyuan 'Zhongguo jiaoyu xiandaihua 2035' he 'shishi fang'an' " [Ministry of Education Statement on the 'China Education Modernization 2035' and 'Implementation Plan' of the Central Committee of the Communist Party of China and the State Council (전문 포함)], *Sohu*, February 24, 2019.

86   "More Chinese Study Abroad in 2018," Ministry of Education of the People's Republic of China, March 28, 2009.

87   "Georgia on Their Min ds," *The Economist*, February 21, 2015; Institute of International Education, "International Student Totals by Place of Origin," https://www.iie.org/Research-and-Insights/Open-Doors/Data/International-Students/Places-of-Origin, accessed May 12, 2020.

88   "The Unveiling Ceremony of the China-Italy Design Innovation Hub and the Tsinghua Arts and Design Institute in Milan," Tsinghua University, https://goglobal.tsinghua.edu.cn/en/news/news.en/lgR56myTb, accessed October 9, 2019; "Ground-Breaking of the Tsinghua Southeast Asia Center in Indonesia," Tsinghua University, http://eng.pbcsf.tsinghua.edu.cn/portal/article/index/id/1421.html, accessed October 9, 2019.

89   Coco Liu, "Belt and Read: How China Is Exporting Education and Influence to Malaysia and Other Asean Countries," *South China Morning Post*, July 30, 2017.

90   "Hungary Agrees to Open Chinese University Campus in Budapest by 2024," *Euronews*, February 5, 2021.

91   *Times Higher Education World University Rankings*, 2020; Academic Ranking of World Universities, "Academic Ranking of World Universities 2018," http://www.shanghairanking.com/ARWU2018.html, accessed January 19, 2021; QS Top Universities, "QS World University Rankings 2021," https://www.topuniversities.com/university-rankings/world-university-rankings/2021.

92   다음 정보를 바탕으로 산출. "Double First-Class University and Discipline List Policy Update," Australian Government, Department of Education, Skills and Employment (December 14, 2017).

93   Zhonghua renmin gongheguo zhongyang zhengfu, "Guojia zhong chang qi jiaoyu gaige he fazhan guihua gangyao (2010-2020 nian)" [The Central Government of the People's Republic of China, Outline of the National Medium and Long-Term Education Reform and Development Plan (2010-2020)], July 29, 2010.

94   dxsbb.com [College Student's Essential Network], "How Much Is the Tuition Fee of Tsinghua University in 2020? Fee Standards for Each Major," September 9, 2020; City College of Zhejiang University, "How Much Is the Tuition Fee of City College of Zhejiang University in 2020? Fee Standards," January 14, 2020; College Student's Essential Network, "How Much Are Annual Tuition and Fees for Xi'an International University in 2020? Fee Standards for Each Major," September 16, 2020; "Tuition and Scholarships," NYU Shanghai, https://shanghai.nyu.edu/cn/zsb/cost, accessed January 19, 2021.

95   "Annual Per Capita Disposable Income of Rural and Urban Households in China 1990-2019," *Statista*, November 20, 2020.

96   Zhongguo jiaoyu zai xian [China Education Online], June 9, 2020.

97   "Zhongguo gaodeng jiaoyu jinru pujihua shidai" [China's Higher Education Has Entered the Era of Popularization], *Xinhua*, October 13, 2020.

98   Tom Mitchell, "China University Rule Change Sparks Protests in 4 Provinces," *Financial Times*, May 23, 2016.

99   "Ge ji xuexiao shaoshu minzu xuesheng renshu" [Number of Minority Students in Schools of All Levels], Zhonghua renmin gongheguo jiaoyubu [Ministry of Education of the People's Republic of China], 2010; "Ge ji xuexiao shaoshu minzu xuesheng renshu" [Number of Minority Students in Schools of All Levels], Zhonghua renmin gongheguo jiaoyubu [Ministry of Education of the People's Republic of China], 2020; "Zhonghua renmin gongheguo 2010 nian renkou pucha" [2010 Population Census of the People's Republic of China], Zhongguo tongji chubanshe, http://www.stats.gov.cn/tjsj/pcsj/rkpc/6rp/indexch.htm.

100   Qinghua daxue, "2019-2020 xuenian benke jiaoyu zhiliang baogao" [Tsinghua University, 2019-2020 Academic Year Undergraduate Education Quality Report], December 2020; "939suo gaozhong, 4,326 ren Beijing daxue 2020 nian luqu qingkuang ji shengyuan jiegou fenxi" [939 High Schools and 4,326 Students: A Structural Analysis of Peking University's 2020 Admissions Decisions and Accepted Students], September 2, 2020.

101   "Ge ji xuexiao shaoshu minzu xuesheng renshu," 2020.

102   Association of American Universities, "Hefei Statement on the Ten Characteristics of Contemporary Research Universities," https://www.aau.edu/sites/default/files/AAU%20Files/Education%20and%20Service/Hefei_statement.pdf.

103   "Document 9: A ChinaFile Translation," ChinaFile, November 8, 2013.

104   Zhu Shanlu, "Yi peiyu he hongyang shehuizhuyi hexin jiazhiguan wei yinling zhashi zhua hao xin xingshi xia gaoxiao xuanchuan sixiang gongzuo" [Guided by the cultivation and promotion of core socialist values, begin incorporating propaganda and ideology into colleges and universities], *Zhongguo jiaoyu xinwen wang* [China Education News Online], Zhonghua renmin gongheguo jiaoyubu [Ministry of Education of the People's Republic of China], February 3, 2015.

105   "Xin shidai gaoxiao jiaoshi zhiye xingwei shi xiang zhunze" [Ten Guidelines on Professional Behavior of College Teachers in the New Era], *Zhongguo jiaoyu xinwen wang* [China Education News Online], Zhonghua renmin gongheguo jiaoyubu [Ministry of Education of the People's Republic of China], November 14, 2018.

106   Emily Feng, "Chinese Universities Are Enshrining Communist Party Control in Their Charters," NPR, January 20, 2020.

107   Philip Wen, "Demand for Absolute Loyalty to Beijing at Chinese Universities Triggers Dissent," *Wall Street Journal*, December 18, 2019.

108   White House, "President Donald J. Trump Is Protecting America from China's Efforts to Steal Technology and Intellectual Property," May 29, 2020.

109   Emily Feng, "As U.S. Revokes Chinese Students' Visas, Concerns Rise About Loss of Research Talent," NPR, September 23, 2020.

1 Keith Bradscher, "$300 Million Scholarship for Study in China Signals a New Focus," *New York Times*, April 21, 2013; "Oxford and the Rhodes Scholarship," http://www.rhodesscholar.org, accessed June 2013

2 1901년에 체결된 신축조약(辛丑條約)을 말한다(옮긴이).

3 Edmund J. James, "Memorandum Concerning the Sending of an Educational Commission to China" (1907), Mary Brown Bullock, "American Exchanges with China, Revisited," *Educational Exchanges: Essays on the Sino-American Experiences*, Joyce K. Kallgren 및 Denis Fred Simon 편저 (Berkeley: Institute of East Asian Studies, 1987), 26에서 인용.

4 Su-Yan Pan, *University Autonomy, the State, and Social Change in China* (Hong Kong: Hong Kong University Press, 2009), 71.

5 Yoshi S. Kuno, *Education Institutions in the Orient with Special Reference to Colleges and Universities in the United States, Part II* (Berkeley: University of California Press, 1928), 55-56.

6 Wen-hsin Yeh, *The Alienated Academy: Culture and Politics in Republican China, 1919-1937* (Cambridge, MA: Harvard University Asia Center, 1990), 207-210, 224를 참조할 것.

7 Qian Yingyi 및 Li Qiang 편저, *Lao Qinghua de shehui kexue* [Social Sciences in Old Tsinghua] (Beijing: Qinghua daxue chubanshe, 2011)를 참조할 것.

8 John Israel, *Lianda: A Chinese University in War and Revolution* (Stanford: Stanford University Press, 1998)를 참조할 것.

9 Israel, *Lianda*, 38.

10 Andrew G. Walder, *Fractured Rebellion: The Beijing Red Guard Movement* (Cambridge, MA: Harvard University Press, 2009)를 참조할 것.

11 Tang Shaojie, *Yi ye zhi qiu: Qinghua daxue 1968 nian "bai ri da wudou"* [A Single Leaf Heralds Autumn: Tsinghua University's 1968 "Hundred Days of Great Violence"] (Hong Kong: Zhongwen daxue chubanshe, 2003); William Hinton, *Hundred Day War: The Cultural Revolution at Tsinghua University* (New York: Monthly Review Press, 1972)를 참조할 것.

12 "Sanshinian qian de Zhongguo daxue paiming yilan, ni zenme kan? [What Do You Think of the Rankings of Chinese Universities 30 Years Ago?]", *Sohu*, 2020.5.23.

13 Cheng Li, *China's Leaders: The New Generation* (Lanham, MD: Rowman & Littlefield, 2001), 87-126을 참조할 것.

14 James, "Memorandum Concerning the Sending of an Educational Commission to China."

15 QS Top Universities, "QS World University Rankings 2021," https://www.topuniversities.com/university-rankings/world-university-rankings/2021.

16 "Tongji shuju" [Statistical Data], Tsinghua University, https://www.tsinghua.edu.cn/xxgk/tjzl.htm

17 Samuel Eliot Morison, *The Development of Harvard University Since the Inauguration of President Eliot, 1869-1929* (Cambridge, MA: Harvard University Press, 1930), 329.

18 소강은 《시경》에서 유래한 말로, 중국공산당이 지향하는 소강사회란 '보편적 중산층 수준의 풍요와 안정을 갖춘 사회'를 뜻한다(옮긴이).

19 "Zhonggong Qinghua daxue weiyuanhui guanyu xunshi zhenggai qingkuang" [Tsinghua Uni-

versity Committee of the Communist Party of China on the Inspection and Rectification], Tsinghua University, 2017.8.27.

20 "Tsinghua University," *University Rankings*, https://www.universityrankings.ch/results?ranking=Times®ion=World&year=2011&q=Tsinghua+University, accessed May 12, 20202; *Times Higher Education World University Rankings*, "Tsinghua University," https://www.timeshighereducation.com/world-university-rankings/tsinghua-university, accessed May 12, 2020.

21 Tsinghua University, "Shisanwu fazhan guihua gangyao" [Outline of Development Plan for the Thirteenth Five-Year Plan], July 2016.

22 Ibid.

23 "Keyan jigou" [Scientific Research Institutions], Tsinghua University, https://www.tsinghua.edu.cn/kxyj/kyjg1.htm, accessed January 19, 2020.

24 Tsinghua University, "Shisanwu fazhan guihua gangyao."

25 "Qinghua daxue 2019-2020 xuenian benke jiaoxue zhiliang baogao" [Tsinghua University 2019-2020 Academic Year Undergraduate Teaching Quality Report], Tsinghua University, http://tsinghua.edu.cn/jwc/info/1018/1072.htm; Sheng Yunlong, "Qinghua daxue jiaoshi xueli yu xueyuan jiegou de bianqian" [Changes to Tsinghua University's Teaching Qualifications and Structure], *Tsinghua Journal of Education 29*, no. 2 (April 2008): 92-98.

26 "Shi'erwu fazhan guihua gangyao" [Outline of the Development Plan for the Twelfth Five-Year Plan], December 2011, Tsinghua University.

27 Tsinghua University, "Shisanwu fazhan guihua gangyao."

28 Yuan Yang 및 Nian Liu, "China Hushes Up Scheme to Recruit Overseas Scientists," *Financial Times*, January 9, 2019.

29 Quanguo gaoxiao sixiang zhengzhi gongzuo wang, "Qinghua Daxue" [National University Ideological and Political Work Net, Tsinghua University], October 28, 2019.

30 Qian Yingyi, "Daxue renshi zhidu gaige: Yi Qinghua daxue jingji guanli xueyuan wei li" [Faculty Personnel System Reform: The Case of Tsinghua University School of Economic and Management], *Qinghua daxue jiaoyu yanjiu* [*Tsinghua Journal of Education*] 34, no. 2 (April 2013): 1-8.

31 Tsinghua University, "Shisanwu fazhan guihua gangyao."

32 Ibid.

33 2015년 3월 23일 베이징에서 내가 리다오쿠이와 진행한 인터뷰.

34 "Shijian jiaoxue" [Practical Teaching], Tsinghua University, https://www.tsinghua.edu.cn/publish/newthu/newthu_cnt/education/edu-1-5.html, accessed May 12, 2020.

35 "2018-2019 xuenian jiaoshou benke kecheng zhan bi⋯" [The Proportion of Undergraduate Courses Taught by Professors in the 2018-2019 Academic Year⋯], Tsinghua University, https://www.tsinghua.edu.cn/xxgk/jxzlxx/zjbkkcdjs.htm, accessed January 19, 2021.

36 Li Cao, "The Significance and Practice of General Education in China: The Case of Tsinghua University," *Experiences in Liberal Arts and Science Education from America, Europe, and Asia: A Dialogue across Continents*, William C. Kirby 및 Marijk van der Wende 편저 (New York: Palgrave, 2016).

37 "Qinghua daxue 2014-2015 xuenian benke jiaoxue zhiliang baogao" [Tsinghua University 2014-2015 Academic Year Undergraduate Teaching Quality Report], Tsinghua University, https://www.tsinghua.edu.cn/jwc/bkpy/zlbg.htm.

38 Qian Yingyi, *How Reform Worked in China: The Transition from Plan to Market* (Cambridge, MA: MIT Press, 2017); Qing 및 Li, *Lao Qinghua* [Old Tsinghua].

39 Tsinghua University School of Economics and Management 2013-2014, Tsinghua University 브로슈어 (Beijing, 2013), 41.

40 Pan, *University Autonomy*, 183.

41 "Qinghua daxue jiao zhigong daibiao dahui" [Tsinghua University Staff Congress], Tsinghua University, December 2012.

42 Emily Feng, "China Universities Accused of Ideological Weakness," *Financial Times*, June 19, 2017.

43 "Qinghua daxue 2019 nian bumen yusuan" [Tsinghua University 2019 Departmental Budgets], Tsinghua University, April 2019.

44 "Qinghua daxue 2020 niandu yusuan" [Tsinghua University's Annual Budget 2020], Tsinghua University, https://www.tsinghua.edu.cn/publish/newthu/openness/newsml/cwyc_2020.htm.

45 dxsbb.com [College Student's Essential Network], "2020 nian Qinghua daxue xuefei shi duoshao? Ge zhuanye shoufei biaozhun" [How Much Is the Tuition Fee of Tsinghua University in 2020? Fee Standards for Each Major], September 9, 2020.

46 Tsinghua University SEM, "Feiyong he jiangxuejin" [Expenses and Scholarships], http://gmba.sem.tsinghua.edu.cn/content/page/expensesscholarship.html, accessed May 2020.

47 "Tongji shuju" [Statistical Data], Tsinghua University, https://www.tsinghua.edu.cn/publish/newthu/newthu_cnt/about/about-6.html, accessed May 12, 2020; College Student's Essential Network, "How Much Are the Tuition and Fees for Tsinghua University in 2020? Expenses for Each Major," September 9, 2020.

48 Tsinghua University, "Shisanwu fazhan guihua gangyao."

49 Jun wang, "Qinghua daxue kaishe junmin ronghe gaoduan rencai zhuanxiu ban" [Military Net, Tsinghua University Launches Special Training Class on Military-Civilian Integration of High-End Talents], September 21, 2018; Elsa B. Kania, "In Military-Civil Fusion, China Is Learning Lessons from the United States and Starting to Innovate," August 27, 2019.

50 Guowuyuan, "Guowuyuan guanyu yinfa Zhongguo zhizao 2025 de tongzhi" [State Council, Notice of the State Council on Printing and Distributing Made in China 2025], May 8, 2015.

51 Tsinghua University, "Shisanwu fazhan guihua gangyao."

52 Kexue wang, "Zhongguo zhizao 2025 tian bai yi zijin 25 xiang renwu ruwei" [Science Net, Tens of Billions in Funds for 25 Shortlisted Tasks Available through Made in China 2025], October 12, 2017.

53 Zhongguo qiche gongye xiehui, "Gongye he xinxi hua bu guanyu fabu 2017 nian gongye zhuanxing shengji (Zhongguo zhizao 2025) zijin (bumen yusuan) xiangmu zhinan de tongzhi" [China Association of Automobile Manufacturers, Notice of the Ministry of Industry and Information Technology on the Issuance of the 2017 Industrial Transformation and Upgrade (Made in China 2025) Funding (Departmental Budget) Project Guidelines], May 24, 2017.

54 "Qinghua daxue shuju kexue yanjiu suo gongye da shuju yanjiu zhongxin chengli" [Tsinghua University Data Science Research Institute Industrial Big Data Research Center established], Tsinghua University, October 28, 2015; "Qinghua daxue 'Zhongguo zhizao 2025' yu 'shisan-wu' Zhongguo zhizao qiye fazhan zhanlue di si qi gaoji yanxiu ban" [Tsinghua University's "Made in China 2025" and "Thirteenth Five-Year Plan" for Chinese Manufacturing Enterprises' Fourth Advanced Seminar], Tsinghua University, March 16, 2017; Tsinghua Shenzhen International Graduate School, "Xianjin zhizao xueyuan" [Faculty of Advanced Manufacturing], https://www.sigs.tsinghua.edu.cn/xjzzxb1/index.jhtml, accessed May 12, 2020.

55 Beijing shi haidian qu renmin zhengfu, "2018 Niandu haidian qu min ronghe zhuanti shenqing zhinan [Beijing Haidian District People's Government, 2018 Haidian District Military and Civil Integration Special Fund Application Guide], http://www.bjhd.gov.cn/ztzl2014/zxzt/Afour/sbzn/QYHXJZL/jmhz/201804/t20180417_1504152.htm, accessed May 12, 2020.

56 Qinghai sheng zhengfu, "Qinghai xing renmin zhengfu guanyu yinfa Zhongguo zhizao 2025 Qinghai xingdong fang'an de tongzhi" [Qinghai Provincial Government, Qinghai Provincial People's Government Notice on Printing and Distributing the Made in China 2025 Qinghai Action Plan], June 27, 2016; *Tianjin ribao*, "Tianjin zhineng zhizao shuiping buduan tisheng," [Tianjin Daily, Tianjin's Smart Manufacturing Continues to Improve], May 8, 2018.

57 Tom Holland, "Beijing's 'Made in China 2025' Plan Isn't Dead, It's Out of Control," *South China Morning Post*, April 8, 2019.

58 Xintangren dianshitai, "Fouren fangqi: Zhonggong guanmei pilu zhizao 2025 jingfei fenpei" [New Tang Dynasty Television, Disclaimer: the Chinese Communist Party's Official Media Disclosure of Funding Plan for Made in China 2025], November 13, 2018.

59 Wanhua Ma, "The Flagship University and China's Economic Reform" in *World Class Worldwide: Transforming Research Universities in Asia and Latin America*, Philip G. Altbach 및 Jorge Bal, 편저 (Baltimore, MD: Johns Hopkins University Press, 2007), 39.

60 Zhang Di, "Qinghua konggu 'da shoushen': zichan die po wuqian yi gaige shangwei wancheng" [Tsinghua Holdings 'Slims Down': Assets Fall Below 500 Billion, Reform Has Not Been Completed], *Zhongguo jingying wang* [China Business Net], May 26, 2020.

61 Tsinghua Holdings, "2019 caifu Zhongguo 500 qiang: Qinghua konggu lianxu liunian wen ju jisuanji hangye qian san" [2019 Fortune China's Top 500: Tsinghua Holdings Co., Ltd. Has Steadily Improved Its Ranking for Six Consecutive Years, Ranking Top 3 in the Computer Industry], July 15, 2019.

62 "Zhonggong Qinghua daxue jilu jiancha weiyuanhui" [Tsinghua University Committee of the Communist Party of China for Discipline and Inspection], August 27, 2017.

63 "Xi Stresses Coordinated Efforts in Central, Local Institutional Reform," *Xinhua*, May 12, 2018.

64 Yan Sun, "Qinghua daxue jiaoyu jijinhui cheng licai gaoshou" [Tsinghua University Education Foundation Becomes a Financial Expert], *CNTV Online*, October 19, 2010; Qinghua daxue jiaoyu jijinhui, "Qinghua daxue jiaoyu jijin weiyuanhui 2018 nian gongzuo baogao" [Tsinghua University Education Fund Committee 2018 Work Report], March 25, 2019.

65 Tsinghua University Education Fund, "Qinghua daxue jiaoyu jijin weiyuanhui 2018 nian gong-

zuo baogao.”

66 Ibid.

67 “Gaoxiao ju’e juanzeng bian shaole: hou yiqing shidai, gaoxiao yaoguo jin rizi? [Huge Dona-
    tions to Colleges and Universities Have Decreased: In the Post-Epidemic Era, Do Colleges and
    Universities Have to Live a Tight Life?], *Sohu*, December 17, 2020.

68 2015년 3월 23일 베이징에서 내가 첸잉이와 진행한 인터뷰.

69 2015년 3월 23일 내가 리다오쿠이와 진행한 인터뷰.

70 Ibid.

71 William C. Kirby, Joycelyn W. Eby, Yuanzhuo Wang, “Higher Education in China: Interna-
    tionalization in Turbulent Times,” Case 316-066 (Boston: Harvard Business School, 2019), 8.

72 Kirby, Eby, and Wang, “Higher Education in China,” 22.

73 Zhongguo guojia tongji ju, “yanjiusheng he liuxue renyuan tongji” [National Bureau of Statis-
    tics of China, “Statistics on Postgraduates and Students Studying Abroad”], *China Statistical
    Yearbook* 2019; Gao Hongmei, Hu Yiwei, Zhao Hong, Zhao Lei, “Qi zhang tu zhu ni liaojie
    Zhongguo gaokao” [Seven Charts to Help You Understand China’s Gaokao (National College
    Entrance Exam)], CGTN, June 8, 2018.

74 Alexis Lai, “Chinese Flock to Elite U.S. Schools,” CNN, November 26, 2012.

75 Laurent Ortmans, “What the 2015 Executive MBA Survey Reveals,” *Financial Times*, October
    18, 2015; “Global MBA Ranking 2015,” *Financial Times*, http://rankings.ft.com/businesss-
    choolrankings/global-mba-ranking-2015

76 Australian Government, Department of Education, Skills and Employment, “Double First-
    Class University and Discipline List Policy Update,” December 14, 2017.

77 Kirby, Eby, and Wang, “Higher Education in China,” 22.

78 “President Qiu Yong Visited the School of Humanities,” Tsinghua University, April 1, 2015.

79 CWTS Leiden Ranking, “CWTS Leiden Ranking 2020,” https://www.leidenranking.com/
    ranking/2020/list, accessed January 19, 2021.

80 “Zhonggong Qinghua daxue jilu jiancha weiyuanhui.”

81 Kathrin Hille 및 Richard Waters, “Washington Unnerved by China’s ‘Military-Civil Fusion,’”
    Financial Times, November 8, 2018; Elsa B. Kania, “In Military-Civil Fusion, China Is Learn-
    ing Lessons from the United States and Starting to Innovate.”

82 Permanent Subcommittee on Investigations of the United States Senate, “Threats to the U.S.
    Research Enterprise: China’s Talent Recruitment Plans,” November 18, 2019.

83 U.S.-China Economic and Security Review Commission, *Technology, Trade, and Mili-
    tary-Civil Fusion: China’s Pursuit of Artificial Intelligence, New Materials, and New Energy*,
    116th Cong., 1st sess., 2019.

84 Geremie R. Barmé, “Xu Zhangrun’s Fears and Hopes, July 2018-July 2020,” *China Heritage*,
    July 26, 2020.

85 Chris Buckley, “Seized by the Police, an Outspoken Chinese Professor Sees Fears Come True,”
    New York Times, July 6, 2020.

86 Geremie R. Barmé, “Remonstrating with Beijing—Xu Zhangrun’s Advice to China’s National
    People’s Congress,” *China Heritage*, May 21, 2020.

87 Josephine Ma 및 Guo Rui, "Chinese Professor Known for Challenging the Party Leadership Sacked by University," *South China Morning Post*, July 18, 2020; Zhonghua renmin gongheguo jiaoyubu, "Jiaoyu bu yinfa xin shidai gaoxiao jiaoshi zhiye xingwei 'xin shidai zhong xiaoxue jiaoshi zhiye xingwei shi xiang zhidao yijian'" [Ministry of Education of the People's Republic of China, Ministry of Education on Printing and Distributing the Professional Behavior of College Teachers in the New Era: Ten Guidelines for the "Professional Behavior of Primary and Secondary School Teachers in the New Era"], November 14, 2018.

88 Geremie R. Barmé, "Responding to a Gesture of Support—Xu Zhangrun," *China Heritage*, July 19, 2020.

89 "Tongji Shuju" [Statistical Data], Tsinghua University, https://www.tsinghua.edu.cn/xxgk/tjzl.htm.

90 "2018-2019 Academic Year Undergraduate Education Quality Report," Tsinghua University, December 2019.

91 Karen Rhodes, "UC Berkeley and Tsinghua University Launch Research and Graduate Education Partnership," *Berkeley News*, September 6, 2014.

92 Nick Wingfield, "University of Washington and Chinese University Unite to Form Technology Institute," *New York Times*, June 18, 2015.

93 Zhonghua renmin gongheguo jiaoyubu, "Jiaoyubu guanyu yinfa tuijin gong jian yidai yilu jiaoyu xingdong fang'an de tongzhi" [Ministry of Education of the People's Republic of China, Notice of the Ministry of Education on Printing and Distributing the Education Action Plan for Promoting the Belt and Road Initiative], July 15, 2016.

94 Tsinghua University, "Shisanwu fazhan guihua gangyao."

95 Beijing Net, "Qinghua daxue quanqiu gongtong fazhan yanjiuyuan ruxuan 'yidai yilu' yanjiu tese zhiku" [Tsinghua University Global Common Development Institute Selected as a Special Think-Tank for "Belt and Road" Research], November 18, 2019; Tsinghua University, "Qinghua daxue juban di si jie 'yidai yilu' dawosi luntan" [Tsinghua University Holds the Fourth "Belt and Road" Davos Forum], January 23, 2020; Tsinghua University, "Yidai yilu" guoji gonggong guanli shuoshi (IMPA-BRI) xiangmu 2020 nian zhoasheng jianzhang" [Belt and Road International Master of Public Administration (IMPA-BRI) project 2020 Admissions Guide], http://www.sppm.tsinghua.edu.cn/xwjy/IMPABRI/, accessed May 12, 2020.

96 Eva Dou, "Who is Tsinghua Unigroup, the Firm Preparing a $23 Billion Bid for Micron," *Wall Street Journal* blog, July 14, 2015; Paul Mozur 및 Quentin Hardy, "Micron Technology Is Said to Be Takeover Target of Chinese Company," *New York Times*, July 14, 2015; John Kang, "Why China Wants U.S. Memory Chip Technology—And What Washington Is Doing About It," December 6, 2016.

97 국제정치학에서 기존의 패권 국가와 새로 부상하는 신흥 강대국이 부딪히며 결국 전쟁으로 치닫게 되는 상황을 뜻한다. 미국의 정치학자 그레이엄 앨리슨(Graham Allison)이 저서 《예정된 전쟁: 미국과 중국은 투키디데스의 함정에서 벗어날 수 있는가?(Destined for War: Can America and China Escape Thucydides's Trap?)》에서 처음 사용하며 대중적으로 널리 알려졌다(옮긴이).

98 Stephen A. Schwarzman, *What It Takes: Lessons in the Pursuit of Excellence* (New York: Avid

Reader Press, 2019), 291.

99 Keith Bradsher, "$300 Million Scholarship for Study in China Signals a New Focus," *New York Times*, April 20, 2013.

100 "Qinghua daxue 2020 nian bumen yusuan" [Tsinghua University 2020 Departmental Budget], Tsinghua University, July 2020.

제10장

1 William C. Kirby, "Engineers and the State in Modern China," William P. Alford, Kenneth Winston, 및 William C. Kirby 편저, *Prospects for the Professions in China* (New York: Routledge, 2011), 286-287. 또한 Charles D. Musgrove, *China's Contested Capital: Architecture, Ritual and Response in Nanjing* (Honolulu: University of Hawaii Press, 2013) 참조.

2 이 섹션은 Wang Dezi 편저, *Nanjing daxueshi* [History of Nanjing University] (Nanjing: Nanjing daxue chubanshi, 1992) 및 Wang Dezi, Gong Fang, 및 Mao Rong 편저, *Nanjing daxue bainian shi* [One-Hundred Year History of Nanjing University] (Nanjing: Nanjing daxue chubanshi, 2002)에 크게 의존함.

3 Wang, Gong, 및 Mao, *Nanjing daxue bainian shi*, 53.

4 Guy S. Alitto, *The Last Confucian: Liang Shu-ming and the Chinese Dilemma of Modernity* (Berkeley: University of California Press, 1979), 6-7; Laurence Schneider, "National Essence and the New Intelligentsia," Charlotte Furth 편저, *The Limits of Change: Essays on Conservative Alternatives in Republican China* (Cambridge, MA: Harvard University Press, 1976), 58-75, 곳곳에 언급됨. 학형파 학자들에 대한 묘사는 Schneider, 73에서 인용.

5 Wang, *Nanjing daxueshi*, 134.

6 William C. Kirby, *Germany and Republican China* (Stanford: Stanford University Press, 1984) 참조.

7 Wen-hsin Yeh, *The Alienated Academy* (Cambridge, MA: Harvard University Asia Center, 1990), 179 및 제5장 곳곳을 참조.

8 Robert Lawrence Kuhn, *The Man Who Changed China: The Life and Legacy of Jiang Zemin* (New York: Crown Publishers, 2004), 42.

9 Augustus S. Downing, "Report on Higher Education for the School Year 1918-19," *Sixteenth Annual Report of the Education Department: University of the State of New York, Volume III* (Albany: University of the State of New York and State Department of Education, 1919), 60-66.

10 Ibid.

11 Wang, *Nanjing daxueshi*, 466-468.

12 Wang, *Nanjing daxueshi*, 476-477.

13 Yoshi S. Kuno, *Educational Institutions in the Orient with Special Reference to Colleges and Universities in the United States, Part II* (Berkeley: University of California, 1928); Wang Dezi, *Nanjing daxueshi*, 480.

14 Wang, *Nanjing daxueshi*, 498.

15 Jinling의 과거 영어식(웨이드-자일스식) 표기(옮긴이).

16 세븐시스터스는 미국 동부의 명문 여성 리버럴아츠칼리지 7곳을 통칭하는 관용적 표현이다. 여기

에는 바너드칼리지(Barnard College), 브린마칼리지(Bryn Mawr College), 마운트홀리오크칼리지
(Mount Holyoke College), 스미스칼리지(Smith College), 웰즐리칼리지(Wellesley College), 배서칼
리지(Vassar College), 래드클리프칼리지(Radcliffe College)가 포함된다. 이중 배서칼리지는 현재
남녀공학으로 전환되었고, 래드클리프칼리지는 하버드대학교 하버드칼리지에 흡수되었다
(옮긴이).

17　Mrs. Lawrence Thurston 및 Ruth M. Chester, *Ginling College* (New York: United Board for Chris-
　　tian Colleges in China, 1955), 2-3; Downing, "Report on Higher Education," 61-62, 71-74.

18　Ellen Widmer, "The Seven Sisters and China, 1900-1950," in *China's Christian Colleges:
　　Cross-Cultural Connections, 1900-1950*, Daniel H. Bays and Ellen Widmer, eds. (Stanford: Stan-
　　ford University Press, 2009), 88.

19　Hua Ling Hu, *American Goddess at the Rape of Nanking: The Courage of Minnie Vautrin*
　　(Carbondale: Southern Illinois University Press, 2000).

20　Thurston and Chester, *Ginling College*, 135.

21　Jun Li, Jing Lin, and Fang Gong, "Nanjing University: Redeeming the Past by Academic Mer-
　　it," in Ruth Hayhoe, Jun Li, Jing Lin, and Qiang Zha, *Portraits of 21st Century Chinese Uni-
　　versities: In the Move to Mass Higher Education* (Dordrecht, NL: Springer, 2011), 135-136 참조.

22　Widmer, "The Seven Sisters and China," 94.

23　Wang, Gong, and Mao, *Nanjing daxue bainian shi*, 305.

24　1960년대 전반 마오쩌둥이 대약진운동의 실패로 일선에서 물러난 후 일시적으로 류샤오치
　　와 덩샤오핑 등이 집권해 기존의 급진적인 정책을 조정하고자 했던 시기를 말한다(옮긴이).

25　"Nanjing daxue jiu chu fan dang fan shehuizhuyi de fangeming fenzi Kuang Yaming. Jiangsu
　　sheng wei jueding chexiao Kuang Yaming yiqie zhiwu, shoudao relie yonghu" [Nanjing Univer-
　　sity Uncovered Kuang Yaming as an Anti-Party and Anti-Socialist Counter-Revolutionary. The
　　Jiangsu Provincial Party Committee's Decision to Remove Kuang Yaming from All Positions
　　was Warmly Supported], *Renmin ribao*[People's Daily], June 16, 1966.

26　문화대혁명 초기 단계의 난징대학에 관한 훌륭한 자료로는 Dong Guoqian 및 Andrew G.
　　Walder, "Factions in a Bureaucratic Setting: The Origins of Cultural Revolution Conflict in
　　Nanjing," *The China Journal*, no. 65 (Jan. 2011), 1-25, 특히 11~18쪽이 있음.

27　Li, Lin, Fang, "Nanjing University," 137-138.

28　중국사학자들은 이를 《청사고(清史稿)》라고 부른다(옮긴이).

29　Zhang Xianwen, *Zhonghua minguo shigang* [Outline History of the Republic of China]
　　(Zhengshou: Henan renmin chubanshe, 1985) 참조.

30　Guido Samarani, "Studies on the History of Republican China in the PRC and the Nanjing
　　Research Center," *Revue Bibliographique de Sinologie*, 14 (1996): 153-158.

31　Norton Wheeler, "Educational Exchange in Post-Mao U.S.-China Relations: The Hop-
　　kins-Nanjing Center," *The Journal of American-East Asian Relations 17*, no. 1 (2010): 56-88.

32　Maria Blackburn, "Professor Chien, Diplomat," *Johns Hopkins Magazine*, June 10, 1986.

33　공식 명칭은 폴니츠고등국제학대학원(Paul H. Nitze School of Advanced International Studies)이다
　　(옮긴이).

34　Katie Pearce, "Trailblazing Chinese-American Grad Program Celebrates 30 Years in Nanjing,"
　　Johns Hopkins University, June 2016.

35 Mira Sorvino, "Anti-Africanism in China: An Investigation into Chinese Attitudes toward Black Students in the PRC" (학부 우등 졸업 논문, Department of East Asian Languages and Civilizations, Harvard College, December 1989).

36 Maria Blackburn, "Professor Chien, Diplomat."

37 Li, Lin, 및 Fang, "Nanjing University," 139-140.

38 "'211 gongcheng' he '985 gongcheng' yuan yu '835 jianyi'" ['Project 211' and 'Project 985' Originated from '835 Suggestions'], *Zhongguo Jiangsu wang* [Jiangsu Net], October 11, 2019.

39 Ibid.

40 "Dailing Nanjing daxue chengwei guonei dingjian gaoxiao de qian Nanda xiaozhang—Qu Qinyue [The President Who Led Nanjing University to Be at the Apex of Domestic Universities—Qu Qinyue], *Nanjing daxue xiaoyou wang* [Nanjing University Alumni Net], September 9, 2020.

41 *Nanjing daxue nianjian* 1999 [Nanjing University 1999 Yearbook] (Nanjing: Nanjing daxue chubanshe, 2000), 10-21.

42 Naomi Ching, "Fame Is Fortune in Sino-science," *Nautilus*, September 19, 2013.

43 Li, Lin, 및 Fang, "Nanjing University," 141에서 재인용.

44 Jun Li, 등, "Nanjing University," 142; *Zhongguo tongji nianjian* 2006 *he* 1991 [China Statistical Yearbook for 2006 and 1991].

45 Nanjing daxue, "Shisanwu fazhan guihua" [Nanjing University, 13th Five-Year Development Plan], July 2016, 12.

46 Nanjing daxue, "Yiliu daxue jianshe guihua" [Nanjing University, World-Class University Development Plan], December 26, 2017.

47 Ibid.

48 "School Profile," Kuang Yaming Honors School, Nanjing University, https://dii.nju.edu.cn/kym_en.

49 Nanjing daxue, "Yiliu daxue jianshe guihua."

50 Li, Lin, 및 Fang, "Nanjing University," 152.

51 Nanjing daxue, "Shisanwu fazhan guihua."

52 Manhan Education, "Nanjing daxue 2019-2020 nian jiaoyan gangwei rencai yinjin yu zhaopin jihua" [Nanjing University's 2019-2020 Teaching and Research Post Talent Introduction and Recruitment Plan], *Zhihu*, July 24, 2019.

53 Nanjing daxue xinwen wang, "Nanjing daxue qidong xin yi lun 'shandi rencai zhichi jihua,' xuanba qing nian rencai ke xiangshou youdai" [Nanjing University News Net, Nanjing University Has Launched a New Round of "Mountain Talent Support Plan" and Selected Young Talents Can Enjoy Preferential Treatment], Beijing Zhong Gong Education, May 15, 2018.

54 2015년 3월 30일 난징에서 내가 양중과 진행한 인터뷰.

55 "History of NJU," Nanjing University School History Museum, https://web.archive.org/web/20170504075303/http://museum.nju.edu.cn/univerhistory/index_02.asp?column=01.

56 "Xuexiao jianjie" [School Profile], Nanjing University Jinling College, https://www.jlxy.nju.edu.cn/xygk/xxjj.htm.

57 "Nanda jinling xueyuan xiaoyou xiao kule, san ben zhuan she wei 985 xiaoyuan chengwei

Nanda xiaoyoule" [Alumni of Nanjing University's Jinling College Laughed and Cried as the Three Independent Colleges Were Converted to a 985 Campus, and They Become Alumni of Nanjing University], Cunman Entertainment Network, July 19, 2020.

58 "Nanjing daxue jinling xueyuan banqian hou pukou xiaoqu jiang bian cheng zheyang" [After the Relocation of Nanjing University's Jinling College, Pukou Campus Will Look Like This], 360 Kuai, May 14, 2019.

59 "Nanjing daxue 2016 nian bumen yusuan" [Nanjing University 2016 Departmental Budget], Nanjing University, May 2016.

60 "Nanjing daxue xiao shi" [Nanjing University School History], Nanjing University, https://web.archive.org/web/20160304030017/http://museum.nju.edu.cn/univerhistory/index_02.asp?column=01; "Nanjing daxue benke jiaoxue zhiliang baogao, 2013 niandu" [Nanjing University 2013 Undergraduate Teaching Quality Annual Report], Nanjing University, http://xxgk.nju.edu.cn/07/15/c199a1813/page.htm.

61 Nanjing daxue, "Nanjing daxue jiaoyu fazhan jijin hui gongzuo baogao, 2017 niandu" [Nanjing University, Nanjing University Education Development Foundation 2017 Annual Report], February 28, 2019.

62 "The Flagship History," The Language Flagship, https://www.thelanguageflagship.org/content/flagship-history, accessed August 2020.

63 U.S. Department of Education, Office of Postsecondary Education, "Enhancing Foreign Language Proficiency in the United States" (Washington, DC, 2008).

64 Joel Campbell, "BYU Trying to Recall Group from Nanjing," *Deseret News*, June 6, 1989; The Nanjing Chinese Flagship Center, "About the Nanjing Chinese Flagship Center," https://chinesefs.byu.edu/, accessed August 2020.

65 William A. Stanton, "Arrival of Flagship in Taiwan Significant for US-Taiwan Relations," *Taiwan News*, October 13, 2019.

66 Elizabeth Redden, "3 More Universities Close Confucius Institutes," *Inside Higher Ed*, May 1, 2019.

67 William A. Stanton, "Arrival of Flagship in Taiwan Significant for US-Taiwan Relations."

68 "Donors," Schwarzman Scholars, https://www.schwarzmanscholars.org/donors/, accessed August 2020.

69 "Schwarzman Scholars Announces Inaugural Class," Schwarzman Scholars, January 11, 2016.

70 "Schwarzman Scholars Announces Class of 2021," Schwarzman Scholars, December 4, 2019.

71 "Degrees of Danger," *Week in China*, August 30, 2019, https://www.weekinchina.com/2019/08/degrees-of-danger/; "FAQ," Yenching Academy of Peking University, https://yenchingacademy.pku.edu.cn/ADMISSIONS/Frequently_Asked_Questions.htm, accessed August 2020.

72 "Schwarzman Scholars: Global Leadership for the 21st Century," Schwarzman Scholars, December 2018; "Fellowship Program Information Sheet—Yenching Scholarship," Smith College, https://www.smith.edu/fellowships/docs/1.YEN.2.001_Fellowship_Info_Sheet_Yenching.pdf, accessed August 2020.

73 "Class Profile: Hopkins-Nanjing Center," Johns Hopkins School of Advanced International

Studies, https://sais.jhu.edu/hopkins-nanjing-center/class-profile-hopkins-nanjing-center, accessed August 2020.

74 Nanjing daxue, "Shisanwu fazhan guihua."

75 Shanghai Observer, "Zhongyang jiang dui Qinghua Beida deng 29 suo gaoxiao kaizhan xunshi. Wang Qishan: xunshi yao qizhixianming jiang zhengzhe" [The Central Government Will Conduct Special Inspections of 29 Universities, Including Tsinghua University and Peking University. Wang Qishan: The Inspections Must Take a Clear Stand and Speak to Politics], February 22, 2017.

76 Emily Feng, "Ideological Purge Hits China Universities with Western Ties," *Financial Times*, April 24, 2017.

77 "Xi Jinping zai Zhongguo zhengfa daxue kaocha" [Xi Jinping Inspects China University of Political Science and Law], *Xinhua*, May 3, 2017.

78 Nanjing daxue zhonggong jiwei, "Nanjing daxue dangwei xunshi fankui qingkuang ji zhenggai luoshi gongzuo ganbu dahui zhaokai" [Nanjing University CCP Disciplinary Inspection Committee, Nanjing University Party Committee's Inspection Feedback and Rectification Implementation Work Cadre Meeting Held], *Nanjing daxue xinwen wang* [Nanjing University News Net], June 27, 2017.

79 Zhonggong Nanjing daxue dangwei, "Nanjing daxue xunshi zhenggai tongbao: dui weiji zhongceng ganbu yi cha daodi" [Nanjing University Committee of the Communist Party of China, Nanjing University Inspection and Rectification Bulletin: A Thorough Investigation of Middle-Level Cadres Who Violate Discipline], *Sina News*, August 28, 2017.

80 1940년대 이래 마오쩌둥과 공산당 지도부가 당내에 마르크스-레닌주의 사상을 확립하고 당의 이익에 반하는 요소를 배격해 당의 기풍을 쇄신하며, 지도력을 공고히 하기 위해 벌인 정치 운동(옮긴이).

81 Ibid.

82 Ibid.

83 Nanjing daxue zhonggong jiwei, "Xiao dangwei zhongxin zu zhuanti xuexi xin dangzhang" [Nanjing University CCP Disciplinary Inspection Committee, The School Party Committee Leading Group Holds Special Meeting to Learn New Party Constitution], *Nanjing daxue xinwen wang* [Nanjing University News Net], November 2, 2017.

84 Nanjing daxue zhonggong jiwei, "Nanjing daxue xinwen 2018 nian quanmian cong yan zhi dang gongzuo huiyi" [Nanjing University CCP Disciplinary Inspection Committee, Nanjing University Holds the 2018 Comprehensive Party Governance Work Conference], Nanjing daxue xinwen wang [Nanjing University News Net], April 13, 2018.

85 Nanjing daxue, "Yiliu daxue jianshe guihua."

86 Ibid.

87 Ibid.

88 "Makesi zhuyi lilun yanjiu yu jianshe xiangmu" [Marxist Theory Research and Construction Project"] *Zhongguo gongchandang xinwen* [Communist Party of China News], September 25, 2008; "Zhonggong zhongyang guowuyuan yinfa guanyu jinyibu jiaqiang he gaijin daxuesheng sixiang zhengzhi jiaoyu de yijian" [The Central Committee of the Communist Party of China

and the State Council Opinions on Further Strengthening and Improving the Ideological and Political Education of College Students], *Zhonghua renmin gongheguo jiaoyubu* [Ministry of Education of the People's Republic of China], October 14, 2004.

89   "Nanjing University 2017-2018 Undergraduate Education Quality Report," Nanjing University, December 20, 2018.

90   Zhonggong Nanjing daxue weiyuanhui, "Nanjing daxue guanyu qieshi jiaqiang he gaijin shi de xuefeng jianshe de ruogan yijian" [Nanjing University Committee of the Communist Party of China, About Nanjing University: Several Opinions on Strengthening and Improving the Development of Teachers' Ethics and Style of Study], May 17, 2018.

91   Nanjing daxue Makesi zhuyi yuedu yanjiu she, "Nanda ma hui zhi Nanjing daxue dangwei shuji Hu Jinbo de gongkaixin" [Marxist Reading and Research Society, An Open Letter from a Nanjing University Club to the Secretary of the Nanjing University Party Committee Hu Jinbo], October 16, 2018.

92   Ran Ran, "Zhongguo zuoyi qingnian de chengzhang he guanfang de daya" [The Rise and Official Suppression of China's Left-Wing Youth], BBC News, December 28, 2018.

93   "Shenzhen Jasic Workers' Rights Defense: Left-Wing Youth and Political Aspirations," BBC News, August 16, 2018.

94   "Shenzhen jia shi weiquan: Shengyuan tuan chengyuan pilu bei jingfang dai zou guocheng" [Shenzhen Jasic Rights Defense: Members of the Support Group Disclose the Process of Being Taken Away by the Police], BBC News, August 29, 2018.

95   Ran Ran, "Zhongguo zuoyi qingnian de chengzhang he guanfang de daya."

96   Nanjing daxue Makesi zhuyi yuedu yanjiu she, "Nanda ma hui zhi Nanjing daxue dangwei shuji Hu Jinbo de gongkaixin."

97   Nanjing daxue Makesi zhuyi yuedu yanjiu she, "Nanda Makesi zhuyi yuedu yanjiu hui julebu baoming shijian (09.12-11.05)" [Marxist Reading and Research Society of Nanjing University, Nanda's Marxist Reading and Research Society Club Registration Timeline (09.12-11.05)], November 2, 2018.

98   Voice of America, "Shenzhen jia shi weiquan huodong renshi zai zao jingfang yanli zhenya" [Shenzhen Jasic Rights Activists Are Severely Suppressed by the Police Again], November 11, 2018.

99   Nanjing daxue Makesi zhuyi yuedu yanjiu she, "Nanda Makesi zhuyi yuedu yanjiu hui julebu baoming shijian (09.12-11.05)."

100   "Zhonggong zhongyang ziyuan Hu Jinbo wei Nanjing shuji" [The Central Committee of the Communist Party of China Appointed Hu Jinbo as Secretary of the Party Committee of Nanjing University], *Nanjing daxue xiaoyou wang* [Nanjing University Alumni Net], October 23, 2018, https://alumni.nju.edu.cn/90/17/c276a299031/pagem.htm; Yan Hongliang, "Zhang Yibin xieren Nanda dangwei shuji: zhudong tichu cong lingdao gangwei tui xia" [Zhang Yibin Stepped Down as Secretary of the Nanda Party Committee: Voluntarily Proposed to Retire from the Leadership Position], *Sina News*, October 24, 2018.

101   Nanjing daxue Makesi zhuyi yuedu yanjiu she, "Nanda ma hui zhi Nanjing daxue dangwei shuji Hu Jinbo de gongkaixin."

102   Ran Ran, "Zhongguo zuoyi qingnian de chengzhang he guanfang de daya."

103   He Haiwei, "Zhongguo duo ming changdao gongren quanli de nianqing huodong renshi shi-zong" [Several Young Activists Advocating for Workers' Rights in China Have Disappeared], *New York Times* (Chinese Edition), November 12, 2018.

104   Wen Yuqing, Han Jie, 및 Luisetta Mudie, "China Replaces Head of Peking University with Communist Party Chief," *Radio Free Asia*, November 25, 2018; "Zhu Xinkai ren Zhongguo renmin daxue dangwei changwei, fu xiaozhang" [Zhu Xinkai Serves as a Member of the Standing Committee of the Party Committee and Vice President of Renmin University of China], *Renmin ribao* [People's Daily], November 28, 2018; "Qi Pengfei ren Zhongguo renmin daxue dangwei fu shuji" [Qi Pengfei Is Appointed Deputy Secretary of the Renmin University of China Party Committee], *Xinhua*, June 27, 2019; "Zhonggong zhongyang ziyuan Hu Jinbo wei Nanjing shuji."

105   Javier C. Hernández, "Cornell Cuts Ties with Chinese School after Crackdown on Students," *New York Times*, October 29, 2018.

106   Beijing daxue jiaoyu fa yanjiu zhongxin, "Nanjing daxue zhangcheng" [Peking University Research Center for Education Law, Charter of Nanjing University], October 12, 2015.

107   "Jiaoyubu guanyu tongyi Fudan daxue zhangcheng tiaokuan xiugai de pifu" [Reply of the Ministry of Education on Agreeing to the Revision of Some Articles of Fudan University's Charter], Zhonghua renmin gongheguo jiaoyubu [Ministry of Education of the People's Republic of China], December 5, 2019.

108   Ibid.

109   Ibid.

110   Beijing daxue jiaoyu fa yanjiu zhongxin, "Nanjing daxue zhangcheng."

111   "Jiaoyubu guanyu tongyi Fudan daxue zhangcheng tiaokuan xiugai de pifu."

112   Philip Wen, "Delete 'Freedom' and Emphasize 'Loyalty': Chinese Colleges and Universities Revise Their Statutes, Raising Objections," *Wall Street Journal*, December 20, 2019.

113   Emily Feng, "Chinese Universities Are Enshrining Communist Party Control in Their Charters," NPR, January 20, 2020.

114   Douglas Belkin 및 Philip Wen, "American Colleges Watch for Changes at Chinese Universities," *Wall Street Journal*, December 27, 2019.

115   "Jiaoyubu 2020 nian bumen yusuan" [Ministry of Education 2020 Departmental Budget], June 11, 2020, Ministry of Education of the People's Republic of China, http://www.moe.gov.cn/srcsite/A05/s7499/202006/t20200611_465019.html.

116   "Nanjing daxue 2020 nian bumen yusuan" [Nanjing University 2020 Departmental Budget], Nanjing University, July 3, 2020.

제11장

1   2019년 10월 15일 홍콩에서 내가 장상과 진행한 인터뷰.

2   Ibid.

3 Ibid.

4 Ibid.

5 Ibid.

6 *London Gazette*, no. 28024, May 24, 1907, 3589; Peter Cunich, *A History of the University of Hong Kong, Volume 1: 1911-1945* (Hong Kong: Hong Kong University Press, 2012), 80.

7 *Nineteenth Century and After* 1910년 10월호에 게재된 Lugard의 기사에서 인용, Bernard Mellor, *Lugard in Hong Kong: Empires, Education and a Governor at Work, 1907-1912* (Hong Kong: Hong Kong University Press, 1992), 1-2쪽에서 재인용.

8 Cunich, *A History of the University of Hong Kong*, 82.

9 인도에 정착한 조로아스터교 신자 공동체 출신을 뜻한다(옮긴이).

10 Bert Becker, "The 'German Factor' in the Founding of the University of Hong Kong," *An Impossible Dream: Hong Kong University from Foundation to Re-establishment, 1910-1950*, Lau Kit-Ching Chan 및 Peter Cunich 편저 (Oxford: Oxford University Press, 2002), 29.

11 Cunich, *A History of the University of Hong Kong*, 86.

12 Cunich, *A History of the University of Hong Kong*, 120.

13 Mellor, *Lugard in Hong Kong*, 3.

14 Cunich, *A History of the University of Hong Kong*, 185.

15 영국 및 일부 영 연방권 대학에서 사용되는 교수 직급 명칭(옮긴이).

16 University of Hong Kong Calendar, 1955-1956. (Hong Kong: Cathay Press, 1955), 11.

17 Cunich, *A History of the University of Hong Kong*, 169.

18 Cunich, *A History of the University of Hong Kong*, 262.

19 Cunich, *A History of the University of Hong Kong*, 301.

20 Cunich, *A History of the University of Hong Kong*, 312.

21 Brian Harrison, "The Years of Growth," *University of Hong Kong: The First 50 Years, 1911-1961*, Brian Harrison 편저 (Hong Kong: Cathay Press, 1963), 54-55.

22 Cunich, *A History of the University of Hong Kong*, 335.

23 Sloss, Cunich, *A History of the University of Hong Kong*, 335쪽에서 재인용.

24 Cunich, *A History of the University of Hong Kong*, 340.

25 Cunich, *A History of the University of Hong Kong*, 388-389.

26 중일전쟁기 국민당 통치 구역을 '국통구(國統區)'라고 불렀고, 일본에 함락된 화북과 화동 일대를 '윤함구(淪陷區)'라고 표현한다. 한편, 공산당의 세력이 강성했던 지역은 '해방구(解放區)'라고 불리기도 했다(옮긴이).

27 Cunich, *A History of the University of Hong Kong*, 433쪽에서 재인용.

28 Francis Stock, "A New Beginning" in Harrison, *University of Hong Kong*, 86.

29 "Milestones through the Decades," Chinese University of Hong Kong, 2015, http://www.cuhk.edu.hk/ugallery/en/zone-a.html, accessed December 9, 2015.

30 *Faculty of Arts* 100: *A Century in Words and Images* (Hong Kong: University of Hong Kong Faculty of Arts, 2014), 100.

31 *Faculty of Arts* 100, 33

32 Chinese Central Government, "Full Text of Sino-British Joint Declaration," Government of China, June 14, 2007.

33   Phoebe H. Stevenson, "Higher Education in Hong Kong: A Case Study of Universities Navigating through the Asian Economic Crisis" (박사 학위 논문, University of Pennsylvania, 2010), 14-15.

34   "The Basic Law of the Hong Kong Special Administrative Region of the People's Republic of China," Government of Hong Kong, accessed October 22, 2019; "Wang Gungwu, Historian and Former Vice-Chancellor of the University of Hong Kong, Shares Life Memories and His Views on Hong Kong's Future," *South China Morning Post* video, September 7, 2019.

35   "University Allows Display of Democracy Sculpture," *The Globe and Mail*, June 7, 1997.

36   University Grants Committee, *Hong Kong Higher Education: To Make a Difference, To Move with the Times*, January 2004.

37   "Quick Stats," University of Hong Kong, http://www.cpao.hku.hk/qstats/, accessed October 28, 2015.

38   "Staff Profiles," Quick Stats, University of Hong Kong, https://www.cpao.hku.hk/qstats/staff-profiles, accessed November 2020.

39   Mimi Lau, "Global HKU is on Top of the World," *South China Morning Post*, November 10, 2007.

40   2015년 10월 20일 홍콩에서 내가 피터 매시슨과 진행한 인터뷰.

41   University of Hong Kong Strategic Planning Unit, *University of Hong Kong Strategic 2009-2014 Development*, November 2009, 6.

42   2015년 10월 15일 홍콩에서 내가 아서 리와 진행한 인터뷰.

43   2015년 5월 12일 홍콩에서 내가 이언 홀리데이와 진행한 인터뷰.

44   Rayson Huang, *A Lifetime in Academia* (Hong Kong: Hong Kong University Press, 2000), 102.

45   2015년 5월 15일 홍콩에서 내가 익명의 소식통과 진행한 인터뷰.

46   2015년 5월 11일 홍콩에서 내가 롤런드 친과 진행한 인터뷰.

47   Ibid.

48   "Terms for Re-appointment beyond Retirement Age," Human Resources of HKU, September 13, 2018.

49   Cindy Wan, "HKU court calls for review of retirement age," *The Standard*, December 18, 2018.

50   Kris Cheng, "HKU grants 2-year contract extensions for liberal profs Johannes Chan and Petula Ho instead of 5," *Hong Kong Free Press*, August 10, 2018.

51   Karen Zhang, "HKU academic staff express discontent over retirement at 60 in forum with management and alumni," *South China Morning Post*, November 20, 2018.

52   *Fit for Purpose Report*, 2003, http://www.hku.hk/about/governance/purpose_report.html, accessed February 11, 2016.

53   "The Senate (Membership)," University of Hong Kong, 2015, http://www.hku.hk/about/governance/governance_structure/the-court/senate_membership.html, accessed December 9, 2015.

54   "The Court (Membership)," University of Hong Kong, 2015, http://www.hku.hk/about/governance/governance_structure/the-court/court_membership.html, accessed December 9, 2015.

55   2015년 5월 12일 홍콩에서 내가가 존 말파스(John Malpas)와 진행한 인터뷰.

56   Ibid.

57 Ibid.

58 The University of Hong Kong—Strategic Development 2003-2008, "Transforming the University for the 21st Century," https://www.sppoweb.hku.hk/sdplan/2003_08/english/fs-transform.htm.

59 The University of Hong Kong, "HKU Ranked 18th amongst the World's Top 200 universities," https://www.hku.hk/press/news_detail_5651.html.

60 "Asia's Global University: The Next Decade: Our Vision for 2016-2025," The University of Hong Kong, https://www.sppoweb.hku.hk/vision2016-2025/index.html.

61 "About ZIRI," Zhejiang Institute of Research and Innovation, http://www.ziri.hku.hk/en/about.html; LKS Faculty of Medicine, The University of Hong Kong, "The University of Hong Kong-Shenzhen Hospital," https://fmpc.hku.hk/en/Clinical-Services/The-University-of-Hong-Kong-Shenzhen-Hospital.

62 *University of Hong Kong Financial Report*, 2018, http://www.feo.hku.hk/finance/information/annualreport/publications/2018/HTML/index.htmlaccessed October 21, 2019.

63 "Undergraduate Admissions," University of Hong Kong, 2019, https://aal.hku.hk/admissions/international/admissions-information?page=en/fees-and-scholarships http://www.als.hku.hk/admission/mainland/admission/overview#, accessed October 22, 2019.

64 "Centennial College," University of Hong Kong, 2019, https://www.centennialcollege.hku.hk/en/faq, accessed October 22, 2019.

65 University of Hong Kong Financial Report, 2014, http://www.feo.hku.hk/finance/information/annualreport.html?v=1449761272864, accessed December 10, 2015.

66 University of Hong Kong Financial Report, 2018, http://www.feo.hku.hk/finance/information/annualreport/publications/2018/HTML/index.html, accessed October 21, 2019.

67 2015년 5월 15일 홍콩에서 내가 익명의 소식통과 진행한 인터뷰.

68 "People's Satisfaction with HKSARG's Pace of Democratic Development (Half-Yearly Average)," HKU Public Opinion Programme, https://www.hkupop.hku.hk/english/popexpress/sargperf/demo/halfyr/demo_halfyr_chart.html, accessed January 2020.

69 "People's Lack of Confidence in HK's Future, People's Lack of Confidence in China's Future and People's Lack of Confidence in 'One Country, Two Systems,'" HKU Public Opinion Programme, accessed January 2020; "People's Confidence in HK's Future, People's Confidence inChina's Future and People's Confidence in 'One Country, Two Systems,'" HKU Public Opinion Programme.

70 "CUHK Hong Kong Quality of Life Index Reveals Continuous Improvement of Quality of Life for Hong Kong," CUHK Communications and Public Relations Office, https://www.cpr.cuhk.edu.hk/en/press_detail.php?id=487&t=cuhk-hong-kong-quality-of-life-index-reveals-continuous-improvement-of-quality-of-life-for-hong-kong, accessed January 2020.

71 "CUHK Hong Kong Quality of Life Index: Quality of Life in Hong Kong Declined," CUHK Communications and Public Relations Office, https://www.cpr.cuhk.edu.hk/en/press_detail.php?id=1351&t=cuhk-hong-kong-quality-of-life-index-quality-of-life-in-hong-kong-declined, accessed January 2020.

72 "Categorical Ethnic Identity (per poll)," HKU Public Opinion Programme, https://www.hk-

upop.hku.hk/english/popexpress/ethnic/eidentity/poll/eid_poll_chart.html, accessed January 2020.

73   "Hong Kong Controversy Strikes University Officials," *Wall Street Journal*, September 7, 2000, http://search.proquest.com.ezp-prod1.hul.harvard.edu/docview/398878047?accountid=11311, accessed December 9, 2015.

74   Peter So, "University Chief Vows Truth on Police Action," *South China Morning Post*, September 6, 2011; Dennis Chong and Tanna Chong, "Tsui Denies He Was Forced to Quit University," *South China Morning Post*, October 27, 2011.

75   Reuters, "Explainer: What Was Hong Kong's 'Occupy' Movement All About?," April 23, 2019.

76   Hong Kong Special Administrative Region, "Decision of the Standing Committee of the National People's Congress on Issues Relating to the Selection of the Chief Executive of the Hong Kong Special Administrative Region by Universal Suffrage and on the Method for Forming the Legislative Council of the Hong Kong Special Administrative Region in the Year 2016," August 31, 2014.

77   Harry Ong, "What Is HKU's Murky Role in 'Occupy Central'?," *China Daily*, November 4, 2014.

78   Kris Cheng, "Explainer: The HKU Pro-Vice-Chancellor Debacle," *Hong Kong Free Press*, September 30, 2015.

79   "Thousands Sign Petition against HKU Students," *RTHK News*, August 5, 2015.

80   RTHK, "7,000 HKU Alumni Favor Johannes Chan," *The Standard*, September 2, 2015.

81   Michael Forsythe, "Vote at Hong Kong University Stirs Concern over Beijing's Influence," *New York Times*, September 30, 2015.

82   Billy Fung, "Zhuanzai: Feng Jing'en jiu yue ershijiu xiaoweihui huiyi zhi geren shengming quanwen" [Reprint: Billy Fung's Personal Recollection of the September 29 University Council Meeting], *Post* 852, September 29, 2015.

83   Jeffie Lam, "More than 3,000 March against Arthur Li's Appointment as Chairman of HKU Governing Council," *South China Morning Post*, January 4, 2016.

84   *The Report of the Review Panel on University Governance* (University of Hong Kong, February 2017) 참조.

85   Working Party on the Recommendations of the Review Panel on University Governance, *Report of the Working Party* (University of Hong Kong, June 2017).

86   *The Report of the Review Panel on University Governance*.

87   "HKU Groups Condemn Reappointment of Arthur Li," RTHK News, January 1, 2019.

88   *Fugitive Offenders and Mutual Legal Assistance in Criminal Matters Legislation (Amendment) Bill 2019* (Hong Kong Legislative Council, March 2019).

89   Fion Li and Carol Zhong, "Everything You Need to Know About the Extradition Bill Rocking Hong Kong," *Washington Post*, June 13, 2019.

90   James Pomfret and Farah Master, "Hong Kong Pushes Bill Allowing Extraditions to China Despite Biggest Protest Since Handover," Reuters, June 9, 2019.

91   "Hong Kong Protest: 'Nearly Two Million' Join Demonstration," BBC, June 17, 2019.

92 Hillary Leung, "Hong Kong University Students Reject Invitation to Meet City's Leader for Closed-Door Talks," *Time*, July 5, 2019.

93 Alvin Lum, "University of Hong Kong President Zhang Xiang Calls for 'Every Corner of Society' to Mend Political Divide through Talking as City Gears up for More Marches," *South China Morning Post*, July 18, 2019.

94 Yojana Sharma, "Students Defy University Warnings with Classes' Boycott," *University World News*, September 3, 2019.

95 Center for Communication and Public Opinion Survey, "Onsite Survey Findings in Hong Kong's Anti-Extradition Bill Protests," Chinese University of Hong Kong, August 2019.

96 Ibid.

97 Li Xinxin, "Yuan Guoyong, "Fan xiuli shiwei chongtu shoushang renshu keneng yu 2000 ren" [Yuan Guoyong: The Number of Injured in the Anti-reform Demonstrations May Exceed 2,000], RTHK News, August 15, 2019.

98 Greg Torode, James Pomfret 및 David Lague, "China Quietly Doubles Troop Levels in Hong Kong, Envoy Says," *Reuters*, September 30, 2019; Andrew J. Nathan, "How China Sees the Hong Kong Crisis," *Foreign Affairs*, September 30, 2019.

99 Cannix Yau, Wendy Wu and Gary Cheung, "Chinese President Xi Jinping Warns That Anyone Trying to Split Any Part of Country Will Be Crushed," *South China Morning Post*, October 13, 2019.

100 "Clashes Spread to Different Hong Kong Universities," RTHK, https://news.rthk.hk/rthk/en/component/k2/1491306-20191111.htm, accessed January 2020.

101 Mary Hui, "Photos: Hong Kong Police and Students Are Fighting a War in One of the City's Top Universities," *Quartz*, https://qz.com/1746924/police-students-battle-in-chinese-university-of-hong-kong/, accessed January 2020.

102 Wenxin Fan 및 Dan Strumpf, "Hong Kong's Harrowing University Siege Ends Not with a Bang but a Whimper," *Wall Street Journal*, https://www.wsj.com/articles/hong-kongs-harrowing-university-siege-ends-not-with-a-bang-but-a-whimper-11574942822, accessed January 2020.

103 Chan Ho-him, "Hong Kong Protests: City University Reveals Bill to Fix Vandalised Campus Will Run to Hundreds of Millions of Dollars," *South China Morning Post*, January 2020.

104 Jinshan Hong, "Mainland Students Flee Hong Kong Campus Clash with China Aid," *Bloomberg*, January 2020; Theo Wayt, "U.S. Universities Suspend Hong Kong Study Programs amid Deadly Protests," NBC News, January 2020.

105 "Teaching and Learning Arrangements for the Remainder of the Semester," The University of Hong Kong, https://www.hku.hk/press/press-releases/detail/20219.html, accessed January 2020.

106 Christian Shepherd and Sue-Lin Wong, "Luo Huining: Beijing's enforcer in Hong Kong," *Financial Times*, January 7, 2020.

107 "Key Facts about New Head of China's Liaison Office in Hong Kong," Reuters, January 5, 2020; Natalie Lung, Iain Marlow 및 Cathy Chan, "China's New Hong Kong Liaison Confident City Will Stabilize," Bloomberg, January 4, 2020.

108 Natalie Wong, Gary Cheung and Sum Lok-kei, "Beijing's Liaison Office Says It Has Right to Handle Hong Kong Affairs, as Provided by Constitution and Basic Law," *South China Morning Post*, April 17, 2020.

109 Helen Davidson, "China's Top Official in Hong Kong Pushes for National Security Law," *The Guardian*, April 15, 2020.

110 Anna Fifield, Tiffany Liang, Shibani Mahtani 및 Timothy McLaughlin, "China to Impose Sweeping Security Law in Hong Kong, Heralding End of City's Autonomy," *Washington Post*, May 21, 2020; Keith Bradsher, "China Approves Plan to Rein in Hong Kong, Defying Worldwide Outcry," *New York Times*, May 28, 2020.

111 Chris Buckley, "China Vows Tougher Security in Hong Kong. Easier Said Than Done," *New York Times*, November 6, 2019.

112 Nectar Gan, "China Approves Controversial National Security Law for Hong Kong," CNN, May 28, 2020, https://www.cnn.com/2020/05/28/asia/china-npc-hk-security-law-intl-hnk/index.html.

113 James Griffiths 및 Helen Regan, "Hong Kong Protest over Proposed National Security Law Met with Tear Gas," May 24, 2020.

114 CGTN, "Arthur Li Voices Firm Opposition to External Interference in HKSAR affairs," May 28, 2020.

115 Wong Tsui-kai, "Hong Kong University Heads Release Statement Saying They 'Understand' New National Security Law," *South China Morning Post*, June 1, 2020.

116 Chris Buckley, "What China's New National Security Law Means for Hong Kong," *New York Times*, June 28, 2020.

117 "English Translation of the Law of the People's Republic of China on Safeguarding National Security in the Hong Kong Special Administrative Region," July 1, 2020, *Xinhua*.

118 Chris Lau, "National Security Law: Hong Kong Academics Might Choose Self-Censorship to Protect Themselves, Law Dean Warns," *South China Morning Post*, July 15, 2020.

119 Jerome Taylor and Su Xinqi, "Security Law: Hong Kong Scholars Fear for Academic Freedom," *Hong Kong Free Press*, July 15, 2020.

120 Kelly Ho, "Hong Kong's Carrie Lam Says Education Is 'Politised,' Blames Media for 'Negative, Smearing' Coverage," *Hong Kong Free Press*, July 13, 2020.

121 Chan Ho-him, "University of Hong Kong Governing Council Sacks Legal Scholar Benny Tai over Convictions for Occupy Protests," *South China Morning Post*, July 28, 2020.

122 Ibid.

123 Chan Ho-him, "University of Hong Kong's Governing Council Chief Defends Benny Tai Sacking, Rejects Allegations of Outside Interference in the Decision," *South China Morning Post*, July 31, 2020.

124 "First Priority Is to Get Rid of 'Bad Apples' in Education: Hong Kong Security Chief," *Apple Daily*, July 30, 2020.

125 Chan Ho-him, "Sacked Legal Scholar Benny Tai to Challenge Hong Kong's Leader Carrie Lam over Dismissal," *South China Morning Post*, July 29, 2020.

126 2015년 10월 20일 내가 피터 매시슨과 진행한 인터뷰..

127 2015년 10월 15일 내가 이서 리와 진행한 인터뷰.

128 2015년 5월 11일 내가 롤런드 친과 진행한 인터뷰.

129 *Qinghua daxue jiaoyu shoufei hongshi* [Tsinghua University Tuition Fee Publication], Tsinghua University, http://www.tsinghua.edu.cn/publish/newthu/openness/cwzcjsfxx/sfxm.html, accessed December 10, 2015; University of Hong Kong, "Fees and Scholarships: Tuition Fee & Cost of Living Reference," University of Hong Kong International Undergraduate Admissions, 2019, http://www.aal.hku.hk/admissions/international/admissions-information?page=en/fees-and-scholarships, accessed October 22, 2019.

130 2015년 10월 21일 홍콩에서 내가 빅터 풍과 진행한 인터뷰.

131 *Times Higher Education World University Rankings*, 2012-2013, https://www.timeshigher-education.com/world-university-rankings/2013/world-ranking#!/page/0/length/25/sort_by/rank/sort_order/asc/cols/undefined.

132 *Times Higher Education World University Rankings* 참조, https://www.timeshighereducation.com/world-university-rankings/2021/world-ranking#!/page/0/length/25/sort_by/rank/sort_order/asc/cols/stats.

133 Kelly Ng, "Yale-NUS and Duke-NUS Offer New Route for Liberal Arts Students to Become Doctors," *Today Online*, January 16, 2018.

134 National University Singapore, "National University of Singapore and its Subsidiaries: Full Financial Statements for the Financial Year Ended 31 March 2014," https://www.nus.edu.sg/docs/default-source/annual-report/nus-financialreport-2014.pdf; University of Hong Kong, "An Extract from the University's Annual Accounts 2013-2014," https://www4.hku.hk/pubunit/review/2014/an_extract_2014.pdf.

135 University of Hong Kong Strategic Planning Unit, "University of Hong Kong Strategic 2009-2014 Development," November 2009, 6.

136 2015년 10월 21일 내가 빅터 풍과 진행한 인터뷰.

137 영국을 가리킴(옮긴이).

138 2019년 10월 15일 내가 장샹과 진행한 인터뷰.

139 2015년 5월 15일 내가 폴 탐과 진행한 인터뷰.

140 Shui-yin Sharon Yam 및 Alex Chow, "Hong Kong's Universities Have Fallen. There May Be No Turning Back," *New York Times*, November 24, 2021.

141 "HKU President to Continue to Engage Students and University Members," The University of Hong Kong, https://www.hku.hk/press/press-release/detail/20123.html, accessed January 2020.

결론

1 "Nature Index—Physical Sciences Germany (1 August 2019-31 July 2020)" 참조.

2 Mark Lander, "Seeking Quality, German Universities Scrap Equality," *New York Times*, Oct. 20, 2006을 재인용.

3 Jürgen Kaube, "Überall Niveau. Schavans jüngster Einfall: Bundesuniversitäten," *FAZ* Nr. 39 v. (16.2.2011): 5 참조. 또한 Ingo von Münch, *Rechtspolitik und Rechtskultur* (Berlin: Berliner Wissenschafts-Verlag, 2011), 116-118 참조.

4   "Nature Index," Wikipedia, last modified March 15, 2021.

5   German Research Foundation, *Funding Atlas* 2018, https://www.dfg.de/sites/foerderatlas2018/index.html, accessed March 12, 2021. 이 도감은 1997년부터 3년마다 발행된다.

6   Alexander Mayer, *Universitäten im Wettbewerb: Deutschland von den* 1980*er Jahren bis zur Exzellenzinitiative* (Stuttgart: Franz Steiner Verlag, 2019) 참조.

7   지금은 컨스트럭터대학교(Constructor University)로 이름이 바뀌었다(옮긴이).

8   Hans N. Weiler, *Die Erfindung einer privaten Hochschule für öffenliches Handeln* (Berlin: Hertie School of Governance, 2014) 참조.

9   "ZU in the Current Rankings" 참조, https://www.zeppelin-university.com/university/rankings.php, accessed March 12, 2021.

10 Klaus Mühlhahn, *Making China Modern* (Cambridge, MA: Harvard University Press, 2019) 참조.

11 Marijk van der Wende 및 Belinda Stratton, *Amsterdam University College: Liberal Arts and Sciences for the 21st Century: AUC's Experiences and Achievements, 2009-2012* (Amsterdam: Amsterdam University College, 2012) 참조.

12 Peter-André Alt, *Exzellent!? Zur Lage der deutschen Universität* (München: C. H. Beck, 2021) 참조.

13 시몬 마지슨 교수가 2014년 클라크 커의 강연을 바탕으로 2016년에 출간한 단행본이다(옮긴이).

14 원제는 Surpassing Shanghai: An Agenda for American Education Built on the World's Leading Systems (Harvand Education Press, 2011)이다(옮긴이).

15 Derek Bok, *Our Underachieving Colleges* (Princeton: Princeton University Press, 2006); James Engell 및 Anthony Dangerfield, *Saving Higher Education in the Age of Money* (Charlottesville: University of Virginia Press, 2005); Charles T. Clotfelter, *Unequal Colleges in the Age of Disparity* (Cambridge, MA: Harvard University Press, 2017); Holden Thorp 및 Buck Goldstein, *Our Higher Calling: Rebuilding the Partnership between America and Its Colleges and Universities* (Chapel Hill: University of North Carolina Press, 2018); James L. Shulman 및 William G. Bowen, *The Game of Life* (Princeton, NJ: Princeton University Press, 2001); *The Heart of the Matter: The Humanities and Social Sciences for a Vibrant, Competitive, and Secure Nation* (Cambridge, MA: American Academy of Arts and Sciences, 2013); *The Perils of Complacency: America at a Tipping Point in Science & Engineering* (Cambridge, MA: American Academy of Arts and Sciences, 2020); Simon Marginson, *The Dream Is Over: The Crisis of Clark Kerr's California Idea of Higher Education* (Berkeley: University of California Press, 2016); Mark S. Tucker 편저, *Surpassing Shanghai* (Cambridge, MA: Harvard Education Press, 2011); Mark S. Ferrara, *Palace of Ashes: China and the Decline of American Higher Education* (Baltimore, MD: Johns Hopkins University Press, 2015).

16 미국 대학의 사교 문화를 가리킨다. '그릭 라이프'는 이들의 친목 단체 이름을 그리스 문자에서 따온 것에서 유래했다(옮긴이).

17 원제는 *Lower Ed: The Troubling Rise of For-Profit Colleges in the New Economy* (The New Press, 2017)이다(옮긴이).

18 Anthony Abraham Jack, *The Privileged Poor: How Elite Colleges Are Failing Disadvantaged Students* (Cambridge, MA: Harvard University Press, 2019); Elizabeth A. Armstrong 및 Laura T. Hamilton, *Paying for the Party: How College Maintains Inequality* (Cambridge, MA: Harvard

University Press, 2015); Sara Goldrick-Rab, *Paying the Price: College Costs, Financial Aid, and the Betrayal of the American Dream* (Chicago: University of Chicago Press, 2016); Tressie McMillan Cottom, *Lower Ed: The Troubling Rise of For-Profit Colleges in the New Economy* (New York: The New Press, 2017); Jennifer S. Hirsch 및 Shamus Khan, *Sexual Citizens: A Landmark Study of Sex, Power, and Assault on Campus* (New York: W. W. Norton & Company, 2020).

19 2021년 7월 나와 피터 랭의 대담.

20 이하 논의의 상당 부분은 다음의 훌륭한 보고서에 빚을 지고 있음: John Douglass 및 Zachary Bleemer, *Approaching a Tipping Point? A History and Prospectus of Funding for the University of California* (Berkeley, CA: Center for Studies in Higher Education, 2018).

21 Report of the UC Office of the President, Jan. 21, 2020.

22 Yao Huang and Anna Ho, "2018 UC Accountability Report Shows High Enrollment Despite Low State Funding," August 8, 2018.

23 Douglass 및 Bleemer, *Approaching a Tipping Point?*, 12-13, 21-23 참조; UC Berkeley Office of Undergraduate Admissions, "Estimated Student Budget, 2019-2020," https://admissions.berkeley.edu/cost, accessed March 14, 2021.

24 Bob Herbert, "Cracks in the Future," *New York Times*, October 3, 2009 재인용.

25 Robert J. Birgeneau and Frank D. Yeary, "Rescuing Our Public Universities," *Washington Post*, September 27, 2009.

26 Emma Whitford, "Public Higher Ed Funding Still Has Not Recovered from 2008 Recession," *Inside Higher Ed*, May 5, 2020. 인용구는 '주 고등교육 책임자 협회(State Higher Education Executive Officers Association)'의 선임 정책 분석가인 소피아 레이더먼(Sophia Laderman)의 발언임.

27 American Academy of Arts and Sciences, *Public Research Universities. Recommitting to Lincoln's Vision: An Educational Compact for the 21st Century* (Cambridge, MA, 2016), 6-10; "A Look at the Shocking Student Loan Debt Statistics for 2021," Student Loan Hero, updated Jan. 27, 2021.

28 Laura T. Hamilton 및 Kelly Nielsen, *Broke: The Racial Consequences of Underfunding Public Universities* (Chicago: University of Chicago Press, 2021).

29 State Higher Education Executive Officers Association, "State Higher Education Finance FY 2019 Report," April 2020, 10.

30 Herbert, "Cracks in the Future."

31 Henry Rosovsky, *The University: An Owner's Manual* (New York: Norton, 1990), 262.

32 William G. Bowen 및 Harold T. Shapiro 편저, *Universities and their Leadership* (Princeton, NJ: Princeton University Press, 1998), 특히 Shapiro와 Hanna Gray가 집필한 장, 65-118 참조; Scott Cowen, *Winnebagos on Wednesdays: How Visionary Leadership Can Transform Higher Education* (Princeton, NJ: Princeton University Press, 2018).

33 Australian Government, Department of Education, Skills and Employment, "Chinese Universities Establishing Programs and Campuses in Foreign Countries," September 6, 2016.

34 Peking University HSBC Business School 웹사이트 참조, https://uk.phbs.pku.edu.cn/index.php?m=content&c=index&a=lists&catid=21, accessed March 10, 2021.

35 William C. Kirby, "The International Origins and Global Aspirations of Chinese Universities: Along the New Silk Road," Marijk C. van der Wende, William C. Kirby, Nian Cai Liu 및

Simon Marginson 편저, *China and Europe on the New Silk Road: Connecting Universities across Eurasia* (Oxford: Oxford University Press, 2020), 18-32 참조.

36   Amy Binder 및 Kate Wood, *Becoming Right: How Campuses Shape Young Conservatives* (Princeton, NJ: Princeton University Press, 2014); Norimitsu Onishi, "Will American Ideas Tear France Apart? Some of Its Leaders Think So," *New York Times*, February 9, 2021; Norimitsu Onishi, "Heating Up Culture Wars, France To Scour Universities for Ideas That 'Corrupt Society,'" *New York Times*, February 18, 2021.

37   "Education Minister Warns against 'Wrong Western Values,'" *Global Times*, February 3, 2015.

38   Association of American Universities, "Hefei Statement on the Ten Characteristics of Contemporary Research Universities," (2013) https://www.aau.edu/sites/default/files/AAU%20Files/Education%20and%20Service/Hefei_statement.pdf.

빈센트 프라이스(Vincent Price) 275, 316, 318
빌 거버딩(Bill Gerberding) 505
빌헬름 드 베테(Wilhelm de Wette) 59
빌헬름 카나리스(Wilhelm Canaris) 72
빌헬름 폰 훔볼트(Wilhelm von Humboldt) 42, 47,
　49, 52, 53, 91, 324, 524

ㅅ

사브리나 린(林俗, Sabrina Lin) 471
사이발(SciVal) 543
사회주의 37, 61, 69-75, 77, 78, 83, 97-99, 103,
　128, 353, 364, 368, 371, 413, 414, 434, 435,
　437, 440, 517, 518, 568
삼강사범학당(三江師範學堂) 405
상트페테르부르크국립대학교(Saint Petersburg
　State University) 128
상파울루대학교(Universidade de São Paulo) 85
상하이과기대학(上海科技大學) 342, 343
상하이자오퉁대학(ARWU) 29, 35, 46, 194, 349
새뮤얼 길먼(Samuel Gilman) 157
새뮤얼 엘리엇 모리슨(Samuel Eliot Morison) 164,
　168, 169
샐리 콘블루스(Sally Kornbluth) 10, 297, 303,
　304, 313, 563, 564
샤먼대학(廈門大學) 348, 515
샤리테(Die Charité) 58, 64, 72, 77, 78, 82, 89,
　117, 133, 543
서독(West Germany) 37, 45, 62, 63, 65, 75-79,
　87, 106-109, 115, 117, 128, 129, 131, 134,
　137, 158, 288, 393, 442, 494, 497, 527
서베를린(West Berlin) 62-63, 65-66, 71, 73, 76,
　82, 90, 93, 99-100, 103-105, 107-109, 113,
　127, 497, 511, 524, 543, 546
서호대학(西湖大學, Westlake University) 339, 344
선전(深圳) 70, 101, 110, 153, 268, 359, 395,
　396, 417, 437, 438, 469
선전자스커지유한공사(深圳佳士科技有限公司)
　437, 438
세계대학학술순위(Shanghai Academic Ranking of
　World Universities, ARWU) 29, 35, 46, 87, 194,
　349, 500, 502

세라 골드릭랩(Sara Goldrick-Rab) 501
셰이머스 칸(Shamus Khan) 501
셸던 로스블랫(Sheldon Rothblatt) 9, 16, 556
수월성 전략(Exzellenzstrategie) 495
〈수치의 기둥(Pillar of Shame)〉 456, 457, 492
쉬장룬(許章潤) 391-393
슈워츠먼칼리지(Schwarzman College) 358, 385,
　395, 396, 398, 399, 431, 432, 510
슈워츠먼학자프로그램(Schwarzman Scholars
　program) 10, 23, 358, 372, 386, 395, 398, 400,
　419, 431, 432
슈타지(Stasi) 74, 77, 558, 568, 572, 574, 581,
　582
스미스칼리지(Smith College) 270, 412
스이궁(施一公) 339, 344
스코푸스(Scopus) 543
스탠리 피시(Stanley Fish) 288
스탠퍼드대학교(Stanford University) 89, 261,
　348, 368, 370
스티븐 A. 슈워츠먼(Stephen A. Schwarzman) 384,
　385, 396
스티븐 오언(Stephen Owen) 191
스티븐 하이먼(Stephen Hyman) 9, 510
시안외사학원(西安外事學院) 335, 339
시안자오퉁대학(西安交通大學) 336
시진핑 217, 338, 353-355, 358, 366, 373, 379,
　381, 382, 384, 391, 392, 399, 400, 423, 432-
　435, 437, 439, 440, 442, 444, 481, 482, 484,
　514, 518
시카고대학교(University of Chicago) 141, 280,
　348, 536, 546, 547, 554, 595
신문화운동 159, 406
신실크로드(일대일로) 341, 395, 435, 436, 513-
　516
신야서원(新雅書院) 374, 375
싱가포르국립대학교(National University of
　Singapore, NUS) 85, 212, 266, 280, 307, 489
쑨원(孫文) 404, 406, 407, 565, 567
쑹자슈(宋嘉樹, Charlie Soong) 312, 565

우자웨이(吳家瑋) 455

우한대학(武漢大學) 310, 311, 317, 324, 392, 419, 441

울리케 마인호프(Ulrike Meinhof) 110

워런 맥팔런(Warren McFarlan) 397

워싱턴대학교(University of Washington) 5, 6, 23, 280, 348, 395, 505, 515

웰즐리칼리지 547, 581

위스콘신대학교(University of Wisconsin) 140, 253, 261

위안구이런(袁貴仁) 353, 518

위안스카이(袁世凱) 173, 567

윌리엄 C. 커비 183, 390, 394, 504, 505, 524, 527, 528, 530, 533, 539, 557, 565

윌리엄 랭거(William Langer) 177

윌리엄 릭 싱어(William Rick Singer) 202

윌리엄 프레스턴 퓨(William Preston Few) 278

윌리엄 피츠시먼스(William Fitzsimmons) 202

윌마 캐넌 페어뱅크(Wilma Cannon Fairbank) 361

《유에스뉴스앤드월드리포트(USNWR)》 27-29, 271, 292, 389, 564

의화단 배상금 324, 360, 362, 405, 451

이언 홀리데이(Ian Holliday) 11, 462, 588

인민대학(人民大學) 97, 347, 439, 440

일반교양교육(General Education) 32, 40, 55, 107, 113, 178, 205, 206, 346, 347, 350, 374, 376, 406, 415, 424, 435, 460, 506, 507, 510, 519, 525, 535, 552, 575

임마누엘 칸트(Immanuel Kant) 37

임보덴 보고서(Dieter Imboden) 90

ㅈ

자강학당(自強學堂) 310, 324

자밀 살미(Jamil Salmi) 33, 536

자비네 쿤스트(Sabine Kunst) 49, 50, 91, 92

자오위안런(趙元任) 361, 393

자유학예 20, 21, 31-33, 55-57, 61, 73, 91, 141, 145, 154, 164, 213, 221, 243, 263, 264, 31, 312, 317, 327, 346, 347, 361-363, 388-390, 401, 460, 499, 506, 525, 530, 531, 533, 547

장난샹(蔣南翔) 365

장샹(張翔) 11, 445-447, 484-486, 491, 492, 586, 593

장셴원(張憲文) 11, 416, 417

장신우(張欣武) 161

장쑤국제신탁공사(江蘇國際信託公司) 427

장웨이궈(蔣緯國) 407

장이빈(張異賓) 11, 433, 434, 438, 439

장제스(蔣介石) 362, 406, 407, 409, 565, 567, 568

장즈둥(張之洞) 310, 324, 405, 518

장쩌민(江澤民) 408, 456

장팅푸(蔣廷黻, T.F. Tsiang) 361

재닛 나폴리타노(Janet Napolitano) 246

잭 마이어(Jack Meyer) 184

저장대학(浙江大學) 336, 350, 426

전략 계획(Strategic Planning) 146, 185, 208, 223, 244, 245, 247, 282, 284-286, 289, 293, 294, 296, 300, 304-306, 311, 316, 369, 466, 469, 490, 508, 511, 512, 530, 588, 593

전략사무국(Office of Strategic Services, OSS) 152, 177, 182, 197,

전인교육(Bildung) 2, 21, 54, 55, 58, 61, 63, 73, 113, 264, 325, 388, 525, 537, 538, 540-541

제3세계해방전선(Third World Liberation Front, TWLF) 262, 558

제니퍼 허시(Jennifer Hirsh) 501

제러미 놀스(Jeremy Knowles) 6, 197, 198

제리 브라운(Jerry Brown) 231, 251, 270

제이 라이트(Jay Light) 6, 209, 216

제임스 B. 코넌트(James B. Conant) 45, 158, 159, 161-163, 173, 175, 176-178, 185, 188, 190, 195, 196, 205, 206, 209, 530, 551

제임스 L. 슐먼(James L. Shulman) 500

제임스 로빈슨(James Robinson) 17

제임스 매킨 캐텔(James McKeen Cattell) 25, 26, 27, 28

제임스 뷰캐넌 듀크(James Buchanan Duke) 278

제임스 액스텔(James Axtell) 145

제임스 워커(James Walker) 168

제임스 텐트(James Tent) 109, 112

조사이어 퀸시(Josiah Quincy) 157-159, 168

지성의 제국

1판 1쇄 발행 2026년 2월 25일

지은이 월리엄 C. 커비 | 옮긴이 임현정 | 감수 및 해제 이종식 | 디자인 신병근 황지희

펴낸이 임중혁 | 펴낸곳 빨간소금 | 등록 2016년 11월 21일(제2016-000036호)

주소 (01021) 서울시 강북구 삼각산로 47, 나동 402호 | 전화 02-916-4038

팩스 0505-320-4038 | 전자우편 redsaltbooks@gmail.com

ISBN 979-11-91383-65-2(93900)

• 책값은 뒤표지에 있습니다.